현대사회의 법과 정치

전 제 철

교육과학사

머리말

제20대 대통령선거가 며칠 남지 않았다. 대선 후보에 대한 지지율이 요동치며 선거 결과를 예측하기가 어려워지면서 서로에 대한 네거티브 선거 전략이 도를 넘고 있다. 며칠 전 한 후보는 상대 후보를 비판하면서 "감히 선출권력으로부터 임명받은 임명 권력이 겁 대가리 없이 어디 건방지게 국민에게 달려드냐!"라고 했다. 이 말은 저자로 하여금, 2004년 노무현 탄핵 정국에서 어느 인기 교수가 공중파 TV 방송을 통해 "민중의 함성이 곧 헌법이다."라고 했던 기억을 소환하게 했다.

선거를 통해 선출된 권력이 그로부터 임명받은 권력보다 더 우위에 있다는 생각은 타당한가? 대통령으로부터 임명받은 검찰총장은 대통령의 명령에 복종해야 하는가? 검찰총장은 법무부 장관의 하급자여서 법무부 장관의 명령을 따라야만 하는가? 이러한 논란으로 지난 몇 년간 검찰총장과 법무부장관, 검찰총장과 집권 여당의 갈등이 극에 달하더니, 현재의 여당 대통령이 임명했던 검찰총장이 야당의 대통령 후보가 되는 상상하기 어려웠던 일이 벌어졌다. 이 모든 미증유의 일들은 민주주의와 법치주의의 긴장관계에서 비롯된 일이라고 할 수 있다. 이러한 일들에 대한 시시비비를 판단할 수 있는 능력은 민주주의와 법치주의에 대한 오롯한 이해가 있어야만 가능한 일이다. 하지만 지금의 대선 정국은 민주주의와 법치주의에 대한 근본적인 이해에 근거하지 않은 채, 상대 후보를 배신자라고 욕하거나, 자기 편 후보의 허물에 대해서는 그게 뭐 어때서라는 식의 진영 논리만이 판을 치고 있다.

역사적으로 법이라는 것이 다수결을 통한 절차적 정의만을 지키면 그것이 주권자인 국민의 뜻이라고 이해하는 형식적 법치주의는 결과적으로 다수결 원칙과 법을 빙자한 불법을 정당화시켜주고 말았고, 그 대표적인 사례가 나치의 인권유린과 대학살이었다. 이후 사람들은 법치주의라는 것이 다수결에 근거한 입법과정에서의 민주적 · 절차적 정당성만 따지는 형식적 법치주의가 아니라, 법의 내용도 정당한지를 따져보아야 한다는 실질적 법치주의여야 한다는 것을 깨닫게 되었다. 즉, 통치의 합법성만을 따지는 형식적 법치주의가 아니라 통치의 정당성을 따지는 실질적 법치주의에 대해 눈을 뜨게 된 것이다. 이로 이해 사법부의 독립성이 강조되고, 헌법재판제도가 전 세계에 도입되기 시작한 것이다. 하지만. 독립된 강력한 사법부를 만들어 민주주의의 세계적인 성공모델로 인정받는 미국에서도 사법의 독립을 둘러싼 위협이 끊임없이 존재해 왔다는 점을 생각해 보면, 정치권력의 속성상 정치권력은 자신의 정치적 목적을 달성하기 위해 법치주의를 악용하려 하는 시도는 앞으로도 계속될 것이다.

대중은 솔로몬 애쉬의 연구에서 보듯이 다수의 의사결정에 순응해 자신이 맞다고 생각하는 결정을 버리고 그것이 어처구니없는 결정일지라도 집단의 결정을 따르는 경향이 있다. 이러한 대중의 경향은 인류역사에서 종종 집단적 광기로 이어져 끔찍한 결과를 만들어 내기도 했다. 이는 민주주의의 요체인 다수결의 한계를 보여준다고 할 수 있다. 이러한 민주주의의 한계를 보완해 주는 것이 바로 법치주의이다. 그래서 진정한 민주주의의 실현은 민주주의와 법치주의의 상호 보완에 달려 있다고 할 수 있다. 필자는 본서를 집필하면서, 독자들로 하여금 어떻게 하면 민주주의와 법치주의에 대한 이해를 도울 수 있을까 하는 생각으로 나름 노력해 보았다.

본서는 저자가 대학에서 강의용 교재로 활용하기 위한 의도로 집필을 시작하였는데, 저자의 게으름 탓에 원래 의도한 내용을 절반도 채 완성하지 못한 느낌이다. 앞으로 강의 중에 수강생들과 대화하며 내용을 수정 · 보완해 가면서 더욱 정진하여 좋은 책으로 다듬어 나갈 것을 다짐한다. 모쪼록, 많이 부족한 책이지만 본서가 독자들로 하여금 민주주의와 법치주의에 대한 이해에 조금이라도 도움이 되었으면 하는 바램을 가져본다.

진정한 민주주의와 법치주의를 실현할 대통령이 당선되기를 바라며,

20대 대통령 선거를 일주일 앞둔 2022년 3월 2일
부산교육대학교 인문사회관 연구실에서

저자 전제철

목 차

제1장 법의 이념

법의 이념이란, 법이 가지는 궁극의 가치가 무엇인가, 또는 법이란 무엇을 위해 존재하는가 하는 의문에 대한 답이라고 할 수 있다. 독일의 형법학자이자 법철학자인 라드브루흐(G. Radbruch)[1)]는 법의 이념을 정의, 합목적성, 법적 안정성 이 세 가지라고 결론지었고, 이는 법의 이념에 관한 통설로 지금까지 널리 인정받고 있다. 하나씩 살펴보면 다음과 같다.

1. 정의

정의란 법이 추구하는 궁극적인 이념이므로 진(眞)·선(善)·미(美)와 같은 인간이 추구하는 궁극적 절대적 가치를 말한다. 라드부르흐(G. Radbruch)는 정의를 평등 취급으로 이해한다. 그는 정의를 '같은 것은 같게, 다른 것은 다르게'라는 평등의 관점에서 바라본다. 그런데 그 정의는 순전히 형식적인 평등이다(이상영·김도균, 2012: 216).

고대 로마 시대의 법학자 울피아누스(Ulpianus)는 '정의란 각자에게 그의 몫을 돌려주려는 항구적 의지'라고 하였다. 또, 아리스토텔레스(Aristoteles)는 정의의 본질은 평등이라고 하면서, 모든 인간을 동등하게 취급하는 평균적(平均的) 정의와 능력과 공헌도에 따라 차등 대우하는 배분적(配分的) 정의로 구분하였다. 좀 더 상술하자면, 예부터 전해 오는 정의론 중 가장 인정받는 정의론은 아리스토텔레스에 의한 다음 세 가지 정의의 분류이다. ① 개인 상호간의 매매와 손해 및 배상 또는 범죄와 형벌의 균형을 찾아내는 평균적 정의, ② 사회의 일원으로서 개인이 사회 때문에 져야 할 의무에 관한 일반적 정의, ③ 개인의 능력이나 공적에 따라 사회가 보답해야 할 일에 관한 배분적 정의의 세 가지이다.

1) 구스타프 라드브루흐(Gustav Radbruch, 1878년 11월 21일~1949년 11월 23일)는 독일의 형법·법철학자로서 바이마르 공화국 법무장관이었고, 킬대학·하이델베르크대학 교수를 지냈다. 바이마르 공화국에서 사회민주당의 국회의원이 되며, 두 번에 걸쳐 법무장관을 맡아 형법 초안을 기안했다. 자유주의자라는 낙인으로 인해 1933년 독일 나치 정권에 의해 강단에서 물러나기도 하였으나, 1945년 복직하여 죽을 때까지 하이델베르크 대학 교수를 지냈다.

1) 평균적 정의

인간의 생활관계 중에서 한 개인을 기준으로 하여 보았을 때, 그 사람이 다른 사람과 개인적인 차원에서 거래를 하거나 혹은 법률적 관계를 가지게 되는 경우가 많다. 이때 그 상호간에 어떠한 급부가 있었다면 그에 따른 반대급부가 있어야 하며, 손해를 가하였다면 그에 상응하는 배상을 하여야 할 것이다. 즉 개인이 다른 개인과의 생활관계에서 이해득실(利害得失)을 평균화함에 적용되고 요구되는 정의를 평균적(平均的) 정의라고 한다.

만일 한 개인으로부터 다른 한 개인으로의 일정한 급부가 있었다면 이는 어떤 일정한 조건을 전제로 하여 이루어진 급부였을 것이며, 그에 대한 조건의 이행인 반대의 급부는 당연히 이루어져야만 정의의 관념에 합치된다는 것이다. 따라서 이때에 이루어지는 정의에서는 각 개인이 처한 특수하고 개별적인 상황은 고려되지 않는다. 말하자면 사회적 신분이나 지위의 높고 낮음이나, 개인적인 능력(경제적 · 권력적 · 재능적)의 유무, 남녀노소 및 양자의 관계에 불구하고 단지 객관적이고 산술적인 평균에 의한 이해득실의 평균이 이루어지도록 함에 그 핵심이 있는 것이다.

그러므로 이러한 정의를 실현하는데 요구되는 평등의 관념은 형식적 · 절대적 평등이라고 할 수 있다. 따라서 평균적 정의를 '산술적 정의'라고도 부르기도 한다.

2) 배분적 정의

배분적(配分的) 정의는 단체와 그에 소속된 개인과의 생활관계에서 요구되고 적용되는 정의이다. 일반적으로 단체는 배분의 주체이고 개인은 배분받는 주체이다. 배분의 객체(매개물)는 부나 명예인 것이 일반적이다. 그런데 단체는 그에 속한 개인에 대하여 이러한 부와 명예를 배분함에 있어 공정을 기하기 위하여 그 개인이 단체에 대하여 얼마나 공헌하였는가 혹은 그 개인의 능력이 어떠한가에 따라 각각 달리 배분하게 될 것이다. 이러한 배분의 과정에서 공정을 기하기 위하여 요구되고 적용되는 정의가 바로 배분적 정의라는 것이다.[2)]

즉, 능력이 있는 자에게는 많은 부와 명예를 배분하고 공적이 있는 자에게 높은 명예를 부여하며, 소득이 많은 자에게는 많은 세금을 부과하는 것이 배분적 정의의 개념이다. 이

2) 물론 이 경우에도 개인의 능력과 공적을 판단하는 기준을 설정하는 일과 누구에 의하여 그 기준이 마련되느냐, 또 배분의 대상을 결정하는 것 등 정의실현의 본질적이고 실질적인 내용에 관하여는 영구불변하는 보편적 원칙을 찾을 수 있는 것도 아니요 주장할 수 있는 것도 아니다. 다만 그 시대의 역사적 · 이념적인 경험에 의한 합의에 따라 변화하는 것이다.

는 산술적 개념이 아니라 기하학적 개념으로서 우리는 이를 '기하학적 정의'라고도 한다. 따라서 여기에서는 능력이 동일한 자는 동일한 배분을 받고, 능력이 다른 자는 다른 처우를 받게 되는 이른바 실질적·상대적 평등의 사상이 지배하게 된다. 이는 동일한 상황에 있는 자를 동일하게, 동일한 상황에 있지 아니한 자를 동일하지 아니하게 취급하는 것이 실질적으로 그들을 동일하게 취급하는 것이라는 생각이다.

평균적 정의와 배분적 정의는 인간의 사회적 생활에 있어 동시에 실현되어야 하는 것이며 어느 것이 더 중요하다고 할 수 있는 성질의 것이 아니다.[3] 그러나 우리는 오늘날 사회적 현상을 감안하여 보아 배분적 정의가 더욱 중요한 의미를 가진다고 말할 수 있다. 왜냐하면 배분적 정의가 실현되지 않은 상태에서 평균적 정의의 실현이란 아무 의미가 없기 때문이다. 요컨대 각자의 몫이 각자에게 돌아가도록 한다는 것은 정의실현의 궁극적 상태라고 할 수 있다.

결국, 평균적 정의는 거래에 적용되는 것으로 주고 받는 것이 항상 같아야 함을 의미하는 반면에 배분적 정의는 정치 권력, 부, 지위 등을 나눌 때 적용되는 것으로 이 때는 개개인의 가치와 능력에 따라 차등 분배가 되어야 한다는 것을 의미한다. 같은 능력의 사람이라면 같게, 다른 능력의 사람이라면 다르게 분배되어야 한다는 것이다.

3) 일반적 정의

정의는 각자에게 각자의 몫을 돌려주어야 한다는 명제에 따라 평등의 개념과 관련하여서만 생각할 수 있는 것처럼 보이지만 인간의 개인적, 사회적 생활에서는 그렇지 아니한 경우도 있다.

일반적(一般的) 정의란 우선, 평균적 정의를 스스로 실현하는 것과 평균적 정의가 자율적으로 실현되지 않을 때 그것을 실현케 하는 것을 말한다. 뿐만 아니라 국가가 위급한 상

3) 아리스토텔레스는 정의를 평등의 사상에 입각하여 같은 것을 같게, 같지 않은 것을 같지 않게(like for like, unlike for unlike)의 원리와 인간이기에 모두 같게(like for all) 취급하는 두 원리, 즉 상대적 평등과 절대적 평등의 적절한 조화를 주장하고 있다. 사실 고대 로마의 법학자 울피아누스(Ulpianus)가 정의를 '각자에게 각자의 몫을 돌리려는 항구적인 의지'라고 밝힌 이래 아리스토텔레스를 거쳐 오늘날까지 정의의 표준적 설명으로 받아들이고 있다. 그러나 그 후 신학자 성 아우구스티누스(St.Augustinus)나 중세의 대표적 신학자이자 스콜라 철학자인 토마스 아퀴나스(Thomas Aquinas) 등은 당시의 기독교적 세계관에 입각하여 신의 뜻에 따르면서 사랑을 실천하는 것이 정의라고 하였다. 또한 철학자 칸트(I. Kant, 1724~1804)는 도덕형이상학(Metaphysik der Sitten)에서 "정의가 소멸하면 인간이 지상에서 존재한다는 것은 하등의 가치가 없다"라고 하면서 정의의 가치를 주장하였고, 정의의 원칙을 평등의 원리로 파악하고 형벌론에서도 응보를 정의의 실현으로 보았다. 근세에는 정의론의 중심이 인간중심주의에 바탕한 자연법적 정의론에 초점이 맞추어져 있다고 볼 수 있다.

황에 있을 때 목숨을 바치거나, 자신의 직무에 전념하다가 순직하는 등과 같은 단체에 대한 순수한 희생이나 봉사는 일반적 정의이다. 이는 각자에게 돌아가는 몫을 위한 행위도 아니고, 반대급부를 예상한 행위도 아니며, 능력이나 공적에 따른 배분의 개념도 아니다. 따라서 우리는 가장 보편적으로 이를 '정의'라고 부르는 바, 이를 일반적 정의라고 한다.

정의를 한마디로 이야기하기란 어렵다. 왜냐하면 정의란 역사적 · 민족적 · 지역적 · 이념적인 차이에 따라 달라질 수 있고 또 그렇게 되어 온 것이 사실이기 때문이다. 법이 존재하는 그 사회의 공동적 생활에 있어 그 사회구성원 모두가 다함께 추구하고 실현하려 하는 일반화되고 보편화된 궁극의 목표가 법의 이념이라면, 그 일반화되고 보편화된 목표란 곧 정의라고 할 수 있다. 이러한 의미에서 정의의 실현을 '법초월적 이념'이라 한다. 요컨대 법의 이념으로서의 정의의 실현이란 바로 이 아리스토텔레스의 평균적 정의, 배분적 정의, 일반적 정의의 실현으로 이해하여도 좋을 것이다.

2. 합목적성

라드부르흐는 정의를 평등 취급으로 이해하여, '같은 것은 같게, 다른 것은 다르게'라는 평등의 관점에서 정의를 바라본다. 라드부르흐는 정의 자체가 어떤 실질적인 기준을 담고 있는 것으로 보지 않았다. 정의는 우리에게 같은 것을 같게 다른 것을 다르게 취급할 것을 지시하면서도 그 평가의 척도에 대해서는 말해주지 않는다는 것이다. 라드부르흐는 그 척도를 합목적성으로 말한다. 라드부르흐의 합목적성은 한 사회 및 법질서가 추구하는 실질적인 가치라고 보아야 한다(이상영 · 김도균, 2012: 216).

합목적성이란, '목적에 맞도록 방향을 설정하는 것'을 의미하는데, 법이 따라야 할 가치 또는 기준으로서, 국가나 사회가 지향하는 목적에 맞도록 방향을 설정하는 것을 의미한다. 합목적성, 즉, 법이 따라야 할 가치 또는 기준은 시대와 사회의 지배적 가치관에 따라 다르다. 예를 들면, 근대 초기의 자유방임주의 국가에서는 개인의 자유를 최대한 보장하는 것에 가치를 부여하였다면, 전체주의 국가에서는 개인보다 국가와 민족을 더욱 강조하였고, 현대 복지국가에서는 개인의 이익과 국가(사회)의 공공복리를 동시에 균형적으로 증진시키는 것을 목적으로 삼고 있다.

합목적성(合目的性)이란 목적에 맞추어 방향을 설정하는 원리라는 뜻이다. 원래 법철학적으로는 법의 지배의 원리와 대립되는 법률적 세계관을 의미하며, 실정법적으로는 법의 해석 및 그 적용을 합목적적으로 행한다는 것을 의미한다. 전자의 경우 형식적으로 법적안정성의 이념과 대립되나, 실질적으로 정의의 이념에 반한다는 것이 더 큰 문제이다. 즉 지배자의 합목적적인 고려가 법의 요구를 능가하고 따라서 법은 정책실행의 단순한 도구로 변해 버리는 경우가 그것이다. 후자의 경우 현실의 사건을 사회의 실정에 비추어 합목적적으로 판단하여 구체적 타당성을 부여한다는 것으로 법적안정성의 고려와 대립된다. 경찰국가나 전체주의국가의 법률관(法律觀)에 있어서는 언제나 합목적성의 고려가 우선하게 된다.

라드브루흐는 이 합목적성을 정의의 실현, 법적안정성과 함께 법의 이념 중 하나로 지적하고 있다. 이 합목적성이 법의 이념이 되는 것은 정의라는 보편적 가치가 아무리 중요하다 하더라도 구체적·개별적인 경우에 내용적으로 무엇이 정당하다고 가르쳐주지 않기에 이것만으로는 하나의 공소한 형식적 가치에 지나지 않는다. 만약 법이 정의만 지향한다고 하면 실제의 적용에서는 불합리한 결과를 나타낼 위험이 클 것이다. 따라서 합목적성이란 법에 있어서 구체적인 정당성을 실현시킬 수 있는 구체적·현실적 이념 혹은 가치로서의 의미를 지니는 것이다.

라드브루흐는 앞에서도 언급한 바와 같이 법의 이념으로서의 정의와 법적안정성 그리고 합목적성은 일치하고 조화하는 개념이 아니라 항상 대립하고 긴장관계로 연계되는 것이므로 이들은 시대에 따라 각각 달리 적용된다고 한다. 즉 자연법시대에는 정의의 이념이, 경찰국가시대에는 합목적성의 이념이, 법실증주의시대에는 법적안정성의 이념이 각각 강조된다고 한다. 그리고 현행 법체계에 있어서도 행정법과 같은 것은 주로 법의 합목적성이, 민법이나 소송법과 같은 것은 법적안정성이, 형법의 경우 정의의 고려가 강하게 작용한다고 볼 수 있다.

3. 법적 안정성

1) 법적 안정성의 의의

법적 안정성(法的 安定性)이란 사회생활이 법에 의하여 보호 또는 보장되어 안전하게 이루어지고 있는 상태를 의미한다. 법적 안정성이 높을수록 현행 법질서가 동요됨이 없이 어느 행위가 옳은 것이며, 어떠한 권리가 보호되느냐가 사회 구성원에게 확실히 알려져 있는 상태이다.

즉 현행 법질서가 동요됨이 없이 어느 행위가 옳은 것이며, 어떠한 권리가 보호되며, 어떤 책임은 어떻게 추궁되느냐가 일반에게 확실히 알려져 있어서 사람들이 법의 권위를 믿고 안심하고 행동할 수 있는 상태가 법적 안정성이 있다고 할 수 있다. 이러한 법적안정성의 상태를 확보하는 것은 법의 기본적 가치이고 법의 목적이 아닐 수 없다.

2) 법적 안정성의 요건

법적 안정성이 유지되려면, 법의 내용이 명확하고 법이 함부로 변동되지 않으며, 법의 내용이 실제로 실현가능한 것이면서 법의 내용이 국민의 법의식과 합치되어야 한다. 상술하면 다음과 같다.

(1) 법은 함부로 변경되지 않아야 한다.

아무리 훌륭한 법이라도 너무 자주 바뀌게 되면 일반의 신뢰를 얻을 수 없다. 왜냐하면 언제 또 개정될지도 모르는 법을 사람들은 잘 따르려 하지 않을 것이기 때문이다. 또한 법의 변경을 알지 못하여 초래되는 사회적인 혼란은 많은 사람들에게 고통스러운 것이다.

(2) 법은 명확하여야 한다.

법이 명확하지 아니할 때에는 일반 사람들은 자신이 어떻게 행동할 때에 법에 저촉되며, 또 어떻게 행동을 하면 그렇지 아니한가에 대한 판단을 할 수 없으므로 안심하고 생활할 수 없게 된다. 사실 애매모호한 법은 해석의 남용을 불러오고 해석의 남용은 법집행의 불공정을 야기할 수 있어 법의 신뢰를 저하시키는 요인이 된다. 법이 명확하지 않을 경우에는 이현령비현령(耳懸鈴鼻懸鈴)이라고, 귀에 걸면 귀걸이, 코에 걸면 코걸이라는 말로 이렇게도 저렇게도 해석될 수 있다는 비판을 받을 수 있다.

(3) 법은 그 실효성이 유지되어야 한다.

법은 일단 제정되면 그 규정된 내용대로의 효력을 발휘해야 한다는 것이다. 예컨대 "공무원이 직권을 남용하여 사람으로 하여금 의무 없는 일을 하게 하거나 사람의 권리행사를 방해한 때에는 5년 이하의 징역, 10년 이하의 자격정지 또는 1천만원 이하의 벌금에 처한다(형법 §123)."는 규정이 있다. 그러나 공무원이 이 규정에 위반된 행위를 하여도 그만 아니하여도 그만이라면 법은 있으나마나 할 뿐 아니라 대부분의 공무원들은 지키지 아니하는 쪽으로 행동할 것이다. 그리고 일반사람들은 이러한 법의 존재를 알기는 하나 그 법을 신뢰하지는 않을 것이다. 따라서 법은 한번 정해지면 그 효력을 반드시 확보하도록 하여야 한다.

(4) 법은 공정하게 집행되어야 한다.

똑같은 법이 누구에게는 적용되고, 누구에게는 적용되지 않는다면 사람들은 그 법을 정당하고 객관적이며 합리적으로 운영되고 있는 법이라고 인식하지 않을 것이며, 나아가 법 자체의 신뢰마저도 무너질 것이다. 소위 '무전유죄 유전무죄(無錢有罪 有錢無罪)'라는 말과 같이, 권력 있고 재력 있는 자에게는 법이 힘을 발휘하지 못하고, 돈 없고 힘없는 일반인들에게는 추상같은 법이라면 과연 누구를 위한 법인가에 대한 회의가 들 것이며, 결국 일반 국민들의 정의감에 기초한 집단적 저항을 받아 법적안정성은 유지되지 못할 것이다.

(5) 법은 국민의 법감정에 합치되어야 한다.

일반적으로 국민들은 그들이 생각하는 일반적인 법적인 의식수준이 있으며, 이와 너무 동떨어진 법은 그들로 하여금 준수의 의지를 포기케 하거나 혹은 경멸적 냉소로써 법의 준수가치를 가볍게 여길 것이다. 말하자면 너무나 준엄하여 그 법을 준수함에 있어 일반적 준수의지로서는 곤란하거나, 반대로 법적 효력이 너무 경미하여 준수가치를 확보하지 못할 때에는 법적안정성은 위협받게 된다.

4. 법이념 상호간의 관계

극단적으로 정의만 강조하는 경우 "정의만이 통치의 기초이다."라거나, "세상이 망하더라도 정의는 세우라."라고 주장할 수 있다. 반면에, 합목적성을 강조하면 "국민이 원하는 것이 법이다."라거나, "민중의 행복이 최고의 법률이다."라고 주장하게 된다. 또 법적 안정성을 강조하는 사람들은 "악법도 법이다."라고 하거나, "정의의 극치는 부정의의 극치이다."라고 한다. 이처럼 정의, 합목적성, 법적 안정성이라는 세 가지 이념은 상호 모순되면서도 협력, 보완이 요구되는 관계라고 할 수 있다.

라드부르흐가 일찍이 명석하게 규명했듯이 법적 안정성은 정의와 동등한 그리고 서로 맞서는 법이념이다. 극단적인 정의의 추구는 극단적인 부정의를 낳을 수 있다. 때로는 악법 질서가 무질서 보다 나을 수 있다. 그러다 다른 한편 법적 안정성과 정의는 서로 상호 보완적인 관계에 있다. 양자는 적절한 분업과 협업을 통해 현실의 법을 공동으로 인도해 법다운 법을 만들어 낸다. 법적 안정성의 확보로 정의를 담을 수 있는 질서가 마련되고, 정의의 구현으로 그 질서의 가치가 고양된다.

'정의'가 무엇인가를 정의하는 것은 매우 어렵다. 각자가 생각하는 정의는 다를 수 있기 때문이다. 예를 들어 조선을 개국한 태조 이성계의 위화도 회군을 생각해 보자.

고려 말기인 1388년에 요동정벌군의 장수였던 이성계는 압록강의 위화도에서 군사를 돌려 정변(政變)을 일으키고 권력을 장악한 사건이 위화도 회군이며, 이 사건은 고려를 멸망시키고 조선을 건국하는 계기가 된 사건이다. 실제 위화도 회군 4년 후인 1392년 고려는 멸망하고 이성계는 조선을 건국하였다. 이성계는 위화도 회군 후 군사력을 장악하여 당시 우왕을 왕위에서 물러나게 하고 반대파 최영을 귀양 보내는 등 일종의 쿠데타를 일으킨 뒤 새로운 조선을 건국한 것이니, 이는 정의에 반한다고 생각할 수 있을 것이다. 하지만, 이성계와 그 일당들은 자신이 정의로운 일을 한다고 생각하지 않았을까? 당시 이성계는 요동 정벌을 반대하며 4가지 불가론을 내세웠는데, 작은 나라가 큰 나라를 치다가 오히려 화를 입을 수 있고, 일손이 바쁜 농사철에 군사를 동원하면 농사를 지을 수 없고, 요동 정벌을 위해 남쪽을 비우면 왜구의 침략을 받을 수 있고, 장마철이라 활에 먹인 아교가 풀릴 염려가 있고 군사들 전염병에 걸릴 우려가 있다고 주장했다. 결국 이런 점에 비추어 이성계와 그를 따르는 사람들은 고려를 지키려 하는 사람들이 무능하고 현실 판단력이 부족해 백성들을 도탄에 빠뜨릴 것이니 고려를 무너뜨리고 정권을 교체하는 것이 오히려 백성들에게도 이롭고 정의롭다고 생각하지 않았을까? 결국 이성계 일당은 자신들이 쿠데타가 아닌 역성혁명을 일으킨다고 생각했을 것이고, 자신들이 정의롭다고 생각했을 것이다. 반대로 이성계를 반대하며 고려를 지키고자 한 사람들은 이성계 일당을 왕의 명을 거역하는 반역자로서 정의에 반하는 사람들이라고 생각했을 것이다. 이처럼 각자가 생각하는 정의는 서로 반대일 수가 있다. 그래서 나만이 정의라고 외치기 전에 한 번씩 상대방의 입장을 생각해 보고 무엇이 정의인지를 다시 한 번 생각해볼 필요가 있다.

정의와 법적 안정성의 관계에 대해서도 위의 위화도 회군 사례를 들어서 생각해보자. 1392년 조선이 건국된 후에 한 10년이 지난 시점에서 누군가가 "조선을 왕의 명을 거역하고 쿠데타를 일으켜 세운 나라이다. 그러니 조선을 멸망시키고 다시 고려를 부활시키는 것이 정의로운 일이다."하고 주장했다고 가정해 보자. 이런 말에 어느 정도 동의하는 사람들도 있을 것이다. 그런데, 만일 1392년 조선이 건국된 지 400년이 지나 같은 말을 하는 사람이 있다고 가정해보자. 이미 400년 동안 안정적으로 조선이 유지되고 있는데, 이제 와서 나라를 뒤 엎자니 오히려 그런 주장이 법적 안정성에 반하고 오히려 더 부정의로운 것이 되는 것은 아닐까? 여기서 "정의의 극치는 부정의의 극치이다."라는 말이 나오게 되는 것이다. 이처럼 정의는 각자의 생각에 따라 달라질 수 있고, 또 정의와 법적 안정성은 서로 대립되는 개념이 될 수 있다.

더 생각해볼 문제

살인죄에 대한 공소시효를 폐지하도록 하는 법 개정이 또 다시 좌초됐다. 살인죄는 현행 형사소송법상 공소시효가 25년이다. 국회 법제사법위원회는 17일 법안심사1소위를 열고 살인죄의 공소시효 폐지를 골자로 한 형사소송법 일부개정법률안을 심사했다. 이 법안은 형소법에 '공소시효의 적용 배제' 조항을 신설, 형법상 살인이나 상해 · 폭행치사 등 모든 살인죄에 대한 공소시효를 배제토록 하는 내용을 골자로 하고 있다.

이 개정안은 지난 1999년 5월 대구에서 발생한 김태완 군(당시 6시)에 대한 황산테러 사건이 계기가 되어 일명 '태완이법'이라고도 불린다. 당시 김군은 괴한으로부터 황산테러를 당한 뒤 투병 중 숨졌다.

이날 소위에서는 법무부와 대법원이 살인죄의 공소시효 폐지에 긍정적 반응을 보이면서 소위 통과 가능성이 점쳐졌으나, 율사 출신 의원들의 반대로 결국 통과가 무산됐다.

여야 율사 출신 법사위원들은 법의 여러 이념을 고려하여, 신중한 접근을 해야 한다는 주장을 펼친 것으로 전해졌다.

1. 위 기사 사례에서 살인죄 공소시효 폐지의 찬반 입장은 각각 법의 이념 중 어느 것을 더 중요시하고 있는 것일까?

2. 위 기사 사례에서 살인죄 공소시효 폐지 찬반 논쟁은 결국 우리나라에서 어떻게 되었는지, 외국의 경우는 현재 어떠한가?

읽기 자료 1

라드부르흐(G. Radburch) 공식

라드브루흐 공식(Radbruchsche Formel)은 독일의 법철학자 라드브루흐가 제시한 "극도로 부정의한 실정법은 법이 아니다."라고 요약될 수 있는 공식으로서 다음과 같은 내용을 담고 있다.

"정의와 법적 안정성이 서로 충돌하는 경우 그 해결방식은 다음과 같을 것이다: 제정되고 그 집행이 권력에 의해서 보장되는 실정법은 설령 그 내용이 부정의하고 비합리적이라고 하여도 (정의의 원칙보다는) 일단 우선성을 가진다; 그러나 실정법이 너무도 참을 수 없을 정도로 정의에 위반하는 경우에는 '정당하지 못한 법'[惡法]이 되며 이때는 정의가 법적 안정성에 우선한다. (...) 그런데 정의가 단 한번도 추구되지 않은 경우, 즉 실정법의 제정 때 정의의 근본을 이루는 평등이 의도적으로 부인되고 침해되는 경우에는 그 실정법은 '정당하지 못한 법'[악법]조차도 못되며 법으로서의 자격 그 자체가 박탈되는 것이다.".

* 라드부르흐 공식이 의미하는 바에 대해 더 조사하여 보자.

1. 법이 지향하는 최고의 가치는 무엇일까?

2. 정의만을 추구할 경우 어떤 부작용이 있을 수 있을까?

읽기 자료 2

[공소시효 폐지 논란 ①]

"현실 반영 못해" vs "법적 안정성 중요" 찬반 팽팽

– 과학수사 발달 · 수사기법 고도화 따라 공소시효 폐지 주장도
– 수사 장기화 땐 '장발장 나온다'… 폐지 반대론도 만만치 않아

[헤럴드경제=문재연 기자] '김학의 별장 성접대 의혹'과 '장자연 사건' 등 과거 부실수사 논란이 일었던 사건이 재조명되면서 공소시효 제도를 손봐야 한다는 지적도 꾸준히 나오고 있다.

4일 국회에 따르면 그동안 형사소송법 개정이나 특례법 제정을 통해 특정 범죄에 대한 공소시효를 배제한 사례는 총 7건이다. 1995년 전두환, 노태우 전 대통령을 처벌하기 위해 5 · 18과 12 · 12 책임을 물을 수 있도록 '헌정질서 파괴범죄'에 한해 공소시효를 폐지하도록 한 게 첫 사례다. 2000년대 이후 '도가니 사건' 등을 계기로 장애인이나 아동을 대상으로 한 성범죄에 대한 비난 여론이 거세지면서 13세 미만자와 장애인 강간 범죄 등에 대한 공소시효를 없애는 법안도 4건이 통과됐다. 가장 최근 공소시효가 폐지된 사례는 일명 '태완이법'이다. 2015년 대구에서 여섯 살짜리 어린이에게 누군가가 황산을 쏟아 살해한 사건이 계기가 됐지만, 정작 사망한 '태완이' 사건은 이 법 적용을 받지 못해 영구미제가 됐다.

최근에는 '과거사 은폐' 행위에 대한 직권남용 범죄 공소시효를 폐지하자는 법안도 제출됐다. 더불어민주당 정춘숙 의원이 대표발의한 '반인권적 국가범죄 공소시효 배제 특례법'은 국가 공권력에 의한 반인권적 국가범죄의 조작, 또는 은폐 행위를 대상으로 하고 있다. 이 개정안에 대해 국회 법제사법위원회 전상수 수석전문위원은 "반인권 범죄를 조작, 은폐한 범죄에 대해서는 그 행위를 행한 정치세력이 집권한 동안에는 국가 소추권 행사에 장애가 있으므로, 공소시효 정지제도를 두는 취지에 부합한다고 보인다"고 평가했다. 다만 "공무원이 범죄를 범한 경우에만 공소시효를 정지하는 것은 형평성에 어긋난다는 문제가 제기될 수 있다"고 덧붙였다.

검찰 수사가 시작된 김학의 전 차관 사건도 공소시효 극복이 관건이다. 김 전 차관이 건설업자 윤중천 씨로부터 뇌물을 받았다는 사실이 밝혀지더라도, 수뢰액이 1억원을 넘지 않으면 7년의 공소시효가 완성된 것으로 종결될 가능성이 크다. 또 다른 수사대상인 곽상도 전 청와대 민정수석과 이중희 전 민정비서관이 진상 파악을 방해했다는 직권남용 혐의도 마찬가지로 7년의 공소시효에 걸릴 수 있다는 관측이 나온다.

공소시효 폐지를 둘러싼 법조계 의견은 분분하다. 공소시효는 시간이 흐르면서 증거가 사라지고 처벌효과도 떨어진다는 현실적인 문제를 근거로 마련됐다. 하지만 DNA감식 및 디지털 포렌식 등 과학기술의 발달로 나중에 증거를 발견할 가능성을 열어두고 공소시효를 유연성 있게 적용해야 한다는 목소리가 나오기 시작했다. 특수수사 경험이 많은 한 전직 검사장은 "최근 수사기관의 과학기술이 발전하면서 증거수집 능력도 높아졌고, 국민 자체의 라

이프사이클, 그러니까 기대수명 등도 늘어났기 때문에 법제도도 바뀌어야 한다"며 공소시효 폐지 논의를 긍정적으로 평가했다.

반면 폐지에 신중해야 한다는 목소리도 많다. 시간이 지날수록 증거 찾기가 어려워지는 데다 무작정 공소시효만 없앤다고 해서 범죄를 처벌할 수 있거나 예방할 수 있는 효과가 부각되지 않기 때문이다. 공소시효가 없다는 이유로 수사기관에서 수사를 장기화할 가능성도 제기된다.

부장검사 출신의 한 변호사는 "공시시효가 없으면 무고로 처벌받을 가능성도 높아진다"면서 "형사소송법은 (범죄자) 99명을 놓치더라도 무고한 한 사람을 처벌하면 안 된다는 원칙인데, 공소시효 폐지는 99명을 놓치면 안 된다는 시각을 반영하고 있다"고 지적했다. 대한변협 대변인을 지낸 최진녕 변호사도 "공소시효라는 게 법적 안정성이라는 측면도 있지만, 사회심리적인 측면에서도 안정성을 보장하고, 그 기간 동안 범죄자가 심리적으로 사실상 처벌을 받았다는 논거에 따라 생긴 것"이라고 설명했다. 최 변호사는 "한 번의 잘못으로 인해 언젠가는 다 처벌받을 것이라고 생각하면 '장발장'같은 인생은 있을 수가 없다"면서 "국민 여론을 따르더라도 긴 토론과정을 거쳐 입법을 통해 법제도를 조정하는 절차를 따라야 한다"고 말했다.

출처: http://news.heraldcorp.com/view.php?ud=20190404000144(헤럴드 경제 2019년 4월 4일 기사)

읽기 자료 3

[전문가 포럼] 다양한 가치의 존중과 적법절차(윤성근, 서울고등법원 부장판사)

제 가치만 내세운 싸움의 결과는 '파국'
상호 신뢰의 근거로써 적법절차 필요
그 심판 격인 법원의 판결 존중해야

한 번 가지게 된 생각을 바꾸기는 무척 어렵다. 사람은 누구나 자기 생각과 불일치하는 정보는 무시하고 자기 생각에 부합하는 정보만 선택적으로 수집하려는 심리 기제를 가지고 있다. 이런 편향에서 벗어나려면 대단한 의지와 노력이 필요하다. 일단 행동으로 나아간 뒤에는 더 그렇다.

삶의 근본적인 가치에 관한 다른 사람의 생각을 말로 설득해서 바꾸는 것은 거의 불가능하다. 상대방의 생각을 이해하고 존중하라는 것은 주례사에 단골로 등장하는 결혼생활 성공의 비결이다. 서로 사랑하고 믿는 부부간에도 이것은 노력을 필요로 한다. 그렇다면 서로 공통점이 별로 없고 심지어 이해관계가 대립하는 사람들이 상대방의 생각을 이해하고 존중하는 것은 얼마나 어려울 것인가.

세상에는 수많은 사람이 살고 있고 그 사람들이 믿고 지키려는 가치는 제각각인데 각자 자기의 가치를 남에게까지 구현하려 한다면 그 결과는 파국적이다. 종교를 포함한 이데올로기 진영 간의 갈등이 그렇게 되기 쉽다. 가까운 우리 역사에서 당파 간 싸움이 그런 것이었다. 각 당파는 진지한 철학적 입장이 있었고 타협할 수 없는 가치를 지키고자 했다. 오랜 당파 싸움은 결국 한 당파가 승리하고 상대방을 궤멸시킴으로써 종결됐다. 평화가 오는 듯했지만 한 가지 가치관의 철저한 추구는 동종교배를 통한 지적 유연성 상실로 귀결됐고, 변화하는 시대에 제대로 대응하지 못함으로써 마침내 나라 전체가 파국을 맞았다.

각 당파 또는 진영에서 신화적 이야기로 가득한 자기편 위인을 내세우고 상대측 인물을 악의 화신처럼 묘사하는 것은 가장 초보적인 자기중심적 세계관의 표출이다. 상대가 악 그 자체라면 싸워서 절멸시키는 것 외에 교섭이나 논의를 통해 무엇을 배울 수 있겠는가. 역사로부터 배우는 것이 없다면 결국 실수를 반복하게 될 것이다.

모든 논리는 극단으로 몰고 갔을 때 오류에 빠진다. 지나치게 철저한 가치 추구는 인간사회에서 구현되기 어렵다. 시민혁명을 거쳐 사회의 대전환이 일어났을 때 그 핵심적 가치는 자유였다. "자유가 아니면 죽음을 달라"는 연설은 우리의 피를 끓게 했다. 그러나 이제는 모두 그 자유를 극단적으로 추구하고 관철하는 것이 불가능하고 바람직하지도 않다는 점에 동의한다.

가치를 결여한 채 절차를 위한 절차를 좇는 도구적 이성의 공허함에 대해서는 마땅히 반성해야 한다. 법률기술자라는 비난은 이런 점을 지적하고 있다. 그러나 지나치게 가치 지향적이고 목적 지향적인 사회가 저지른 역사적 과오를 되돌아보며 절차적 정당성의 중요함을 잊지 않는 것은 대단히 중요하다. 민족사회주의(Natianalsozialismus)나 문화대혁명이 내세운 가치는 한때 많은 사람에게 열정적 지지를 얻은 바 있다.

유발 하라리는 현생 인류 성공의 비결이 상호주관적인 믿음을 바탕으로 서로 협력하는 능력에 있다고 했다. 프랜시스 후쿠야마에 따르면 한 사회의 신뢰 수준은 사회적 자본의 핵심이다. 신뢰는 사회 구성원들이 서로 믿고 존중하며 자발적으로 협력하는 것을 가능하게 한다. 사회적 신뢰야말로 인류 성공의 기초이며 국가 번영의 근간이다.

그렇다면 서로 믿고 협조할 수 있는 신뢰의 공통점을 어디에서 찾을 것인가. 다원적 현대 사회에서 단일 가치에 대한 합의는 거의 불가능하다. 사회 구성원의 동의가 상대적으로 쉬운 적법절차(due process)와 법치주의에 대한 합의가 이뤄져야 한다. 이들은 상호주관적 이데올로기로서 사회 구성원들이 믿으면 존재하고 믿지 않으면 존재하지 않는 것이다.

민주사회에서 법관은 적법절차의 심판을 맡고 있다. 법관의 재판에 대해 그 결론이 자신의 가치와 맞지 않는다는 이유로 공격하면 분쟁의 평화적 해결은 어려워지고, 사회적 자본으로서의 신뢰는 약화되며, 결과적으로 민주주의가 좌절된다. 사법에 대한 사회적 신뢰를 쌓기는 무척 어렵지만 훼손되는 것은 순간이다.

지난 신문기사를 검색해 보면 특정 재판에 대해 한쪽 진영에서는 드디어 정의가 죽었다고 비난하고 다른 쪽 진영에서는 마침내 정의가 실현됐다고 찬양하는 일이 서로 입장을 바꿔가며 거듭돼왔다. 이런 비난과 찬양은 모두 사법에 대한 사회적 신뢰를 해친다.

출처: https://www.hankyung.com/opinion/article/2018070928931, 한국경제신문 2018. 7. 9. 자

읽기 자료 4

'임진왜란 보상' 논란까지 부른 인천시 조례…쟁점은
인천상륙작전 폭격 피해 본 월미도 유족 지원에 초점
6 · 25전쟁 피해보상 차원 조례로 알려져 이념 논쟁 확산

인천상륙작전 당시 폭격 피해자를 지원하기 위한 인천시의회 조례가 정치권에서 이념 논쟁으로 번지고 있다.

26일 인천시의회에 따르면 '인천광역시 과거사 피해주의 생활안정 지원 조례안'은 이달 15일 시의회 기획행정위원회에서 가결 처리됐고, 오는 29일 본회의 의결 절차만 남겨 두고 있다.

조례 핵심은 1950년 9월 15일 인천상륙작전 당시 미군 폭격으로 숨진 월미도 민간인 희생자의 유족이나 피해 당사자에게 생활안정자금을 지급한다는 것이다.

비용 추계서를 보면 필요 예산은 연간 약 9천만원이며 지원 대상 인원은 30명 이내로 예상됐다. 조례가 제정되면 지원 대상자는 인천시로부터 1인당 월 20만~30만원의 생활안정 지원금을 받을 수 있게 된다.

이를 놓고 일부 매체는 더불어민주당 의원이 압도적 다수를 차지하는 인천시의회가 인천상륙작전 피해보상을 추진하고 있다며, 여당 입맛에 따라 역사를 소환하는 것 아니냐는 문제를 제기했다.

정치권도 즉각 반응했다.

자유한국당은 22일 대변인 논평에서 '이는 지역 주민을 위하는 것이 아니라 인천상륙작전의 역사적 의미를 깎아내리려는 시도이며 민주당의 얄팍한 정치적 술수'라며 '인천상륙작전으로 인한 피해를 보상해야 한다면 전쟁을 일으켜 막대한 피해를 야기시킨 북한 정권에 대해 피해 배상을 청구해야 옳다'고 지적했다.

한국당 김진태 의원도 성명에서 '인천상륙작전 피해를 보상하라고 한다. 민주당이 대다수인 인천시의회에서 피해보상 조례를 제정했다. 그럼 동학혁명까지 보상하고 병자호란 · 임진왜란 피해까지 다 보상해 줄 건가'라며 '6 · 25로 인한 피해보상을 해 주려면 전 국민에게 해줘야 한다'고 강조했다.

인천시의회는 그러나 이 조례가 피해주민에 대한 배상이나 보상이 아니라 지방자치법에 따른 최소한의 생활 안정자금을 지원하기 위한 것이라고 반박한다.

또 진실 · 화해를 위한 과거사정리위원회가 정부에 권고한 지원 조치 중 지방정부 차원에서 이행할 수 있는 지원부터 이행하려는 것이라는 점을 강조한다.

과거사정리위원회는 2008년 '월미도 미군 폭격 사건' 조사 보고서에서 '미군 항공기가 인천상륙작전을 시도하는 과정에서 작전상 주요 전략지인 월미도를 폭격해 민간인 거주자 100여 명이 희생된 것으로 추산된다'며 실질적인 피해보상 방안을 찾고 원주민의 귀향, 위령제 지원 등 명예회복 조치 등을 적극 강구하라고 정부에 권고했다.

시의회는 조례 발의에 앞서 법제처 유권해석도 받았다고 설명했다.

시의회는 작년 8월 법제처에 문의한 결과 '지방자치단체가 진실규명 등을 통해 피해자에게 생활안정자금을 지원하는 것은 주민 생활안정과 복지증진 차원의 업무로 지방자치법 9조 자치사무로 볼 수 있다'는 요지의 답변을 받았다며 조례에 아무런 문제가 없다는 입장이다.

시의회는 앞서 2011년과 2014년에도 월미도 피해주민 지원 조례를 제정하려 했지만 전쟁 관련 피해보상은 국가 사무에 해당한다는 등의 이유로 부결되자, 이번에는 국가 사무로 볼 수 있는 조사 · 진실규명 등에 대한 사항은 제외하고 생활안정과 복지에 집중해 조례를 마련했다고 부연했다.

이 조례를 대표 발의한 안병배 시의원은 "지금의 대한민국이 존재할 수 있게 한 인천상륙작전의 역사적 의의를 누가 깎아내리겠는가"라며 "이번 조례는 전쟁 피해보상 성격이 아니라 생활안정과 복지증진 등 인도적 차원의 지원에 초점을 맞춘 것"이라고 강조했다.

사실 월미도 피해주민을 위한 지원 조례는 이번이 처음은 아니다.

인천시의회는 2015년 9월 월미도 피해주민에게 위령제 비용을 지원하는 '한국전쟁 전후 민간인 희생자 위령 사업 지원에 관한 조례안'을 가결 처리했다. 이 조례는 민주당 의원이 아니라 한국당 전신인 새누리당 김정헌 시의원이 대표 발의했다.

조례에 따라 월미도 피해주민들은 인천상륙작전 기념일을 즈음해 500만원 이내 지원금으로 희생자를 위한 위령제를 지내고 있다.

출처: https://www.yna.co.kr/view/AKR20190326100300065?input=1195m (연합신문 2019년 03월 26일자 기사)

제2장 법치주의와 민주주의

고대 그리스의 철학자 아리스토텔레스는 공동체를 떠나 살 수 없는 인간의 특성을 가리켜 '인간은 정치적 동물'이라고 하였다. 인간은 오랜 세월 동안 시행착오를 거치면서 민주정치를 발전시켜왔고, 민주주의의 발전은 법치주의의 확립과 밀접한 관계가 있다.

1. 정치의 의미

정치의 의미를 한마디로 정의하기는 어렵지만, 정치학자 이스턴(Easton, D.)은 정치를 '희소한 가치의 권위적 배분'이라고 정의하면서 한정된 사회 가치의 분배 과정을 정치의 중심으로 보았다.

사람들이 추구하는 가치는 명예, 물질, 사회적 지위 등으로 다양하지만 이러한 가치는 상대적으로 제한되어 있기에, 이러한 가치를 추구하기 위해 서로 이해관계의 대립과 충돌이 일어나기 마련이다. 이러한 이해관계의 대립과 충돌을 해결하는 것이 정치이다. 다시 말해, 정치는 개인과 개인, 개인과 집단, 집단과 집단 등 일체의 사회 구성 요소들 사이에 발생하는 이해관계의 대립과 충돌을 해결하고, 사회의 통합과 질서를 유지하는 행위를 말한다.

이러한 정치의 의미는 대체로 좁은 의미의 정치와 넓은 의미의 정치로 구분하여 설명된다. 좁은 의미의 정치란 대통령이나 국회의원의 활동과 같은 정치인들이 하는 활동. 즉, 정치권력을 획득하고 행사하는 활동으로, 국회에서 법률을 만들거나, 정부가 정책을 수립하여 집행하는 활동 등을 말한다. 이에 반해 넓은 의미의 정치는 국가 수준은 물론이고 개인이나 집단의 일상생활 영역에서 사회 구성원들 간의 다양한 이해관계나 갈등을 합리적으로 조정하고 해결해 가는 과정. 즉, 우리 주변에서 일어나는 크고 작은 갈등을 해결하는 과정을 말한다.

2. 정치를 보는 다양한 관점

정치를 보는 관점으로는 크게 국가 현상설과 집단현상설이 있다. 국가 현상설은 정치가 물리적 강제력을 독점하고 있는 국가에서 나타나는 국가 특유의 현상이라고 보고, 정치를 국가의 통치 기구를 중심으로 전개되는 활동으로 이해한다. 이와 달리 집단현상설은 정치가 국가를 포함한 모든 사회 집단에서 나타나는 현상이라고 보고, 정치를 사회 집단이나 사회 영역에 있어서의 권력의 형성, 분배 및 행사와 관련되는 현상으로 이해한다. 전자는 국가를, 후자는 권력을 강조하는데, 전자의 경우 국가 형성 이전의 정치 현상을 설명하는 데 한계가 있고, 후자의 경우 시민 단체 회원들이 소속 단체의 대표를 선출하는 것도 정치 현상으로 간주한다.

3. 정치의 기능

홉스는 자연 상태를 만인의 만인에 의한 투쟁 상태로 보았고, 그래서 이러한 투쟁 상태를 극복하기 위해 인위적으로 만들어 놓은 고도의 정치적 산물이 바로 국가라고 하였다. 이렇듯 국가를 전형적인 정치 집단으로 보는 관점에서는, 사회적 갈등을 해결하고 질서를 유지하는 것이 곧 국가의 기능이자 정치 기능이다.

근대 시민사회의 성립 이후 20세기 초까지는 입법 · 사법 · 행정 작용을 중심으로 국가 기능 또는 정치 기능을 이해하였다. 그러나 시민 단체를 비롯한 다양한 집단의 정치 참여가 활발한 오늘날에는 이해관계의 조정, 정부 정책의 감시와 비판, 정치적 의사의 형성 등과 같은 새로운 정치 기능이 생겨나고 있다. 즉, 시민 스스로 정치의 주체가 되어 정치에 적극 참여함으로써 공적 영역을 활성화하고 이를 정치화하는 기능이 확대되고 있는 것이다.

요컨대, 정치는 개인이나 집단 간에 발생하는 대립과 갈등을 조정하여 사회를 통합하고 사회질서를 유지하는 기능을 한다. 또한 이 과정에서 여러 가지 사회 문제의 해결책을 마련하고, 사회가 나아가야 할 방향을 제시하기도 한다.

4. 근대 민주 정치와 시민혁명

권력이란 무엇인가?

라스웰(H. D. Lasswell)은 권력을 의사 결정 과정에서 나타나는 다른 사람을 지배하는 힘으로 보았다. 만일 A가 정책 결정에 참여하면서 B가 제안한 정책에 영향을 미치게 될 경우 A는 B에 대해 권력을 갖는 것이라고 설명하였다.

고대 아테네에서 나타났던 민주 정치는 이후 민주주의의 암흑기라 할 수 있는 중세 봉건국가와 근대 초기의 절대 왕정국가를 지나 17~18세기에 들어와서야 시민 혁명을 통해 부활하였다. 천부 인권 사상을 토대로 하여 일어난 시민 혁명은 영국의 명예혁명[1], 미국 독립 전쟁[2], 프랑스 시민혁명[3]이 대표적이다. 이들 시민 혁명은 공통으로 전제와 억압으로부터의 해방, 즉 자유 이념을 주창하는 한편 그러한 자유가 모든 사람에게 평등하게 보장되어야 한다는 평등 이념을 내세웠다. 이러한 시민 혁명은 주로 상공업으로 재산을 축적한 자본가 계층에 의해 주도되었고, 이들은 불평등한 사회 구조를 개혁하고 정치적 자유를 확대하여 천부 인권을 실현하고자 하였다. 그 결과 시민이 선출한 대표가 의회를 구성하고, 의회에서 제정된 법에 따라 정치가 행해지는 법의 지배가 확립되었다. 시민 혁명은 시민 계급을 중심으로 절대 왕정을 타파하고 자유롭고 평등한 사회를 건설하여 노력한 결과 일어난 정치적 · 사회적 대변혁이라고 할 수 있다.

영국의 명예혁명은 국왕의 전제 정치에 저항하여 *입헌주의를 확립한 사건이었다. 명예혁명의 결과로 왕권에 대한 의회의 우위를 확인한 권리장전이 승인되면서 의회정치를 확립하는 중요한 진전을 이루게 되었고, 이로써 영국은 전제 군주제 국가에서 입헌 군주제 국가로 거듭나게 되었다.

미국독립혁명은 영국의 부당한 식민 지배에 대항하였던 권리 수호 운동인 동시에 독립전쟁이었다. 미국 독립 전쟁은, 당시 영국의 식민지였던 북아메리카 13개 주(州)가 힘을 합쳐 독립을 달성한 사건이다. 이 전쟁은 민주적인 정치 형태의 도입을 가져왔기 때문에 식민지와 본국 간의 단순한 전쟁이 아니라 독립 혁명으로 평가된다. "대표 없이는 과세 없다."라는 전쟁 당시 식민지인들이 내건 구호에서 국민주권 및 입헌주의 사상을 엿볼 수 있으며, 이러한 사상은 독립 선언에 담겨 있다.

프랑스 시민혁명은 당시 국민 의회가 채택한 인권 선언을 통해 봉건적인 신분 제도로 인

1) 영국 명예혁명(1688년)은 제임스 2세의 전제정치에 반대하여 의회가 주도한 혁명이다. 제임스 2세가 프랑스로 도주함으로써 무혈 혁명으로 끝나게 되어 피를 흘리지 않은 혁명이란 뜻으로 명예혁명으로 불린다.
2) 미국 독립혁명(1776년)은 아메리카 대륙이 영국의 식민 지배로부터 벗어나려고 한 데서 비롯된 혁명이다. 세금 부과를 놓고 발생한 갈등이 식민지 독립전쟁으로 이어졌고, 아메리카 대륙 세력이 승리하여 민주공화국 미국이 수립된다.
3) 프랑스 시민혁명(1789년)은 루이 16세를 비롯한 소수 특권 계층에 비해 정치 · 경제적 자유와 권리가 제한되었던 제3신분 시민들이 자유 · 평등 · 박애를 이념으로 내걸고 새로운 사회를 건설하려고 했던 전형적인 시민 혁명이다.

해 만들어진 불평등한 사회 구조를 무너뜨리고, 자유와 평등과 같은 인간의 천부적인 권리가 시간과 장소를 초월하는 보편적인 권리임을 선언하였다. 혁명 당시 시민은 국왕의 신민(臣民)으로서 과중한 세금과 빈곤에 시달리고 있었고, 성직자와 귀족 소수만이 특권을 누리고 있었다. 이러한 상황에서 인간의 이성을 강조하며 전제 정치와 교회를 규탄하는 계몽사상이 널리 퍼지면서, 구시대의 사회적 모순을 극복하고 인권을 보장받기 위해 시민이 혁명을 일으켜 얻은 성과가 인권 선언이다.

이러한 시민 혁명은 근대 민주 정치를 등장시킨 역사적 사건으로서 큰 의의를 가지지만, 시민 혁명 이후에도 정치에 참여할 수 있는 자격은 여전히 신분이나 재산에 따라 제한되었으며, 대다수의 노동자, 농민, 여성들은 정치 참여 기회를 갖지 못하는 등 근대 민주 정치 역시 일정한 한계를 지니고 있었다.

5. 현대 민주 정치와 참정권의 확대

시민혁명이 성공을 거두었음에도 불구하고, 19~20세기 이전까지는 정치에 참여할 수 있는 시민이 제한되어 있었다. 신분이나 재산, 성별 등에 따라 선거권을 차별화해서 부여하는 참정권의 제한이 계속되어 왔다. 1830년대 후반부터 영국에서 전개된 *차티스트 운동[4]은 노동자 계층의 선거권을 확대하는 계기가 되었다. 19시기 중반부터 미국, 영국 등에서 중산층 여성들을 중심으로 일어난 여성 참정권 운동은 미국의 경우 1920년, 영국은 1928년에 여성 참정권을 인정하면서 결실을 보았다. 또한 미국에서는 1950~1960년대의 흑인 민권 운동에 힘입어 1965년에 선거에서의 흑백 차별이 금지되었다. 이와 같은 선거권의 확대는 성별, 재산, 신분 등과 관계없이 일정 연령 이상의 모든 국민에게 선거권을 부여하는 보통 선거 제도의 도입으로 이어졌다. 모든 성인 남녀에게 선거권을 부여하는 보통 선거제가 정착된 것은 2차 세계 대전 후의 일이다.

6. 현대 민주 정치의 특징과 과제

현대 민주 정치는 대체로 보통 선거에 기반을 둔 대의 민주제를 특징으로 한다. 대부분의 민주 국가들은 성별, 재산, 인종 등에 관계 없이 일정한 연령에 도달한 모든 사람들에게 선거

4) 산업혁명 후 영국에서 소외 계층이 선거법 개정을 요구하여 1832년 제1차 선거법이 개정되었으나, 이 혜택을 받지 못한 노동자들이 1928년 인민헌장을 내걸고 선거권 획득을 위해 전개한 참정권 확대 운동

권을 부여하고, 선거를 통해 대표자를 선출하면, 대표자들이 모여 의회에서 법을 만들고 정책을 결정하는 대의 민주 정치[5]를 원칙으로 한다. 단, 대의 민주 정치에서는 대표자를 통해 의사결정이 이루어지기 때문에 시민들의 의사가 정책에 정확히 반영되지 못하는 경우가 종종 발생하므로, 이러한 문제점을 해결하기 위해 국민투표,[6] 국민발안,[7] 국민소환[8]과 같은 직접 민주제적 요소나 공청회나 토론회와 같은 시민의 정치 참여 기회를 확대하고 있다.

최근에는 정보통신 기술의 발달에 따른 전자민주주의의 등장으로 시민들이 인터넷과 같은 전자 매체를 통해 자신의 의사를 보다 직접적으로 정책에 반영하는 것이 가능해졌다. 전자 민주주의는 대의 민주 정치의 한계를 보완할 수 있다는 점에서 주목 받고 있다.

또한 사회의 공공 이익을 추구하는 사람들이 자발적으로 조직한 시민단체는 대의민주제가 지니는 문제점을 보완할 수 있는 대안으로서 주목 받고 있다. 시민 단체는 사회적 연대를 통해 개인적인 정치 참여가 지니는 한계를 극복하고, 입법 과정에서부터 정책의 결정과 집행에 이르기까지 일련의 정치 과정에 직접적인 영향력을 행사하여 시민의 의사에 기반을 둔 민주 정치를 실현하기 위한 활동을 전개한다.

7. 법치주의의 의미

법치주의는 '인(人)의 지배'나 '힘의 지배'가 아닌 '법에 의한 통치'를 의미한다는 점에서, 민주국가의 통치구조를 지배하는 기본원리이다. 근대 민주 정치는 신정(神政)이나 왕정을 대신하여 법의 지배, 즉 법치주의를 근본 원리로 채택함으로써 시민의 인권을 보장하려 하였다.

근대적 의미의 법치주의는 17세기 영국에서 '법의 지배'가 확립되고, 18세기 독일에서 '법치 국가' 이념이 형성되면서 확립되기 시작하였다. 절대 왕정 시기에 국왕의 자의적인 법집행으로 인한 폐해를 경험하면서 도덕성과 합리성을 구비한 법에 따라 국가 운영이 이루어질 때 국민의 자유와 권리가 보장될 수 있다는 인식이 싹트게 되었던 것이다.

법치주의란 국가의 운영이 국회가 미리 제정한 법률에 근거하여 수행되어야 한다는 민주정치의 원리를 말한다. 법치주의에 따르면 국민의 기본권을 국가가 함부로 제한할 수 없

5) 대의 민주 정치란, 국민이 대표자를 통해 간접적으로 정치에 참여하는 정치 형태로, '대의제' 혹은 '간접 민주 정치'라고도 한다.
6) 국민투표: 국가의 주요 정책 결정에 대해 국민이 투표를 통해 직접 의결하는 제도
7) 국민발안: 국민이 직접 헌법 개정안이나 중요한 법률안을 제출할 수 있는 제도.
8) 국민소환: 선거에 의해 선출된 대표 중에서 유권자들이 부적격하다고 생각하는 자를 임기가 끝나기 전에 투표에 의하여 파면시키는 제도

고, 자의적인 지배가 금지되며 법률에 근거한 공권력 행사만이 허용된다. 또한, 법률로 금지되는 행위와 그에 따른 결과를 분명히 함으로써 국민이 법률에 의하지 않고는 어떠한 불이익이나 제재를 받지 않기 때문에 안정적인 생활을 영위하게 된다. 이렇듯 법치주의는 국가 권력을 법에 구속함으로써 국민의 자유와 권리를 옹호하는 것을 목적으로 삼고 있다. 어떠한 국가라도 그 국가의 통치적 작용은 한 개인의 의사나 혹은 힘을 바탕으로 한 물리적인 폭력에 의하여 이루어져서는 아니 되고, 법에 의한 지배가 이루어져야 한다. 말하자면 법에 의한 통치 즉 법치주의가 지배해야 함을 뜻하는 것이다.

법치주의(法治主義)라 함은 국가가 국민의 자유와 권리를 제한하거나 국민에게 새로운 의무를 부과하려 할 때에는, 반드시 국민의 대표기관인 국회가 제정한 법률에 의하거나, 아니면 그에 의한 근거가 있어야 한다는 원리를 말한다. 따라서 법치주의는 '사람의 지배'나 '힘에 의한 지배'가 아닌 '법에 의한 통치'를 의미한다는 점에서 오늘날과 같은 대의제 민주주의에 있어 통치의 가장 기본적인 원리가 된다. 그러므로 대의제 민주주의에 있어서는 국민의 자유와 권리를 제한하거나 새로운 의무를 부과하는 경우에는 반드시 법률에 의하여야 하고 그 법률은 헌법에 규정된 입법기관이 헌법에 규정된 절차에 따라 제정되어야 한다. 뿐만 아니라 그 법을 집행하는 것도 법적인 근거를 두고 이루어져야 하며, 그에 대한 옳고 그름의 판단 즉, 사법작용도 법률의 존재를 전제로 하여 이루어져야 한다. 따라서 법치주의는 법률의 우위, 그리고 행정의 합법성(合法性), 그리고 법률에 의한 재판을 의미하기도 한다.

우리나라 현행 헌법은 제37조 ②항은 『국민의 모든 자유와 권리는 국가안전보장 · 질서유지 또는 공공복리를 위하여 필요한 경우에 한하여 법률로써 제한할 수 있으며, 제한하는 경우에도 자유와 권리의 본질적인 내용을 침해할 수 없다.』라고 규정하여 대한민국이 법치주의 국가임을 확인해주고 있다.

8. 법치주의의 이론의 전개

근대적인 법치주의 이론은 근대 합리주의적 자연법론자인 17세기 독일의 푸펜도르프(S. Pufendorf)[9]로부터 시작된 천부인권사상이 18세기의 시민혁명과 결합하고, 뒤이어 개인

9) 푸펜도르프(S. F. v Pufendorf, 1632~1694)는 독일의 유명한 법학자인 동시에 역사가요 정치가이다. 1661년 이래 독일 하이델베르그대학의 자연법과 국제법교수로 재직하였고, 그 후 스웨덴의 룬드대학의 교수를 역임하였다. 그는 자연법의 기초를 자신을 위한 심리로부터 나온 인간의 사회성에 두고, 국가의 목적을 사회의 평화 및 안전에 있다고 생각하였다.

적 자유의 보장과 함께 국가권력의 제한을 내용으로 하는 권력분립이 주장되면서 본격적으로 전개되었다. 법치주의 이론의 전개는 각 국가마다 역사적 · 정치적 상황에 따라 그 내용과 성격을 달리하는 것이나 그 기본적 유형으로는 영국의 '법의 지배'(rule of law) 이론과 독일의 '법치국가'이론이다.

영국에서의 '법의 지배'이론은 중세 이래 영국에서 일관된 법의 원리이자 법이념으로서 지배자의 전횡적인 권력의 행사를 억제할 목적으로 전개된 이론이며 '법의 우위(supremacy of law)'라고도 한다. 나아가 이 이론은 명예혁명(glorious revolution)[10]을 통하여 제도화되었으며, 당시 영국의 유명한 헌법학자 다이시(A. V. Dicey)[11]에 의하여 이론적으로 체계화되었다. 또한 이 이론은 미국에서 발달한 법원에 의한 위헌법률심사제도와 사법권 우위의 논리의 전개에 영향을 미치기도 하였다.

독일에서의 법치국가 이론은 다른 나라에서는 발견할 수 없는 독일 특유의 것으로서 소위 경찰국가나 관료국가에 대립하는 개념으로 성립하였다. 고전적 법치국가론의 주장 중 마이어(O. Mayer)[12]의 '법률우위의 원칙', 특히 '행정의 합법률성'을 바탕으로 하는 국가가 법치국가라고 하는 주장이 후에 칼 슈미트(C. Schmitt)[13]에 의하여 '법치국가란 국가권력의 제한과 통제가 존재하고, 시민적 자유가 보장되며, 국가권력의 상대화체계가 존재하는 국가'라고 하는 이론으로 발전하였다. 그러나 이러한 이론들은 모두 시민적 법치국가에 있어 형식적 법치주의를 의미하는 것이었다.

9. 형식적 법치주의와 실질적 법치주의

근대 민주국가에서의 법치주의는 국가권력의 행사가 법률이 정하는 절차와 내용에 근거하여 이루어져야 한다는 형식적 법치주의의 의미를 지니고 있었다. 형식적 법치주의는 법치주의를 소극적으로 정의하여 의회가 적법한 절차를 거쳐 법을 제정하고 그 법에 따라 통

10) 1688년 영국에서 일어난 정치적 시민혁명으로 유혈사태가 없었기 때문에 붙여진 이름이다.

11) 다이시(A. V. Dicey, 1835~1922)는 옥스퍼드대학의 영국보통법교수로서 그의 대저서 「헌법론」(Introduction to the study of the law of the constitution, 1885)에서 영국의 헌법을 '오스틴' 학파의 분석방법에 따라 분석하여, 프랑스나 독일 등 대륙 여러 나라의 헌법 · 행정법과 비교하면서 의회주의와 '법의 지배'와의 양 원칙을 명백히 하였다.

12) 마이어(O. Mayer, 1846~1924)는 독일의 공법학자로서 종래의 국가학적이고 행정학적인 방법에 의한 행정법의 연구를 극복하고, 법학적 방법에 의한 독일행정법학의 이론적 체계화를 확립한 학자이다.

13) 슈미트(C. Schmitt, 1888~1985)는 독일의 공법학자로서 전체주의적 사상을 지닌 학자로 보기도 하지만 '나치'의 견해와는 달라 전체주의의 어용학자는 아니었다. 그는 정치적 현실주의에서 켈젠(H. Kelsen)의 규범주의에 비판을 가하고, 독특한 구체적 질서사상을 설명한 학자이기도 하다. 헌법학을 비롯하여 공법학계에 많은 업적을 남겼다.

치가 이루어지기만 하면, 법의 목적이나 내용은 문제 삼지 않아, 의회 다수당의 횡포나 독재를 견제하지 못하는 한계가 있었다. 그리하여, 형식적 법치주의는 외형상으로는 통치의 합법성을 갖춘 것처럼 보이지만, 독일 나치(Nazi)의 통치와 같은 다수의 횡포와 독재 체제를 옹호하는 논리로 악용되는 한계가 있었다.[14] 형식적 법치주의에서는 독재권력이 법률을 개인의 권익보호를 위한 장치로서가 아니라 개인을 억압하기 위한 수단으로 악용하는 사례가 드물지 않았다. 이런 경우에 법치주의는 법률을 도구로 이용한 합법적 지배, 즉 외형적 법률주의를 의미할 뿐이었다. 제2차 대전으로 독일 등 파시즘 제국이 패망하자 형식적 법치주의는 자취를 감추고 실질적 법치주의가 그것을 대신하게 되었다.

그래서 현대 사회로 오면서 법치주의는 행정과 사법뿐만 아니라 입법 행위를 포함하여 국가의 모든 통치행위가 인간의 존엄성, 실질적 평등과 같은 정의에 부합해야 한다는 실질적 법치주의로 이해되게 되었다. 즉, 형식적 법치주의가 통치의 합법성만을 강조하는 것에 비해, 실질적 법치주의는 통치의 합법성과 함께 정당성도 강조한다. 대부분의 민주국가에서 법률의 내용이 헌법에 어긋나는지를 심판하는 위헌법률 심사제와 행정의 사법적 통제, 권력 분립 제도, 사법권의 독립 등을 채택하여 실질적 법치주의를 실현하고 있다. 형식적 법치주의는 단순히 '법에 의한 지배'를 의미하는 것으로, 법의 내용이 무엇이든지 그에 부합하면 된다는 것이며(합법성 강조), 실질적 법치주의는 합법성뿐만 아니라 법의 목적과 내용이 정의에 부합하는 정당한 것이어야만 그 법의 지배를 허용한다는 것이다(정당성 강조).

오늘날 실질적 법치주의를 중시하는 이면에는 법치주의의 본래 목적인 국민의 자유와 권리를 실질적으로 보장하려는 의도가 작용하고 있는 것이다.

14) 히틀러가 1933년 3월 24일에 공포한 「국민 및 국가의 위기 극복에 관한 법률」, 즉 수권법(授權法)은 "라이히 법률은 라이히 헌법이 규정하고 있는 절차에 의하는 외에, 라이히 정부에 의해서도 의결될 수 있다(제1조). 라이히 정부가 의결하는 법률에는 라이히 헌법과는 다른 규정을 둘 수 있다(제2조)."라는 조항을 포함하고 있다. 의회의 동의 없이 정부가 법률을 제정하는 것이 가능하도록 만든 이수권법은 '독재로 통하는 다리'라고 불리기도 했으며, 이후 나치는 「창당 금지 법」, 「제국문화부 설립 법령」, 「편집인 법」, 「영화법」 등을 제정하여 일당 독재를 강화해 나갔다. 수권법(授權法)은 법의 형식과 절차만을 중시한 형식적 법치주의에 가까운 법이라고 할 수 있다. 적법 절차를 거쳐 법이 제정되기만 하면 그 법의 목적이나 내용을 문제 삼지 않는 것을 형식적 법치주의라고 한다. 형식적 법치주의는 의회 다수당의 횡포나 대중을 선동하여 등장한 독재자의 전제를 견제할 수 없었고, 오히려 형식적 통치 원리로서의 법치주의가 권력자의 통치권을 강화하는 데 일조하는 역기능을 낳고 말았다.

10. 실질적 법치주의 이론의 등장

시민적 법치국가에서 형식적 법치주의는 '모든 행정과 사법적 판단(재판)은 의회가 만든 법률에 적합하도록 행해져야 한다는 것이지, 그 적용되는 법률의 목적이나 내용에 대하여는 일체의 이의를 제기하지 아니하는 이른바 형식적인 합법주의'를 의미하는 것이었다.

즉, 형식적 법치주의는 법에 의하기만 하면 어떠한 내용의 법이라도 상관없다는 것이므로 새로운 형태의 독재를 가능하게 하였다. 따라서 법은 개인의 권익을 보호하고 국가권력을 통제하는 수단이 아니라 오히려 국민을 억압하는 수단으로 작용하였고, 이러한 법치주의는 형식적으로는 법의 지배이나 실질적으로는 '합법적 독재'를 인정한 것이나 마찬가지였다. 제2차 세계대전의 결과는 이러한 형식적 법치주의를 종식시켰고, 이에 대한 비판이 가해지면서 새로운 차원의 법치주의를 지향하게 되었다. 우리는 이를 실질적 법치주의라 부른다.

실질적 법치주의란 오늘날 국가가 국민의 자유와 권리를 제한하거나 국민에게 새로운 의무를 부과하려 할 때에는 반드시 국회가 제정한 법률에 근거하여야 한다는 형식적 법치주의와 더불어 그 법률의 목적과 내용도 사회정의에 합당한 것이어야 함을 요구하는 법치주의를 말한다. 이러한 의미에서 실질적 법치주의는 인간의 존엄성 확보, 실질적 평등의 유지, 법적안정성과 정의실현을 위한 통치원리이다. 요컨대 형식적 법치주의가 통치의 합법성을 강조하였다면 실질적 법치주의는 통치의 정당성을 특징으로 한다는 차이가 있다.

11. 우리나라의 법치주의

우리나라에서 분명 법치주의는 실현되고 있으나, 헌법을 위시한 성문법의 체계 내에서 법치주의의 실현에 대한 명문규정은 없다. 그러나 우리나라의 헌법에서는 법치주의를 구성하는 요소들과 그 법치주의를 실현할 수 있는 구체적인 방법들이 상당히 많이 규정되어 있다. 이를테면 우선 기본적으로 성문헌법주의를 채택한 것과 기본권보장의 선언,[15] 통치권력의 분립구조(헌법 § 40, § 66④, § 101) 등을 비롯하여, 행정과 재판뿐만 아니라 법률까지도 정당한 것이 되도록 하기 위하여 이들이 헌법에 어긋나는지 어떤지를 심사하도록

15) 헌법 제2장 '국민의 권리와 의무' 내의 제10조(인간의 존엄성과 기본인권보장), 제11조 제1항(국민의 평등), 제12조 제1항(신체의 자유) 등을 비롯하여, 제34조 제1항(인간다운 생활을 할 권리)과 제37조 제2항(국민의 자유와 권리의 존중과 제한) 등 대부분의 조문들이 이에 해당된다.

하는 위헌법률심사제도의 채택(헌법 §107①, ②), 탄핵심판[16] 등은 우리나라의 법치주의를 실현할 수 있는 제도들이다.

또한 행정부에 대한 포괄적 위임입법의 금지 및 행정의 합법률성과 행정의 사법적 통제,[17] 국가권력행사의 예측가능성 보장(헌법 §89~§96, §102③) 등도 법치주의의 실현을 가능하게 하는 것들이다.

16) 탄핵 심판 제도는 고위 공무원이나 특수한 직위에 있는 공무원이 직무와 관련해 헌법이나 법률에 어긋나는 행위를 하였을 때, 국회가 해당 공무원을 탄핵 의결(탄핵 소추)하면 헌법재판소가 심판을 통해 그 공무원을 해당 공직에서 파면하는 제도이다.

17) 헌법 제75조에는 "대통령은 법률에서 구체적으로 범위를 정하여 위임받은 사항과 법률을 집행하기 위하여 필요한 사항에 관하여 대통령령을 발할 수 있다"고 하여 법치주의 원칙에 반하는 포괄적 위임입법을 금지하고 있다.

읽기 자료 1

탈원전 논란과 관련한 민주주의와 법치주의의 갈등 사례

다음의 기사와 논설을 서로 비교하여 읽고, '민주주의와 법치주의의 관계', '법의 이념'에 대해 생각해 보자.

윤건영 "원전 수사 민주주의 도전"에 野 "MB 대운하는 왜 저지했나"

더불어민주당 윤건영 의원이 '월성원전 1호기 폐쇄'에 대한 감사원 감사 및 검찰 수사를 '민주주의에 대한 도전'으로 규정하며 '경고장'을 날리자 야권에서는 "MB의 '한반도 대운하'는 민주당은 왜 저지했나" "민주주의 기본도 모르는 아전인수의 극치"라는 비판이 쏟아졌다.

문재인 정부 청와대 국정상황실장을 지낸 윤 의원은 지난 13일 페이스북을 통해 "월성 1호기 폐쇄는 (문 대통령이 당선된 2017년) 19대 대선 공약이었고, 선거를 통해 국민의 지지를 받았다"며 "이는 감사 대상도, 수사 대상도 될 수 없다"고 주장했다. 그는 "월성 1호기를 둘러싸고 벌어지는 일들이 매우 위험해 보인다"며 "감사원과 수사기관은 국민의 선택을 받은 정부가 공약을 지킨다는 너무나 당연한 민주주의 원리를 위협하고 있다"고 했다.

윤 의원은 "문서 파기 등 정책 집행 과정의 오류, 행정적 과오에 대해선 감사와 수사가 가능하다"면서도 "월성 1호기 폐쇄 (정책) 그 자체는 감사와 수사의 대상이 될 수 없다"고 밝혔다. 이어 "(월성 1호기 조기 폐쇄) 공약은 문 대통령의 당선을 통해 국민으로부터 '추진해도 좋다'는 승인을 받았다. 취임 이후에도 문 대통령은 공개적으로 지진에 취약한 월성 1호기 조기 폐쇄 계획을 여러 차례 밝혔다"면서 "이런 상황에서 월성 1호기 조기 폐쇄 정책 그 자체를 감사 또는 수사한다는 것은 민주주의에 대한 정면 도전"이라고 했다.

그는 감사원과 검찰을 향해 "분명히 경고한다. 선을 넘지 마라"고 했다.

◇ 김기현 "말도 안 되는 궤변으로 불법 옹호"

이에 대해 국민의힘 김기현 의원은 15일 페이스북에 "저지른 불법이 크다 보니 수사 칼날이 청와대를 향하자 겁이 나긴 나는 모양"이라며 "유효투표수의 절반에도 미치지 못하는 41%의 낮은 득표율로 당선돼 놓고 어디다 대고 감히 '국민 명령' '민주주의 도전'을 운운하는 것이냐"고 했다.

김 의원은 이어 "여당 주장대로라면 MB의 '한반도 대운하'는 국민의 명령인데 민주당은 이것을 왜 저지했나? 이를 좌초시킨 민주당은 민주주의에 대한 정면 도전으로 역사의 단죄를 받아야 할 죄인인 셈"이라며 "비판이든 옹호든 뭐라도 하려거든 자신들이 야당 때 했던 말과 행동을 한 번 살펴보고 했으면 좋겠다. 주워 담지도 못할 궤변을 듣고 있기가 참 불편하다"고 했다.

그는 "문 대통령의 복심이라는 윤건영 의원이 앞장서서 이런 말도 안 되는 궤변으로 월성 원전1호기 불법폐쇄를 옹호하는 걸 보니 몸통이 누군지 넉넉히 짐작된다"며 "울산시장 선거 공작 사건의 몸통도, 드루킹 댓글 조작사건의 몸통도, 월성 원전1호기 불법폐쇄의 몸통도 결국 똑같이 한 곳을 가리키고 있다"고 말했다.

김 의원은 "월성 원전1호기 불법폐쇄의 진상은 대한민국의 망가진 법치주의 회복, 국민주권 회복을 위해 철저히 수사해 몸통을 명명백백 밝혀내야 한다"며 "권력의 억압에 흔들리지 말고 오로지 법과 양심에 따라 엄중한 수사를 해달라는 것, 이것이 바로 국민의 지엄한 명령"이라고 했다.

◇ 김근식 "민주주의 기본도 모르는 천박한 자기방어"

국민의힘 송파병 당협위원장인 김근식 경남대 교수는 페이스북에서 "당선됐으니 공약은 무조건 사전동의됐다는 논리야말로 민주주의 기본도 모르는 아전인수의 극치"라며 "참 딱하다. 대통령 복심이란 분이 월성원전 수사를 그 고귀한 민주주의에 대한 도전으로 방어막 치는 꼴이라니"라고 했다.

그는 "단지 정책결정과정의 불법성과 부적절성을 적법절차에 따라 수사하는 건데, 거창하게 민주주의까지 들먹이며 검찰수사를 비난하는 거 보니까 진짜 뭐가 켕겨도 단단히 켕기는 모양"이라며 "한수원과 산자부에서 그치는 게 아니라 청와대와 대통령까지 연관될 수밖에 없는 스스로의 고백 같다"고 했다.

김 교수는 "월성 원전 폐쇄가 대통령 공약이고, 국민이 문 대통령을 선출했기 때문에 (이를) 검찰이 건드리는 건 대의 민주주의 무시라는 윤 의원의 논리는 민주주의의 기본도 모르는 천박한 자기방어"라고 밝혔다.

김 교수는 이어 "대선 승리만으로 대통령 공약이 모두 국민들에 의해 승인받았다고 생각하면 5년 동안 야당은, 언론은, 반대 여론은 무슨 필요가 있나"라며 "승자 만능론에 사로잡힌 반민주적인 아전인수의 극치다. 참 한심하고 무식하다"고 했다.

김 교수는 "이겼으니 우리 맘대로 한다는 논리야말로 독재적 발상이다. 트럼프도 선거로 당선됐다. 승리했으니 미국 최악의 민주주의 파괴를 해도 되나"라며 "당선됐으니 공약은 무조건 사전 동의됐다는 논리야말로 민주주의 기본도 모르는 아전인수의 극치"라고 거듭 강조했다.

출처: 조선일보 2020.11.15.. 기사

[왜냐면] 원전 안전은 검찰의 면피용 장난감이 아니다

석광훈: 녹색연합 전문위원

검찰이 월성원전 감사원 감사 관련 100여 명의 수사인력을 동원해 산업통상자원부 공무원들의 직장과 자택 10여 곳을 압수수색하며 논란을 일으키고 있다. 뇌물수수와 같은 범죄 혐의와 아무 상관이 없는 정부의 에너지정책 사안에 뜬금없이 검찰이 나서는 행태는 보는 이로 하여금 어이없게 만든다. 특히 박근혜 정부가 경제성과 상관없이 고리원전 1호기를 폐쇄 결정할 때는 왜 침묵했는지 궁금하다.

이번 논란의 진앙지인 감사원은 월성원전의 설계수명 종료 후 폐쇄 결정 과정에 경제성 평가만 감사했다는 논리였는데, 이런 논리는 애초부터 말이 되지 않는다. 원전 수명 연장에 대한 경제성 평가는 안전규제기준 및 그에 따르는 안전설비 보강 문제와 떼려야 뗄 수 없기 때문이다. 안전 문제와 관련성이 적은 석탄발전소조차도 수명 연장을 신청할 경우 엄격한 대기오염물질 배출기준 충족 여부가 경제성을 결정하는 독립변수가 된다.

더욱이 박근혜 정부 시절 원자력안전위원회는 중수로형 원전인 월성원전의 수명 연장 심사 당시 자체 중수로 안전성 기준도 없는 것은 물론 종주국 캐나다의 최신 안전기준도 무시한 채, 전혀 설계가 다른 미국 경수로원전의 기준으로 끼워 맞춰 수명 연장을 허락했다. 당연히 엉뚱한 곳에 설비가 투자된 월성원전의 수명 연장은 후쿠시마 사고 이후 강화된 종주국 캐나다의 안전기준에 부합하지 못한다. 그간 관행적으로 정책감사를 배제해온 감사원이 원전정책에 대해 정작 했어야 할 정책감사가 있다면 바로 원자력안전위원회의 방종과 안전 불감증이었다.

이번 월성원전 관련 압수수색 사태와 관련해 검찰은 사태의 진원지인 감사원도 아닌 야당의 고발을 명분으로 삼고 있다. 그러나 만약 검찰이 야당의 고발을 그리도 중요하게 여겼다면, 왜 지난해 야당 의원들의 윤우진 전 용산세무서장 뇌물수수 혐의 고발이나 윤석열 검찰총장 장모 최모씨에 대한 사문서위조 혐의 수사 촉구는 1년 넘도록 무시해왔는가.

윤 총장 임명을 방조한 청와대 인사수석실과 민정수석실에도 그 책임을 묻지 않을 수 없다. 축산물 수입업자로부터 뇌물을 받은 세무서장이 경찰의 수사 대상이 되자 윤 총장은 검찰 출신 변호사를 소개했고, 검찰은 번번이 압수수색 영장을 기각하며 수사를 방해했다는 의혹이 일었음에도 제대로 검증되지 않았다. 조국 당시 민정수석의 진정한 죄는 주식투자 논란이 아니라 반드시 했어야 할 인사검증은 내팽개친 채 최악의 검찰총장이 임명되도록 방기한 것일지도 모른다.

최근 미국에서는 원자력사업자의 뇌물을 받고 경제성이 떨어지는 원전에 매년 보조금을 지급하는 법안을 통과시킨 오하이오 주의회 의원에 대한 연방검찰의 구속수사와 법원의 유죄판결이 큰 파장을 일으켰다. 아마도 이런 일은 비리 세무서장과 함께 골프나 친 윤 총장과 휘하 검사들에게 대수롭지 않은 관행일지도 모르겠다. 그들만의 선택적 정의는 도저히 알 길이 없다.

원전 안전 문제는 검찰이 자신의 비리 혐의를 가리고 여론의 관심을 돌리려 희생양으로 삼기에 너무나 엄중한 문제다. 후쿠시마 사고를 겪은 일본보다도 월등히 인구밀도가 높은 우리에게 원전 안전은 검찰의 정치 셈법에 놀아날 문제가 아니다. 검찰의 행태가 원자력 업계와 안전규제기관의 행보에 미칠 영향은 월성원전을 넘어서기 때문이다. 신고리원전 불량 부품 납품 비리와 인증서 위조 사건을 잊었는가? 대통령 뒤에 숨어 이른바 '엄중 모드'를 즐기는 여당도 말장난만 하지 말고 제 할 일을 하기 바란다. 지금 여당이 하는 행태로 봐선 '금과옥조'처럼 여기는 공수처가 출범하더라도 '꿔다 놓은 보릿자루'처럼 운영되지 않을까 우려된다.

출처: 한겨레신문 2020-11-11자 논설

읽기 자료 2

이인석 고법판사 (서울고법) 2017-07-17

다수는 현명한가?

다수가 모여서 의사결정을 하면 현명한 소수보다 올바른 결론을 내릴까? 이는 나라의 존망을 결정하는 전쟁을 치르거나 중요한 제도를 설계할 때 동서양을 막론하고 인류가 늘 고민하던 문제다. 프랑스 사회학자이자 심리학자인 구스타프 르봉은 그의 대표작 '군중심리'(1895)에서 '군중은 아무리 지적인 개인이 모여도 높은 수준의 지능을 요구하는 작업을 완수할 수 없고, 군중은 항상 독자적인 개인보다 열등하다'고 주장한다. 반면 '뉴요커'의 칼럼리스트 제임스 서로위키는 그의 저서 '대중의 지혜'에서 "적절한 환경에서는 집단은 매우 똑똑하고 종종 그 집단에서 가장 똑똑한 사람보다 더 똑똑하다"고 주장한다.

최고 엘리트들의 집합소인 NASA의 치명적인 의사결정 실패로 우주에서 콜롬비아호를 폭발시킨 사례나 출중한 능력을 갖춘 참모들이 모인 케네디 행정부의 쿠바 피그스만 침공 실패 사례 등 엘리트 집단이 터무니없이 잘못된 의사결정을 한 사례는 수도 없이 많다. 군중은 유명한 솔로몬 애쉬의 연구에서 보듯이 집단의 의사결정에 순응해 자신이 맞다고 생각하는 결정을 버리고 그것이 어처구니없는 결정일지라도 집단의 결정을 따르는 경향이 있다. 이러한 대중의 경향은 인류역사에서 종종 집단적 광기로 이어져 끔찍한 결과를 만들어 내기도 했다.

그렇다면 이러한 광기를 벗어나 가장 현명한 집단지성이 될 수 있는 적절한 환경은 무엇인가? 서로위키는 '다양성'과 '독립성'이란 두 가지 핵심 변수를 강조한다. 첫째, 소수의 리더에 의해 이끌려져서는 안 되고 다양한 생각이나 의견이 제시되어야 한다. 다양성을 가진 집단은 동일한 의견을 가진 사람들 집단의 의사결정보다 뛰어난 결정을 할 수 있다. 둘째, 독립성은 구성원들이 각기 고립되어 있어야 한다는 의미가 아니다. 그보다는 각 구성원들이 기본적으로 다른 구성원들로부터 영향을 받지 않는다는 것을 뜻한다. 서로위키는 "독립성은 사람들이 범하는 실수가 서로 연관되지 않게 한다. 개인들이 범한 실수들이 체계적으로 동일한 방향을 향하지 않는 한, 개인이 내리는 판단 실수는 집단적 판단을 망가뜨리지 않는다"면서 "독립적인 개인들은 모든 사람들에게 이미 친숙한 오래된 데이터가 아닌 새로운 정보를 가지고 있을 가능성이 높다"고 언급한다.

동양에서는 일찌이 공자가 '군자 화이부동, 소인 동이불화(君子 和而不同, 小人 同而不和)'라 하였다. 여기서 소인은 올바른 결정을 내리기보다 다른 사람들에 휩쓸려 동일한 극단적 감정을 느끼고 때로는 야만으로 빠지는 군중이라면, 서로 의견이 같지 않고 독립하되 화합하여 올바름을 찾아가는 현명한 집단이 군자이다.

인간 세상뿐만 아니라 자연에서도 다양성은 중요하다. 같은 종류의 나무로 구성된 숲은 병충해로 쉽게 몸살을 앓지만, 다양한 나무가 어울려 있는 숲은 건강하다.

지난 6월 19일에 이어 오는 24일 두 번째 전국법관회의가 열린다. 법관회의가 개인보다 열등한 군중의 모임이 될지, 혹은 가장 똑똑한 사람보다 더 훌륭한 의사결정을 할 수 있을지는 다양성과 독립성이라는 적절한 환경이 갖춰지느냐에 달려있다.

출처: 법률신문사 2017년 7월 17일, 서초 포럼
https://m.lawtimes.co.kr/Content/Opinion?serial=119706

읽기 자료 3

시민혁명은 어떤 성과를 거두었는가?

〈자료1〉 영국의 권리 장전(Bill of Rights, 1689)

제1조 국왕은 의회의 동의 없이 법률을 만들거나 과세할 수 없으며.... 상비군을 유지할 수 없으며... 국민의 청원권을 자유롭게 보장하며.....의회에서의 언론의 자유를 보장한다.

〈자료2〉 미국 독립 선언(The Declaration of Independence, 1776)

모든 사람은 평등하게 태어났으며, 누구에게도 양도하거나 침해당하지 않을 생명과 자유, 그리고 행복을 추구할 천부적인 권리를 지니고 있다. 정부는 국민의 주권에 의하여 만들어지며, 이러한 권리를 보장하는 데 목적이 있다. 어떠한 정부라도 이러한 목적에 어긋날 경우, 국민은 새로운 정부를 구성할 권리를 지닌다.

〈자료 3〉 프랑스 인권 선언(Declaration des droits de l'homme et du citoyen, 1789)

제1조: 인간은 태어나면서부터 자유롭고 평등한 권리를 가진다.

제2조: 모든 정치적 결사는 침해할 수 없는 권리를 보호하는 데 목적이 있다. 이러한 권리에는 자유권, 재산권, 안전권, 압제에 대한 저항권 등이 있다.

제3조: 주권은 국민에게 있다. 어떤 단체나 개인도 국민으로부터 유래하지 않은 권리를 행사할 수 없다.

제4조: 자유는 타인을 침해하지 않는 한 모든 범위 내에서 존재하며, 자유의 제한은 법률에 의해서만 결정된다.

제11조: 사상과 의견의 자유로운 교환은 인간의 가장 중요한 권리 중 하나이다.

제16조: 법의 준수가 보장되지 않거나 권력 분립이 이루어지지 않는 사회는 결코 헌법을 가지고 있다고 말할 수 없다.

독일의 수권법

제1차 세계 대전 후 독일에서 시작된 바이마르 공화국은 1933년 나치를 중심으로 '수권법'을 제정하였다. 이 수권법이 의회를 통과하면서 나치의 시대가 시작되었다.

제1조: 독일 제국의 법률은 바이마르 헌법이 규정하고 있는 절차 외의 제국 정부에 의해서도 의결될 수 있다.

제2조: 제국의 정부가 의결하는 법률에는 바이마르 헌법과 다른 규정을 둘 수 있다.

제4조: 제국의 정부와 외국와의 조약도 본법의 유효 기간에 있는 동안 입법에 영향을 미치는 기관들과의 합의를 필요로 하지 않는다.

Q. 나치 시대를 열어준 독일의 수권법이 민주주의의 원리와 법치주의의 원리에 비추어 무엇이 문제인지 생각해 보자.

읽기 자료 4

[헌법재판소 전원재판부 2004헌나1, 2004. 5. 14.]

대통령(노무현)탄핵 결정문

【판시사항】

1. 탄핵심판절차에서의 헌법재판소에 의한 판단의 대상
2. 국회의 탄핵소추절차에 적법절차원칙을 직접 적용할 수 있는지 여부(소극)
3. 헌법 제65조의 탄핵심판절차의 본질
4. 헌법 제65조의 탄핵사유의 의미
5. 선거에서의 공무원의 정치적 중립의무의 헌법적 근거
6. 대통령이 공직선거및선거부정방지법(이하 '공선법'이라 한다) 제9조의 '공무원'에 해당하는지 여부(적극)
7. 기자회견에서 특정정당을 지지한 대통령의 발언이 공무원의 정치적 중립의무에 위반되는지 여부(적극)
8. 기자회견에서 특정정당을 지지한 대통령의 발언이 공무원의 선거운동금지를 규정하는 공선법 제60조에 위반되는지 여부(소극)
9. 헌법을 준수하고 수호해야 할 대통령의 의무
10. 중앙선거관리위원회의 선거법위반 결정에 대한 대통령의 행위가 헌법에 위반되는지 여부(적극)
11. 재신임 국민투표를 제안한 행위가 헌법에 위반되는지 여부(적극)
12. 대통령 측근의 권력형 부정부패와 관련하여 대통령의 법위반이 인정되는지 여부(소극)
13. 불성실한 직책수행과 경솔한 국정운영으로 인한 정국의 혼란 및 경제파탄이 탄핵심판절차의 판단대상이 되는지 여부(소극)
14. 헌법재판소법 제53조 제1항의 '탄핵심판청구가 이유 있는 때'란 중대한 법위반의 경우에 한정되는지 여부(적극)
15. '법위반의 중대성'에 관한 판단 기준
16. 대통령의 구체적인 법위반행위에 있어서 헌법질서에 역행하고자 하는 적극적인 의사를 인정할 수 없는 이 사건의 경우 파면결정을 할 것인지 여부(소극)
17. 탄핵심판절차에서 소수의견을 밝힐 수 있는지 여부(소극)

【결정요지】

1. 헌법재판소는 사법기관으로서 원칙적으로 탄핵소추기관인 국회의 탄핵소추의결서에 기재된 소추사유에 의하여 구속을 받는다. 따라서 헌법재판소는 탄핵소추의결서에 기재되지 아니한 소추사유를 판단의 대상으로 삼을 수 없다. 그러나 탄핵소추의결서에

서 그 위반을 주장하는 '법규정의 판단'에 관하여 헌법재판소는 원칙적으로 구속을 받지 않으므로, 청구인이 그 위반을 주장한 법규정 외에 다른 관련 법규정에 근거하여 탄핵의 원인이 된 사실관계를 판단할 수 있다. 또한, 헌법재판소는 소추사유의 판단에 있어서 국회의 탄핵소추의결서에서 분류된 소추사유의 체계에 의하여 구속을 받지 않으므로, 소추사유를 어떠한 연관관계에서 법적으로 고려할 것인가의 문제는 전적으로 헌법재판소의 판단에 달려있다.

2. 적법절차원칙이란, 국가공권력이 국민에 대하여 불이익한 결정을 하기에 앞서 국민은 자신의 견해를 진술할 기회를 가짐으로써 절차의 진행과 그 결과에 영향을 미칠 수 있어야 한다는 법원리를 말한다. 그런데 이 사건의 경우, 국회의 탄핵소추절차는 국회와 대통령이라는 헌법기관 사이의 문제이고, 국회의 탄핵소추의결에 의하여 사인으로서의 대통령의 기본권이 침해되는 것이 아니라, 국가기관으로서의 대통령의 권한행사가 정지되는 것이다. 따라서 국가기관이 국민과의 관계에서 공권력을 행사함에 있어서 준수해야 할 법원칙으로서 형성된 적법절차의 원칙을 국가기관에 대하여 헌법을 수호하고자 하는 탄핵소추절차에는 직접 적용할 수 없다고 할 것이고, 그 외 달리 탄핵소추절차와 관련하여 피소추인에게 의견진술의 기회를 부여할 것을 요청하는 명문의 규정도 없으므로, 국회의 탄핵소추절차가 적법절차원칙에 위배되었다는 주장은 이유 없다.
3. 헌법 제65조는 행정부와 사법부의 고위공직자에 의한 헌법위반이나 법률위반에 대하여 탄핵소추의 가능성을 규정함으로써, 그들에 의한 헌법위반을 경고하고 사전에 방지하는 기능을 하며, 국민에 의하여 국가권력을 위임받은 국가기관이 그 권한을 남용하여 헌법이나 법률에 위반하는 경우에는 다시 그 권한을 박탈하는 기능을 한다.
즉, 공직자가 직무수행에 있어서 헌법에 위반한 경우 그에 대한 법적 책임을 추궁함으로써, 헌법의 규범력을 확보하고자 하는 것이 바로 탄핵심판절차의 목적과 기능인 것이다.
4. 헌법 제65조에 규정된 탄핵사유를 구체적으로 살펴보면, '직무집행에 있어서'의 '직무'란, 법제상 소관 직무에 속하는 고유 업무 및 통념상 이와 관련된 업무를 말한다. 따라서 직무상의 행위란, 법령 · 조례 또는 행정관행 · 관례에 의하여 그 지위의 성질상 필요로 하거나 수반되는 모든 행위나 활동을 의미한다. 헌법은 탄핵사유를 "헌법이나 법률에 위배한 때"로 규정하고 있는데, '헌법'에는 명문의 헌법규정뿐만 아니라 헌법재판소의 결정에 의하여 형성되어 확립된 불문헌법도 포함된다. '법률'이란 단지 형식적 의미의 법률 및 그와 등등한 효력을 가지는 국제조약, 일반적으로 승인된 국제법규 등을 의미한다.
5. 선거에서의 공무원의 정치적 중립의무는 '국민 전체에 대한 봉사자'로서의 공무원의 지위를 규정하는 헌법 제7조 제1항, 자유선거원칙을 규정하는 헌법 제41조 제1항 및 제67조 제1항 및 정당의 기회균등을 보장하는 헌법 제116조 제1항으로부터 나오는

헌법적 요청이다. 공선법 제9조는 이러한 헌법적 요청을 구체화하고 실현하는 법규정이다.

6. 공선법 제9조의 '공무원'이란, 위 헌법적 요청을 실현하기 위하여 선거에서의 중립의무가 부과되어야 하는 모든 공무원 즉, 구체적으로 '자유선거원칙'과 '선거에서의 정당의 기회균등'을 위협할 수 있는 모든 공무원을 의미한다. 그런데 사실상 모든 공무원이 그 직무의 행사를 통하여 선거에 부당한 영향력을 행사할 수 있는 지위에 있으므로, 여기서의 공무원이란 원칙적으로 국가와 지방자치단체의 모든 공무원 즉, 좁은 의미의 직업공무원은 물론이고, 적극적인 정치활동을 통하여 국가에 봉사하는 정치적 공무원을 포함한다. 다만, 국회의원과 지방의회의원은 정당의 대표자이자 선거운동의 주체로서의 지위로 말미암아 선거에서의 정치적 중립성이 요구될 수 없으므로, 공선법 제9조의 '공무원'에 해당하지 않는다.

   따라서 선거에 있어서의 정치적 중립성은 행정부와 사법부의 모든 공직자에게 해당하는 공무원의 기본적 의무이다. 더욱이, 대통령은 행정부의 수반으로서 공정한 선거가 실시될 수 있도록 총괄·감독해야 할 의무가 있으므로, 당연히 선거에서의 중립의무를 지는 공직자에 해당하는 것이고, 이로써 공선법 제9조의 '공무원'에 포함된다.

7. 대통령이 특정 정당을 일방적으로 지지하는 발언을 함으로써 국민의 의사형성과정에 영향을 미친다면, 정당과 후보자들에 대한 정당한 평가를 기초로 하는 국민의 자유로운 의사형성과정에 개입하여 이를 왜곡시키는 것이며, 동시에 지난 수 년간 국민의 신뢰를 얻기 위하여 꾸준히 지속해 온 정당과 후보자의 정치적 활동의 의미를 반감시킴으로써 의회민주주의를 크게 훼손시키는 것이다. 그런데 이 부분 대통령의 발언은 그 직무집행에 있어서 반복하여 특정 정당에 대한 자신의 지지를 적극적으로 표명하고, 나아가 국민들에게 직접 그 정당에 대한 지지를 호소하는 내용이라 할 수 있다.

   따라서 선거에 임박한 시기이기 때문에 공무원의 정치적 중립성이 어느 때보다도 요청되는 때에, 공정한 선거관리의 궁극적 책임을 지는 대통령이 기자회견에서 전 국민을 상대로, 대통령직의 정치적 비중과 영향력을 이용하여 특정 정당을 지지하는 발언을 한 것은, 대통령의 지위를 이용하여 선거에 대한 부당한 영향력을 행사하고 이로써 선거의 결과에 영향을 미치는 행위를 한 것이므로, 선거에서의 중립의무를 위반하였다.

8. 공선법 제58조 제1항은 '당선'의 기준을 사용하여 '선거운동'의 개념을 정의함으로써, '후보자를 특정할 수 있는지의 여부'를 선거운동의 요건으로 삼고 있다. 그러나 이 사건의 발언이 이루어진 시기인 2004. 2. 18.과 2004. 2. 24.에는 아직 정당의 후보자가 결정되지 아니하였으므로, 후보자의 특정이 이루어지지 않은 상태에서 특정 정당에 대한 지지발언을 한 것은 선거운동에 해당한다고 볼 수 없다.

   뿐만 아니라, 여기서 문제되는 대통령의 발언들은 기자회견에서 기자의 질문에 대한 답변의 형식으로 수동적이고 비계획적으로 행해진 점을 감안한다면, 대통령의 발언에 선거운동을 향한 능동적 요소와 계획적 요소를 인정할 수 없고, 이에 따라 선거운동의 성격을 인정할 정도로 상당한 목적의사가 있다고 볼 수 없다. 그렇다면 피청구인의 발언이 특정 후보자나 특정 가능한 후보자들을 당선 또는 낙선시킬 의도로 능동적 · 계획적으로 선거운동을 한 것으로는 보기 어렵다.

9. 헌법 제66조 제2항 및 제69조에 규정된 대통령의 '헌법을 준수하고 수호해야 할 의무'는 헌법상 법치국가원리가 대통령의 직무집행과 관련하여 구체화된 헌법적 표현이다. '헌법을 준수하고 수호해야 할 의무'가 이미 법치국가원리에서 파생되는 지극히 당연한 것임에도, 헌법은 국가의 원수이자 행정부의 수반이라는 대통령의 막중한 지위를 감안하여 제66조 제2항 및 제69조에서 이를 다시 한번 강조하고 있다. 이러한 헌법의 정신에 의한다면, 대통령은 국민 모두에 대한 '법치와 준법의 상징적 존재'인 것이다.

10. 대통령이 현행법을 '관권선거시대의 유물'로 폄하하고 법률의 합헌성과 정당성에 대하여 대통령의 지위에서 공개적으로 의문을 제기하는 것은 헌법과 법률을 준수해야 할 의무와 부합하지 않는다. 물론, 대통령도 정치인으로서 현행 법률의 개선방향에 관한 입장과 소신을 피력할 수는 있으나, 어떠한 상황에서, 어떠한 연관관계에서 법률의 개정에 관하여 논의하는가 하는 것은 매우 중요하며, 이 사건의 경우와 같이, 대통령이 선거법위반행위로 말미암아 중앙선거관리위원회로부터 경고를 받는 상황에서 그에 대한 반응으로서 현행 선거법을 폄하하는 발언을 하는 것은 법률을 존중하는 태도라고 볼 수 없는 것이다.

    모든 공직자의 모범이 되어야 하는 대통령의 이러한 언행은 법률을 존중하고 준수해야 하는 다른 공직자의 의식에 중대한 영향을 미치고, 나아가 국민 전반의 준법정신을 저해하는 효과를 가져오는 등 법치국가의 실현에 있어서 매우 부정적인 영향을 미칠 수 있다. 결론적으로, 대통령이 국민 앞에서 현행법의 정당성과 규범력을 문제 삼는 행위는 법치국가의 정신에 반하는 것이자, 헌법을 수호해야 할 의무를 위반한 것이다.

11. 국민투표는 직접민주주의를 실현하기 위한 수단으로서 '사안에 대한 결정' 즉, 특정한 국가정책이나 법안을 그 대상으로 한다. 따라서 국민투표의 본질상 '대표자에 대한 신임'은 국민투표의 대상이 될 수 없으며, 우리 헌법에서 대표자의 선출과 그에 대한 신임은 단지 선거의 형태로써 이루어져야 한다.

    대통령이 자신에 대한 재신임을 국민투표의 형태로 묻고자 하는 것은 헌법 제72조에 의하여 부여받은 국민투표부의권을 위헌적으로 행사하는 경우에 해당하는 것으로, 국민투표제도를 자신의 정치적 입지를 강화하기 위한 정치적 도구로 남용해서는 안 된다는 헌법적 의무를 위반한 것이다. 물론, 대통령이 위헌적인 재신임 국민투표를 단지 제안만 하였을 뿐 강행하지는 않았으나, 헌법상 허용되지 않는 재신임 국민투표를 국민들에게 제안한 것은 그 자체로서 헌법 제72조에 반하는 것으로 헌법을 실현하고 수호해야 할 대통령의 의무를 위반한 것이다.

12. 헌법 제65조 제1항은 '대통령…이 그 직무집행에 있어서'라고 하여, 탄핵사유의 요건을 '직무' 집행으로 한정하고 있으므로, 위 규정의 해석상 대통령의 직위를 보유하고 있는 상태에서 범한 법위반행위만이 소추사유가 될 수 있다. 썬앤문 및 대선캠프 관련 불법정치자금 수수 등에 관한 소추사유들은 피청구인이 2003. 2. 25. 대통령으로 취임하기 전에 일어난 사실에 바탕을 두고 있는 것이어서 대통령으로서의 직무집행과 무관함이 명백하므로, 탄핵사유에 해당하지 않는다. 피청구인이 대통령으로 취임한 후에 일어난 사실에 바탕을 두고 있는 측근비리에 관하여 보건대, 이 사건 변론절차에서 현출된 모든 증거에 의하더라도 피청구인이 위 최도술 등의 불법자금 수수 등의 행위를 지시 · 방조하였다거나 기타 불법적으로 관여하였다는 사실이 인정되지 않으므로 이를 전제로 한 이 부분 소추사유는 이유없다.
13. 헌법 제69조는 대통령의 취임선서의무를 규정하면서, 대통령으로서 '직책을 성실히 수행할 의무'를 언급하고 있다. 비록 대통령의 '성실한 직책수행의무'는 헌법적 의무에 해당하나, '헌법을 수호해야 할 의무'와는 달리, 규범적으로 그 이행이 관철될 수 있는 성격의 의무가 아니므로, 원칙적으로 사법적 판단의 대상이 될 수 없다고 할 것이다.

    헌법 제65조 제1항은 탄핵사유를 '헌법이나 법률에 위배한 때'로 제한하고 있고, 헌법재판소의 탄핵심판절차는 법적인 관점에서 단지 탄핵사유의 존부만을 판단하는 것이므로, 이 사건에서 청구인이 주장하는 바와 같은 정치적 무능력이나 정책결정상의 잘못 등 직책수행의 성실성여부는 그 자체로서 소추사유가 될 수 없어, 탄핵심판절차의 판단대상이 되지 아니한다.
14. 헌법재판소법은 제53조 제1항에서 "탄핵심판청구가 이유 있는 때에는 헌법재판소는 피청구인을 당해 공직에서 파면하는 결정을 선고한다."고 규정하고 있는데, 위 규정은 헌법 제65조 제1항의 탄핵사유가 인정되는 모든 경우에 자동적으로 파면결정을 하도록 규정하고 있는 것으로 문리적으로 해석할 수 있으나, 직무행위로 인한 모든 사소한 법위반을 이유로 파면을 해야 한다면, 이는 피청구인의 책임에 상응하는 헌법적 징벌의 요청 즉, 법익형량의 원칙에 위반된다. 따라서 헌법재판소법 제53조 제1항의 '탄핵심판청구가 이유 있는 때'란, 모든 법위반의 경우가 아니라, 단지 공직자의 파면을 정당화할 정도로 '중대한' 법위반의 경우를 말한다.
15. '법위반이 중대한지' 또는 '파면이 정당화되는지'의 여부는 그 자체로서 인식될 수 없는 것이므로, '법위반이 어느 정도로 헌법질서에 부정적 영향이나 해악을 미치는지의 관점'과 '피청구인을 파면하는 경우 초래되는 효과'를 서로 형량하여 탄핵심판청구가 이유 있는지의 여부 즉, 파면여부를 결정해야 한다.

    한편, 대통령에 대한 파면결정은, 국민이 선거를 통하여 대통령에게 부여한 '민주적 정당성'을 임기 중 다시 박탈하는 효과를 가지며, 직무수행의 단절로 인한 국가적 손실과 국정 공백은 물론이고, 국론의 분열현상 즉, 대통령을 지지하는 국민과 그렇지 않은 국민간의 분열과 반목으로 인한 정치적 혼란을 가져올 수 있다. 따라서 대통령에 대한 파면효과가 이와 같이 중대하다면, 파면결정을 정당화하는 사유도 이에 상응하는 중대성을 가져야 한다.

'대통령을 파면할 정도로 중대한 법위반이 어떠한 것인지'에 관하여 일반적으로 규정하는 것은 매우 어려운 일이나, 대통령의 직을 유지하는 것이 더 이상 헌법수호의 관점에서 용납될 수 없거나 대통령이 국민의 신임을 배신하여 국정을 담당할 자격을 상실한 경우에 한하여, 대통령에 대한 파면결정은 정당화되는 것이다.

16. 이 사건에서 인정되는 대통령의 법위반이 헌법질서에 미치는 효과를 종합하여 본다면, 대통령의 구체적인 법위반행위에 있어서 헌법질서에 역행하고자 하는 적극적인 의사를 인정할 수 없으므로, 자유민주적 기본질서에 대한 위협으로 평가될 수 없다.

    따라서 파면결정을 통하여 헌법을 수호하고 손상된 헌법질서를 다시 회복하는 것이 요청될 정도로, 대통령의 법위반행위가 헌법수호의 관점에서 중대한 의미를 가진다고 볼 수 없고, 또한 대통령에게 부여한 국민의 신임을 임기 중 다시 박탈해야 할 정도로 국민의 신임을 저버린 경우에 해당한다고도 볼 수 없으므로, 대통령에 대한 파면결정을 정당화하는 사유가 존재하지 않는다.

17. 헌법재판소법 제34조 제1항에 의하면 헌법재판소 평의는 공개하지 아니하도록 되어 있다. 그러므로 개별 재판관의 의견을 결정문에 표시하기 위해서는 이와 같은 평의의 비밀에 대해 예외를 인정하는 특별규정이 있어야만 가능한데, 탄핵심판에 관해서는 평의의 비밀에 대한 예외를 인정하는 법률규정이 없다. 따라서 이 탄핵심판사건에 관해서도 재판관 개개인의 개별적 의견 및 그 의견의 수 등을 결정문에 표시할 수는 없다.

    그러나 위의 견해에 대하여, '동법 제36조 제3항은 탄핵심판에 있어 의견을 표시할지 여부를 관여한 재판관의 재량판단에 맡기는 의미로 해석해야 할 것이므로 반대의견도 표시할 수 있다'는 견해가 있었다.

읽기 자료 5

[전문가 포럼] 판사는 왜 선거로 뽑지 않을까 (윤성근〈서울고등법원 부장판사〉)

정파적 이해나 시류에 흔들리지 말고
헌법 · 법률에 의해 양심에 따라 심판해
소수자의 최소한의 권리 살피라는 뜻

인간 사회에는 늘 갈등이 존재한다. 서로의 생각과 처지와 이해관계가 다르다 보니 이런 저런 계기로 충돌이 일어난다. 진지하게 설득하고 잘 들어 상대방 주장에 일리가 있다면 자기 주장을 조금씩 굽혀 합의점을 찾아나가는 것이 민주사회의 기본이다. 합의에 이르지 못하면 결론을 뒤로 미루고 논의를 지속하는 것도 한 방법이다. 모든 논의에 반드시 결론이 존재해야 하는 것은 아니다. 그러나 때로는 결론에 따른 조치가 시급한 경우도 있다. 이때는 대부분 다수결에 따라 결론을 내리게 된다. 그런데 다수결이 반드시 정당한 결론이나 민주적인 결론을 보장하는 것은 아니다.

최근 엘리베이터 장기수선충당금에 관해 입주자대표회의가 주민의견 수렴을 근거로 동등 부담하기로 결정하고 이에 대해 1층과 2층 거주자들(전체의 16%)이 이의를 제기한 사건이 있었다. 지하 주차장도 없는 곳이었으므로 1층과 2층 거주자는 엘리베이터를 이용할 가능성이 거의 없었다. 동등 부담 지지자가 다수였지만 이것이 부당하다고 한 주민도 상당수 있었다는 점(응답자 중 46%)이 우리 사회의 민주적 성숙도를 보여준다.

전에는 학생들이 돌아가며 교실 청소를 했다. 만약 한 해 동안 청소를 여자가 할지 남자가 할지 다수결에 부친다면 그런 결정이 정당하거나 민주적일까? 이미 이해관계가 고정돼 누가 유리하고 불리한지 명백한 상황에서 다수결은 소수자에게 불이익을 강요하는 것에 불과하다. '무지의 베일'을 상정하고 설령 그 결정으로 가장 불이익을 당하는 사람이 내가 된다고 하더라도 그런 결정이 옳고 불가피하다고 동의할 수 있어야 정의가 지켜지는 것이다.

법원의 사회적 기능은 갈등 해결에 있지만, 그 과정에서 소수자의 최소한 권리를 보호해 주는 것이 중요하다. 주민들이 특정 시설 입주를 강력히 거부하는 경우 인허가권을 행사하는 지방자치단체장은 난처한 입장에 처하게 된다. 주로 복지, 환경 관련 시설에 반대가 집중된다. 단체장들은 법적으로 허용되고 사회적으로 반드시 필요한 시설이라도 선거권자인 주민들이 반대하면 일단 인허가를 보류하고 주민 동의를 요구하는 경우가 많다. 장애인 시설 등 사회적 약자를 위한 시설로 운영자에게 별다른 재력이 없는 경우도 주민들의 동의를 받기가 매우 어렵다. 이런 사건에 대해 법원이 불허가처분 취소판결을 선고하면 허가에 부담이 없어진다. 때로는 단체장들이 골치 아픈 사건은 일단 불허가한 뒤 법원의 취소 판결을 기다리는 것 아닌가 하는 생각이 들 때도 있다.

만약 판사도 선거로 선출한다면 주민들은 선거 과정에서 입후보자에게 특정 사건을 어떻게 처리할지 물어볼 것이고 그 결과에 따라 투표할 것이다. 판사로서도 자신을 선출해주는 유권자 집단을 무시할 수 없을 것이며 적어도 자신의 공약을 지키려고 노력할 것이다. 그러나 선거 과정에서 효과적인 공약은 유권자 중 누군가에게 선별적으로 유리한 공약이다.

일부 외국에서 주(州)법원의 1심 판사들을 선거로 뽑기도 한다. 그러나 이 경우 당파적 선거운동이 문제가 되고 선거 과정에서 도와준 유력자들과 선출된 판사 사이의 유착 의혹이 문제가 되기도 한다. 판사를 선거로 뽑게 되면 지역 주민과 법원 간의 친밀도를 높여 내 손으로 뽑은 우리 판사라는 느낌을 주고 판결 결과에 대한 만족도를 높이는 효과가 있다. 그러나 선거구가 조금만 커져도 선거구민들은 판사 입후보자가 누구인지 알지 못하고, 특히 그 전문가로서의 능력과 적합성에 대해 알기 어렵다. 결국 선거는 대중적 이미지에 좌우될 것이다. 특히 당파적 분열이 강한 사회에서는 어느 당파의 지지를 받느냐가 결정적이다. 공천이 실제 선거보다 더 중요한 과정이 되고 입후보자의 당선 여부는 선거권자보다 공천권자에 의해 좌우된다. 판사들도 정치색을 드러내고 사실상의 정당 지지를 받으려 할 것이다.

판사를 선거로 뽑지 않는 것은 정파적 이해나 시류에 흔들리지 말고, 헌법과 법률에 의해 그 양심에 따라 독립해서 심판하라는 뜻이며, 정치 과정을 통해 대변되기 어려운 소수자의 처지를 통시대적 · 통사회적으로 잘 살펴 그 권리를 보호하라는 뜻이다. 우리 헌법은 선출되지 않은 사법부가 정치적 영향력에서 벗어나 사회의 핵심적 가치와 인권을 옹호하는 보루가 될 것을 기대하고 있다.

출처: 한국경제신문 2020.06.22. 기사, https://www.hankyung.com/opinion/article/2020062254561

읽기 자료 6

국민주권의 원리와 구현형태

로크의 국민주권론과 루소의 인민주권론

헌법 제1조는 국민주권주의를 규정하고 있으며, 국민 주권은 주권을 국민이 가진다는 것과 모든 국가권력의 정당성의 근거가 국민에게 있다는 원리를 의미한다. 이때 주권의 주체와 행사자가 누구인가가 논란이 될 수 있다. 주권의 주체와 행사자가 분리된다는 입장(로크의 국민주권론)은 주권은 전체 국민에게 귀속하는 불가분적 성격을 가지므로 대의제에 의해서도 국민 주권이 실현될 수 있다고 본다. 반면, 주권의 주체와 행사자가 일치된다고 보는 입장(루소의 인민주권론)은 주권의 주체와 행사자가 일치하는 것이므로 직접 민주제가 국민주권을 실현하는 기본적인 정치 형태가 되어야 한다고 본다. 그러나 국민은 정치적 · 이데올로기적 개념에 불과하므로 국민의 개념을 주체와 행사자로 구분할 필요가 없다고 생각하는 입장도 있는데, 이에 따르면 국민주권은 정치권력의 정당화 원리로 이해되며, 국민 주권은 국가 권력의 정당성이 국민에게 있고, 국가 내의 모든 통치 권력의 행사를 이념적으로 국민의 의사에 귀착시킬 수 있다는 것을 의미한다. 어느 입장에 있건 간에 오늘날 국민주권은 주권이 국민에게 있으며, 권력의 정당성이 국민으로부터 유래함을 핵심 내용으로 한다. 이러한 국민주권은 직접민주제에 의해서나 간접 민주제에 의해서 제도적 구현이 가능하다. 전자는 국민 투표제나 국민 발안제, 국민 소환제 등의 제도적 장치로 실현되며, 후자는 의회 제도와 선거 제도 등의 제도적 장치로 실현된다. 이외에도 참정권적 기본권의 보장, 지방 자치체, 직업 공무원 등도 국민주권을 구현하는 제도들이다.

1. 로크와 루소의 국민주권론은 각각 어떤 차이를 보이며, 각각 직접민주제와 간접 민주제 중 어느 것과 연결될지 분석해 보자.
2. 우리나라 및 세계 각국의 직접민주제와 간접민주제는 어떻게 운용되고 있는지 조사해 보자.
3. 직접민주제와 간접민주제(대의제)의 장단점에 대해 생각해 보자.

읽기 자료 7

동일성 민주주의

동일성 민주주의 이론에 대해서 비판하고, 민주주의 원리에 대하여 약술하라.

[목차]

Ⅰ. 동일성 민주주의 이론

1. 동일성 민주주의 이론의 내용

루소와 칼 슈미트의 동일성민주주의론은 민주주의를 국민이 치자(治者)이면서 피치자(被治者)가 되는, 즉 국민의 자기지배로 이해한다. 직접민주주의를 주장한 루소에 따르면, 인민이 주권자이기 위해서는 반드시 일반의사에 복종하지 않으면 안 되는데, 피치자가 치자의 의사에 복종하는 것은 결국 '총의'의 형태로 나타나는 자기 스스로의 의지에 복종하는 것이다. 이와 같이 치자와 피치자의 '의지적 동일성'을 추정한 데서 루소의 이론을 동일성 민주주의 이론이라 한다. 이 이론은 20세기에 이르러 칼 슈미트에 의해 더욱 더 발전을 보게 되었다. 그는 민주주의를 동일성이론에 따라 국민의 자기통치에 의해서 비로소 국민주권의 이념이 실현될 수 있다고 주장한다. 그리고 그는 국민이 정치적 통일체로서, 통일된 정치의사를 가지고 통일된 정치활동을 할 수 있다는 것을 강조한다.

2. 동일성 민주주의 이론에 대한 비판

동일성 민주주의는 민주주의 가장 이상적인 형태라고 할 것이지만, 이러한 완벽한 형태의 민주주의는 이 세상에 존재할 수 없다. 그것은 단순한 의제에 불과할 뿐이다. 국민의 자기지배에 가장 가까운 직접민주주의조차 다수의 소수에 대한 지배인 것이다.

오히려 동일성민주주의론은, (a) 현실적으로 존재하는 지배관계를 왜곡 · 기만함으로써 민주주의의 실제적 이해를 불가능하게 할 수 있다. 즉 소수지배의 현실을 은폐하거나 외면함으로써 전체주의적 지배로 전락할 위험을 내포하고 있는 것이다. (b) 동일성민주주의론은 갈등의 존재를 부정한다. 모두가 동일한 것을 원한다는 전제에 서 있기 때문에 이 민주주의는 정치적 통일 이외의 것을 알지 못하고, 갈등은 억압될 수밖에 없다. (c) 동일성민주주의론에 따르면 국가는 국민이 가지는 통일된 정치의사를 단순히 집행하는 집행자에 불과하지만, 거꾸로 국가가 행하는 일은 언제나 통일된 국민의 의사를 집행하는 것이라고도 주장될 수 있다. (d) 동일성민주주의론은 치자와 피치자를 동일시할 뿐만 아니라 '국민'의 이해관계와 '국가'의 이해관계를 동일시하는 결과 '국가'와 '사회'가 동일한 것으로 간주되어 이른바 일원론의 결론에 이르게 된다.

Ⅱ. 민주주의의 원리

1. 민주주의의 개념

민주주의란 국가권력의 정당성이 국민의 정치적 합의에 귀착되어야 한다는 통치원리를 말한다. 그런데 국민의 정치적 합의에 기초한 국가권력의 창설과 행사는 국민이 국가의 정치적 의사형성에 직접 참여함으로써 가능하다. 여기서의 합의라 함은 국민 전체의 단일한 의사로의 합치를 말하는 것은 아니다. 그것은 소수자 보호와 다원적 가치상대주의를 전제로 한 다수결 원리에 입각할 것을 말하는 것이라고 할 수 있다.

2. 민주주의 원리의 내용

(1) 국민 자신에 의한 정치적 의사형성

민주주의는 국민이 자기의사를 직접 결정할 것을 요구하지는 않으나 국민의 정치의사형성 과정에의 직접적 참여를 보장한다. 국민자신에 의한 정치적 의사형성은 선거, 투표, 여론(언론), 이익단체, 정당 등에 의한다.

① 선거제도

국민은 국민의 대표자를 선출하는 선거를 통하여 간접적으로 국가의사 형성에 참여하게 되고, 국민의 다양한 개별적 의사 · 개별적 이해관계들은 선거를 통하여 통일체로 형성된다. 그리고 대표자는 선거를 통하여 국민으로부터 정당성을 부여받게 된다. 그러나 일단 국민에 의해 선출된 대표자는 구체적인 정치적 문제에 대한 판단과 결정에 있어서 국민의사에 의한 직접적 구속을 받지 않는다(자유위임의 원칙).

② 국민투표제도

국민에 의한 정치적 의사형성은 '투표'로도 이루어진다. 우리 헌법은 외교 · 국방 · 통일 기타 국가안위에 관한 중요정책에 대한 임의적 국민투표제도(제72조)와 헌법개정안에 대한 필수적 국민투표제도(제130조 제2항)를 둠으로써 대의제를 통한 간접민주주의를 추구하면서도 예외적으로 국민투표제도를 통한 직접민주주의를 함께 제도화하고 있다.

③ 여론의 형성, 이익단체, 정당

선거는 누가 국가권력을 담당할 정당성을 갖는가를 결정해주지만 그것이 국가권력의 자의적인 행사까지를 정당화하는 것은 아니다. 국민은 대표자의 임기 종료 시 선거에 의하여 통제할 수 있음은 물론, 임기중이라도 대표자의 정책결정과 집행에 대한 비판적 여론의 형성을 통하여 상당히 강력한 통제의 기능을 발휘할 수 있다. 또한 정당이나 각종 이익단체 ·

압력단체 등의 활동을 통해 다양한 형태의 국민의사가 대표자의 정책결정과 집행에 크고 작은 영향을 미치고 있다.

(2) 다원적 의사형성

민주주의는 기본적으로 어느 한쪽이 절대적으로 옳고 다른 쪽은 완전히 부정되어야 한다는 극단적 입장이 아니라 자신의 입장에 대해 상대적 정당성만을 주장하며, 서로를 관용하는 가치 상대주의에 기초하고 있는 것이다. 정치의 영역에 있어서 가치상대주의는 다원적 이해관계가 자유롭게 표현되는 모습으로서 나타나고, 이러한 이해관계의 구체적 표현은 결국 같은 이해관계를 갖는 사람들이 집단을 형성하여 그들의 이해관계를 관철시키려는 노력으로서 나타난다. 복수정당제는 오늘의 다원사회에서 민주주의가 기능하기 위한 불가결한 요소로 간주되고 있다. 지방차지제도 역시 정치적 다원주의를 실현하기 위한 제도적 장치로 이해되고 있다. 이러한 다원주의는 사회 내에는 항상 다양한 이해관계들의 충돌이 존재한다는 것에서 출발한다. 그러한 상황에서 갈등이라는 것은 불가피할 분만 아니라 국가 · 사회의 발전을 위하여 필요하기도 하다. 문제는 이러한 이해관계의 다양성이 전체사회의 분열이라는 극단적인 방향으로 진행되지 않도록 갈등과 충돌을 어떻게 조정할 것인가 하는 점이다.

(3) 다수결원리

① 다수결원리의 의의

민주적 질서는 다원주의에 기초한 다양한 부분의사의 병존 · 대립에 직면하여 어떻게 하나의 구속력 있는 의사를 형성할 수 있는가라는 문제에 해답을 주어야 한다. 그런데 전원의 合致는 항상 참여자 모두가 납득할 수 있는 최소한만을 포함하기 때문에 合致의 요청은 경직을 초래할 수 있고, 자칫 이견을 단지 은폐하고 있을 분인 형식적 타협에 불과할 수 있다. 따라서 전원의 合致가 없더라도 실질적 결정을 가능하게 하는 방식이 존재하여야 하는데, 그것이 바로 다수결의 원리인 것이다.

② 다수결원리의 정당화 근거

다수결원리가 정당한 것은 다수가 수적 우위에 있다거나 다수의 의사가 이미 그 자체로서 객관적으로 보다 옳다는 데에 있는 것이 아니다. 다수결 원리를 맹신하는 것은 다수의 독재 가능성에 대해 무방비하다는 비판이 가능하다. 다수집단이 편파성에 빠질 위험이 적은 것은 사실이지만 그렇다고 다수결 원리가 올바름을 담보할 수는 없고, 단순히 결정의 합리성이라는 관점만을 강조한다면 소수 엘리트의 결정이 더욱 바람직할 수 있다. 따라서 다수결의 정당성의 근거는 자유의 관점에서 찾는 것이 타당하다고 본다. 즉 다수에 의해 결정이 내려질 경우 적어도 다수는 스스로 승인하지 않는 행위를 강요당하지 않는다. 즉 가능한 한 많은 사람이 자유로워지기 때문에 다수결이 정당한 것이다.

③ 다수결원리의 전제 및 한계

다수결이 소수에 의해서도 받아들여지기 위해서는 일정한 전제들이 갖추어져야 한다. (a)

우선 결정에 참여하는 모든 사람들 간의 평등이 전제되어야 한다. 어느 공동체 구성원이 스스로 결정할 동등한 자격을 갖지 않을 경우에는 다수의 결정을 인정하지 않기 때문이다. (b) 다수관계가 변경될 가능성이 있어야만 한다. 왜냐하면 소수도 언젠가 다수가 될 수 있는 제도적 · 법적 가능성이 보장되지 않는 곳에서는 다수결원리는 영원한 다수의 영원한 소수에 대한 독재에 지나지 않게 되며, 소수자는 다수자의 결정을 승낙하거나 받아들이지 않기 때문이다. (c) 다수결은 다양한 형태의 결정의 가능성을 인정하는 데에서 출발한다. 따라서 가치관의 다원적 개방성이 인정되고, 그런 가운데 다양한 견해와 다원적 집단이 형성되고 활동하며 이들 간의 정당한 갈등과 경쟁, 타협과 조정이 이루어질 수 있는 여건이 조성되어야 한다. (d) 소수의 다수에 대한 신뢰가 전제되어야 하고 구성원들 사이에 어느 정도 동질성이 성립되어 있어야 한다. 즉 다수결원리는 타협과 절충에 의해서 조정되고 극복될 수 있는 상대적인 대립관계를 전제로 해서만 가능하기 때문이다.

출처: 정회철, CASE 단문헌법, 한울아카데미, 2004, p.185

[참고]

장영수, 「민주헌법과 국가질서」(1997), 홍문사

홍성방, 「다수결원리」, 〈고시연구〉(1998. 7.)

읽기 자료 8

방어적 민주주의

[목차]

Ⅰ. 방어적 민주주의의 의의

방어적 민주주의란 민주주의 이름으로 민주주의를 파괴하거나 자유의 이름으로 자유를 파괴하는 민주주의의 적으로부터 민주주의를 방어해야 한다는 것을 말한다.

오늘날 민주주의는 가치상대주의에 기초한 다원적 정치과정으로 이해된다. 그러나 이러한 상대주의적 민주주의가 극단화되면 국가는 관용의 원리에 기초하여 모든 정치적 입장에 대해 중립을 지켜야 하며, 오직 다수의 지지를 받기만 하면 누구라도 집권할 수 있고, 어떤 정치적 방향도 채택 · 실현될 수 있다는 결론에 도달하게 된다. 즉 전체주의적 세력조차도 다수의 지지를 받으면 집권할 수 있고, 그럼으로써 민주주의가 민주적 방법에 의해 파괴될 수 있다는 것이다. 방어적 민주주의란 바로 민주주의가 가치상대주의적 관용을 지양하고 자신을 보호하기 위한 방책으로 제시한 이론인 것이다.

Ⅱ. 방어적 민주주의의 내용

1. 방어적 민주주의 핵심으로서의 자유민주적 기본질서

방어적 민주주의는 가치상대주의적 민주주의를 극복하고 민주주의를 일정한 가치에 구속되는 것으로 이해하는 가치구속적 민주주의관을 전제로 한다. 독일 연방헌법재판소와 우리 헌법재판소는 민주주의의 가치구속의 내용을 바로 자유민주적 기본질서로 보고 있다. 우리 헌법재판소는 자유민주적 기본질서를 "모든 폭력적 지배와 자의적 지배 즉 반국가단체의 일인독재 내지 일당독재를 배제하고 다수의 의사에 의한 국민의 자치, 자유 · 평등의 기본원칙에 의한 법치주의적 통치질서"라고 정의하면서, 그 구체적 내용으로 "기본적 인권의 존중, 권력분립, 의회제도, 복수정당제도, 선거제도, 사유재산과 시장경제를 골간으로 한 경제질서 및 사법권의 독립"을 제시하고 있다.

2. 가치상대적 민주주의의 실질적 보장

방어적 민주주의가 가치구속적이라고 해서 가치상대적 민주주의와 대립하는 것은 아니다. 방어적 민주주의와 대립하는 것은 민주주의가 자신의 보호와 방어마저 포기하는 '절대적 상대주의'인 것이다. 오히려 방어적 민주주의는 다원성에 기초한 가치상대적 민주주의를 실질적으로 보장하기 위한 수단이라고 정의할 수 있다. 민주주의는 국민이 국가의사결정과정에 일상적으로 참여할 수 있는 제도적 장치를 강구하는 통치원리이며, 방어적 민주주의는 이러한 자유롭고 열려있는 국민의견 수렴과정을 파괴하려는 자들로부터 이를 지켜내기 위한 것이다.

Ⅲ. 방어적 민주주의의 한계

방어적 민주주의는 민주주의를 보호하기 위한 소극적 방어적 수단이므로 일정한 한계가 내재한다. (a) 방어적 민주주의가 그 보호대상으로 하는 민주주의의 본질을 침해하는 자기모순을 범해서는 안 된다. 특히 표현의 자유, 집회 · 결사의 자유, 정당설립의 자유 등 정치적 기본권을 부당하게 제한하는 수단으로 남용되어서는 안 된다. (b) 민주주의도 헌법원리의 하나에 불과하므로 방어적 민주주의의 이름으로 국민주권 · 법치국가 · 사회국가 · 평화국가의 원리 등 그 밖의 헌법원리의 본질을 침해해서는 안 된다. (c) 방어적 민주주의에 기초한 각종 제한은 엄격한 비례의 원칙에 따라야 한다. 따라서 방어적 민주주의의 적용은 비례의 원칙에 따라 필요 최소한에 한정되어야 하지, 국가이익이 우선이라는 관헌국가적(官憲國家的) 사고에 따라 행해져서는 안 된다.

Ⅳ. 방어적 민주주의의 전개

1. 독일의 경우

독일은 바이마르 공화국의 상대주의적 민주주의의 허점을 이용하여 집권한 나치스에 대한 역사적 반성 속에서 방어적 민주주의를 위한 제도적 장치로 기본법에 위헌정당해산제와 기본 권실효제를 도입하였다.

(1) 위헌정당해산제

독일 기본법은 제21조 제2항에서 위헌정당의 강제해산제를 두고 있는데, 위헌정당해산제도는 정당의 형태로 조직된 헌법의 적을 사전예방적 · 사후진압적 차원에서 제거하기 위한 방어적 민주주의를 위한 수단 중의 하나이다. 독일연방헌법재판소가 위헌정당으로 인정한 최초의 판결은 1952년 10월 23일의 사회주의국가당(SRP)에 대한 판결이고, 다음으로는 1956년 8월 17일의 독일공산당(KPD)에 대한 위헌판결이 있다.

(2) 기본권실효제

기본권실효제란 특정 기본권이 자유민주적 기본질서에 대한 투쟁수단으로 남용되고, 그 결과 자유민주적 기본질서에 중대한 위험이 발생될 우려가 있을 때 그 기본권을 그들에 한하여 실효시키는 제도를 말한다. 그런데 위헌정당해산제와 달리 기본권실효제는 구체적 사건에서 실제로 적용된 예가 없다.

2. 한국의 경우

(1) 우리 헌법상 방어적 민주주의

우리 헌법은 전문에서 「자유민주적 기본질서를 확고히 한다」고 선언하고, 제4조에서는 「자유민주적 기본질서에 입각한 통일정책을 수립 · 추진한다」고 하여 대한민국의 기본질서가 자유 민주적 기본질서임을 명확히 하고 있다. 또한 헌법 제8조 제4항은 「정당의 목적이나 활동이 민주적 기본질서에 위배될 때에는 정부의 제소와 헌법재판소의 심판에 의하여 해산된다」고 규정하고 있다.

헌법재판소도 국가보안법에 대한 위헌심판에서 동법은 자유민주적 기본질서에 위해를 줄 명백한 위험성이 있는 경우에 적용하는 한 합헌이라고 하여 방어적 민주주의를 인정하는 결정을 내린 바 있다(1990.4.2. 89헌가113등).

(2) 한국 현실과 방어적 민주주의의 적용

그런데 우리는 독일과 같이 다원적 민주주의에 대한 역사적 경험이 없다. 남북분단의 상황 속에서 반공이데올로기에 의해 민주주의가 제한되어왔던 경험만이 있을 뿐이다. 이러한 우리의 현실에서 방어적 민주주의의 이론을 적용하는 것은 오히려 이것이 기본권의 제한을 위해 남용 내지 악용될 소지가 더 크다는 점을 고려하여야 할 것이다.

우리 헌법에 자유민주적 기본질서가 헌법전문에 등장한 것은 1972년의 유신헌법 때이다. 그러나 당시의 자유민주적 기본질서는 전통적인 민주주의의 원리나 독일의 反全體主義 원리인 자유롭고 민주적인 기본질서를 상정한 것이 아니었다. 자유민주주의를 반공주의로 등치시킴으로써 정권의 정당성을 확보하고 정권의 반대세력들을 탄압하기 위한 수단으로 악용하였던 것이다. 한마디로 말해서 방어적 민주주의가 상정한 민주주의의 적, 자유의 적이라 할 수 있는 파시즘적 군부독재에 의하여 방어적 민주주의가 사용된 것이다. 그렇기 때문에 방어적 민주주의를 우리 현실에 적용하기 위해서는 극히 신중을 기하지 않으면 안 된다고 할 것이다.

출처: 정회철, CASE 단문헌법, 한울아카데미, 2004, p.189

[참고]

국순옥, 「자유민주적 기본질서란 무엇인가」, 《민주법학》 제8호(1994)

김민배, 「지배이데올로기로서의 '전투적 민주주의'의 논리와 그 비판」 《민주법학》 제4호 (1990)

제3장 법이란 무엇인가?

1. 성문법

성문법(成文法)이란 필요에 의하여 어느 한 시점에 일괄적으로 '제정된 법'을 말한다. 즉 그 제정주체가 국민이든 군주이든, 의회이든 행정부이든 간에 인위적으로 일정한 목적을 가지고, 일정한 형식과 절차에 따라 제정된 법을 의미한다. 성문법은 목적과 내용이 다르다 하더라도 그 형식에 있어서는 모두가 같은 형식(조문으로 정리 및 체계화)으로 되어 있음이 특징적이다.

역사적으로 보면 성문법은 인류의 문화가 상당한 정도에까지 발달하고 사회생활의 양상이 어느 정도 복잡성을 띠고 난 후에야 비로소 나타난 것이며, 국민들이 국가에 대한 권리와 자유를 확보하려는 정치적 요구에 의하여 촉진되게 된 법형식이다. 그 결과 근대 모든 국가들은 실로 앞 다투어 법전(法典)의 편찬을 서둘렀고 급기야 성문법 만능시대를 가져왔다. 따라서 성문법은 현대국가의 법의 존재형식 중 가장 많은 부분을 차지하고, 가장 중요한 법형식이 되었다. 최근 불문의 형식의 법을 주요 근간으로 하는 영미법계 국가들에서도 많은 법들이 성문화되는 경향을 보이고 있다.

그러나 성문법은 법 내용이 성문화로 인하여 고정화되기 때문에 당연히 부수되는 결함이 있게 마련이다. 그것은 문장으로 된 법이기 때문에 그 성질상 그것이 어느 사상의 내용을 완전히 표현하는 데는 한계가 있을 뿐만 아니라 잘못 표현할 수도 있으므로 입법자 외의 사람이 그 문장을 통하여 그 내용을 정확히 포착하기가 힘들다. 뿐만 아니라 성문법은 그 내용이 고정화되기 때문에 다양하게 변화하는 사회생활의 현실적인 수요를 충족시키기에는 부적합하다. 왜냐하면 제정당시에는 완벽한 법으로 탄생하였다고 하더라도 시간이 경과함에 따라 현실과의 괴리가 자연적으로 발생하기 마련이기 때문이다. 따라서 성문법은 이러한 현실상의 사실적 수요와의 간격을 좁히기 위하여 부단히 개정되거나 아니면 정교하고 합리적인 해석의 문제를 수반하게 되는 것이다.

반면 성문법은 법의 존재와 의미를 명확히 인식할 수 있기 때문에 법적 행동을 함에 있어 행동의 기준을 설정하기가 용이하다. 따라서 위법 행위에 대한 한계를 예측할 수 있으므로 법적안정성을 도모할 수도 있다. 또한 성문법은 국가권력의 전횡에 대하여 국민의 자유와 권리를 보호하기 위한 최소한의 한계를 마련하는 수단이기도 하다. 즉 성문화된 법을 통해 국민의 자유와 권리를 규정함으로써 법 제정자나 법관 혹은 법집행자의 주관적 자의를 최소한 배제할 수 있고, 권력의 남용을 방지함으로써 법에 의한 지배를 받는 자의 권익을 어느 정도 보호할 수 있다. 따라서 현대의 국가들은 성문법의 단점에도 불구하고 이러한 장점을 살리기 위하여 대부분 법을 성문화하는 경향이 있다.

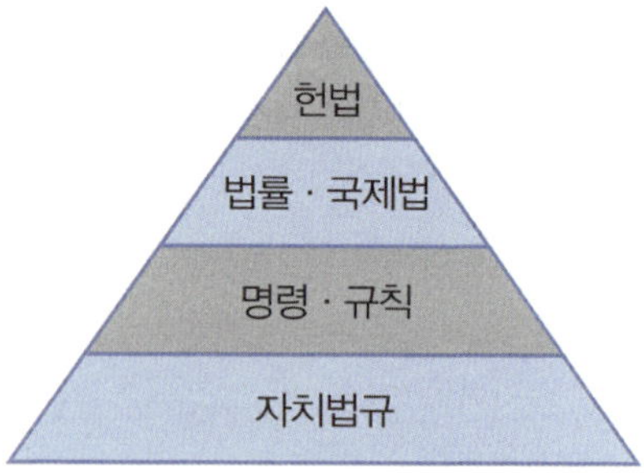

성문법의 위계

일반적으로 성문의 형식을 띠는 법으로는 그 종류가 헌법, 법률, 명령, 자치법규, 조약 등이 있다. 그런데 이들 성문법은 그 제정의 주체가 누구냐에 따라 상호간 위계적 질서를 가지고 있다. 성문법의 내용을 종류별로 살펴보면 다음과 같다.

1) 헌법

헌법은 국민의 기본적 권리와 의무를 규정하고 국가의 기본적 조직과 통치 작용에 관한 골격을 정한 법이다. 그러므로 헌법은 그 내용상의 이유뿐만 아니라 국민에 의하여 제정되고 개정되기 때문에 성문법 중 최고의 지위를 차지하는 법이다. 여기서 최고의 지위를 차지한다 함은 그 하위법규의 근거가 되고 기준이 되며 한계가 된다는 의미이다. 따라서 하위의 법규가 이에 위반될 경우 무효로 되며, 또 하위의 법규가 헌법에 위반하는지 여부를 심사하는 특별한 제도를 두고 있기도 하다.

우리나라의 헌법은 1948년 7월 17일 제정되어 오늘에 이르기까지 9차에 걸쳐 개정되었다.[1] 현행 헌법은 1987년 10월 29일 전면 개정 · 공포되었으며, 전문(前文)과 10개의 장, 130개조, 부칙 6조로 구성되어 있다.

2) 법률

법률이라 함은 국회에서 일정한 절차를 거쳐 제정 · 공포된 성문법규를 말한다. 원래 법

1) 지금까지의 우리나라 헌법 개정의 역사에서 전면개정이 5차례, 부분개정이 4차례 있었다. 일반적으로 법학계에서는 헌법의 전면개정이 있으면 새로운 공화국의 출범으로 본다. 따라서 전면개정이 5차례 있었으므로 현재는 제6공화국이다.

률의 개념은 광의와 협의의 개념이 있는데 헌법의 하위 개념으로서의 법률이라 함은 바로 좁은 의미로 본 법률을 의미한다. 광의의 법률이라 함은 모든 법을 다 일컫는 말이므로 여기서는 그런 의미의 법률이 아닌 것이 명백하다.

법률의 제정권은 국회에 있고(헌법 §40), 국회의원과 정부에 의하여 제출된 법률안은 국회의 의결을 거쳐 대통령이 공포함으로써 성립된다.[2] 헌법에서 국민의 권리와 의무 및 기타 중요한 사항에 대하여는 법률로써 정하도록 하고 있는 바, 이러한 사항을 입법사항이라고 한다.

법률의 지위는 성문법의 체계에서 헌법보다는 하위이지만 뒤에 설명하는 명령보다는 상위의 개념이다. 따라서 헌법에 위배되는 내용을 가지는 법률은 나타날 수 없으며 또한 무효이다.

3) 명령 · 규칙

명령은 행정기관(중앙행정기관)이 국회의 의결을 거치지 않고 헌법과 법률에 근거하여 일정한 절차에 따라 제정하는 성문법규이다. 규칙은 명령과 그 위계적 서열에 있어서는 동등하나 제정기관과 제정의 동기 및 용도가 다르다. 규칙이란 자율성을 극히 존중해 주어야 할 국가기관에 그 소관사무에 관하여 법률에 저촉되지 아니하는 범위 내에서 내부규율 및 사무처리와 관련된 내용을 제정한 성문법규이다. 그 예로는 대법원규칙[3], 국회규칙[4], 중앙선거관리위원회규칙[5] 등이 있다. 따라서 명령은 직접 국민들의 생활과 밀접한 관련을 가지면서 적용되는 반면에 규칙은 국민들과 직접적인 관련을 가지는 경우는 드물고 단지 내부적인 사무처리나 구성원들에게 적용되는 경우가 대부분이다.

명령은 법률의 하위에 있고 법률에 근거하여 만들어지므로 법률에 저촉되는 명령은 제정될 수 없다. 그러나 비상시에 발하는 대통령의 비상명령은 그야말로 국가비상적 상황에서 발동되는 것이므로 법률과 동등한 효력을 갖는다. 그리고 명령은 그 제정주체가 누구인

2) 헌법 제52조에서는 "국회의원과 정부는 법률안을 제출할 수 있다"라고 하여 법률안제출권자를 정하고 있으며, 헌법 제53조 제1항에서는 "국회에서 의결된 법률안은 정부에 이송되어 15일 이내에 대통령이 공포한다"고 규정하고 있다.

3) 대법원은 공정한 재판을 담당하는 사법부의 최고기관으로서 외부의 간섭을 받지 아니하고 그 내부적인 규율과 사무 등을 처리할 수 있도록 자율성을 확립해 주어야 한다는 취지에서 규칙제정권을 인정한다.

4) 국회도 국민의 대표기관으로 입법기능과 통제기능을 행사하면서 외부의 간섭 없이 스스로 국회내의 모든 사무와 내부적 규율을 이루어야 한다는 뜻에서 규칙제정권을 갖는다.

5) 민주정치의 생명인 선거의 공정과 합리적인 관리를 담당하는 중앙선거관리위원회도 그 활동에 있어 다른 외부적 기관으로부터 부당하게 간섭받거나 그 활동의 방향을 간섭당한다는 것은 옳지 않다는 취지에서 그 자율권을 인정해 주는 것이다.

가에 따라 대통령령[6]과 국무총리령 그리고 각 부령[7]이 있다.

명령은 그 성격과 내용에 따라 집행명령과 위임명령으로 나눈다.

집행명령이란, 국회에서 제정되는 법률에는 일반적으로 근본적이고 중요한 골격만을 규정하고 있는 경우가 대부분이고 그 세부적인 부분은 각 행정기관이 실제로 행정적 집행을 함에 있어 필요한 사항을 그 법률의 내용적 범위를 벗어나지 않는 범위 내에서 정하여야 하는 바, 이와 같이 법률의 시행을 위하여 좀 더 상세한 내용을 지닌 성문법규를 말한다. 따라서 집행명령을 '시행령'이라고도 하며, 특별한 경우를 제외하고 대부분의 법률은 그 시행령이 마련되어 있다.

위임명령이란, 특별한 경우 법률은 입법사항에 관하여 자신이 직접 그 내용을 정하지 아니하고 다만 구체적인 범위를 정하여 행정기관에 그 내용에 대한 법규제정을 위임하는 경우가 있는 바, 이렇게 법률에 의하여 위임된 범위내의 사항에 대하여 행정부가 성문으로 그 내용을 정한 경우의 명령을 말한다. 따라서 하나의 법률에 집행명령 즉 시행령은 하나만 존재하나, 당해 법률에서 행정부에 위임하여 제정할 것을 요구하는 위임내용이 많을 경우에는 위임명령은 여러 개 존재할 수 있다.

4) 자치법규

자치법규란 지방자치단체가 제정하는 성문법규를 말한다. 현재 우리나라의 지방자치단체는 서울특별시를 비롯하여 광역시 및 도(道)로 이루어지는 광역자치단체가 있고, 시 · 군 · 구와 같은 기초자치단체가 있다. 이러한 자치단체는 그 자치단체 내의 고유한 업무를 가급적 중앙정부의 간섭을 받지 아니하고 처리할 수 있게 하기 위하여 필요한 법규를 제정할 수 있다.

지방자치단체는 자치행정의 집행기관과 지방의회로 구성되며 지방자치단체의 의회에서 일정한 절차를 거쳐 제정된 자치법규를 조례라고 하고, 자치단체의 장이 제정한 자치법규를 규칙이라고 한다. 따라서 조례와 규칙의 관계는 중앙정부의 법률과 명령의 관계와 같다. 자치법규는 그 지방자치단체 내에서만 효력을 가진다는 것과 아무리 자치법규라 하더라도 법령에 위반되는 자치법규는 제정될 수 없음은 당연하다.

---

6) 헌법 제75조에 "대통령은 법률에서 구체적으로 범위를 정하여 위임받은 사항과 법률을 집행하기 위하여 필요한 사항에 관하여 대통령령을 발할 수 있다"고 하여 대통령의 명령제정권을 정하고 있다.

7) 헌법 제95조에서는 "국무총리 또는 행정각부의 장은 소관 사무에 관하여 법률이나 대통령의 위임 또는 직권으로 총리령 또는 부령을 발할 수 있다"라고 규정하고 있다.

5) 국제성문법규

국제성문법규는 국제사회에서 통용되는 법규이다. 이러한 국제법규에는 일반조약과 국제기구법규, 지역공동체법규 등 세 종류가 있다. 우리나라의 경우 헌법 제6조 제1항에 근거하여 조약이나 일반적으로 승인된 국제법규는 국내법과 동일한 효력을 가진다. 따라서 우리나라가 직접적인 체약당사국이 되어 체결된 조약이든, 단지 회원국으로 가입된 국제기구에서 통용되는 법규이든 간에 그 효력은 국내의 법률과 동일하다.

조약이란 그 명칭이야 어떠하든, 한 개의 문서로 되어 있든 여러 부속문서가 있든, 국제법 주체들이 일정한 법률효과를 발생하기 위하여 체결한 국제법의 규율을 받는 합의결정이다.[8] 여기서 국제법 주체라 함은 과거에는 국가만을 의미하는 것으로 해석하였고 아울러 국가만이 국제관계에서 배타적인 지위를 누렸기 때문에 조약은 국가 간의 문서에 의한 합의로 생각하였다. 그러나 수많은 국제기구가 등장하게 되면서 조약의 개념이나 내용에 많은 변화가 오게 되었다.

국제기구법규는 국가가 회원국이 되어 설립한 국제적인 단체에서 제정한 법규이다. 국제통화기금(IMF)이나 국제민간항공기구(ICAO), 세계보건기구(WHO), 만국우편연합(UPU), 세계무역기구(WTO) 등 국제기구에 따라서는 회원국들에 대하여 구속력을 갖는 강제규칙들을 제정하기도 한다. 그리고 이러한 강제규칙들은 그 회원국내에 영향을 미치기도 함은 당연하다.

지역공동체법규라 함은 국제사회에서 지역적 유대관계가 특히 긴밀한 일정지역의 국가끼리 공동체적 기구를 만들어 통일적이고 통합적인 운영을 통해 상호간의 이익을 도모하고자 하는 경향이 뚜렷해지는 바, 이들 지역공동체에서 제정한 법규들을 일컫는 말이다. 여기에도 규칙(réglement)과 지침(directives), 결정(décision) 등의 용어가 사용되고 있다.

2. 불문법

불문법(不文法)이란 비(非)제정법(unwritten law), 즉 일정한 절차에 의하여 일정한 형식으로 제정된 법이 아니라 오랜 세월동안 형성된 법이다. 불문법은 사회구성원 일반이나, 법관 또는 법학자, 기타 전문가들의 한결같이 반복되는 행위 등이 사회의 합리적 가치요소

8) 이는 1969년 조약법에 관한 비엔나(Vienna)협약 제2조 제1항 a를 기초로 한 조약의 일반적 개념이다. 조약은 여러 국제법 주체들의 의사합치로 성립되므로 일방적 법률행위는 아니나 수락의 형태는 반드시 동시에 이루어져야 할 필요는 없고, 한쪽 당사자의 일방적 선언 후 다른 당사자의 수락도 상관이 없다고 할 것이다.

로 발전하고 그에 대하여 점차적으로 의무감이 발생함으로써 형성되는 법형식이다.

불문법의 종류에는 관습법과 판례법 그리고 조리가 있다.

1) 관습법

관습법(慣習法, custumary law)이란 일정한 범위의 사회구성원들이 법으로 만들겠다는 의도 없이 일정한 행위를 계속하여 반복함으로써 형성된 자연발생적 사회규범이 국가나 사회로부터 승인되어 하나의 법적인 효력을 가지게 된 것을 말한다. 따라서 관습법 형성에는 선례(先例)라고 부르는 일정한 행위가 반복되어 간다는 실질적 요소와 법적 의식이라는 심리적 요소가 모두 필요하게 된다.

관습법의 성립요건을 보면, 일단 사회적 관행이 존재하여야 하고 그 관행에 대한 일반 국민들의 법적인 확신이 존재하여야 하는 것은 기본적으로 요구되는 요건이다. 그리고 오늘날 현대 국가에서 무엇을 법으로 할 것이냐에 관하여는 국가의사가 절대적이므로 국가적 승인이 그 요건이 될 것이다. 또한 성문법 체계에 있어서는 관습법이 우선적 효력을 갖는 것이 아니므로 성문화된 법에 의하여 그 성립의 여지가 주어져 있어야만 한다는 요건이 또 거론될 수 있다. 즉 법령으로 관습법에 따를 것이 규정되어 있어야 하며, 동시에 법령 내에 관습과 동일하거나 반대되는 내용이 이미 규정되어 있지 않아야 한다.

관습법은 원칙적으로 성문법이 불비할 때에 보충적으로 적용되는 효력을 갖는다. 왜냐하면 성문법을 근간으로 하는 국가일수록 불문법은 성문법의 보충적 효력을 가지도록 하는 것을 원칙으로 하고 있기 때문이다. 우리나라 민법 제1조는 “민사에 관하여 법률에 규정이 없으면 관습법에 의하고 관습법이 없으면 조리에 의한다”라고 그 보충적 효력성을 분명히 밝히고 있다.

그러나 관습법이 성문법에 대한 보충적 효력을 지니는 것으로 반드시 모든 성문법에 존재하거나, 어떠한 경우라 하더라도 보충적 효력만을 지니는 것은 아니다. 가령 죄형법정주의를 택하고 있는 형사법의 경우 죄나 형벌은 법으로 정하여야만 성립될 수 있다. 그러므로 관습법으로써 죄의 성립과 형벌부과를 인정할 수 있느냐에 대하여 그 대답은 자명하다. 따라서 형사관계법에서는 관습법의 성립이 배제되는 것이므로 관습법 효력의 일반적 원칙에 대하여 하나의 예외이다.

또 상법의 경우에 있어서는 상거래상 이루어지는 관습의 중요성을 인정하여 상관습에 대한 효력을 다른 민법이나 관습법에 비하여 우선시하고 있다. 우리나라 상법 제1조에서 “상사에 관하여 본법에 규정이 없으면 상관습법에 의하고 상관습법이 없으면 민법의 규정에 의한다"고 하여 상관습법의 지위를 밝히고 있다. 즉 상관습법은 상법에 대하여는 보충적 효력을 가지지만 성문법인 민법에 대하여는 오히려 우선적 효력을 가지도록 함으로써 관습법의 보충적 효력에 대한 또 하나의 예외이다.

2) 판례법

판례법(判例法, case law, judge-made law)이란, 동일한 종류의 사건에 대하여 같은 취지의 판결이 반복되면 그에 따라 일관된 법해석과 적용의 원리가 형성되게 되고, 그렇게 성립한 판례가 그 다음 나타나는 동종사건의 판결에 구속력을 가지게 됨으로써 법적인 효력을 가지게 될 때, 이러한 형식의 법을 말한다.

판결은 하나의 사건에 대한 재판을 의미하는 데 대하여 판례는 그 자체로서는 당해 사건에 대한 재판을 의미하는 것이 아니라, 재판에 내포된 추상적인 법률논리를 의미한다. 따라서 판례의 존재는 동종의 사건에 대하여는 같은 취지의 판결이 내려질 것이라는 일반의 기대를 가능하게 하고, 그 기대가 신뢰로 발전하며 이러한 일반의 신뢰에 판결이 부합할 때에 판례법의 형성이 가능해지는 것이다.

영미법계 국가에서 전통적으로 법의 근간을 이루는 것은 판례를 모아 놓은 보통법(common law)이며, 이 국가들을 우리는 판례법 국가라고 부르고 있다. 이러한 국가들에서는 선례구속(stare decisis, '판결을 지속시키다'라는 라틴어)의 원칙이 확립되어 있기 때문에 먼저 내린 상급법원의 판결은 그 후 같은 내용의 사건에 대하여 당해법원은 물론이고 하급법원도 구속하게 되어 선판례의 변경을 인정하지 않는다. 따라서 이러한 국가에서 판례는 중요한 法源이며 심지어는 판례에 어긋나는 입법조차 부정되는 효력을 갖기도 한다.[9)]

우리나라와 같은 성문법주의의 국가에서 판례가 가지는 지위나 효력은 영미법계에 속하는 판례법 국가와는 다를 뿐만 아니라 판례를 법원으로 인정하여야 하는가에 대한 논란이 있다. 이것이 판례의 법원성(法源性) 여부에 관한 논란이다. 말하자면 성문법주의 국가에서는 기판력 상대성(既判力 相對性)의 원칙이 확립되어 있기 때문에 판결의 효력은 당연히 동일한 사건과 동일한 당사자에게만 미친다. 여기서 기판력이란 재판이 확정되고 나면 동일한 사건이 또 다시 소송상으로 문제가 된다 하더라도 당사자나 법원은 그 판결에 반대되는 주장을 하거나 반대되는 판결을 할 수 없다는 판결의 효력을 말한다.

물론 재판이 확정되기 전에 심급제도에 의해서 상급법원의 판단은 당해 사건에 관하여

9) 이러한 효력을 갖는 판례를 창설적 판례라고 한다. 이러한 판례는 새로운 법이 하나 만들어지는 것과 같은 효력을 가지며, 이후 이 판례에 어긋나는 판례의 출현을 부정하는 효력을 가진다.

하급법원의 심판을 뒤엎을 수 있으므로 동일한 사건에 있어서는 상·하급 법원 간에 구속력이 인정된다. 이는 우리나라의 경우 법으로써 규정되어 있다.[10] 그러나 당사자나 관할법원이 엄연히 다른 사건인 경우, 그것이 설령 동질적인 사건이라 하더라도 그렇지 아니하다. 예컨대 어떤 사건에 대해 상급법원의 확정판결이 있은 후, 그와 동종의 유사한 사건에 대하여 그 하급법원이 판결을 내리게 되었을 때, 그 하급법원은 반드시 상급법원의 판결에 따라야 한다는 규정이 없으므로 선례추종의 법적 구속도 없고 의무도 없다. 따라서 우리나라와 같은 성문법주의 국가에서는 판례는 원칙적으로 법원(法源)이 될 수 없다는 결론을 내릴 수밖에 없다.

그럼에도 불구하고 실질적으로 법원 내부의 구조나 심급제도를 감안하여 보면 위의 결론에 선뜻 찬성할 수만은 없다. 그 이유는 다음과 같다.

첫째, 우리나라의 최고법원은 대법원이라는 사실, 둘째, 대법원은 모든 사건의 심급에서 최종심이라는 사실, 셋째, 하급심 법원은 대법원의 판례와 다른 판결을 내림으로써 파기될 우려 때문에 가급적 상급심인 대법원의 판례에 따르려 한다는 사실, 넷째, 대법원의 판결은 법률심이고, 대법원은 그 스스로 내린 판결에 대한 존중의 자세를 비교적 강하게 견지하고 있다는 사실이다. 즉 대법원은 스스로 특히 그 판결의 태도를 바꾸어야 할 상당한 이유가 없는 이상 법해석의 일관성 유지를 통한 법적안정성의 목적과 사법위신의 보호 등을 이유로 자신들의 견해를 좀처럼 변경하려 하지 않는다는 점이다. 다섯째, 그 결과 일반 사람들도 대체로 비슷한 사건에서는 같은 취지의 판결이 내려질 것이라는 기대를 하면서 판례의 태도에 따라 그들 스스로의 행위를 규제하게 되는 결과를 가져오므로 그것이 법적 존재의 가치를 지니게 된다는 사실 등이다. 그러므로 우리나라는 앞서 밝힌 선례존중의 원칙은 확립되어 있지 아니하나 실질적으로는 상급심의 선판례가 후속되는 하급심의 판결에 영향을 미치게 되어 법원(法源)으로서의 기능을 한다고 할 수 있다.

3) 조리

조리(條理, nature of things)란 사물이나 자연의 본질적 법칙이며 그 사회의 합리성이라고 간단히 표현할 수 있다. 즉 사람들이 통상적으로 가지는 건전한 상식으로써 판단할 수 있는 자연의 이치나 도리를 말한다. 따라서 조리는 다른 말로 사회적 타당성, 정의, 형평, 사회상규, 신의성실의 원칙, 사회적 통념, 객관적 원리, 사리 등으로 표현되기도 한다.

---

10) 우리나라의 법원조직법 제8조에서는 "상급법원의 재판에 있어서의 판단은 당해 사건에 관하여 하급심을 기속한다"라고 규정함으로써 동일사건의 판단에 있어 상·하급 법원간의 기속관계를 명시하고 있다.

조리의 법원성(法源性)에 관하여는 긍정설과 부정설이 있다. 조리를 법원으로 인정하고자 하는 의도는, 사회생활에서 일어나는 일들은 매우 복잡하고 다양하게 변화하는데 법은 아무리 정교하게 규정한다 하더라도 이러한 생활관계를 모두 성문화 된 법으로써 규정하기란 매우 힘들다는 데에서부터 출발한다. 결국 이러한 경우 관습법이나 판례(법)에 의하여 해결할 수밖에 없는데, 만일 관습법이나 판례에 의하여 해결하지 못한다면 마땅히 적용할 법이 없다는 이유로 재판을 거부하거나 회피하는 것이 가능할까? 따라서 적용할 법원(法源)이 없을 때 최후의 법원으로서, 입법적 불비나 현실적인 법의 흠결을 보완하는 법관의 입법적 보충권으로서 조리는 법원으로 인정되어야 한다.

우리나라 민법 제1조에는 "민사에 관하여 법률에 규정이 없으면 관습법에 의하고 관습법이 없으면 조리에 의한다"라고 하여 조리가 민사에 관하여 최후의 법원으로서의 지위를 가진다는 것을 밝히고 있다.[11]

3. 법의 분류

법은 복잡한 인간의 사회생활을 규율하는 것이므로 일정한 체계 속에서도 매우 복잡한 구조와 내용을 가지고 상하좌우로 얽혀 있다. 법은 그 내용과 기능, 성격 등에 따라 다양한 기준에 의하여 분류해 볼 수 있다. 일반적인 법의 분류 모습을 다음과 같은 그림으로 나타낼 수 있다.

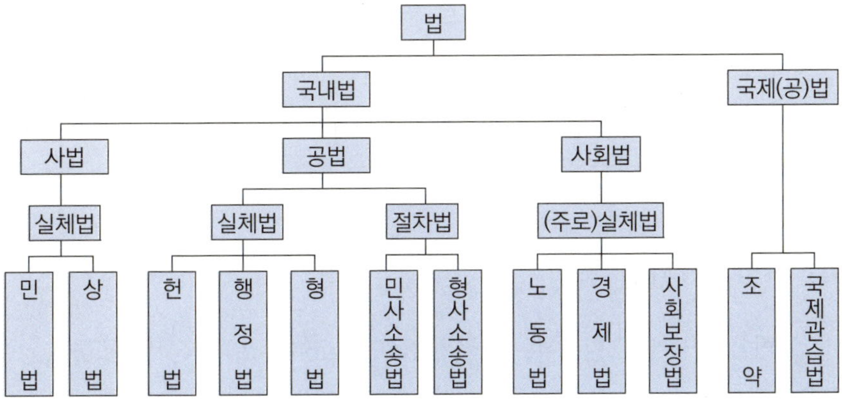

법의 일반적 분류

11) 스위스 민법 제1조 제2항의 규정에 의하면 조리의 의미를 확실히 이해할 수 있다. 즉 "적용할 법규가 도무지 없는 경우에 법관은 자신이 입법자였더라면 제정하였을 가정적 법규에 따라 재판하여야 한다"라고 하고 있는 바, 이것이 바로 조리이다.

이하에서 현실적으로 의미를 가지는 몇 가지 분류 기준에 의하여 법을 나누어 보면 다음과 같다.

1) 국내법과 국제법

국내법과 국제법(國際法, international law)은 우선 그 명칭이 다르듯이 국내법이란 한 국가에 의하여 승인되어 그 국가의 통치영역 내에서만 효력을 가지는 법을 말하고, 국제법이란 국가와 국가 혹은 국제단체에 의하여 승인되어 국제사회에서 통용되는 법이다. 오늘날 국제사회가 매우 긴밀한 관계를 유지하면서 국제법에 대한 관심과 국제법의 적용 사례들이 늘어가고 있기 때문에 국제법에 대한 이해의 중요성이 더욱 증대되고 있다. 자칫 국제법을 국내법과 전혀 다른 별개의 법체계로 이해하기 쉬우나 앞서 성문법의 체계에서도 밝힌 바와 같이 국제법도 국내에서 적용되는 것이므로 국제법도 국내법의 연장선에서 이해되어야 할 것이다.

국제법이 국내법과 구별되는 또 다른 점은 입법기관이나 입법의 절차 등이다. 국내법은 입법을 담당하는 국회가 있고 그 절차가 일정하게 정하여져 있는 반면 국제법은 일정한 절차나 형식이 정해져 있다기 보다는 국가 간의 합의에 의하여 조약이나 협정 등의 형태로 나타난다.

또 국제법은 그 효력에 있어서 국내법과는 다른 측면이 있다. 즉 국제법은 그 위반에 대한 제재에 있어 국내법보다 불완전하다. 그 이유는 국제법적 제재를 담당하는 국제기관이나 국제기구가 가지는 강제력이 현실적으로 국가권력을 바탕으로 한 국내법적 제재에 비하면 매우 약하거나 국제정치적 영향력의 지배를 많이 받기 때문이다. 사실 국제법은 강대국을 위하여 봉사하는 규범이라는 비판 속에 국제법의 법적 성질을 부정하는 견해까지 등장하고 있기는 하나, 이를 바른 견해로 받아들이기는 힘들다.

2) 공법 · 사법 · 사회법

전통적으로 법을 나눌 때 2원분류, 즉 공법(公法, public law)과 사법(私法, private law)으로 분류해 왔으며 이는 로마법(Roman law)으로부터 비롯된다. 그러나 사법이론의 발달과 사법의 공법화 현상으로 인하여 새로운 법영역인 사회법(社會法)이 탄생함으로써 최근에는 법의 3원분류가 일반적이다. 아울러 이 새로운 법영역의 이해는 공법과 사법의 발달과정과 연관되어 있으며, 특히 사법의 발달과정과 관계가 깊다. 공법과 사법의 구별에 대한 이론을 먼저 고찰한 후 사회법의 형성배경과 그 개념을 소개하기로 한다.

(1) 공법과 사법의 구별 학설

앞에서도 밝힌 바와 같이 로마법 이래 행해오던 공·사법 구분의 기준에는 몇 가지의 학설이 있다. 그러나 이 학설들은 어느 것이나 절대적으로 옳은 것은 아니고 모두 일면의 타당성과 함께 일면의 비판점도 아울러 지니고 있다.

① 이익설(利益說)

이는 법이 보호하려는 이익이 공익이냐 사익이냐에 따라 공법과 사법을 구별하려는 학설이다. 즉 어떠한 법이 전체적이고 공적인 이익을 도모함에 그 입법적 목적이 있다면 공법으로, 사적이고 개인적인 이익을 도모함에 그 목적이 있다면 사법으로 본다는 견해이다. 이 설은 원래 로마의 법학자 울피아누스(D. Ulpianus)[12]가 로마 자신의 지위에 관한 법은 공법이고 개인의 이익에 관한 법은 사법이라고 한 데에서 출발한다. 이 설은 법의 목적을 중심으로 하여 공사법을 구별하려는 견해이므로 목적설이라고도 한다.

따라서 오늘날 법전적 체제를 중심으로 이 학설을 적용한다면 공익보호를 목적으로 하는 헌법, 행정법, 형법, 소송법 등은 공법에 속하고 사익도모를 목적으로 하는 민법이나 상법은 사법에 속하게 된다.

그러나 이 설에 대한 비판은 우선 공익(公益)과 사익(私益)의 한계가 분명하지 아니하다는 점이다. 즉 어디까지가 공익이고 어디까지가 사익인가에 대하여 명확한 구분을 할 수 없다는 것이다. 왜냐하면 공익도 사익을 도모함이 없이는 보호할 수 없는 측면이 있을 뿐만 아니라, 어떠한 이익을 공익이라고 보고 어떠한 이익을 사익이라고 보느냐에 관한 기준이 엄격하게 설정되어 있지 아니하기 때문이다. 뿐만 아니라 오늘날 법전의 체계로 보아 공익보호를 목적으로 하는 형법도 사익을 외면하는 법이 아니며, 사익보호를 목적으로 하는 민법에도 공익을 도모하기 위한 규정들을 많이 가지고 있으므로 이러한 이익을 기준으로 하여 공법과 사법을 구분한다는 것은 현실적으로 보아 부적절하다.[13]

---

12) 소아시아 출신의 '로마'법학자로서 '로마'법학자 중 최대의 다작가이다. 놀랄만치 방대한 저술활동을 한 인물로서 로마법 초기학자들의 업적을 집대성하여 후세 동로마제국 중흥의 주역이었던 유스티니아누스(F. P. S. Iustinianus, 483~565) 황제의 법전편찬에 지대한 영향을 끼쳤다. 저서로는 「고시주해」 83권, 「시민법주해」 51권 등 23종이 알려져 있다.

13) 예컨대 개인소유의 산에서 허가 없이 나무를 자르지 못하게 하는 것은 소유자 개인의 이익에도 관계되지만 공익적 의미가 더 크다. 또 국가가 고속도로의 건설이나 공공시설의 설립을 위하여 개인업체와 사법상의 공사계약을 맺는 경우 공익을 위한 일이지만 성격은 사법적인 계약이다.

② 법률주체설(法律主體說)

이 설은 법률관계를 맺는 주체가 누구냐에 따라 공법과 사법을 구별하려는 학설이다. 즉 법률관계를 맺는 양당사자 모두 사인인 경우 그에 적용되는 법은 사법이고, 법률관계의 어느 한당사자 혹은 양당사자 모두 국가이거나 공공단체(지방자치단체)인 경우 그 사이에 적용되는 법은 공법이라고 한다.

이 설에 의하면 비교적 공·사법을 구분하는 기준이 단순하고 명확해 민·상법은 사법이고 양당사자 모두 국가인 국제법을 비롯하여 어느 한 당사자만이 국가인 헌법, 행정법, 형법, 민사소송법, 형사소송법 등은 공법으로 분류된다.

그러나 국가가 개인과 매매계약이나 임대차계약, 도급계약 등과 같은 사법상의 계약을 체결할 경우[14] 개인과 개인이 맺는 사사로운 계약과 다를 바 없기 때문에 적용되는 법은 사법이지만, 이 설의 이론으로는 공법이 되는 것을 설명할 수 없게 된다. 따라서 이 설은 국가의 개념을 경우에 따라서 사인 혹은 공법인으로 보아야 하는, 즉 국가의 개념을 이원적으로 파악해야 하는 단점을 가진 학설이다.

③ 법률지위 관계설(法律地位 關係說)

이 설은 법률관계에 있는 당사자들이 상호 어떠한 지위에서 어떤 형태로 법률관계를 맺느냐에 따라 공·사법을 구별하려는 학설이다. 말하자면 법률관계의 성질에 따른 구별 학설이다. 이 설에 의하면 법률관계의 당사자가 상호 수평적 대등관계이거나 횡적인 평등관계에 있으면 그 사이에 적용되는 법은 사법이고, 당사자가 수직적 상하 권력관계나 명령과 복종관계 혹은 일방적 불평등관계에 있으면 그 사이에 적용되는 법은 공법이라는 것이다. 따라서 이 설에 의하면 국가가 그 통치권에 기초한 권력적 작용으로 이루어지는 법률관계를 규율하는 법인 헌법이나 행정법, 형법, 소송법, 세법 등은 공법이고, 사인간에 대등한 법률관계를 규율하는 민법이나 상법은 사법이 된다.

그러나 이 설에 의하면 부모와 자식간의 관계를 규율하는 친족법이 속해 있는 민법이 공법으로 분류되어야 하는 모순이 있다. 왜냐하면 친족법은 부모와 자식간의 관계를 완전한 평등관계로 규정하고 있지 않기 때문이다. 또 국제법은 주권을 가진 국가와 국가가 상호 대등적 관계에서 성립시켜 통용되는 법이므로 이 설의 논리상 사법으로 분류될 수밖에 없는 것과 행정법상 관리행위에 대한 설명이 가능하지 않게 된다.

---

14) 국가가 필요에 의하여 개인의 토지를 매입할 경우나 개인의 토지나 건물을 임차하는 경우가 있을 수 있으며, 이 경우 어느 한 당사자가 국가라고 하여 같은 성격을 가지는 계약에 대해 다른 법이 적용되는 것이 아니며, 또 적용되는 똑같은 법이 당사자에 따라 공법이 되었다가 사법이 되었다가 하는 것도 이상하다.

요컨대 지금까지 공 · 사법 구별에 관한 여러 학설을 살펴보았으나 오늘날의 법전적 체제로 보아 어떠한 학설에 의한다 하더라도 대체로 헌법, 행정법, 형법, 민사소송법, 형사소송법, 조세관계법, 국제법 등은 공법이고 민법이나 상법 등은 사법으로 분류된다. 그러나 실제로는 공법으로 분류되는 형법에도 사법적 규정이 있으며, 사법으로 분류되는 민법이나 상법에도 공법적 규정이 있을 수 있다. 따라서 현실적으로는 완성되어 있는 법전을 두고 공 · 사법을 논하는 것보다는 하나의 법전 속에 포함되어 있는 개별적 · 구체적인 규정의 성격을 판단하여 공법적 규정과 사법적 규정을 분류하는 것이 옳을 것이다.

(2) 공 · 사법 구별의 이유

공법과 사법의 구별은 어느 학설에 의하든지 대체로 같은 결과로 분류된다. 그러면 이와 같이 공법과 사법을 구별하여야 하는 현실적인 이유는 무엇인가? 그것은 공법의 적용원리와 사법의 적용원리가 다르기 때문이고, 공 · 사법을 엄격히 구분함으로써 원리가 다르게 적용되어 나타날 수 있는 폐해를 없애고자 함에 있다.

우선, 공법의 적용원리는 강제성의 원리이고 사법의 적용원리는 사적자치의 원리 즉 계약자유의 원리이다. 말하자면 공법은 양당사자의 의사의 합치에 의한 법률관계의 창설보다는 그 법이 가지는 본래의 목적을 존중하여야 하므로 통치의 목적을 달성하기 위하여 적용이 강제되는 면이 있다. 그러나 사법이 적용되는 영역에서는 사인이 스스로 그 의사에 따라 자유로이 법률관계를 창설할 수 있다(사적 자치의 원리). 즉 계약에 의하여 법률관계의 당사자는 법률관계의 성립 · 불성립을 비롯하여 그 계약의 내용과 이행에 관한 모든 세부적인 사항을 자유로이 결정할 수 있는 것이다(계약자유의 원리).

따라서 공 · 사법의 구별은 법적용의 원리가 다르게 적용되는 것을 방지하는 역할을 하는 것이며 만일 공 · 사법의 원리가 잘못 적용되었을 경우 법의 목적을 달성할 수 없거나 아니면 개인의 권리가 부당하게 침해받거나 간섭받는 결과를 가져올 수 있기 때문에 이의 구별은 필요하다.

(3) 사회법의 형성(사법의 공법화)

① 사회법의 등장 배경

공법과 사법은 일찍부터 구분되어 왔고 그 나름대로의 논리적 발전을 거듭해 왔다. 그러나 법이란 그 시대의 이데올로기를 반영하는 것일 뿐만 아니라 하나의 제도로서 새로운 체제를 발전시키는데 공헌하기도 한다. 따라서 근대사회로 접어들면서 법의 적용논리는 시대의 변화에 따라 바뀌기 시작했고 아울러 새로운 적용원리를 갖는 또 다른 법영역이 탄생하는 계기가 형성되기도 하였다.

역사적으로 산업혁명을 거치면서 근대사회는 상품생산을 위주로 하는 자본주의사회로 전환되었고, 그 사회의 상품생산관계를 성립시키는 기초는 근대 사법이었다. 사법의 기본적 이념은 사적자치이며 계약자유의 원리에 기초하고 있으므로 사인이 법률관계를 자유로이 창설할 수 있는 범위가 널리 인정되었고, 국가는 가급적 이에 간섭하지 않는다는 자유방임적 원리가 지배적이었다. 즉 개인의 자본은 개인이 전적으로 처분할 권리가 있음과 아울러 어떤 형식을 통하여 어떻게 운영하고 처분하든 국가를 비롯한 어느 누구로부터도 간섭받지 않는다는 것이다. 또 개인이 누구와 어떠한 조건으로 어떤 계약을 어떠한 조건으로 체결하든지 아무도 간섭하지 말 것을 요구하였고 자신의 직접적인 고의나 과실에 의한 손해발생의 경우가 아니면 어느 누구에게도 책임을 지지 않는다는 원리가 일반적으로 받아들여지고 있었다.

이러한 개인의 재산에 대한 절대적인 권리의식은 자본주의적 경제체제와 맞물려 사유재산제도를 확립시키는 기초로 작용하였고, 계약자유의 원리는 영리활동의 자유를 보장하는 법적 표현이었다. 또한 자신의 직접적인 행위에 의한 손해발생의 경우가 아니면 자신이 책임지지 아니하는 과실책임의 원리는 철저한 개인주의를 팽배하게 만들었다. 그 결과 이러한 근대 사법의 원리는 자본주의적 경제체제에 정신적 · 제도적 기초로 작용하며 자본주의 경제의 발전과 정착에 일조를 하였다.

그러나 자본주의 경제가 고도로 발전하면서 자유방임에 의한 폐해가 심각해지자 법적 · 제도적 기초에 대한 저항이 일어났고, 이를 방치할 경우 국가의 존립조차 흔들릴 위험에 직면하게 되자 국가는 이에 적극적으로 개입하여 조정 · 통제하지 않을 수 없게 되었다. 사실 근대초기 사람들은 자유와 권리는 그 자체로서 생활의 필요충분조건이라 생각하였고 '국가로부터의 자유'를 주장하였다. 그러나 진정한 자유와 권리는 생존적인 기초가 확립되어 있을 때에 비로소 의미를 가지게 된다는 것을 깨닫게 되자 국가의 후견적 역할을 기대하게 되었고, 또 그러한 국가의 역할이 강력하게 전개되기를 희망하게 된 바, 이는 '국가에 의한 자유'를 의미하는 것이었으며, 사법 영역에 공법적 원리가 개입하는 현상의 출발이라 할 수 있다.

소위 '사유재산과 자본의 운영은 개인의 자유'라는 원리 하에 방치되어 왔던 시장원리에서 자본잠식으로 인한 독과점자본이 출현하고, 무정부적 생산으로 인한 생산과 소비의 불균형이라는 모순이 발생하자 국가는 이에 적극 개입하지 않을 수 없었다. 또 계약자유의 원리에 의하여 발생하는 부의 양극화는 자본가와 노동자와의 관계악화와 사회의 구조적 모순을 심화시키는 원인으로 작용하므로 국가로서는 이 또한 방치할 수 없게 되었다.

나아가 고령이나 질병 등으로 인하여 노동력을 상실한 근로소득자에 대한 최저생계의 유지는 국가적인 의무로 간주되기에 이르렀다. 이러한 다양하고 복합적인 문제를 해결하기 위하여 각기 다른 요인에 착안하여 발전해 온 것이 바로 경제법, 노동법, 사회보장법 등과 같은 법의 영역이다.

② 사회법의 종류

사회법에 속하는 법으로는 경제관계법과 노동자와 자본가와의 관계에서 노동자들의 권리를 중심으로 한 노동관계법, 그리고 삶의 질 향상과 보호를 목적으로 하는 사회보장관계법 등이 있다.

경제관계법은 자유방임적 시장경제질서에 대한 국가의 간섭과 보호 및 조정의 결과이다. 자본주의 성장과정에서 노출될 수 있는 대자본의 결합을 통한 시장독점체제를 제한하여 경제사회전반의 불균형을 시정하는 독점규제에서부터 공정한 거래를 통한 상거래 질서를 유지하기 위하여 기업을 비롯한 경제주체들의 활동에 대한 규제에 이르기까지 광범위한 영역을 포함하고 있는 법의 영역이다.[15] 따라서 고용을 창출하고 중소기업을 보호하며, 유효수요를 확대시키기 위한 공공정책의 기초를 형성함과 아울러 유사시 국가경제질서를 통제하고 조정하는 경제에 관한 총체적 질서를 일컬어 우리는 경제관계법(경제법)이라 한다.

노동관계법은 자본주의 사회에서 필연적으로 발생하는 경제적 강자인 자본가 혹은 사용자와 경제적 약자인 노동자와의 갈등을 완화시키고, 그들에게 힘의 균형을 유지시키고자 국가가 개입한 법의 영역이다. 말하자면 노동자들이 가급적 좋은 조건에서 일할 수 있도록 근로조건의 일정한 기준과 최소한의 한계를 어느 정도 강제로 정한다든지 경제적 약자인 노동자가 자본가에게 대항할 수 있는 합법적인 힘을 주기 위하여 그들이 단체를 결성할 수 있게 하는 것 등을 그 내용으로 한다. 또 그 단체를 통하여 사용자와 교섭할 수 있게 하며, 그 교섭의 결과에 따라 합법적인 투쟁을 할 수 있도록 함으로써 노동자에게 그 스스로 경제적 지위를 향상시키고 유지할 수 있도록 국가가 간섭하여 탄생한 법이다. 요컨대 노동관계법이란 자본주의 사회에서 종속노동관계를 규율하는 실정법 질서를 총칭하여 일컫는 용

15) 이러한 영역에 속하는 법으로는 대표적으로 「독점규제 및 공정거래에 관한 법률」, 「물가안정에 관한 법률」, 「부정경쟁방지 및 영업비밀보호에 관한 법률」, 「증권거래세법」, 「부정수표단속법」, 「중소기업기본법」, 「중소기업창업지원법」, 「국가정보화기본법」 등이 있다. 그 밖에 「농지법」, 「광업법」, 「할부거래에 관한 법률」, 「방문판매 등에 관한 법률」, 「은행법」 등 그 수가 많다.

어이다.16)

사회보장관계법은 자본주의 발전과정에서 비롯된 국민들의 소득격차를 근본적으로 해결하기 위하여 국가가 직접 소득의 재분배를 내용으로 하는 각종 제도적 장치와 관련되는 법의 영역을 말한다. 20세기에 접어들면서 각국은 국민의 최저생활을 보장하고 그 수준을 향상시키는 것을 국가의 목표이자 의무로 하는 이른바 복지국가를 지향하고 있다. 따라서 국가는 국민들이 실업이나 질병, 신체불구, 노후, 궁핍 등으로 인한 소득의 결손에도 불구하고 안정된 생활을 영위할 수 있도록 각종의 제도를 창출하여야 할 의무가 있다. 즉 노후에도 연금의 혜택이 주어져 안정된 생활이 보장되어야 하고, 노동활동 중 사고나 질병에 의하여 노동력을 상실하였더라도 생계의 보장이 되어야 하며, 자녀의 양육을 위한 최소한의 교육경비에 대한 염려는 없어야 할 것이다. 이러한 제도의 실현은 국가의 강력한 의지에 의해서만 가능하며 이렇게 국가의 의지가 반영되어 나타난 국민들의 안정된 최저생계 유지와 관련된 제도법 영역이 사회보장관계법이다.17)

이들은 모두 자본주의 사회가 안고 있는 구조적인 모순을 시정하고자 하는 과정에서 탄생한 법영역들로서, 본래 개별적인 경제주체들의 자유로운 의사에 의하여 유지되는 사법(私法)의 적용원리에 맡겨야 하는 것이지만 국가가 개입하지 않으면 해결할 수 없기에 공법의 적용원리가 가미된 법영역이다. 따라서 위의 세 가지 법영역은 공법도 아니고 사법도 아닌 중간적 성격을 띤 법이므로 이들을 모두 합하여 사회법(社會法)이라 부른다.

3) 일반법과 특별법

(1) 구별의 기준

일반법과 특별법의 구별은 그 법의 효력이 발생하는 범위가 어떠한가에 의한 것으로서 그 법의 효력이 일반적인 모든 사람이나 일반적인 모든 장소나 일반적인 모든 사항에 대하여 나타나면 일반법이고, 그 법의 효력이 특별한 사람이나 특별한 장소나 특별한 사항에 대하여 발생하는 것이면 특별법이다. 이를 나누어 자세히 살펴보면 다음과 같다.

첫째, 법이 적용되는 사람을 기준으로 하여 볼 때, 그 국가의 일반인들에게 모두 적용되

16) 이에 속하는 법으로 대표적인 것은 「근로기준법」, 「최저임금법」, 「노동위원회법」, 「노동조합 및 노동관계조정법」, 「남녀고용평등과 일 · 가정 양립 지원에 관한 법률」, 「근로자참여 및 협력증진에 관한 법률」, 「직업안정법」 등이 있다.

17) 이에 관한 법으로 대표적인 것은 「사회보장기본법」, 「국민기초생활보장법」, 「국민연금법」, 「국민건강보험법」, 「국민건강증진법」 등이 있고, 그 밖에 「자동차손해배상보장법」, 「주택임대차보호법」, 「소비자기본법」, 「전자상거래등에서의 소비자보호에 관한 법률」 등이 있다.

는 법은 일반법이고, 일정한 신분을 가진 자나 특별한 지위에 있는 자에게만 적용되는 법은 특별법이다. 예를 들면 우리나라 사람들 가운데 헌법이나 행정법 혹은 형법의 적용을 받지 않는 사람은 없기 때문에 이러한 법들은 일반법에 속한다. 그러나 공무원법이나 군형법 등은 공무원이나 군인의 신분을 가진 자에게만 적용되는 법이므로 인적 기준에서 특별법이다.

둘째, 법이 적용되는 장소를 기준으로 하여 보면, 그 국가의 모든 장소에 적용되는 법이면 일반법이고, 국가의 어느 일부지역에서만 효력을 갖는 법은 특별법이다. 예컨대 민법이나 행정법, 형법, 공무원법, 군형법 등은 우리나라의 어느 지역이든지 간에 모두 적용되는 법이기 때문에 일반법이지만, 서울특별시를 비롯한 지방자치단체에서 제정하는 조례나 규칙 등은 해당지역에서만 효력을 가지는 것이므로 장소적으로 보면 특별법이다.

셋째, 법이 규정하고 있는 내용(사항)을 기준으로 하여 보면, 비교적 일반적이고 넓은 사항에 대하여 적용되는 법이면 일반법이고, 비교적 좁고 특수한 사항에 대하여 적용되는 법은 특별법이다. 그런데 이 기준은 앞의 두 기준에 비하여 상대적인 성격의 기준이다. 왜냐하면 하나의 법이 적용되는 사항이 넓고 일반적인 사항인가 아니면 좁고 특수한 사항인가 하는 것은 비교되는 사항에 따라 달라질 수 있기 때문이다. 따라서 사항을 기준으로 하는 경우, 하나의 법을 두고 절대적으로 일반법과 특별법을 구분할 수는 없다. 예컨대 상법은 상행위나 상거래 및 상인에게 적용되는 법이므로 일반적 법률관계에 적용되는 민법에 대하여 비교적 좁고 특수한 사항을 규정하고 있으므로 민법은 일반법, 상법은 특별법이라 할 수 있다. 그러나 상법은 금융을 영업으로 하는 은행에 관하여 규정한 은행법과 비교하면 오히려 일반법적인 지위에 있게 되고 은행법이 특별법의 지위에 있게 된다. 이를 일반법과 특별법 구별의 상대성이라고 한다.

그런데 일반법과 특별법의 구별은 위와 같이 법령 상호간에만 존재하는 것이 아니라 동일한 법령 내에 있는 조문과 조문사이에도 존재할 수 있고,[18] 심지어는 같은 조문내의 항과 항 사이에서 존재하기도 한다.[19] 따라서 법규전체를 두고 일반법 · 특별법의 성격을 나누는 것도 의미가 있으나 사실은 구체적 · 개별적 조항에 따라 일반법과 특별법을 구별하는 것이 더욱 타당하다.

---

18) 예컨대 민법 제162조 제1항은 채권의 일반적 소멸시효를 규정하고 있고, 제163조와 제164조는 채권의 종류를 명시하여 각각 3년과 1년의 단기소멸시효를 규정하고 있으므로 제163조와 제164조의 규정은 제162조 제1항에 대하여 특별법의 지위에 있게 된다.

19) 예컨대 형법 제250조 제1항에서는 일반적 살인죄에 대하여 규정하고 있으나 제2항은 존속살인죄에 대하여 규정하면서 그 형벌을 강화하고 있다. 따라서 제2항의 존속살인은 일반인을 살인한 것과는 특별히 달리 취급하고자 하는 취지이므로 제2항은 제1항에 대하여 특별법적 지위에 있다고 함이 옳다.

(2) 구별의 실익

일반법과 특별법을 구별하는 가장 주된 이유는 무엇보다도 법적용상의 우선 순위를 결정함에 있다. 즉 특별법은 일반법에 우선한다는 원칙에 따라 일정한 사항에 대하여 특별법이 있을 경우 특별법이 우선적으로 적용되고 일반법은 특별법이 없는 경우 보충적으로 적용된다.

그러나 이 원칙도 어디까지나 일반법과 특별법의 제정주체가 동일하고 법의 위계적 질서상 등급이 같은 경우에 적용되는 것이다. 따라서 제정주체가 다른 경우에는 상위의 주체가 제정한 법이 우선하고, 법의 등급이 다른 경우에는 일반법 · 특별법에 상관없이 당연히 상위등급의 법이 우선함을 유의하여야 한다.

4) 실체법과 절차법

실체법이란 법주체간의 관계(법률관계) 그 자체를 규율하는 법이고, 절차법은 권리의 실질적 내용을 실현하기 위하여 취하여야 할 방법을 규율하는 법이다. 따라서 실체법과 절차법의 구별은 법이 규정하고 있는 내용이나 사항을 기준으로 한 분류이다.

실체법은 권리와 의무에는 어떠한 종류가 있으며, 그것은 어떻게 변동하며, 어떠한 주체에 귀속하며, 또한 어떠한 효과를 가지느냐 등 일반적으로 권리 · 의무의 실체를 규정하는 법이다. 따라서 이러한 내용이 규정되어 있는 헌법, 형법, 민법, 상법 등은 여기에 속한다.

절차법은 실체법에 상대되는 표현으로서 보통 소송이나 재판절차를 규율하는 법으로서 실체법이 목적적 · 설정적 · 선언적 성격을 가짐에 비해 절차법은 수단적 · 방법적 · 기술적 성격을 가지고 있다 할 것이다.

양자의 관계를 보면, 실체법에서 아무리 많은 권리와 의무를 규정하고 있다 하더라도 그것을 실현하는 절차를 규정한 절차법이 없으면 무의미하다. 따라서 일반적으로 민사실체법(민법이나 상법)에 대하여 민사절차법(민사소송법)이 존재하고, 형사실체법(형법 등)에 대하여 형사절차법(형사소송법)이 조화되어 권리와 의무들이 실효성을 가지게 된다.

실체법과 절차법이 모순되는 때에는 실체법이 우선하며, 법원은 실체법이 없더라도 재판의 진행에 영향을 받지 아니하나, 절차법이 없는 경우에는 재판을 진행할 수 없다. 또한 형식에 있어 모든 실체법에 절차법이 따로 존재하는 것이 원칙이기는 하나 이러한 원칙이 철저히 지켜지는 것은 아니고 경우에 따라 실체법속에 절차법적 규정이 포함되어 있기도 하고, 또 절차법 속에 실체적 규정이 존재하기도 한다.

더 생각해볼 문제

헌법 개정권력의 한계

헌법에 규정된 헌법 개정 절차에 따르기만 하면, 헌법의 어떠한 내용도 개정할 수 있는 것일까?

세계 각국의 헌법에는 헌법을 개정하는 절차가 규정되어 있다. 그런데, 헌법에 규정된 헌법 개정 절차를 따르기만 하면, 즉, 헌법에 규정된 절차를 지키기만 하면 헌법의 내용 중 어떠한 것도 모두 개정할 수 있는지 여부가 문제된다. 이에 대해 헌법에 규정된 개정 절차를 따르기만 하면 어떠한 조항도 개정할 수 있다는 개정무한계설과 일정한 한계가 있다고 보는 개정 한계설이 대립되고 있다.

전 세계적으로 헌법학자들은 대체로 개정 한계설을 지지하고 있다. 우리나라에서도 개정 한계설이 통설이지만, 헌법 개정의 대상이 될 수 없는 사항이나 내용이 어떤 것인가에 관해서는 견해가 갈리고 있다. 대체로 민주공화국으로서의 국가 형태, 국민주권의 원리, 자유민주적 기본질서 등을 폐지하는 개정은 할 수 없다. 핵심적인 기본적 인권, 국제평화주의, 복수정당제도, 사유재산제와 시장결제질서 등을 전면적으로 부정하는 개정도 허용되지 아니한다고 본다.

- Q1. 헌법개정 무한계설과 헌법개정 한계설은 어떤 차이가 있을까?
- Q2. 헌법개정 한계설은 민주주의와 법치주의의 관계에 비추어 어떤 의의를 가질까 ?
- Q3. 헌법개정 한계설의 입장에서 볼 때, 헌법 개정의 한계가 될 수 있는 것은 어떤 것들이 될 수 있는지, 학자들의 다양한 견해를 조사하고, 이에 비추어 자신의 입장을 생각해 보자.

읽기 자료 1

법의 위계별 본 체벌에 대한 평가

학교 내에서 체벌이 허용되는지를 판단하기 위해 이와 관련된 법을 법의 단계에 따라 살펴보자.

먼저 우리나라의 최상위법인 헌법에서 체벌과 관련된 조항은 헌법 제10조와 제12조 ①항이라고 할 수 있다.

> 헌법 제10조: 모든 국민은 인간으로서의 존엄과 가치를 가지며, 행복을 추구할 권리를 가진다. 국가는 개인이 가지는 불가침의 기본적 인권을 확인하고 이를 보장할 의무를 진다.
> 헌법 제12조 ①항: 모든 국민은 신체의 자유를 가진다. 누구든지 법률에 의하지 아니하고는 체포 · 구속 · 압수 · 수색 또는 심문을 받지 아니하며, 법률과 적법한 절차에 의하지 아니하고는 처벌 · 보안처분 또는 강제노역을 받지 아니한다.

헌법 제10조의 내용을 보면, 학교에서 체벌을 허용할 경우 인간의 존엄성을 침해할 수 있다는 점을 짐작할 수 있습니다. 아울러 제12조 ①항을 보면 체벌이 신체의 자유를 침해할 수 있음을 생각해 볼 수 있다. 그렇다면, 법률은 어떻게 규정하고 있을까? 헌법 다음의 단계, 즉 법률인 초중등교육법 제18조 ①항에서 다음과 같이 학생의 징계와 관련된 내용을 찾아볼 수 있다.

> 초 · 중등교육법 제18조 [학생의 징계] ①항: 학교의 장은 교육상 필요한 경우에는 법령과 학칙으로 정하는 바에 따라 학생을 징계하거나 그 밖의 방법으로 지도할 수 있다. 다만, 의무교육을 받고 있는 학생은 퇴학시킬 수 없다.

그 다음 법률의 하위 단계인 명령에 해당하는 초중등교육법 시행령에는 다음과 같이 규정하고 있다.

> 초 · 중등교육법 시행령 제31조 [학생의 징계 등] ①항: 법 제18조 제1항 본문의 규정에 의하여 학교의 장은 교육상 필요하다고 인정할 때에는 학생에 대하여 다음 각 호의 어느 하나에 해당하는 징계를 할 수 있다.
> 1. 학교 내의 봉사
> 2. 사회봉사
> 3. 특별교육이수
> 4. 1회 10일 이내, 연간 30일 이내의 출석정지
> 5. 퇴학처분

위의 시행령을 보면 학생 징계의 종류에 체벌은 포함되지 않음을 알 수 있다.

과거에는 초중등교육법 시행령에서는 다음과 같이 규정하고 있었다.

> 초 · 중등교육법 시행령 제31조 제⑦항: 학교의 장은 법 제18조 제1항 본문의 규정에 의한 지도를 하는 때에는 교육상 불가피한 경우를 제외하고는 학생에게 신체적 고통을 가하지 아니하는 훈육 · 훈계 등의 방법으로 행하여야 한다.

위 규정은 교육상 불가피한 경우에는 예외적으로 학생에게 신체적 고통을 가하는 체벌을 가할 수 있는 것으로 해석되었다. 하지만, 이후 예외적으로 불가피한 경우에 체벌을 허용하는 근거가 되었던 초중등교육법 시행령 제31조 제⑦항은 그 내용이 사라지고, 제⑧항에서 『학교의 장은 법 제18조 제1항 본문에 따라 지도를 할 때에는 학칙으로 정하는 바에 따라 훈육 · 훈계 등의 방법으로 하되, 도구, 신체 등을 이용하여 학생의 신체에 고통을 가하는 방법을 사용해서는 아니 된다.〈개정 2011. 3. 18.〉』고 개정되었다. 따라서 이제는 불가피한 경우에 예외적으로 체벌이 허용되는 것이 아니라, 원칙적으로 아예 체벌이 금지되었다고 할 수 있다.

그런데 만일 국회의원들이 초중등교육법 제18조 [학생의 징계] ①항을 다음과 같이 개정한다면 어떻게 될까요?

> 초 · 중등교육법 제18조 [학생의 징계] ①항: 학교의 장은 교육상 필요한 경우에는 법령과 학칙으로 정하는 바에 따라 학생을 징계하거나 체벌을 포함하여 그 밖의 방법으로 지도할 수 있다.

위처럼 법이 개정되어 학교에서 체벌이 난무한다고 가정해 보자. 이때 체벌로 피해를 보았거나 볼 수 있는 학생은 체벌을 허용한 위 법률이 위헌인지 아닌지 심판해달라고 헌법재판소에 헌법소원을 제기할 수 있다. 그럴 경우 헌법재판소는 체벌을 허용한 초중등교육법이라는 법률이 헌법에 위반되는지 여부를 판단해 줄 것입니다. 만약 헌법재판소가 체벌을 허용한 법률 조항을 위헌으로 결정하게 되면, 그 조항은 법률로서의 효력을 상실하게 되어 체벌이 허용되지 않게 되며, 때로는 국회에게 헌법재판소의 결정에 맞게 새로운 법률을 만들어야 될 의무가 생기기도 한다.

"악법도 법이다."라고 하면서 법은 무조건 지켜져야 한다고 할 것이 아니라, 악법이 개정될 수 있도록 해야 한다. 그런데, 만일, 악법에 대해 4 · 19혁명과 같은 저항권 행사를 빈번하게 한다면, 법적 안정성을 해치는 결과를 가져올 것이다. 그래서 악법을 개정하게 하면서도 법적 안정성을 해치지 않는 방법이 바로 헌법재판제도를 활용하는 것이다. 우리나라의 법체계는 법을 지키면서도 부당한 법률에 대해서는 헌법재판소를 통해 그러한 법률이 헌법에 위반되는지를 심판받게 할 수 있는 절차를 열어두고 있다.

정리하자면 법에 위계질서를 두는 이유는 국가의 최고법인 헌법을 통해 하위 법령들(법률, 명령, 규칙 등)이 악법이 되지 않게 통제하기 위함이다. 어떤 법률이 국회의 다수결에 의해 만들어지더라도, 헌법에 위반될 경우에는 헌법재판제도를 통해 효력을 상실하게 된다. 결국 헌법은 다수결에 의해서도 침범할 수 없는 원칙을 정해둔 것이다. 이는 국가가 헌법을 두고 있는 이유이다. 이처럼 최고법으로서의 헌법이 존재하는 이유는 다수결로도 침범할 수 없는 대원칙(예를 들어 인간의 존엄성과 가치, 자유, 평등 등)을 헌법에 밝혀두어, 민주주의가 법치주의의 내에서 작동할 수 있도록 하기 위함이다.

읽기 자료 2

이인석 고법판사(서울고법) 2016-12-19 법률신문

사법의 독립과 민주적 정당성

정치가 사회갈등을 해결하지 못하는 사이에 사법이 온 국민의 주목을 받고 있다. 이른바 '비선실세'의 국정농단 사건부터, 매주 열리는 촛불집회가 청와대 인근에서 가능한지 여부와 관련한 금지통보 집행정지 사건, 대통령에 대한 탄핵심판 사건까지 무엇 하나 중요하지 않은 재판이 없다.

재판 결과에 따라 큰 이해관계를 갖는 정치세력들은 여러 가지 방법을 동원하여 재판을 자신들에게 유리하게 이끌고 싶어 한다. 언론 보도에 따르면 최근 공개된 전 청와대 민정수석의 비망록에는 행정 권력이 사법부를 길들여 자신들의 정파적 이해관계에 부합하는 판결을 받아내려고 시도하였다는 내용이 다수 포함되어 있다.

그런데 아이러니하게도 사법부를 자신의 입맛에 맞도록 길들이려 하는 세력이 내세우는 논리는 '민주적 정당성'이다. 국민으로부터 직접 선출된 권력이 그렇지 않은 사법권에 우선한다는 것이다. 그러나 이러한 논리는 권력 분립론에 대한 오해에서 비롯된 위험한 생각이다.

권력분립을 체계화한 몽테스키외(Montesquieu)는 사회적 세력 간의 균형을 유지하기 위해 사법권을 집행권으로부터 분리하여 독립시킨다. 이러한 의미의 사법권은 존재적 성격보다 기능적 성격이 강조되는 것이고, 그 작용에 의하여 존재가 인식된다. 특수한 권력으로 사법권 자체는 어떠한 사회적 세력의 뒷받침을 받지 않는 '무(無)'인 권력을 의미한다. 사법권은 맡은 직무의 속성상 입법권이나 행정권과 같은 방법으로 그 권력의 민주적 기초와 정당성을 확보하여야 하는 것은 아니다. 이러한 이유로 선진 각국의 최고법원이 선거에 의하여 구성되지 않는 것이다. 사법권이 국민으로부터 그 권력의 민주적 정당성을 부여받는다는 것은 규범적 권력으로서의 사법권이 국민의 규범적 대표성을 부여받는다는 것을 의미한다. 즉 사법에 있어서 민주적 정당성의 요체는 국민에 의하여(by the people) 구성되었다는 측면만이 아니라 국민을 위한(for the people) 역할에 방점이 있는 것이다.

사법이 국민을 위한 역할을 충실히 수행하기 위해서는 사법은 특정한 정치세력에 의존해서는 안 되고 독립되어야 한다. 나아가 선출 방식이 아닌 임명제로 구성된 사법부가 민주적 정당성을 확보하려면 민주주의 원칙에 따라 제정된 법을 존중하되, 사법이 담당하는 역할의 중요성을 인식하고 그 역할에 걸맞은 업적을 쌓아야 한다. 다수결, 표결의 원칙에서 소외되는 소수자를 보호하고 이를 위한 절차적인 측면의 보장, 입법의 공백이 있을 경우 차별받는 소수자들을 보호할 수 있는 해석이 필요한 경우도 있다.

사법부가 이러한 역할을 제대로 수행할 수 있으려면 스스로 자신의 역할에 대한 인식을 바로 가지고 외부의 풍랑에 흔들림이 없어야 한다. 입법, 행정의 다른 권력기관 등도 다수의 이름을 내세워 자신들의 입맛에 맞도록 사법부를 길들이려 해서는 안 된다. 그러한 시도를 하는 정치세력은 헌법상 권력분립을 형해화 하여 견제 받지 않는 권력을 행사하려는 것이고, 결국 민주적 정당성을 상실하게 될 것이다.

읽기 자료 3

고려대 법학전문대학원 교수 장영수

포퓰리즘과 법치주의
- 현실적 국민의사의 수용 한계 -

Ⅰ. 문제상황: 포퓰리즘의 발현과 법치의 충돌상황

민주주의에 대한 이해가 복잡하고 다의적인 것만큼 포퓰리즘에 대한 이해 또한 매우 다양하다. 포퓰리즘을 중남미의 특수한 현상으로 보는 견해가 있는가 하면, 이미 세계적인 현상일 뿐만 아니라 그 뿌리를 19세기 러시아의 브나로드(인민 속으로) 운동이나 미국의 인민당(People's Party)에서 찾을 수 있다는 견해도 있다. 또한 포퓰리즘을 대중적 인기에 영합하는 것으로 부정적인 평가를 내리는 견해가 있는가 하면, 포퓰리즘의 전면적 긍정까지는 아니더라도 현대사회의 민주주의 발전을 위한 또 하나의 시도로 평가하는 견해도 있다.

이러한 문제상황은 포퓰리즘에 대한 접근 자체를 매우 어렵게 만든다. 더구나 언론에 의해 포퓰리즘이라는 말이 매우 다양한 의미로 광범하게 사용되고 있다는 것은 포퓰리즘에 대한 개념 정의 자체를 매우 중요하고도 어려운 과제로 만들고 있다. 그러나 포퓰리즘에 대한 이해 내지 개념 정의의 곤란성에도 불구하고 포퓰리즘이 갖는 가장 기본적인 징표 몇 가지에 대해서는 이미 어느 정도의 공감대가 형성되어 있다고 볼 수 있다.

첫째, 포퓰리즘은 대중적 지지를 지향한다. 사실 대중의 지지를 필요로 하는 점에서는 민주주의 또한 다르지 않기 때문에 포퓰리즘은 민주주의의 한 형태로 여겨지기도 한다. 그러나 현대 민주주의가 국민주권의 실현과 관련하여 대의제를 근간으로 하고 있는 반면에 포퓰리즘은 보다 직접적인 국민의 의사를 중요시하며, 이를 인민주권의 형태로 구현하고자 한다.

둘째, 포퓰리즘은 대중적 지지를 지향할 뿐만 아니라 이를 위하여 기존의 규범이나 체제를 무시하거나 변경하는 것에 대해서 큰 부담을 느끼지 않는다. 이는 대중의 지지를 기반으로 기득권을 부정하고 새로운 규범, 새로운 제도를 만들어낼 수 있다고 믿기 때문이다. 그러나 이러한 태도는 다수결에 의존하되, 다수결의 한계를 인정하는 민주주의 헌법이해와 충돌하게 된다.

셋째, 포퓰리즘의 가장 중요한 특징의 하나는 근본가치에 대한 명확한 입장을 갖지 못하고 있다는 점이다. 대중적 지지, 다수의 의사가 최고의 가치라고 생각하는 경향이 짙은 것이다. 그러나 인류 역사는 다수의 결정이 잘못된 경우를 드물지 않게 보여주었으며, 이러한 오류를 반복하지 않기 위하여 다수결의 한계를 인정하면서 이를 정당화할 수 있는 근본가치에 대한 깊은 성찰을 하게 되었다. 그 결과 다수결의 정당성이 갖는 의미와 한계, 그리고 소수자의 보호가 과거와는 다른 의미를 갖게 되었는데, 포퓰리즘은 이러한 숙고를 받아들이지 않는 경향이 큰 것이다.

이러한 포퓰리즘의 특징은 −포퓰리즘이 민주주의와 어떤 관계에 있느냐에 대해서는 각자의 민주주의 이해에 따라 논자마다 입장이 다를 수 있지만- 포퓰리즘과 법치의 관계에서 매우 잘 드러난다. 전통적인 민주주의가 법치주의와의 조화를 전제로 형성된 반면에 포퓰리즘은 법치주의와 충돌하는 모습을 보이게 되는 것이다.

이하에서는 포퓰리즘과 법치의 관계를 몇 가지 현상을 중심으로 분석하기보다는 근본가치에 대한 이해의 차이를 중심으로 정리하고자 한다.

먼저 전제되어야 할 것은 법치의 의미에 대한 혼란을 정리하고, 법치를 통해 무엇을 실현하여야 하는 것인지가 분명해져야 한다. 그 바탕 위에서 근본가치에 대한 이해가 법치의 실현에서 어떤 의미를 가지고 있는지(Ⅱ)를 검토할 수 있을 것이다.

그리고 근본가치를 실현하는 과정에서 법치주의와 법의 이념으로서의 정의가 어떤 구조 속에서 모습을 드러내는지, 이 과정에서 이른바 다수에 의한 정의와 근본가치로 인정되는 정의가 어떤 관계 속에 있는지(Ⅲ)를 정리하는 것은 포퓰리즘과 법치의 관계를 정리하는데 매우 중요한 의미를 가질 수 있을 것이다.

그리고 이러한 검토에 기초하여 포퓰리즘 정치의 위험성 및 그에 대한 안전장치로서의 법치의 중요성(Ⅳ)을 강조하는 것으로 이 글을 마무리하고자 한다.

Ⅱ. 법치의 목적과 근본가치

1. 법치의 의미

민주주의와 더불어 법치주의가 현대 헌법국가의 중요한 원리로 작용하고 있다는 점은 널리 알려져 있다. 그러나 민주주의가 마치 정당성의 동의어처럼 사용됨으로 인하여 그 의미에 혼란이 가중되고 있는 반면에 법치주의는 전통적인 법(法)과 법치(法治)에 대한 부정적인 시각으로 인하여 그 의미와 역할이 정확하게 이해되지 못하고 있는 점이 적지 않다.

동아시아의 전통적인 유교사상은 법치(法治)보다 덕치(德治)가 이상적이라는 생각을 널리 확산시켰으며, 춘추전국시대를 종식시키고 진나라가 중국을 통일하는데 큰 역할을 하였던 법가 사상에 대한 부정적인 시선 또한 법치에 대한 부정적 인식을 확산시키는데 적지 않은 역할을 하였다. 법은 권력자의 이익에 봉사하는 도구일 뿐이라는 생각은 법치 자체에 대한 비판적 시각으로 연결될 수밖에 없었던 것이다.

그러나 현대 민주헌법의 기본원리로 인정되는 법치주의는 단순히 법에 의한 통치를 의미하는 것은 아니다. 법에 의한 통치라는 형식만을 강조할 경우에는 그 법의 내용적 정당성을 도외시한 채, 법을 제정하는 사람이나 법을 집행하는 사람의 편의에 따르게 될 수 있으며, 이는 법치를 지배자의 통치도구로 만드는 것이 된다. 그러나 헌법원리로서의 법치주의는 단순히 법을 수단으로 하는 통치를 의미하는 것이 아니라 - 개인적 자의(恣意)에 의한 통치가 아닌 - 법이라는 객관적인 제도에 따른 통치를 의미하는 것이다.

그런 의미에서 법치주의의 생명은 법의 형식보다 법의 내용적 정당성에 있다고 할 수 있다. 단순히 법치주의가 내용적으로 정당한 법을 지향한다는 것이 아니라, 객관적으로 공정한 법을 확보하기 위한 제도적 장치의 마련이 법치주의의 핵심적 요소로 포함되어 있으며, 이는 법을 집행하는 자와 법을 제정하는 자가 분리 · 독립되어야 한다는 권력분립과 연결된다. 국민이 직접 선출한 대표자로 구성된 의회에서 법률을 제정하고, 또 다른 민주적 정당성의 기초 위에 성립된 정부는 법률에 따라서만 국가권력을 행사하도록 함으로써 법의 객관성과 공정성을 확보하며, 만일 법의 내용적 정당성이 문제될 경우에는 사법부에서 규범통제의 방법으로 이를 해결하는 것이다.

2. 법치주의의 역사적 발전

오늘날과 같은 법치주의의 틀이 형성되기까지 인류는 수백 년의 시행착오를 경험해야 했으며, 우리나라도 1948년의 헌법제정 이후로 민주주의 및 법치주의의 실현을 위해 수많은 피와 땀을 흘려야 했다. 특히 구미의 법치주의 발전사는 법치의 실현에서 나타나는 보편성과 고유성을 잘 보여주고 있다.

법치의 기본적 방향이 정립되기 시작한 것은 영국에서 보통법이 발전되고, 이러한 보통법에 대한 신뢰를 기초로 법의 지배(rule of law)라는 사상이 널리 확산되면서라고 할 수 있다. 비록 영국에서의 법의 지배는 불문헌법국가인 영국의 특성으로 인하여 법률의 내용적 정당성을 사법적으로 판단하는 위헌법률심판제도의 탄생으로 연결되지 못하였지만, 주변국가들에서 법치주의를 발전시키는데 큰 영향을 미친 것으로 평가된다.

독립전쟁을 통하여 영국에서 독립하면서 미국은 영국의 제도와 문화를 많이 수용하였지만, 의도적으로 영국의 법제도와 다른 형태의 제도를 고안하기도 하였다. 영국과는 달리 성문헌법을 제정한 점과 -의회주권에 기반한 영국의 의회에 대한 불신에서 비롯된 것으로 알려진- 대통령제의 창안이 그 대표적 예라고 할 수 있을 것이다. 법치의 실현과 관련하여서 영국의 법의 지배와 매우 유사하지만 부분적인 차이를 보이고 있는 적법절차(due Process of law)는 성문헌법을 갖고 있으며, 그로 인하여 위헌법률심판제도를 창안하게 된 미국 사법제도를 지배하는 중요한 헌법원리로 인정된다.

영국이나 미국에 비하여 정치적 발전이 매우 늦었던 독일의 경우에는 독특한 형태의 법치주의 발전이 있었다. 민주적 다수에 의해 법률에 대한 정당성이 부여될 수 있었던 영미의 경우와는 달리 독일은 이른바 외견적 입헌주의 하에서 의회가 군주세력을 실질적으로 통제하지 못하는 상황이었기 때문에, 이른바 형식적 법치주의가 통용되었으며, 독일에 민주주의가 확립된 이후에야 실질적 법치주의가 등장할 수 있었던 것이다. 그러나 법체계의 정교함 및 포괄적인 위헌심사, 광범위한 헌법재판을 통하여 현대 독일의 법치주의는 가장 발전된 모델의 하나로 손꼽히고 있다.

프랑스의 경우 법치주의의 발전과 관련하여 매우 특이한 모습을 보여주고 있다. 민주정치의 발전에 비하여 법치주의의 발전이 매우 늦었을 뿐만 아니라, 프랑스의 헌법평의회는 그 구성방식의 특이성과 더불어 예방적 규범통제라는 -다른 나라에서는 찾아보기 힘든- 독특한 위헌법률심사방식을 채택함으로써 주목을 끌었다. 최근 헌법개정을 통하여 구체적 규범

통제까지 도입함으로써 프랑스의 법치주의가 한걸음 더 발전한 것으로 평가되지만, 그 성과는 조금 더 지켜보아야 할 것이다.

이상의 여러 나라에서 나타난 법치주의의 발전은 몇 가지 공통점을 보여준다. 즉, ① 권력분립의 원리 ② 법원의 독립 ③ 행정의 법률적합성 ④ 사법적 권리보호 ⑤ 공법적 손해의 전보 등에 의해 나타나는 법이라는 형식에 의한 통치는 오늘날에도 법치주의의 실현을 위해 필수적인 것으로 인정된다. 다만 그러한 요소들의 실질적인 의미는 내용적으로 정당한 법을 통하여 국민의 기본권을 실질적으로 보장하는 데에 있다는 것이 강조되고 있는 것이다.

물론 각 국가에 따라 시민사회의 성격과 내부적 변화 · 발전이 상이한 과정을 통하여 나타났으며, 특히 경제적 기득권의 유지 등과 관련된 문제들도 각기 다른 방식으로 해결되었다. 그러나 이러한 역사적 배경과 발전과정의 차이에도 불구하고 각국의 법치주의는 동일한 이념의 실현을 지향하는 것으로 볼 수 있다. 즉, 국가권력의 행사를 객관성과 공정성을 담보할 수 있는 법에 구속되도록 함으로써 헌법질서의 안정성과 내용적 정당성을 추구하고자 하는 것이다.

3. 법치의 목적으로서의 인권보장

법치주의는 근대적 시민사회를 전제로 시민적 자유의 보장을 위해 형성 · 발달된 헌법적 원리이다. 따라서 법치주의와 인권보장은 이미 그 출발에 있어서부터 불가분의 내적 관련 속에 있다고 말할 수 있다. 인권의 보장이야 말로 법치를 통해 달성하고자 하는 기본목적인 것이다.

그러나 인권보장과 법치의 관계를 목적과 수단의 관계로 단순하게 정리하는 것은 적절하지 않다. 양자의 관계는 매우 복잡하고 미묘하며, 상호의존적이기 때문이다. 때로는 법치주의가 어떻게 구체화되느냐에 따라서(형식적 법치주의와 실질적 법치주의) 인권보장의 방향과 방법 및 정도가 달라지는가 하면, 거꾸로 인권에 대한 이해의 차이(소극적 · 자유주의적 기본권이해와 적극적 · 사회국가적 기본권이해)가 법치주의의 실현행태를 바꾸기도 하는 것이다.

전통적 · 자유주의적 법치주의는 인간의 생활영역을 국가의 영역(공적 영역)과 사회의 영역(사적 영역), 즉 국가권력의 우월적 지위가 인정되는 영역과 개인의 자유로운 활동이 인정되는 영역으로 분류한다. 이에 따라 기본권은 공동체질서 속에서 개인에게 부여되는 지위를 밝혀주는 것으로 이해되며, 일반적으로 국가의 영역에 적극적으로 참여하는 (정치적) 활동을 할 권리가 아니라 사회의 영역 속에서 자유롭게 사적 생활을 영위할 권리로 이해된다.

이러한 자유로운 사적 영역의 보호를 위한 제도적 장치로서 또한 권력의 분립이 요청된다. 그러나 국가권력구조의 문제는 단순히 인권보장 내지 법치주의의 실현을 위한 조건으로 인정될 뿐, 전체 국가권력이 인권에 구속된다는 관념은 아직 나타나지 않고 있었다(인권보장과 국가권력의 이원화). 또한 국민의 인권도 단순히 국가의 방해 없이 자유로운 활동을 할 권리(소극적 방어권으로서의 자유권)로 인정되었고, 국가의 적극적인 활동을 통한 인권의 실현은 생각되지 못하였다.

그러나 민주주의의 발전, 기본권에 대한 인식의 변화 등과 맞물려 발전하게 된 실질적 법치주의는 이러한 고전적인 자유주의적 법치주의의 한계를 극복하고 새로운 발전을 보이게 되었다. 실질적 법치주의는 단순히 법에의 구속, 법의 최고성을 주장하고 이에 따른 형식적 합법률성만을 강조하는 것이 아니라 실질적으로 정의로운 법규범의 창설과 유지를 지향하고 있다. 이에 따라 헌법은 이러한 정의로운 질서의 기초와 과제를 규정짓는 구체적이고 실질적인 기본원리들을 실정화하여야 하며, 이들의 실현을 – 헌법재판 등을 통하여 – 규범적으로 관철시켜야 한다.

현대헌법상의 실질적 법치주의는 인간의 존엄 및 자유와 평등이 공동체의 전체질서 속에서 실현될 것을 요청하게 된다. 민주주의와 인권의 밀접한 상호관련에 관한 인식이 높아짐에 따라 이미 인권보장을 국가질서 형성의 지침으로 보는 새로운 헌법이론이 보편화되어 있으며, 민주주의와 법치주의의 관계도 종전과 같은 소극적 · 대립적인 것이 아니라 상호결합 및 보완의 관계에 있는 것으로 새롭게 이해되고 있다. 나아가 민주국가의 형성과 더불어 인권의 실현에 있어서도 국가권력의 적극적 활동이 요청되는 사회국가가 보편화되면서 사회적 법치국가의 요청도 널리 인정되고 있다.

기본적으로 법치가 행해진다는 것, 즉 '법이라는 형식에 의한 통치질서'가 확보되는 것 자체만으로도 어느 정도 인권보장이 이루어지고 있다고 인정할 수 있다. 국가권력이 분립되고, 안정적인 법의 제정과 운용이 이루어짐으로써 법치주의에 의한 법적 안정성 내지 국가활동에 대한 예측가능성이 확보되면, 그것은 국민의 자유로운 활동의 영역을 국가권력의 자의적인 침해로부터 보호하는 기능을 하게 되는 것이다.

그러나 인권보장의 실효성을 확보하기 위해서는 그것만으로 충분하지 않다. 아무리 형식적 안정성을 갖춘 법이라도 그것이 내용적으로 정의의 요청에 위반되는 것이 명백할 경우, 그러한 법은 통제되어야 한다. 그리고 무엇이 정의에 합치되는지를 판단할 수 있는 최소한의 기준의 하나로서 우리는 역사적 경험과 투쟁을 통해 보편성을 갖는 것으로 발전되어 온 인권을 들 수 있다. 즉, 인권 속에서 확인되는 가치기준들이 정의 내지 내용적 정당성을 확인하는 중요한 기준이 되는 것이다.

4. 근본가치 논쟁과 법치의 역할

헌법학에서 가치의 문제는 매우 중요하고도 민감한 문제이다. 과거 법실증주의가 헌법이론을 주도하던 당시에는 법학의 가치중립성을 법학의 객관성과 공정성을 확보하기 위한 기본적 전제로 생각하였다. 이처럼 가치의 문제를 도외시하던 경향이 바뀌게 된 것은 20세기초의 방법논쟁과 직결되어 있다.

실증주의적 방법에 기초한 근대 자연과학의 발전은 20세기초까지 사회과학과 인문과학에도 영향을 미쳤으며, 그 결과 법실증주의나 실증사학 등이 시대를 풍미하게 되었다. 그러나 20세기초에 들어와 자연과학과 구분되는 문화과학(또는 정신과학)의 학문성과 이를 기초지우는 방법론적 독자성에 대한 깊은 성찰이 있었고, 실증주의적 방법을 무차별적으로 적용하는 것에 대한 반성의 목소리가 높아졌다.

이러한 학문의 성격과 방법의 관계를 둘러싼 논쟁 가운데 문화과학의 특징으로 제시되었던 가치관련성은 자연과학과 구별되는 사회과학 내지 인문과학의 독자성을 잘 설명할 수 있었으며, 법학에서도 가치관련성을 받아들이는 이론들이 등장하였다. 물론 전통적인 법방법론과의 경합과 충돌이 적지 않았지만, 오늘날의 법학은 가치관련성을 인정하는 기초 위에 서있다고 할 수 있을 것이다.

오늘날에는 어떤 공동체, 어떤 헌법도 가치 및 가치평가로부터 완전히 자유로울 수 없다는 것이 일반적으로 인정되고 있다. 이미 헌법제정 자체도 일정한 가치평가에 기초하고 있다고 할 수 있으며, 일정 한도의 가치평가는 법에 있어 불가피하다고까지 할 수 있다. 그러나 이로써 헌법에 있어서의 가치의 문제가 완전히 해결되는 것은 아니며 기본적인 가치의 정립이 과연 어디까지 미치고 있으며 또 미쳐야 하는가의 문제는 여전히 남아 있다.

헌법에 있어서의 가치에 대한 다양한 견해의 대립을 보여주는 대표적인 예가 1970년대 후반 서독에서 있었던 이른바 근본가치논쟁이다. 이 논쟁의 원래 출발점이 되었던 것은 낙태나 이혼과 같은 −종래의 윤리적 또는 종교적 관점에서 볼 때− 반사회적 행위에 대해 법적 규제가 과연 필요한지, 필요하다면 얼마나 필요한지라는 문제였다. 이 문제는 곧 국가가 지켜야 하며, 그 기초 위에서 국가와 헌법이 존립하고 있는 근본가치란 과연 무엇인가의 문제로 확대되었다. 이러한 근본가치의 문제는 여러 정치적 · 사회적 영역에서 진지하게 논의되었으며, 또한 헌법학에 있어서도 민주주의의 존립의 기초에 관한 많은 연구로 연결되었다.

이러한 근본가치에 관한 논쟁의 바탕에 깔려있는 문제는 크게 두 가지의 긴장관계로 정리될 수 있다. 하나는 민주주의에 있어서의 다원성과 근본가치와의 긴장관계의 문제이며 다른 하나는 국민다수의 의견과 근본가치와의 긴장간계이다.

(1) 민주적 다원성(=자유)과 근본가치의 긴장관계

민주주의의 기본이념인 자유는 다양한 생각과 다양한 이해관계가 동시에 존재할 수 있음을 인정하는 다원주의와 밀접한 관련을 갖는다. 다양성이 존중되는 가운데서만 남들과 달리 생각하고 달리 행동할 수 있는 자유가 실질적으로 보장될 수 있기 때문이다. 그러므로 근본가치라는 이름으로 일정한 불가침의 영약을 인정하는 것은 자유에 대한, 다원성에 대한 제한이라고 볼 수 있을 것이다.

그러나 적어도 프랭켈(E. Fraenkel) 이후로는 다원주의에 있어서도 일정한 공동의 기초가 인정되어야 한다는 점이 보편화되고 있다. 즉, 근본가치라는 것은 다원성이 인정되기 위한 전제로 모든 사람이 합의한 공동의 기초라고 인정되는 것이다. 이런 맥락에서 근본가치는 다원적 사회의 사회윤리적 공통분모로 이해될 수 있다. 따라서 민주적 다원성과 근본가치간의 긴장관계는 다원성의 올바른 발현 속에 해소될 수 있다.

(2) 국민의 다수의사와 근본가치의 긴장관계

근본가치에 대한 물음은 또한 그 궁극적인 정당성근거를 국민에 의한 지지에 두고 있는 민주적 정부가 어떻게 그리고 어디까지 국민의 사실적 다수의견에 반하여 가치를 정립하고 또 이를 관철시킬 수 있는가의 문제로 연결된다.

국민주권을 본질적 징표로 하는 민주주의가 국민의 동의에 기초하는 국민의 정부라는 것(혹은 국민의 정부이어야 한다는 것)에 대하여는 이론의 여지가 없다. 그러나 구체적으로 국민의 주권이 어떻게 행사되는지 내지 민주적 국가질서가 어떻게 구체적으로 형성되며 민주적 의사형성이 어떤 절차와 내용에 따라야 하는지에 대해 많은 논란이 있음은 이미 주지의 사실이다.

자유와 평등의 이념에 따라 다수결이 민주적 의사결정방법으로 인정되고는 있으나 그것이 민주적 정부는 항상 그때그때의 국민 다수를 통계적으로 확인하여 그로부터 정책을 도출해야 한다는 것을 의미할 수는 없다. 그러기에는 오늘날의 사회적 상황이나 정치적 관계가 너무 복잡하고 전문적이다. 오늘날 직접민주제가 아닌 대의제가 민주주의 실현방식의 근간을 이루고 있는 것은 국민이 국가의 중요한 문제들에 대해서 -충분한 전문적 지식과 정보가 없는 상태에서- 올바르게 판단할 것을 기대하기 어렵기 때문이다.

물론 그것으로 모든 문제가 해결된 것은 아니다. 한편으로는 국가기관 내지 국가권력에 대한 국민의 통제라는 측면이 항상 문제되고 있으며 다른 한편으로는 국민 스스로가 그때그때의 국가적 사안에 대해 보다 직접적인 영향력을 행사하고자 원한다. 그러면 근본가치는 과연 어떻게 국민의 다수의사에 대립하여 스스로를 관철시킬 수 있는가?

근본가치의 의미와 실효성은 결국 그때그때의 다수에 의해 정해지는 정치적 결정보다는 역사 속에 형성된 법이념과 법원리에 대한 숙고 속에서 찾을 수 있으며, 이러한 근본가치를 수호하는 것이 법치의 중요한 과제의 하나라고 할 수 있다.

Ⅲ. 절차적 정의와 실체적 정의

1. 법의 이념으로서의 정의

법의 이념이 무엇인가에 대하여 논란이 없지 않으나, 오늘날에는 정의와 법적안정성, 합목적성을 법의 이념으로 인정하는 것이 일반적이다. 그리고 그 중에서도 정의가 법의 의미와 기능을 밝혀주는 가장 중요한 이념이라는 점에 대해서도 이론(異論)이 없다. 법의 지향하는 바는 정의로운 국가공동체 질서이며, 그런 의미에서 정의는 실정법의 가치표준이고 입법자의 목표라고 일컬어진다.

그러나 정의가 무엇인지에 대해서는 수천 년의 인류 역사를 통해서도 아직 확실하게 정리되지 못하고 있다. 과거 정의가 무엇인가에 대한 수많은 논의는 - 아리스토텔레스 이후로는 - 정의의 실체 내지 핵심이 평등이라는 결론을 벗어나지 못하고 있으며, 오늘날에서 정의는 산술적 평등(=평균적 정의) 또는 비례적 평등(=배분적 정의)으로 이해된다.

법에서 인정되는 산술적 평등은 비례적 평등의 결과로 생각될 수 있다. 일단 비례적 평등에 의해 동등한 자격이 인정된 이후에야 비로소 그들에게 산술적 평등을 인정할 수 있는 것이다. 따라서 법에 있어서의 정의, 법에 있어서의 평등은 결국 "각인에게 그의 (정당한) 몫을"이라는 배분적 정의를 기본으로 하게 된다.

그러나 그것만으로 정의의 문제가 해결되는 것은 아니다. 배분적 정의는 자의적인 차별을 금지하고 평등한 것을 평등하게, 불평등한 것을 불평등하게 취급할 것을 요청하고 있지만, ① 도대체 어떤 것을 평등 또는 불평등한 것으로 볼 것인지, ② 또 불평등한 것을 각기 어떻게 달리 취급하여야 할 것인지에 관한 보편타당한 기준을 내포하고 있지 않다.

결국 정의는 실정법체계를 판단하는 기준으로 작용하지만, - 적어도 배분적 정의라는 형식만으로는 - 구체적인 질서형성의 방향을 제시할 수는 없다.

2. 실체적 정의 확인의 어려움과 대안으로서의 절차적 정의

배분적 정의는 각자에게 자기 몫을 주라고 말하지만, 그것은 결국 정의의 형식에 대해서만 정리하였을 뿐이고, 구체적인 내용의 문제는 여전히 남아 있다. 이는 마치 일정한 사항을 공동체의 기본적 가치(=근본가치)로 인정해야 한다는 점에 대해서는 동의하면서도 무엇이 근본가치인지에 대해서는 이견이 적지 않은 것과 마찬가지이다. 그것은 정의의 내용은 개개인이 무엇이 정의라고 생각하는지가 서로 다를 수 있으며, 개개인의 정의 관념은 그가 속해 있는 사회에 따라 문화적으로 각인되어 있기 때문에 정의의 보편성 요청과는 대립되는 개별성을 가질 수밖에 없는 것이다.

국가공동체의 법적 기본질서로 국가의 근본가치를 담고 있다고 평가되는 헌법의 경우에도 이러한 보편성과 고유성의 병존이 확인될 수 있다. 한편으로는 인권, 민주주의, 법치주의 등에 관한 보편적 요소가 각국의 헌법에서 발견되지만, 다른 한편으로는 영국에서 민주주의와 법치주의를 실현하는 방식과 미국에서 이를 실현하는 방식 사이에는 적지 않은 차이점도 있는 것이다. 그러므로 공동체마다 나타나는 개별성 내지 고유성을 어떻게 적절하게 반영하면서 보편적 가치를 최대한 실현시킬 것인지가 우리 모두의 과제라고 할 수 있다.

1948년 헌법이 제정된 지 60여 년이 지난 오늘날, 우리나라에서도 커다란 정치적 · 사회적 변화가 있었다. 인권과 민주주의, 법치주의에 대한 신봉은 변함없이 유지되고 있지만, 구체적으로 민주주의가 어떻게 실현되어야 할 것인가를 비롯한 많은 문제에 있어 사고의 변화가 있었고 이에 따라 헌법은 여러 차례 크고 작은 변동을 겪어야 했다(헌법개정과 헌법변천). 이런 과정 속에서 기존의 제도가 변경 · 폐지되는 경우도 적지 않았으며, 제도가 유지되는 경우에도 그 제도들의 배경에 있고 해석에 의해 실현되는 각종 가치들은 많은 변화를 겪지 않을 수 없었다.

민주주의가 그 본질상의 다원성을 계속 유지하고자 한다면 이러한 가치의 변천은 불가피하다. 민주주의는 이러한 변천을 억압해서는 안 되며, 오히려 민주주의는 이러한 변천을 위한 최적의 조건을 마련하고 있다. 민주주의의 이념인 자유가 그것을 요구하고 있기 때문이다. 그러나 이러한 가치의 변천은 근본가치의 확인을 어렵게 만들며, 그로 인하여 헌법의 불안정성을 수반할 수 있다. 가치의 변천을 이유로 헌법을 자주 개정하게 되면 헌법의 권위와 헌법에 대한 존중, 나아가 헌법의 규범력을 손상시킬 수 있는 것이다.

결국 무엇이 정의인지 확인하기 어려운 상황에서 실체적 정의에 대한 논쟁을 피하기 위하여 널리 이용되고 있는 것이 절차적 정의이다. 일정한 절차를 통해 합리적 조정과정을 거쳐서 결정이 내려지면, 그것이 정의라고 잠정적으로 인정하는 것이다. 대부분의 경우 우리는 -개개인에 따라 달리 나타날 수밖에 없는- 실체적 정의관념보다 (개인적 정의관념을 조정할 수 있는) 합리적인 절차를 통한 정의의 확인과 실현에 보다 큰 비중을 두게 된다.

3. 절차적 정의의 한계로서의 실체적 정의

이처럼 절차적 정의가 널리 이용되고 있다고 해서 실체적 정의가 더 이상 전혀 인정될 수 없다는 것은 아니다. 비록 오늘날의 정치질서 및 법질서가 절차를 통한 정의의 실현에 의지하는 바가 큰 것은 사실이지만, 일정한 한계 내에서 실체적 정의의 요청은 (헌)법적으로도 중요한 것으로 남아 있다.

모든 사안에 있어서 실체적 정의를 확인할 수 있는 것은 아니지만, 적어도 일정한 사항에 대해서는 실체적 정의의 확인이 가능하다고 할 수 있다. 가장 대표적인 것인 오늘날 인류의 보편가치로 널리 인정되고 있는 인권이다. 인권의 구체화와 관련하여 여전히 많은 문제가 남아 있기는 하지만, 적어도 인권이 보장되어야 한다는 점, 그리고 구체적인 인권의 유형과 내용에 관하여는 범인류적 합의가 형성되어 있으며, 이를 깨뜨리는 다수결이나 절차적 정의는 인정될 수 없는 것이다.

마찬가지의 맥락에서 자유민주적 기본질서도 중요한 의미를 갖는다. 과거 상대주의적 민주주의에 따라 다수가 일정한 절차를 거쳐서 어떤 사항이라도 결정할 수 있다고 인정한 결과 나치가 다수의 지지를 받아 집권했고, 나치의 독재를 통해 수많은 반인도적 행위가 자행되었던 것은 결코 되풀이되어서는 안 될 것이다. 이를 위하여 다수의 결정, 절차적 정의에 대해서 일정한 한계를 그어주는 것, 이른바 비상브레이크와 같은 역할을 하는 것이 실체적 정의인 것이다.

Ⅳ. 포퓰리즘에 기반한 다수의 횡포와 그 방어벽으로서의 법치

1. 포퓰리즘 정치의 위험성: 다수의 독재, 다수의 횡포

포퓰리즘의 사례로 이야기되는 것들 중에는 긍정적으로 평가되는 것들도 있지만, 대부분은 부정적인 평가를 받고 있다. 더구나 포퓰리즘의 역사적 뿌리로 지칭되는 러시아의 브나로드 운동이나 미국의 인민당의 경우와는 또 다르게 최근 남미를 중심으로 그 세력을 확장하고 있는 이른바 신포퓰리즘에 대해서는 부정적인 평가가 지배적이다.

이는 포퓰리즘이 한편으로는 인민주권을 내세우면서 민주주의의 실질화를 지향하는 양상을 보이지만, 다른 한편으로는 다수의 힘을 앞세워 기존의 절차와 규범을 무시하고 파괴하려는 경향을 보이기 때문이다. 전통적인 헌법이론이 국민 다수의 의사를 최대한 반영하는 가운데 국가질서를 형성해 나가는 민주주의와 이미 확인된 중요한 가치들을 중심으로 합리적이고 안정적인 법질서를 형성하고 유지하는 법치주의의 조화에 초점을 맞추었다면, 포퓰리즘은 오로지 다수의 힘에만 의존하려는 경향을 보이는 것이다.

물론 다수가 올바른 판단과 결정을 내릴 경우에는 문제가 없을 것이다.

그러나 다수가 항상 옳은 것은 아니라는 점이 이미 인류 역사를 통해 충분히 확인되었다. 따라서 다수에 의해서도 침해되어서는 안 될 근본가치가 있으며, 이를 함부로 침해할 경우에는 그 결정에 동참한 다수도 후회하게 될 불행한 사태가 벌어질 수 있다는 점에 유의하여야 한다.

민주주의가 다수결을 가장 중요한 의사결정방식의 하나로 인정하고 있는 것은 다수가 항상 올바른 결정을 내릴 것이라는 믿음에 따른 것이 아니다. 그렇다고 다수의 수적 우위로 인하여 다수결이 -힘의 논리에 의해- 불가피한 것도 아니다. 다수결이 민주적 정당성을 갖는 이유는 자유와 평등이라는 민주주의의 이념을 실현시키는데 도움이 되기 때문이다.

다수의 의사가 결정력을 갖게 되는 것은 다수의 의사가 소수의 의사보다 실질적으로 더 큰 비중을 갖는다는 점에서 찾기 어려우며, 오히려 다수결이 채택될 경우에 더 많은 사람들이 자유로워진다는 것, 즉 다수결이 적용됨으로써 자신의 의사에 반하여 억압된다고 느끼는 사람의 수를 최소화시킬 수 있는 것이다. 또한 다수결은 결정에 참여하는 모든 사람이 평등하다는 것을 전제하며 이를 통하여 다수결은 평등의 실현에 기여한다는 분석도 있다.

중요한 것은 다수결(혹은 다수의 지배)이 결코 자기목적적인 것이 아니라는 점이다.

다수결이 정당성을 갖는 것은 자유와 평등이라는 민주주의의 이념을 실현시키는데 도움이 되기 때문이며, 이를 벗어난 경우의 다수결은 결코 정당화될 수 없는 것이다. 따라서 다수결이 인정되기 위해서는 일정한 전제와 한계가 매우 중요하다.

먼저 다수결이 진정 자유와 평등의 실현으로 받아들여지기 위하여는 그 전제로서 결정에 참여하는 모든 사람들간의 평등이 인정되어야 한다. 이것은 모든 공동체구성원이 평등한 인격권을 갖고 있고 따라서 자기의 문제를 (합리적인 결정을 내릴 사실적 능력여부를 떠나) 스스로 결정할 동등한 자격을 갖는다는 것을 인정하는 데에서 비롯된다. 이것은 비단 다수결이 민주적 정당성을 발하기 위한 전제일 뿐아니라 민주주의 자체의 기초이기도 하다.

또한 다수결은 다양한 형태의 결정의 가능성을 인정하는 데에서 출발한다.

즉 가치관의 다원적 개방성이 인정되고, 그런 가운데 다양한 견해와 다원적 집단이 형성되고 활동하며 이들 간의 정당한 갈등과 경쟁, 타협과 조정이 이루어진다는 다원주의적 사고에 기초하고 있다고 할 수 있다. 이에 따라 다수의 형성은 항상 역동하는 과정 속에 있어야 한다. 즉 다수결의 내용은 물론 다수의 형성 그 자체가 항상 개방되어 있으며 실질적인 기회균등을 통해 다수와 소수가 교체될 수 있을 때, 그리고 다수의 형성 및 결정과정의 공정성이 절차의 공개를 통해 보장될 때, 그러한 다수결은 민주적 정당성을 주장할 수 있다.

그러나 이러한 다원주의적인 대립이 무제한적으로 인정되는 것은 결코 아니다.

다원주의적인 다양한 집단의 대립과 충돌, 다수와 소수의 경합과 경쟁이 공동체를 해체시키는 극단적 결과로 나타나지 않기 위하여는 이들 모두를 하나로 묶어주는 (통합시켜주는) 공동의 기초가 필요하다. 이러한 공동의 기초위에서 다수와 소수가 서로의 의견을 존중하는 가운데 한 편으로는 상대방이 (비록 자기와 의견이 다를지라도) 어느 정도 타당성이 있는 주장을 하며 또 대화를 통해 서로의 견해차를 좁혀갈 수 있다는 믿음이, 다른 한편으로는 설사 상대방의 주장이 관철된다 하더라도 그동안 인정되어 왔던 -때로는 법정립의 형태로, 때로는 정치적 합의의 형태로 나타나는- 공동의 기본가치의 존속과 효력에는 변함이 없다는 믿음이 다수결을 가능케 한다.

이로써 다수결의 한계 또한 분명해진다.

다수결은 다수의 결정이라는 형식적 절차만으로 모든 것을 미화시킬 수 있는 마이다스왕의 손은 결코 아니다. 다수결의 민주성은 소수가 다수의 결정에 승복함으로써 비로소 확보될 수 있으며, 소수를 억압하는 다수의 결정은 이미 민주적 다수결의 한계를 벗어나고 있다.

2. 소수자보호의 수단으로서의 법치

민주주의는 다수의 지배로 지칭된다.

국민주권에 기초하여 국민의 의사와 국민의 이익에 부합하는 국가질서의 형성을 지향하지만, 현실적으로 모든 국민이 하나의 통일된 의사를 가지고 있는 것은 아니기 때문에 다수 국민의 의사를 기준으로 국가질서를 형성할 수밖에 없는 것이다.

그러나 다수의 의사가 국민 전체의 의사를 갈음할 수는 없는 것이며, 다수의 의사가 정당성을 가질 수 있는 조건을 벗어날 경우에는 -즉, 다수결의 전제가 결여된 경우나 다수결의 한계를 넘어선 경우에는- 다수결에 대한 통제가 필요하게 된다. 대표적인 예로 들 수 있는 것이 위헌법률심판이다. 다수의 지지를 받아 선출된 국회의원들이 국회에 모여서 다시금 다수결로 제정한 법률이라 할지라도 그 내용이 헌법적 가치에 반하는 것으로 확인되면 무효화시킬 수 있는 것이다.

다수가 기존의 질서를 깨뜨리고 새로운 질서를 형성하고자 할 때, 그 정당성을 확인하는 방법, 그리고 정당하지 못한 다수의 결정을 통제하는 방법은 결국 법치에 있다. 다수라 하더라도 법을 준수하여야 하며, 법적으로 보장된 중요한 가치들에 대해서는 함부로 변경할 수 없도록 하는 것이다. 이처럼 법치를 통해 다수의 횡포를 막고 소수자를 보호하기 위해서는 몇 가지 방법이 활용되고 있다.

첫째, 다수관계를 확인하고, 다수의 결정이 효력을 갖기 위해서는 일정한 절차를 거치도록 하는 방법이다. 단순히 여론조사를 통해 어떤 의견이 다수인지를 확인하는 것이 아니라 선거나 국민투표 등과 같이 제도화된 절차를 통해서 확인된 다수의 결정에 대해서만 법적 구속력을 인정하는 것이다.

둘째, 다수와 소수 모두가 합의하여 마련한 원칙과 기준을 다수라 하더라도 일방적으로 바꾸지 못하도록 하는 것이다. 예컨대 헌법개정의 경우에는 국회 내에서 재적의원 3분의 2 이상의 찬성이라는 가중다수를 얻어야 한다. 이는 단순히 과반수의 지지를 얻는 것만으로는 국가공동체의 기본적 사항에 대한 변경을 정당화하기에 충분치 못하다는 것이며, 반대의견이 3분의 1 이상이면 이러한 중대한 변화를 막을 수 있도록 하는 것이다.

셋째, 일정한 사항에 대해서는 아예 다수결의 한계 밖에 있는 것으로 봄으로써 다수라 하더라도 변경할 수 없는 것으로 인정한다. 이른바 가치구속적 민주주의 내지 방어적 민주주의를 수용하여 자유민주적 기본질서는 다수결에 의해서도 침해될 수 없는 근본가치에 해당되는 것으로 보는 것이다.

그밖에도 법치를 통하여 다수의 횡포를 막는 방법은 다양하게 모색되고 있다. 그러나 정치적 다수에 대하여 법치를 통해 일정한 기준과 지침을 준수하도록 요구하는 것은 결코 쉽지 않다. 정상적인 헌법질서 하에서는 민주적 다수와 법치가 상호 보완적인 관계를 형성하게 된다. 민주적 정치관정을 통해서 올바른 내용의 법이 형성되고, 이렇게 형성된 법의 울타리 내에서 -법의 이념과 법적 기준을 준수하고 실현하는 가운데- 민주적 정치과정이 진행되는 것이다. 그러나 다수가 법을 무시할 경우, 헌법질서는 혼란에 빠지게 되며, 법치가 흔들릴 경우에는 국가공동체의 근간이 위태로워질 수 있는 것이다.

3. 법치를 통한 안정적이고 합리적인 국가질서의 유지

법치는 법에 대한 신뢰를 전제한다. 즉, 법제도를 통해 문제를 해결할 경우에 객관성과 공정성을 확보할 수 있을 뿐만 아니라, 가장 합리적인 결론을 이끌어낼 수 있다고 보는 것이다.

이는 법의 이념인 정의와 법적 안정성, 그리고 합목적성의 실현이라는 측면에서 설명될 수 있다. 법치는 정의를 실현하고자 할 뿐만 아니라, 정의의 이름으로 엉뚱한 피해가 발생하는 것도 최소화하고자 한다. 이를 위하여 법이 수시로 바뀜으로 인하여 혼란을 야기하지 않도록 하며, 나아가 법에 근거하여 국가작용의 예측가능성을 확보하도록 노력하는 것이다.

이러한 법적 안정성은 무엇보다 법 자체의 안정성을 요청하며, 이러한 안정성은 라드부르흐의 말에 따르면 네 가지의 요소를 내포하고 있다. ① 법이 실정적이라는 것, 즉 제정법으로 명확하게 조문화된다는 것, ② 이 제정법이 그 자체로서 안정적이라는 것, 즉 일반조항 등에 모든 것을 미루지 않고 제정법 스스로가 -사실에 기초하여- 개별적인 문제들에 대한 판단을 담고 있다는 것, ③ 법의 기초가 되는 사실이 객관적으로 -오류없이- 확인될 것, 이를 위하여 때로는 확인이 곤란한 내면의 문제를 외적 징표로 대치하기도 한다. 예컨대 개인의 정신적 성숙을 판단하는 대신 일정 연령에 이르게 되면 행위능력을 인정하는 경우가 이에 해당될 것이다. ④ 그리고 법의 안정성을 담보하는 실정법이 너무 용이하게 변경되어서는 안 된다는 것이다.

정의와 법적 안정성이 법이 지향하는 목적을 나타내는 법이념이라면, 합목적성은 이러한 목적의 달성을 위한 수단의 정당성에 관한 법이념이다. 목적이 수단을 정당화시키는 것은 결코 아니라는 점에서 목정의 정당성과는 별도로 수단의 정당성에 대해서도 합리적인 기준이 요청되는 것이다.

이와 관련하여 헌법원리로 인정되는 비례성원칙은 국가작용의 정당성 판단에 매우 폭넓게 활용되고 있다. 비례의 원칙(Verhältnismäßigkeitsprinzip)은 초기 국가권력, 특히 경찰권의 행사에 대하여 한계를 긋는 것으로 발전되었다. 이미 19세기부터 자유주의적 국가사상의 영향하에 기본권을 제한하는 국가권력의 행사는 특별한 수권(법률의 근거)을 필요로 할 뿐 아니라, 그 제한의 목적에 비추어 적정한 수단만이 허용된다는 판례가 나오기 시작했으며, 학설상으로도 이러한 목적과 수단 내지 기대하는 결과와 수단의 비례성에 대한 검토는 점차 비중있게 다루어지게 되었다.

그러나 행정법적 원칙으로 생각되어지던 비례의 원칙이 헌법적인 차원으로 고양된 것은 제2차 세계대전 이후의 일이다. 제2차 세계대전 이후 민주주의와 법치주의의 실현에 관한 이론 및 - 특히 독일연방헌법재판소에 의한 - 실무상의 발전은 곧 기본권 내지 법치국가의 요청과 관련하여 국가권력행사에 있어서 엄격한 비례성을 요청하였으며, 그 적용범위도 단순히 기본권을 제한하는 경우만이 아니라 모든 국가활동으로 확대되었던 것이다.

비례의 원칙은 기본적으로 국가권력의 행사를 통해 달성하고자 하는 결과 내지 목적과 그 목적의 달성을 위해 선택하는 수단간의 합목적성을 의미하며, 이것은 다시 3단계로 나누어진다. 첫째, 비례성원칙은 목적과 수단 사이의 적합성을 요구한다. 둘째, 비례성원칙은 필요성의 요청을 포함한다. 셋째, 비례성원칙은 협의의 비례성판단을 통해 구체화된다.

이처럼 법치는 법이념의 실현을 통하여 국가작용의 목적과 수단이 정당성을 확보하도록 하는 역할을 하며, 이는 안정적이고 합리적인 국가질서를 유지하기 위한 필수적 요소라고 할 수 있다.

V. 맺음: 진정한 민주적 법치국가를 향하여

국가공동체의 발전방향을 논하는 경우에는 언제나 다양한 가치와 방법들의 경합으로 인하여 혼란스럽다. 포퓰리즘이라는 새로운 정치현상이 과연 우리나라의 발전에 어떤 영향을 미칠 것인지에 대한 시각 또한 다양하다는 것은 민주주의라는 공동의 기초 위에서도 그 실현의 수단과 방법에 대해서는 견해의 차이가 있음을 보여주는 것이다.

포퓰리즘의 경우 그것이 민주주의라는 공동의 기초를 부정하는 것이 될 수 있다는 우려까지 제기되고 있음을 생각할 때, 포퓰리즘 문제에 대한 접근은 더욱 조심스럽다. 그러나 포퓰리즘적 요소를 가지고 있었던 것으로 평가되는 김대정 정부나 노무현 정부의 모든 정책이 비민주적이었다고 말하기는 어려울 것이다. 어떤 정책이, 혹은 어떤 정부가 포퓰리즘적 요소를 갖고 있는지를 분석하고 평가하는 것보다는 오히려 바람직한 민주주의, 그리고 이를 뒷받침하는 법치주의가 무엇인지를 먼저 확인하고 문제되는 정책이나 주장이 이에 부합하는지의 여부를 따져보는 것이 보다 올바른 자세일 수 있다.

다수의 지지, 다수의 지배를 지향한다고 해서 모두가 진정한 민주주의는 아닌 것처럼, 포퓰리즘의 색채를 보인다고 모두 비민주적이고, 금지되어야 한다고 단언하기도 어렵다. 문제의 핵심은 다수의 형성과정의 정당성, 다수의 이름으로 내리는 결정이 정당성을 갖기 위한 전제 및 한계에 관한 정확한 인식에 기초하여 어떤 경우의 어떤 정책이 다수결의 한계 밖에 있는 것인지를 밝히는 것에 있다.

그런 의미에서 최근 복지 포퓰리즘으로 논란되는 무상급식 논란은 시사하는 바가 크다. 한정된 예산을 사용하여 국민의 복지수준의 최대한 향상시키고자 노력할 때, 학교급식을 저소득층에 한정하지 않고 전체 학생으로 확대하는 것은 과도한 예산의 투입이며, 급식비를 충분히 부담할 수 있는 학생들에게 무상급식의 제공에 소요되는 예산을 보다 절박한 상황에 있는 사회적 약자들에게 투입하는 것이 더 합리적일 수 있는 것이다.

그러나 만일 주민투표 등 정당한 절차를 거쳐서 다수가 결정하게 된다면, 이를 포퓰리즘이기 때문에 무효라고 말하기는 어렵다. 비록 포퓰리즘을 연상시키는 인기영합적 정책이라고 평가할 수 있을 것이지만, 그것만으로 우리 헌법의 근본가치를 침해하는 것이기 때문에 다수결도 무효라고 할 수는 없는 것이다. 하지만 만일 노무현 정부 당시의 신임투표 논란의 경우처럼, 헌법이 정하고 있는 가치를 무시하고 다수의 이름으로 모든 것을 밀어붙이려고 할 경우에는 그 위헌성을 확인함으로써 무효화시키는 것도 가능할 것이다.

마치 위헌정당해산제도가 도입되었어도, 이를 자주 활용하는 것이 결코 바람직한 것은 아닌 것처럼, 포퓰리즘적 다수의 횡포에 대한 법치국가적 통제의 가능성은 열려 있으되 실제 사용될 필요가 없는 국가가 바람직한 국가라고 할 수 있을 것이다. 그런 의미에서 포퓰리즘에 의한 혼란이 야기될 소지 자체가 없도록 진정한 민주적 법치국가를 실현하는 것이 가장 현명한 대응이 될 수 있을 것이다.

출처: 포퓰리즘과 대한민국의 장래 / 굿소사이어티(2011)

제4장 기본권의 종류

1. 기본권의 종류

1) 천부인권, 기본권

근대의 자연권 사상가들은 인간은 태어날 때부터 양도하거나 빼앗길 수 없는 권리를 가진다고 본 천부인권[1] 사상을 가지고 있었고, 이러한 사상은 인간의 자유와 권리를 국가 성립이전에 이미 존재하는 초국가적인 것으로 이해한다. 국가는 이러한 천부적이고 초국가적인 권리를 보장할 의무를 지는데, 이를 더욱 확실하게 구현하기 위하여 기본권을 헌법에 규정하여 문서로 만들게 된 것이다. 따라서 기본권은 인간이 태어나면서부터 누구나 가지는, 양도할 수 없는 불가침의 자연법[2]상의 권리인 동시에 그 나라 헌법에 의해 보장되는 실정법[3]상의 권리이다.

자연법상의 권리는 인간이 태어나면서부터 가지는 권리이고, 실정법상의 권리는 법에 의해 보장되는 권리를 말한다. 즉, 인간의 권리는 모든 인간에게 귀속되는 권리로서 초국가적 · 자연법상의 권리를 말한다. 인간의 권리는 내국인과 외국인의 구별 없이 이를 향유할 수 있음을 원칙으로 한다. 이에 대하여 국민의 권리는 실정법에 의하여 비로소 보장되는 권리로서 국적 보유자만이 누릴 수 있고 외국인에게는 원칙적으로 인정되지 아니하는 권리이다(권영성, 헌법학원론, 2010, p.305). 우리나라에 오래 근무한 외국인 노동자에게 대통령 선거권과 국회의원 선거권을 주지 않는 것은 외국인에 대한 부당한 차별대우가 되지는 않는지 생각해 보건데, 우리나라에 근무하는 외국인 노동자가 대한민국 국적이 없는 이상, 대한민국 국적자에게 주어지는 대통령 선거권과 국회의원 선거권을 주지 않는 것이 부당한 차별 대우라고 할 수 없을 것이다. 대통령 선거권과 국회의원 선거권은 실정법에

---

1) 천부인권이란, 인권은 하늘이 부여한 것으로, 국가 성립 이전에 이미 인간에게 존재하는 초국가적 자연권이라는 의미이다

2) 자연법이란, 자연적 성질에 바탕을 둔 보편적이고 항구적인 법을 말한다.

3) 실정법이란 경험적, 역사적 사실에 근거하여 성립되고 현실적 제도로 시행되는 법을 말한다.

의하여 비로소 보장되는 국민의 권리이자, 실정법상의 권리이지 인간이 태어나면서부터 가지는 자연법상의 권리는 아니기 때문이다.

기본권의 법적 성격에 대해 자연권설과 실정권설이 대립하고 있는데, 전자는 기본권을 국가 성립 이전에 존재하는 초국가적인 자연권으로 보고 국가 권력에 의해서도 이를 제한할 수 없다고 본다. 후자는 기본권을 국법의 범위 안에서만 인정되는 실정법상의 권리로 본다. 우리 헌법은 제10조에서 기본권의 천부 인권성을 선언함과 동시에 헌법 제37조 2항에서 국가 안정보장, 질서 유지, 공공복리를 위하여 필요한 경우에는 법률에 의해 기본권을 제한할 수 있도록 규정함으로써 실정권 사상을 수용하고 있다. 즉, 우리 헌법은 기본권에 대하여 천부인권사상을 바탕으로 하면서도 실정권 사상을 조화시키고 있다.

2) 인간의 존엄과 가치, 행복 추구권

우리 헌법 제10조는 "모든 국민은 인간으로서의 존엄과 가치를 가지며, 행복을 추구할 권리를 가진다."라고 규정하고 있다. 여기서 인간의 존엄과 가치는 헌법이 지향하는 최고의 원리이며, 이 원리는 모든 국가권력을 구속한다. 따라서 어떤 권력이든 국가의 목표를 달성하는데 필요하다는 이유로 인간의 존엄과 가치를 침해해서는 안 된다. 인간의 존엄성 규정은 특히 2차 세계 대전 후 독일, 일본 등 인간의 존엄성을 극심하게 침해했던 패전국들을 비롯한 많은 나라들이 헌법에 명시적으로 규정하고 있다.

인간은 이성적 존재로서 인격의 주체가 될 수 있다는 데에 그 존귀한 가치가 있는 것이므로, 인간으로서의 존엄성이라는 것은 인간의 본질로 간주되는 인격성 내지 인격주체성을 의미한다.

헌법 제10조 전문은 인간의 존엄성 존중 조항으로서 초국가적 자연법 원리이며 제2차 세계대전 이후 유엔헌장을 비롯한 세계인권선언 및 서독기본법 등에서 실정법화하는 경향을 따른 것이다. 이 규정은 모든 기본권의 이념적 전제이며, 모든 기본권 보장의 목적이 되는 기본원리에 관한 규정이다. 따라서 이는 기본권 제한의 한계이며, 헌법 개정의 한계이기도 하다. 그러나 이는 객관적 헌법 원리를 규범화한 것이므로 독자적 기본권성은 인정하지 않고 있다.

그러므로 헌법 제37조 제1항의 '헌법에 열거되지 아니하다는 이유로 경시되지 않아야 할 자유와 권리'는 바로 이 '인간으로서의 존엄과 가치를 누리기 위하여 필요한 것이면 모두'라고 할 수 있다. 따라서 이 두 조항은 통합적 상호보완적 관계에 있는 것이다.

또한, 우리 헌법 제10조 후단에서는 인간의 존엄성을 실현하는 수단으로 행복 추구권을 규정하고 있다.

헌법 제10조 후문은 국가의 기본권 보장의 의무를 규정하고 있는 바, 불가침의 기본적 인권이라는 것은 인간이 인간으로서 당연히 누려야 할 천부적(天賦的)·생래적(生來的) 인권을 말한다. 또 확인한다는 것은 이러한 천부적·생래적 인권들이 헌법을 비롯하여 다른 법률들에 명문으로 규정되어야 한다는 것을 의미한다.

행복추구권은 안락하고 풍족한 삶을 추구할 수 있는 권리로서 국민이 행복을 추구하는 데 필요한 모든 자유과 권리의 내용을 담고 있는 포괄적 권리이다. 행복추구권의 주요 내용으로는 헌법에 열거된 기본권으로서 행복추구의 수단이 될 수 있는 개별적 기본권 외에 헌법에 열거되지 아니한 일반적 행동자유권, 자기결정권, 일반적 인격권, 평화적 생존권·휴식권·수면권·일조권 등을 들 수 있다.

행복추구권이라 함은 '고통이 없는 상태·만족감을 느낄 수 있는 상태를 실현할 수 있는 권리'라고 할 수 있다. 이 행복추구권은 주관적 권리로서 인간이라면 당연히 가지는 것이며 자연권으로서의 성격과 포괄적 성격을 가지기 때문에 자유권적·사회권적 성격을 동시에 가진다. 따라서 이 권리의 향유주체는 법인을 제외한 모든 국민이며 외국인도 당연히 포함된다.

행복추구권을 포괄적 기본권으로 이해할 경우 그 구체적인 내용을 망라해서 설명한다는 것은 거의 불가능하나, 대체로 생명권, 인격권, 신체불훼손권, 평화적 생존권, 휴식권, 수면권, 일조권, 소비자권리 등과 같은 것이 포함될 수 있다. 그러나 이 권리는 자신의 행복추구를 위하여 타인의 행복추구권이 침해되어서는 아니되므로 그 한도 내에서만 보장되는 내재적 한계를 가진다.

3) 자유권

자유권 또는 자유권적 기본권은 개인의 자유로운 생활에 대하여 국가의 간섭이나 침해를 받지 않을 권리이다. 즉, 국가에 대해 무엇인가를 적극 요구하는 것이 아니라 국가 권력이 행사되지 않음으로서 보장되는 소극적 권리이고, 국가 권력에 의한 침해를 배제하는 방어적 권리이며, 역사적으로 볼 때 가장 오래된 기본권이다.

우리 헌법에 규정되어 있는 자유권적 기본권으로는 신체의 자유, 거주·이전의 자유, 직업 선택의 자유, 사생활의 비밀과 자유, 양심의 자유, 종교의 자유, 언론·출판·집회·결사의 자유, 학문과 예술의 자유 등이 있다.

신체의 자유는 신체적 거동의 자유를 말하는데, 적극적으로 신체의 각 부분을 움직이거나 어디든지 원하는 장소로 이동할 수 있는 자유, 소극적으로 일정한 장소에서 움직이지 않을 자유를 말한다.

국가권력의 간섭과 구속을 최대한 배제하기 위하여 헌법에 상세한 규정을 두고 있는데, 불법적인 체포 · 구속 · 압수 · 수색 · 심문 · 처벌 · 보안처분 · 강제노역으로부터의 자유를 의미한다.

(1) 의의와 법적 성격

자유권적 기본권은 일반적으로 개인이 그 자유로운 영역에 관하여 국가권력의 간섭 내지 침해를 받지 아니할 방어적 · 소극적 권리이다. 그 법적 성격은 천부적이고 초국가적인 권리이며, 헌법에 규정되어 있지 아니한 자유권도 포함하는 포괄적 권리이고, 인간의 권리이며, 헌법규정만으로도 직접 적용되는 직접적 효력규정이면서, 침해되었을 때 침해의 구제를 요구할 수 있는 소극적인 권리이다.

(2) 인신에 관한 자유권

① 생명권

생명권이라 함은 '죽음(死)'에 반대되는 인간의 인격적 · 육신적 존재형태, 즉 생존에 관하여 국가로부터 침해받지 아니할 권리이다.

현행 헌법은 생명권에 대하여 서독기본법 제2조 제2항과는 달리 직접적인 규정을 두고 있지는 아니하다. 왜냐하면 인간에게 있어서 생명권은 누구에게나 너무나 당연한 것이기 때문에 굳이 명문화할 필요가 없기 때문일 것이다.

생명권은 인간의 권리이므로 내외국인을 불문하고 그 주체가 되며, 태아의 생명까지도 보호하려는 것이 일반적인 경향이다.

② 신체를 훼손당하지 아니할 권리

신체를 훼손당하지 아니할 권리란 신체의 완전성을 훼손당하지 아니할 권리를 의미한다. 이에 관하여서도 헌법은 명문의 규정을 두고 있지는 아니하나, 헌법 제10조와 제12조 제1항의 통합적 해석에 의하여 헌법상 보장된다고 본다.

신체를 훼손당하지 아니할 권리는 본인의 승낙 없는 불법적인 신체의 훼손금지를 내용으로 하므로 가혹행위나 육체적 학대, 절단형이나 태형(笞刑) 등과 같은 신체적 형벌이나 일방적 불임시술 등을 금지하는 것을 포함한다. 그러나 신체를 훼손당하지 아니할 권리는 정당한 사유가 있는 때에는 법률로써 제한할 수 있다.

③ 신체의 자유

현행 헌법 제12조 제1항은 "모든 국민은 신체의 자유를 가진다"라고 하여 신체의 자유를 보장하고 있다. 또한 국가권력으로부터 인신의 자유가 침해되지 않도록 제12조 제1항 이하에서 상세한 규정을 두고 있다.

신체의 자유라 함은 법률과 적법절차에 의하지 아니하고는 신체의 안전성과 자율성을 제한 또는 침해당하지 아니하는 자유를 말한다. 이의 법적 성격은 인간이 자연법상 누리는 천부적 · 초국가적 자연권이지만 상대적 자연권이고 국가에 대한 개인의 소극적 · 방어적 공권이다.

신체의 자유의 내용으로는 불법한 체포 · 구속이나 압수 · 수색 또는 심문으로부터의 자유와 불법한 처벌, 보안처분이나 강제노역으로부터의 자유 등이 있다.

신체의 자유를 보장하는 데에는 두 가지 방법이 있다. 하나는 실체적 보장방법이고 다른 하나는 절차적 보장방법이다. 현행 헌법은 절차적 보장규정을 신설함으로써 양자에 동일한 비중을 두고 있다.

실체적 보장에는 헌법에서 '법률에 의하지 아니하고는' 모든 신체의 자유를 제한하지 못하도록 하는 것과(헌법 § 12①) 죄형법정주의이다. 현행 헌법 제13조 제1항 형벌불소급의 원칙과 일사부재리의 원칙 및 연좌제 금지 등은 죄형법정주의를 그 배경으로 한 것이다.

절차적 보장은 우선 신체의 자유를 제한할 경우 적법절차에 의하도록 하고, 현행범과 긴급구속을 제외한 체포나 구속은 반드시 영장에 의하도록 하고 있다. 또 체포 또는 구속을 당한 때에도 적부의 심사를 법원에 청구하도록 하고 있으며(헌법 § 12⑥), 체포나 구속을 당한 때에도 구속이유 등을 고지하도록 하고 있다(헌법 § 12⑤).

현행 헌법은 일반인의 신체의 자유 외에도 형사피의자나 피고인의 인권보장을 위한 형사 절차상의 권리들을 규정하고 있다. 그 내용은 무죄추정의 원칙(헌법 § 27④), 자백의 증거능력 및 증명력 제한의 원칙(헌법 § 12⑦), 고문을 받지 아니할 권리(헌법 § 12②), 구속이유 등을 고지 받을 권리, 불리한 진술거부권(묵비권)(헌법 § 12②), 변호인의 조력을 받을 권리(헌법 § 12④), 구속적부심사청구권, 신속한 공개재판을 받을 권리(헌법 § 27③), 형사보상청구권(헌법 § 28) 등이다.

(3) 사생활에 관한 자유권

① 사생활의 비밀과 자유

사생활의 비밀과 자유는 사생활의 내용을 공개당하지 않을 권리, 사생활의 자유로운 형성과 전개를 방해받지 아니할 권리, 자신에 관한 정보를 통제할 수 있는 권리를 그 내용으로 하는 복합적 성질의 권리이다(헌법 § 17).

② 주거의 자유

주거의 자유라 함은, 사람이 거주하는 설비로서 사생활의 중심이 되는 장소는 사생활의 안전을 위하여 영장 없이 침해당하지 아니할 자유를 말한다(헌법 § 16).

③ 거주 · 이전의 자유

거주 · 이전의 자유는 자기가 원하는 곳에 주소 또는 거소를 정하거나 그 곳으로부터 자유로이 이전하거나, 자기의 의사에 반하여 거주지를 옮기지 아니할 자유를 말한다(헌법 § 14).

이의 주체는 한국국적을 가진 모든 자연인과 국내 법인이다. 거주 · 이전의 자유는 국내에서 뿐만 아니라 해외이주와 해외여행의 자유 및 국적이탈의 자유까지도 포함한다.

④ 통신의 자유

통신의 자유라 함은 통신 · 전화 · 전신 등의 수단에 의하여 의사나 정보를 전달 또는 교환할 경우, 그 내용이 공권력에 의하여 침해당하지 아니할 자유를 말한다(헌법 § 18). 통신의 자유의 주체는 자연인 및 법인이며, 자국민과 외국인을 모두 포함한다.

(4) 정신적 · 사회적 활동에 관한 자유권

① 양심의 자유

양심은 인간의 존엄과 가치의 내면적 기초가 되는 것이며, 양심의 자유는 각자의 판단이나 가치관으로서의 확신을 외부에 표명하도록 강제당하지 아니할 자유와 양심에 반하는 행위를 강요당하지 아니할 자유를 말한다(헌법 § 19). 이는 절대적 기본권에 속하는 것으로서 자연인만이 가진다. 이 양심의 자유에는 양심상 결정의 자유로부터 침묵의 자유 및 양심상 결정을 표명하거나 실현할 자유까지 포함한다.

② 종교의 자유

종교의 자유란 자기가 원하는 종교를 자기가 원하는 방법으로 신봉할 자유를 말한다(헌법 § 20①). 이는 개인의 내심의 작용인 신앙의 자유를 그 핵심으로 한다. 종교의 자유에는 신앙의 자유와 종교적 행사의 자유, 종교적 집회 및 결사의 자유, 선교활동과 종교교육의 자유가 포함된다. 또한 현행 헌법은 국교를 인정하지 아니하고 정치와 종교를 분리하는 것을 원칙으로 하고 있다(헌법 § 20②).

③ 언론 · 출판의 자유

언론 · 출판의 자유란 좁게는 사상 또는 의견을 언어 · 문자 등으로 불특정다수인에게 발표하는 자유를 말하고, 넓게는 사상이나 의견을 발표하는 자유 외에 개인의 알권리, 액세스(access)권, 반론권, 언론기관 설립권 등은 물론 언론기관의 취재의 자유와 편집 · 편성권 및 그 내부적 자유까지 포괄한다. 현행 헌법 제21조 제1항에 규정된 언론 · 출판의 자유는 넓은 의미로 해석해야 한다.

언론 · 출판의 자유는 국민으로서의 권리가 아니라 인간의 권리이기 때문에 국민은 물론 외국인에게도 보장된다. 그러나 언론 · 출판의 자유도 자유민주적 기본질서나 국가의 존립, 타인의 명예나 도덕률 등에 위배되지 않아야 한다는 내재적 한계가 있다(헌법 § 21④).

④ 집회 · 결사의 자유

집회 · 결사의 자유란 다수인이 공동의 목적을 가지고 회합 또는 결합하는 자유를 말한다. 이는 집단적 형태로 행하여지는 넓은 의미에서의 표현의 자유의 한 형태이다.

집회의 자유의 내용에는 집회의 개최, 집회의 사회 및 진행, 집회에 참가할 자유가 있고 반대로 집회 불개최 및 불참의 자유도 있다.

결사의 자유의 내용에는 단체결성, 단체존속, 단체활동, 결사에 가입 · 탈퇴 · 잔류의 자유가 있다. 그러나 사법상의 결사의 경우에는 탈퇴나 불가입의 자유가 보장되나 공법상 결사의 경우에 가입강제(탈퇴불가)도 인정된다는 것이 다수설이다. 그러나 최근 이에 대한 반론의 제기로 인하여 논의가 활발하다.

⑤ 학문과 예술의 자유

학문과 예술의 자유에서 학문의 자유라 함은 인간이 자연과 사회의 변화 또는 발전에 관한 법칙이나 진리를 인식하고 탐구하는 행위를 함에 있어 간섭이나 방해를 받지 아니하는 자유를 말한다. 또 예술의 자유란 예술가의 감명 · 견문 · 체험이 일정한 형태언어를 매개로 하여 직접적인 표상으로 나타나는 자유로운 창조적 형성을 할 수 있는 권리 그 자체를 말한다. 따라서 학문의 자유에는 연구의 자유, 연구결과발표의 자유, 강학의 자유, 학문을 위한 집회 · 결사의 자유 등이 포함되고, 예술의 자유에는 예술창작의 자유, 예술표현의 자유, 예술적 집회 · 결사의 자유 등이 그 내용을 이룬다(헌법 § 22①).

사죄광고가 양심의 자유를 침해하는지 여부에 대하여 헌법재판소는 "사죄광고의 강제는 (중략) 침묵의 자유의 파생인 양심에 반하는 행위의 강제금지에 저촉되는 것이며 따라서 우리 헌법이 보호하고자 하는 정신적 기본권의 하나인 양심의 자유의 제약(법인의 경우라면 그 대표자에게 양심표명의 강제를 요구하는 결과가 된다.)이라고 보지 않을 수 없다(1991. 4. 1. 헌법재판소 전원재판부 89헌마160)."라고 하면서 민법 제764조의 "명예회복에 적당한 처분"에 사죄광고를 포함시키는 것은 헌법에 위반된다고 결정하였다.[4]

4) 평등권

우리 헌법 제11조 제1항에서는 "모든 국민은 법 앞에 평등하다. 누구든지 성별 · 종교 또는 사회적 신분에 의하여 정치적 · 경제적 · 사회적 · 문화적 생활의 모든 영역에 있어서 차별을 받지 아니한다."라고 규정하여 법 앞의 평등을 선언하고 있다.

평등권은 국가에 대하여 합리적인 이유 없이 불평등한 대우를 하지 말 것과 '정의'의 관점에서 평등한 대우를 해 달라고 요구할 수 있는 권리이다. 자유권과 함께 인간의 존엄성을 보호하기 위한 본질적인 기본권으로서, 민주주의의 기본 이념 중의 하나이다. 평등이란 일체의 차별적 대우를 부정하는 절대적 · 형식적 평등이 아니라, 각 사람이 처한 상황이나

4) '사과광고제도'가 헌법재판소의 위헌 결정을 받게 된 것은 1989년이다. 월간 '여성동아'는 88년 6월호에서 '전OO과의 소문기사에 5억 청구한 김OO 진상해명'이라는 제목아래 미스코리아 출신 탤런트 김모씨가 모 월간지를 상대로 낸 소송사건을 보도했다. 그 월간지는 김씨와 5공화국 정계 거물이었던 전모씨 사이의 성추문의혹을 보도해 김씨로부터 이미 피소된 상태였다. '여성동아'의 보도가 나간 이후 김씨는 '여성동아'를 발행하는 (주)동아일보사에게도 역시 출판물에 의한 명예훼손을 이유로 5억원을 청구하는 손해배상소송(88가합31161)을 서울민사지법에 냈으며, 이듬해 법원은 "동아일보는 위자료 1천만원 배상과 함께 사과문을 게재하라"며 당시로서는 거액의 위자료지급 판결을 내렸다. 하지만 법원의 선고에 앞서 동아일보는 "민법 제764조가 명예훼손의 경우에 사죄광고를 명할 수 있도록 한 것이라면 이는 헌법에 위반된다"며 이 조항을 위헌제청해 달라고 재판부에 신청(89카33299)했으나, 학설과 판례가 사과광고를 민법 제764조의 '적절한 처분'의 대표적인 예로 꼽던 시절이라 재판부가 이를 받아 들이지 않았다. 헌법소원은 동아일보의 마지막 선택이었다. 사건을 접수받은 헌재는 2년여 가까이 고심하다 91년 재판관전원일치의견으로 위헌결정(89헌마160)을 내렸다. 헌법재판소의 결정요지는 "민법 제764조가 사죄광고를 포함하는 취지라면 그에 의한 기본권제한에 있어서 그 선택된 수단이 목적에 적합하지 않을 뿐만 아니라 그 정도 또한 과잉하여 비례의 원칙이 정한 한계를 벗어난 것으로서 헌법 제19조(양심의 자유)에 위반되는 동시에 헌법상 보장되는 인격권의 침해에 이르게 된다."였다. 헌법재판소 전원재판부 89헌마160, 1991. 4. 1.]

여건이 다르면 그 차이에 따라 적절하게 대우해 주는 상대적 · 실질적 평등을 의미한다.[5] 따라서 합리적 차별[6]은 허용되고 있다.

우리 헌법은 평등권 보장을 위한 원칙으로 제11조 제2항과 제3항에서 사회적 특수 계급의 금지, 영전일대(榮典一代)의 원칙을 규정하고 있고, 이외에도 교육의 기회균등, 근로관계나 가족생활에서의 양성 평등, 선거에서의 평등, 균형 있는 국민 경제 성장 등도 규정하여 평등의 원리를 구체화하고 있다.

현행 헌법에는 평등에 관한 조항이 여러 곳에서 발견된다.[7] 그 중에서 최고의 헌법 원리를 의미하는 일반적 평등의 원칙을 규정한 조항은 제11조 제1항 전문 및 제119조 제2항의 규정이다. 이 일반적 평등의 원칙은 법적용을 받는 모든 인간을 원칙적으로 평등하게 다루는 법원칙으로서 기본권보장에 관한 헌법상 최고원리의 하나인 동시에 모든 인간관계에 있어서 어떠한 조건으로써도 불평등한 차별대우를 하여서는 안 된다고 하는 객관적 법질서의 구성요소이다. 따라서 헌법해석과 입법의 기준이 되고, 헌법제정권자를 구속하며 헌법 개정의 한계이기도 하다.

헌법 제11조 제1항의 법 앞에 평등에서 법 앞에란 '법에 있어서의 평등', 즉 법 내용의 평등으로 이해하여야 한다. 왜냐하면 법의 내용 그 자체가 불평등한 것이면 그것을 아무리 평등하게 적용할지라도 불평등한 것이 되기 때문이다.

현행 헌법은 구체적 평등권에 관하여 제11조 제1항 후문에 규정하고 있는데, 차별금지의 사유와 차별금지의 영역을 동시에 규정하고 있다. 차별금지의 사유는 성별, 종교, 사회적 신분이고, 차별금지영역은 모든 생활영역, 말하자면 정치적 · 경제적 · 사회적 · 문화적 생활영역이다.

평등권의 주체는 모든 국민이라고 규정하고 있으나 외국인도 포함되며, 법인도 그 주체가 될 수 있다. 단지 외국인의 경우 정치적 공권이나 사권의 일부는 제한될 수 있다. 또한 평등권은 대국가적 효력뿐만 아니라 대사인적 효력도 가진다.

---

5) 형식적 평등은 개인에게 주어진 선천적 · 후천적 차이를 고려하지 않고 동등하게 대우하는 것이다. 실질적 평등은 "같은 것은 같게, 다른 것은 다르게"라는 의미로서 배분적 정의를 말한다.

6) 선천적 조건과 후천적 자이를 고려한 차별로 평등의 원칙에 부합한다. 일정한 공무원의 경우 정당 가입을 금지하고 정지활동을 제한한다거나, 일정 범위의 전과자 등에게는 공무담임권을 제한한다거나 하는 것 등이 그 예이다.

7) 헌법전문을 비롯하여, 제11조(국민의 평등), 제31조 제1항(교육권), 제32조 제4항(여성근로), 제36조 제1항(양성의 평등), 제41조 제1항 · 제61조 제1항 · 제116조 제1항의 선거평등, 제119조 제2항(균형적 국민경제), 제123조 제2항(지역간 균형발전) 등이 있다.

5) 참정권

민주 국가의 주인으로서 국민이 국가의 정치 과정에 적극적으로 참여할 수 있는 권리를 참정권이라고 한다. 참정권은 주권자인 국민이 국가 기관의 형성과 국가의 정치적 의사 형성 과정에 참여할 수 있는 능동적 권리이다. 국민이 국가의 정치에 참여할 수 있는 권리이기 때문에 참정권을 정치적 기본권이라고도 한다.

좀 더 구체적으로 말하면 참정권이란 국민이 정치의사형성이나 정책결정에 참여하거나 또한 공무원을 선출하거나 공무원으로 선출 또는 선임될 수 있는 권리를 말하는 것으로, 우리 헌법에서는 국민이 대표자를 선출하는 선거권, 국가기관의 구성원으로 선임될 수 있는 공무담임권[8], 헌법 개정안 확정과 국가 안위에 대한 중요 정책을 결정해야 할 때 직접 투표할 수 있는 국민 투표권[9] 등을 보장하고 있다. 근대 시민 혁명을 기준으로 그 이전에는 신분 계급에 따라, 그 이후에는 재산에 따라 참정권이 제한되었는데, 20세기에 이르러 신분이나 재산에 상관없이 모든 남성에게 선거권이 부여되었고, 제1차 세계 대전 이후에는 여성에게도 참정권을 인정하기 시작하여 비로소 보통선거의 원칙이 확립되었다.

6) 사회권

자본주의가 발달함에 따라 물질적으로는 풍요로워졌지만, 빈부 격차가 커지고 사회적 약자들이 인간으로서 마땅히 누려야 할 권리를 보장받지 못하는 일들이 증가하였다. 빈부 격차의 확대, 계급 갈등의 심화, 절대 빈곤의 확산 등 불평등 현상이 심각해진 것이다. 이에 모든 사회 구성원들이 최소한의 인간다운 생활을 보장받고 실질적인 평등을 누릴 수 있어야 한다는 사회적 기본권이 강조되기 시작하였다. 1919년 독일 바이마르 헌법[10]에서 사회권을 처음으로 규정하였고, 이후 세계 각국의 헌법에 사회권을 보장하는 조항이 생겨나면서 현대 복지 국가 헌법에서 일반화되었다.

사회권은 국가에 대해 인간다운 생활의 보장을 요구한다는 점에서 적극적 권리이며, 기

8) 국민이 국가나 지방자치단체의 구성원이 되어 공무를 담당할 수 있는 권리이다.

9) 특정한 국정사안에 대해서 국민이 직접 그 정책결정에 참여함으로써 주권을 직접적으로 행사할 수 있는 권리를 말한다. 헌법72조에는 “대통령이 외교, 국방, 통일 기타 국가 안위에 관한 중요 정책을 결정할 경우 국민투표에 부칠 수 있다.”라고 규정되어 있다. 또한 헌법130조 ②항은 “헌법개정안은 국회가 의결한 후 30일 이내에 국민투표에 붙여 국회의원 선거권자 과반수의 투표와 투표자 과반수의 찬성을 얻어야 한다.”고 규정하고 있다. 대의제를 채택하고 있는 현행 헌법질서 내에서 국민투표권은 하나의 예외적인 참정권의 유형에 속한다고 볼 수 있다.

10) 제1차 세계대전 패전 후 탄생한 독일 연방 헌법이 바이마르 헌법이다. 최초의 복지국가 헌법으로서, 사회권으로서 의무교육과 사회보장제, 노동력의 보호 등을 규정하였다.

본권 중에서 가장 최근에 등장한 현대적 권리이다. 우리 헌법에서는 인간다운 생활을 할 권리, 교육을 받을 권리[11], 근로의 권리, 환경권, 보건권 등을 구체적으로 제시하고 있다.

7) 청구권

청구권은 여러 가지 기본권을 국가나 개인에 의해서 침해당했을 때 이를 구제받을 수 있도록 하는 기본권으로, '기본권 보장을 위한 기본권'이라고도 한다. 즉, 청구권은 국민이 국가에 대하여 적극적으로 특정한 행위를 요구하거나 침해당한 기본권의 구제를 청구할 수 있는 권리이다.

다른 기본권은 그 자체가 목적이지만, 청구권적 기본권은 기본권 보장을 위한 수단적 기본권이며, 실체적 기본권을 실현하기 위한 절차적 기본권이라는 성격을 가진다.

청구권에는 국가 기관에 대해 자신의 의견이나 희망을 문서로 제출할 수 있는 청원권, 헌법과 법률이 정한 법관에 의하여 법률에 따라 재판을 받을 재판 청구권 등이 있다. 우리 헌법은 재판청구권과 관련하여 세부적인 내용으로 신속한 재판, 공개 재판을 받을 권리를 규정하고 있다.

공무원의 직무상 불법 행위로 손해를 입으면 국가 또는 지방 자치 단체에 대해 배상을 청구할 수 있는 국가 배상 청구권, 그 이외에 형사보상청구권,[12] 범죄 피해자 구조 청구권,[13] 손실보상청구권 등이 있다.

2. 국민의 기본적 의무

국민의 기본적 의무라 함은 개개의 국민이 통치권의 대상으로서 가지는 여러 가지 실정법상의 의무 중에서 특히 헌법이 규정하고 있는 의무를 말한다. 따라서 국민의 기본적 의무를 헌법상 의무 또는 공의무라고도 한다. 우리 헌법은 대체로 국민의 기본적 의무로 납세의 의무, 국방의 의무, 교육을 받게 할 의무, 근로의 의무, 환경보전의 의무, 재산권행사의 사회적 구속성을 규정하고 있다.

11) 사회권으로서의 교육권: 모든 국민은 능력에 따라 균등하게 교육을 받을 권리를 가진다.
12) 형사 피의자나 피고인으로 구금되었던 자가 불기소 처분이나 무죄 판결을 받은 경우 국가에 보상을 청구할 수 있는 권리
13) 범죄 피해로 생명이나 신체에 해를 입은 사람이 국가에 구조를 청구할 수 있는 권리

1) 납세의 의무

헌법 제38조는 국민의 납세의 의무를 규정하고 있다. 오늘날 납세의 의무는 국민 스스로가 국가적 공동체의 재정력을 형성하기 위한 것이라는 적극적인 성격과 국가의 자의적인 과세로부터 국민의 재산권을 보호한다는 소극적 성격을 가지고 있으므로 공평하고 법률에 따른 과세가 이루어지지 않으면 안 된다.

2) 국방의 의무

헌법 제39조 제1항은 국민의 국방의 의무를 규정하고 있다. 국방의 의무라 함은 외국의 침략행위로부터 국가의 독립을 유지하고, 영토를 보전하기 위한 국토방위의 의무를 말한다. 이 의무도 적극적으로는 국가공동체를 외침으로부터 스스로 방위한다는 면과 소극적으로는 국가의 자의적인 징집으로부터 국민의 신체의 자유를 보장한다는 면이 더불어 있으므로 국민 누구나 병역의무를 완수한다는 국민개병원칙(國民皆兵原則)과 법률에 의한 병역부과가 공평하게 이루어져야 한다.

3) 교육을 받게 할 의무

헌법 제31조 제2항은 모든 국민에게 그가 보호하는 자녀를 교육받게 할 의무가 있는 것으로 규정하고 있다. 이는 친권자나 후견인이 그 자녀로 하여금 초등교육과 법률이 정하는 교육을 받도록 할 의무, 즉 취학시킬 의무이다. 이 의무는 개인적으로는 현대사회를 살아가는데 필요한 최소한의 교양과 능력을 함양케 하는 인간다운 생활권보장의 성격을 지니면서, 동시에 국가적으로는 문화국가의 이념을 실현하는 제2세 교육이라는 성격을 띠는 의무이므로 매우 중요한 의무이기도 하다. 이 의무의 주체는 우리나라의 국민으로서 학령아동을 가진 친권자 또는 후견인이다.

교육을 받게 할 의무는 학령 아동을 가진 친권자 또는 후견인이 그 아동을 초등교육과 법률이 정하는 교육과정(教育課程)에 취학시키는 것을 그 내용으로 한다. 그 의무를 이행하지 아니하는 경우에는 법적 제재가 가해지지만, 공납금을 납부할 수 없어 제재를 받는 일이 있어서는 아니 된다. 헌법 제31조 제3항이 의무교육의 무상제(無償制)를 규정하고 있기 때문이다. 무상(無償)의 범위에 관해서는 수업료만이 면제된다는 견해가 있지만, 여기에는 수업료 면제 외에 교과서의 무상 배부도 포함된다고 보아야 한다. 국가적 재정이 허용될 경우에는 그 밖의 학용품을 비롯한 급식도 무상으로 제공해야 할 것이다(就學必需費

無償設). 사립학교에 입학학 경우에는 무상의 혜택을 포기한 것이므로 수업료 징수는 문제가 되지 아니한다.

4) 근로의 의무

여기서 말하는 근로는 노동과 동일한 개념이다. 헌법 제32조 제2항의 근로의 의무가 가지는 의미에 관해서는 견해가 갈리고 있다. 제1설은 근로의 의무란 국가가 공공필요에 의하여 근로할 것을 명하는 경우에 이에 복종해야 할 국민의 의무라고 한다. 제2설은 근로의 의무를 근로의 능력이 있음에도 불구하고 근로하지 아니하는 자에 대해서는 윤리적 · 도덕적 비난이 가해져야 한다는 의미로 이해한다(다수설). 제2설이 타당하다고 본다. 헌법은 제32조 제2항에서 근로의 의무를 규정하고 있다. 이는 헌법 제32조 제1항의 근로의 권리의 성격과 대응시켜 생각하여야 하고, 국가의 기본체제와 관련지어 파악하여야 한다. 따라서 자본주의 체제에서 근로의 의무는 하나의 도덕적 · 윤리적 의미를 가지는 소극적 성격일 따름이다.

5) 환경보전의 의무

헌법 제35조 제1항 후단은 「국민은 환경보전을 위하여 노력하여야 한다.」라고 규정하여, 국민에 대하여 환경보전 의무를 지우고 있다. 환경권은 권리이면서, 또한 의무로서의 성격을 동시에 가지고 있다고 할 수 있다. 환경보전의 의무는 국민뿐만 아니라 외국인도 부담하는 전 인류의 의무이다. 이에 따라 모든 국민은 환경파괴행위나 공해 유발행위를 자제해야 한다. 개인 또는 기업이 공해를 유발하거나 환경 파괴행위를 하는 경우에는 국민은 그 원인행위의 배제를 청구할 수 있고, 국가도 그에 대한 제재를 가할 수 있다. 환경에 대해서는 그것이 의무임과 동시에 권리로서의 성격도 가지고 있는 것이다. 따라서 개인이나 기업이 이 의무의 주체인 것은 당연하고 그로 말미암아 피해를 입은 국민은 원인행위 배제청구나 손해배상청구가 가능하며, 국가적 차원의 제재도 가능하다.

6) 재산권 행사의 공공복리 적합 의무

헌법 제23조 제2항은 "재산권의 행사는 공공복리에 적합하여야 한다"라고 규정함으로써 재산권 행사에 관한 공공복리 적합 의무를 선언하고 있다.

더 생각해볼 문제 1

* 대통령이 국민에게 국민투표에 붙여 자신의 신임을 묻는 것이 왜 헌법 위반인가? 민주주의에 더 충실한 것이 아닌가 ?

대통령의 부의권을 부여하는 헌법 제72조는 가능하면 대통령에 의한 국민투표의 정치적 남용을 방지할 수 있도록 엄격하고 축소적으로 해석되어야 한다. 이러한 관점에서 볼 때, 헌법 제72조의 국민투표의 대상인 '중요정책'에는 대통령에 대한 '국민의 신임'이 포함되지 않는다.

... 대통령은 헌법상 국민에게 자신에 대한 신임을 국민투표의 형식으로 물을 수 없을 뿐만 아니라, 특정 정책을 국민투표에 붙이면서 이에 자신의 신임을 결부시키는 대통령의 행위도 위헌적인 행위로서 헌법적으로 허용되지 않는다. 물론, 대통령이 특정 정책을 국민투표에 붙인 결과 그 정책의 실시가 국민의 동의를 얻지 못한 경우, 이를 자신에 대한 불신임으로 간주하여 스스로 물러나는 것은 어쩔 수 없는 일이나, 정책을 국민투표에 붙이면서 "이를 신임투표로 간주하고자 한다."는 선언은 국민의 결정행위에 부당한 압력을 가하고 국민투표를 통하여 간접적으로 자신에 대한 신임을 묻는 행위로서, 대통령의 헌법상 권한을 넘어서는 것이다. 헌법은 대통령에게 국민투표를 통하여 직접적이든 간접적이든 자신의 신임여부를 확인할 수 있는 권한을 부여하지 않는다.

....결론적으로, 대통령이 자신에 대한 재신임을 국민투표의 형태로 묻고자 하는 것은 헌법 제72조에 의하여 부여받은 국민투표부의권을 위헌적으로 행사하는 경우에 해당하는 것으로, 국민투표제도를 자신의 정치적 입지를 강화하기 위한 정치적 도구로 남용해서는 안 된다는 헌법적 의무를 위반한 것이다.

출처: 헌법재판소 결정 대통령(노무현)탄핵 [전원재판부 2004헌나1, 2004. 5. 14.]

1. 대통령이 국민에게 국민투표를 통해 신임을 묻는 것이 왜 헌법 위반인가?

2. 우리 헌법상 규정된 대의제를 보완하기 위한 제도에는 어떤 것이 있을까?

읽기 자료 1

이론과 사례: 제대군인에게 공무원 임용시험에 가산점을 주는 것은 여성의 기본권을 침해하는 것인가?

1. 사례의 개요

최○○은 여성으로서 9급 국가공무원 공개경쟁채용시험에 응시하기 위하여 준비 중에 있다. 하지만 최씨는 제대군인이 6급 이하의 공무원 또는 공 · 사기업체의 채용시험에 응시한 때에 필기시험의 각 과목별 득점에 각 과목별 만점의 5퍼센트 또는 3퍼센트를 가산하도록 규정하고 있는 제대군인 지원에 관한 법률 제8조 제1항, 제3항 및 같은 법시행령 제9조가 자신의 헌법상 보장된 평등권, 공무담임권, 직업선택의 자유를 침해하고 있다고 주장하고 있다. 최씨의 주장은 과연 옳은가?

2. 심판대상 법령

(1) 제대군인 지원에 관한 법률 제8조 제1항

(2) 제대군인 지원에 관한 법률 시행령 제9조

3. 헌법재판소의 판단

(1) 목적의 정당성에 대한 판단

가산점제도의 주된 목적은 군복무 중에는 취업할 기회와 취업을 준비하는 기회를 상실하게 되므로 이러한 불이익을 보전해 줌으로써 제대군인이 군복무를 마친 후 빠른 기간 내에 일반사회로 복귀할 수 있도록 해 주는 데에 있다. 인생의 황금기에 해당하는 20대 초 · 중반의 소중한 시간을 사회와 격리된 채 통제된 환경에서 자기개발의 여지없이 군복무 수행에 바침으로써 국가 · 사회에 기여하였고, 그 결과 공무원채용시험 응시 등 취업준비에 있어 제대군인이 아닌 사람에 비하여 상대적으로 불리한 처지에 놓이게 된 제대군인의 사회복귀를 지원한다는 것은 입법 정책적으로 얼마든지 가능하고 또 매우 필요하다고 할 수 있으므로 이 입법목적은 정당하다.

(2) 방법의 적정성에 대한 판단

가산점제도는 공무원 채용시험의 필기시험의 각 과목별 만점의 5% 또는 3%를 제대군인에게 가산토록 함으로써 제대군인의 취업기회를 특혜적으로 보장하고, 그 만큼 제대군인이 아닌 사람의 취업의 기회를 박탈 · 잠식하는 제도이다. 그런데 제대군인이 아닌 사람들이란 다름 아니라 절대다수의 여성들과 상당수의 남성들(심신장애가 있어 군복무를 할 수 없는 남자, 보충역에 편입되어 복무를 마친 남자)로서 이들은 제대군인이 될 수 없는 사람들이고, 특히 여성과 장애인은 이른바 우리 사회의 약자들이다.

헌법은 실질적 평등, 사회적 법치국가의 원리에 입각하여 이들의 권익을 국가가 적극적으로 보호하여야 함을 여러 곳에서 천명하고 있다. 성별에 의한 차별을 금지하고 있는 헌법 제11조, 인간다운 생활을 할 권리를 보장하고 있는 제34조 제1항과 제32조 제4항, "국가는 여자의 복지와 권익의 향상을 위하여 노력하여야 한다"고 규정하고 있는 제34조 제3항, "신체장애자 및 질병 · 노령 기타의 사유로 생활능력이 없는 국민은 법률이 정하는 바에 의하여 국가의 보호를 받는다"고 규정하고 있는 제34조 제5항, "국가는 모성의 보호를 위하여 노력하여야 한다"고 규정하고 있는 제36조 제2항 등이 여기에 해당한다.

그럼에도 불구하고 여성과 장애인은 각종의 제도적 차별, 유 · 무형의 사실상의 차별, 사회적 · 문화적 편견으로 생활의 모든 영역에서 어려움을 겪고 있고, 특히 능력에 맞는 직업을 구하기 어려운 것이 현실이다. 이러한 현실을 불식하고 평등과 복지라는 헌법이념을 구현하기 위하여 여성 · 장애인 관련분야에서 이미 광범위한 법체계가 구축되어 있다. 여성발전기본법, 남녀차별금지 및 구제에 관한 법률, 남녀고용평등법에서 여성의 사회참여 확대, 특히 공직과 고용부문에서의 차별금지와 여성에 대한 우대조치를 누차 강조하고 이를 위한 각종 제도를 마련하고 있으며, 장애인복지법, 장애인고용촉진 등에 관한 법률은 장애인에 대한 차별금지와 보호 장치를 규정하고 있다. 어떤 입법목적을 달성하기 위한 수단이 헌법이념과 이를 구체화하고 있는 전체 법체계와 저촉된다면 적정한 정책수단이라고 평가하기 어려울 것이다. 「여성에 대한 모든 형태의 차별철폐에 관한 협약」 등의 각종 국제협약, 위 헌법규정과 법률체계에 비추어 볼 때 여성과 장애인에 대한 차별금지와 보호는 이제 우리 법체계 내에 확고히 정립된 기본질서라고 보아야 한다. 그런데 가산점제도는 아무런 재정적 뒷받침 없이 제대군인을 지원하려 한 나머지 결과적으로 이른바 사회적 약자들의 희생을 초래하고 있으므로 우리 법체계의 기본질서와 체계부조화성을 일으키고 있다고 할 것이다.

요컨대, 제대군인에 대하여 여러 가지 사회 정책적 지원을 강구하는 것이 필요하다 할지라도, 그것이 사회공동체의 다른 집단에게 동등하게 보장되어야 할 균등한 기회 자체를 박탈하는 것이어서는 아니 되는데, 가산점제도는 공직수행능력과는 아무런 합리적 관련성을 인정할 수 없는 성별 등을 기준으로 여성과 장애인 등의 사회진출기회를 박탈하는 것이므로 정책수단으로서의 적합성과 합리성을 상실한 것이라 하지 아니할 수 없다. 따라서 가산점제도는 이러한 합리적 방법에 의한 지원책에 해당한다고 할 수 없다.

4. 해설

이 사례에서 헌법재판소는 최씨의 주장을 받아들여 다음과 같은 이유로 위헌결정을 하였다. 제대군인 가산점 제도는 헌법상의 근거가 없는 제도이며, 또한 적극적 평등실현조치로 인정되기도 어렵고, 헌법이 차별금지영역으로 제시하고 있는 고용과 근로영역에서 최씨를 차별하고 있고 공무담임권 등 헌법상 기본권을 중대하게 제한하는 것이므로 합리적 차별인지 여부에 대한 심사기준으로서 비례의 원칙이 적용되며, 가산점제도는 차별목적의 정당성은 인정할 수 있으나 차별로 인한 불평등의 효과가 극심하여 비례의 원칙에 반한다고 할 것이다. 따라서 「제대군인지원에 관한 법률」 및 「같은 법 시행령」에서 규정하고 있는 군가산점제도는 최씨의 평등권과 공무담임권을 침해하였다고 본 것이다(1999. 12. 23. 98헌마363).

적극적 평등실현조치는 '잠정적 우대조치' 또는 '우선적 처우'라고도 하는데, 이는 종래에 사회로부터 차별을 받아 온 일정 집단에 대해 그러한 차별로 인한 불이익을 보상해주기 위하여 그 집단의 구성원이라는 것을 이유로 취업이나 입학 기타 사회적 이익을 직접 또는 간접으로 부여하는 정부의 정책을 일컫는다. 이는 차별 받아온 소수 집단에 대한 평등 보호의 문제는 단순히 현재의 법의 평등한 보호만으로는 실질적 평등의 실현이 이루어지지 않는다는 점에서 과거의 불이익한 지위를 보상해줌으로써 사실상 평등한 지위를 보장하려는 것이다. 그런데 소수 집단에 대한 적극적 평등실현조치는 필연적으로 무고한 다수집단을 역으로 차별하는 결과를 가져온다. 따라서 적극적 평등 실현조치는 무한정 인정될 수 있는 것은 아니고 일정한 한계를 갖게 된다.

헌법재판소가 위 결정(1999. 12. 23. 98헌마363)에서 여성채용 목표제와 제대군인가산점제도에 대한 주된 판단 요지는 여성 채용목표제는 잠정적 우대 조치의 일환으로 종래부터 차별을 받아 왔고 그 결과 현재 불리한 처지에 있는 여성을 유리한 처지에 있는 남성과 동등한 처지에까지 끌어 올리는 것을 목적으로 하는 제도이다. 이에 반하여 군가산점제도는 공직사회에서의 남녀비율에 관계없이 무제한적으로 적용되는 것으로서, 우월한 처지에 있는 남성의 기득권을 직·간접적으로 유지·고착하는 결과를 낳을 수 있는 제도라는 것이다.

읽기 자료 2

사생활의 비밀과 표현의 자유의 충돌

인기 탤런트 甲은 乙이 발행인으로 되어 있는 월간잡지 최근호에서 甲의 부부생활과 관련된 사생활을 들추어내어 인기관리에 어려움을 겪게 되자, 위 잡지기사에 의하여 자신의 헌법상 보장된 사생활의 비밀과 자유가 침해되었다고 주장하였다.

이에 대하여 乙은 위의 잡지기사는 헌법상 표현의 자유의 행사에 의한 것이기 때문에 甲의 사생활의 비밀과 자유를 침해한 것은 아니라고 반박하였다. 甲과 乙의 주장에 대하여 논하라.

[목차]

Ⅰ. 논점의 정리

본 사례에서 검토해야 할 주요 논점은 다음과 같다. 첫째, 甲과 乙이 주장하는 권리의 헌법적 근거 및 내용이 문제된다. 甲에 있어서는 사생활의 비밀과 자유를 주장할 수 있는지가 문제되고, 乙에 있어서는 표현의 자유, 특히 보도의 자유를 주장할 수 있는지가 문제된다. 둘째, 헌법 제21조 제4항의 해석과 관련하여 본 사례가 기본권의 유사충돌에 해당하는지가 검토되어야 한다. 셋째, 기본권이 사인 간에 있어서도 효력을 갖는지가 문제된다. 기본권의 충돌은 기본권이 사인 간에도 효력을 미침을 전제로 하기 때문이다. 넷째, 甲과 乙이 주장하는 권리의 충돌이 문제되는 바, 이의 해결방법이 모색되어야 한다. 마지막으로 甲의 기본권이 乙의 기본권 행사로 인하여 침해받는다고 할 경우 이에 대한 구제수단도 검토하도록 한다.

Ⅱ. 甲, 乙이 주장하는 권리의 헌법적 근거 및 내용

1. 甲이 주장하는 권리

(1) 사생활의 비밀과 자유

① 사생활의 비밀과 자유의 의의

현대사회를 정보화 사회라고 하는데, 정보사회화가 발전함으로써 정보가 제3의 자원이 되어 개인에 관한 정보까지도 당연히 수집 · 정리 · 보관 및 전파의 대상이 되었다. 이러한 과정에서 개인이 공개되기를 꺼리는 자기만의 사적 영역의 정보도 부득이 공개되거나 타인에 의하여 수집 · 관리되는 경우가 있게 되었다. 이와 같이 사회의 정보화가 급속히 진행되면서 개인의 사생활은 공간적으로도 또 내용면에서도 중대한 위기를 맞이하게 되었고, 이러한 배경 하에서 대다수 국가들이 사생활을 법률 혹은 헌법의 차원에서 보호하기에 이르렀다. 우리나라도 헌법 제17조에서 '모든 국민은 사생활의 비밀과 자유를 침해받지 아니 한다'라고 하여 사생활의 비밀과 자유의 불가침을 보장하고 있다.

② 사생활의 비밀과 자유의 내용

헌법 제17조에서 규정하고 있는 사생활의 비밀과 자유에는 사생활을 공개 당하지 않을 '사생활의 비밀의 불가침', 사생활의 자유로운 형성과 전개를 방해받지 않을 '사생활의 자유의 불가침', 자신에 관한 정보에 대해 자유로이 열람 · 정정 · 사용중지 · 삭제를 요구할 수 있는 '자기 정보 관리통제권'이 포함되어 있다. 즉 사생활의 비밀과 자유라 함은 소극적으로는 인격적 존재로서의 인간이 사생활의 내용 · 명예 · 신용 등을 침해받지 아니하고, 적극적으로는 자신이 원하는 자유로운 사생활과 사적 활동을 영위할 수 있는 것을 의미한다.

(2) 사례의 경우

본 사안에서는 월간잡지사가 甲의 부부생활과 관련된 사생활을 들추어내어 잡지에 보도한 것이므로, 甲은 헌법 제17조의 사생활의 비밀과 자유의 권리 중에서 사생활의 내용을 공개 당하지 아니할 권리, 즉 '사생활의 비밀의 불가침'이 침해되었음을 주장할 수 있다.

2. 乙이 주장하는 권리

(1) 언론 · 출판의 자유

① 언론 · 출판의 자유의 의의

표현의 자유는 사상이나 의견을 외부에 표현하는 자유로서 개인적 표현의 자유인 언론 · 출판의 자유와 집단적 표현의 자유인 집회결사의 지유를 총칭하는 개념이다. 언론 · 출판의 자유는 개인의 측면에서는 자신의 사상과 의견을 자유로이 발표함으로써 자유로운 인격발현을 가능하게 하고, 국가 사회적 측면에서는 민주적인 정치적 · 법적 질서를 형성하고 유지하는 기능을 수행한다고 볼 수 있다.

② 언론 · 출판의 자유의 내용

언론 · 출판의 자유는 고전적 의미에서의 언론 · 출판의 자유와 현대적 의미에서의 언론 · 출판의 자유로 나눌 수 있는데, 전자는 불특정의 다수인을 상대로 자신의 의견이나 사상을 자유로이 표명하거나 전달할 수 있는 자유이며, 후자는 고전적 의미의 언론 · 출판의 자유 외에 알 권리 · 액세스권 · 반론권 · 언론기관 설립권 · 언론기관의 자유까지도 그 내용으로 한다. 언론기관의 자유에는 보도 및 논평의 자유, 취재의 자유, 보급의 자유, 출간시기의 결정 · 편집활동 등 보조활동의 자유 등을 그 내용으로 한다.

(2) 사례의 경우

잡지발행인 乙은 甲의 사생활 침해에 대해 그 자신의 고전적 의미에서의 언론 · 출판의 자유를 주장할 수 있을 뿐만 아니라, 잡지사의 "언론기관의 보도의 자유"를 주장할 수도 있다. 잡지사의 "언론기관의 보도의 자유"를 주장할 경우에는 단체의 기본권 주체성이 문제되나, 우리 헌법재판소는 법인뿐만 아니라, 법인 아닌 사단 · 재단이더라도 대표자의 정함이 있고 독립된 사회적 조직체로서 활동하는 때에는 성질이 허용하는 한 기본권 주체성을 폭넓게 인정하고 있으므로(1991.6.3. 90헌마56), 잡지사의 "언론기관의 보도의 자유"의 주체성은 문제되지 않는다 할 것이다.

Ⅲ. 기본권의 대사인적 효력

1. 의의

기본권의 대사인적 효력이란 기본권이 사인 상호간의 법률관계에도 그 효력이 미친다는 것을 의미하는 것으로, 기본권의 대사인효에 따르면 제3자는 다른 개인의 기본권을 존중하고 이를 침해해서는 안 된다. 기본권의 대사인적 효력은 오늘날 개인의 자유와 권리가 국가에 의해서만 침해되는 것이 아니라 단체 또는 개인에 의해서도 침해되고 그 수가 증가하고 있는 현실을 반영하고 있는 것이다.

2. 기본권의 대사인효에 관한 이론

기본권의 대사인효에 관한 독일이론으로는 효력부인설, 직접효력설, 간접효력설이 대립하는데, 오늘날 사인 상호간의 관계에서 발생되는 기본권의 침해가 날로 증가하고 있어 이에 대한 규제가 요구되고, 기본권은 주관적 권리이면서 객관적 가치질서로서의 성격도 아울러 갖는 점에 비추어 기본권은 사인 상호간에도 적용된다고 봄이 타당하다. 그리고 직접 효력설은 헌법상 기본권이 사법의 일반조항을 매개하지 않고 직접 사인 상호간의 법률관계에도 적용된다는 입장인데, 이는 사적 자치를 부인하는 것이 되어 공 · 사법 이원체계에 혼란을 가져올 위험이 있다. 결국 시법의 일반조항이라는 매개수단을 통하여 간접적으로 사인 상호간에 적용된다는 간접 효력설이 타당하다고 할 것이다. 미국은 사안의 행위를 국가작용인 것처럼 의제하는 국가작용 의제이론을 구성해서 기본권의 대사인적 효력을 인정하려고 한다.

이에 대한 국내의 통설은 독일 현법이론의 영향을 받아 간접효력설을 취하고 있다. 즉 성질상 사인간의 관계에 적용될 수 없는 기본권이나 헌법의 명문규정상 또는 성질상 사인 상호간의 관계에 직접 적용될 수 있는 기본권을 제외하고는 원칙적으로 헌법상의 기본권규정은 사법의 일반조항이라는 매개수단을 통하여 간접적으로 사인 상호간에도 적용될 수 있다고 보고 있다.

3. 사례의 경우

본 사례에서 사생활의 비밀과 자유는 성질상 사인간의 관계에 적용될 수 없는 기본권이거나 현법의 명문규정상 또는 성질상 사인 상호간의 관계에 직접 적용될 수 있는 기본권으로 볼 수 없으므로 사인 상호간에 간접 적용된다고 할 것이다. 그렇다면 본 사례에서 乙이 발행인으로 되어있는 월간잡지사는 甲의 사생활의 비밀과 자유를 침해해서는 아니 되고, 만약 사생활의 비밀과 자유의 침해가 발생할 경우 법원은 이를 규제하는 별도의 법 규정이나 사법의 일반조항을 해석 · 적용하는 데 있어서 헌법상 사생활의 비밀과 자유의 침해가 판단의 기준이 되어야 한다.

그런데 월간잡지의 기사내용이 甲의 사생활의 비밀과 자유를 제한하더라도 이는 乙이 발행인으로 되어있는 월간잡지사가 언론 · 출판의 자유를 행사한 결과로서 발생한 것이기 때문에 기본권의 충돌이 문제된다고 할 것이다.

Ⅳ. 사생활의 비밀과 언론 · 출판의 자유의 충돌

1. 기본권의 유사충돌인지 여부

(1) 기본권의 유사충돌의 개념

기본권의 적용을 주장하는 자의 행위가 당해 기본권규정의 보호영역을 벗어난 것인 때에는 진정한 의미에서의 기본권 충돌이 아니라 기본권의 유사충돌에 불과하다. 진정한 의미에서의 기본권의 충돌이라 함은 기본권의 보호영역 안에서의 기본권행사가 다른 기본권을 제한하게 되는 경우를 말하는 것이다.

(2) 사례의 경우

헌법 제21조 제4항은 「언론 · 출판이 타인의 명예나 권리, 공중도덕, 사회윤리를 침해해서는 안 된다.」고 규정하고 있는데, 이 조항의 성격에 관하여 내재적 한계로 보는 견해에 따르면 타 인의 명예나 권리 또는 공중도덕이나 사회윤리를 침해하는 언론 · 출판은 언론 · 출판의 자유의 보호영역 밖에 있게 되어 본 사례에서 乙의 표현행위로 인한 甲의 명예나 권리의 침해는 기본권 유사충돌이 된다.

그러나 내재적 한계로 보는 견해는 타인의 명예 · 권리, 공중도덕, 사회윤리라는 매우 포괄적이고 명확하지 않는 기준으로 보호영역을 확정하도록 허용하는 결과를 초래하여 언론 · 출판의 자유를 형해화할 우려가 있고, 언론 · 출판의 자유의 보호영역 밖에 있는 표현물은 검열금지원칙이 적용되지 않게 되어 사전검열이 가능하게 되는 문제점이 발생한다. 또한 내재적 한계를 인정하지 않더라도 우리 헌법 제37조 제2항의 일반적 법률유보조항에 의해 제한이 가능하기 때문에 별도로 내재적 한계를 인정할 필요도 없다.

그렇다면 본 사례에서 乙이 잡지를 통해 甲의 부부생활을 보도함으로써 甲의 명예나 권리를 침해한다고 하더라도 이러한 乙의 표현행위는 언론 · 출판의 자유의 보호영역에 있으므로 기본권의 충돌의 문제로 해결하여야 할 것이다.

2. 기본권충돌의 해결방법

(1) 기본권의 충돌의 일반적 해결방법

기본권의 충돌이라 함은 복수의 기본권주체가 서로 충돌하는 권익을 실현하기 위하여 국가에 대해 각기 대립되는 기본권의 적용을 주장하는 경우를 말한다. 기본권의 충돌을 해결하는 방법으로는 이익형량에 의한 방법과 규범조화적 해석에 의한 방법이 있다.

전자는 기본권 상호간에 위계질서가 존재한다는 것을 전제로 해서 어느 한 기본권을 다른 기본권에 우선하여 적용함으로써 충돌을 해결하는 방법이다. 그리고 후자는 어느 하나의 기본권만을 절대적으로 우선시키는 것이 아니라 충돌하는 기본권 모두가 최대한으로 그 효력을 유지할 수 있도록 조화의 방법을 찾으려는 해결방법이다.

그런데 이의형량이론은 기본권을 과잉제한하거나 본질적 내용을 침해해서는 아니 된다는 헌법 제37조 제2항의 취지에 반하기 때문에 원칙적으로 규범조화적 해석에 의한 방법에 의하여 해결하여야 할 것이다. 규범조화적 해석에 의한 방법은 충돌하는 두 기본권의 효력을 함께 존중할 수 있는 '조화'의 길을 찾으려는 것이기 때문에 헌법의 통일성의 관점에서는 이익형량의 방법보다도 헌법정신에 더 충실한 해결방법이라고 말할 수 있다.

(2) 사생활의 비밀과 언론 · 출판의 자유의 충돌시 특별한 해결방법

① 인격 영역론

독일의 판례와 학설에 의해 발전된 인격역영역론에 의하면 개인의 생활영역을 가장 개방적 영역에서 가장 폐쇄적 영역에 이르기까지 단계적으로 분류하여 공개적 영역, 사회적 영역, 사적 영역, 비밀영역, 내밀영역으로 나누고 사생활의 비밀이 어떤 영역에 속하는 사항이냐에 따라 공개가 인정될 수 있는지 여부 및 정도가 달라지게 된다.

내밀영역은 성적 영역과 같이 불가침적인 영역을 말하는 것으로 그 보호는 절대적이라고 한다. 비밀영역은 개인 간의 비밀스런 편지, 전화 등과 같이 이성적으로 평가할 경우 공공에게 노출되어서는 안될 생활영역으로서 당사자의 동의가 있어야만 공개될 수 있다. 사적영역

은 가족, 친구 등과 같이 친밀한 범위 내에서 이루어지는 생활영역으로 제반사정에 비추어 정보의 이익이 개인적인 이해보다 우월한 경우에는 당사자의 동의 없이 공표될 수 있다. 사회적 영역은 직업활동과 같이 사회공동체의 구성원으로서 활동하는 개인의 생활영역으로 사적 영역의 경우보다는 자유롭게 보도될 수 있다. 공개적 영역은 사회정치 · 국가의 영역과 같이 모든 사람이 인식할 수 있고, 경우에 따라서는 인식하여야 할 영역으로서 원칙적으로 공개가 허용된다.

② 권리포기이론

권리포기이론은 자살자와 같이 일정한 사정하에서는 사생활의 비밀과 자유를 포기한 것으로 간주한다는 이론이다. 본인의 진의와 관계없이 권리포기를 의제하는 점에서 문제가 있다.

③ 공적인물이론

공적인용이론이란 공적인물은 공적 관심의 대상이기 때문에 사생활을 공개하는 것이 원칙적으로 사생활의 비밀을 침해하는 것이 아니라는 이론이다. 공적 인물이란 그의 지위, 재능, 명성, 생활양식 또는 인기 등에 의해 명사가 된 자를 말하는데, 여기에는 정치인, 고급관료, 배우, 운동선수 등 자발적으로 유명인사가 된 경우와 범인과 그 가족, 피의자 등처럼 비자발적으로 유명인사가 된 경우가 있다. 그러나 단순히 공적 인사라는 사실만으로 비밀영역이나 내밀 영역에 속하는 사항까지 무한정하게 공개되어서는 안 된다.

④ 공공이익이론

공익의 이론이란 국민의 알 권리의 대상이 되는 사항은 국민에게 알리는 것이 공공의 이익이 된다는 이론을 달한다. 따라서 보도적 · 계몽적 · 교육적 가치가 있는 것의 보도는 사생활 침해가 될 수 없지만 단순히 오락적 가치에 불과하거나 대중의 호기심을 충족시키는 것에 불과한 것은 사생활 침해에 해당한다. 그러나 보도적 가치 · 뉴스 가치 등의 정보이익이 인정되더라도 보도로 인해 침해되는 개인의 권리나 명예 등의 이익과 비례의 원칙에 따라 구체적으로 형량하지 않으면 안 된다.

3. 사례에의 적용

본 사례에서 甲의 부부생활에 관련된 사생활의 내용이 성에 관한 것이거나 일반인에게 공개하기 곤란한 부부만의 내밀한 사항이라고 할 경우에 이는 비밀영역이거나 적어도 내밀영역에 속하는 사항이라 할 것이다. 따라서 절대적으로 보호되거나 당사자의 동의 없이는 공개되어서는 안 된다. 비록 甲이 인기 탤런트로서 공적인물에 해당하지만 공적인물이라고 해서 비밀 영역이나 내밀영역까지 무한정 공개되는 것을 허용하는 것은 아니므로 본 사안에서 甲의 동의 없이 乙이 공개했다면 이는 甲의 사생활의 비밀을 침해한 것이 된다. 뿐만 아니라 乙이 주장하는 표현의 자유의 내용을 보면 그것은 甲의 부부생활에 관한 것으로서 전혀 보도적 가치 · 교육적 가치 · 계몽적 가치는 없고 단지 호기심을 자극해서 영업적 수단으로 하는 것에 불과하므로 이와 같은 경우에는 甲의 사생활의 비밀이 乙의 표현의 자유에 우선한다고 볼 것이다. 그렇다면 乙은 甲의 사생활의 비밀과 자유 침해 주장에 대해 표현의 자유로 항변할 수 없다. 단, 乙이 공개 한 甲의 부부생활의 내용이 자녀의 출산, 이혼, 별거와 같은 부부생활의 외적 형태에 관한 것이었다면 甲은 연예인으로서 이와 같은 정도의 사생활 공개는 감수할 수밖에 없다고 할 것이다.

V. 甲의 권리구제수단

1. 부작위청구

부작위청구란 사생활의 비밀과 자유를 침해하는 표현행위가 이루어지고 있는 경우에는 그 중지를, 그러한 침해의 우려가 있는 경우에는 사전에 그 발표 또는 전파를 하지 말라고 청구하는 것을 말한다. 주로 출판물배포금지가처분, 방영금지가처분 등과 같이 가처분절차에 의해서 실행된다. 甲은 乙 발행의 월간지에 대하여 법원에 출판물배포금지가처분신청을 할 수 있다. 물론 이미 배포된 후에 하는 것이므로 그 실효성은 적다.

2. 손해배상청구

乙이 발행인으로 되어 있는 월간잡지의 기사내용은 甲의 사생활의 비밀과 자유를 침해하는 행위로서 위법하다고 한 것이고, 그렇다면 甲은 일반 민법상의 불법행위를 이유로 한 손해배상청구권을 행사할 수 있다. 불법행위로 인하여 손해가 발생된 경우에 그 구제 방법은 우리 민법상 금전배상에 의하는 것이 원칙이다.

3. 원상회복청구

우리 민법 제764조는 금전배상의 원칙에 대한 예외로서 「타인의 명예를 훼손한 자에 대하여는 법원은 피해자의 청구에 의하여 손해배상에 갈음하거나 손해배상과 함께 명예회복에 적당한 처분을 명할 수 있다」고 특별 규정을 두고 있다. 이렇게 인격적 법익의 침해를 이유로 한 불법행위에서 특수한 것은 이른바 원상회복청구권으로 취소, 정정, 해명 등을 구할 수 있는 다양한 권리가 인정된다는 점이다. 그러나 사죄광고는 헌법재판소가 양심의 자유를 침해한다고 하여 위헌결정을 하였으므로 여기에는 포함될 수 없다.

4. 반론보도청구

정간물법이 규정하고 있는 반론보도청구권은 언론의 보도 사항에 이해관계를 갖는 개인이 보도된 사실의 진실 여부와 상관없이 보도된 사실과 다른 자신의 말을 그 언론 기관에 무료로 보도해줄 것을 요청할 수 있는 권리를 말한다. 이 반론보도청구권은 청구의 대상을 '사실보도'에 국한하고 있고, 형식적 요건만 충족되면 언론보도의 위법성 여부, 진실 여부, 그 귀책사유의 존부나 그로 인한 손해의 발생 유무를 묻지 아니하고 발생된다는 점에서 '형식적 권리'의 성격을 지닌다. 반론보도청구는 보도내용의 진실 여부를 따지지 않고 피해자의 반대진술을 보장하고 신속한 재판 절차(가처분 절차)에 따라 보도된 언론 매체의 동일한 영향력을 이용하여 피해자의 반대 사실을 주장 · 보도함으로써 실효성 있는 구제제도라는 의의를 가진다. 따라서 甲은 언론중재위원회의 중재를 거쳐 법원에 반론보도청구의 소를 제기할 수 있다.

5. 형사고소

乙의 기사내용이 단순히 甲의 사생활을 공개한 차원을 넘어 그로 인해 甲에 대한 사회적 평가에 영향을 미쳐 甲의 명예를 훼손한 것이 인정된다면 甲은 乙을 형법 제307조의 명예훼손죄 또는 비방목적이 있는 경우 같은 법 제309조의 출판물 등에 의한 명예훼손죄로 고소할 수 있다. 기사내용이 진실한 사실이라고 하더라도 공공의 이익을 위한 것이라고 보기 어렵기 때문에 제310조에 의한 위법성조각은 어렵다고 보여진다.

V. 사안의 해결

甲에게는 사생활의 비밀과 자유가, 乙에게는 표현의 자유가 인정되고, 그것은 사인 간에도 효력이 있다. 그러나 甲의 부부생활에 관한 乙의 보도내용이 甲의 비밀영역이나 내밀영역에 해당한다면 이러한 공개는 甲의 사생활의 비밀을 침해한 것이 된다. 따라서 甲의 사생활의 비밀과 자유의 침해주장에 대해 乙은 표현의 자유를 항변할 수 없다. 또한 甲은 이러한 乙의 침해행위에 대하여 출판물배포금지가처분을 법원에 신청하거나 손해배상 · 정정보도를 청구할 수도 있고, 甲의 명예가 훼손되었다면 형사고소까지도 할 수 있다.

출처: 정회철, CASE 단문헌법, 한울아카데미, 2004, p.335

[참고]

강태수, 「기본권의 보호영역, 제한 및 제한의 한계」, 『한국에서의 기본권이론의 형성과 발전 - 허영박사화갑기념논문집』
김선택. 「기본권의 충돌」, 『헌법사례연습』, 법문사(2000)
김수철, 「방송에 의한 범죄보도와 인격권」, 〈사법행정〉 제469호(2000. 1.)
김재형, 「언론의 사실보도로 인한 인격권침해」, 〈법학〉 제39권 제1호(1998. 5.)

읽기 자료 3

국공립사범대 우선임용 위헌 사건 결정문

교육공무원법 제11조 제1항에 대한 헌법소원

[89헌마89, 1990. 10. 8., 전원재판부]

【판시사항】

1. 법률(法律)에 대한 헌법소원심판(憲法訴願審判)의 청구기간(請求期間)
2. 교육공무원법(教育公務員法) 제11조 제1항의 위헌여부(違憲與否)

【결정요지】

1. 법률(法律)이 시행(施行)된 뒤에 비로소 그 법률(法律)에 해당되는 사유(事由)가 발생하여 기본권(基本權)의 침해(侵害)를 받게 된 자는 그 사유(事由)가 발생(發生)하였음을 안 날로부터 60일 이내에, 그 사유(事由)가 발생(發生)한 날로부터 180일 이내에 헌법소원심판(憲法訴願審判)을 청구(請求)하여야 한다.
2. 국 · 공립사범대학(國 · 公立師範大學) 등(等) 출신자(出身者)를 교육공무원(教育公務員)인 국 · 공립학교(國 · 公立學校) 교사(教師)로 우선하여 채용하도록 규정한 교육공무원법(教育公務員法) 제11조 제1항은 사립사범대학졸업자(私立師範大學卒業者)와 일반대학(一般大學)의 교직과정이수자(教職過程履修者)가 교육공무원으로 채용될 수 있는 기회를 제한 또는 박탈하게 되어 결국 교육공무원(教育公務員)이 되고자 하는 자를 그 출신학교(出身學教)의 설립주체(設立主體)나 학과(學科)에 따라 차별(差別)하는 결과가 되는 바, 이러한 차별(差別)은 이를 정당화할 합리적(合理的)인 근거(根據)가 없으므로 헌법상(憲法上) 평등(平等)의 원칙(原則)에 어긋난다.

청구인 김○수 외 5인
대리인 변호사 이석태 외 2인

【전문】

[주문]

1. 청구인 김○수의 이 사건 헌법수원심판청구를 각하한다.
2. 교육공무원법(1981.11.23. 법률 제3458호 전문개정) 제11조 제1항은 헌법에 위반된다.

[이유]

1. 사건의 개요와 심판의 대상

가. 사건의 개요

청구인 김○수는 1986.2.21., 청구인 임○일은 1989.2.24. 중앙대학교 사범대학 교육학과를 졸업하였고, 이 사건 심판청구 당시 청구인 신○만은 성균관대학교 사범대학 교육학과 4학년에, 청구인 이○영, 같은 이○엽, 같은 한○택은 중앙대학교 사범대학 교육학과 4학년에 각 재학 중이었는데 그 중 청구인 이○영, 같은 이○엽, 같은 한○택은 위 학교를 1990.2.23. 각 졸업하였다. 청구인들은 교육공무원으로의 채용을 희망하고 있으나, 교원적체가 심한 요즈음 교사의 신규채용에 있어 국립 또는 공립의 교육대학이나 사범대학 기타 교원양성기관의 졸업자 또는 수료자에게 우선권을 부여한 교육공무원법(이하 법이라 한다) 제11조 제1항의 규정 때문에 사실상 채용이 불가능한 상태에 있다고 주장하면서 위 법률조항의 위헌여부에 대한 이 사건 헌법소원의 심판청구에 이르렀다.

나. 심판의 대상

이 사건 헌법소원심판의 대상은 교사채용의 특혜를 규정한 법 제11조 제1항(1981.11. 23. 법률 제3458호 전문개정)으로서 그 법률조항의 내용은 "교사의 신규채용에 있어서는 국립 또는 공립의 교육대학, 사범대학 기타 교원양성기관의 졸업자 또는 수료자를 우선하여 채용하여야 한다."는 것이고, 법 제11조 제2항은 "교육공무원의 신규채용에 있어서 채용예정 인원수보다 그 희망자가 많을 때에는 임용권자 또는 임용제청권자는 경쟁시험에 의하여 그 임용후보자를 선정할 수 있다."라고 규정하고 있다.

2. 당사자의 주장 및 이해관계기관의 의견

가. 청구인들의 주장

(1) 사범대학은 설립주체에 다라 국립 · 공립 또는 사립으로 나뉘어질 뿐 교육내용이나 목적, 시설기준, 졸업자의 자격 등에 있어서는 아무런 차이가 없는데도 위 법률의 조항은 교육공무원으로의 신규채용에 있어 국립 또는 공립 사범대학 기타 교원양성기관의 졸업자 또는 수료자를 우선하여 채용하도록 규정하고 있다. 이는 교육공무원의 채용에 있어 사립 사범대학 졸업자를 합리적 이유없이 차별하는 것으로서 평등의 원칙을 규정한 헌법 제11조 제1항에 위반된다.

(2) 교원의 적체가 심한 요즈음 사립 사범대학의 졸업자는 위 법률조항으로 말미암아 교육공무원으로의 채용이 사실상 불가능하여 교사의 자격을 갖고서도 교육공무원이 되지 못하고, 지위나 신분보장이 상대적으로 열악한 사립학교의 교사로 근무하거나 심지어 교사직의 포기를 강요받는 결과가 되므로 위 법률조항은 직업선택의 자유를 규정한 헌법 제15조에 위반된다.

나. 법무부장관 및 문교부장관의 의견

우수인력을 교육공무원으로 양성하여 채용하기 위하여 국가는 국립 및 공립의 사범대학생에게 입학금과 수업료의 부담을 면제하고 학비보조금을 지급하는 대신에 수업연한에 해당하는 기간 교육기관에 근무하여야 할 의무를 지우고 있다. 이와 같이 교육공무원의 양성을 위한 특수목적 아래 설립된 국 · 공립 사범대학의 졸업생을 국 · 공립학교의 교원인 교육공무원으로 우선적으로 채용한다고 하여 사립 사범대학생을 불합리하게 차별하거나 직업선택의 자유를 제한하는 것이라고는 볼 수 없다. 교원의 양성과 교육공무원의 채용은 별개의 문제이고, 양성된 교원을 교육공무원으로 채용하여야만 하는 것은 아닌 것이다.

더구나 국 · 공립학교의 교사는 국 · 공립 교육대학이나 사범대학의 졸업자로 우선 채용하도록 하면서도, 모든 교사자격증 소지자를 공개경쟁시험에 의하여 선발 임용할 수 있는 교사임용후보자 순위고사제도를 병행 운영하여 사립 사범대학의 졸업자에게도 교육공무원으로 채용될 수 있는 길이 열려 있는 점을 감안하면 청구인들의 주장은 받아들이기 어렵다.

3. 판단

가. 청구인 김○수의 심판적격

(1) 청구인 김○수는 법 제11조 제1항에 의한 기본권의 침해는 위 법률조항이 존속하는 한 끊임없이 계속되고 있는 것이기 때문에 위 청구인을 비롯한 그 밖의 사립사대 졸업생들은 헌법재판소법 제69조 제1항에서 규정하고 있는 청구기간의 제한을 받지 아니하고 언제든지 위 법률조항에 대하여 헌법소원을 청구할 수 있다고 주장한다.

(2) 헌법소원심판의 청구사유를 규정한 헌법재판소법 제68조 제1항 본문에 규정된 공권력 가운데는 입법권도 당연히 포함된다고 할 것이므로 법률에 대한 헌법소원도 가능하다. 다만, 모든 법률이 다 헌법소원의 대상이 되는 것은 아니고, 그 법률이 별도로 구체적 집행행위를 기다리지 아니하고 현재 직접적으로 헌법상 보장된 기본권을 침해하는 경우에 한정됨을 원칙으로 한다(당 재판소 1989.3.17. 선고, 88헌마1 결정 참조).

그리고 그러한 법률에 대한 헌법소원의 청구기간은 원칙적으로 그 법률의 시행과 동시에 기본권의 침해를 받게 된다고 할 것이므로 그 법률이 시행된 사실을 안 날로부터 60일 이내에, 법률이 시행된 날로부터 180일 이내에 헌법소원을 청구하여야 할 것이나, 법률이 시행된 뒤에 비로소 그 법률이 해당되는 사유가 발생하여 기본권의 침해를 받게 된 자는 그 사유가 발생하였음을 안 날로부터 60일 이내에, 그 사유가 발생한 날로부터 180일 이내에 헌법소원을 청구하여야 할 것이다. 여기서 "사유가 발생한 날"이라는 것은 당해 법률이 청구인의 기본권을 명백히 구체적으로 현실 침해하였거나 그 침해가 확실히 예상되는 등 실체적 제요건이 성숙하여 헌법판단에 적합하게 된 때를 말한다(당 재판소 1993.6.25. 선고, 89헌마220 결정 참조).

(3) 청구인 김○수는 이 사건 헌법소원심판의 대상이 된 법 제11조 제1항이 시행된 후인 1986.2.21. 중앙대학교 사범대학교 교육학과를 졸업한 자이므로 청구인에 대하여는 늦어도 중등학교 정교사(2급) 자격을 취득하게 된 1986.2.21. 법 제11조 제1항에 해당되는 사유가 발생하였다고 봄이 상당하다. 따라서 청구인 김○수의 1989.5.11.자 헌법소원심판청구는 그 사유가 발생한 날 이후로서 당 재판소가 구성된 1988.9.19.로부터 180일이 지나서 청구된 것임이 명백하므로 부적법하다.

나. 교육공무원의 임용에 관한 법령 연혁

(1) 1953.4.18. 법률 제285호로 제정된 교육공무원법 제11조 제1호에 의하면 "11호봉 이하의 교원은 문교부장관이, 10호봉 이상의 교원은 문교부장관의 제청으로 대통령이 각기 임명한다."고 규정하고, 그 시행령인 1953.11.1. 대통령령 제828호로 제정 공포된 교육공무원임용령(이하 임용령이라 한다)제 5조는 "교원(대학교원 제외)의 임용에 있어서는 국립 교원양성기관 졸업자와 상급자격증 소지자를 우선적으로 채용하여야 한다."고 규정하였다.

(2) 1963.12.5. 법률 제1463호로 전문개정된 법 제9조 제1항의 규정에 의하면 "교사의 신규임용에 있어서는 국립 또는 공립의 교육대학 · 사범대학 기타 교원양성기관의 졸업자 또는 수료자를 대통령령이 정하는 비율에 따라 우선하여 채용하여야 한다."고 하고, 그 시행령인 1969.11.24. 대통령령 제4303호로 제정된 임용령 제9조 제1항은 "법 제9조 제1항의 규정에 의한 비율은 동일학과, 동일직위의 임용제청자 수에 대하여 사범계출신자 7, 비사범계출신자 3으로 한다. 다만 사범계출신자가 없거나 부족한 때에는 예외로 한다."고 규정하였고, 그 뒤 1973.6.14. 대통령령이 제6731호로 개정된 임용령 제9조 제1항에서 교사의 신규채용시의 우선순위를 규정하였다. 즉 "교사의 신규채용에 있어서는 다음 순위에 의한 선순위자를 우선하여 채용하여야 한다.

1. 국립 또는 공립의 교육대학, 사범대학(대학에 설치한 교육과를 포함한다. 이하 같다.)의 졸업자.
2. 교사임용후보자 순위고사에 의하여 선정된 자."

(3) 1977.12.31. 법률 제3055호로 개정된 법 제9조 제1항 및 1981.11.23. 법률 제3458호로 전문개정된 법 제11조 제1항의 규정에 의하면, "교사의 신규채용에 있어서는 국립 또는 공립의 교육대학, 사범대학 기타 교원양성기관의 졸업자 또는 수료자를 우선하여 채용하여야 한다."고 규정하여 종전의 규정 내용 중 "대통령령이 정하는 비율에 따라"를 삭제하였다.

(4) 그 뒤 1989.11.23. 대통령령 제12846호로 교육법시행령을 개정할 당시 국 · 공립 교육대학, 사범대학 출신자 우선 채용의 전제로서 시행하여 온 입학금 · 수수료 면제 등 각종 특혜와 자격증박탈제도를 폐지하고(교육법시행령 제146조 내지 제149조, 제152조, 제157조 제2항 각 삭제), 복무의무제를 폐지하는 조치를 취하였다.

다. 국 · 공립 사범대학출신의 교육공무원에의 우선임용제와 교원의 적체

(1) 1945년 조국 광복 이후 수많은 중등학교가 개설되면서 이에 필요한 중등교육 담당 교원을 양성하기 위하여 정부는 1946년 서울대학교 사범대학을 비롯하여 1951년 경북대학교 사범대학, 1954년 공주사범대학을 차례로 설립하는 한편 1951년 사립인 이화여자대학교에 사범대학의 설립을 인가하였다.

당초 위 각 사범대학이 중등교원양성의 중심기관이었으나 이들 사범계대학 출신자만으로는 교원수요를 충족시킬 수 없었으므로 1947년부터 1958년까지 12개 대학에 임시 중등교원양성소를 부설 · 운영하였고, 1955년 이래 일반대학에 교직과정을 설치하여 주로 사범대학에서 양성할 수 없거나 양성하기 어려운 특수학과에 재학 중인 학생을 대상으로 교직과목을 이수시킨 후 사범계대학 졸업자와 같은 자격을 주어 왔고, 이후 이 제도는 중등교원양성에 있어서 중요한 역할을 담당하여 왔다.

위와 같이 이미 설립된 사범대학졸업자와 교직과정이수자 등 만으로는 해마다 증가하는 중등학교의 부족현상을 해소하지 못하게 되자 정부는 1965년 이래 사립 사범대학의 설립을 대량으로 인가하여 본격적으로 중등교원양성의 개방화 · 다원화의 길을 걷게 되었다. 현재 전국에 있는 국립 종합대학내에 10개의 사범대학이, 사립 종합대학내에 25개의 사범대학이 설립되어 있으며, 사범대학이 아닌 일반대학(국립 및 사립)에서도 교육과 또는 교직과정 등을 통하여 다수의 중등교원을 양성하고 있다. 실제로 문교부가 작성한 초 · 중등교원 양성 현황에 의하면 90학년도에 편제된 "전학년 학생"중 국립 사범대학 학생 정원(일반 국립대학에 설치된 교육과의 학생 정원을 포함한다. 이하 같다)이 합계 16,270명인데 비하여 사립 사범대학 학생 정원은(일반 사립대학에 설치된 교육과의 학생 정원을 포함한다)은 그 배가 넘는 38,010명이고, 그 외 일반대학의 교직과정 정원이 107,397명으로서 위 교직과정이수자가 수에 있어서는 중등교사 공급의 주종(66%)을 이루고 있으며 전체 중등교사양성기관 중에서 국 · 공립 사범대학이 차지하는 비율은 10퍼센트에 지나지 아니함을 알 수 있다.

한편, 초등교육 담당교원을 양성하기 위한 교육대학의 경우,

1885년 한성사범학교의 설립을 효시로 광복 이후 1951년까지 18개의 국립 사범학교가 있었고, 1961년부터 2년제 교육대학으로 개편되고, 그 뒤 1981년~1984년간 4년제 대학으로 개편되면서 1989년까지 국립인 11개 교육대학이 설립되어 국가의 주도하에 초등교원을 양성하여 왔다. 다만 예외적으로 1958년까지 초등교원 임시양성소를 설치하여 비사범계출신 교원을 단기 양성한 바 있고, 현재 사립인 이화여자대학교 사범대학에 초등교육전공 과정을 두어 초등교원을 일부 양성하고 있을 뿐이다.

(2) 위와 같은 중등교원양성의 다원화 · 개방화 정책은 1980년대 이후 인구증가의 둔화에 따른 학급증설율의 감소 · 교원의 퇴직률 감퇴와 더불어 교원수급에 있어 공급과잉의 불균형을 초래하는 중요한 요인이 되었다. 특히 1981년도부터 시행된 졸업정원제에 따른 졸업자 수의 증가로 대학졸업자들의 일반직장에의 취업이 점차 어렵게 되자 국립 사범대학생의 교직진출이 다시 증가하기 시작하였다. 이에 따라 종래 우선채용제도의 혜택을 받은 국립 사범대학 졸업자들조차 그 전부가 그 졸업하는 연도에 국 · 공립 중등교원으로 채용되지 못하게 되었고, 해마다 미발령 대기자가 적체되는 현상을 초래하게 되었다. 문교부가 작성한 1981년 이후 국 · 사립 사범대학 연도별 졸업생 수와 국 · 공립 중등하교 취업자 수에 관한 통계자료에 의하면 1981년도에는

국립 사범대학이 졸업생이 2,890명, 취업자 수가 2,392명으로 미발령 대기자 수가 500명 미만이었으나 1986년도에는 졸업생 7,330명에 비하여 취업자 수가 3,325명에 그쳐 절반 이상의 졸업생이 당해 연도에 채용되지 못하기에 이르렀다. 이에 문교부는 1987년 이후 해마다 중등교원을 특별증원하여 채용하였으나 국립 사범대학 졸업생 중 당해 연도에 채용되지 못하고 임용대기자로 남는 숫자가 누증되어 왔다. 즉, 문교부 작성의 연도별 국 · 공립 중등교원 수급계획표에 의하면 1987학년도의 국 · 공립 중등교원 수요가 7,450명인 반면 공급은 전년도 임용대기자 7,693명을 포함하여 15,003명으로 나머지 7,553명이 1988년도에 채용될 대기자로서 남게 되고 1988학년도에는 교원수요가 7,870명인 데 비하여 공급은 전년도 임용대기자를 포함하여 15,807명으로 나머지 7,937명이 1989년도에 채용될 대기자로 남게 된다.

(3) 본래 법 제11조 제1항에서 규정하고 있는 중등교원의 신규채용에 있어서의 국립 사범대 졸업생의 우선채용제도는 수업료 · 입학금 면제 등 시책과 더불어 교원공급이 부족한 시기에 우수한 인재를 확보하여 중등교육을 담당할 교원을 양성하기 위하여 1953년부터 시행되어 그 동안 다수의 우수교사 확보에 긍정적인 기능을 하여 왔으나 최근에 이르러서는 국립사대 출신자만으로도 국 · 공립 중등학교 교원을 충원하고도 남아 미발령 대기자가 늘어나게 되자 1987년도부터는 사실상 순위고사 자체를 실시하지 아니함으로써 사립 사범대학교 졸업자와 일반대학 졸업자 중 교직과정이수자들이 교육공무원으로 채용되는 길을 사실상 차단하는 기능을 하기에 이르렀다. 문교부가 작성한 국 · 공 · 사립 중등학교 출신별 임용실적표에 의하면 1985년도부터 1989년도까지 사이에 국립사범대학 출신자 중 23,471명이 국 · 공립 중등학교 교원으로 채용된 데 비하여 사립 사범대학 출신자는 2,417명(8%), 일반대학 교직과정이수자는 773(3%, 소수의 특수학과 출신자를 제외하면 대부분 교육공무원법 제12조에 따른 특별채용자임)에 불구하고, 그나마 1987년도 이후로는 교직과정이수자 중 국 · 공립 중등교원으로 임용된 자가 전혀 없음을 알 수 있다.

라. 법 제11조 제1항의 위헌성

(1) 교육의 목적과 교사의 역할

(가) 교육은 국민 전체의 지적 수준을 높여 이를 바탕으로 보다 살기 좋은 나라를 이룩하고자 함에도 있으나 본질적으로는 국민 개개인의 개성을 개발 · 발전시켜 생활능력을 증진케 함으로써 그들로 하여금 인간다운 생활을 누릴 수 있도록 하기 위한 것이다. 헌법 제31조 제1항은 "모든 국민은 능력에 다라 균등하게 교육을 받을 권리를 가진다."라고 규정하여 모든 국민에게 균등하게 교육을 받을 권리를 기본권으로 보장한 이유는 모든 국민에게 노동에 의한 생활유지의 기초를 다지게 하여 국민의 인간으로서의 존엄과 법 앞에서의 평등을 교육의 측면에서 실현하고자 함에 있다.
현대사회의 문화적 · 경제적 · 기술적인 발전과 함께 사회의 복잡화에 따른 지적 수요의 현저한 증가는 교육에 대한 요구의 질적 · 양적 증가를 가져오게 하였다. 한 나라의 존립과 번영은 그 주인인 국민 모두의 지대한 관심사가 되었고, 이러한 국민의 교육에 대한 공통의 관심은 교육을 공공시설에서 조직적 · 계획적으로 행하는 이른바 공교육제도 즉, 학교교육제도의 성립과 발전에 이르게 하는 계기가 되었다.

(나) 오늘날의 교육은 주로 조직화 · 제도화된 공교육기관인 학교에서 이루어지는 학교교육이 그 중심을 이루고 있고, 학교교육의 수행자는 다름 아닌 교원이다. 특히 초 · 중등교육은 아동 · 청소년들을 대상으로 다음 세대를 이끌어 나갈 사람을 양성하려는 것이므로 인간의 개성적인 성장과 발달을 촉진하는데 보탬이 될 수 있도록 적절하게 실시되어야 한다. 따라서 초 · 중등교육을 담당하는 전문직으로서의 교원이 어떠한 교육을 받고, 어떠한 자격기준 아래에서 선발 · 임용되는가 하는 문제는 학교와 교원이 되고자 하는 사람들만의 문제가 아니라 한 나라의 장래와도 중요한 과제이다.

(2) 차별의 존재

헌법 제11조 제1항은 "모든 국민은 법 앞에 평등하다. 누구든지 성별 · 종교 또는 사회적 신분에 의하여 정치적 · 경제적 · 사회적 · 문화적 생활의 모든 영역에 있어서 차별을 받지 아니한다."라고 규정하고 있다. 그런데, 법 제11조 제1항은 국 · 공립학교의 교사를 신규채용함에 있어 "국립 또는 공립의 교육대학 · 사범대학 기타 교원양성기관의 졸업자 또는 수료자를 우선하여 채용하여야 한다."라고 규정하고 있다. 이러한 우선채용의 특혜는 사립 사범대학을 졸업하거나 일반대학에서 교직과정을 이수하여 교사자격을 얻은 자에게 교육공무원으로 채용될 수 있는 기회를 반사적으로 제한 또는 박탈하게 되어 결국 교육공무원이 되고자 하는 자를 그 출신학교의 설립주체나 학과에 따라 차별하는 결과가 된다. 문교부가 작성한 초 · 중등교원 양성현황과 국 · 공 · 사립 중등학교 출신별 임용실적표에 따르면 이와 같은 차별로 말미암아 초래되는 출신학교 또는 학과에 따른 임대학 사이에 차이가 없다. 그 밖에 공립이나 사립의 사범대학은 동일하게 문교부장관의 인가를 받아 설립되고(교육법 제58조 제1항), 문교부장관의 지휘, 감독을 받는다(교육법 제84조 제1항, 사립학교법 제4조 제3항 제1호). 또한 국 · 공립 및 사립의 사범대학은 4년간의 동일한 수업연한(교육법 제122조)과 같은 분량의 교과(교육시행령 제157조 제1항, 제119조, 제120조)를 이수하고, 그 결과 동일한 교원검정과정을 거쳐 교사자격을 취득하고 있다. 이와 같이 사범대학이 국 · 공립인지 사립인지에 따라 교육과정의 본질적인 요소에 아무런 차이가 없다. 교육법이 모든 학교는 국가의 공기로서 법령의 정하는 기준에 의하여 설립되어야 하며 동등한 학교의 수료자 또는 졸업자는 국립 · 공립 또는 사립의 구별없이 동등한 자격을 가진다고 규정(교육법 제7조)하고 있는 것도 국립과 사립의 사범대학 사이에 인정되는 교육의 실질적 균질성을 전제로 한 것이다.

결국 국 · 공립 사범대학을 졸업한 교사자격자와 사립 사범대학을 졸업한 교사자격자 사이에는 개인차를 제외하고서는 교원자격의 본질적 요소에 아무런 차이가 없다고 보아야 할 것이다.

(나) 법 제11조 제1항이 규정한 국 · 공립 사범대학 출신자에 대한 우선채용제도는 졸업 후 인정된 취업기회를 미리 보장함으로써 우수한 인력을 국 · 공립의 사범대학에 유치하여 교육공무원으로 양성 · 채용하려는 제도이다. 그러나 이러한 입법목적이 비록 정당하다 하더라도 그 자체만으로는 국 · 공립 중등학교의 교사를 신규채용함에 있어 국 · 공립 사범대학 출신의 교사자격자에게 우선채용의 특혜를 부여함으로써 위에서 본 바와 같이 본질적으로는 차이가 없는 사립 사범대학 출신의 교사자격자를 차별하는 데 대한 합리적인 근거가 될 수는 없다. 나아가 이러한 차별은 오히려 그 입법목적에 반하여 결과를 낳을 수도 있다.

위 법 시행 초기에는 국 · 공립 사범대학 졸업자만으로는 중등교원의 수요를 충족시키지 못하는 실정이었으므로 위 제도가 우수교사 확보라는 입법목적에 긍정적으로 기능하고 있었고, 그 부족분에 해당하는 수만큼 사립 사범대학 출신자로 채울 수 있었으므로, 국립 사범대학 출신자에 대하여 우선권을 준다 하더라도 사립 사범대학 출신자와의 사이에 교육공무원 채용에 있어서 조화를 이루는 상태였으므로 오히려 긍정적인 기능을 하였다고 볼 여지도 없지 않았다. 그러나 1980년대 들어 국 · 공립 및 사립 사범대학 출신자들이 과잉공급되면서 우선채용제도의 적용을 받는 국 · 공립 사범대학에서 양성할 수 없는 일부 특수과목을 제외하고는 국 · 공립과 사립 사이의 단순한 차별이 아니라 사립 사범대학 출신자를 교육공무원으로의 신규채용에서 사실상 배제하는 결과를 초래하기에 이르렀다. 그 실례로 앞에서 본 바와 같이 1987년도부터는 사립 사범대학 출신자를 대상으로 교육공무원으로 채용하기 위하여 실시하던 순위고사를 일부특수학과를 제외하고는 사실상 실시하지 아니함에 따라 사립 사범대학 출신자 가운데 아무리 우수한 교사자격자들이라도 교육공무원으로 채용되지 못할 뿐만 아니라 국립 사범대학 졸업자들 사이에서도 우수한 교사자격자라도 적체가 해소될 때까지 대기자로 남게 되는 현상을 초래하여 우선채용제도가 우수교사 후보라는 본래의 목적에 기여하지 못하고 있을 뿐만 아니라, 이미 충분한 수의 우수한 교사자격자들이 교육공무원으로의 채용을 대기하고 있는 시점에 이르러서는 위 제도가 더 이상 남아 있어야 할 필요성이 없어졌다 하겠다.

더구나 국 · 공립의 사범대학에 입학하였는지 여부에 따라 교육공무원으로의 채용여부가 결정되는 현재와 같은 국 · 공립 중등학교 교사의 채용제도 아래에서는 4년간의 사범대학 교육과정을 통하여 형성된 성과가 완전히 도외시되는 결과에 이른다. 국립 사범대학생의 경우에는 대학입학시험이 곧 교사 채용시험에 갈음되고, 입학이 곧 교육공무원으로의 채용보장으로 직결되어 입학 후 채용시까지 교원으로서의 자질향상을 위한 스스로의 노력에 대한 동기부여가 충분하지 못한 반면, 사립 사범대학의 경우에는 교육공무원으로의 취업이 불가능해짐에 따른 좌절과 졸업 후 장래에 대한 불확실성으로 말미암아 장차 교원으로서 근무할 것을 전제로 하는 교육과정이

유명무실하게 됨으로써 국·공립 사범대학 출신은 물론 사립 사범대학 출신의 교원 자격자의 전반적인 질적 저하를 초래하게 될 우려가 있다. 이러한 결과는 위 법의 입법목적에도 어긋난다 하겠다. 오히려 국립 사범대학 출신을 가리지 아니하고 그들 모두에게 교육공무원으로 진출할 수 있는 기회를 균등히 부여하는 것이야말로 정치·경제·사회·문화의 모든 영역에 있어서 각인에게 기회를 균등하게 부여하려는 헌법의 이념에도 부합하고, 또한 교육공무원의 채용방법에 있어서도 자유로운 경쟁의 원리를 도입함으로써 각인의 능력을 최고도로 발휘하게 하여 교원의 자질향상을 기함이 바람직한 일이라 할 것이다.

(3) 일반대학에서 교직과정을 이수하고 교사자격을 취득한 대학졸업자가 법 제11조 제1항에 의하여 교육공무원에의 채용에 있어서 차별의 불이익을 입게 되는 점에 관하여 본다.

앞에서 본 바와 같이 90학년도 일반대학의 교직과정 정원이 107,397명으로서 교직과정제도가 중등교사 공급의 66퍼센트를 차지하고 있고, 교직과정을 이수하여 교사자격을 취득하기 위해서는 학과정원의 30퍼센트 범위 안에서 그 성적이 상위에 있는 학생으로서 평균이 비(B)학점 이상을 취득할 것을 요구하고 있으므로 위 교직과정제도를 통하여 다수의 우수한 예비교사가 양산되고 있음을 알 수 있다. 한편 교직과정 이수자들의 교육공무원에서의 취업실태에 관하여는 1987년도 이후 사립 사범대학 출신자 및 교직과정이수자를 대상으로 사실상 순위고사를 실시하지 아니함으로써 교직과정이수자들 중 국·공립 중등학교 교사로 채용된 사례가 전혀 없음은 앞에서 본 바이다. 일반대학의 교직과정이수자를 교육공무원으로 채용함에 있어서 사범대학 출신자의 경우에 비하여 그 채용비율을 다소 불리하게 배정한 사례는 이미 1969.11. 24. 대통령령 제4303호로 제정된 임용령에서 그 비율을 사범계출신자 7, 비사범계 출신자 3으로 정하여 시행한 바 있는데, 이러한 채용비율에 있어서의 차별은 사범대학과 일반대학의 설립목적, 교과과정 등의 차이를 고려할 때 사회통념상 적정한 것으로서 합리적인 근거를 인정할 여지가 있었다. 그러나 국가가 막대한 비용과 노력을 들여 다수의 우수한 교사자격자를 양성하고 있으면서도 법 제11조 제1항을 적용하여 교직과정이수자를 교육공무원의 채용에서 완전히 배제하는 현재의 상황은 그 차별의 정도가 지나치고, 입법목적 달성의 수단으로서도 심히 균형을 잃고 있어서 비례의 원칙에 어긋나며, 달리 이를 정당화할 근거를 찾을 수 없다.

(4) 법 제11조 제1항의 위헌성

(가) 현재 국·공립 사범대학은 경기·인천지역을 제외한 서울특별시와 각 직할시 및 도에 대체로 하나씩만 설치되어 있고, 서울특별시와 각 직할시 및 도 교육위원회 단위로 교사를 채용하고 있는 현행제도 아래에서는 국·공립 중등학교 교사를 주로 해당 시·도에 소재한 동일한 사범대학의 출신자로 채우게 되고, 그 결과 "삶의 다양한 모습을 통해 올바른 인생관을 만들고 실천하면서 살게 한다."는 민주교육의 목표를

달성함에 필요한 교육의 다양성을 저해하게 되는 점을 간과할 수 없다. 교육은 사람을 깨우쳐서 사람답게 살게 하려는 활동이기 때문에 모든 면에서 자유롭고 창의적이며 다양하게 행하여져야 한다. 따라서 어느 특정학교 출신자들만을 교사로 채용하는 것은 개인의 자유로운 선택과 생활방식의 다양성에 가치를 두고 자유롭고 민주적인 사회의 원리를 거스르는 획일화를 불러오게 할 위험이 따른다. 특히 고등교육과는 달리 육체적으로나 정신적으로 아직 미숙하나 꿈 많고 감수성이 예민한 아동 · 청소년들을 대상으로 하고, 그나마 대부분의 지역에서 학생에 의한 학교선택의 길이 막혀 있는 초 · 중등교육에 있어서는 더욱 그러하다.

(나) 이상에서 본 바와 같이 법 제11조 제1항은 우수교사를 확보한다는 당초의 입법목적에 기여하지 못하고 있음은 물론 오히려 교원의 자질저하라는 결과를 초래할 가능성이 있으며, 교직과정이수자에 대하여는 그 차별의 정도가 지나쳐서 비례의 원칙에 어긋난다. 더구나 국 · 공립 사범대학생에 대한 복무의무제가 폐지된 현재로서는 국 · 공립 중등학교의 교사를 채용함에 있어 출신 사범대학의 설립주체에 따라 교사자격자를 차별하는 것은 그 필요성과 정당성이 없음은 물론 그 차별이 사회통념상 용인될 수 없는 정도에 이르게 되었다. 따라서 법 제11조 제1항의 우선채용제도에 의하여 사립 사범대학 졸업자와 교직과정이수자들을 차별하는 것은 이를 정당화할 합리적 근거가 없다 하겠다.

(다) 국 · 공립 사범대학 졸업자와 사립 사범대학 졸업자 사이에는 개인의 실력차를 제외하고는 교사자격의 본질적인 요소에 아무런 차이가 없으므로 국 · 공립 사범대학 출신 또는 사립 사범대학 출신을 가리지 아니하고 그들 모두에게 교육공무원으로 취업할 수 있는 기회를 균등하게 부여하여야 하고, 일반대학의 교직과정이수자에 대하여도 일정한 비율 범위 내에서는 그 취업의 기회가 보장되어야 한다는 것은 앞에서 본 바와 같다. 그러나 법 제11조 제1항의 규정은 국 · 공립 사범대학 졸업자의 과잉공급으로 말미암아 사립 사범대학 졸업자 및 교직과정이수자들이 교육공무원으로 취업할 수 있는 기회를 사실상 봉쇄하는 기능을 하기에 이르렀다. 이는 교사자격자 개인의 능력과는 관계없이 특정학교 출신이라는 사유와 국 · 공립 사범대학 졸업자의 과잉공급현상이라는 사정 때문에 사립 사범대학 졸업자 및 교직과정이수자들이 교육공무원이라는 직업을 선택함에 있어서 중대한 제한을 가하는 것이 되고, 이러한 제한은 앞서 평등의 원칙에 관한 판단에서 본 바와 같이 이를 정당화할 근거가 없다. 따라서 법 제11조 제1항은 "모든 국민은 직업선택의 자유를 가진다."라고 규정한 헌법 제15조에도 위반된다고 하겠다.

(라) 초등교육 담당교원의 경우에는 국립인 11개 교육대학에서 그 대부분을 양성하고 있고(학년당 3,220명), 예외적으로 사립인 이화여자대학교 사범대학만이 초등교육전공과정을 통하여 매년 약 50명 정도의 교사자격자를 배출하고 있을 뿐이며, 초등교원의 공급과잉 내지 미발령 적체현황도 중등교원의 경우처럼 심각하지는 않다. 그러

나, 오늘날 교원의 양성에 있어서 종래의 국가주도에서 벗어나 점차 개방화하는 추세에 있고, 민주교육의 목표를 달성함에 필요함 교육의 다양성을 조성하여야 한다는 점과 교육대학생의 우선채용제도의 전제로서 시행되어 온 복무의무제가 폐지된 점을 고려하면 초등교육 담당교사 채용의 경우에도 중등교육 담당교원의 경우와 달리 취급하여야 할 이유가 없다 하겠다.

4. 결론

청구인 김○수의 이 사건 헌법소원심판청구는 청구기간이 지난 뒤에 청구된 것이므로 부적법하여 각하하되, 나머지 청구인들의 청구에 대하여는 법 제11조 제1항은 합리적 근거없이 국 · 공립학교의 교사로 채용되고자 하는 교사자격자를 그 출신학교의 설립주체 또는 학과에 따라 차별하고 국 · 공립 사범대학 출신 이외의 교사자격자가 가지는 직업선택의 자유를 제한하고 있어 헌법 제11조 제1항 및 제15조에 위반된다고 할 것이므로 주문과 같이 결정한다. 이 결정은 재판관 전원의 의견일치에 따른 것이다.

1990. 10. 8.
재판장 재판관 조규광
재판관 이성렬
재판관 변정수
재판관 김진우
재판관 한병채
재판관 이시윤
재판관 최광률
재판관 김양균
재판관 김문희

읽기 자료 4

교원의 정당가입 금지 합헌 결정문

정당법 제22조 제1항 단서 제1호 등 위헌확인

[2018헌마551, 2020. 4. 23., 위헌, 전원재판부]

【판시사항】

가. 일부 청구인들의 심판청구는 청구기간을 도과하였다고 본 사례

나. 초 · 중등학교의 교육공무원이 정당의 발기인 및 당원이 될 수 없도록 규정한 정당법(2013. 12. 30. 법률 제12150호로 개정된 것) 제22조 제1항 단서 제1호 본문 중 국가공무원법 제2조 제2항 제2호의 교육공무원 가운데 초 · 중등교육법 제19조 제1항의 교원에 관한 부분(이하 '정당법조항'이라 한다) 및 초 · 중등학교의 교육공무원이 정당의 결성에 관여하거나 이에 가입하는 행위를 금지한 국가공무원법(2008. 3. 28. 법률 제8996호로 개정된 것) 제65조 제1항 중 '국가공무원법 제2조 제2항 제2호의 교육공무원 가운데 초 · 중등교육법 제19조 제1항의 교원은 정당의 결성에 관여하거나 이에 가입할 수 없다.' 부분(이하 "국가공무원법조항 중 '정당'에 관한 부분"이라 한다)이 나머지 청구인들의 정당가입의 자유 등을 침해하는지 여부(소극)

다. 초 · 중등학교의 교육공무원이 정치단체의 결성에 관여하거나 이에 가입하는 행위를 금지한 국가공무원법(2008. 3. 28. 법률 제8996호로 개정된 것) 제65조 제1항 중 '국가공무원법 제2조 제2항 제2호의 교육공무원 가운데 초 · 중등교육법 제19조 제1항의 교원은 그 밖의 정치단체의 결성에 관여하거나 이에 가입할 수 없다.' 부분(이하 "국가공무원법조항 중 '그 밖의 정치단체'에 관한 부분"이라 한다)이 나머지 청구인들의 정치적 표현의 자유 및 결사의 자유를 침해하는지 여부(적극)

【결정요지】

가. 청구인들 중 일부는 각 교사 임용일에 비추어 볼 때 심판대상조항의 적용을 받게 된 날로부터 1년이 경과한 후 이 사건 헌법소원심판을 청구하였으므로, 이들의 심판청구는 청구기간을 준수하지 못하여 부적법하다.

나. 헌법재판소는 2004. 3. 25. 2001헌마710 결정 및 2014. 3. 27. 2011헌바42 결정에서, 국가공무원이 정당의 발기인 및 당원이 될 수 없도록 규정한 구 정당법 및 구 국가공무원법 조항들이 헌법에 위반되지 않는다고 판단하였다. 그 요지는 '이 사건 정당가입 금지조항은 국가공무원이 정당에 가입하는 것을 금지함으로써 공무원이 국민 전체에 대한 봉사자로서 그 임무를 충실히 수행할 수 있도록 정치적 중립성을 보장하고, 초 · 중등학교 교원이 당파적 이해관계의 영향을 받지 않도록 교육의 중립성

을 확보하기 위한 것이므로, 목적의 정당성 및 수단의 적합성이 인정된다. 공무원의 정치적 행위가 직무 내의 것인지 직무 외의 것인지 구분하기 어려운 경우가 많고, 공무원의 행위는 근무시간 내외를 불문하고 국민에게 중대한 영향을 미치므로, 직무 내의 정당 활동에 대한 규제만으로는 입법목적을 달성하기 어렵다. 또한 정당에 대한 지지를 선거와 무관하게 개인적인 자리에서 밝히거나 선거에서 투표를 하는 등 일정한 범위 내의 정당관련 활동은 공무원에게도 허용되므로 이 사건 정당가입 금지조항은 침해의 최소성 원칙에 반하지 않는다. 정치적 중립성, 초 · 중등학교 학생들에 대한 교육기본권 보장이라는 공익은 공무원들이 제한받는 사익에 비해 중대하므로 법익의 균형성 또한 인정된다. 따라서 이 사건 정당가입 금지조항은 과잉금지원칙에 위배되지 않는다. 이 사건 정당가입 금지조항이 초 · 중등학교 교원에 대해서는 정당가입의 자유를 금지하면서 대학의 교원에게 이를 허용한다 하더라도, 이는 기초적인 지식전달, 연구기능 등 양자 간 직무의 본질과 내용, 근무 태양이 다른 점을 고려한 합리적인 차별이므로 평등원칙에 위배되지 않는다.'는 것이다. 위 선례의 판단을 변경할 만한 사정 변경이나 필요성이 인정되지 않고 위 선례의 취지는 이 사건에서도 그대로 타당하므로, 위 선례의 견해를 그대로 유지하기로 한다.

다. 재판관 유남석, 재판관 이영진, 재판관 문형배의 위헌의견

국가공무원법조항 중 '그 밖의 정치단체'에 관한 부분은, '그 밖의 정치단체'라는 불명확한 개념을 사용하고 있어, 표현의 자유를 규제하는 법률조항, 형벌의 구성요건을 규정하는 법률조항에 대하여 헌법이 요구하는 명확성원칙의 엄격한 기준을 충족하지 못하였다. 이에 대하여는, 아래 재판관 3인의 위헌의견 중 '명확성원칙 위배 여부' 부분과 의견을 모두 같이 한다. 덧붙여, 국가공무원법조항 중 '그 밖의 정치단체'에 관한 부분은 어떤 단체에 가입하는가에 관한 집단적 형태의 '표현의 내용'에 근거한 규제이므로, 더욱 규제되는 표현의 개념을 명확하게 규정할 것이 요구된다. 그럼에도 위 조항은 '그 밖의 정치단체'라는 불명확한 개념을 사용하여, 수범자에 대한 위축효과와 법 집행 공무원의 자의적 판단 위험을 야기하고 있다. 위 조항이 명확성원칙에 위배되어 나머지 청구인들의 정치적 표현의 자유, 결사의 자유를 침해하여 헌법에 위반되는 점이 분명한 이상, 과잉금지원칙에 위배되는지 여부에 대하여는 더 나아가 판단하지 않는다.

재판관 이석태, 재판관 김기영, 재판관 이미선의 위헌의견

국가공무원법조항 중 '그 밖의 정치단체'에 관한 부분은 형벌의 구성요건을 규정하는 법률조항이고, 나머지 청구인들의 정치적 표현의 자유 및 결사의 자유를 제한하므로, 엄격한 기준의 명확성원칙에 부합하여야 한다. 민주주의 국가에서 국가 구성원의 모든 사회적 활동은 '정치'와 관련된다. 특히 단체는 국가 정책에 찬성 · 반대하거나, 특정 정당이나 후보자의 주장과 우연히 일치하기만 하여도 정치적인 성격을 가진다고

볼 여지가 있다. 국가공무원법조항은 가입 등이 금지되는 대상을 '정당이나 그 밖의 정치단체'로 규정하고 있으므로, 문언상 '정당'에 준하는 정치단체만을 의미하는 것이라고 해석하기도 어렵다. 단체의 목적이나 활동에 관한 어떠한 제한도 없는 상태에서는 '정치단체'와 '비정치단체'를 구별할 수 있는 기준을 도출할 수 없다. 공무원의 정치적 중립성 및 교육의 정치적 중립성의 보장이라는 위 조항의 입법목적을 고려하더라도, '정치적 중립성' 자체가 다원적인 해석이 가능한 추상적인 개념이기 때문에, 이에 대하여 우리 사회의 구성원들이 일치된 이해를 가지고 있다고 보기 어렵다. 이는 판단주체가 법전문가라 하여도 마찬가지이다. 그렇다면 위 조항은 명확성원칙에 위배되어 나머지 청구인들의 정치적 표현의 자유 및 결사의 자유를 침해한다.
국가공무원법조항 중 '그 밖의 정치단체'에 관한 부분은 공무원의 정치적 중립성 및 교육의 정치적 중립성을 보장하기 위한 것이므로, 그 입법목적의 정당성이 인정된다. 그러나 위 조항은 위와 같은 입법목적과 아무런 관련이 없는 단체의 결성에 관여하거나 이에 가입하는 행위까지 금지한다는 점에서 수단의 적합성 및 침해의 최소성이 인정되지 않는다. 또한 위 조항은 국가공무원법 제2조 제2항 제2호의 교육공무원 가운데 초 · 중등교육법 제19조 제1항의 교원(이하 '교원'이라 한다)의 직무와 관련이 없거나 그 지위를 이용한 것으로 볼 수 없는 결성 관여행위 및 가입행위까지 전면적으로 금지한다는 점에서도 수단의 적합성 및 침해의 최소성을 인정할 수 없다. 공무원의 정치적 중립성은 국민 전체에 대한 봉사자의 지위에서 공직을 수행하는 영역에 한하여 요구되는 것이고, 교원으로부터 정치적으로 중립적인 교육을 받을 기회가 보장되는 이상, 교원이 기본권 주체로서 정치적 자유권을 행사한다고 하여 교육을 받을 권리가 침해된다거나 교육의 정치적 중립성이 훼손된다고 볼 수 없다. 교원이 사인의 지위에서 정치적 자유권을 행사하게 되면 직무수행에 있어서도 정치적 중립성을 훼손하게 된다는 논리적 혹은 경험적 근거는 존재하지 않는다. 공무원의 정치적 중립성 및 교육의 정치적 중립성에 대한 국민의 신뢰는 직무와 관련하여 또는 그 지위를 이용하여 정치적 중립성을 훼손하는 행위를 방지하기 위한 감시와 통제 장치를 마련함으로써 충분히 담보될 수 있다. 위 조항이 교원에 대하여 정치단체의 결성에 관여하거나 이에 가입하는 행위를 전면적으로 금지함으로써 달성할 수 있는 공무원의 정치적 중립성 및 교육의 정치적 중립성은 명백하거나 구체적이지 못한 반면, 그로 인하여 교원이 받게 되는 정치적 표현의 자유 및 결사의 자유에 대한 제약과 민주적 의사형성과정의 개방성과 이를 통한 민주주의의 발전이라는 공익에 발생하는 피해는 매우 크므로, 위 조항은 법익의 균형성도 갖추지 못하였다. 위 조항은 과잉금지원칙에 위배되어 나머지 청구인들의 정치적 표현의 자유 및 결사의 자유를 침해한다.

재판관 이석태, 재판관 김기영, 재판관 이미선의 정당법조항 및 국가공무원법조항 중 '정당'에 관한 부분에 대한 반대의견

국가공무원법조항 중 '그 밖의 정치단체'에 관한 부분에서 살펴본 것과 같은 이유에서, 교원의 직무와 관련이 없거나 그 지위를 이용한 것으로 볼 수 없는 결성 관여행위 및 가입행위를 금지하는 것은 과잉금지원칙에 위배되어 나머지 청구인들의 정당설립의 자유 및 정당가입의 자유를 침해한다.

정당법 제22조 제1항 단서 제1호 단서는 고등교육법 제14조 제1항 · 제2항에 따른 교원(이하 '대학 교원'이라 한다)의 경우 정당의 발기인 및 당원이 될 수 있도록 규정하고 있다. 교원이 사인으로서 정치적 자유권을 행사하게 되면 직무수행에 있어서도 정치적 중립성을 훼손하게 된다고 볼 수 없는 점은 대학 교원과 동일하다. 학생들을 민주시민으로 양성하기 위한 교육과 훈련은 초 · 중등학교에서부터 이루어지는 것이므로, 직무의 본질이나 내용을 고려하더라도 정당의 설립 · 가입과 관련하여 대학 교원과 교원을 달리 취급할 합리적인 이유가 있다고 보기 어렵다. 따라서 정당법조항 및 국가공무원법조항 중 '정당'에 관한 부분은 나머지 청구인들의 평등권을 침해한다.

재판관 이선애, 재판관 이은애, 재판관 이종석의 국가공무원법조항 중 '그 밖의 정치단체'에 관한 부분에 대한 반대의견

입법자가 국가공무원법조항 중 '그 밖의 정치단체'에 관한 부분에 의하여 규율하려는 대상은 '정치단체'이고, 그 전형적 · 구체적인 사례가 바로 앞서 열거된 '정당'이다. 부단히 변화하는 정치환경에서 자율적인 형성과 운영을 본질로 하는 정치조직의 유동성을 고려할 때, 입법자가 규율이 필요한 '정치단체'를 구체적으로 미리 열거하는 것은 입법기술상 불가능하거나 현저히 곤란하다. 오늘날 정치활동은 정당 또는 당파적 기반 아래 활동하는 사람을 중심으로 이루어지므로, 특정 사회 문제에 대한 의견을 공표하는 것을 넘어, 특정 정당이나 특정 정치인을 지지 · 반대하는 단체는 정치성을 뚜렷하게 지닌 것으로 볼 수 있다. 교원이 이와 같은 단체의 결성에 관여하거나 가입하는 경우, 교육현장에 혼란을 초래할 수 있고, 공무원의 정치적 중립성 및 교육의 정치적 중립성에 대한 국민의 신뢰가 흔들릴 수 있으므로, 이는 제한되어야 한다. 공무원의 정치적 중립성 및 교육의 정치적 중립성을 선언한 헌법의 취지, 국가공무원법조항의 입법목적 그리고 관련 규범들과의 관계 등을 종합적으로 고려하면, 국가공무원법조항에서 가입 등을 금지하는 '정치단체'는 '특정 정당이나 특정 정치인을 지지 · 반대하는 단체로서 그 결성에 관여하거나 가입하는 경우 공무원의 정치적 중립성 및 교육의 정치적 중립성을 훼손할 가능성이 높은 단체'로 한정할 수 있다. 따라서 '정치단체'의 범위가 지나치게 광범위하다거나 법관의 해석에 의하여 무한히 확대될 위험이 있다고 보기 어렵다. 더욱이 국가공무원법조항의 수범자는 일반 국민이 아니라 교원이므로, 건전한 상식과 통상적인 법 감정을 가진 교원이라면 국가공무원법조항 중 '정치단체'의 의미내용을 충분히 이해할 수 있다. 그러므로 위 조항은 명확성원칙에 위배되어 나머지 청구인들의 정치적 표현의 자유 및 결사의 자유를 침해한다고 볼 수

없다.

정당은 정치적 결사의 한 종류이므로, 정당법조항 및 국가공무원법조항 중 '정당'에 관한 부분에서 살펴본 논거는 국가공무원법조항 중 '그 밖의 정치단체'에 관한 부분에도 그대로 적용될 수 있다. '정치단체'를 '특정 정당이나 특정 정치인을 지지 · 반대하는 단체로서 그 결성에 관여하거나 가입하는 경우 공무원 및 교육의 정치적 중립성을 훼손할 가능성이 높은 단체'라고 해석하는 이상, 위 조항의 규율 범위가 지나치게 광범위하여 과잉금지원칙에 위배된다고 보기도 어렵다. 그러므로 위 조항은 과잉금지원칙에 위배되어 나머지 청구인들의 정치적 표현의 자유 및 결사의 자유를 침해한다고 볼 수 없다.

【심판대상조문】

정당법(2013. 12. 30. 법률 제12150호로 개정된 것) 제22조 제1항 단서 제1호 본문 중 국가공무원법 제2조 제2항 제2호의 교육공무원 가운데 초 · 중등교육법 제19조 제1항의 교원에 관한 부분, 같은 항 단서 제2호 중 사립학교의 교원에 관한 부분

국가공무원법(2008. 3. 28. 법률 제8996호로 개정된 것) 제65조 제1항 중 국가공무원법 제2조 제2항 제2호의 교육공무원 가운데 초 · 중등교육법 제19조 제1항의 교원에 관한 부분

【참조조문】

헌법 제8조 제1항, 제11조 제1항, 제21조 제1항, 제37조 제2항

정당법(2005. 8. 4. 법률 제7683호로 전부개정된 것) 제53조

국가공무원법(2015. 5. 18. 법률 제13288호로 개정된 것) 제2조 제2항 제2호, 제65조 제2항 내지 제4항, 제84조 제1항

초 · 중등교육법(2019. 12. 3. 법률 제16672호로 개정된 것) 제19조 제1항

【참조판례】

가. 헌재 2004. 4. 29. 2003헌마484, 판례집 16-1, 574, 583

나. 헌재 1992. 11. 12. 89헌마88, 판례집 4, 739, 761-763헌재 1993. 7. 29. 91헌마69, 판례집 5-2, 145, 154-155 헌재 1998. 7. 16. 96헌바33등, 판례집 10-2, 116, 149-150 헌재 2001. 6. 28. 99헌마516, 판례집 13-1, 1393, 1406
헌재 2004. 3. 25. 2001헌마710, 판례집 16-1, 422, 436-439 헌재 2014. 3. 27. 2011헌바42, 판례집 26-1상, 375, 386-390

다. 헌재 1990. 4. 2. 89헌가113, 판례집 2, 49, 60헌재 1992. 2. 25. 89헌가104, 판례집 4, 64, 78, 95헌재 1992. 6. 26. 90헌가23, 판례집 4, 300, 306헌재

1992. 11. 12. 89헌마88, 판례집 4, 739, 752헌재 1998. 4. 30. 95헌가16, 판례집 10-1, 327, 342헌재 1999. 6. 24. 97헌마265, 판례집 11-1, 768, 775-776 헌재 2002. 6. 27. 99헌마480, 판례집 14-1, 616, 628, 630헌재 2004. 3. 25. 2001헌마710, 판례집 16-1, 422, 434, 436헌재 2004. 5. 14. 2004헌나1, 판례집 16-1, 609, 633, 637-639 헌재 2007. 12. 27. 2005헌가11, 판례집 19-2, 691, 701헌재 2008. 1. 17. 2007헌마700, 판례집 20-1상, 139, 169헌재 2008. 7. 31. 2007헌가4, 판례집 20-2상, 20, 35-36헌재 2012. 3. 29. 2010헌마97, 판례집 24-1상, 578, 590헌재 2012. 8. 23. 2010헌바220, 판례집 24-2상, 455, 463헌재 2013. 6. 27. 2012헌바37, 판례집 25-1, 506, 510-511헌재 2014. 3. 27. 2011헌바42, 판례집 26-1상, 375, 386-387헌재 2014. 12. 19. 2013헌다1, 판례집 26-2하, 1, 17-18헌재 2016. 9. 29. 2014헌가3등, 판례집 28-2상, 258, 267

【전문】

[당사자]

청 구 인 1. 신○○
2. 박○○
3. 허○○
4. 이○○
5. 홍○○
6. 김○○
7. 이□□
8. 강○○
9. 권○○

청구인들 대리인 법무법인(유한) 지평
담당변호사 조용환 외 4인

[주문]

1. 국가공무원법(2008. 3. 28. 법률 제8996호로 개정된 것) 제65조 제1항 중 '국가공무원법 제2조 제2항 제2호의 교육공무원 가운데 초 · 중등교육법 제19조 제1항의 교원은 그 밖의 정치단체의 결성에 관여하거나 이에 가입할 수 없다.' 부분은 헌법에 위반된다.
2. 청구인 이□□, 강○○, 권○○의 심판청구를 각하한다.
3. 청구인 이□□, 강○○, 권○○을 제외한 나머지 청구인들의 나머지 심판청구를 모두

기각한다.

[이유]

1. 사건개요

가. 청구인 신○○, 박○○, 허○○, 이○○, 홍○○, 김○○은 2018. 3. 1. 중고등학교 교사로 임용되어 공립학교에서 근무하고 있고, 청구인 이□□은 1990. 3. 1. 초등학교 교사로 임용되어 공립학교에서 근무하고 있으며, 청구인 강○○은 1990. 3. 1. 중고등학교 교사로 임용되어 공립학교에서 근무하고 있고, 청구인 권○○은 1996. 3. 1. 중고등학교 교사로 임용되어 사립학교에서 근무하고 있다.

나. 청구인들은 정당법 제22조 제1항 단서 제1호 본문 중 '국가공무원법 제2조 제2항 제2호에 규정된 교육공무원'에 관한 부분 및 제22조 제1항 단서 제2호 중 '사립학교의 교원'에 관한 부분, 국가공무원법 제65조 제1항 중 '국가공무원법 제2조 제2항 제2호에 규정된 교육공무원'에 관한 부분이 청구인들의 정당설립 및 가입의 자유 등을 침해한다고 주장하면서 2018. 5. 29. 이 사건 헌법소원심판을 청구하였다.

2. 심판대상

교육공무원에는 교원, 조교, 장학관, 장학사, 교육연구관, 교육연구사가 포함되는데(교육공무원법 제2조 제1항 참조), 청구인 신○○, 박○○, 허○○, 이○○, 홍○○, 김○○, 이□□, 강○○은 그 중 초 · 중등교육법 제19조 제1항의 교원이다. 청구인 권○○은 교육공무원이 아니라 사립학교의 교원이다. 따라서 청구인들과 관련된 부분으로 심판대상을 한정한다.

그렇다면 이 사건 심판대상은 정당법(2013. 12. 30. 법률 제12150호로 개정된 것) 제22조 제1항 단서 제1호 본문 중 국가공무원법 제2조 제2항 제2호의 교육공무원 가운데 초 · 중등교육법 제19조 제1항의 교원에 관한 부분(이하 '정당법조항'이라 한다) 및 국가공무원법(2008. 3. 28. 법률 제8996호로 개정된 것) 제65조 제1항 중 국가공무원법 제2조 제2항 제2호의 교육공무원 가운데 초 · 중등교육법 제19조 제1항의 교원에 관한 부분(이하 '국가공무원법조항'이라 하고, 위 두 조항을 합하여 '교육공무원조항'이라 한다)이 청구인 권○○을 제외한 나머지 청구인들의, 정당법(2013. 12. 30. 법률 제12150호로 개정된 것) 제22조 제1항 단서 제2호 중 '사립학교의 교원'에 관한 부분(이하 '사립학교교원조항'이라 하고, 교육공무원조항과 합하여 '심판대상조항'이라 한다)이 청구인 권○○의 기본권을 침해하는지 여부이다. 심판대상조항은 다음과 같고, 관련조항은 [별지]와 같다.

[심판대상조항]

정당법(2013. 12. 30. 법률 제12150호로 개정된 것)

제22조(발기인 및 당원의 자격) ① 국회의원 선거권이 있는 자는 공무원 그 밖에 그 신분

을 이유로 정당가입이나 정치활동을 금지하는 다른 법령의 규정에 불구하고 누구든지 정당의 발기인 및 당원이 될 수 있다. 다만, 다음 각 호의 어느 하나에 해당하는 자는 그러하지 아니하다.

1. 「국가공무원법」 제2조(공무원의 구분) 또는 「지방공무원법」 제2조(공무원의 구분)에 규정된 공무원. 다만, 대통령, 국무총리, 국무위원, 국회의원, 지방의회의원, 선거에 의하여 취임하는 지방자치단체의 장, 국회 부의장의 수석비서관 · 비서관 · 비서 · 행정보조요원, 국회 상임위원회 · 예산결산특별위원회 · 윤리특별위원회 위원장의 행정보조요원, 국회의원의 보좌관 · 비서관 · 비서, 국회 교섭단체대표의원의 행정비서관, 국회 교섭단체의 정책연구위원 · 행정보조요원과 「고등교육법」 제14조(교직원의 구분) 제1항 · 제2항에 따른 교원은 제외한다.
2. 「고등교육법」 제14조 제1항 · 제2항에 따른 교원을 제외한 사립학교의 교원

국가공무원법(2008. 3. 28. 법률 제8996호로 개정된 것)

제65조(정치 운동의 금지) ① 공무원은 정당이나 그 밖의 정치단체의 결성에 관여하거나 이에 가입할 수 없다.

3. 청구인들의 주장

가. 심판대상조항은 교원의 정당가입 등을 전면적으로 금지하고 있으므로 과잉금지원칙에 반하여 청구인들의 정당가입의 자유 등 정치적 기본권을 침해한다.

나. 심판대상조항은 대학 교원과 달리 초 · 중등학교 교원인 청구인들의 정당가입 등을 금지하고 있으므로, 청구인들의 평등권을 침해한다.

4. 적법요건에 관한 판단

법령에 대한 헌법소원은 그 법령의 시행과 동시에 기본권의 침해를 받게 되는 경우에는 그 법령이 시행된 사실을 안 날부터 90일 이내에, 법령이 시행된 날부터 1년 이내에 헌법소원을 청구하여야 하고, 법령이 시행된 뒤에 비로소 그 법령에 해당하는 사유가 발생하여 기본권의 침해를 받게 된 경우에는 그 사유가 발생하였음을 안 날부터 90일 이내에, 그 사유가 발생한 날부터 1년 이내에 헌법소원을 제기하여야 한다(헌재 2004. 4. 29. 2003헌마484 참조).

정당법조항 및 사립학교교원조항은 2014. 1. 1, 국가공무원법조항은 2008. 3. 28. 시행되었다. 교육공무원인 청구인 이□□, 강○○은 1990. 3. 1. 임용되었으므로, 교육공무원조항의 각 시행일에 교육공무원조항의 적용을 받게 되었다. 사립학교의 교원인 청구인 권○○은 1996. 3. 1. 임용되었으므로, 사립학교교원조항의 시행일에 사립학교교원조항의 적용을 받게 되었다. 그럼에도 청구인 이□□, 강○○, 권○○은 그로부터 1년이 경과한 이후인 2018. 5. 29.에서야 이 사건 헌법소원심판을 청구하였다.

그렇다면 청구인 이□□, 강○○, 권○○의 심판청구는 청구기간을 준수하지 못하여 부적법하다. 그러므로 이하에서는 교육공무원조항이 청구인 이□□, 강○○, 권

○○을 제외한 나머지 청구인들(이하 '나머지 청구인들'이라 한다)의 기본권을 침해하는지 여부만을 살펴본다.

5. 본안에 관한 판단

가. 정당법조항 및 국가공무원법조항 중 '정당'에 관한 부분

(1) 헌법재판소 선례

헌법재판소는 2004. 3. 25. 2001헌마710 결정에서 구 정당법(2000. 2. 16. 법률 제6269호로 개정되고, 2005. 8. 4. 법률 제7683호로 개정되기 전의 것) 제6조 단서 제1호에 대하여 합헌결정을 하였고, 2014. 3. 27. 2011헌바42 결정에서 구 정당법(2005. 8. 4. 법률 제7683호로 개정되고, 2011. 7. 21. 법률 제10866호로 개정되기 전의 것) 제53조 중 '제22조 제1항 단서 제1호 본문의 규정을 위반하여 당원이 된「국가공무원법」제2조(공무원의 구분)에 규정된 공무원' 부분 및 구 국가공무원법(2008. 3. 28. 법률 제8996호로 개정되고, 2010. 3. 22. 법률 제10148호로 개정되기 전의 것) 제84조 중 '제65조 제1항의 정당가입에 관한 부분을 위반한 자' 부분에 대하여 합헌결정을 하였다. 2011헌바42 결정의 요지는 다음과 같다.

『(가) 과잉금지원칙 위배 여부

1) 입법목적의 정당성

이 사건 정당가입 금지조항은 국가공무원이 정당에 가입하는 것을 금지함으로써, 공무원의 정치적 중립성을 확보하여 공무원의 국민 전체에 대한 봉사자로서의 근무기강을 확립하고, 나아가 정치와 행정의 분리를 통하여 공무집행에서의 혼란의 초래를 예방하고 국민의 신뢰를 확보하여 헌법상 직업공무원제도를 수호하려는 목적을 가진다.

공무원은 공직자인 동시에 국민의 한 사람이기도 하므로, 공무원은 공인의 지위와 사인의 지위, 국민 전체에 대한 봉사자의 지위와 기본권을 누리는 기본권주체의 지위라는 이중적 지위를 가진다. 따라서 공무원이라고 하여 기본권이 무시되거나 경시되어서도 아니 되지만, 공무원의 신분과 지위의 특수성에 비추어 공무원에 대해서는 일반 국민보다 더욱 넓고 강한 기본권 제한이 가능하게 된다. 그런 측면에서 우리 헌법은 공무원이 국민 전체의 봉사자라는 지위에 있음을 확인하면서 공무원에 대하여 정치적 중립성을 지킬 것을 요구하고 있다.

이와 같은 공무원에 대한 정치적 중립성의 요청은 교육 분야에서 종사하는 교육공무원에게까지 제도적으로 보장되고 있다. 즉 헌법 제31조 제4항은 "교육의 … 정치적 중립성 … 은 법률이 정하는 바에 의하여 보장된다."고 선언함으로써 헌법적 차원에서 이를 강력히 보장하고 있다. 이는 교육이 국가권력이나 정치적 세력으로부터 부당한 간섭을 받지 아니할 뿐만 아니라 그 본연의 기능을 벗어나 정치영역에 개

입하지 않아야 한다는 것을 뜻한다. 교육은 그 본질상 이상적이고 비권력적임에 반하여 정치는 현실적이고 권력적이기 때문에 서로 일정한 거리를 유지하는 것이 바람직한 까닭이다(헌재 2004. 3. 25. 2001헌마710 참조). 즉, 교육은 국가 백년대계의 기초인 만큼 국가의 안정적인 성장 · 발전을 도모하기 위해서 교육방법이나 교육내용이 당파적 편향성에 의하여 부당하게 침해 또는 간섭당하지 않고 가치 중립적인 진리교육이 보장되어야 하고, 인간의 내면적 가치증진에 관련되는 교육 분야에 있어서는 당파적인 정치적 관념이나 이해관계가 그대로 적용되는 것은 바람직하지 않다(헌재 1992. 11. 12. 89헌마88 참조). 초 · 중등학교 교원이 정당의 당원이 되는 것을 이 사건 정당가입 금지조항으로 허용하지 않는 것은 특히 교원의 활동이 미성숙한 학생들의 가치판단에 중대한 영향을 주고 있으므로 교육자로서의 특별한 처신이 요구되고, 피교육자인 학생들의 기본권 또는 학부모들의 자녀에 대한 교육권과의 갈등을 예방하기 위한 것이다(헌재 2004. 3. 25. 2001헌마710 참조).

따라서 이 사건 정당가입 금지조항의 입법목적은 정당하다.

2) 수단의 적합성

개인적 정치활동과 달리 단체를 통한 정치활동은 국민의 정치적 의사형성에 미치는 영향력이 크게 차이 나고, 특히 헌법상 특별한 보호를 받고 있는 정당의 경우 국가작용에 영향을 미치는 각종 헌법적 권한을 보유 · 행사하고 있는 점에 비추어, 이에 대한 공무원의 가입을 금지하는 것은 공무원의 정치적 중립성을 확보하기 위해서도 반드시 필요하고 유효적절한 것이라 할 수 있다. 따라서 이 사건 정당가입 금지조항은 앞서 본 입법목적을 달성하기 위한 효과적이고 적합한 수단이다.

3) 침해의 최소성

이 사건 정당가입 금지조항은 공무원의 정당가입의 자유를 원천적으로 금지하고 있다. 그러나 공무원의 정당가입이 허용된다면, 공무원의 정치적 행위가 직무 내의 것인지 직무 외의 것인지 구분하기 어려운 경우가 많고, 설사 공무원이 근무시간 외에 혹은 직무와 관련 없이 정당과 관련한 정치적 표현행위를 한다 하더라도 공무원의 정치적 중립성에 대한 국민의 기대와 신뢰는 유지되기 어렵다. 나아가 공무원의 행위는 근무시간 내외를 불문하고 국민에게 중대한 영향을 미친다고 할 것이므로, 직무 내의 정당 활동에 대한 규제만으로 공무원의 근무기강을 확립하고 정치적 중립성을 확보하는데 충분하다고 할 수 없다.

한편, 이 사건 정당가입 금지조항은 공무원이 '정당의 당원이 된다'는 정치적 행위를 금지하고 있을 뿐이므로, 정당에 대한 지지의사를 선거와 무관하게 개인적인 자리에서 밝히거나 선거에서 지지 정당에 대해 투표를 하는 등 일정한 범위 내의 정당 관련 활동은 공무원에게도 허용되고 있다. 이러한 점에서 볼 때 이 사건 정당가입 금지조항은 침해의 최소성 원칙에 반하지 아니한다.

4) 법익의 균형성

만약 공무원의 정당가입 행위가 일반적으로 허용된다면, 국가 정책의 수립과 집행에 대한 국민적 신뢰 확보가 어렵고, 공무원이 그 소속 당파적 이익을 대변하여 이를 관철할 수도 있으며, 편향적 공무 집행을 통해 간접적으로 특정 정당이나 후보자에 대한 지지 · 반대를 표현하게 됨으로써 정치적 중립성을 훼손할 수도 있다. 나아가 국가 정책의 집행을 위해 화합하고 협력하여야 할 공무원 사이에 정치적 이념에 따른 상호 대립과 분열을 조장할 수도 있다.

한편, 이 사건 정당가입 금지조항이 청구인들과 같은 초 · 중등학교 교원의 정당가입 자유를 금지함으로써 정치적 기본권을 제한하는 측면이 있는 것은 사실이나, 감수성과 모방성, 그리고 수용성이 왕성한 초 · 중등학교 학생들에게 교원이 미치는 영향은 매우 크고, 교원의 활동은 근무시간 내외를 불문하고 학생들의 인격 및 기본생활습관 형성 등에 큰 영향을 끼치는 잠재적 교육과정의 일부분인 점을 고려하고, 교원의 정치활동은 교육수혜자인 학생으로서는 수업권의 침해로 받아들여질 수 있다는 점에서 현 시점에서는 국민의 교육기본권을 더욱 보장함으로써 얻을 수 있는 공익을 우선시해야 할 것이다(헌재 2004. 3. 25. 2001헌마710 참조).

이러한 점을 두루 고려할 때, 이 사건 정당가입 금지조항이 달성하려는 공익은 그로 말미암아 제한받는 사익에 비해 결코 작다고 할 수 없으므로 법익의 균형성 또한 인정된다.

5) 소결

따라서 이 사건 정당가입 금지조항은 과잉금지원칙에 위배된다고 볼 수 없다.

(나) 평등원칙 위배 여부

이 사건 정당가입 금지조항이 대학의 교원인 공무원에 대하여는 정당가입의 자유를 허용하면서도 청구인들과 같은 초 · 중등학교의 교원에 대하여는 이를 금지하여 양자를 차별 취급하고 있음은 문언상 명백하다.

헌법상 평등원칙은 본질적으로 같은 것은 같게, 다른 것은 다르게 취급할 것을 요구하나, 이는 일체의 차별적 대우를 부정하는 절대적 평등을 의미하는 것이 아니라, 입법과 법의 적용에 있어서 합리적인 근거가 없는 차별을 배제하는 상대적 평등을 뜻하므로, 합리적 근거가 있는 차별은 평등원칙에 반하는 것이 아니다(헌재 2001. 6. 28. 99헌마516 참조). 초 · 중등학교의 교원, 즉 교사는 법령이 정하는 바에 따라 학생을 교육하는 자이고(교육기본법 제14조 제3항, 초 · 중등교육법 제20조 제4항), 반면에 대학의 교원, 즉 교수 · 부교수 · 조교수와 전임강사는 학생을 교육 · 지도하고 학문을 연구하되, 학문연구만을 전담할 수 있는 자이다(고등교육법 제15조 제2항). 이처럼 현행 교육법령은 양자의 직무를 달리 규정하고 있다. 물론 대학교수도 학생을 교육하기는 하나 그 주된 직무는 연구기능이므로, 이 점에서 매일매일을 학생과 함께 호흡하며 수업을 하고 학생을 지도해야 하는 초·중등학교 교원보다 상대적으로 많은 학문연구와 사회활동의 자유가 인정된다(헌재 1993. 7. 29. 91헌마69 참조). 그뿐만 아니라 초·중등학교의 교육은 일반적으로 승인된 기초적인 지식의 전달에 중점이 있는 데 비하여, 대학의 교육은 학문의 연구·활동과 교수기능을 유기적으로 결합하여 학문의 발전과 피교육자인 대학생들에 대한 교육의 질을 높일 필요성이 있기 때문에 대학교원의 자격기준도 이와 같은 기능을 수행할 수 있는 능력을 갖출 것이 요구된다(헌재 1998. 7. 16. 96헌바33등 참조).

그렇다면 이 사건 정당가입 금지조항이 초·중등학교 교원에 대해서는 정당가입의 자유를 금지하면서 대학의 교원에게 이를 허용한다 하더라도, 이는 양자 간 직무의 본질이나 내용 그리고 근무 태양이 다른 점을 고려한 합리적인 차별이라고 할 것이므로 평등원칙에 위배된다고 할 수 없다(헌재 2004. 3. 25. 2001헌마710 참조).』

(2) 선례 변경의 필요 여부

(가) 2011헌바42 결정은 정당가입 행위에 대하여만 판단하고 있으므로, 위 결정의 논거가 정당의 발기인이 되거나 정당의 결성에 관여하는 행위에도 그대로 적용될 수 있는지 살펴본다.

정당의 발기인이 되거나 정당의 결성에 관여하는 행위는 정당에 가입하는 행위보다 적극적인 정치활동에 속한다. 발기인은 발기인대회를 개최하여 발기의 취지, 정당의 명칭 등을 정하고 대표자를 선임한 후 창당준비위원회를 결성하고, 창당준비위원회의 구성원으로서 창당집회 개최, 강령과 당헌 제정, 대표자·간부 선임, 당원모집 등 정당등록을 위한 창당활동을 하게 된다(정당법 제5조 내지 제13조, 제28조, 정당사무관리규칙 제2조 내지 제5조 참조).

따라서 2011헌바42 결정의 정당가입 행위에 관한 판단은 그보다 적극적인 정치활동에 속하는 정당의 발기인이 되거나 정당의 결성에 관여하는 행위에도 그대로 적용될 수 있다. 정당의 발기인이 되는 행위가 심판대상에 포함된 헌재 2004. 3. 25. 2001헌마710 결정도 2011헌바42 결정과 같은 논거로 심판청구를 기각하였다.

(나) 그 밖에 위 선례의 판단을 변경할 만한 사정 변경이나 필요성이 인정되지 않고 위 선례의 취지는 이 사건에서도 그대로 타당하므로, 위 선례의 견해를 그대로 유지하기로 한다.

나. 국가공무원법조항 중 '그 밖의 정치단체'에 관한 부분

(1) 재판관 유남석, 재판관 이영진, 재판관 문형배의 위헌의견

(가) 국가공무원법조항 중 '그 밖의 정치단체'에 관한 부분은, '그 밖의 정치단체'가 무엇인가에 대하여 규범 내용을 확정할 수 없는 불명확한 개념을 사용하고 있어, 표현의 자유를 규제하는 법률조항, 형벌의 구성요건을 규정하는 법률에 대하여 헌법이 요구하는 명확성원칙의 엄격한 기준을 충족하지 못하였다. 이에 대하여는, (2) 재판관 이석태, 재판관 김기영, 재판관 이미선의 위헌의견 중 '(가) 명확성원칙 위배 여부' 부

분과 의견을 모두 같이 한다.

(나) 이에 덧붙여 살피면, 정치단체의 가입 등은 헌법이 보장하는 표현의 자유를 집단적 형태로 구현하는 것이다. 헌법 제21조 제1항은 "모든 국민은 언론 · 출판의 자유와 집회 · 결사의 자유를 가진다."라고 규정하여, 타인과의 의견교환을 위한 기본권인 표현의 자유, 집회의 자유, 결사의 자유를 함께 국민의 기본권으로 보장하고 있다(헌재 2016. 9. 29. 2014헌가3등). 국가공무원법조항 중 '그 밖의 정치단체'에 관한 부분은 이러한 정치적 표현의 자유, 결사의 자유를 제한한다.

또한 국가공무원법조항 중 '그 밖의 정치단체'에 관한 부분은 형벌의 구성요건 조항이기도 하다. 형벌의 구성요건을 정한 법률의 내용이 불명확하거나 그 적용범위가 지나치게 광범위하면, 어떠한 경우에 법을 적용하여야 합헌적인 것이 될 수 있는지 법 집행자에게도 불확실하고 모호하게 되어, 어떠한 것이 범죄인가를 법제정기관인 입법자가 법률로 확정하는 것이 아니라 사실상 법 운영 당국이 재량으로 정하는 결과가 되어, 법치주의에 위배되고 죄형법정주의에 위반된다(헌재 1990. 4. 2. 89헌가113; 헌재 1992. 2. 25. 89헌가104 참조).

(다) 표현의 자유는 헌법에서 기본권으로 보장하는 것 이상으로, 민주적이고 열린 정치체제의 보존에 필수불가결하게 기여한다. 특히 정치적 표현의 자유의 행사의 보장은 매우 중요하다. 표현의 자유는 현대 자유민주주의의 존립과 발전에 필수불가결한 기본권이며 이를 최대한도로 보장하는 것은 자유민주주의 헌법의 기본원리의 하나이다(헌재 1992. 6. 26. 90헌가23; 헌재 1999. 6. 24. 97헌마265). 표현의 자유가 다른 기본권에 우선하는 헌법상의 지위를 갖는다고 일컬어지는 것도 그것이 단순히 개인의 자유에 그치는 것이 아니고 통치권자를 비판함으로써 피치자가 스스로 지배기구에 참가한다고 하는 자치정체(自治政體)의 이념을 그 근간으로 하고 있기 때문이다(헌재 1992. 2. 25. 89헌가104).

이처럼 표현의 자유의 우선적 가치와 자유민주주의 정치체제에서 가지는 위치를 고려할 때, 표현의 자유를 제한하는 법률은 그 수범자가 무엇이 허용되고 무엇이 허용되지 않는지 명확하게 알 수 있어야만 한다. 표현이 규제의 대상이 아니라는 확신이 없는 기본권 주체는 대체로 규제를 받을 것을 우려해서 표현행위를 스스로 억제하게 될 가능성이 높아지기 때문에, 표현의 자유를 규제하는 법률은 그 규제로 인해 보호되는 다른 표현에 대해 위축효과가 미치지 않도록, 규제되는 표현의 개념을 세밀하고 명확하게 규정할 것이 헌법적으로 요구된다(헌재 1998. 4. 30. 95헌가16; 헌재 2002. 6. 27. 99헌마480; 헌재 2008. 7. 31. 2007헌가4 참조).

또한 표현의 자유를 제한하는 불명확한 법률은, 표현을 허가하거나 불허하는 결정을 하는 법 집행 공무원에게 지나치게 넓은 재량을 부여하여, 공무원이 표현의 내용에 따라 선호하거나 비선호하는 결정을 내릴 위험이 있다. 따라서 표현을 제한하는 불명확한 법률은 특정한 견해와 사상을 억압하는 수단이 될 위험도 있다.

(라) 따라서 표현의 자유를 규제하는 경우에 헌법이 요청하는 명확성의 기준이 일반적으로 강화된다고 할 것이고, 특히 국가공무원법조항 중 '그 밖의 정치단체'에 관한 부분과 같이, 어떤 단체에 가입하는가에 관한 집단적 형태의 '표현의 내용'에 근거한 규제인 경우에는, 더욱 더 규제되는 표현의 개념을 세밀하고 명확하게 규정할 것이 요구된다(헌재 2002. 6. 27. 99헌마480 참조).

표현의 자유를 제한하는 규제 대상이 다양 · 다기하다 하더라도, 개별화 · 유형화를 통한 명확성의 추구를 포기하여서는 아니 되고, 부득이한 경우 국가는 표현에 대한 규제의 과잉보다는 오히려 규제의 부족을 선택하여야 할 것이다. 해악이 명백히 검증된 것이 아닌 표현을 규제하는 것은 득보다 실이 크다고 보는 것이 표현의 자유의 본질이기 때문이다(헌재 2002. 6. 27. 99헌마480).

(마) (2) 재판관 이석태, 재판관 김기영, 재판관 이미선의 위헌의견 중 '(가) 명확성원칙 위배 여부' 부분에서 판단하는 바와 같이, 나머지 청구인들이 그 결성에 관여하거나 가입하는 것을 금지하고 있는 '정치단체'가 무엇인지, 결성에 관여하거나 가입을 해도 되는 '비정치단체'와 어떻게 구별할 것인지에 대한, 구체적이고 유용한 기준을 국가공무원법조항 중 '그 밖의 정치단체'에 관한 부분으로부터 도출해낼 수 없다.

'정치단체'를 '특정 정당이나 특정 정치인을 지지 · 반대하는 단체로서 그 결성에 관여하거나 가입하는 경우 공무원 및 교육의 정치적 중립성을 훼손할 가능성이 높은 단체' 등으로 한정하여 해석할 근거도 없다.

어떠한 행위자가 가입 등을 할 수 있는 단체와 가입 등을 할 수 없는 단체를 법률조항으로부터 명확하게 구별할 수 없다면, 이 법률조항의 불명확한 적용대상의 경계 부근에 있는 단체에 가입 등을 하려는 위험을 감수할 사람은 매우 적다. 이러한 불명확한 규정은 그 자체로 매우 효과적인 위협 기제가 되어 정치적 표현의 자유, 결사의 자유에 심대한 위축효과를 초래한다.

(바) 국가공무원법조항 중 '그 밖의 정치단체'에 관한 부분은 가입 등이 금지되는 '정치단체'가 무엇인지 그 규범 내용이 확정될 수 없을 정도로 불분명하여, 헌법상 그 가입 등이 마땅히 보호받아야 할 단체까지도 수범자인 나머지 청구인들이 가입 등의 행위를 하지 못하게 위축시키고 있고, 법 집행 공무원이 지나치게 넓은 재량을 행사하여 금지되는 '정치단체'와 금지되지 않는 단체를 자의적으로 판단할 위험이 있다.

따라서 국가공무원법조항 중 '그 밖의 정치단체'에 관한 부분은 명확성원칙에 위배되어 나머지 청구인들의 정치적 표현의 자유, 결사의 자유를 침해한다.

(사) 이처럼 국가공무원법조항 중 '그 밖의 정치단체'에 관한 부분이 명확성원칙에 위배되어 나머지 청구인들의 정치적 표현의 자유, 결사의 자유를 침해하여 헌법에 위반되는 점이 분명한 이상, 국가공무원법조항 중 '그 밖의 정치단체'에 관한 부분이 과잉금지원칙에 위배되어 나머지 청구인들의 정치적 표현의 자유, 결사의 자유를 침해하는지 여부에 대하여는 더 나아가 판단하지 않는다.

(2) 재판관 이석태, 재판관 김기영, 재판관 이미선의 위헌의견

(가) 명확성원칙 위배 여부

1) 쟁점 및 심사기준

가) 헌법 제12조 및 제13조를 통하여 보장되고 있는 죄형법정주의원칙은 범죄와 형벌이 법률로 정하여져야 함을 의미한다. 이러한 죄형법정주의에서 파생되는 명확성원칙은 법률이 처벌하고자 하는 행위가 무엇이며 그에 대한 형벌이 어떠한 것인지를 누구나 예견할 수 있고, 그에 따라 자신의 행위를 결정할 수 있도록 구성요건을 명확하게 규정할 것을 요구한다.

한편, 현대 민주사회에서 표현의 자유는 국민주권주의 이념의 실현에 불가결한 것인바, 표현의 자유를 규제하는 입법에 있어서 명확성원칙은 특별히 중요한 의미를 지닌다. 불명확한 규범에 의한 규제는 헌법상 보호받는 표현에 대한 위축적 효과를 야기하고, 그로 인하여 다양한 의견, 견해, 사상의 표출을 통한 상호 검증이라는 표현의 자유의 본래의 기능을 상실하게 한다. 따라서 표현의 자유를 규제하는 법률은 규제되는 표현의 개념을 세밀하고 명확하게 규정할 것이 헌법적으로 요구된다(헌재 2013. 6. 27. 2012헌바37 참조).

나) 국가공무원법조항 중 '그 밖의 정치단체'에 관한 부분은 '국가공무원법 제2조 제2항 제2호의 교육공무원 가운데 초 · 중등교육법 제19조 제1항의 교원(이하 '교원'이라 한다)은 그 밖의 정치단체의 결성에 관여하거나 이에 가입할 수 없다.'라고 규정하고 있다. 이를 위반한 자는 국가공무원법 제84조 제1항에 의하여 처벌되므로, 위 조항은 형벌의 구성요건을 규정하는 법률조항에 해당한다. 또한 위 조항은 교원이 정치단체의 결성에 관여하거나 이에 가입하는 행위를 금지함으로써 나머지 청구인들의 정치적 표현의 자유 및 결사의 자유를 제한하고 있다(헌재 2012. 3. 29. 2010헌마97 참조).

그렇다면 국가공무원법조항 중 '그 밖의 정치단체'에 관한 부분은 죄형법정주의원칙에서 파생되는 명확성원칙뿐만 아니라 표현의 자유를 규제하는 입법에 있어서의 명확성원칙에 부합하여야 하며, 그 정도는 엄격한 의미에서의 명확성이라 할 것이다.

2) 판단

가) 민주주의 국가에 있어 국가 구성원의 모든 행위는 직접적이든 간접적이든, 공식적이든 비공식적이든 정치에 연결되기 마련이므로, 그 정도와 강약의 차이는 있을지언정 모든 사회적 활동은 '정치'와 관련된다(헌재 2012. 3. 29. 2010헌마97 참조).

특히 단체는 국가 정책에 찬성하거나 반대하기만 하여도 정치적인 성격을 가진다고 볼 경우도 상정할 수 있다. 어떠한 단체의 주장이 특정 정당이나 후보자의 주장과 우연히 일치할 수도 있는데, 이 경우 특정 정당이나 후보자의 정책을 지지하는 정치단체로 해석될 수 있다. 당초 국가 정책이나 사회적 문제에 대하여 지지 · 반대하기 위한 목적으로 결성된 단체가 아니라고 하더라도, 단체의 활동을 제한하거나 구성원의 이

익을 저해하는 정책이 시행될 경우 그에 대하여 반대할 수 있고, 이와 같은 경우에도 해당 단체는 '정치적' 성격을 갖게 된다.

나아가 국가공무원법조항이 규정한 '단체'라는 개념은 '다수인의 지속적 모임'이라는 통상의 이해를 조금도 구체화시키지 못한다. 국가공무원법조항은 가입 등이 금지되는 대상을 '정당이나 그 밖의 정치단체'로 규정하고 있으므로, 그 문언상 '정당'에 준하는 정치단체만을 의미하는 것이라 해석하기도 어렵다. 단체의 목적이나 활동에 관한 어떠한 제한도 없는 상태에서는 '정치단체'와 '비정치단체'를 어떻게 구별할 것인지에 관한 구체적이고 유용한 기준을 도출해낼 수 없다.

나) 공무원의 정치적 중립성 및 교육의 정치적 중립성의 보장이라는 국가공무원법조항의 입법목적을 고려하더라도, '정치적 중립성' 자체가 다원적인 해석이 가능한 매우 추상적인 개념이기 때문에, 어떠한 단체가 정치적 중립성에 반하는지에 관하여 우리 사회의 구성원들이 일치된 이해를 가지고 있다고 보기도 어렵다.

이는 판단주체가 법전문가라 하여도 마찬가지이며, 법관의 보충적 해석에 의하여 그 의미가 밝혀질 수 있는 성질의 것이 아니다. 이와 같이 불명확한 형벌조항은 그 집행의 자의성을 초래하기 마련이고, 수사기관이나 재판기관은 객관적이고 구속적인 해석 및 집행의 기준을 제공받지 못하므로 자의적 · 선별적인 법집행에로 이끌리기 쉽다.

다) 그렇다면 국가공무원법조항 중 '그 밖의 정치단체'에 관한 부분은 법적용기관인 법관의 보충적 법해석을 통하여도 그 규범내용이 확정될 수 없는 모호하고 막연한 개념을 사용하고 있으므로 명확성원칙에 위배되어 나머지 청구인들의 정치적 표현의 자유 및 결사의 자유를 침해한다.

(나) 과잉금지원칙 위배 여부

1) 입법목적의 정당성

국가공무원법조항 중 '그 밖의 정치단체'에 관한 부분은 교원이 정치단체의 결성에 관여하거나 이에 가입하는 것을 금지함으로써 국민 전체에 대한 봉사자(헌법 제7조 제1항)로서 그 임무를 충실히 수행할 수 있도록 정치적 중립성을 보장하고(헌법 제7조 제2항), 교육의 정치적 중립성(헌법 제31조 제4항)을 확보하기 위한 것이므로, 그 입법목적의 정당성이 인정된다.

2) 수단의 적합성

가) 앞서 본 바와 같이 '정치단체'의 의미가 불명확하므로, 국가공무원법조항 중 '그 밖의 정치단체'에 관한 부분은 공무원의 정치적 중립성 및 교육의 정치적 중립성 보장과 아무런 관련이 없는 단체의 결성에 관여하거나 이에 가입하는 행위까지 금지하게 된다. 예를 들어, 교원이 결성에 관여하거나 가입한 단체가 당초 국가 정책이나 사회적 문제에 대하여 지지 · 반대하기 위한 목적으로 결성된 것이 아니라고 하더라도, 단체의 활동을 제한하거나 구성원의 이익을 저해하는 정책에 대하여 반대하게 될 수 있는데, 이와 같은 경우에도 '정치단체'에 해당한다는 이유로 국가공무원법조항 중 '그 밖의 정

치단체'에 관한 부분에 의하여 규제될 수 있다.

이처럼 공무원의 정치적 중립성 및 교육의 정치적 중립성 보장과 관련이 없는 단체의 결성에 관여하거나 이에 가입하는 행위를 금지하는 것은 국가공무원법조항의 입법목적 달성에 기여한다고 볼 수 없으므로, 국가공무원법조항 중 '그 밖의 정치단체'에 관한 부분은 수단의 적합성이 인정되지 않는다.

나) 공무원은 공직자인 동시에 국민의 한 사람이기도 하므로, 국민 전체에 대한 봉사자의 지위와 기본권을 누리는 기본권 주체의 지위라는 이중적 지위를 가진다(헌재 2014. 3. 27. 2011헌바42 참조). 공무원의 정치적 중립성은 공무원의 직무집행의 중립성을 유지하기 위하여 필요한 것이므로(헌재 2004. 3. 25. 2001헌마710; 헌재 2014. 3. 27. 2011헌바42 참조), 국민 전체에 대한 봉사자의 지위에서 공직을 수행하는 영역에 한하여 요구되는 것이다. 기본권 주체인 국민으로서 정치적 자유권을 행사함에 있어서 정치적 중립성을 지키라는 것은 정치적 자유권을 부정하는 것이나 다름이 없다. 또한 헌법 제31조 제4항이 규정하고 있는 교육의 정치적 중립성은 교육을 받을 권리를 실효적으로 보장하기 위한 규정이다(헌재 1992. 11. 12. 89헌마88; 헌재 2007. 12. 27. 2005헌가11; 헌재 2012. 8. 23. 2010헌바220 참조). 교원으로부터 정치적으로 중립적인 교육을 받을 기회가 보장되는 이상, 교원이 기본권 주체로서 정치적 자유권을 행사한다고 하여 교육을 받을 권리가 침해된다거나 교육의 정치적 중립성이 훼손된다고 볼 수 없다.

나아가 교원이 사인의 지위에서 정치적 자유권을 행사하게 되면 직무수행에 있어서도 정치적 중립성을 훼손하게 된다는 논리적 혹은 경험적 근거는 존재하지 않는다. 교원에게 사인으로서의 종교의 자유가 보장된다고 하여 학생들에게 종교적으로 편향된 교육을 실시하는 것은 아니듯이, 교원이 사인으로서 정치적 자유를 보장받는다고 하여 학생들에게 당파적 편향성을 가지고 교육에 임할 것이라고 추정하는 것은 적절하지 않다.

그렇다면 교원의 직무와 관련이 없거나 그 지위를 이용한 것으로 볼 수 없는 결성 관여행위 및 가입행위를 금지하는 것은 국가공무원법조항의 입법목적 달성에 기여한다고 볼 수 없다. 따라서 국가공무원법조항 중 '그 밖의 정치단체'에 관한 부분은 '결성에 관여하거나 이에 가입하는 행위'를 전면적으로 금지한다는 점에서도 수단의 적합성을 인정할 수 없다.

3) 침해의 최소성

가) '정치단체'의 광범성으로 인한 침해의 최소성 원칙 위배

'2) 수단의 적합성 가)' 부분에서 살펴본 것처럼, 국가공무원법조항 중 '그 밖의 정치단체'에 관한 부분은 '정치단체'라는 불명확한 개념을 사용함으로써 공무원의 정치적 중립성 및 교육의 정치적 중립성 보장과 관련이 없는 단체의 결성에 관여하거나 이에 가입하는 행위까지 금지하고 있다. 이는 입법목적 달성에 필요한 범위를 벗어나 교원의 정

치적 표현의 자유 및 결사의 자유를 과도하게 제한하는 것이므로 침해의 최소성 원칙에 위배된다.

나) '결성에 관여하는 행위'의 전면적 금지로 인한 침해의 최소성 원칙 위배

교원이 직무와 관련하여 또는 그 지위를 이용하여 정치단체의 결성에 관여하는 행위만을 금지하더라도 공무원의 정치적 중립성 및 교육의 정치적 중립성을 보장할 수 있으므로, 이를 넘어서 교원이 정치단체의 결성에 관여하는 행위를 전면적으로 금지하는 것은 침해의 최소성 원칙에 위배된다.

먼저, 교원이 직무와 관련하여 또는 그 지위를 이용하여 결성에 관여하는 행위와 그 외의 행위를 구분하기 어려워 위와 같은 대체수단만으로는 국가공무원법조항의 입법목적을 달성할 수 없는 것인지 살펴본다.

직무와 관련되거나 지위를 이용한 정치적 행위만을 금지하는 조항은 이미 다른 법령에 도입되어 있다. 예를 들어 공직선거법 제85조 제1항은 "공무원 등 법령에 따라 정치적 중립을 지켜야 하는 자는 직무와 관련하여 또는 지위를 이용하여 선거에 부당한 영향력을 행사하는 등 선거에 영향을 미치는 행위를 할 수 없다."라고 규정하고 있다.

또한 헌법재판소는 '공무원 기타 정치적 중립을 지켜야 하는 자(기관 · 단체를 포함한다)는 선거에 대한 부당한 영향력의 행사 기타 선거결과에 영향을 미치는 행위를 하여서는 아니 된다.'라고 규정한 공직선거법 제9조 제1항에 대하여, 공무원의 직무집행과 관련된 공적인 행위만을 규제하는 것이고 공무원의 순수한 개인적인 영역까지 규제하는 것은 아닌 점을 근거로 하여 정치적 표현의 자유를 침해하지 않는다고 판단하였다(헌재 2008. 1. 17. 2007헌마700 참조).

그리고 대통령이 위 조항을 위반하였는지 여부를 판단하면서, 대통령의 절대적인 지명도 및 그 지위와 업무의 성질로 말미암아 그의 '사인으로서의 기본권행사'와 '직무범위 내에서의 활동'의 구분이 불명확하다고 하면서도, 지위가 부여하는 정치적 비중과 영향력을 이용하였다면 공직자의 신분으로서 직무수행의 범위 내에서 또는 직무수행과 관련하여 이루어진 것이므로 '그 직무집행에 있어서' 한 행위에 해당한다고 판단하였다(헌재 2004. 5. 14. 2004헌나1 참조).

대통령은 통상 선출된 후에도 정당의 당원으로 남아 정당활동을 하고(헌재 2004. 5. 14. 2004헌나1 참조), 그 업무의 성격상 정치활동이 국정수행과 연결되는 경우가 많음에도 불구하고, 그 직무집행에 있어서 한 행위와 사인으로서의 기본권 행사를 구분할 수 있다면, 교원의 정치적 행위도 직무집행과 관련된 행위와 사인으로서 한 행위를 구분할 수 있다고 보아야 한다.

다음으로, 교원이 직무와 관련 없이 그리고 그 지위를 이용하지 아니하고 정치단체의 결성에 관여하더라도, 공무원의 정치적 중립성 및 교육의 정치적 중립성에 대한 국민의 기대와 신뢰를 유지할 수 없게 되므로 불가피하게 이를 금지하여야 하는 것인지 살펴본다.

공무원의 정치적 중립성 및 교육의 정치적 중립성에 대한 국민의 신뢰는 직무와 관련하여 또는 그 지위를 이용하여 정치적 중립성을 훼손하는 행위를 방지하기 위한 감시와 통제 장치를 마련함으로써 충분히 담보될 수 있다. 직무수행에 있어서의 정치적 중립성을 보장하기 위한 제도적 장치가 마련되어 있는 이상, 사인으로서의 정치적 자유에 대한 제한은 불필요한 것이다.

이미 국가공무원법에는 공무원의 정치적 중립성을 확보하고 근무기강을 확립하기 위한 방안이 충분히 마련되어 있다. 국가공무원법은 공무원에 대하여 법령 준수와 성실한 직무수행의 의무(제56조), 직무 내외를 불문하고 품위를 유지할 의무(제63조) 등을 부과하고 있고, 이를 위반할 경우 징계사유가 된다(제78조). 위 국가공무원법 조항들은 교육공무원에게도 그대로 적용된다(교육공무원법 제53조).

그 외에도 특히 교원과 관련하여, 교육기본법 제6조 제1항은 '교육은 교육 본래의 목적에 따라 그 기능을 다하도록 운영되어야 하며, 정치적 · 파당적 또는 개인적 편견을 전파하기 위한 방편으로 이용되어서는 아니 된다.'라고 규정하고 있고, 제14조 제4항은 '교원은 특정한 정당이나 정파를 지지하거나 반대하기 위하여 학생을 지도하거나 선동하여서는 아니 된다.'라고 규정하고 있으며, 이를 위반할 경우 징계사유가 된다(교육공무원법 제51조 제1항, 국가공무원법 제78조).

나아가 교육을 받을 권리를 보장하기 위해서 확보되어야 하는 교원 및 교육에 대한 국민의 신뢰에 교원이 개별 국민 또는 정부와 정치적 견해를 같이 하거나 혹은 아무런 정치적 견해를 가지지 않거나, 사인으로서도 정치적 견해를 표현하지 않을 것이라는 신뢰까지 포함되는 것은 아니다. 위와 같은 신뢰를 이유로 교원의 사인으로서의 정치적 자유권 행사를 제한하는 것은 교원에 대해서는 나와 다르다는 이유로 정치적 자유권의 행사를 금지하는 것을 허용할 수 있다는 것과 다름이 없다.

민주주의원리는 사회가 본질적으로 복수의 개인들로 구성되고 각 개인들의 생각은 서로 상이할 수밖에 없음을 인정하는 다원주의적 가치관을 전제로 한다. 이 체제는 누구나 다양한 정치적 견해를 가질 수 있고 자유로이 표현할 수 있으며, 이를 기초로 한 공적 의사결정이 궁극적으로 올바른 방향으로 전개될 것이라는 신뢰를 바탕으로 하고 있다.

교원이 사인으로서 표명한 정치적 입장이 국가가 현재 추구하고 있는 정책의 방향 혹은 어떤 국민의 정치적 견해와 일치하지 않는 경우가 발생할 수 있지만, 이는 민주주의 사회에서 본질적으로 자연스러운 현상이다. 모든 국민들은 주권자로서의 충분한 능력과 자격을 동등하게 가지므로, 국민 각자는 서로를 공동체의 대등한 동료로 존중해야 하고, 자신의 의견이 옳다고 믿는 만큼 타인의 의견에도 동등한 가치가 부여될 수 있음을 인정해야 한다(헌재 2014. 12. 19. 2013헌다1 참조).

마지막으로, 교원이 직무와 관련 없이 그리고 그 지위를 이용하지 아니하고 정치단체의 결성에 관여하더라도, 학생들에게 미치는 영향이 중대하므로, 이러한 행위까지 불가피하게 금지하여야 하는 것인지 살펴본다.

교원이 사인인 기본권주체로서 하는 정치적 행위들은 직접 학생들을 대상으로 하거나 학생들이 일방적으로 수용해야 하는 상황에서 이루어지는 것이 아니다. 학생들이 미성숙하고, 감수성 · 모방성 · 수용성이 큰 특성을 갖는 것이 사실이라고 하더라도, 가족, 이웃, 또래집단, 대중매체 등 다양한 주체들이 학생들에게 정치적 영향력을 미칠 수 있다. 교원이 사인인 기본권주체로서 정치적 행위를 할 경우에는 위와 같은 다양한 주체들 중에 하나에 불과할 뿐이므로, 교원이 학생들에 대하여 갖는 영향력이 크다고 단정할 수 없다.

이상의 내용을 종합하여 보면, 국가공무원법조항 중 '그 밖의 정치단체'에 관한 부분이 직무와 관련되거나 그 지위를 이용하는 것을 넘어서 교원이 정치단체의 결성에 관여하는 행위를 전면적으로 금지하는 것은 침해의 최소성 원칙에 위배된다.

다) '가입 행위'의 금지로 인한 침해의 최소성 원칙 위배

'3) 침해의 최소성 나) '결성에 관여하는 행위'의 전면적 금지로 인한 침해의 최소성 원칙 위배' 부분에서 살펴본 것처럼, 공무원의 정치적 중립성 및 교육의 정치적 중립성을 보장하기 위해서 제한할 필요가 있는 교원의 행위는 '직무와 관련된 행위' 또는 '그 지위를 이용한 행위'에 한정된다.

그런데 '가입 행위'는 단순히 구성원이 되는 것을 의미하므로, 교원이 직무와 관련하여 또는 그 지위를 이용하여 정치단체에 가입하는 경우를 상정하기는 어렵다. 또한 정치단체에 가입하는 행위와 정치활동에 참여하는 행위는 별개의 행위이고, 정치단체에 가입한 모든 사람이 곧바로 정치활동에 참여하게 되는 것도 아니다.

그렇다면 교원이 정치단체에 '가입'하는 행위를 금지하는 것은 공무원의 정치적 중립성 및 교육의 정치적 중립성을 보장하기 위해서 필요하다고 볼 수 없으므로, 국가공무원법조항 중 '그 밖의 정치단체'에 관한 부분은 이러한 점에서도 침해의 최소성 원칙에 위배된다.

4) 법익의 균형성

정치적 기본권은 기본권의 주체인 개별 국민의 입장에서 보면 주관적 공권으로서의 성질을 가지지만, 민주정치를 표방한 민주국가에 있어서는 국민의 정치적 의사를 국정에 반영하기 위한 객관적 질서로서의 의미를 아울러 가진다(헌재 2004. 3. 25. 2001헌마710 참조).

대의민주주의 하에서 정당과 정치단체는 국민이 선거를 통하여 대표를 선출하는 방법 외에도 정치에 참여하는 것을 가능하게 해주는 역할을 담당하고 있다. 정당과 정치단체가 국가와 국민을 매개하는 기능을 충실하게 수행할 수 있도록 하려면, 사회 여러 분야에서 활동하고 있는 국민들이 정당 · 정치단체를 통한 정치에 폭넓게 참여함으로써 정치적 의사를 형성해 나가는 것을 가능하게 하는 제도를 마련하는 것이 중요하다.

따라서 국가공무원법조항에 대한 법익의 균형성 판단에는 이로써 달성하고자하는 공

무원의 정치적 중립성 및 교육의 정치적 중립성이라는 공익과 그로 인한 기본권 제한 간의 법익균형성뿐만 아니라, 민주적 의사형성과정의 개방성과 이를 통한 민주주의의 발전이라는 공익 또한 감안하여야 할 것이다.

앞서 본 바와 같이 국가공무원법조항이 교원에 대하여 정치단체의 결성에 관여하거나 이에 가입하는 것을 전면적으로 금지함으로써 달성할 수 있는 공무원의 정치적 중립성 또는 교육의 정치적 중립성은 명백하거나 구체적이지 못하다. 반면, 그로 인하여 교원이 받게 되는 정치적 표현의 자유 및 결사의 자유에 대한 제약과 민주적 의사형성과정의 개방성과 이를 통한 민주주의의 발전이라는 공익에 발생하는 피해는 매우 크다.

따라서 국가공무원법조항 중 '그 밖의 정치단체'에 관한 부분은 법익의 균형성도 갖추지 못하였다.

5) 소결

국가공무원법조항 중 '그 밖의 정치단체'에 관한 부분은 과잉금지원칙에 위배되어 나머지 청구인들의 정치적 표현의 자유 및 결사의 자유를 침해한다.

6. 결론

그렇다면 국가공무원법조항 중 '그 밖의 정치단체'에 관한 부분은 나머지 청구인들의 표현의 자유 및 결사의 자유를 침해하므로 헌법에 위반되고, 청구인 이□□, 강○○, 권○○의 심판청구는 부적법하므로 이를 각하하고, 나머지 청구인들의 나머지 심판청구는 모두 이유 없으므로 이를 기각하기로 하여, 주문과 같이 결정한다. 이 결정은 아래 7.과 같은 재판관 이석태, 재판관 김기영, 재판관 이미선의 정당법조항 및 국가공무원법조항 중 '정당'에 관한 부분에 대한 반대의견, 아래 8.과 같은 재판관 이선애, 재판관 이은애, 재판관 이종석의 국가공무원법조항 중 '그 밖의 정치단체'에 관한 부분에 대한 반대의견이 있는 외에는 관여 재판관들의 일치된 의견에 따른 것이다.

7. 재판관 이석태, 재판관 김기영, 재판관 이미선의 정당법조항 및 국가공무원법조항 중 '정당'에 관한 부분에 대한 반대의견

우리는 정당법조항 및 국가공무원법조항 중 '정당'에 관한 부분이 과잉금지원칙에 위배되어 나머지 청구인들의 정당설립의 자유 및 정당가입의 자유를 침해하고, 합리적인 이유 없이 대학 교원과 차별하여 나머지 청구인들의 평등권을 침해한다고 생각하므로 아래와 같이 반대의견을 밝힌다.

가. 과잉금지원칙 위배 여부

'5. 본안에 관한 판단, 나. 국가공무원법조항 중 '그 밖의 정치단체'에 관한 부분, (2) 재판관 이석태, 재판관 김기영, 재판관 이미선의 위헌의견, (나) 과잉금지원칙 위배 여부'에서 살펴본 내용 중 '정치단체'의 광범성으로 인한 수단의 적합성 및 침해의 최소성 위배 부분을 제외한 나머지 부분은 정당법조항 및 국가공무원법조항 중 '정당'에 관한 부분에도 그대로 적용될 수 있다.

즉, 교원의 직무와 관련이 없거나 그 지위를 이용한 것으로 볼 수 없는 결성 관여행위

및 가입행위를 금지하는 것은 입법목적의 달성에 기여한다고 볼 수 없으므로, 수단의 적합성을 인정할 수 없다.

또한 교원이 직무와 관련하여 또는 그 지위를 이용하여 정당의 결성에 관여하는 행위만을 금지하더라도 공무원의 정치적 중립성 및 교육의 정치적 중립성을 보장할 수 있으므로, 이를 넘어서 교원이 정당의 결성에 관여하는 행위를 전면적으로 금지하는 것은 침해의 최소성 원칙에 위배된다. 교원이 직무와 관련하여 또는 그 지위를 이용하여 정당에 가입하는 경우는 상정하기 어려우므로, 이를 금지하는 것 역시 침해의 최소성 원칙에 위배된다.

나아가 교원에 대하여 정당의 결성에 관여하거나 이에 가입하는 것을 전면적으로 금지함으로써 얻어지는 공무원의 정치적 중립성 또는 교육의 정치적 중립성은 명백하거나 구체적이지 못한 반면, 그로 인하여 교원이 받게 되는 정당설립의 자유, 정당가입의 자유에 대한 제약과 민주적 의사형성과정의 개방성과 이를 통한 민주주의의 발전이라는 공익에 발생하는 피해는 매우 크므로, 법익의 균형성도 인정할 수 없다.

그러므로 정당법조항 및 국가공무원법조항 중 '정당'에 관한 부분은 과잉금지원칙에 위배되어 나머지 청구인들의 정당설립의 자유 및 정당가입의 자유를 침해한다.

나. 평등원칙 위배 여부

정당법 제22조 제1항 단서 제1호 단서는 고등교육법 제14조 제1항 · 제2항에 따른 교원(이하 '대학 교원'이라 한다)의 경우 정당의 발기인 및 당원이 될 수 있도록 규정하고 있다.

교원이 사인으로서 정치적 자유권을 행사하게 되면 직무수행에 있어서도 정치적 중립성을 훼손하게 된다고 볼 수 없는 점은 대학 교원과 동일하다. 나아가 교원이 사인으로서 정치적 자유권을 행사한다고 하여 공무원의 정치적 중립성 및 교육의 정치적 중립성에 대한 국민의 기대와 신뢰를 유지할 수 없는 것도 아니며, 학생들에게 중대한 영향을 미치는 것도 아님은 앞서 본 바와 같다.

우리 헌법의 인간상은 사회와 고립된 주관적 개인이나 공동체의 단순한 구성분자가 아니라, 스스로 선택한 인생관 · 사회관을 바탕으로 사회공동체 안에서 각자의 생활을 자신의 책임 아래 형성하는 민주시민이고(헌재 2000. 4. 27. 98헌가16등; 헌재 2003. 10. 30. 2002헌마518 참조), 교육은 국민으로 하여금 민주시민으로서 필요한 자질을 갖추게 함으로써 민주주의가 원활히 기능하기 위한 정치문화의 기반을 조성하기 위한 기본적 수단이다(교육기본법 제2조, 헌재 2003. 2. 27. 2000헌바26 참조).

따라서 교육에는 사회공동체 구성원들이 추구하는 다양한 가치들과 이들 사이의 갈등을 인식할 수 있는 능력의 함양, 갈등과 분쟁을 해결하는 절차, 다원주의 사회에서 관용의 필요성 및 민주시민으로서 가지는 정치적 기본권의 중요성에 대한 이해와 이를 기초로 한 실천 등이 포함되어야 한다. 교육의 정치적 중립성은 교육을 정치로부터 분리시킴으로써 달성할 수 있는 것이 아니라, 교원이 교육과정에서 자신의 정치적 입장을 자제하면서 대립하는 견해를 공정하게 제시하고, 학생들에게 반대되는 견해를 말할 수 있는 기회를 충분히 보장하며, 다원주의의 가치를 이해시킴으로써 형성해야 하는 것이다.

이와 같은 학생들을 민주시민으로 양성하기 위한 교육과 훈련은 초 · 중등학교에서부터 이루어지는 것이므로, 직무의 본질이나 내용을 고려하더라도 정당의 설립 · 가입과 관련하여 대학 교원과 교원을 달리 취급할 합리적인 이유가 있다고 보기 어렵다.

따라서 정당법조항 및 국가공무원법조항 중 '정당'에 관한 부분은 나머지 청구인들의 평등권을 침해한다.

8. 재판관 이선애, 재판관 이은애, 재판관 이종석의 국가공무원법조항 중 '그 밖의 정치단체'에 관한 부분에 대한 반대의견

우리는 국가공무원법조항 중 '그 밖의 정치단체'에 관한 부분이 명확성원칙 및 과잉금지원칙에 위배되지 않아 나머지 청구인들의 정치적 표현의 자유 및 결사의 자유를 침해하지 않는다고 생각하므로 아래와 같이 반대의견을 밝힌다.

가. 명확성원칙 위배 여부

(1) 특정 법률이 해당 규정을 통해 규율하려는 내용이 어느 범위까지인지를 파악함에 있어서는 해당 법령의 문언 내용뿐만 아니라 해당 규정의 입법목적, 다른 유사 법규범의 체계적 구조 등을 종합적으로 고려하여 판단하여야 한다.

특히 오늘날에는 국가와 사회의 상호작용이 활발하여 기존에 정치 영역으로 취급되던 것뿐만이 아니라 사회 · 경제 · 문화와 같은 사회 전반의 모든 문제들이 언제든지 정치 문제로 전환될 가능성이 있다. 현대국가에 있어 표현되는 모든 의견은 그 정치성의 강약에 차이가 있을 뿐 일정 부분 정치적 주장이 될 수밖에 없다. 따라서 국가공무원법조항이 규정하는 '정치단체'를 해석할 때 단순히 문언 자체에만 얽매일 경우 그 의미 내용을 제대로 파악할 수 없게 된다.

그러므로 공무원의 정치적 중립성 및 교육의 정치적 중립성을 선언한 헌법의 취지, 국가공무원법조항의 입법목적 그리고 관련 규범들과의 관계 등을 종합적으로 고려하여 체계적이고 모순 없는 해석을 통해 그 규범 내용을 한정적으로 파악하는 것이 가능하다면, 해당 규정의 문언이 다소 폭넓게 규율 영역을 정하고 있다는 사정만으로 이를 지나치게 포괄적인 입법이라고 단언할 수는 없다(헌재 2012. 5. 31. 2009헌마705 등; 헌재 2018. 7. 26. 2016헌바139 참조).

(2) 국가공무원법조항은 가입 등이 금지되는 대상을 '정당이나 그 밖의 정치단체'로 규정하고 있다. 즉, 입법자가 국가공무원법조항에 의하여 규율하려는 대상은 '정치단체'이고, 그 전형적 · 구체적인 사례가 바로 앞서 열거된 '정당'이다.

여기에 '단체' 개념의 관용적인 용례를 보태어 살펴보면, 국가공무원법조항이 지칭하는 '단체'란 '공동의 목적 내지 이해관계를 가지고 조직적인 의사형성 및 결정이 가능

한 다수인의 지속성 있는(1회적이지 않은) 모임'을 의미하는 것임을 추론할 수 있다(헌재 2010. 12. 28. 2008헌바89 참조).

나아가 복잡 · 다기하게 변화하는 사회에서, 특히 부단히 변화하는 정치환경에서 자율적인 형성과 운영을 본질로 하는 정치조직의 유동성을 고려할 때, 입법자가 위와 같은 입법목적을 달성하기 위해서 규율이 필요한 '정치단체'를 일일이 구체적이고 확정적으로 미리 열거한다는 것은 입법기술상 불가능하거나 현저히 곤란하다. 입법자는 법규범의 흠결을 보완하고 부단히 변화하는 정치환경에 대한 법규범의 적응력을 확보하기 위하여 '정치단체'라는 보편적이고 일반적인 개념을 사용함으로써 규율대상을 모두 일일이 열거하지 않고 법관의 보충적 해석에 맡긴 것이다(헌재 2014. 7. 24. 2013헌바169 참조).

(3) 현대 민주주의는 종래의 순수한 대의제 민주주의에서 정당국가적 민주주의로 변화하였는바, 정당은 국민과 국가의 중개자로서 정치적 도관(導管)의 기능을 수행하여 주체적 · 능동적으로 국민의 다원적 정치의사를 유도 · 통합함으로써, 국가정책의 결정에 직접 영향을 미칠 수 있는 규모의 정치적 의사를 형성하고 있다. 보다 구체적으로는 정당은 각종 선거에서의 입후보자 추천과 선거활동, 의회에서의 입법활동, 정부의 정치적 중요결정에의 영향력 행사, 대중운동의 지도 등의 과정에 실질적으로 주도권을 행사함으로써, 정치과정은 물론 선거과정에서도 실질적인 주체로서의 역할을 담당하고 있다.

이처럼 오늘날 정치활동은 정당 또는 당파적 기반 아래 활동하는 사람을 중심으로 이루어지므로, 특정 사회 문제에 대한 의견을 공표하는 것을 넘어, 특정 정당이나 특정 정치인을 지지 · 반대하는 단체는 정치성을 뚜렷하게 지닌 것으로 볼 수 있다. 교원이 특정 정당이나 특정 정치인을 지지 · 반대하는 단체의 결성에 관여하거나 이에 가입하는 경우, 교육현장에 혼란을 초래할 수 있고, 공무원의 정치적 중립성 및 교육의 정치적 중립성에 대한 국민의 신뢰가 흔들릴 수 있으므로, 이는 제한되어야 한다.

이에 국가공무원법 제65조 제2항도 공무원은 선거에서 특정 정당 또는 특정인을 지지 또는 반대하기 위한 일정한 행위를 하여서는 아니 된다고 규정하고 있다(헌재 2018. 7. 26. 2016헌바139 참조).

(4) 헌법 제7조는 공무원이 국민 전체의 봉사자라는 지위에 있음을 확인하면서 공무원에 대하여 정치적 중립성을 지킬 것을 요구하고 있다. 이와 같은 공무원에 대한 정치적 중립성의 요청은 헌법 제31조 제4항에 의하여 교육 분야에서 종사하는 교육공무원에게까지 제도적으로 보장되고 있다. 공무원의 신분과 지위의 특수성을 고려할 때, 공무원에 대해서는 일반 국민보다 더욱 넓고 강한 기본권제한이 가능하다.

또한 국가공무원법조항의 입법목적은 공무원의 정치적 중립성을 확보하여 국민 전체에 대한 봉사자로서의 근무기강을 확립하고, 정치와 교육의 분리를 통하여 교육현장에서의 혼란의 초래를 예방하고 국민의 신뢰를 확보하여 헌법상 직업공무원제도 및 교육제도를 수호하려는 것이다.

공무원의 정치적 중립성 및 교육의 정치적 중립성을 선언한 헌법의 취지, 국가공무원법조항의 입법목적 그리고 관련 규범들과의 관계 등을 종합적으로 고려하면, 국가공무원법조항에서 가입 등을 금지하는 '정치단체'는 '특정 정당이나 특정 정치인을 지지·반대하는 단체로서 그 결성에 관여하거나 가입하는 경우 공무원의 정치적 중립성 및 교육의 정치적 중립성을 훼손할 가능성이 높은 단체'로 한정할 수 있다. 따라서 '정치단체'의 의미 내지 범위가 지나치게 광범위하다거나 법관의 해석에 의하여 무한히 확대될 위험이 있다고 보기 어렵다.

(5) 더욱이 국가공무원법조항의 수범자는 일반 국민이 아니라 교원이므로, 건전한 상식과 통상적인 법 감정을 가진 교원이라면 국가공무원법조항 중 '정치단체'의 의미내용을 충분히 이해할 수 있고, 그 문언에 다소 불명확한 측면이 있다고 하더라도 위와 같이 법관의 통상적인 해석작용에 의하여 충분히 보완될 수 있다. 그렇다면 국가공무원법조항 중 '그 밖의 정치단체'에 관한 부분은 명확성원칙에 위배되어 나머지 청구인들의 정치적 표현의 자유 및 결사의 자유를 침해한다고 볼 수 없다.

나. 과잉금지원칙 위배 여부

정당은 정치적 결사의 한 종류이므로(헌재 2014. 3. 27. 2011헌바42 참조), 5. 본안에 관한 판단, 가. 정당법조항 및 국가공무원법조항 중 '정당'에 관한 부분에서 살펴본 헌재 2014. 3. 27. 2011헌바42 결정 중 과잉금지원칙 위배 여부 부분의 논거는 국가공무원법조항 중 '그 밖의 정치단체'에 관한 부분에도 그대로 적용될 수 있다. 2011헌바42 결정의 가입 행위에 관한 판단은 그보다 적극적인 정치활동에 속하는 결성에 관여하는 행위에도 그대로 적용될 수 있음은 앞서 본 바와 같다.

또한 앞서 본 바와 같이 '정치단체'를 '특정 정당이나 특정 정치인을 지지·반대하는 단체로서 그 결성에 관여하거나 가입하는 경우 공무원 및 교육의 정치적 중립성을 훼손할 가능성이 높은 단체'라고 해석하는 이상, 국가공무원법조항 중 '그 밖의 정치단체'에 관한 부분의 규율 범위가 지나치게 광범위하여 과잉금지원칙에 위배된다고 보기도 어렵다.

그렇다면 국가공무원법조항 중 '그 밖의 정치단체'에 관한 부분은 과잉금지원칙에 위배되어 나머지 청구인들의 정치적 표현의 자유 및 결사의 자유를 침해한다고 볼 수 없다.

재판관 유남석 이선애 이석태 이은애 이종석 이영진 김기영 문형배 이미선

[별지] 관련조항

정당법(2005. 8. 4. 법률 제7683호로 전부개정된 것)

제22조(발기인 및 당원의 자격) ① (본문 생략)

3. 법령의 규정에 의하여 공무원의 신분을 가진 자

② 대한민국 국민이 아닌 자는 당원이 될 수 없다.

제53조(위법으로 발기인이나 당원이 된 죄) 제22조(발기인 및 당원의 자격) 제1항 단서

의 규정을 위반하여 정당의 발기인이나 당원이 된 자는 1년 이하의 징역이나 100만 원 이하의 벌금에 처한다.

국가공무원법(2015. 5. 18. 법률 제13288호로 개정된 것)

제2조(공무원의 구분) ② "경력직공무원"이란 실적과 자격에 따라 임용되고 그 신분이 보장되며 평생 동안(근무기간을 정하여 임용하는 공무원의 경우에는 그 기간 동안을 말한다) 공무원으로 근무할 것이 예정되는 공무원을 말하며, 그 종류는 다음 각 호와 같다.

2. 특정직공무원: 법관, 검사, 외무공무원, 경찰공무원, 소방공무원, 교육공무원, 군인, 군무원, 헌법재판소 헌법연구관, 국가정보원의 직원과 특수 분야의 업무를 담당하는 공무원으로서 다른 법률에서 특정직공무원으로 지정하는 공무원

제65조(정치 운동의 금지) ② 공무원은 선거에서 특정 정당 또는 특정인을 지지 또는 반대하기 위한 다음의 행위를 하여서는 아니 된다.

1. 투표를 하거나 하지 아니하도록 권유 운동을 하는 것
2. 서명 운동을 기도(企圖) · 주재(主宰)하거나 권유하는 것
3. 문서나 도서를 공공시설 등에 게시하거나 게시하게 하는 것
4. 기부금을 모집 또는 모집하게 하거나, 공공자금을 이용 또는 이용하게 하는 것
5. 타인에게 정당이나 그 밖의 정치단체에 가입하게 하거나 가입하지 아니하도록 권유 운동을 하는 것

③ 공무원은 다른 공무원에게 제1항과 제2항에 위배되는 행위를 하도록 요구하거나, 정치적 행위에 대한 보상 또는 보복으로서 이익 또는 불이익을 약속하여서는 아니 된다.

④ 제3항 외에 정치적 행위의 금지에 관한 한계는 대통령령등으로 정한다.

제84조(정치 운동죄) ① 제65조를 위반한 자는 3년 이하의 징역과 3년 이하의 자격정지에 처한다.

초 · 중등교육법(2019. 12. 3. 법률 제16672호로 개정된 것)

제19조(교직원의 구분) ① 학교에는 다음 각 호의 교원을 둔다.

1. 초등학교 · 중학교 · 고등학교 · 고등공민학교 · 고등기술학교 및 특수학교에는 교장 · 교감 · 수석교사 및 교사를 둔다. 다만, 학생 수가 100명 이하인 학교나 학급 수가 5학급 이하인 학교 중 대통령령으로 정하는 규모 이하의 학교에는 교감을 두지 아니할 수 있다.
2. 각종학교에는 제1호에 준하여 필요한 교원을 둔다.

제5장 기본권의 제한

1. 기본권의 제한

헌법은 기본적 인권의 불가침성과 국가적 보장을 규정하고 있다. 그러나 기본권은 아무런 제약이나 제한도 없는 것이 아니라 명문이든 불문율이든 제약을 받는다는 것이 통설이다. 따라서 기본권은 절대적으로 보장되는 것이 아니라 민주적 기본질서나 다른 사람의 권리 혹은 공공질서 등과 충돌될 때에 일정한 한계를 가지며, 이러한 한계를 짓는 것이 곧 기본권 제한이다.

헌법에 규정된 기본권이라 해도 무제한으로 보장되는 것은 아니며, 모든 국민의 기본권을 조화롭게 보장하기 위하여 개인의 기본권이 제한되는 경우가 있다. 예를 들어, 흡연자라 하더라도, 사람들이 많은 공공 장소에서 함부로 담배를 피워서 타인에게 피해를 주어서는 안될 것이며, 아무리 표현의 자유가 있다고 하더라도, 표현한 내용이 타인의 명예를 훼손해서는 안될 것이다. 즉, 어떤 사람의 기본권 행사가 다른 사람의 기본권을 침해하거나 공동체의 이익을 해할 염려가 있으면, 국가는 기본권의 행사를 합리적인 범위 내에서 제한할 수 있다.

국민의 기본권을 함부로 제한하게 될 경우에는, 과거 독재 국가나 권위주의 국가의 경우처럼 국가 권력에 의한 기본권의 제한이 심각한 기본권 침해로 이어지는 문제가 발생하게 될 것이므로, 현대 민주주의 국가에서는 엄격히 정해진 원칙과 절차에 의해 기본권을 제한하도록 하고 있다.

기본권을 제한함에 있어서 그 방법은 헌법이 직접 제한하는 경우와 헌법에서 법률에 의하여 제한하도록 규정한 것이 있다. 전자를 기본권 제한의 헌법유보라 하고 후자를 법률유보라 한다. 전자에는 다시 일반적 헌법유보[1]와 개별적 헌법유보가 있는데 우리나라는 개별

1) 현행 헌법에는 독일기본법 제2조 제1항과 같은 일반적 헌법유보에 해당하는 규정이 없다. 독일기본법 제2조 제①항에서는 "누구든지 다른 사람의 권리를 침해하거나 헌법질서 또는 도덕률에 반하지 않는 한 자기의 인격을 자유로이 실현할 권리를 가진다."라고 규정하고 있다. 하지만, 우리 현행 헌법에 일반적

적 헌법유보만이 존재한다.

법률유보는 기본권의 제한을 법률에 의하도록 규정한 조항을 말하는 것으로 헌법 제12조 제1항의 신체의 자유, 제23조 제3항의 재산권, 제37조 제2항의 법률유보가 이에 해당한다. 여기에도 개별적 법률유보와 일반적 법률유보가 있는데 개별적 법률유보조항이 있는 기본권은[2] '법률이 정하는 바에 따라' 제한이 가능하다. 그러나 기타의 개별적 기본권에 대하여는 법률에 의한 제한가능성만을 규정하고 있을 뿐이지 그 목적이나 방식 등은 일반적 법률유보의 방식으로 규정하고 있다.[3]

2. 기본권 제한의 조건과 그 한계

우리 헌법 제37조 2항에서는 기본권 제한의 조건으로 "국민의 모든 자유와 권리는 국가안전 보장, 질서 유지, 공공복리를 위하여 필요한 경우에 한하여 법률로써 제한할 수 있으며, 제한하는 경우에도 자유와 권리의 본질적 내용을 침해할 수 없다."라고 규정하고 있다. 이에 따라 기본권은 헌법이 정한 엄격한 조건에 의해서만 제한된다.

첫째, 기본권은 국가 안전 보장[4], 질서 유지, 공공복리[5]를 위한 목적 이외에는 제한할 수 없다. 이는 기본권이 특정 개인이나 집단이 아닌 사회 전체의 공익을 위해서만 제한될 수 있음을 의미한다.

둘째, 기본권 제한은 국회에서 제정한 법률을 통해 이루어져야 한다. 즉, 법률보다 하위의 법규인 명령, 조례, 규칙 등으로는 기본권을 제한할 수 없고, 법률로 제한하는 경우에도 그 내용이 명확해야 한다. 다만, 국가 비상사태 등의 국가적 위기 상황에서는 예외가 적용된다.

셋째, 기본권을 제한하는 경우에도 필요 최소한에 그쳐야 한다. 이때 기본권을 제한하는 목적이 정당해야 하고 피해를 최소화해야 한다는 등의 판단 지침을 적용하기도 하는데, 이를 과잉금지의 원칙이라고 한다.

헌법유보에 관한 조항이 없을지라도 타인의 권리(權利)·도덕률(道德律)·헌법질서(憲法秩序) 등의 존중은 국가적 공동생활을 위하여 기본권에 당연히 내재하는 제약 사유이다.

2) 예컨대 헌법 제12조 제1항 신체의 자유나 제23조 제3항의 재산권과 같은 경우가 여기에 해당한다.
3) 헌법 제37조 제2항은 일반적 법률유보의 형식으로 기본권을 제한하고 있다.
4) 국가안전보장이란, 국가의 존립과 영토의 보전, 헌법 기관의 유지 등 국가 안전의 확보를 뜻한다.
5) 공공복리란 사회 구성원 전체에 공통되는 이익을 말한다. 단순한 개인의 개별적 이익과는 달리, 사회 다수의 이익과 개인의 이익이 잘 조화될 때 성립하는 사회 전체의 이익이다.

이러한 조건을 모두 충족하는 경우이더라도 기본권의 본질적 내용은 침해할 수 없다. 즉, 기본권을 제한하는 경우에도 그 기본권의 존재 자체를 부인하는 정도의 제한은 허용되지 않는다.

3. 제한의 대상 및 사유

제한의 대상이 되는 기본권은 원칙적으로 '모든' 자유와 권리이다. 그러나 성질상 제한이 가능한 기본권에 한한다.[6]

기본권을 어떤 경우에 제한할 수 있는지, 기본권을 제한할 때 어떤 한계를 지켜야 하는지를 이해하는데 구체적 기준이 되는 것이 헌법 제37조 제2항이다. 헌법 제37조 제2항은 "국민의 모든 자유와 권리는 국가안전보장 · 질서유지 또는 공공복리를 위하여 필요한 경우에 한하여 법률로써 제한할 수 있으며, 제한하는 경우에도 자유와 권리의 본질적인 내용을 침해할 수 없다"고 규정하고 있어서 이때 "국가안전보장 · 질서유지 또는 공공복리를 위하여…"는 기본권 제한의 목적상의 한계를 설정하는 규정이다. 모두 개인보다는 집단의 이익을 위한 목적을 염두에 두고 있다. 이중에서 '질서유지', '공공복리'와는 달리 '국가안전보장'은 '국가'를 전제로 한 규정인데 사실 국가안전보장이라는 표현은 1972년 유신헌법에서 추가되었다. 건국헌법부터 제3공화국 헌법까지는 질서유지와 공공복리만 규정하였기 때문에 앞으로 개헌논의가 있게 되면 논란의 여지도 있을 것으로 예상된다.

헌법 제37조 제2항의 논리적 구조

헌법 제37조 제2항 내용	한계의 종류
• 국가안전보장 · 질서유지 또는 공공복리를 위하여	• 목적상의 한계
• 필요한 경우에 한하여	• 방법상의 한계
• 법률로써 제한할 수 있으며	• 형식상의 한계
• 자유와 권리의 본질적인 내용을 침해할 수 없다.	• 내용상의 한계

표에서 보는 바와 같이 헌법 제37조 제2항의 해석에 있어서 가장 중요한 것은, '필요한 경우에 한하여라는 조건을 충족하였는가'이다. 즉, 그러한 기본권의 제한이 과연 필요한가? 하는 쟁점이 가장 중요하다. 대부분의 헌법재판소 결정은 법률에 근거한 기본권 제한

6) 기본권을 제한하는 경우라도 자유와 권리의 본질적인 내용은 침해할 수 없다고 헌법 제37조 제2항 후단에서 규정하고 있다.

방법이 과잉금지(비례)의 원칙을 위반했는지 여부에 초점을 맞추고 있다.

과잉금지의 원칙이란, 국민의 기본권을 제한하는 법률은 목적이 정당해야 하고, 수단이 적합해야 하며, 기본권을 제한 당하는 자의 피해를 최소화해야 하며, 기본권을 제한함으로써 얻을 수 있는 공익이 제한되는 사익보다 크거나 균형을 유지해야 한다는 원칙이다. 즉, 목적의 정당성, 수단의 적합성, 피해의 최소성, 법익의 균형성이라는 네 가지 기준으로 구성된다.

예를 들어, 공익을 위한다는 목적에서, 또 제대 군인들에 대한 원활한 사회 복귀를 돕고 국가를 위해 희생한 자들에 대한 보상을 위해, 군복무를 마친 사람에 대한 공무원시험 점수 가산제도 법안을 마련하여 시행한다고 가정해 보자. 이 경우 이 법은 입법의 목적이 정당해야 하고, 그 목적을 달성하기 위한 방법이 적절해야 한다. 그리고 이 법 때문에 발생하는 피해를 최소화해야 하고, 이 법이 보호하려는 공익과 침해되는 사익 사이에 균형을 유지해야 한다. 따라서 비례의 원칙은 헌법재판소 결정문에 반복해서 등장한다. 이 기준을 구체적인 사안에 적용해서 어느 하나라도 반한다면 과잉금지 원칙에 위배되어 국민의 기본권을 침해하는 법이 되는 것이다.

이론과 사례부분에서 소개할 헌법재판소 결정 사례를 과잉금지의 원칙의 내용에 비추어 분류해 보면 다음과 같다.

과잉금지(비례)의 원칙	원칙이 적용된 헌법재판소 결정 사례
• 목적의 정당성	• 동성동본 금혼제-(헌법불합치) • 재외국민 선거권 제한-(헌법불합치)
• 수단의 적합성	• 제대군인지원에 관한 법률 제8조 제1항 등-(위헌)
• 피해의 최소성	• 금치수형자에 대한 집필금지-(위헌)
• 법익의 균형성	• 태아의 성별 고지 금지-(헌법불합치)

읽기 자료 1

과잉금지의 원칙: 기본권의 침해인지 기본권의 합리적 제한인지를 구별하는 방법

우리 헌법에는 국민들의 자유권, 평등권 등 여러 기본권을 규정하고 있으나, 누구도 기본권을 무제한적으로 행사할 수는 없다. 타인의 권리를 침해하지 않아야 하는 등 일정한 한계가 있게 마련이다. 그래서 헌법에 규정된 기본권이라 해도 모든 국민의 기본권을 조화롭게 보장하기 위해 개인의 기본권이 제한되는 경우가 있다. 예를 들어, 흡연자라 하더라도, 사람들이 많은 공공장소에서 함부로 담배를 피워서 타인에게 피해를 주어서는 안 되며, 아무리 표현의 자유가 있다고 하더라도 표현한 내용이 타인의 명예를 훼손해서는 안 된다. 즉 어떤 사람의 기본권 행사가 다른 사람의 기본권을 침해하거나 공동체의 이익을 해할 염려가 있으면, 국가는 기본권의 행사를 합리적인 범위 내에서 제한할 수 있다. 그러나 국민의 기본권을 함부로 제한하면, 과거 독재 국가나 권위주의 국가에서 그랬던 것처럼 국가 권력에 의한 심각한 기본권 침해가 나타날 수 있습니다. 따라서 현대 민주주의 국가에서는 엄격히 정해진 원칙과 절차에 의해서만 기본권을 제한할 수 있도록 하고 있다.

국민의 기본권 제한에 대해서 우리 헌법 제37조 2항에서는 기본권 제한의 조건으로 "국민의 모든 자유와 권리는 국가 안전 보장, 질서 유지, 공공복리를 위하여 필요한 경우에 한하여 법률로써 제한할 수 있으며, 제한하는 경우에도 자유와 권리의 본질적 내용을 침해할 수 없다."라고 규정하고 있다. 이에 따라 기본권은 헌법이 정한 엄격한 조건에 의해서만 제한이 가능하게 된다.

상술하자면, 기본권은 다음과 같은 요건 하에서만 제한이 가능하다.

첫째, 기본권은 국가 안전 보장, 질서 유지, 공공복리를 위한 목적 이외에는 제한할 수 없다. 이는 기본권이 사회 전체의 공익을 위해서만 제한될 수 있다는 의미이다.

둘째, 기본권 제한은 국회에서 제정한 '법률'을 통해 이루어져야 한다. 즉 법률보다 하위의 법규인 명령, 조례, 규칙만으로 기본권을 제한할 수 없고, 기본권을 제한하는 근거가 반드시 법률에 규정되어 있어야 한다는 의미이다.

셋째, 기본권을 제한하는 경우에도 최소한에 그쳐야 한다. 이때 기본권을 제한하는 목적이 정당해야 하고 피해를 최소화해야 한다는 등의 판단 지침을 적용하기도 하는데, 이를 과잉금지의 원칙, 또는 비례의 원칙이라고 한다. 우리 헌법재판소는 과잉금지의 원칙에 대해 다음과 같이 설명하고 있다.

> 우리 헌법상의 과잉입법금지의 원칙에 대하여 살펴 본다.
>
> 국가작용 중 특히 입법작용에 있어서의 과잉입법금지의 원칙이라 함은 국가가 국민의 기본권을 제한하는 내용의 입법활동을 함에 있어서 준수하여야 할 기본원칙 내지 입법 활동의 한계를 의미하는 것으로서, 국민의 기본권을 제한하려는 입법의 목적이 헌법 및 법률의 체제상 그 정당성이 인정되어야 하고(목적의 정당성), 그 목적의 달성을 위하여 그 방법이 효과적이고 적절하여야 하며(방법의 적정성), 입법권자가 선택한 기본권제한의 조치가 입

법목적달성을 위하여 설사 적절하다 할지라도 보다 완화된 형태나 방법을 모색함으로써 기본권의 제한은 필요한 최소한도에 그치도록 하여야 하며(피해의 최소성), 그 입법에 의하여 보호하려는 공익과 침해되는 사익을 비교형량할 때 보호되는 공익이 더 커야한다(법익의 균형성)는 법치국가의 원리에서 당연히 파생되는 헌법상의 기본원리의 하나인 비례의 원칙을 말하는 것이다. 이를 우리 헌법은 제37조 제1항에서 "국민의 자유와 권리는 헌법에 열거되지 아니한 이유로 경시되지 아니한다." 제2항에서 "국민의 모든 자유와 권리는 국가안전보장, 질서유지 또는 공공복리를 위하여 필요한 경우에 한하여 법률로써 제한할 수 있으며, 제한하는 경우에도 자유와 권리의 본질적인 내용을 침해할 수 없다."라고 선언하여 입법권의 한계로서 과잉입법금지의 원칙을 명문으로 인정하고 있으며 이에 대한 헌법위반여부의 판단은 헌법 제111조와 제107조에 의하여 헌법재판소에서 관장하도록 하고 있다(헌법재판소 1992. 12. 24. 선고 92헌가8 결정)

결국 국회가 국민의 기본권을 제한하는 법률을 만들 때, 위의 네 가지 조건을 모두 충족시켜야 헌법 37조 2항에 위반되지 않는다. 네 가지 조건 중 하나라도 지키지 못하면 그러한 법률은 기본권을 합리적으로 제한하는 것이 아니라, 기본권을 침해하는 것이어서 위헌이고 무효인 법률이 된다.

그렇다면 예를 들어 우리나라 형법이 사형을 규정하고 있다.[7] 그런데 이러한 사형이 인간의 생명권에 대한 침해이어서 위헌이 아닌가 하는 의문이 있어왔다. 이에 대해 헌법재판소는 사형이라는 제도가 헌법 제37조 2항에 규정된 과잉금지의 원칙에 위반되지 않기 때문에 합헌이라고 판단했다. 합헌이라고 판단한 근거를 살펴보면,

① 목적의 정당성: 사형은 극악한 범죄에 대한 정당한 응보를 통하여 정의를 실현하고, 사회를 방어한다는 공익상의 목적을 가진 형벌이므로 사형제도의 입법목적이 정당하고,

② 방법의 적정성: 사형은 인간의 죽음에 대한 공포본능을 이용한 범죄예방효과가 있어 범죄예방목적을 달성하기 위한 적합한 수단이며, 극악한 범죄에 대하여는 정당한 응보를 통한 정의의 실현을 달성하기 위한 적합한 수단이며,

③ 피해의 최소성: 사형과 동일한 효과를 나타내면서도 사형보다 범죄자에 대한 법익침해 정도가 작은 다른 형벌이 명백히 존재한다고 보기 어려우므로 사형제도는 피해의 최소성 원칙에 어긋난다고 할 수 없다.

7) 형법 제41조(형의 종류) 형의 종류는 다음과 같다.

1. 사형	2. 징역	3. 금고
4. 자격상실	5. 자격정지	6. 벌금
7. 구류	8. 과료	9. 몰수

④ 법익의 균형성: 사형제도에 의하여 달성되는 범죄예방 및 정의의 실현이라는 공익은 사형제도로 발생하는 극악한 범죄를 저지른 자의 생명권 박탈이라는 사익보다 결코 작다고 볼 수 없어 사형제도는 법익의 균형성원칙에 위배되지 아니한다(헌법재판소 2010. 2. 25.선고 2008헌가23, 전원재판부).

결국, 우리나라 헌법재판소는 사형이 극악한 범죄에 한정적으로 선고되는 한, 사형제도 자체는 위의 과잉금지의 원칙에 해당하는 네 가지 조건을 모두 갖추었으므로 생명권 제한에 있어서의 헌법상 과잉금지의 원칙(비례의 원칙)에 위배되지 아니한다고 판단한 것이다.

읽기 자료 2

이론과 사례: 동성동본 금혼은 왜 헌법에 어긋난다고 결정했나요?

1. 사례의 개요

김○○와 김○○는 동성동본임에도 서로 사랑하여 혼인하려 하였으나 양가의 부모님들의 반대로 혼인하지 못하였다. 그러던 중 둘은 양가의 부모님들을 설득하여 혼인을 허락받았고 드디어 1994년 12월 많은 사람들의 축하 속에 혼인하였다. 그 후 혼인신고를 하려 하였으나 담당공무원은 위법한 혼인이라며 혼인신고를 수리하여 주지 아니하였다. 두 김씨는 동성동본 금혼을 규정한 법은 헌법이 보장하는 혼인의 자유를 침해하는 것이며 성은 아버지의 성만을 따르는 것이므로 이는 양성평등에도 어긋난다며 헌법소원심판을 청구하였다.

2. 심판대상 법령

민법 제809조 제1항(1958. 2. 22. 법률 제471호로 제정된 것): 동성동본인 혈족사이에서는 혼인하지 못한다.

3. 헌법재판소의 판단

(1) 단순위헌 의견

중국에서부터 유래하여 조선시대시대를 거쳐 온 동성동본 금혼제는 그 제도 생성 당시의 국가정책, 국민의식이나 윤리관 및 경제구조와 가족제도 등이 혼인제도에 반영된 것으로서, 충효정신을 기반으로 한 농경중심의 가부장적, 신분적 계급사회에서 사회질서를 유지하기 위한 수단의 하나로서의 기능을 하였다.

그러나 자유와 평등을 근본이념으로 하고 남녀평등의 관념이 정착되었으며 경제적으로 고도로 발달한 산업사회인 현대의 자유민주주의사회에서 동성동본 금혼을 규정한 민법 제809조 제1항은 이제 사회적 타당성 내지 합리성을 상실하고 있음과 아울러 '인간으로서의 존엄과 가치 및 행복추구권'을 규정한 헌법 이념 및 '개인의 존엄과 양성의 평등'에 기초한 혼인과 가족생활의 성립 · 유지라는 헌법 규정에 정면으로 배치될 뿐 아니라, 남계혈족에만 한정하여 성별에 의한 차별을 함으로써 헌법상의 평등의 원칙에도 위반되며, 또한 그 입법목적이 이제는 혼인에 관한 국민의 자유와 권리를 제한할 '사회질서'나 '공공복리'에 해당될 수 없다는 점에서 헌법 제37조 제2항에도 위반된다.

(2) 헌법불합치 의견

민법 제809조 제1항이 헌법에 위반된다는 결론에는 다수의견과 견해를 같이 한다. 그러나 동성동본제도는 수백 년간 이어져 내려오면서 우리 민족의 혼인풍속이 되었을 뿐만 아니라 윤리 규범으로 터 잡게 되었고 혼인제도는 입법부인 국회가 우리민족의 전통, 관습, 윤리의식 등 여러 가지 사정을 고려하여 입법 정책적으로 결정하여야 할 입법재량사항이므로, 비록 위 조항에 위헌성이 있다고 하여도 헌법재판소가 곧바로 위헌결정을 할 것이 아니라 입법형성권을 가지고 있는 국회가 우리민족의 혼인풍속, 윤리의식, 친족관념 및 그 변화 여부, 동성동본금혼제도가 과연 사회적 타당성이나 합리성을 완전히 상실하였는지 여부, 그 제도의 개선방법, 그리고 동성동본금혼제도를 폐지함에 있어 현행 근친혼금지규정이나 혼인무효 및 취소에 관한 규정을 새로 정비할 필요는 없는지 등을 충분히 고려하여 새로이 혼인 제도를 결정할 수 있도록 헌법불합치 결정을 하여야 한다.

4. 해설

이 사건에서는 2인의 재판관이 합헌 의견을 제시하였다. 그러나 이들을 제외하고는 법률조항이 헌법에 위반된다는 점에 있어서는 재판관 7명의 의견이 일치되었다. 즉, 재판관 5명은 단순위헌결정을 선고함이 상당하다는 의견이고 재판관 2명은 헌법불합치결정을 선고함이 상당하다는 의견이었다. 그러나 재판관 5명의 의견이 다수의견이기는 하나 헌법재판소법 제23조 제2항 제1호에 규정된 ‘법률의 위헌결정’을 함에 필요한 심판정족수에 이르지 못하였기 때문에 이 사건은 ‘헌법불합치’라는 결정이 내려졌다. 헌법재판소는 1998년 12월 31일까지 개정하지 아니하면 1999년 1월 1일부터 그 효력을 상실한다고 결정하였다. 그리고 법원 기타 국가기관 및 지방자치단체는 입법자가 개정할 때까지 위 법률조항의 적용을 중지하여야 한다고 결정하였으므로 두 김씨는 혼인신고를 마칠 수 있게 된다.

읽기 자료 3

이론과 사례: 주민등록을 할 수 없는 사람은 선거권도 없나요?

1. 사례의 개요

정○○와 그 친척 10여 명은 모두 대한민국 국적을 보유한 일본 영주권자들로서 현재 일본에 거주하고 있거나 국내에 거주하고 있는 만 19세 이상의 국민들인 바, 구 「공직선거 및 선거부정방지법」(2005. 8. 4. 법률 제7681호로 개정되기 전의 것) 제15조 제2항, 제16조 제3항 및 제37조 제1항이 국민의 참정권 행사를 위한 요건으로 주민등록을 요구함으로써 주민등록을 할 수 없는 그들에게 대통령 · 국회의원 선거권, 지방선거 선거권 및 피선거권을 행사할 수 없도록 한 것은 그들의 헌법상 기본권을 침해한다고 주장하면서 2004년 8월 14일 헌법소원심판을 청구하였다.

2. 심판대상 법령

(1) 공직선거법(2005. 8. 4. 법률 제7681호로 개정된 것) 제15조(선거권) 제1호
(2) 공직선거법 제16조 제3항(피선거권)
(3) 공직선거법 제37조 제1항(명부작성)
(4) 공직선거법 제38조 제1항(부재자신고)
(5) 국민투표법(1994.12. 22. 법률 제4796호로 개정된 것) 제14조(투표인명부의 작성)

3. 헌법재판소의 판단

(1) 목적의 정당성 상실

선거권의 제한은 불가피하게 요청되는 개별적 · 구체적 사유가 존재함이 명백할 경우에만 정당화될 수 있고, 막연하고 추상적인 위험이나 국가의 노력에 의해 극복될 수 있는 기술상의 어려움이나 장애 등을 사유로 그 제한이 정당화될 수 없다. 북한주민이나 조총련계 재일동포가 선거에 영향을 미칠 가능성, 선거의 공정성, 선거 기술적 이유 등은 재외국민 등록제도나 재외국민 거소신고 제도, 해외에서의 선거운동방법에 대한 제한이나 투표자 신분확인제도, 정보기술의 활용 등을 통해 극복할 수 있으며, 나아가 납세나 국방의무와 선거권 간의 필연적 견련관계도 인정되지 않는다는 점 등에 비추어 볼 때, 단지 주민등록이 되어 있는지 여부에 따라 선거인명부에 오를 자격을 결정하여 그에 따라 선거권 행사 여부가 결정되도록 함으로써 엄연히 대한민국의 국민임에도 불구하고 주민등록법상 주민등록을 할 수 없는 재외국민의 선거권 행사를 전면적으로 부정하고 있는 공직선거법 제37조 제1항은 어떠한 정당한 목적도 찾기 어려우므로 헌법 제37조 제2항에 위반하여 재외국민의 선거권과 평등권을 침해하고 보통선거원칙에도 위반된다.

(2) 재외국민의 선거권 인정

직업이나 학문 등의 사유로 자진 출국한 자들이 선거권을 행사하려고 하면 반드시 귀국해야 하고 귀국하지 않으면 선거권 행사를 못하도록 하는 것은 헌법이 보장하는 해외체류자의 국외 거주 · 이전의 자유, 직업의 자유, 공무담임권, 학문의 자유 등의 기본권을 희생하도록 강요한다는 점에서 부적절하며, 가속화되고 있는 국제화시대에 해외로 이주하여 살 가능성이 높아지고 있는 상황에서, 그것이 자발적 계기에 의해 이루어졌다는 이유만으로 국민이면 누구나 향유해야 할 가장 기본적인 권리인 선거권의 행사가 부인되는 것은 타당성을 갖기 어렵다는 점에 비추어 볼 때, 선거인명부에 오를 자격이 있는 국내거주자에 대해서만 부재자신고를 허용함으로써 재외국민과 단기해외체류자 등 국외거주자 전부의 국정선거권을 부인하고 있는 법 제38조 제1항은 정당한 입법목적을 갖추지 못한 것으로 헌법 제37조 제2항에 위반하여 국외거주자의 선거권과 평등권을 침해하고 보통선거원칙에도 위반된다.

(3) 국내거주 재외국민의 평등권 보장

국내거주 재외국민은 주민등록을 할 수 없을 뿐이지 '국민인 주민'이라는 점에서는 '주민등록이 되어 있는 국민인 주민'과 실질적으로 동일하므로 지방선거 선거권 부여에 있어 양자에 대한 차별을 정당화할 어떠한 사유도 존재하지 않으며, 또한 헌법상의 권리인 국내거주 재외국민의 선거권이 법률상의 권리에 불과한 '영주의 체류자격 취득일로부터 3년이 경과한 19세 이상의 외국인'의 지방선거 선거권에 못 미치는 부당한 결과가 초래되고 있다는 점에서, 국내거주 재외국민에 대해 그 체류기간을 불문하고 지방선거 선거권을 전면적 · 획일적으로 박탈하는 법 제15조 제2항 제1호, 제37조 제1항은 국내거주 재외국민의 평등권과 지방의회 의원선거권을 침해한다.

(4) 주민등록만을 기준으로 한 법률의 기본권 침해 인정

'외국의 영주권을 취득한 재외국민'과 같이 주민등록을 하는 것이 법령의 규정상 아예 불가능한 자들이라도 지방자치단체의 주민으로서 오랜 기간 생활해 오면서 그 지방자치단체의 사무와 얼마든지 밀접한 이해관계를 형성할 수 있고, 주민등록이 아니더라도 그와 같은 거주 사실을 공적으로 확인할 수 있는 방법은 존재한다는 점, 나아가 법 제16조 제2항이 국회의원 선거에 있어서는 주민등록 여부와 관계없이 25세 이상의 국민이라면 누구든지 피선거권을 가지는 것으로 규정함으로써 국내거주 여부를 불문하고 재외국민도 국회의원 선거의 피선거권을 가진다는 사실에 비추어, 주민등록만을 기준으로 함으로써 주민등록이 불가능한 재외국민인 주민의 지방선거 피선거권을 부인하는 법 제16조 제3항은 헌법 제37조 제2항에 위반하여 국내거주 재외국민의 공무담임권을 침해한다.

국민투표는 국가의 중요정책이나 헌법개정안에 대해 주권자로서의 국민이 그 승인 여부를 결정하는 절차인데, 주권자인 국민의 지위에 아무런 영향을 미칠 수 없는 주민등록 여부만을 기준으로 하여, 주민등록을 할 수 없는 재외국민의 국민투표권 행사를 전면적으로 배

제하고 있는 국민투표법 제14조 제1항은 앞서 본 국정선거권의 제한에 대한 판단에서와 동일한 이유에서 청구인들의 국민투표권을 침해한다.

4. 해설

이 사건에서 헌법재판소는, ① 공직선거법(2005. 8. 4. 법률 제7681호로 개정된 것) 제15조 제2항 제1호 중 "당해 지방자치단체의 관할 구역 안에 주민등록이 되어 있는 자"에 관한 부분, ② 공직선거법 제16조 제3항 중 "당해 지방자치단체의 관할 구역 안에 주민등록이 되어 있는 주민"에 관한 부분, ③ 공직선거법 제37조 제1항 중 "그 관할 구역 안에 주민등록이 되어 있는 선거권자"에 관한 부분, ④ 공직선거법 제38조 제1항 중 "선거인명부에 오를 자격이 있는 국내거주자"에 관한 부분, ⑤ 국민투표법(1994. 12. 22. 법률 제4796호로 개정된 것) 제14조 제1항 중 "그 관할 구역 안에 주민등록이 된 투표권자"에 관한 부분은 각 헌법에 합치되지 아니한다고 결정하였다. 그리고 2008년 12월 31일까지 개정하도록 하였다.

이는 재외국민에 대해 원칙적으로의 참정권을 인정하는 것이 헌법적 요청이라 하더라도, 선거 기술적 측면과 선거의 공정성 확보 측면에서 충분히 검토하고 준비할 시간이 필요하고, 또 이 사건 법률조항들이 즉시 효력을 상실하면 향후 선거를 실시할 수 없는 법적 혼란 상태를 초래할 것이므로, 잠정적으로 적용되도록 헌법불합치결정을 선고하면서 입법자로 하여금 개선입법을 할 수 있는 여유를 주어 사회적 혼란을 방지하고자 하였다(2007. 6. 28. 2004헌마644)

읽기 자료 4

이론과 사례: 내 아이가 남자인지 여자인지 미리 좀 알 수 없나요?

1. 사례의 개요

박○○은 2003년 3월 23일 강○○와 결혼하여 2003년 4월경 혼인신고를 마쳤고, 강씨는 2004년 5월경 임신하여 2004년 12월 23일 초음파검사를 받는 과정에서 의사에게 태아의 성별을 알려줄 것을 요청하였다. 그러나 담당의사는 "의료인은 태아 또는 임부에 대한 진찰이나 검사를 통하여 알게 된 태아의 성별을 임부 본인, 그 가족 그 밖의 다른 사람이 알 수 있도록 하여서는 아니 된다"는 의료법 제19조의2 제2항의 규정에 의하여 태아의 성별을 알려줄 수 없다며 이를 거절하였다. 이에 박씨와 강씨 부부는 의료법 규정이 자신들의 기본권을 침해하였다고 주장하며, 출산을 한 달 정도 앞둔 2004년 12월 28일 헌법소원심판을 청구하였다. 박씨 부부의 헌법소원은 받아들여질 수 있을까 ?

2. 심판대상 법령

(1) 의료법 제19조의2 제2항(1987.11.28. 법률 제3948호로 개정되고, 2007.4.11. 법률 제8366호로 전부개정되기 전의 것, 이하 '구 의료법'이라 한다)
(2) 의료법 제20조 제2항(2007.4.11. 법률 제8366호로 전부개정된 것)

3. 헌법재판소의 판단

(1) 입법목적의 정당성과 수단의 적합성 인정

태아 성별 고지 금지는 낙태, 특히 성별을 이유로 한 낙태를 방지함으로써 성비의 불균형을 해소하고 태아의 생명권을 보호하기 위해 입법된 것이므로 그 목적이 정당하다 할 것이다. 한편, 남아선호사상 내지 그 경향이 완전히 근절되었다고 단언하기 어려운 오늘날의 현실에서 태아의 성별에 대한 고지를 금지하면 성별을 이유로 하는 낙태를 예방할 수 있는 가능성을 배제할 수 없다. 그러므로 이 사건 규정은 성별을 이유로 하는 낙태 방지라는 입법목적에 어느 정도 기여할 수 있을 것으로 예상되므로 수단의 적합성 또한 인정된다고 할 것이다.

(2) 피해의 최소성에 대한 판단

그런데 임신 기간이 통상 40주라고 할 때, 낙태가 비교적 자유롭게 행해질 수 있는 시기가 있는 반면에, 낙태를 할 경우 태아는 물론, 산모의 생명이나 건강에 중대한 위험을 초래하여 낙태가 거의 불가능하게 되는 시기도 있다. 예컨대 모자보건법 제14조는 일정한 우생학적 또는 유전학적 정신장애나 신체질환이 있는 경우와 같은 예외적인 경우에는 낙태를 허용하고 있지만, 모자보건법시행령 제15조 제1항에 따르면, 이러한 예외적인 낙태도 임신한 날로부터 28주가 지나면 이를 하지 못하도록 금지하고 있다. 임신 후반기에 접어들면 대체로 낙태 그 자체가 위험성을 동반하게 되므로 태아와 산모를 보호하기 위해 이를 절대적으로 금지하고 있는 것이다.

이와 같이 낙태 그 자체의 위험성으로 인하여 낙태가 사실상 이루어질 수 없는 임신 후반기에는 태아에 대한 성별 고지를 예외적으로 허용하더라도 성별을 이유로 한 낙태가 행해질 가능성은 거의 없다고 할 것이다. 따라서 이 시기에 한정하여 태아의 성별 고지를 허용하게 되면, 낙태의 위험은 없으면서도 의료인의 직업의 자유를 보장함은 물론, 태아의 부모가 태아에 대한 정보에 접근하는 것도 방해하지 않을 수 있게 된다.

낙태가 거의 불가능하게 되는 시기에 있어서 태아의 성별 정보에 대한 고지의 허용은 이 사건 규정의 입법목적 달성에 특별한 지장을 주지는 않을 것으로 볼 수 있다. 그럼에도 불구하고 성별을 이유로 하는 낙태가 임신 기간의 전 기간에 걸쳐 이루어질 것이라는 전제 하에, 이 사건 규정이 낙태가 사실상 불가능하게 되는 시기에 이르러서도 태아에 대한 성별 정보를 태아의 부모에게 알려 주지 못하게 하는 것은 의료인과 태아의 부모에 대한 지나친 기본권 제한으로서 피해의 최소성 원칙을 위반하는 것이다.

(3) 법익 균형성에 대한 판단

태아의 생명은 중요한 법익으로서 일반적으로 의사가 자유롭게 직업수행을 할 자유 및 임부나 그 가족이 가지고 있는 태아의 성별 정보에 대한 접근을 방해받지 않을 권리보다 우선적으로 보호받아야 하고, 국가는 이를 보호할 책임이 있다. 그러나 태아의 생명에 대한 보호가 그다지 문제되지 않는 시기에 접어들어서까지 태아의 생명 보호를 이유로 의사의 직업수행의 자유나 임부 및 그 가족의 기본권을 무조건 제한해서는 안 될 것이다. 보호하고자 하는 공익이 매우 중요한 경우에도 그 공익에 대한 침해의 가능성이 희박한 상황에서는 그에 대응하는 사익이 보호되어야 함이 마땅하다 할 것이다.

그런데 이 사건 규정은 공익에 대한 보호의 필요성이 거의 제기되지 않는 낙태 불가능 시기 이후에도 의사가 자유롭게 직업수행을 하는 자유를 제한하고, 임부나 그 가족의 태아 성별 정보에 대한 접근을 방해하여 의사 또는 임부나 그 가족의 기본권을 침해하고 있으므로, 이는 과도한 사익의 침해로서 기본권 제한의 법익 균형성 요건을 충족시키지 못하고 있다고 할 것이다.

이상에서 본 바와 같이 이 사건 규정은 과잉금지원칙을 위반하여 의사의 직업수행의 자유 및 임부나 그 가족이 태아 성별 정보에 대한 접근을 방해받지 않을 권리 등을 침해하고 있으므로 헌법에 위반된다 할 것이다.

4. 해설

본 사건에서 헌법재판소는 박씨 부부의 청구를 받아들여 헌법불합치 결정을 내렸으며, 구 의료법 제19조의2 제2항은 현재 개정되어 의료법 제20조 제2항에 "의료인은 임신 32주 이전에 태아나 임부를 진찰하거나 검사하면서 알게 된 태아의 성(性)을 임부, 임부의 가족, 그 밖의 다른 사람이 알게 하여서는 아니 된다"고 규정되어 있다(2008. 7. 31. 2004헌마1010).

읽기 자료 5

이론과 사례: 생명권과 사형제도(사형제도는 합헌인가요?)

1. 사례의 개요

조○○은 살인과 특수강간 등의 혐의로 기소되어 제1심 및 항소심에서 사형을 선고받고 대법원에 상고를 함과 동시에 살인죄에 대한 법정형의 하나로서 사형을 규정한 형법 제250조 제1항, 사형을 형의 종류의 하나로서 규정한 같은 법 제41조 제1호에 대한 위헌법률심판을 신청을 하였으나 대법원은 조씨의 위 신청을 기각하였다. 이에 조씨는 헌법재판소법 제68조 제2항에 따라 사형 제도를 규정한 형법 조항은 헌법위반이라며 헌법소원심판을 청구하였다. 조씨의 주장은 과연 타당한가? 이에 대하여 헌법재판소는 어떤 결정을 내려야 하는가?

2. 심판대상 법령

(1) 형법 제41조[형의 종류]

형의 종류는 다음과 같다. 1. 사형, 2. 징역, 3. 금고....6. 벌금, 7. 구류 ...9.몰수

(2) 형법 제250조[살인, 존속살해]

① 사람을 살해한 자는 사형, 무기 또는 5년 이상의 징역에 처한다.

3. 헌법재판소의 판단

헌법재판소는 형법 제250조 등 위헌소원 사건에서 우선 사형제도가 헌법에 위반되는지 여부에 대해서 "생명권 역시 헌법 제37조 제2항에 의한 일반적 법률유보의 대상이 될 수밖에 없는 것이나, 생명권에 대한 제한은 곧 생명권의 완전한 박탈을 의미한다 할 것이므로, 사형이 비례의 원칙에 따라서 최소한 동등한 가치가 있는 다른 생명 또는 그에 못지아니한 공공의 이익을 보호하기 위한 불가피성이 충족되는 예외적인 경우에만 적용되는 한, 그것이 비록 생명을 빼앗는 형벌이라 하더라도 헌법 제37조 제2항 단서에 위반되는 것으로 볼 수는 없다"고 판시하였다.

그리고 살인죄에 대하여 사형에 처할 수 있도록 규정한 형법 제250조 제1항이 헌법에 위반되는지 여부에 대해서도 "모든 인간의 생명은 자연적 존재로서 동등한 가치를 갖는다고 할 것이나 그 동등한 가치가 서로 충돌하게 되거나 생명의 침해에 못지아니한 중대한 공익을 침해하는 등의 경우에는 국민의 생명 · 재산 등을 보호할 책임이 있는 국가는 어떠한 생명 또는 법익이 보호되어야 할 것인지 그 규준을 제시할 수 있는 것이다. 인간의 생명을 부정하는 등의 범죄행위에 대한 불법적 효과로서 지극히 한정적인 경우에만 부과되는 사형은 죽음에 대한 인간의 본능적 공포심과 범죄에 대한 응보욕구가 서로 맞물려 고안된 '필요악'으로서 불가피하게 선택된 것이며 지금도 여전히 제 기능을 하고 있다는 점에서 정당화될 수 있다. 따라서 사형은 이러한 측면에서 헌법상의 비례의 원칙에 반하지 아니한다 할 것이고,

적어도 우리의 현행 헌법이 스스로 예상하고 있는 형벌의 한 종류이기도 하므로 아직은 우리의 헌법질서에 반하는 것으로 판단되지 아니한다"라고 결정하였다(1996.11.28.선고, 95헌바1 결정).

하지만 소수의견에서 김진우 재판관은 "헌법 제10조에 규정된 인간의 존엄성에 대한 존중과 보호의 요청은 형사입법, 형사법의 적용과 집행의 모든 영역에서 지도적 원리로서 작용한다. 그러므로 형사법의 영역에서 입법자가 인간의 존엄성을 유린하는 악법의 제정을 통하여 국민의 생명과 자유를 박탈 내지 제한하는 것이나 잔인하고 비인간적인 형벌제도를 채택하는 것은 헌법 제10조에 반한다. 사형제도는 나아가 양심에 반하여 법 규정에 의하여 사형을 언도해야 하는 법관은 물론, 또 그 양심에 반하여 직무상 어쩔 수 없이 사형의 집행에 관여하는 자들의 양심의 자유와 인간으로서의 존엄과 가치를 침해하는 비인간적인 형벌제도이기도 하다"고 반대의견을 개진하였으며, 그리고 조승형 재판관도 "사형제도는 생명권의 본질적 내용을 침해하는 생명권의 제한이므로 헌법 제37조 제2항 단서에 위반되며, 형벌의 목적은 응보 · 범죄의 일반예방 · 범죄인의 개선에 있음에도 불구하고 형벌로서의 사형은 이와 같은 목적달성에 필요한 정도를 넘어 생명권을 제한하는 것으로 목적의 정당성, 그 수단으로서의 적정성 · 피해의 최소성 등 제원칙에 반한다"고 반대의견을 피력하였다.

4. 해설

(1) 생명권은 우리 헌법상 명문규정이 존재하지 않지만 인간의 생존본능과 존재목적에 바탕을 둔 선험적이고 자연법적인 권리로서 헌법에 규정된 모든 기본권의 전제로서 기능하는 기본권 중의 기본권이다. 따라서 이러한 생명권을 제한하는 사형제도는 위헌성 여부에 대한 문제가 제기된다.

(2) 사형제도가 헌법에 합치되는 제도(합헌론)라고 주장하는 논거로는 첫째, 생명권은 상대적 기본권으로서 헌법 제37조 제2항에 의한 제한이 가능하며, 둘째, 헌법 제110조 제4항 단서는 우리 헌법이 사형 제도를 전제하고 있어 헌법에 위배되지 않으며, 셋째, 범죄에 대한 사형의 위하력은 형사정책적으로 필요하며, 넷째, 사형이 부과되는 살인범죄에 대하여 사형 이외에 정의로운 대가관계에 있는 형벌은 찾을 수 없다는 점 등을 제시하고 있다. 이에 반해 위헌론은 첫째, 생명권은 절대적 기본권이기 때문에 생명권의 제한을 의미하는 사형제도는 위헌이며, 둘째, 생명권의 본질적 내용을 침해하는 것으로 제37조 제2항 위반이며, 셋째, 사형의 위하력은 검증되지 않고 있으며, 넷째, 사형제도의 존속은 현대 형법이 추구하는 교육형 사상과도 배치되며, 다섯째, 재판에 있어 오판의 가능성을 이유로 사형 제도를 헌법에 위반된다고 주장하고 있다. 비록 헌법재판소와 대법원은 사형제도에 대해서 합헌적 입장을 견지하고 있지만, 법정형으로서 사형이 적정하다고 하더라도 이를 선고함에 있어서 특히 신중을 기하여야 하며, 합헌 · 위헌의 논의를 떠나 사형은 형벌로서 계속 존치시키는 것이 반드시 필요하고 바람직한 것인가에 대한 논의는 계속되어야 할 것이다.

읽기 자료 6

과잉금지의 원칙에 비추어 볼 때 기본권의 침해가 인정된 사례

Ⅰ. 목적의 정당성이 부정된 사례

* **동성동본금혼제**: 동성동본 금혼을 규정한 민법 제809조 제1항은……그 입법 목적이 이제는 혼인에 관한 국민의 자유와 권리를 제한할 "사회질서"나 "공공복리"에 해당될 수 없다는 점에서 헌법 제37조 제2항에도 위반된다 할 것이다(헌법재판소 1999. 7. 16. 95헌가6 등).

Ⅱ. 방법의 적정성이 부정된 사례

* 제대군인에 대한 가산점 부여: 제대군인에 대하여 여러 가지 사회정책적 지원을 강구하는 것이 필요하다 할지라도, 그것이 사회공동체의 다른 집단에게 동등하게 보장되어야 할 균등한 기회 자체를 박탈하는 것이어서는 아니되는데, 가산점제도는 공직수행능력과는 아무런 합리적 관련성을 인정할 수 없는 성별 등을 기준으로 여성과 장애인 등의 사회진출기회를 박탈하는 것이므로 정책수단으로서의 적합성과 합리성을 상실한 것이라 하지 아니할 수 없다.

Ⅲ. 피해의 최소성이 부정된 사례

* 금치 수형자에 대한 집필 금지: 굳이 집필행위를 제한하고자 하는 경우에도 집필행위 자체는 허용하면서 집필시간을 축소하거나 집필의 횟수를 줄이는 방법 또는 접견이나 서신수발과 같이 예외적으로 집필을 허용할 수 있는 사유를 구체적으로 한정하여 집필을 제한하는 방법 등을 통해서도 규율준수를 꾀하고자 하는 목적은 충분히 달성될 수 있을 것으로 보인다.

  ....결국 이 사건 시행령조항이 규율 위반자에 대해 불이익을 가한다는 면만을 강조하여 금치처분을 받은 자에 대하여 집필의 목적과 내용 등을 묻지 않고, 또 대상자에 대한 교화 또는 처우상 필요한 경우까지도 예외 없이 일체의 집필행위를 금지하고 있음은 입법목적 달성을 위한 필요최소한의 제한이라는 한계를 벗어난 것이라고 할 것이다. 따라서 과잉금지의 원칙에 위반된다(2005. 5. 24. 2003헌마289).

Ⅳ. 법익의 균형성이 부정된 사례

* 태아의 성별 고지 금지: 태아의 생명은 중요한 법익으로서 일반적으로 의사가 자유롭게 직업수행을 할 자유 및 임부나 그 가족이 가지고 있는 태아의 성별 정보에 대한 접근을 방해받지 않을 권리보다 우선적으로 보호받아야 하고, 국가는 이를 보호할 책임이 있다. 그러나 태아의 생명에 대한 보호가 그다지 문제되지 않는 시기에 접어들어서까지

태아의 생명 보호를 이유로 의사의 직업수행의 자유나 임부 및 그 가족의 기본권을 무조건 제한해서는 안 될 것이다. 보호하고자 하는 공익이 매우 중요한 경우에도 그 공익에 대한 침해의 가능성이 희박한 상황에서는 그에 대응하는 사익이 보호되어야 함이 마땅하다 할 것이다.
그런데 이 사건 규정은 공익에 대한 보호의 필요성이 거의 제기되지 않는 낙태 불가능 시기 이후에도 의사가 자유롭게 직업수행을 하는 자유를 제한하고, 임부나 그 가족의 태아 성별 정보에 대한 접근을 방해하여 의사 또는 임부나 그 가족의 기본권을 침해하고 있으므로, 이는 과도한 사익의 침해로서 기본권 제한의 법익 균형성 요건을 충족시키지 못하고 있다고 할 것이다(2008. 7. 31. 2004헌마1010등)

제6장 헌법의 기본원리

헌법은 한 국가의 최고법으로서, 그 국가가 추구하는 이념과 국가 운영의 기본을 정하고 있다. 다시 말해, 헌법이란 「국가적 공동체의 존재형태와 기본적 가치질서에 관한 국민적 합의를 법규범적인 논리체계로 정립한 국가의 기본법」으로 이해할 수 있다.

오늘날 대부분의 민주 국가는 헌법을 가지고 있다. 미국은 독립 국가를 건설하면서 헌법을 작성하였고, 프랑스는 시민 혁명을 통해 '인권 선언'을 만들었으며, 우리나라는 1948년 임시 정부의 법통을 계승하여 헌법을 제정하였다. 이처럼 세계 여러 나라가 헌법을 제정하는 이유는 무엇일까? 또 이러한 헌법은 어떤 기본 원리를 가지고 있을까?

1. 헌법의 의의와 기능

1) 헌법의 의의

현대 민주 국가에서는 헌법에 따라 국가를 구성하고 운영한다. 헌법은 국가의 근본법으로서 국가의 통치 조직과 통치 작용의 원리를 규정하고, 국민의 기본권을 보장하는 국가의 최고의 규범이다. 즉, 헌법은 국가 공동체 생활의 근본 질서를 형성한다는 점에서 근본법이며, 다른 법률의 근거가 된다는 점에서 최고법이다.

헌법의 의미는 시대의 발전에 따라 변천해 왔다. 고유한 의미의 헌법은 국가 통치 기관을 조직 · 구성하고 이들 기관의 상호 관계와 국민의 지위를 규정한 국가의 조직법을 의미하였다. 하지만, 근대 이후의 헌법은 단순히 국가 통치 기관의 존립 근거가 될 뿐 아니라, 개인의 *자유권[1)]을 중심으로 국민의 기본권을 실질적으로 보장하기 위해 국가 권력을 제한하는 근본 규범으로 작용하게 되었는데, 이를 근대 입헌주의 헌법이라고 한다. 오늘날은 헌

1) 자유권: 개인이 자유로운 영역에 관하여 국가의 간섭이나 침해를 받지 아니할 소극적 · 방어적 권리

법은 근대 입헌주의 헌법을 계승하면서, *생존권적 기본권[2]을 보장하여 누구나 인간다운 생활을 영위할 수 있는 복지국가를 추구하는 현대 복지국가 헌법이 등장하였다. 우리나라 헌법은 근대 입헌주의 헌법을 토대로 하면서 현대 복지 국가 헌법을 수용하고 있다.

2) 근대입헌주의 헌법과 현대 복지 국가 헌법의 성립 배경

프랑스의 근대 입헌주의: 1789년 프랑스의 「인간과 시민의 권리선언」 제16조는 「권리의 보장이 확보되지 아니하고 권력의 분립이 규정되지 아니한 사회는 헌법을 가진 것이라 할 수 없다.」라고 함으로써, 근대 입헌주의적 헌법이 어떠한 헌법인가에 관하여 명쾌한 정의를 내리고 있다. 근대 입헌주의적 헌법은 근대 시민혁명 이후 등장한 것이므로, 근대적 의미의 헌법, 역사적 의미의 헌법, 시민국가의 헌법이라고도 한다.

1, 2차 세계대전 기간 중 근대 시민계급의 확고한 신념이었던 법치국가의 원리와 권력분립의 원리는 공동화(空洞化)되고, 의회주의에 대한 불신은 증폭되었으며, 자본주의 사회의 구조적 모순은 날로 심화되어 갔다. 1, 2차 세계 대전 이후 이러한 시민국가적 체제에 대한 불신과 부조리를 극복하기 위하여 국가의 성격은 소극적인 야경국가(夜警國家)에서 적극적인 사회국가 내지 복지국가로 전환될 수밖에 없었다. 여기에 종래의 입헌주의적 헌법원리를 계승하면서도 실질적인 민주화와 사회화 등의 요구를 수용한 진보적 헌법이 등장하였다. 이것이 현대 사회국가적 헌법이다. 1919년의 바이마르 헌법이 그 전형적인 것으로 오늘날에는 대다수 국가들이 정도의 차이는 있으나 사회국가적 원리를 반영한 헌법을 채택하고 있다(권영성, 헌법학원론, 2010, p.9).

(1) 헌법의 정치적 기능

근대 시민혁명으로 입헌 군주제가 성립되는 것처럼 헌법은 역사적으로 국가를 형성해 가는 과정에서 탄생한 것이며, 다양한 정치 세력 사이의 투쟁과 타협의 산물이라는 점에서 정치적 성격을 띤다. 헌법이 갖는 정치적 의의는 다음과 같다.

첫째, 헌법은 정치적 통일을 형성한 국가를 창설한다. 우리나라 건국 헌법이 제정된 이후 이를 토대로 대한민국 정부가 수립되었다.

둘째, 헌법은 국가의 정치생활을 주도한다. 이를 통해 힘의 논리에 의한 정치생활을 억제하고, 법의 지배와 정의가 실현되는 실질적 법치주의를 이룰 수 있다.

---

2) 사회권(=생존권적 기본권) 국민이 생존을 유지하거나 '인간다운 생활'을 보장 받으려고 국가에 적극적인 배려를 요구할 수 있는 권리

셋째, 헌법은 사회 통합을 실현한다. 과거 호주제 폐지 문제, 행정수도 이전의 문제, 대통령 탄핵 심판 등과 같이 정치적인 갈등과 대립이 심각할 때 헌법재판을 통해 이러한 갈등과 대립을 해결한다. 이처럼 헌법은 다양한 사회적 갈등을 극복하고 사회를 통합하는 기능을 한다.

(2) 헌법의 법적(규범적) 기능

헌법은 우리나라 법 가운데 최상위의 근본 규범으로서, 다음과 같이 최고 규범, 조직 수권 규범, 권력 제한 규범이라는 법적 의의를 갖는다.

첫째, 헌법은 최고 규범으로서, 법률이나 명령, 규칙 등 다른 모든 법률이나 정책은 헌법이 정한 바에 따라 제정되고 시행된다.

둘째, 헌법은 국민의 자유와 권리를 보장하는 기본권 보장 규범이다. 헌법은 권력을 분립시켜 상호 견제하도록 하여 그 행사를 제한함으로써 국가권력으로부터 국민의 기본권을 보호한다. 헌법은 직접 국민의 기본권 보장을 선언하고 그 불가침성을 규정함으로서 국민은 자유와 권리를 실질적으로 누릴 수 있다.

셋째, 헌법은 국가의 통치기구와 통치작용을 구성하는 조직규범인 동시에 각 권한이 어느 국가 기관에 구성하는가를 규정한 수권규범이다.

2. 헌법의 기본원리

헌법의 기본원리란 헌법을 총체적으로 지배하는 지도 원리이자 헌법이 추구하는 이념이 실현될 수 있도록 하는 실천적인 원리를 의미한다. 이러한 기본 원리는 헌법 전문과 본문 조항에서 구체적으로 명시되어 있거나, 추상적으로 반영되어 있다.

우리 헌법은 인간의 존엄과 가치 실현을 최고 이념으로 삼고 있으며, 이를 구체적으로 실현하기 위해 국민주권주의, 자유 민주주의, 복지 국가의 원리, 문화국가의 원리, 국제 평화주의, 평화 통일의 지향을 기본 원리로 하고 있다.

1) 국민주권주의

국민주권주의란 국가의 주인이 국민이고, 국가의 의사를 결정할 수 있는 주권이 소수의 특정 계층이 아닌 국민 전체에게 있다는 것을 의미한다.[3)]

3) 헌법 제1조 ① 대한민국은 민주공화국이다.

민주 정치에서는 모든 국가 권력이 국민 주권주의에 입각하여 국민의 동의와 지지를 받아야만 그 행사가 가능하고 정당해진다.

읽기자료

주권이론은 어떻게 변천되어 왔는가?

주권[4)]은 국가의 의사를 최종적으로 결정하는 최고의 권력을 말하며, 영토 · 국민과 함께 국가를 구성하는 3요소의 하나로 국가권력의 대내적 최고성과 대외적 자주성 · 독립성을 의미한다. 근대적 주권이론은 봉건 영주 및 교회세력에 대하여 군주의 권위를 절대화시키기 위한 군주주권론에서 출발하여, 근대의 국민 주권론으로 변경되어 발전하여 왔다. 국민주권론은 절대왕정이 시민혁명에 의하여 붕괴됨으로써 등장하였는데, 국민주권론의 정점은 루소(Rousseau)의 사회계약론에서 찾을 수 있다. 사회 계약론의 주된 내용은 지배의 정당성이나 법의 정당성은 피지배층의 합의로부터 나온 것이므로, 국민 주권론은 민주주의의 가장 중요한 토대가 된다. 그런데, 근대의 국민주권 역시 초기 자본주의의 근대 입헌주의 헌법에서는 시민계급들만 참여하는 참정권의 제한을 특징으로 하는 형식적인 것이었지만, 자본주의의 위기가 심화되고 이의 해결을 위해 나타난 사회복지국가의 현대 입헌주의 헌법에서는 참정권의 확대, 직접민주주의의 가미, 표현의 자유의 보장, 정당제도의 헌법에의 편입 등을 내용으로 하는 실질적 국민주권으로 바뀌었다(정회철, P.106 참조하여 변형).

우리 헌법은 제1조 1항에서 대한민국이 민주 공화국임을 선언하여 국민이 주인임을 밝히고, 제2항에서 주권이 국민에게 있음을 규정함으로써 국민 주권주의를 분명히 하고 있다. 그리고 이를 실현하기 위해 주권자인 국민에게 참정권과 *복수정당제나 언론 · 출판 · 집회 · 결사의 자유를 보장하고 있다. 또한 민주적인 선거제도에 바탕을 둔 대의제를 채택하고, 국가 중요 정책에 대해서는 직접 민주제 요소인 국민투표를 통해 결정하도록 하고 있다.

2) 자유 민주주의[5)]

자유 민주주의는 자유주의와 민주주의가 결합한 원리로, 개인의 자유가 존중되며 국가

② 대한민국의 주권은 국민에게 있고, 모든 권력은 국민으로부터 나온다.

4) 주권은 국가 의사를 최종적으로 결정할 수 있는 최고의 권력을 말한다. 대내적으로는 최고의 절대성을 가지고, 대외적으로는 독립성을 가진다.

5) 전문 ....자율과 조화를 바탕으로 자유 민주적 기본질서를 더욱 확고히 하여...
제4조 ... 자유 민주적 기본질서에 입각한 평화적 통일 정책을 수립하고 이를 추진한다.
제8조 ② 정당은 그 목적 · 조직과 활동이 민주적이어야 하며...
④ 정당의 목적이나 활동이 민주적 기본질서에 위배될 때에는 정부는 헌법재판소에 그 해산을 제소할 수 있고, 정당은 헌법재판소의 심판에 의하여 해산된다.

권력이 국민의 지지와 동의를 바탕으로 행사되어야 한다는 원칙이다. 자유주의는 개인주의를 바탕으로 개인의 자유 존중을 근본 가치로 삼아 국가권력의 간섭을 최소화 한다는 정치 원리이다. 민주주의는 국가 권력의 창출과 통치 과정이 국민적 합의에 근거하여 정당성을 가져야 한다는 정치 원리를 말한다.

탐구활동

몽테스키외, 법의 정신

모든 국가에는 세 가지 권력이 존재한다. 첫째의 권력은 일시적 또는 항구적 법률을 제정 · 개정 또는 폐지하는 권력이고, 둘째의 권력은 선전 · 강화를 하고 대사를 파견 · 접수하며 치안을 유지하고 침략을 방지하는 권력이다. 셋째의 권력은 범죄인을 처벌하거나 개인 간의 소송을 재판하는 권력이다. 동일한 인간이나 집단이 두 권력 또는 세 권력을 장악하게 되면 압제자가 될 것이므로, 시민의 생명과 자유를 확보하기 위해서는 이들 권력이 서로 분리되지 않으면 안 된다.

Q1. 몽테스키외가 제시한 삼권 분립 제도가 민주주의의 발전과 관련하여 어떤 기여를 했을지 조사하여 발표해 보자.

우리나라 헌법은 자유민주주의를 헌법의 기본 원리 가운데 하나로 밝히고 있는데, 이러한 내용은 헌법 전문과 헌법 제4조, 제8조, 제119조 등에서 확인할 수 있다. 헌법 제4조는 우리나라의 통일과 관련한 기본질서를 자유 민주적 질서로 규정하여, 자유 민주주의의 이념과 체제를 통해 평화통일을 달성할 것을 주문하고 있다. 제8조에서는 정당의 목적과 조직, 활동이 민주적 질서의 범위 안에서 이루어져야 한다면서 자유주의와 민주주의를 강조하고 있다. 이에 따라 국가나 다른 사람들이 개인의 자유과 권리를 함부로 침해하지 못하도록 헌법에 국민의 기본권을 규정하고 권력분립과 법치주의, 사법권의 독립, 적법 절차의 원리를 추구하고 있다. 또한, 복수정당제를 기반으로 한 자유로운 정당 활동을 보장하고 있다.

3) 복지국가의 원리[6]

현대 민주 국가는 자본주의의 폐해를 극복하고 자유와 권리를 실질적으로 보장하기 위

6) 전문 ....안으로는 국민 생활의 균등한 향상을 기하고...
제34조 ① 모든 국민은 인간다운 생활을 할 권리를 가진다.
② 국가는 사회보장 · 사회복지의 증진에 노력할 의무를 진다.
제119조 ② 국가는 균형 있는 국민경제의 성장 및 안정과 적정한 소득의 분배를 유지하고, ...경제에 관한 규제와 조정을 할 수 있다.

하여 복지국가를 지향하고 있다. 이때 복지국가란 국가가 국민에게 최소한의 인간다운 생활을 보장하기 위해 복지 정책을 적극적으로 수행하는 국가를 말한다.

자유권을 중시하는 근대 입헌주의 헌법은 국가 권력의 제한을 강조하여 개개인의 천부적인 인권을 확인하고 보장하는 데에는 크게 이바지하였으나, 자본주의의 발달과 맞물려 발생한 현대 사회의 모순 앞에서는 무기력하였다. 이에 독과점의 출현, 경제 공황, 빈부 격차 등의 다양한 문제를 해결하기 위해 국가의 적극적인 역할이 요구되어 국가는 단순히 자유권 보장이라는 소극적 역할을 넘어, 적극적으로 국민의 생존권적 기본권을 보장하기 위해 복지국가의 건설을 도모하게 되었다.

우리 헌법 34조에서도 모든 국민이 인간다운 생활을 할 권리가 있으며, 국가가 복지 증진에 노력할 의무가 있음을 규정하고 있다. 이에 따라 우리나라에서는 인간다운 생활을 국가에 요구할 수 있는 사회권을 보장하고, 다양한 사회 보장 제도와 사회 복지 정책을 펴고 있다. 각종 사회보험과 공공 부조 제도, 최저 임금제 등을 실시하고 소득 재분배 정책을 추진하는 것이 그 예이다.

자료

일생의 복지 제도

4) 문화 국가의 원리[7)]

문화 국가의 원리란 국가가 문화를 보호하고 문화 활동의 자유를 보장해야 한다는 원리이다.

우리 헌법은 전문에서 대한민국의 유구한 역사와 전통을 강조하면서 민족 문화의 창달과 발전적 계승에 대해서도 강조하고 있다. 이는 헌법의 기본 원리 가운데 문화 국가의 원리에 해당하는 내용으로, 국가가 시민의 자율적인 문화생활에 지나치게 간섭하지 말 것을 선언함과 동시에, 국가가 적극적으로 문화의 중흥을 위해 노력할 것을 의무로 규정한 것이다. 문화 국가의 원리를 실현하기 위해 우리나라는 교육의 정치적 중립성을 보장하고 의무교육제도를 시행하고 있다. 이처럼 헌법을 통해 문화 국가의 원리를 천명한 이유는, 문화가 개개인이 윤택한 삶을 영위해 나가기 위한 필수적 요소이기 때문이다.

5) 국제 평화주의[8)]

두 차례의 세계 대전 이후, 세계 각국은 인류 공존과 평화를 위해 대외 정책의 기본 원칙으로 국제 평화주의를 선언하였고, 우리 헌법도 이러한 흐름을 반영하였다.

우리 헌법 5조에서는 국제 평화주의를 선언하면서 침략적 전쟁을 금지하고, 6조에서는 국가 간의 약속인 조약과 국제 관습법 등 국제법을 존중하겠다는 의지를 선언하고 있으며, 상호주의 원칙에 따라서 외국인의 지위를 보장하고 있음을 보여준다.

6) 평화 통일 지향[9)]

우리나라는 헌법 전문에 조국의 통일을 국평화적 가적 사명으로 선언하고 있다. 이러한 평화 통일의 지향은 남북 분단이라는 역사적 상황에 따른 우리 헌법 특유의 기본 원리로

7) 전문 .... 유구한 역사와 전통에 빛나는......정치 · 경제 · 사회 · 문화의 모든 영역에 있어서 각인의 기회를 균등히 하고......
제9조 국가는 전통문화의 계승 · 발전과 민족문화의 창달에 노력하여야 한다.
8) 전문 ....항구적인 세계평화와 인류공영에 이바지함으로써 ...
제5조 ① 대한민국은 국제평화의 유지에 노력하고 침략적 전쟁을 부인한다.
제6조 ① 헌법에 의하여 체결 · 공포된 조약과 일반적으로 승인된 국제법규는 국내법과 같은 효력을 가진다.
② 외국인은 국제법과 조약이 정하는 바에 의하여 그 지위가 보장된다.
9) 전문 ....평화적 사명의 통일에 입각하여...
제4조 대한민국은 통일을 지향하며, 자유민주적 기본 질서에 입각한 평화적 통일 정책을 수립하고 이를 추진한다.
제66조 ③ 대통령은 조국의 평화적 통일을 위한 성실한 의무를 진다.

국제 평화주의와 관련을 가진다.

우리 헌법에서는 제4조에서 자유 민주적 기본 질서에 입각한 평화 통일 정책을 추진하도록 하고, 헌법 66조 3항에서는 대통령의 의무로서 평화적 통일을 위해 노력할 것을 규정하고 있다. 이를 위해 북한 동포에 대한 인도적 지원, 남북간 이질성 극복을 위한 교류 활동, 군사적 긴장 완호를 위한 남북 간 대화 등 다양한 노력을 지속하여 오고 있다.

읽기 자료 1

사회국가원리의 한계

[목차]

Ⅰ. 사회국가원리의 의의

1. 사회국가원리의 개념

우리 헌법에는 사회국가원리에 관한 직접적인 명시적 규정이 없으나 사회국가원리가 우리 헌법의 기본원리라는 점에는 이의가 없다. 사회국가원리의 개념에 대해서는 많은 논의가 있으나 대체로 국가가 국민 개개인의 경제활동에 관하여 자유방임하는 데 그치지 않고 모든 국민에게 그 생활의 기본적 생활수요를 충족시킴으로써 건강하고 문화적인 생활을 영위할 수 있도록 하는 것을 국가의 과제로 하는 원리라고 말할 수 있다.

2. 사회국가원리의 전개

사회국가원리는 자본주의의 자유방임적 시장경제가 고도로 발전하면서 드러난 갖가지 모순과 결함에 대처하기 위해 등장하였다. 기업의 독점화로 인한 시장의 지배현상, 자원의 비합리적 배분, 부익부 · 빈익빈 현상, 사회적 계급대립의 첨예화 등 자본주의적 결함과 모순에 직면하여 20세기에 들어서 자본주의 국가들은 자유방입적 태도를 지양하고 국민의 생활여건 조성을 국가의 책무로 자임하는 사회국가원리가 등장하게 되었던 것이다.

3. 사회국가의 비교개념

(1) 사회국가와 사회주의국가

자본주의의 모순과 결함을 극복하고 해결하기 위한 방법으로서는 두 가지가 있다. 자본주의의 자유시장경제질서를 유지하면서 '개혁'을 통해 해결하려는 '사회국가'와 생산수단의 사유에 기초한 자본주의질서를 부정하고 '혁명'을 통해 해결하려는 '사회주의국가'가 그것이다.

(2) 사회국가와 복지국가

사회국가와 복지국가의 차이에 대해서는, 양자를 동일한 개념으로 보는 견해와 양자를 구별하는 견해로 대립한다. 그런데 양자를 구별하는 견해에 따르면, 사회국가와 복지국가는 모두 사회적 곤궁과 생활의 위험을 방지 또는 제거함으로써 개인의 안전과 복지를 보장하려고 한다는 점에서는 같지만, 복지국가가 이러한 보장을 전적으로 책임지려고 하는데 반해, 사회 국가는 개인의 생활을 가급적 스스로 책임지도록 하려고 한다는 점에서 근본적 차이를 찾을 수 있다.

Ⅱ. 사회국가원리의 내용

1. 사회적 정의

국가는 재정적 능력을 고려하여 국민의 생활능력을 강화시켜 주고 적절한 생활수준을 유지할 의무를 진다. 즉 국가는 도움이 필요한 자와 경제적 약자들에게 인간다운 최소한의 생활을 보장할 의무를 진다.

2. 사회적 안전

사회적 안전이란 실업, 질병, 노령 등과 같은 위기나 긴급상황으로부터 개인을 사전예방적으로 또는 사후구제적으로 보호하기 위해 필요한 제도들을 마련하고 유지하는 것을 말한다. 이러한 사회적 안전은 특히 의료, 실업 및 연금보험 등과 같은 광범한 사회적 급부체계를 통하여 보장된다.

3. 사회적 평등

사회국가는 실질적 평등의 실현을 요구한다. 즉 사회적 · 경제적 약자의 보호를 위해서 평등의 원칙이 재해석될 필요가 있으며, 해당당사자의 능력에 따라 사회적 급부와 사회적 부담을 차등화할 것이 요구된다. 따라서 사회국가원리는 불평등한 취급을 객관적으로 정당화할 수 있다.

4. 사회적 자유

사회국가는 실질적 자유의 보장을 요구한다. 집이나 재산이 없는 사람에게 주거의 자유, 재산권의 보장 등과 같은 자유는 아무런 소용이 없다. 이들에게는 자유를 실현할 수 있는 여건, 즉 자유의 조건의 마련이 우선적으로 중요하다. 다시 말해 이들에게는 자유의 조건이 되는 사회적 기본권의 보장이 우선되어야 한다.

Ⅲ. 사회국가원리의 한계

1. 보충성의 원리에 의한 한계

사회국가에서 보충성 원리란 경제적 · 사회적 문제의 해결은 1차적으로는 개인적 차원에서 이루어지도록 하고 개인적 차원에서의 해결이 불가능한 경우에 비로소 국가가 개입해야 한다는 것을 말한다. 보충성의 원리를 무시하면 국민개개인의 자활의지의 소멸과 약화를 초래하게 될 것이며, 이는 국가의 위기로 이어질 수 있기 때문이다. 또한 보충성의 원리는 복지정책으로 인한 도덕적 해이(moral hazard)를 피하기 위한 수단으로 사용되어지기도 한다. 따라서 공산주의적 배급국가나 국민의 생활을 전적으로 국가의 사회보장제도에 의존하게 하는 복지국가는 사회국가의 한계를 넘어선 것이다. 국민기초생활보장법은 이러한 보충성 원리를 구체화 하여 제3조 제1항에서 「이 법에 따른 급여는 수급자가 자신의 생활의 유지 · 향상을 위하여 그의 소득, 재산, 근로능력 등을 활용하여 최대한 노력하는 것을 전제로 이를 보충 · 발전시키는 것을 기본원칙으로 한다.」고 규정하고 있다.

그런데 보충성 원리를 적용함에 있어서 경계해야 할 것은, 이 원리가 국가가 지방자치단체의 사회복지의무를 배제하거나 약화시키는 근거로 사용되어서는 안 된다는 점이다.

2. 개념본질상 한계

사회국가원리는 자본주의의 모순을 사회정의의 이념에 입각하여 사회개량을 통해 해결하려는 원리이지, 혁명에 의한 사회주의국가실현을 의미하는 것이 아니기 때문에 사회국가원리의 실현은 단계적 · 점진적 사회개량적 방법에 의하여야 한다.

3. 기본권 제한상의 한계

사회국가는 비록 그 목적달성을 위하여 자유권적 기본권 등을 제한할 수 있다고 하더라도 비례의 원칙을 준수해야 하며, 자유와 권리의 본질적 내용을 침해하는 제한은 허용되지 아니 한다.

4. 재정 · 경제력에 의한 한계

사회국가의 실현에 소요되는 방대한 사회정책적 투자를 위한 재원의 확보는 국가의 재정능력과 경제력에 의존할 수밖에 없다. 그런데 국가의 재정능력은 그 나라의 경제성장에 의해서 좌우되기 마련이고 한 나라의 경제성장률이 크면 클수록 사회국가실현에 필요한 재원확보가 용이하게 되는 것이다. 여기에서 분배와 성장을 어떻게 조화시킬 것인지가 문제된다. 국가의 경제성장이 사회국가실현을 위한 재원화보의 전제가 되지만 한편으로 사회국가실현을 마냥 뒤로 미룬 채 경제성장에만 몰두한다면 오히려 사회적 빈부의 격차, 사회적 대립의 심화 등을 가져와 경제성장에 악영향으로 작용할 수밖에 없는 것이다. 또한 사회국가실현만을 강조한 채 경제성장을 둔화시키는 국가의 경제간섭 역시 장기적으로 사회국가실현에 장애로 작용하게 되는 것이다.

5. 제도적 한계

각종 사회보장제도는 그 제도의 성격상 세대를 초월하는 장기적인 제도의 지속을 그 전제로 할 뿐 아니라 이를 쉽사리 취소하거나 번복할 수가 없는 일종의 '돌이킬 수 없는 국가정책'이라는 점을 특징으로 한다. 또 인단 국민이 부담금이나 보험료 등을 납부하고 취득한 연금기대권 · 실업보조금청구권 등 공법상의 기대권 내지 청구권 등은 재산권적 보호를 받는 것을 특징으로 하기 때문에 국가가 사회국가실현수단으로서 사회보장제도를 마련하는 경우에는 처음부터 신중한 검토와 연구를 거듭한 후에 무리함이 없이 단계적으로 서서히 실시해 나가야 할 것이다.

6. 법치국가원리에 의한 한계

사회국가원리의 실현차원에서 국가가 국민의 기본적 생활수요를 충족시켜 주기 위하여 적극적으로 경제에 개입하는 경우에도 법치국가의 절차를 무시해서는 아니 된다.

7. 권력분립상 한계

사회국가실현을 위한 처분적 법률을 제정하거나 행정입법이 증대하는 것이 불가피하더라도 극단적 개별적 · 구체적 처분이나 재판을 내용으로 하는 처분적 법률이나 위임입법의 한계를 일탈한 행정입법은 권력분립의 원칙에 반한다.

출처: 정회철, CASE 단문헌법, 한울아카데미, 2004, p.224

읽기 자료 2

등록: 2007-03-22 00:00 수정: 2010-02-04 16:36

베네수엘라 국민에게 길을 묻자

김정진 · 장석준 · 정희용, 젊은 진보 논객 3명이 진단하는 차베스 열풍

선명한 반미 노선을 앞세우며 석유를 매개로 남미를 뛰어넘어 대안세계를 모색해가는 우고 차베스 베네수엘라 대통령의 행보는 거침이 없어 보인다. 남미는 물론 유럽과 아시아 · 아프리카에서도 그의 이런 모습은 온갖 비난과 찬사를 동시에 부르고 있다. 말하자면 그는 '문제적 인간'이다. 세계는 왜 차베스의 정치 실험에 주목하는가? 〈한겨레21〉은 젊은 진보 논객 3명에게 그 이유를 물었다. 민주노동당 중앙위원인 김정진 변호사(제일합동법률사무소)와 장석준 진보정치연구소 연구기획국장, 정희용 새로운 사회를 여는 연구원 미디어센터장이 3월 14일 오후 한겨레신문사 4층 회의실에서 모여 차베스의 '길'에 대해 두 시간여 열띤 토론을 벌였다.

노무현에 실망하고 차베스에 열광하다

차베스 대통령에 대한 관심이 거의 '열풍' 수준이다.

= 정희용 센터장(이하 정): 우리 사회에서 신자유주의의 폐해가 본격화한 지는 벌써 여러 해가 지났다. 몇 가지 대안모델에 대한 논의도 있었지만, 딱히 '이거다' 하는 모델은 없었다. 사실 현실사회주의권 붕괴 이후 진보 진영은 뚜렷한 대안모델이 없었다. 신자유주의의 공세를 어떻게 넘어설지에 대한 해답도 찾을 수 없었다. 1987년 6월항쟁 이후 민주주의가 어디로 가야 하는지에 대한 논의도 거의 없었던 상황이다. 그런데 베네수엘라에선 신자유주의 물결을 정면으로 거스르는 기간산업과 광물 · 에너지 산업 국유화 정책을 추진하는 한편, 시장 중심이 아닌 사회적 연대를 중시하는 경제체제를 실험하고 있다. 정치적 측면에서도 풀뿌리 참여 민주주의를 대폭 도입하고 있다. 그 모델을 고스란히 받아들이자는 건 아니지만, 눈길이 가는 건 당연하다.

= 장석준 국장(이하 장): 관심의 대상으로 떠오른 것은 분명하다. 차베스 대통령 취임 초만 해도 검색 사이트에서 '차베스'라는 검색어를 넣으면 권투 선수인 세자르 차베스에 대한 얘기만 나왔다.(웃음) 베네수엘라에서 벌어지고 있는 일은 우리나라뿐 아니라 전 세계적 관심사다. 이른바 제3세계뿐 아니라 유럽 등 '제1세계'에서도 관심이 큰 것은 마찬가지다. 신자유주의에 맞선 대안을 말하는 이들은 많았지만, 정작 그 실체가 등장한 것은 베네수엘라 사례가 처음이다. 참여 민주주의가 실제 작동하는 정치 현실로 나타났다. 1970년대 초부터 초국적 자본이 주도하는 신자유주의 세계화에 유린당해온 남미에서 그 대안이 현실화하고 있다.

= 김정진 변호사(이하 김): 차베스 대통령에 대해 한국에서 관심을 가지는 이유는 간단하

다. 그의 '반미 노선' 때문에 관심이 높은 측면이 있다. 노무현 대통령은 선거운동 기간에 내걸었던 것과 달리, 취임 뒤 미국을 방문해 이른바 '수용소 발언'을 했다. 이라크 파병도 그렇고, 한-미 자유무역협정(FTA)을 일방적으로 추진하는 것도 지지자들조차 예상하지 못한 일이었을 게다. 반면 차베스 대통령은 어렵사리 집권에 성공한 뒤에도 미국의 온갖 압력과 견제에 성공적으로 대처해나가고 있다. 노무현 대통령에 대해 실망하던 이들이 차베스 대통령에게서 희망을 발견하고 있는 건 아닐까 한다.

차베스 정권을 '포퓰리즘'으로 규정하는 이들은 그가 민주주의 절차를 제대로 지키지 않고 있다고 비판하는데.

= 김: 베네수엘라에선 거리에서 국민들이 헌법 조문을 읽고 토론을 벌이기도 한다고 들었다. 물론 헌법에 어떻게 쓰였느냐와 이를 어떻게 집행하느냐 하는 문제는 별개다. 보수 우파를 견제하기 위한 조처일 수는 있겠지만, 정세의 위급성과 긴박성을 과장하는 경향이 있다. 또 미국의 위협도 상당히 과장돼 있다. 이런 사회적 분위기가 좋지 않은 결말로 흐를 가능성도 없지 않다. 앞으로 얼마나 이런 부분을 최소화하느냐에 차베스 정권의 방향과 운명이 걸려 있다고 본다.

민중 권력만 강조되지는 않았나

= 정: 서구적 민주주의란 측면보다 남미의 현실에서 이해할 필요가 있다. 오랜 기득권을 합리적 내부 토론이나 사회적 여론 압박만으로 제어할 수 있었을까? 베네수엘라에선 국영기업조차 대부분 계약직이고, 노조간부 등을 중심으로 소수만 정규직이다. 비정규직 노동자들이 반차베스 활동에 동참한 것은 해고 위협 때문이었다. 이런 상황을 혁파하기 위해 취한 조처는 서구적 민주주의 관점에서 비판하기보다, 그 나라 상황에 따른 평가를 해야 한다고 본다.

= 장: 유럽에서도 그렇지만, 민주주의란 체제가 신자유주의의 물결 앞에서 사회적 버팀목 구실을 못하고 있다. 정치권도 노동계도 신자유주의란 틀에서 벗어나지 못하고 있다. 신자유주의의 폐해가 심할수록 이런 현상이 극명해지는데, 베네수엘라가 그 극단적 사례다. 노동조합은 이미 '황색'으로 흐른 지 오래고, 사회주의 정당조차 함께 부패해갔다. 결국 조직되지 못한 다수의 빈곤 대중을 지도자를 중심으로 모아내서 상황을 돌파하는 수밖에 없는 측면이 있다. 하지만 차베스의 정치 실험이 국내에 알려질 때, 차베스란 탁월한 지도자와 민중 권력만을 강조하는 것은 걱정스럽다. 합법 정당이란 구조 없이 지도자와 대중이 직접 만날 때 오히려 효과적인 민주주의가 가능하다는 시각이 있는데, 민주주의가 제대로 기능하려면 시민사회가 정당과 자연스럽게 만나야 한다.

우리 상황과 비교해볼 수도 있을 것 같다.

= 정: 차베스가 대통령에 당선됐을 때, 베네수엘라에선 군부도 석유회사도 완전히 우파가 장악하고 있었다. 일간지 90%가 '반차베스'를 표방할 정도로 여론도 불리했다. 차베스 대통령은 이런 상황을 돌파하는 방식으로 국민투표를 활용했다. 투표를 하는 과정 자체가 베네수엘라의 향방에 대한 국민적 토론과 참여로 이어지면서, 집권 초기의 어려움을 이겨냈다. 국민의 자율성과 참여, 자치를 믿고 문제 해결 능력을 믿은 것이다. 권력을 실제로 국민들에게 내주고 운영할 수 있게 만들어줬다는 점에서 우리에게도 시사하는 바가 크다고 생각한다.

차베스 정권이 반미 외교를 펴며 이웃나라에 석유를 지원하는 것도 흘겨보는 이들이 많다. 차라리 국내 복지에나 쓰라는 비판인데.

= 정: 베네수엘라가 국제 원유 가격보다 싸거나 무상으로 지원하는 석유량은 하루 생산량의 8% 정도다. 쿠바나 볼리비아 같은 나라에 대해선 이른바 '남-남 무역' 형태로 주고받기를 한다. 중미 국가들은 절대 빈곤 상황이기에 난방유를 공급해주는 건 인도주의적 차원의 문제다. 미국이란 절대 패권이 있음에도 독자적인 외교 노선을 걸을 수 있다면, 석유를 매개로 한 외교정책은 싼값으로 큰 효과를 거두고 있다고 생각한다. 햇볕정책에 대한 '퍼주기론'식 비판에 익숙해 있다 보니 그런 말이 나오는 것 같다.

석유를 매개로 남미 좌파 정부 통합

= 장: 퍼줄 수도 있다고 본다.(웃음) 차베스 정권의 '석유외교'보다는 현재 석유산업을 통해 얻은 수익을 바탕으로 어떻게 미래지향적이고 친민중적인 산업구조를 만들어가느냐가 더 중요하다고 생각한다. 물론 석유를 매개로 남미의 좌파 정부들을 통합해내고 있는 측면도 부인할 수 없는 사실이다. 비용 대비 효과 면에서 긍정적으로 평가할 만하다. 과거 좌파 정권 같은 경우는 외부적 압박 때문에 국내에서 진보적 정책을 제대로 수행하지 못했는데, 차베스 정권은 오히려 외부의 위협을 기회로 만들어내고 있다고 본다.

= 김: 차베스 정권에 대해선 기간산업 국유화나 석유 지원, 그리고 반미 성향 정도만 알려져 있는데 경제정책도 들여다볼 필요가 있다. 국제 유가가 오르면서 해마다 국내총생산(GDP) 성장률이 늘고 있다. 일련의 경제정책을 통해 살인적인 수준이던 인플레이션도 잡아냈다. 석유를 매개로 남미 통합과 대안적 경제블록을 만들어낼 수만 있다면, 하루 생산량의 8%를 쓰더라도 아깝지 않을 것 같다.

선거 유세에 나선 우고 차베스 베네수엘라 대통령이 지지자들의 환호에 답하고 있다. '21세기형 사회주의' 실험을 거침없이 펼쳐가고 있는 차베스 대통령의 행보는 남미를 넘어 세계인의 관심을 끌고 있다.(사진/ AFP연합)

차베스 정권의 정치 실험에서 석유는 얼마나 중요한 수단인가? 만약 석유가 없다면 상황은 얼마나 달라질까?

= 장: 베네수엘라에 원유 자원은 분명 행운이다. 극명하게 대비되는 사례가 1970년대의 칠레다. 칠레의 구리와 베네수엘라의 석유는 두 나라의 산업구조에서 차지하는 비중이 비슷하다. 하지만 석유는 공급자 중심으로 시장이 형성되는 반면, 구리는 수요자가 좌우하는 시장이다. 칠레의 아옌데 정권은 미국이란 수요자 때문에 정권이 붕괴됐지만, 베네수엘라에선 그 반대의 상황이 나타나고 있다.

= 정: 지난 2004년 차베스 정권을 겨냥한 쿠데타와 자본 파업, 그리고 소환투표 등 '반혁명' 활동이 잇따랐다. 차베스 정권은 이를 견뎌낸 뒤에야 국영 석유회사를 장악하고 국고로 활용할 수 있게 됐다. 이때부터 석유기금을 활용한 빈민지원사업도 시작했다. 2004년 중반까지만 해도 동원할 재원이 없어 수해가 났을 때는 복구를 위해 군대를 동원할 수밖에 없었다. 석유는 차베스 집권 이전까지만 해도 '기득권의 물리력'이었다.

= 김: 석유는 어떤 산업보다 국유화가 용이한 산업이란 특수성이 있다. 딱히 석유 때문만은 아니지만, 그것이 가지는 엄청난 이점은 있다. 베네수엘라의 정치 실험이 증폭될 수 있었던 데는 석유자원의 힘이 크다고 생각한다.

차베스 정권의 정치 실험이 우리 사회에 주는 교훈이 있다면?

= 김: 한국은 동아시아에선 드물게 형식적 민주주의가 정착 단계에 있다. 하지만 지난 10년 이상 민중들의 삶은 별로 나아지지 않은 상황이 지속되고 있다. 이 체제가 어떻게 귀결될지는 속단할 수 없다. 집권층의 '무능'으로 대표되는 이런 상황 때문에 포퓰리즘에 기반한 우익 독재가 나올 가능성도 없지 않다. 이탈리아처럼 기업가 출신이 과두적 지배체제를 형성하고, 반대파는 존재함에도 사회적 변화는 없는 상황이 올지도 모른다. 차베스 정권은 이보다 훨씬 어려운 상황을 참여 민주주의를 바탕으로 돌파하고, 애초 주장한 일을 일부나마 실현해냈다. 어쩌면 우리 진보 진영에 가장 부족한 것이 바로 이런 점이 아닐지….

한국에 포퓰리즘 우익 독재 출현할 수도

= 정: 21세기 들어 엘리트 독주시대가 세계적으로 저물고 있지만, 우리나라에선 노무현 정권 들어 되레 강화됐다. 단적인 예가 한-미 FTA를 일방적으로 추진하는 것이다. 국회도 관료집단도 이성적 토론을 못하고 있다. 소수 권력자와 핵심 관료 몇 명, 언론과 재벌들 사이에서 논의가 끝나고 국가 권력을 통해 집행되고 있다. 형식적 민주주의조차 완성됐다고 보기 어렵다. 오히려 지금부터 민주주의의 완성으로 나아가야 한다. 차베스는 빈민층을 복지정책의 시혜 대상이 아니라 지배 집단보다 힘이 있다고 생각하고, 그

들을 믿고 밀어붙여 성과를 냈다. 그런 새로운 흐름에 주목해야 한다.

= 장: 차베스에게 '길'을 물어선 안 된다고 생각한다. 베네수엘라 국민에게 물어야 한다. 앞으로 성장해갈 베네수엘라 민중들에게 충분히 기대를 걸어봐도 좋겠다. 21세기 첫 번째 좌파의 실험인 베네수엘라 사례에는 자본에 대한 사회의 통제와 국가기구의 민주화, 참여 민주주의와 민중권력 강화, 그리고 한 나라의 국경을 뛰어넘는 실천 노력 등이 녹아 있다고 생각한다.

출처: https://h21.hani.co.kr/arti/culture/culture_general/19346.html 한겨레21, 2007년 3월 22일자.

읽기 자료 3

생활 속에서 헌법의 기본 원리가 실현된 사례

Ⅰ. 한국 국적을 갖고 있으나 국내 주민등록이 돼 있지 않은 재외국민과 국외거주자에게 선거권을 제한한 공직선거법과 주민투표법 등의 관련 조항에 대해 헌법재판소가 2007년 28일 '헌법불합치' 결정을 내렸다.

헌재 전원재판부(주심 김종대 재판관)는 "선거권을 제한하는 입법은 국가안전보장, 질서유지, 공공복리를 위해 필요하고 불가피한 예외적인 때에만 그 제한이 정당화될 수 있으며 이 경우에도 선거권의 본질적인 내용은 침해할 수 없다"고 밝혔다.

재판부는 재외국민과 단기 해외 체류자 등에게 대통령과 국회의원 선거권을 제한한 선거법 제37조 1항에 대해 "단지 주민등록 여부에 따라 선거권 행사 여부가 결정되도록 한 것은 헌법에 보장된 재외국민의 선거권과 평등권을 침해하고 보통선거 원칙에 위배된다"고 지적했다(동아일보, 2007. 6. 29. 기사)

Ⅱ. 수감 중 재판 또는 수사를 받기 위해 밖으로 나오는 미결수에게 수의(囚衣)를 강제로 입히는 것은 위헌이라는 헌법재판소의 결정이 나왔다. 재판부는 결정문에서 "수의는 수용시설 밖에서 남의 눈에 쉽게 띄는 탓에 재판 또는 수사과정에서 모욕감과 수치심등 심리적 위축으로 미결수의 권리를 제대로 행사하지 못할 우려가 많다"며 "이는 무죄추정의 원칙에도 어긋날 뿐만 아니라 인격권, 행복추구권 등을 침해한다"고 밝혔다. 재판부는 그러나 "수용시설 안에서는 일반인의 눈에 띠지 않는데다 사복을 바꿔 입을 경우 오히려 금지품목 반입 등의 우려가 있는 만큼 수의를 입히는 것이 타당하다"고 결정했다(연합뉴스 1999. 5. 28. 기사).

Ⅲ. 헌법재판소 전원재판부는 3일 호주제를 규정한 민법규정 들에 대해 재판관 9명의 6대 3 의견으로 헌법불합치 결정을 내렸다. 헌법불합치란 해당 법률의 위헌성을 인정하면서도 위헌 결정으로 인한 법적 공백을 막기 위해 법 개정 때까지 일정기간 해당 조항의 효력을 유지하거나 한시적으로 중지시키는 결정이다. 헌재는 이날 호주제가 헌법상 양성평등의 원칙 및 개인존엄에 위배된다며 위헌으로 판단하면서도 호적 사무의 혼선을 피하기 위해 주문은 헌법불합치를 선택, 입법자가 호적법을 개정할 때까지 기존 호주제의 효력을 인정키로 했다.

헌재의 결정은 그동안 숱하게 제기됐던 호주제 위헌 논란에 종지부를 찍은 것으로서 국회에 계류중인 호주제 폐지법안의 조속한 처리와 보완입법의 마련 노력에 탄력을 더할 것으로 전망된다.

재판부는 결정문에서 "호주제는 성역할에 관한 고정관념에 기초, 호주승계 순위, 혼인. 자녀 등의 신분관계 형성에 있어 정당한 이유없이 남녀를 차별함으로써 많은 가족들이 불편과 고통을 불러오고 있다"고 밝혔다. 또, "개인을 가족 내에서 존엄한 인격체로 존중하는 것이 아니라 가(家)의 유지와 계승을 위한 도구적 존재로 취급, 양성평등 및 개인의 존엄을 천명한 헌법 36조 1항에 위배된다"고 설명했다(연합뉴스 2005. 2. 3. 기사).

Ⅳ. 헌법재판소가 학원의 심야교습을 제한하는 조례를 합헌이라고 결정했다. 헌재는 재판관 6(합헌):3(위헌) 의견으로 학원의 심야교습을 제한하고 있는 서울 · 경기 · 대구 · 인천의 조례 조항은 헌법에 위반되지 않는다고 결정했다고 6일 밝혔다. 서울 · 경기 · 대구는 학원 교습시간을 유치원 · 초 · 중 · 고 재학생의 경우 오전 5시부터 밤 10시로, 인천은 밤 11시까지로 제한하고 있다. 일부 고등학생과 학부모, 학원운영자들은 이같은 학원법 조항과 각 지자체 조례가 기본권을 침해한다고 주장해 헌법소원을 냈다. 이에 대해 헌재는 "학원조례조항은 학원 심야교습을 제한해 학생들의 건강과 안전을 지키면서 자습능력을 향상시키고, 학교교육을 정상화한다"며 "비정상적인 과외 경쟁으로 인한 학부모의 경제적 부담을 덜어주기 위한 목적이 정당하다"고 밝혔다.

교육방송이나 개인과외 등은 제한 규정이 없어 형평성에서 어긋난다는 주장에 대해서는 "교육방송은 집에서 충분히 학습이 가능하고, 지역 · 계층간 교육적 불균형을 해소한다"고 설명했다.

이어 "개인과외도 학생들의 참여율이 낮고, 시간과 장소를 마음대로 결정할 수 있어 심야교습으로 인한 폐해가 학원보다 작다"고 헌재는 덧붙였다.

다만, 김창종 · 강일원 · 조용호 재판관은 "학생의 자유로운 인격 발현을 막고 부모의 교육권을 침해할 가능성이 큰데다 공권력이 지나치게 후견적으로 개입하는 것"이라고 위헌 의견을 냈다.

"고액 개인과외도 유발될 수 있다"고 본 이들 소수 재판관은 특히 "재수생은 대입에 있어 고3 학생과 경쟁관계에 있는데, 경기도 조례는 재수생에 대해선 학원 교습시간을 제한하지 않아 고교 재학생과 차별하는 것"이라고 반대했다.

앞서 헌재는 2009년에도 서울시의 학원 심야 교습 제한 조례에 대해 같은 취지로 심판청구를 기각했었다(2016. 6. 6. 노컷뉴스).

제7장 개인생활과 법

우리는 사회 공동체 속에서 다른 사람들과 다양한 관계를 맺으며 살아가고 있다. 가장 큰 공동체인 국가를 조직하고 유지하는 국민으로서의 생활이 있는가 하면 인간으로서 생존을 유지하고 삶을 영위하기 위한 개인으로서의 생활이 있다. 예를 들어 선거를 하고 세금을 납부하고 병역의 의무를 이행하는 것은 국민으로서의 공적인 삶이다. 이에 반해 물건을 매매하거나 주택을 임대차하고, 결혼하여 아이를 가지는 것은 개인으로서의 생활이다. 법은 이 중 어떠한 생활을 규율하느냐에 따라 공법과 사법으로 분류할 수 있는데 국가와 개인 간의 공적인 생활 관계를 규율하는 법을 공법, 개인과 개인 간의 사적인 생활 관계를 규율하는 법을 사법이라고 한다.

민법은 사법에 속하는 법률로써 주로 재산 관계와 가족 관계를 규율하고 있다. 재산 관계와 관련해서는 계약의 성립 및 종류와 내용, 불법 행위의 유형과 효과 등을, 가족 관계와 관련해서는 혼인과 부부관계, 부모와 자녀관계, 상속 및 유언 등에 대한 내용을 다룬다.

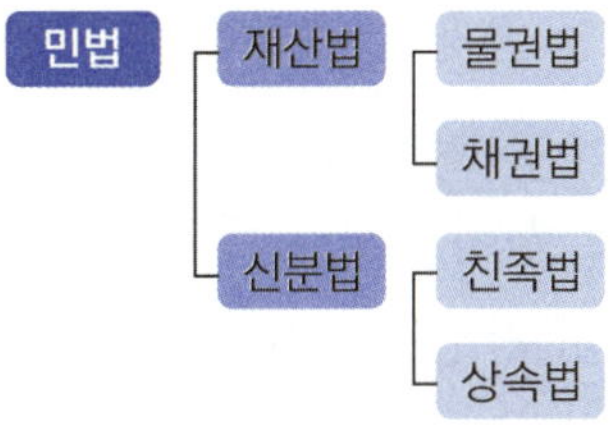

민법의 구성

1. 민법의 의의와 기본원리

1) 민법의 기능

현대 사회에서 개인이 맺는 사회 생활 관계의 대부분은 다양한 법률 관계[1])로 이루어져 있다. 예를 들어, 스포츠 용품점에서 야구 배트를 구매한다고 했을 때 스포츠 용품점의 주인은 구매자에게 야구배트의 대금을 청구할 권리를 취득함과 동시에 야구배트를 인도할

1) 법에 의하여 규율되는 관계. 법률관계는 법에 규정이 있거나 혹은 당사자간 의사의 합치로써 형성된다. 권리와 의무로 나타나기 때문에 권리 · 의무관계라고 부르기도 한다.

의무가 생긴다. 구매자는 야구배트를 인도받을 권리를 취득함과 동시에 야구배트 대금을 지급할 의무가 생긴다. 또한, 교통 사고가 발생하였을 때 가해자는 피해자에게 손해를 배상할 의무가 있고, 피해자는 가해자에게 손해배상을 청구할 권리가 있다.

민법은 모든 사람들의 이와 같은 사적 생활관계에 일반적으로 적용되는 법규범이자 법질서로서, 각자가 대등한 법률 관계를 맺을 수 있는 토대를 마련하고, 권리 의무관계에서 분쟁이 발생했을 때 최소한의 해결 기준을 제시해 준다. 다만 형법의 경우 국가권력에 의하여 그 준수가 강제되는 특징이 있지만, 민법은 국가의 강제력은 최소한에 그치고 당사자 간의 자율성이 강조된다. 즉 민법은 원칙적으로 인간으로서의 존엄과 가치를 바탕으로 각 개인은 누구나 자기 의사에 따라 법률 관계를 자유롭게 형성하도록 하고 있다.

2) 민법의 기본원리

(1) 근대 민법의 기본 원리[2)]

근대의 시민들은 신분제의 억압과 차별을 극복하기 위하여 개인주의와 자유주의를 열망하였다. 개인주의와 자유주의는 전체보다는 개인을 중시하고, 개인을 인격적이고 이성적인 존재로 이해하며, 이성에 의한 인격의 자유로운 전개를 보장하였다. 이러한 사상이 근대 민법에 반영되어 구체화된 것이 민법의 기본원리이다.

사적 자치의 원칙이란 개인이 법률관계를 맺을 때 국가나 타인의 간섭을 받지 않고 온전히 자신의 자유로운 의사에 따라 법률행위를 할 수 있다는 원칙이다. 자유로운 법률 행위는 계약, 유언, 단체 설립의 자유 등을 포함한다. 그런데 법률행위 중 가장 대표적인 것은 계약이기 때문에, 사적 자치의 원칙을 계약 자유의 원칙이라고도 한다.

사유 재산권 존중의 원칙이란 개인이 가진 재산에 대해서는 어느 누구도 함부로 제한하거나 간섭할 수 없다는 원칙이다. 개인의 사유 재산은 인격적인 삶을 살아가기 위한 최소한의 요소이므로 이에 대한 절대적인 권한을 보장하는 것이다. 사유 재산 중 가장 대표적인 것이 소유권이기 때문에 소유권 절대의 원칙이라고도 한다.

과실 책임의 원칙이란 개인이 타인에게 가한 손해에 대하여 그 행위가 고의 또는 과실에 의한 경우에만 책임을 진다는 원칙이다. 이는 고의나 과실이 없다면 자신의 행위에 의해 손해가 야기되었다는 사실만으로는 책임을 지지 않는다는 의미이다. 또한 타인의 행위에

2) 9세기의 근대 민법 원리는 자유와 평등이라는 이념 아래서 봉건 사회를 타파하고 개인의 인격을 존중하는 것을 이상으로 하였는데, 이는 프랑스 인권선언에서 연유한 것이야. 프랑스 인권선언의 개인주의 · 자유주의 · 합리주의적 이념은 1804년 프랑스 민법전을 비롯하여 이후 각국 민법전의 기조가 되었지.

대해서는 책임을 지지 않으므로 자기책임의 원칙이라고도 한다.

(2) 민법의 기본 원리의 수정

19세기 후반부터 빈부 격차, 대기업의 독과점 등 자본주의의 문제점이 심화되면서 근대 민법의 세 가지 기본 원칙들은 개인의 사회적 책임을 부각하고 권리 행사에 있어 공공성을 강조하는 방향으로 수정 · 보완되었다.

계약 공정의 원칙이란 계약의 내용이 선량한 풍속, 기타 사회질서에 반하거나 현저하게 공정성을 잃으면 무효로 한다는 원칙이다. 이는 계약 자유의 원칙이 경제적 약자에 대해 부당한 계약 내용을 강제하는 수단으로 변질되기는 것을 막기 위해 등장하였다. 이에 따라 현대 사회에서의 계약은 원칙적으로 자유롭게 이루어지지만, 불공정한 계약은 법적 효력을 갖지 못한다.

소유권 공공복리의 원칙이란 재산권은 존중하되 그 행사는 사회 정의에 적합해야 한다는 것이다. 우리 헌법 제23조 제2항에서도 재산권의 행사는 공공복리에 적합하도록 하여야 한다고 규정하여 사유 재산권이 공공성에 비추어 상대적인 권리일 수 있음을 인정하고 있다.

무과실 책임의 원칙이란 고의나 과실이 없더라도 타인의 생명과 건강 등에 직결되는 손해에 대해서는 관계되는 자가 배상할 수 있다는 원칙이다. 복잡하고 거대해진 현대 사회에서는 피해가 발생하여도 상대방의 고의 · 과실을 증명하기가 어려워 손해를 배상받기가 쉽지 않았다. 이에 따라 일정한 상황에서는 과실이 없더라도 책임을 물을 수 있도록 보완되었는데, 특히 환경오염이나 제조물 결함으로 인해 손해가 발생한 경우가 대표적이다.

2. 재산관계와 법

1) 계약의 의미와 성립

우리는 사회생활을 하면서 다른 사람들과 끊임없이 교류하고 그 과정에서 수많은 약속을 만들고 이행하고 있다. 이 약속들 중에 단순히 사교상의 약속과 달리 일정한 법률 효과를 발생시킬 목적으로 사람들 사이에 이루어지는 합의가 있는데 이를 계약이라고 한다. 예를 들어 친구들끼리 여행을 가기로 한다거나 저녁 식사에 초대하는 것 등은 사교상의 약속으로 법적 효력과는 상관이 없다. 그러나 주택을 사고 파는 것, 아침에 등교하기 위해 요금을 지불하고 버스를 타는 것 등은 법률적인 합의로서 계약이다.

계약은 당사자 간에 의사 표시의 합치에 의해 성립한다. 즉 매매 계약의 경우, 얼마에 물건을 사라고 하는 매도인의 의사표시인 청약과 그 가격에 물건을 사겠다는 매수인의 의사표시인 승낙의 내용이 일치하면 계약이 성립한다. 자동판매기에 음료수를 넣고 설치하는 행위는 불특정 다수인에 대한 청약이므로 자동판매기에 해당 음료수 값을 넣고 자판기를 누르면 승낙이 되어 음료수 매매계약이 성립한다.

계약은 계약금 지급이나 계약서 작성과는 상관없이 당자들의 의사가 합치된 때 바로 성립한다. 그러나 중요한 거래를 하는 경우에는 장래에 분쟁이 생길 소지를 없애기 위해 통상적으로 계약서를 작성한다.

2) 계약의 효력과 채무 불이행

계약의 효력이 정상적으로 발생하려면 계약 당사자는 의사 능력과 행위 능력을 갖추어야 한다. 의사 능력이란 자신의 행위가 가지는 사회적인 의미를 판별할 수 있는 정신적인 능력을 말한다. 행위 능력이란 단독으로 완전하고 유효한 법률행위를 할 수 있는 능력을 말하는데, 19세 미만의 미성년자는 이러한 능력이 없거나 제한적이다. 따라서 미성년자는 법정 대리인의 동의를 받아야 법적으로 유효한 계약을 맺을 수 있다.

계약은 성립할 때부터 소멸할 때까지 계약 내용에 따른 효력을 갖는다. 예를 들어 주택 매매 계약의 효력으로 매도인은 주택의 소유권을 이전할 의무와 매도 대금을 받을 권리를 갖고, 매수인은 주택 매수 대금을 지급할 의무와 주택 소유권을 이전받을 권리를 갖는다. 그런데 계약 당사자의 일방이 고의 또는 과실로 계약 내용에 따른 의무를 이행하지 않는 경우를 채무불이행이라고 한다. 계약 당사자 일방이 채무불이행시, 다른 당사자는 법원에 그 강제 이행을 청구할 수 있고 아울러 손해배상을 청구할 수 있다. 주택 매도인이 약속한 날짜에 주택 소유권 이전에 필요한 서류를 매수인에게 주지 않을 경우, 매수인은 잔여 주택 매수 대금을 매수인에게 송금하는 조치 등을 취한 후 매도인을 상대로 법원에 주택의 소유권을 이전하고 소유권 이전 지연에 따른 손해를 배상하라는 소송을 제기할 수 있다.

3) 계약의 무효 및 취소

계약이 성립하더라도 계약 당사자에게 의사능력이 없거나 행위능력 없는 경우, 계약의 목적이 실현 불가능하거나 반사회적인 경우에는 계약이 무효, 취소될 수 있다.

계약의 무효[3])란 계약 내용이 선량한 풍속 및 기타 사회 질서에 반하거나 당사자 간에 지나치게 불공정하게 체결된 경우 계약의 효력이 처음부터 발생하지 않는 것이다. 예를 들어 유치원생과의 계약이나 인신 매매, 노예 계약은 처음부터 효력이 없다.

계약의 취소[4]란 일단 유효하게 성립한 계약이 미성년자의 행위 등을 이유로 계약시에 소급하여 무효로 되는 것이다. 미성년자가 부모의 동의 없이 계약을 한 경우, 계약의 중요 부분에 착오가 있는 상태에서 의사표시를 한 경우, 상대방에게 사기나 강박[5]을 당한 상태에서 의사 표시를 한 경우에 당사자 혹은 그 대리인은 계약을 취소할 수 있다.

계약이 무효 또는 취소된 경우, 그 계약은 처음부터 효력이 없는 것이 된다. 따라서 계약을 이행하기 전이면 그 계약을 이행할 필요가 없고, 만약 계약을 이행했다면 상대방에게 그 이행한 것을 부당이득으로 반환 청구할 수 있다.

4) 미성년자의 계약

권리나 의무를 가지기 위한 행위를 혼자서 완전히 할 수 있는 능력을 행위능력이라 하고, 이러한 행위능력을 가질 수 없는 자를 제한능력자(미성년자, 피한정후견인, 피성년후견인)라고 한다. 미성년자, 피한정후견인, 피성년후견인은 자신의 법률행위를 취소할 수 있는데, 이 경우 상대방은 제한능력자 측에서 언제 법률행위를 일방적으로 취소할지 몰라 불안정한 상태에 있게 되고 큰 손해를 입을 수도 있다. 따라서 제한능력자의 상대방에 대한 보호 필요성이 있다.

먼저 미성년자는 아무런 부담없는 재산 증여에 대해 수락하는 행위, 미성년자가 빌린 돈을 면제 받는 행위, 부모가 자녀에게 준 용돈으로 장난감을 구입하는 행위, 부모가 특정한 사업을 지정하여 미성년자가 영업하는 것을 허락한 경우 해당 영업에 관련된 행위, 미성년자가 임금을 청구하는 행위 등은 미성년자가 단독으로 유효하게 할 수 있으므로 취소할 수 없다.

상대방은 제한능력자가 능력자가 된 후에 그에게 1개월 이상의 기간을 정하여 그 취소할 수 있는 행위를 추인할 것인지 여부의 확답을 촉구할 수 있는데(최고권), 능력자로 된 사람이 그 기간 내에 확답을 발송하지 아니하면 그 행위를 추인한 것으로 본다. 제한능력자가 아직 능력자가 되지 못한 경우에는 그의 법정대리인에게 추인 여부 확답을 촉구할 수 있고, 법정대리인이 그 정하여진 기간 내에 확답을 발송하지 아니한 경우에는 그 행위를

3) 무효: 특정인의 주장과 관계없이 행위 시부터 당연히 계약의 효력이 없음.
4) 취소: 행위 시에는 계약의 효력이 인정되나 특별한 사유로 취소되면 소급하여 처음부터 없어짐. 그런데 취소 없이 일정기간이 지나면 유효한 것으로 확정됨.
5) 강박에 의한 의사표시: 상대방으로부터 위협을 받아 공포심에서 의사표시를 한 경우

추인한 것으로 본다. 이 경우 미성년자의 행위는 확정적으로 유효한 것이 된다. 상대방은 미성년자 측에서 계약을 추인하기 전에 자신의 의사표시를 철회할 수 있다(철회권). 미성년자가 자신의 신분증을 위조하여 성년자인 것처럼 계약하거나 법정대리인의 동의가 있는 것처럼 동의서로 꾸민 후 계약한 경우에는 미성년자의 취소권은 배제된다.

3. 불법행위와 손해배상

1) 불법 행위의 의미와 성립 요건

불법 행위란 어떤 사람이 고의 또는 과실로 인한 위법 행위로 다른 사람에게 손해를 끼치는 행위를 말한다. 민법은 불법행위를 가한 자에게 손해배상의무를 지우는데, 이는 사회생활에서 생기는 손해를 적절하게 배분하기 위함이다.

불법 행위가 성립하려면 몇 가지 요건이 요구된다. 첫째, 고의 또는 과실로 인한 가해행위가 있어야 한다.[6] 이 때의 행위란 인간의 의사 활동을 의미하므로, 수면 상태에서의 단순한 반사 작용은 해당되지 않는다. 가해자의 고의, 과실은 피해자가 입증해야 한다. 둘째, 가해행위가 법체계 전체의 입장에서 허용되지 않아야 한다. 이를 위법성이라 한다. 위법성을 소멸시키는 특별한 사유가 있는 경우 위법성이 조각되어 불법행위가 성립하지 않는다. 흉기를 든 강도로부터 자기를 보호하기 위해 강도에게 상해를 입히는 행위, 맹견으로부터 물리는 것을 피하기 위해 타인의 점포로 피하면서 점포 문을 파손하는 행위는 각각 정당방위[7]와 긴급피난[8]으로 위법성이 조각된다.

셋째, 가해행위로 상대방에게 손해가 발생해야 한다. 손해에는 재산상의 손해뿐만 아니라 정신적 손해(생명, 신체, 자유, 명예에 대한 손해)도 포함된다. 넷째, 가해 행위와 손해 사이에 인과 관계가 있어야 한다. 인과관계가 인정되려면 그 가해행위가 없었다면 그 손해는 발생하지 않았을 것이 입증되어야 한다. 다섯째, 가해자에게 책임능력[9]이 있어야 한다. 책임능력의 유무는 개별적인 사안에 따라 판단한다. 미성년자 중에서도 자기 행위의 책임

---

6) 고의와 과실: 고의란 자신의 행위가 어떤 결과를 가져올 것을 인식하면서 행동하는 것이다. 과실은 부주의로 자신의 행동이 가져올 결과를 인식하지 못하는 것이다. 형법에서는 원칙적으로 고의가 있는 범죄만을 처벌하고 과실범은 예외적인 경우에만 처벌하게 되어있지만 민법에서는 고의와 과실 모두 불법 행위를 구성할 수 있다.

7) 정당방위: 타인의 불법행위로부터 자기 또는 제3자의 이익을 방어하기 위해 부득이 타인에게 손해를 가하는 행위

8) 긴급피난: 자기나 제3자에게 닥친 급박한 위난을 피하기 위해 부득이 타인에게 손해를 가하는 행위

9) 책임능력: 자기의 행위가 타인의 법익을 위법하게 침해한다는 것을 알기에 충분한 판단 능력

을 변식할 지능이 없는 상태에서 타인에게 손해를 가하거나, 심신상실 중에 타인에게 손해를 가한 경우에는 책임능력이 없다.

2) 특수 불법 행위 책임 유형

과실 책임주의는 가해자가 자신의 고의, 과실에 기하여 타인에게 손해를 가한 경우에만 손해배상책임을 부담한다는 원칙이다. 그런데 자본주의의 발달과 기업 활동의 증가에 따라, 기업의 과실 예를 들면 가습기 살균제에 포함된 성분의 유해성을 소비자가 입증하기 어려운 경우가 있다. 이런 경우에도 과실책임주의를 고수할 경우, 소비자의 희생으로 기업이 이익을 얻을 수 있어 손해의 공평한 부담에 반하므로 입증책임을 전환하거나 무과실 책임을 도입하였다.

이러한 유형들을 특수불법행위라 하는데, 미성년자나 심신상실자에 대한 감독자 책임, 피용자에 대한 사용자의 배상 책임[10], 공작물 등 점유자의 책임[11], 동물 점유자의 책임은 고의, 과실이 없었음을 가해자가 입증하도록 전환하였고 공작물 등 소유자는 무과실 책임을 지도록 하였다.

책임 무능력자(미성년자나 심신상실자)의 감독자 책임의 예를 들자면, 10세 아이가 아파트 10층에서 던진 화분으로 인해 주차되어 있던 차량이 파손되었다면, 그 당시 10세 아이에 대한 감독 책임이 있었던 사람(부모)이 책임을 지는 것과 같은 경우이다.

사용자의 배상책임의 예를 들자면, 중국집 배달원이 고객의 주문 전화를 받고 오토바이로 배달을 하다가 행인을 치어 부상을 입힌다면, 부상을 입은 행인은 중국집 사장을 상대로 손해배상을 받을 수 있다.

3) 불법행위로 인한 손해 배상 및 권리 구제

타인의 불법 행위로 피해를 입은 사람은 가해자에게 재산상의 손해를 청구할 수 있고 아울러 신체, 자유, 명예를 훼손당한 경우에는 정신상의 손해 배상도 청구할 수 있다. 명예를 훼손당한 피해자는 법원에 손해배상과 함께 명예회복에 적당한 처분, 예를 들면 정정 보도

---

10) 사용자의 배상책임: 타인을 사용하여 어느 사무에 종사하게 한 자는 피용자가 그 사무집행에 관하여 제삼자에게 가한 손해를 배상할 책임이 있다. 그러나 사용자가 피용자의 선임 및 그 사무 감독에 상당한 주의를 한 때 또는 상당한 주의를 하여도 손해가 있을 경우에는 그러하지 아니하다.

11) 공작물 등의 점유자, 소유자의 책임: 공작물의 설치 또는 보존의 하자로 인하여 타인에게 손해를 가한 때에는 공작물점유자가 손해를 배상할 책임이 있다. 그러나 점유자가 손해의 방지에 필요한 주의를 해태하지 아니한 때에는 그 소유자가 손해를 배상할 책임이 있다.

를 청구할 수도 있다. (피해자나 그 법정대리인은 손해 및 가해자를 안 날로부터 3년, 불법행위를 안 날로부터 10년간 이를 행사하지 아니하면 손해배상청구권은 시효로 인하여 소멸한다.)

피해자가 법원에 손해배상청구 소송을 제기할 경우, 소송 과정이 복잡하고 많은 시간과 비용이 소요된다. 따라서 불법행위의 정도가 경미한 경우에는 조정을 이용해서 분쟁을 해결할 수 있다. 조정이란 민사에 관한 분쟁을 비교적 간단한 절차에 따라 당사자 사이의 상호 양해를 통해 조리를 바탕으로 실정에 맞게 해결하는 제도이다.

당사자가 조정을 신청하거나 기존에 소송이 계속 중인 법원이 조정 회부 결정을 하면, 조정담당판사가 조정을 하거나 상임조정위원 또는 조정위원회로 하여금 조정하게 할 수 있다. 조정이 성립되면 당사자 사이에 합의 된 사항을 작성한 조정조서는 재판상 화해[12]와 동일한 효력이 있다.

4. 가족관계와 법

1) 혼인의 성립

혼인은 남녀가 만나 평생 부부로서 가족을 이뤄 살아갈 것을 약속하는 가족법상의 계약이다. 혼인은 모든 가족 생활의 기초를 이루며 사회 질서 및 국민윤리에 큰 영향을 미치므로 민법에서는 혼인의 요건을 정해 놓고 이에 적합한 혼인만을 정당한 것으로 성립시켜 법적으로 보호하고 있다. 혼인이 성립하기 위해서는 첫째, 혼인을 하는데 장애가 될 일정한 사유가 없는 남녀 당사자 사이에 혼인하려는 의사의 합치가 있어야 한다. 실질적으로 부부로서 결합할 의사가 없거나 어떤 방편을 위한 결혼은 법적인 효력이 인정되지 않는다. 예를 들어 외국인이 한국국적을 얻을 목적으로 형식적으로만 결혼을 했다는 것이 인정되면 그 혼인은 무효가 된다.

둘째, 혼인 신고를 해야 한다. 우리나라는 혼인 신고를 한 경우에만 법적인 부부로서 인정하는 법률혼주의를 채택하고 있다.

이러한 조건 외에도 우리 민법에서는 남녀 모두 만 18세 이상이 되어야 혼인이 가능하고, 8촌 이내의 혈족 등 일정한 범위의 친족 사이에서는 혼인을 할 수 없으며, 중혼을 인정

12) 재판상 화해: 소송 전이나 소송 중에 당사자 양쪽이 판사 앞에서 서로 주장을 양보하여 소송을 종료시키는 행위. 화해의 결과, 당사자의 진술을 조서에 기재하면 소송이 종료되며 이 화해조서는 확정판결과 동일한 효력이 생긴다.

하지 않는다는 규정을 두고 있다. 이러한 실질적 형식적 요건을 충족하지 못한 혼인은 취소나 무효가 된다.

2) 혼인의 효력과 부부 관계

혼인에 의해 당사자는 부부라는 공동체를 형성하고 그들 사이에는 친족적, 재산적 관계에서 법률효과가 발생한다. 먼저 혼인의 일반적 효력으로, 부부는 배우자로서 서로 친족이 되고 상대방의 4촌 이내의 혈족 및 4촌 이내의 혈족의 배우자와 사이에 인척관계가 생긴다. 아울러 상대방이 사망할 때 상속인이 된다.

부부 사이에는 동거의무, 부양의무, 협조의무, 정조의무가 있다. 만약 부부 일방이 합리적인 이유 없이 이를 거부할 경우, 이혼의 원인이 될 수 있고 부부 일방이 가정 생활에 필요한 생활비 등을 지급하지 아니할 경우, 상대방은 가정법원에 부양료 지급을 청구할 수 있다. 또한 부부 간에는 서로 일상 가사에 대한 대리권[13]이 있다. 일상 가사란 가정 생활상 상시 행하여지는 행위로서, 동거 생활을 위해 필요한 범위 내의 행위를 말하고 거액의 금전 차용, 상대방 명의 부동산 매각은 일상 가사 범위 밖이다. 부부 일방이 일상 가사에 관하여 제3자에 법률행위를 한 경우, 부부는 제3자에게 연대책임을 진다.

재산 관계에 있어서 부부는 일방이 혼인 전부터 가진 고유재산과 혼인 중 자기의 명의로 취득한 재산은 그 특유재산으로 한다. 부부는 그 특유재산을 각자 관리, 사용, 수익하는데, 이를 부부 별산제[14]라 한다. 이는 개인주의를 바탕으로 각자의 재산에 대한 독립성을 보장하고 부부 평등을 실현하기 위한 제도이다. 부부의 누구에게 속한 것인지 분명하지 않은 재산은 부부의 공유 재산으로 추정한다.

한편, 부부의 공동생활에 필요한 비용은 당사자 간에 부부재산계약과 같은 특별한 약정이 없으면 부부가 공동으로 부담한다.

13) 일상가사 대리권: 부부와 그 자녀의 공동생활을 위해 필요한 통상적인 거래나 일과 관련해서 어느 한쪽이 결정을 하고 공동의 책임을 지게 하는 것이다. 일상가사란 식료품 일용품의 구입, 연료 의복의 구입, 주택의 임차, 집세 등의 지급과 수수, 수도 전기 통신요금 세금 등 각종 공과금의 납부, 의료비 오락비, 교제비, 자녀의 양육과 교육비 지급에 관한 사무를 말한다.

14) 부부 별산제: 부부가 혼인하였더라도 부부 각자가 혼인 전부터 가졌던 재산이나 혼인 이후 자신의 명의로 취득한 재산을 자신의 판단에 따라 사용 · 수익 · 처분할 수 있게 하는 것이다.

3) 사실혼의 의의와 법률적 효력

(1) 사실혼이란?

우리 민법은 1923년까지 사실혼주의[15]를 채택했으나 그 후 법률혼주의[16]로 전환하여 현재 우리 민법은 혼인이 신고를 통해 효력이 발생할 수 있다고 규정하고 있다(민법 제812조 제1항).[17] 따라서 혼인은 신고하여야 효력이 생긴다.

사실혼이란 당사자 사이에 혼인의 의사가 있고 객관적으로 사회 관념상 가족 질서적인 면에서 부부의 공동생활을 인정할 만한 혼인 생활의 실체가 있지만, 혼인신고가 없는 경우를 말한다.

사실혼이 성립하기 위한 요건으로는 주관적 요건과 객관적 요건 두 가지를 모두 충족하여야 한다.

먼저 주관적 요건으로는 당사자에게 혼인의 의사가 있어야 한다. 여기서 혼인의 의사란 사회적 · 관습적으로 정당시 되는 부부관계를 맺을 의사를 말한다.

그 다음으로 객관적 요건으로는 당사자 사이에 사회 관념 상 부부의 공동생활이라고 인정할 만한 부부로서 보호되어야 할 가치가 있는지, 부부 공동생활의 실체가 있는지 확인해야 한다. 이때, 부부 공동생활의 실체란 관례적으로 동거 생활이 6개월 이상인지, 결혼식을 했는지, 동일 주소지에 주민등록을 했는지, 양가 상견례, 경조사 참여, 기타 집안 교류 등 법률혼과 똑같은 형태를 하고 있는 경우에 해당된다.

혼인신고는 법률적으로 정당한 부부로 인정을 받기 위한 절차이다. 법률상 혼인신고가 된 부부의 관계를 법률혼 관계라 말한다. 혼인신고는 신고에 의해 효력이 발생하기 때문에 신고 기간은 따로 존재하지 않는다. 사실혼은 혼인신고를 하지 않아 법률상 혼인으로 인정받을 수 없으나 사실상 혼인의 의사가 있고 혼인 생활을 하며 부부로서의 생활을 하는 것을 말한다.

---

15) 사실혼주의: 사회적 사실로서 존재하고 있는 혼인관계를 혼인의 효력이 있는 것으로 보는 주의

16) 법률혼주의: 혼인의 성립은 일정한 법률상의 절차를 통하여 이루어진다는 주의. 근세에 세속적 생활에 대한 국가권력의 확립에 따라 법률혼주의(法律婚主義)가 성립되었다. 우리 민법도 법률혼주의를 채택하여 혼인 신고를 해야 혼인으로서의 효력이 발생한다.

17) 민법 제812조(혼인의 성립)
① 혼인은 「가족관계의 등록 등에 관한 법률」에 정한 바에 의하여 신고함으로써 그 효력이 생긴다. 〈개정 2007. 5. 17.〉
② 전항의 신고는 당사자 쌍방과 성년자인 증인 2인의 연서한 서면으로 하여야 한다.

(2) 사실혼의 법률적 효력

우리나라에서는 법률혼주의를 채택하고 있기 때문에 사실혼의 경우에는 혼인 신고를 전제로 하는 상속권, 성년 의제, 친족 관계 등은 발생하지 않는다. 다만 혼인 신고를 하지 않아도 일상적인 부부 생활에 꼭 필요한 권리와 의무는 발생한다. 즉, 사실혼의 배우자도 동거, 부양, 협조, 정조의 의무를 가지며, 일상 가사에 대해서는 서로 대리권이 있고, 그 대리권 행사로 인한 채무에 대해서는 연대 책임을 진다. 주택임대차보호법에서 임차인이 상속인 없이 사망한 경우에는 사실혼 배우자에게도 임차인의 지위를 승계하도록 규정하고 있다. 또한 제3자에 의한 불법 행위에 대해서는 사실혼 배우자에게 손해 배상 청구권이 인정된다. 부부재산을 청산하는 의미를 갖는 재산분할청구권은 부부의 생활공동체라는 실질에 비추어 인정되는 것이므로 사실혼 관계에서도 허용되고 있다.

대법원 판례에 따라 사실혼의 성립 요건을 갖추면 비로소 사실혼 관계는 법적 권리를 갖게 된다. 법적으로 혼인의 의사가 있어 결혼식도 했고 주소지도 전입신고를 같은 곳으로 했기 때문에 부부는 아니지만 부부처럼 함께 하는 공동생활을 하고 있다고 보는 것이다.

대한민국 법은 부부 사이에 동거하며 서로 부양하고 협조해야 한다고 하여 부부간에 동거, 부양, 협조의 의무를 인정하고 있다. 사실혼 관계에서도 해당되기에 사실혼 배우자 일방이 정당한 이유 없이 부부로서의 의무를 거부한다면 사실혼 관계를 부당하게 파기하는 것으로 보아 손해배상책임을 질 수 있다. 이외에도 일상가사대리권, 공동생활에 기여한 정도에 따른 기여 재산에 대한 분할청구권, 사실혼 관계의 종료에 따른 위자료와 손해배상청구권 등이 인정되지만 상속권은 인정되지 않는다.

① 일상가사대리권, 연대책임

부부는 일상의 가사에 대해 서로 대리권이 있으며, 부부의 일방이 일상의 가사에 관하여 제3자와 법률행위를 하여 채무가 발생하였다면 그 채무는 부부가 연대해서 채무 전부에 대해 변제할 책임을 지게 된다(「민법」 제827조, 제832조). 판례는 사실혼에도 일상가사대리권과 연대책임을 인정하고 있다.

② 재산분할청구권

재산분할청구권은 이혼한 자의 일방이 상대방에 대해 재산분할을 청구할 수 있는 권리이다. 혼인 생활을 하다보면 재산이 축적되기 마련이다. 사실혼 관계에서도 부부 공동의 재산이 있다면 재산분할청구권을 행사할 수 있다.

③ 손해배상청구권과 위자료

사실혼은 법률혼과 달리 당사자 일방이 관계를 파기할 수 있다. 그러나 정당한 사유가 없을 경우 사실혼 관계에 책임이 있는 당사자는 상대방에 대하여 손해배상책임을 갖게 된다. 즉, 사실혼 관계에 있던 A와 B가 B의 일방적 관계 해소가 발생했을 경우 B의 주소지 관할 가정법원에 사실혼 파탄에 대한 책임을 물어 물질적 또는 정신적 손해 배상(위자료)을 청구할 수 있다(「가사소송법」 제13조, 대법원 1989.2.14선고, 88므 146 판결).

4) 이혼의 성립과 법률 효과

이혼이란 부부가 혼인 관계를 해소하는 것이다. 이혼하는 방법에는 협의 이혼과 재판상 이혼이 있다. 협의 이혼은 당사자 간에 합의만 있으면 가능한데 먼저 협의 이혼 의사 확인 신청서를 가정법원에 제출하는 것으로 시작한다. 그리고 일정 기간의 이혼 숙려 기간을 거친 다음 법원에 출석하여 판사로부터 이혼 확인 의사를 받고, 협의 이혼 의사 확인서를 주소지에 있는 행정 관청에 이혼 신고서와 함께 제출하면 이혼의 효력이 발생한다.

재판상 이혼은 민법에 정해진 이혼 사유에 해당한다면 가정법원에 이혼을 청구하여 혼인을 해소하는 방법이다.[18] 재판상 이혼은 원칙적으로 잘못을 저지른 배우자가 청구할 수 없고, 이혼 소송 전에 특별한 경우를 제외하고는 이혼 조정 절차를 거쳐야 한다. 재판상 이혼을 청구할 때, 일방은 이혼 사유를 야기한 상대방에게 혼인 관계 파탄으로 인해 입은 정신적 고통을 위자료로 청구할 수 있다. 또한 혼인 중에 취득한 재산을 소유하고 있는 다른 상대방을 상대로 재산 형성의 기여도를 주장하여 재산분할을 청구할 수 있다.

이혼이 성립되면 혼인을 전제로 발생하였던 일체의 권리와 의무 및 친족관계가 소멸한다. 부모가 이혼할 경우, 부모의 협의로 친권 행사자 및 양육자를 정하고 양육 비용은 상호 부담해야 한다. 그리고 양육을 맡지 않은 부모는 아이와 연락할 수 있는 면접 교섭권을 가진다.[19]

18) 민법 제840조(재판상 이혼원인) 부부의 일방은 다음 각호의 사유가 있는 경우에는 가정법원에 이혼을 청구할 수 있다. 〈개정 1990.1.13.〉
1. 배우자에 부정한 행위가 있었을 때
2. 배우자가 악의로 다른 일방을 유기한 때
3. 배우자 또는 그 직계존속으로부터 심히 부당한 대우를 받았을 때
4. 자기의 직계존속이 배우자로부터 심히 부당한 대우를 받았을 때
5. 배우자의 생사가 3년 이상 분명하지 아니한 때
6. 기타 혼인을 계속하기 어려운 중대한 사유가 있을 때

19) 양육권과 친권의 관계: 친권은 자녀의 신분에 관한 권리의무, 재산에 관한 권리의무, 양육에 관한 권리의무 등을 모두 포함하지만 양육권은 원칙적으로 자녀를 보호하고 교육할 권리의무만을 의미한다.

5) 유책 배우자의 이혼 청구권

가령, 갑과 을이 혼인 생활을 하던 중 갑이 우리 민법 제 840부정한 행위를 저질러 재판상 이혼 사유가 존재한다고 할 때, 부정한 행위를 하지 않은 을은 갑이 부정한 행위를 저질렀음에도 이혼을 원하지 않는데, 오히려 부정한 행위를 저지른 갑이 을과의 이혼을 원할 경우에 법원은 재판상 이혼을 판결해 주어야 할지의 문제가 세계 각국에서 논의되어 왔다. 이런 경우가 바로 유책 배우자의 이혼 청구를 받아들여야 하는지의 문제이다.

우리 민법 제840조 소정의 재판상의 이혼 사유를 어떻게 해석할 것인가에 대해서는 두 가지 견해, 즉 '유책주의(有責主義)'와 '파탄주의(破綻主義)'가 대립되고 있다.

'유책주의(有責主義)'는 민법이 규정한 재판상 이혼 사유는 모두 이를 일으킨 배우자의 일방적인 잘못이나 책임으로 간주하고 책임이 없는 다른 상대방으로 하여금 이혼 청구권을 부여하는 취지라고 보는 것이다. 재판상 이혼의 청구는 부부 공동생활을 파탄시킨 책임이 있는 배우자에게 그 책임을 묻는 것으로 이해하는 것이다.

이에 반해, '파탄주의(破綻主義)'는 혼인관계가 파탄이 되었으면 누구의 잘잘못을 묻는 것이 아니라, 배우자는 누구든지 파탄된 혼인 공동생활의 해소를 청구할 수 있다고 보는 것이다. 특히 민법 제840조 제6호가 '혼인을 계속하기 어려운 중대한 사유가 있을 때'에 이혼 청구권이 주어지는 것을 보아서 그렇다는 것이다.

유책주의는 가정 파탄이 배우자 일방의 잘못 때문이라고 이해하는 것이고, 파탄주의는 가정 파탄이 부부 모두의 책임에 의해서도 일어날 수 있고 부부 모두의 책임이 아닌 사유에 의해서도 일어날 수 있다고 보는 것이다. 유책주의와 파탄주의의 결정적 차이는 유책주의에서는 가정 파탄의 책임이 있는 배우자(이를 '유책 배우자'라고 한다)의 이혼 청구를 허용하지 않으며, 파탄주의에서는 경우에 따라 유책 배우자의 이혼 청구도 허용될 수 있다고 보는 점에 있다. 세계적인 이혼법의 추세는 유책주의에서 파탄주의로의 변화하고 있다고 볼 수 있다.

우리 대법원은 1965년 9월 혼인생활을 파탄 낸 책임이 있는 남편은 이혼을 청구할 수 없다고 판단했는데, 이는 파탄의 책임이 있는 배우자가 이혼을 청구할 수 없도록 한 유책주의를 채택한 최초의 판례(대법원 1965. 9. 21., 선고, 65므37, 판결)[20]였다. 이 판례 이후 우리 법원은 유책주의 입장을 유지해 왔는데, 시대가 변하면서 누구에게 잘못이 있는지

20) 남편이 가정의 평화와 남녀의 본질적 평등을 무시하고 그 책임에 속하는 축첩행위를 하였을 뿐만 아니라 그 내연의 처에게 대한 애정에만 사로잡혀 정처를 돌보지 않고 냉대한 결과, 가정의 파경을 초래하였다면 남편은 축첩생활에 기인한 애정의 냉각이 있다하여 재판상 이혼을 주장할 수 없다(대법원 1965. 9. 21., 선고, 65므37, 판결).

를 떠나 현실적으로 혼인 생활을 이어갈 수 없다면 이혼을 인정해야 한다는 파탄주의를 적용하자는 움직임이 계속돼 왔다. 이에 대법원은 유책주의 원칙 하에서 예외적으로 파탄주의 적용 범위를 점차 늘려왔다.

상술하자면, 우리 대법원은 부부의 혼인관계가 돌이킬 수 없을 정도로 파탄된 것으로 인정되더라도, 그 파탄이 이혼을 청구하는 배우자에게 전적으로 또는 주된 책임을 물어야 할 사유로 인한 경우이거나 이혼을 청구하는 배우자의 책임이 상대방 배우자의 책임보다 더 무겁다고 인정되는 경우에는 그러한 유책배우자의 이혼청구를 인용하여서는 아니 되고, 다만 이혼청구 상대방이 그 파탄 이후 혼인을 계속할 의사가 없음이 객관적으로 명백함에도 오기나 보복적 감정에서 표면적으로 이혼에 응하지 아니하고 있을 뿐이라는 등의 특별한 사정이 있다면 유책배우자의 이혼청구권이 인정될 수 있다고 해석하여 왔다(대법원 86므28 판결, 위 대법원 90므1067 판결 등).

그러면서, 또 대법원은 2015년 9월 15일 '바람을 피우는 등 결혼 생활을 깬 책임이 있는 배우자는 이혼 청구를 할 수 없다.'며 유책주의에 대한 기존 판례를 유지했다(대법원 2015. 9. 15., 선고, 2013므568, 전원합의체 판결). 하지만 대법관 13명 가운데 6명은 결혼 생활이 이미 파탄 났다면 실체 없는 혼인관계를 해소하는 게 맞다는 반대 의견을 내면서, 유책주의와 파탄주의를 둘러싼 사회적 논쟁은 계속될 것으로 보인다.

읽기 자료 1

이혼 [대법원 2015. 9. 15., 선고, 2013므568, 전원합의체 판결]

유책배우자의 이혼 청구권 판결문

【판시사항】

민법 제840조 제6호 이혼사유에 관하여 유책배우자의 이혼청구를 허용할 것인지 여부(원칙적 소극) / 예외적으로 유책배우자의 이혼청구를 허용할 수 있는 경우 및 판단 기준

【판결요지】

[다수의견]

(가) 이혼에 관하여 파탄주의를 채택하고 있는 여러 나라의 이혼법제는 우리나라와 달리 재판상 이혼만을 인정하고 있을 뿐 협의상 이혼을 인정하지 아니하고 있다. 우리나라에서는 유책배우자라 하더라도 상대방 배우자와 협의를 통하여 이혼을 할 수 있는 길이 열려 있다. 이는 유책배우자라도 진솔한 마음과 충분한 보상으로 상대방을 설득함으로써 이혼할 수 있는 방도가 있음을 뜻하므로, 유책배우자의 행복추구권을 위하여 재판상 이혼원인에 있어서까지 파탄주의를 도입하여야 할 필연적인 이유가 있는 것은 아니다.

우리나라에는 파탄주의의 한계나 기준, 그리고 이혼 후 상대방에 대한 부양적 책임 등에 관해 아무런 법률 조항을 두고 있지 아니하다. 따라서 유책배우자의 상대방을 보호할 입법적인 조치가 마련되어 있지 아니한 현 단계에서 파탄주의를 취하여 유책배우자의 이혼청구를 널리 인정하는 경우 유책배우자의 행복을 위해 상대방이 일방적으로 희생되는 결과가 될 위험이 크다.

유책배우자의 이혼청구를 허용하지 아니하고 있는 데에는 중혼관계에 처하게 된 법률상 배우자의 축출이혼을 방지하려는 의도도 있는데, 여러 나라에서 간통죄를 폐지하는 대신 중혼에 대한 처벌규정을 두고 있는 것에 비추어 보면 이에 대한 아무런 대책 없이 파탄주의를 도입한다면 법률이 금지하는 중혼을 결과적으로 인정하게 될 위험이 있다.

가족과 혼인생활에 관한 우리 사회의 가치관이 크게 변화하였고 여성의 사회 진출이 대폭 증가하였더라도 우리 사회가 취업, 임금, 자녀양육 등 사회경제의 모든 영역에서 양성평등이 실현되었다고 보기에는 아직 미흡한 것이 현실이다. 그리고 우리나라에서 이혼율이 급증하고 이혼에 대한 국민의 인식이 크게 변화한 것이 사실이더라도 이는 역설적으로 혼인과 가정생활에 대한 보호의 필요성이 그만큼 커졌다는 방증이고, 유책배우자의 이혼청구로 인하여 극심한 정신적 고통을 받거나 생계유지가 곤란한 경우가 엄연히 존재하는 현실을 외면해서도 아니 될 것이다.

(나) 이상의 논의를 종합하여 볼 때, 민법 제840조 제6호 이혼사유에 관하여 유책배우자

의 이혼청구를 원칙적으로 허용하지 아니하는 종래의 대법원판례를 변경하는 것이 옳다는 주장은 아직은 받아들이기 어렵다.

유책배우자의 이혼청구를 허용하지 아니하는 것은 혼인제도가 요구하는 도덕성에 배치되고 신의성실의 원칙에 반하는 결과를 방지하려는 데 있으므로, 혼인제도가 추구하는 이상과 신의성실의 원칙에 비추어 보더라도 책임이 반드시 이혼청구를 배척해야 할 정도로 남아 있지 아니한 경우에는 그러한 배우자의 이혼청구는 혼인과 가족제도를 형해화할 우려가 없고 사회의 도덕관 · 윤리관에도 반하지 아니하므로 허용될 수 있다.

그리하여 상대방 배우자도 혼인을 계속할 의사가 없어 일방의 의사에 따른 이혼 내지 축출이혼의 염려가 없는 경우는 물론, 나아가 이혼을 청구하는 배우자의 유책성을 상쇄할 정도로 상대방 배우자 및 자녀에 대한 보호와 배려가 이루어진 경우, 세월의 경과에 따라 혼인파탄 당시 현저하였던 유책배우자의 유책성과 상대방 배우자가 받은 정신적 고통이 점차 약화되어 쌍방의 책임의 경중을 엄밀히 따지는 것이 더 이상 무의미할 정도가 된 경우 등과 같이 혼인생활의 파탄에 대한 유책성이 이혼청구를 배척해야 할 정도로 남아 있지 아니한 특별한 사정이 있는 경우에는 예외적으로 유책배우자의 이혼청구를 허용할 수 있다.

유책배우자의 이혼청구를 예외적으로 허용할 수 있는지 판단할 때에는, 유책배우자 책임의 태양 · 정도, 상대방 배우자의 혼인계속의사 및 유책배우자에 대한 감정, 당사자의 연령, 혼인생활의 기간과 혼인 후의 구체적인 생활관계, 별거기간, 부부간의 별거 후에 형성된 생활관계, 혼인생활의 파탄 후 여러 사정의 변경 여부, 이혼이 인정될 경우의 상대방 배우자의 정신적 · 사회적 · 경제적 상태와 생활보장의 정도, 미성년 자녀의 양육 · 교육 · 복지의 상황, 그 밖의 혼인관계의 여러 사정을 두루 고려하여야 한다.

[대법관 민일영, 대법관 김용덕, 대법관 고영한, 대법관 김창석, 대법관 김신, 대법관 김소영의 반대의견]

(가) 이혼에 대한 사회 일반의 인식, 사회 · 경제적 환경의 변화와 아울러 이혼 법제 및 실무의 변화 등을 함께 종합하여 볼 때, 유책배우자의 이혼청구라는 이유만으로 민법 제840조 제6호 이혼사유에 의한 재판상 이혼청구를 제한하여야 할 필요는 상당히 감소하였다.

상대방 배우자의 혼인계속의사는 부부공동생활관계가 파탄되고 객관적으로 회복할 수 없을 정도에 이르렀는지 등을 판단할 때에 참작하여야 하는 중요한 요소라 할 수 있다. 그렇지만 그러한 의사를 참작하였음에도 부부공동생활관계가 객관적으로 회복할 수 없을 정도로 파탄되었다고 인정되는 경우에, 다시 상대방 배우자의 주관적인 의사만을 가지고 형식에 불과한 혼인관계를 해소하는 이혼청구가 불허되어야 한다고 단정하는 것은 불합리하며, 협의가 이루어지지 아니할 때의 혼인해소 절차를 규정한 재판상 이혼제도의 취지에도 부합하지 아니한다.

간통죄는 과거의 간통행위 자체에 대한 형사적인 제재인 반면 혼인파탄에 따른 이혼은 혼인의 실체가 소멸함에 따른 장래의 혼인 법률관계의 해소로서 제도의 목적과 법적 효과가 다르므로, 간통을 한 유책배우자에 대한 형사적 제재가 없어졌다고 하더라도, 민사상의 불법행위에 해당하는 간통행위로 인한 손해배상책임을 강화하는 것은 별론으로 하고, 혼인의 실체가 소멸한 법률관계를 달리 처우하여야 할 필요는 없다.

(나) 위와 같은 여러 사정들을 종합하여 보면, 혼인관계가 파탄되었음에도 유책배우자가 이혼을 청구하고 상대방이 이를 거부한다는 사정만으로 일률적으로 이혼청구를 배척하는 것은 더 이상 이혼을 둘러싼 갈등 해소에 적절하고 합리적인 해결 방안이라고 보기 어렵다.

부부공동생활관계가 회복할 수 없을 정도로 파탄된 경우에는 원칙적으로 제6호 이혼사유에 해당하지만, 이혼으로 인하여 파탄에 책임 없는 상대방 배우자가 정신적 · 사회적 · 경제적으로 심히 가혹한 상태에 놓이는 경우, 부모의 이혼이 자녀의 양육 · 교육 · 복지를 심각하게 해치는 경우, 혼인기간 중에 고의로 장기간 부양의무 및 양육의무를 저버린 경우, 이혼에 대비하여 책임재산을 은닉하는 등 재산분할, 위자료의 이행을 의도적으로 회피하여 상대방 배우자를 곤궁에 빠뜨리는 경우 등과 같이, 유책배우자의 이혼청구를 인용한다면 상대방 배우자나 자녀의 이익을 심각하게 해치는 결과를 가져와 정의 · 공평의 관념에 현저히 반하는 객관적인 사정이 있는 경우에는 헌법이 보장하는 혼인과 가족제도를 형해화할 우려가 있으므로, 그와 같은 객관적인 사정이 부존재하는 경우에 한하여 제6호 이혼사유가 있다고 해석하는 것이 혼인을 제도적으로 보장한 헌법 정신에 부합한다.

그리고 혼인파탄에 책임이 없는 배우자에 대하여 재판상 이혼을 허용할 경우에도, 혼인관계 파탄으로 입은 정신적 고통에 대한 위자료의 액수를 정할 때에 주된 책임이 있는 배우자의 유책성을 충분히 반영함으로써 혼인 해소에 대한 책임을 지우고 상대방 배우자에게 실질적인 손해 배상이 이루어질 수 있도록 하며, 재산분할의 비율 · 액수를 정할 때에도 혼인 중에 이룩한 재산관계의 청산뿐 아니라 부양적 요소를 충분히 반영하여 상대방 배우자가 이혼 후에도 혼인 중에 못지않은 생활을 보장받을 수 있도록 함으로써, 이혼청구 배우자의 귀책사유와 상대방 배우자를 위한 보호 및 배려 사이에 균형과 조화를 도모하여야 한다.

【참조조문】

민법 제810조, 제816조 제1호, 제826조 제1항, 제834조, 제840조, 헌법 제36조 제1항

【참조판례】

대법원 1965. 9. 21. 선고 65므37 판결(민13-2, 민148), 대법원 1971. 3. 23. 선고 71므41 판결(민19-1, 민216), 대법원 1987. 4. 14. 선고 86므28 판결(공1987, 810), 대법원 1990. 4. 27. 선고 90므95 판결(공1990, 1164), 대법원 1991. 7. 9. 선고 90므1067 판결(공1991, 2158), 대법원 1993. 3. 9. 선고 92므990 판결(공1993상, 1173), 대법원 1993. 4. 23. 선고 92므1078 판결(공1993하, 1570), 대법원 1993. 11. 26. 선고 91므177, 184 판결(공1994상, 202), 대법원 1997. 5. 16. 선고 97므155 판결(공1997상, 1735), 대법원 1999. 2. 12. 선고 97므612 판결(공1999상, 661), 대법원 2007. 12. 14. 선고 2007므612 판결, 대법원 2009. 12. 24. 선고 2009므2130 판결(공2010상, 248)

【전문】

【원고, 상고인】

원고(소송대리인 변호사 장순재)

【피고, 피상고인】

피고(소송대리인 변호사 박경환 외 1인)

【원심판결】

대구가법 2013. 1. 11. 선고 2012르754 판결

【주 문】

상고를 기각한다. 상고비용은 원고가 부담한다.

【이 유】

상고이유(상고이유서 제출기간이 경과한 후에 제출된 원고 준비서면들의 기재는 상고이유를 보충하는 범위 내에서)를 판단한다.

1. 가. 혼인은 일생의 공동생활을 목적으로 하여 부부의 실체를 이루는 신분상 계약으로서, 그 본질은 애정과 신뢰에 바탕을 둔 인격적 결합에 있다. 부부는 동거하며 서로 부양하고 협조하여야 할 의무가 있는데(민법 제826조 제1항), 이는 혼인의 본질이 요청하는 바로서, 혼인생활을 함에 있어서 부부는 애정과 신의 및 인내로써 상대방을 이해하고 보호하여 혼인생활의 유지를 위한 최선의 노력을 기울여야 하고, 혼인생활 중에 장애가 되는 여러 사태에 직면하는 경우가 있더라도 그러한 장

애를 극복하기 위한 노력을 다하여야 하며, 일시 부부간의 화합을 저해하는 사정이 있다는 이유로 혼인생활의 파탄을 초래하는 행위를 하여서는 아니 된다(대법원 1999. 2. 12. 선고 97므612 판결 등 참조).

나. 혼인은 이혼에 의하여 해소된다. 부부는 협의에 의하여 이혼할 수 있고(민법 제834조), 부부의 일방은 법률에 정한 사유가 있는 경우에는 가정법원에 이혼을 청구할 수 있다(민법 제840조). 민법 제840조는 제1호 내지 제5호에서 재판상 이혼원인이 되는 이혼사유를 '배우자에 부정한 행위가 있었을 때'와 같이 구체적·개별적으로 열거하고 있는 외에, 제6호에서 '기타 혼인을 계속하기 어려운 중대한 사유가 있을 때'(이하 '제6호 이혼사유'라고 한다)를 이혼사유로 규정하고 있다. 그리고 제6호 이혼사유의 의미에 관하여 대법원판례는 혼인의 본질에 상응하는 부부공동생활관계가 회복할 수 없을 정도로 파탄되고, 혼인생활의 계속을 강제하는 것이 일방 배우자에게 참을 수 없는 고통이 되는 경우를 말한다고 해석하여 왔다(대법원 1991. 7. 9. 선고 90므1067 판결, 대법원 2007. 12. 14. 선고 2007므1690 판결, 대법원 2009. 12. 24. 선고 2009므2130 판결 등 참조).

다. 이혼제도에 관한 각국의 입법례를 살펴보면, 배우자 중 어느 일방이 동거·부양·협조·정조 등 혼인에 따른 의무에 위반되는 행위를 한 때와 같이 이혼사유가 명백한 경우에 그 상대방에게만 재판상의 이혼청구권을 인정하는 이른바 유책주의(有責主義)와 부부 당사자의 책임 유무를 묻지 아니하고 혼인의 목적을 달성할 수 없는 사실 즉 혼인을 도저히 계속할 수 없는 객관적 사정인 파탄을 이유로 하여 이혼을 허용하는 이른바 파탄주의(破綻主義)로 대별할 수 있다.

우리 헌법은 제36조 제1항에서 "혼인과 가족생활은 개인의 존엄과 양성의 평등을 기초로 성립되고 유지되어야 하며, 국가는 이를 보장한다."고 규정하고 있으므로, 개인의 존엄과 양성의 평등은 혼인의 효력뿐만 아니라 재판상 이혼사유에 관한 평가 및 판단에서도 지도원리가 된다. 따라서 법원은 민법 제840조에 규정된 재판상 이혼제도를 운영함에 있어서 개인의 존엄과 양성의 평등을 지도원리로 하여 우리나라의 사회·경제적 현실과 국민의 보편적 도덕관념 그리고 각국의 입법추세 등을 면밀히 검토한 다음 상충되는 법익을 조정하면서도 일관된 법 정책을 유지함으로써 국민의 법 생활에 불필요한 혼란이 발생하지 아니하도록 하여야 할 것이다.

2. 가. 대법원은 일찍부터 재판상 이혼원인에 관한 민법 제840조는 원칙적으로 유책주의를 채택하고 있는 것으로 해석하여 왔다. 그리하여 민법 제840조 제1호 내지 제5호의 이혼사유가 있는 것으로 인정되는 경우라 할지라도 전체적으로 보아 그 이혼사유를 일으킨 배우자보다도 상대방 배우자에게 혼인파탄의 주된 책임이 있는 경우에는 그 상대방 배우자는 그러한 이혼사유를 들어 이혼청구를 할 수 없다고 하였다(대법원 1993. 4. 23. 선고 92므1078 판결 등 참조). 또한 제6호 이혼사유에 관하여도 혼인생활의 파탄에 주된 책임이 있는 배우자는 그 파탄을 사유로

하여 이혼을 청구할 수 없는 것이 원칙임을 확인하고 있다(대법원 1965. 9. 21. 선고 65므37 판결, 대법원 1971. 3. 23. 선고 71므41 판결, 대법원 1987. 4. 14. 선고 86므28 판결, 대법원 1990. 4. 27. 선고 90므95 판결, 대법원 1993. 3. 9. 선고 92므990 판결 등 참조).

그러면서도 대법원은 제6호 이혼사유에 관하여, 혼인의 파탄을 자초한 배우자에게 재판상 이혼청구권을 인정하는 것은 혼인제도가 요구하고 있는 도덕성에 근본적으로 배치되고 배우자 일방의 의사에 의한 이혼 내지는 축출이혼을 시인하는 부당한 결과가 되므로 혼인의 파탄에도 불구하고 이혼을 희망하지 아니하고 있는 상대방 배우자의 의사에 반하여서는 이혼을 할 수 없도록 하려는 것일 뿐, 상대방 배우자에게도 그 혼인을 계속할 의사가 없음이 객관적으로 명백한 경우에까지 파탄된 혼인의 계속을 강제하려는 취지는 아니므로, 상대방 배우자도 이혼의 반소를 제기하고 있는 경우 혹은 오로지 오기나 보복적 감정에서 표면적으로는 이혼에 불응하고 있기는 하나 실제에 있어서는 혼인의 계속과는 도저히 양립할 수 없는 행위를 하는 등 이혼의 의사가 객관적으로 명백한 경우에는 비록 혼인의 파탄에 관하여 전적인 책임이 있는 배우자의 이혼청구라 할지라도 이를 인용함이 타당하고, 그러한 경우에까지 이혼을 거부하여 혼인의 계속을 강제하는 것은 쌍방이 더 이상 계속할 의사가 없는 혼인관계가 형식상 지속되고 있음을 빌미로 하여 유책배우자를 사적으로 보복하는 것을 도와주는 것에 지나지 아니하여 이를 시인할 수 없다는 견해를 취하고 있다(위에서 본 대법원 86므28 판결, 대법원 2009므2130 판결 및 대법원 1993. 11. 26. 선고 91므177, 184 판결, 대법원 1997. 5. 16. 선고 97므155 판결 등 참조).

나. 이러한 대법원판례의 태도에 대하여는 우리나라와 유사한 법제를 가지고 있는 여러 나라의 입법례가 유책주의에서 파탄주의로 이미 바뀐 점, 부부공동생활관계가 도저히 회복될 수 없을 정도로 파탄되었다면 혼인은 한낱 형식에 불과할 뿐 이혼은 불가피한 것임에도 불구하고 유책배우자라고 하여 혼인관계를 계속 유지하라고 강제하는 것은 개인의 존엄과 행복추구권을 침해하는 면이 있는 점, 유책배우자의 이혼청구를 배척하는 판례가 형성된 1960년대 중반이나 그 판례가 확립된 1980년대 후반까지는 민법상 재산분할과 면접교섭권 제도가 없었으나 그 후 민법이 개정되어 이혼한 당사자에게 재산분할청구권과 면접교섭권이 부여되었을 뿐만 아니라 자녀에 대한 양육권, 친권 등도 남녀 간에 차별 없이 평등하게 보장되기에 이른 점, 우리 사회가 경제발전과 더불어 가족보다 개인을 중요시하는 사회로 변화되고 있고 여성의 사회적 진출이 증가하였을 뿐만 아니라 1990년대 중반 이후부터는 이혼율이 급증하여 이혼에 대한 국민의 인식이 크게 변화된 점 등을 고려하여 볼 때, 이제는 제6호 이혼사유의 해석에 있어서도 본래의 입법 취지에 맞게 유책배우자의 이혼청구라 하더라도 이를 허용하는 쪽으로 판례를 변경하여야

한다는 주장이 대두하고 있으므로, 이에 대하여 검토하여 본다.

다. 대법원이 종래 유책배우자의 이혼청구를 허용하지 아니한 데에는, 스스로 혼인의 파탄을 야기한 사람이 이를 이유로 이혼을 청구하는 것은 신의성실에 반하는 행위라는 일반적 논리와 아울러, 여성의 사회적 · 경제적 지위가 남성에 비해 상대적으로 열악한 것이 현실인 만큼 만일 유책배우자의 이혼청구를 널리 허용한다면, 특히 파탄에 책임이 없는 여성배우자가 이혼 후의 생계나 자녀 부양 등에 큰 어려움을 겪는 등 일방적인 불이익을 입게 될 위험이 크므로 유책인 남성배우자의 이혼청구를 불허함으로써 여성배우자를 보호하고자 하는 취지가 있다고 보인다. 이런 관점에서, 대법원이 종래 취해온 법의 해석을 바꾸려면 이혼에 관련된 전체적인 법체계와 현 시점에서 종래 대법원판례의 배경이 된 사회적 · 경제적 상황에 의미 있는 변화가 생겼는지 등에 관한 깊은 검토가 있어야 한다.

첫째로, 이혼에 관하여 파탄주의를 채택하고 있는 여러 나라의 이혼법제는 우리나라와 달리 재판상 이혼만을 인정하고 있을 뿐 협의상 이혼을 인정하지 아니하고 있다. 우리나라에서는 유책배우자라 하더라도 상대방 배우자와 협의를 통하여 이혼을 할 수 있는 길이 열려 있을 뿐만 아니라, 실제로도 2014년 현재 전체 이혼 중 77.7% 정도가 협의상 이혼에 해당하는 실정이다. 이는 곧 유책배우자라도 진솔한 마음과 충분한 보상으로 상대방을 설득함으로써 이혼할 수 있는 방도가 있음을 뜻하므로, 유책배우자의 행복추구권을 위하여 재판상 이혼원인에 있어서까지 파탄주의를 도입하여야 할 필연적인 이유가 있는 것은 아니다.

둘째로, 1990. 1. 13. 민법이 개정됨에 따라 부부가 이혼을 하는 경우 당사자에게 재산분할청구권과 면접교섭권이 부여됨으로써 이혼한 여성의 법적 지위에 관하여 개선이 이루어진 것은 사실이다. 그러나 파탄주의 입법례를 취하고 있는 나라들에서는 혼인생활이 파탄되더라도 미성년 자녀의 이익을 위하여 부부관계를 유지하는 것이 꼭 필요한 특별한 사정이 있거나 이혼에 동의하지 아니하는 일방에게 심히 가혹한 결과를 초래하는 경우 등에는 이혼을 허용하지 아니하는 이른바 '가혹조항'을 두어 파탄주의의 한계를 구체적이고 상세하게 규정하고 있고, 나아가 이혼을 허용하는 경우에도 이혼 후 부양 제도라든지 보상급부 제도 등 유책배우자에게 이혼 후 상대방에 대한 부양적 책임을 지우는 제도를 마련하고 있는 것이 일반적이다. 이는 한편으로 파탄주의 원칙을 채택하면서도 다른 한편 유책배우자의 상대방이나 자녀를 보호하는 제도적 장치를 둠으로써 파탄주의의 시행에 따른 상대방의 일방적인 희생을 방지하기 위한 것이다. 이에 반해 우리나라에는 파탄주의의 한계나 기준, 그리고 이혼 후 상대방에 대한 부양적 책임 등에 관해 아무런 법률 조항을 두고 있지 아니하다. 물론 법원이 판례로써 파탄주의의 적용에 관하여 어느 정도 기준을 제시할 수 있을 것이고, 또 위자료나 재산분할 제도의 운영에서 상대방에 대한 배려를 한층 높이는 방향으로 실무를 발전시켜 나갈 수도 있을 것이나, 그와 같은 사법적 기능만으로 상대방을 보호하기에는 너무나 불충분하고 한계가 있다. 따라서 유책배우자의 상대방을 보호할 입법적인 조치가 마련되어 있지 아니한 현 단계에서 파탄주의를 취하여 유책배우자의 이혼청구를 널리 인정하는 경우 유책배우자의 행복을 위해 상대방이 일방적으로 희생되는 결과가 될 위험이 크다.

셋째로, 유책배우자의 책임사유로는 여러 가지가 있겠지만 현실적으로 가장 문제가 되는 것은 배우자 아닌 사람과 사실혼에 가까운 불륜관계를 맺는 경우이다. 우리나라는 중혼을 금지하고 있고(민법 제810조), 이를 위반한 때에는 혼인의 취소를 청구할 수 있으나(민법 제816조 제1호), 이를 처벌하는 형벌규정을 두고 있지는 아니하다. 사실상 중혼에 대한 형벌조항으로 기능하던 간통죄가 2015. 2. 26. 헌법재판소의 위헌결정에 의하여 폐지된 이상 중혼에 대한 형사 제재가 없는 것이 사실이다. 대법원판례가 유책배우자의 이혼청구를 허용하지 아니하고 있는 데에는 중혼관계에 처하게 된 법률상 배우자의 축출이혼을 방지하려는 의도도 있는데, 여러 나라에서 간통죄를 폐지하는 대신 중혼에 대한 처벌규정을 두고 있는 것에 비추어 보면 이에 대한 아무런 대책 없이 파탄주의를 도입한다면 법률이 금지하는 중혼을 결과적으로 인정하게 될 위험이 있다.

넷째로, 가족과 혼인생활에 관한 우리 사회의 가치관이 크게 변화하였고 여성의 사회 진출이 대폭 증가하였더라도 우리 사회가 취업, 임금, 자녀양육 등 사회경제의 모든 영역에서 양성평등이 실현되었다고 보기에는 아직 미흡한 것이 현실이다. 그리고 우리나라에서 이혼율이 급증하고 이혼에 대한 국민의 인식이 크게 변화한 것이 사실이더라도 이는 역설적으로 혼인과 가정생활에 대한 보호의 필요성이 그만큼 커졌다는 방증이라고 할 수 있고, 유책배우자의 이혼청구로 인하여 극심한 정신적 고통을 받거나 생계유지가 곤란한 경우가 엄연히 존재하는 현실을 외면해서도 아니 될 것이다.

라. 이상의 논의를 종합하여 볼 때, 제6호 이혼사유에 관하여 유책배우자의 이혼청구를 원칙적으로 허용하지 아니하는 종래의 대법원판례를 변경하는 것이 옳다는 주장은 그 주장이 들고 있는 여러 논거를 감안하더라도 아직은 받아들이기 어렵다.

그러나 대법원판례가 유책배우자의 이혼청구를 허용하지 아니하는 것은 앞서 본 바와 같이 혼인제도가 요구하는 도덕성에 배치되고 신의성실의 원칙에 반하는 결과를 방지하려는 데에 있으므로, 혼인제도가 추구하는 이상과 신의성실의 원칙에 비추어 보더라도 그 책임이 반드시 이혼청구를 배척해야 할 정도로 남아 있지 아니한 경우에는 그러한 배우자의 이혼청구는 혼인과 가족제도를 형해화할 우려가 없고 사회의 도덕관 · 윤리관에도 반하지 아니한다고 할 것이므로 허용될 수 있다고 보아야 한다.

그리하여 대법원판례에서 이미 허용하고 있는 것처럼 상대방 배우자도 혼인을 계속할 의사가 없어 일방의 의사에 의한 이혼 내지 축출이혼의 염려가 없는 경우는 물론, 나아가 이혼을 청구하는 배우자의 유책성을 상쇄할 정도로 상대방 배우자 및 자녀에 대한 보호와 배려가 이루어진 경우, 세월의 경과에 따라 혼인파탄 당시 현저하였던 유책배우자의 유책성과 상대방 배우자가 받은 정신적 고통이 점차 약화되어 쌍방의 책임의 경중을 엄밀히 따지는 것이 더 이상 무의미할 정도가 된 경우 등과 같이 혼인생활의 파탄에 대한 유책성이 그 이혼청구를 배척해야 할 정도로 남아 있지 아니한 특별한 사정이 있는 경우에는 예외적으로 유책배우자의 이혼청구를 허용할 수 있다. 이와 같이 유책배우자의 이혼청구를 예외적으로 허용할 수 있는지를 판단할 때에는, 유책배우자의 책임의 태양 · 정도, 상대방 배우자의 혼인계속의사 및 유책배우자에 대한 감정, 당사자의 연령, 혼인생활의 기간과 혼인 후의 구체적인 생활관계, 별거기간, 부부간의 별거 후에 형성된 생활관계, 혼인생활의 파탄 후 여러 사정의 변경 여부, 이혼이 인정될 경우의 상대방 배우자의 정신적 · 사회적 · 경제적 상태와 생활보장의 정도, 미성년 자녀의 양육 · 교육 · 복지의 상황, 그 밖의 혼인관계의 여러 사정을 두루 고려하여야 한다.

3. 원심판결과 원심이 인용한 제1심판결의 이유 및 기록에 의하면, ① 원고와 피고는 1976. 3. 9. 혼인신고를 마친 법률상 부부로서 그 사이에 성년인 자녀 3명을 두고 있는 사실, ② 원고는 2000. 1.경 집을 나와 원고의 딸을 출산한 소외인과 동거하고 있는 사실, ③ 피고는 원고가 집을 나간 후 혼자서 세 자녀를 양육한 사실, ④ 피고는 직업이 없고 원고로부터 생활비로 지급받은 월 100만 원 정도로 생계를 유지하였는데 그나마 2012. 1.경부터는 원고로부터 생활비를 지급받지 못하고 있는 사실, ⑤ 피고는 원심 변론종결 당시 만 63세가 넘는 고령으로서 위암 수술을 받고 갑상선 약을 복용하고 있는 등 건강이 좋지 아니하며 원고와의 혼인관계에 애착을 가지고 혼인을 계속할 의사를 밝히고 있는 사실 등을 알 수 있다.

이러한 사실관계를 앞서 본 법리에 비추어 살펴보면, 원고는 혼인생활의 파탄에 대하여 주된 책임이 있는 유책배우자이고, 혼인관계의 여러 사정을 두루 고려하여 보아도 피고가 혼인을 계속할 의사가 없음이 객관적으로 명백함에도 오기나 보복적 감정에서 이혼에 응하지 아니하고 있을 뿐이거나 원고의 유책성이 그 이혼청구를 배척해야 할 정도로 남아 있지 아니한 특별한 사정이 있는 경우에 해당한다고 할 수 없으므로, 원고는 그 파탄을 사유로 하여 이혼을 청구할 수 없다고 할 것이다.

원심이 같은 취지에서 원고의 이혼청구를 기각한 제1심판결을 유지한 조치는 정당하고, 거기에 상고이유 주장과 같이 논리와 경험의 법칙에 반하여 자유심증주의의 한계를 벗어나거나 제6호 이혼사유 또는 유책배우자의 재판상 이혼청구 등에 관한 법리를 오해하는 등의 잘못이 없다.

상고이유로 들고 있는 대법원판결은 이 사건과 사안이 다르므로 이 사건에 원용하기에 적절하지 아니하다.

4. 그러므로 상고를 기각하고 상고비용은 패소자가 부담하기로 하여, 주문과 같이 판결한다. 이 판결에 대하여는 대법관 민일영, 대법관 김용덕, 대법관 고영한, 대법관 김창석, 대법관 김신, 대법관 김소영의 반대의견이 있는 외에는 관여 법관의 의견이 일치하였다.
5. 대법관 민일영, 대법관 김용덕, 대법관 고영한, 대법관 김창석, 대법관 김신, 대법관 김소영의 반대의견은 다음과 같다.
가. 부부공동생활관계가 회복할 수 없을 정도로 파탄되었다면 이는 더 이상 혼인생활은 기대할 수 없음을 말하며, 결국 혼인의 실체가 소멸하여 부존재하고 혼인이라는 외형만이 남아 있을 뿐인 상태를 뜻한다. 혼인생활의 회복이 불가능하여 법률이 예정한 부부공동생활체로서의 혼인의 실체가 완전히 소멸하였다면, 이는 실질적인 이혼상태라 할 것이므로 그에 맞게 법률관계를 확인 · 정리하여 주는 것이 합리적이다. 이러한 상태의 부부공동생활관계에 대하여 이혼을 인정하는 것은 현재 소멸하여 있는 혼인 실체의 부존재를 확인하여 줌에 그칠 뿐, 아직 그 실체가 남아 있어 혼인생활이 회복될 가능성이 있음에도 새로이 그 실체를 깨뜨려 혼인을 해소하는 것이 아님에 유의하여야 한다.

따라서 비록 혼인생활이 회복할 수 없을 정도의 파탄 상태에 이르기까지 과정에는 여러 원인이 있을 수 있고 그에 따라 쌍방 또는 일방에게 주된 귀책사유가 있을 수 있지만, 혼인생활이 회복할 수 없을 정도의 파탄 상태에 이르러 혼인의 실체가 소멸한 이상 그 귀책사유는 더 이상 혼인의 실체 유지나 회복에 아무런 영향을 미치지 못하므로, 그 귀책사유가 그 혼인 해소를 결정짓는 판단 기준이 되지 못한다. 다만 그와 같은 귀책사유에 대하여는, 그로 인하여 상대방이 입은 손해나 상대방 보호에 필요한 사항을 이혼에 따른 배상책임 및 재산분할 등에 충분히 반영함으로써, 그에 상응한 책임을 묻고 아울러 이를 통하여 상대방 배우자를 보호할 수 있을 것이다.

그러므로 제6호 이혼사유가 부부공동생활관계가 회복할 수 없을 정도로 파탄되었고 그 혼인생활의 계속을 강제하는 것이 일방 배우자에게 참을 수 없는 고통이 되는 경우를 말한다고 하면서도, 그와 같이 회복불가능한 상태의 파탄에 이르게 된 주된 책임이 있는 배우자라는 이유만으로 제6호 이혼사유에 의한 재판상 이혼청구를 허용하여서는 아니 된다는 다수의견에는 찬성할 수 없고, 다수의견과 같은 취지의 종전 대법원판례는 변경되어야 한다.

아래에서 이와 같은 요지의 반대의견이 타당함에 대한 논거를 구체적으로 제시한다.
나. 혼인적령에 이른 사람이 혼인의 합의를 하고 혼인신고를 하면 혼인이 성립한다(민법 제807조, 제812조 제1항, 제815조 제1호). 혼인은 애정을 바탕으로 하여 일생의 공동생활을 목적으로 정신적 · 육체적 · 경제적으로 결합된 공동체로서, 부부 사이에는 동거하며 서로 부양하고 협조하여야 할 의무가 있다(민법 제826조 제1

항). 헌법 제36조 제1항도 "혼인과 가족생활은 개인의 존엄과 양성의 평등을 기초로 성립되고 유지되어야 하며, 국가는 이를 보장한다."고 규정하여 혼인제도를 보호하고 있다. 혼인이 성립하면 부부는 애정과 신의 및 인내로써 상대방을 서로 이해하고 보호하여 부부공동생활로서의 혼인이 유지되도록 상호 간에 포괄적으로 협력하여야 하며, 혼인생활 중에 그 장애가 되는 여러 사태에 직면하는 경우가 있다 하더라도 이를 극복하기 위하여 최선의 노력을 하여야 한다. 그렇지만 혼인에 의하여 공동생활을 이룬 부부가 여러 사정에 의하여 더 이상 혼인을 유지할 수 없는 경우가 발생함에 따라, 민법은 이러한 혼인을 해소할 수 있는 방법으로 협의상 이혼(민법 제834조)과 재판상 이혼(민법 제840조) 제도를 두고 있다.

협의상 이혼은 가정법원으로부터 이혼의사를 확인받아 신고함으로써 효력이 생기며 그 이혼사유에 제한이 없으므로, 부부 사이에 이혼에 관한 진정한 합의가 이루어지면 이혼이 허용된다.

한편 재판상 이혼은 민법 제840조에서 정한 재판상 이혼사유가 있는 경우에 허용되며, 부부의 일방이 상대방의 동의 없이 가정법원에 재판상 이혼을 청구할 수 있다. 협의상 이혼제도를 두면서도 별도로 재판상 이혼제도를 마련한 목적은, 부부 사이에 이혼에 대한 의사합치가 이루어지지 아니하였더라도 혼인의 해소가 불가피한 경우가 있음을 고려하여, 헌법이 인정한 혼인의 제도적 보장 취지를 벗어나지 아니하는 범위 내에서 객관적인 재판상 이혼사유를 법률로 정하되 가정법원의 재판에 의하여 그 사유가 있다고 인정될 때에 이혼을 허용하려는 것이다.

이에 따라 민법 제840조는 재판상 이혼을 청구할 수 있는 이혼원인으로 제1호부터 제6호까지의 사유를 개별적으로 열거하고 있는데, 그중 제1호 내지 제5호의 사유는 부정행위, 악의의 유기, 심히 부당한 대우 또는 상대방의 3년 이상의 생사불명으로서 모두 이혼청구 상대방에게 책임 있는 사유를 구체적으로 정하고 있으나, 제6호 이혼사유는 '기타 혼인을 계속하기 어려운 중대한 사유가 있을 때'라고 하여 추상적 · 포괄적으로 규정하고 있다.

다. 그동안 대법원은 제6호 이혼사유인 '기타 혼인을 계속하기 어려운 중대한 사유가 있을 때'라 함은 혼인의 본질에 상응하는 부부공동생활관계가 회복할 수 없을 정도로 파탄되고 그 혼인생활의 계속을 강제하는 것이 일방 배우자에게 참을 수 없는 고통이 되는 경우를 말한다고 해석하여 왔다(위 대법원 90므1067 판결 등 참조).
혼인은 인간의 존엄과 가치를 실현하고 행복을 추구하는 바탕이 될 뿐만 아니라 사회생활에서 가장 기본이 되는 사회적 조직체인 가정을 형성하는 주요한 토대가 되는 것이어서 일단 맺어진 혼인관계는 유지되는 것이 바람직하다. 그렇지만 부부가 장기간 별거하는 등의 사유로 실질적으로 부부공동생활이 파탄되어 더 이상 존재하지 아니하게 되고 객관적으로 회복할 수 없는 정도에 이른 때에는, 정신적 · 육체적 · 경제적으로 결합된 공동체로서의 부부공동생활을 본질로 하는 혼인의 실체는 소멸하였다고 보아야 한다. 법적으로만 혼인이 해소되지 아니하였을 뿐, 혼인관계를 파탄되기 전의 상태로 돌이킬 수 없고 부부 사이의 애정과 신뢰의 회복이나 동거의무 등의 이행을 기대할 수 없는 이상, 그 혼인을 토대로 형성된 가정이 그 구성원인 부부와 자녀의 존엄과 가치를 실현하는 조직체로서의 기능을 수행하지 못하기 때문이다.

그리고 이와 같이 외형적으로만 혼인이 유지된 부부로서 서로 대립 · 갈등하는 관계가 장기간 지속됨에 따라 자녀의 인격형성과 정서 등에 부정적인 영향을 미치게 되고 또한 부부의 서로에 대한 악감정이 자녀에게 그대로 대물림되어 부모 · 자녀 관계마저 파탄에 이르게 될 우려도 있다.

그럼에도 외형뿐인 혼인관계를 존속시키면 이는 쌍방 배우자에게 실제로 이행 불가능한 부부공동생활 내지는 동거의무 등의 이행을 요구하는 것이 되어 불합리하고 그 혼인생활의 계속을 강제하는 것이 일방 배우자에게 참을 수 없는 고통이 될 수 있으므로, 이러한 경우에는 제6호 이혼사유인 혼인을 계속하기 어려운 중대한 사유가 있는 때에 해당한다고 보아야 한다.

이와 같이 부부공동생활관계가 회복할 수 없을 정도로 파탄되고 혼인생활의 계속을 강제하는 것이 일방 배우자에게 참을 수 없는 고통이 되는지 여부가 제6호 이혼사유의 해당 여부에 대한 기준이 되므로, 그 파탄의 정도, 혼인계속 의사의 유무, 파탄의 원인에 관한 당사자의 책임 유무, 혼인생활의 기간, 자녀의 유무 및 양육, 당사자의 연령, 이혼 후의 생활보장 그 밖의 혼인관계에 관한 여러 사정을 두루 고려함과 아울러(대법원 1987. 7. 21. 선고 87므24 판결 등 참조), 혼인과 가족생활을 보호하려는 민법의 취지와 혼인제도를 보장하려는 헌법 정신에 비추어 신중히 판단할 필요가 있다.

라. (1) 한편 대법원은, 위와 같이 부부의 혼인관계가 돌이킬 수 없을 정도로 파탄된 것으로 인정되더라도, 그 파탄이 이혼을 청구하는 배우자에게 전적으로 또는 주된 책임을 물어야 할 사유로 인한 경우이거나 이혼을 청구하는 배우자의 책임이 상대방 배우자의 책임보다 더 무겁다고 인정되는 경우에는 그러한 유책배우자의 이혼청구를 인용하여서는 아니 되고, 다만 이혼청구 상대방이 그 파탄 이후 혼인을 계속할 의사가 없음이 객관적으로 명백함에도 오기나 보복적 감정에서 표면적으로 이혼에 응하지 아니하고 있을 뿐이라는 등의 특별한 사정이 있다면 유책배우자의 이혼청구권이 인정될 수 있다고 해석하여 왔다(위 대법원 65므37 판결, 위 대법원 86므28 판결, 위 대법원 90므1067 판결 등 참조).

(2) 이처럼 대법원이 혼인관계의 파탄에 대하여 주된 책임이 있는 유책배우자의 이혼청구권을 제한하여 온 것은 혼인의 파탄을 자초한 사람에게 재판상 이혼청구권을 인정하는 것은 혼인관계를 고의로 파기한 불법을 행한 사람에게 이

혼청구권을 인정하게 되어 혼인제도가 요구하고 있는 도덕성에 배치되고 배우자 일방의 의사에 의한 이혼 내지는 축출이혼을 시인하는 부당한 결과가 될 수 있음을 고려한 것이다(위 대법원 71므41 판결, 위 대법원 86므28 판결 등 참조). 그리고 이혼을 하나의 병리적 현상으로 보는 사회적 분위기와 아울러, 여성의 사회적 · 경제적 지위가 상대적으로 열악하여 귀책사유 없이 이혼한 여성배우자가 이혼 후에 경제적으로 자립하거나 사회활동을 하기가 현실적으로 쉽지 아니한 사정 및 이혼 과정에서 재산분할 · 부양 · 양육 등에 관하여 불이익을 입지 아니하도록 하는 제도나 절차도 충분하지 아니한 사정을 고려하여, 사회적 · 경제적 약자인 여성배우자를 보호하려는 목적이 그 배경으로 자리 잡고 있었다.

(3) 그러나 주된 유책배우자의 이혼청구라는 이유로 재판상 이혼을 허용하지 아니한 결과, 부부가 서로 승소하기 위하여 상대방의 귀책사유를 부각시킬 수밖에 없게 됨에 따라, 이혼소송절차에서 부부 쌍방은 혼인생활 과정에서 발생한 갈등과 대립을 들추어내어 그에 관한 책임공방을 벌이게 되고 아울러 상대방에 대한 비난과 악감정을 쏟아내게 되어 부부관계는 더욱 적대적으로 되고 이혼소송의 심리가 과거의 잘못을 들추어내는 것에만 집중되는 나머지 이혼 과정에서의 갈등 해소, 이혼 후의 생활이나 자녀의 양육과 복지 등에 관하여 합리적인 해결책을 모색하는 데에 상대적으로 소홀하게 되는 폐단이 있어 왔다.
그리고 혼인생활의 파탄을 초래하는 경위는 대체로 복잡 · 미묘하여 그 책임이 당사자 어느 한쪽에만 있다고 확정할 수 없는 경우가 많고, 또한 파탄의 주된 책임이 재판상 이혼을 청구하는 배우자에게 있다 하더라도 앞에서 본 것처럼 부부공동생활관계가 회복할 수 없을 정도로 이미 파탄되었다면 부부공동생활을 본질로 하는 혼인의 실체가 객관적으로 소멸하였음을 부정하기 어렵다. 또한 다수의견도 인정하듯이 부부공동생활관계가 회복할 수 없을 정도로 파탄된 상태가 장기화되면서 파탄에 책임 있는 배우자의 주된 유책성도 약화될 수 있으며, 파탄 상태의 장기간 지속 원인이나 그 밖의 다른 여러 사정이 변화하면서 책임의 경중을 엄밀히 따지는 것에 관한 법적 · 사회적 의의가 현저히 줄고 쌍방의 책임의 경중에 대하여 단정적인 판단을 내리는 것 역시 곤란하거나 적절하지 아니한 상황에 이를 수도 있다(위 대법원 2009므2130 판결 참조).

(4) 또한 급속한 경제성장 및 개인 중심적인 사회변화와 함께 이혼에 대한 사회적 인식이 변화하고 협의이혼 등에 의한 이혼이 증가함에 따라 혼인생활을 지속할 수 없는 중요한 사유가 있는 경우에는 더 나은 삶의 질을 추구하기 위하여 이혼도 가능하다는 가치관의 변화가 생겼으며, 여성의 사회진출이 활발해짐에 따라 여성도 남성에 못지않은 경제적 능력을 갖추는 경우가 늘어나는 등 이혼 후 여성의 자립에 관한 사회 · 경제적 여건이 많이 개선되었다. 그리고 1990.

1. 13. 법률 제4199호로 개정되어 1991. 1. 1.부터 시행된 민법은 가족생활에서의 남녀평등의 원칙을 강조하고 있는 헌법 정신을 반영하여 이혼당사자에게 재산분할청구권과 자녀에 대한 면접교섭권을 인정하는 제도 등을 신설하고 자녀에 대한 양육권과 친권도 남녀 사이에 차별 없이 평등하게 보장하였다. 나아가 실제의 재산분할청구 사건에서 여성배우자에게 인정되는 재산분할 비율이 점차 늘어나 서로 대등한 정도에 이르는 사건도 상당수 있으며, 이혼 재판실무에서도 여성배우자에 대한 보호가 지속적으로 확대되어 왔다. 비록 민법이 이혼 후에는 부부 사이의 부양의무를 인정하지 아니하지만, 그 대신 이혼 후 부양 제도를 도입하고 있는 법제에서는 대체로 인정되지 아니하는 재판상 이혼에 따른 손해배상청구권을 인정하고 있으며(민법 제843조, 제806조), 재산분할청구 사건에서는 혼인 중에 이룩한 재산관계의 청산뿐 아니라 이혼 후 당사자들의 생활보장에 대한 배려 등 부양적 요소 등도 함께 고려의 대상이 된다는 대법원판례(대법원 2013. 6. 20. 선고 2010므4071, 4088 전원합의체 판결 등 참조)에 따라 실무상 이혼 후의 부양 필요성을 반영하여 재산분할의 범위를 정하고 있다. 그뿐 아니라 대법원 2014. 7. 16. 선고 2012므2888 전원합의체 판결에서 이미 발생한 퇴직연금수급권이 재산분할의 대상에 포함된다고 보고 연금수급권자인 배우자가 매월 수령할 퇴직연금액 중 일정 비율에 해당하는 금액을 상대방 배우자에게 정기적으로 지급하는 방식으로 재산분할을 하는 것을 허용함에 따라, 정기적인 재산분할금의 지급을 통한 이혼 후의 생활보장 내지 부양도 실질적으로 가능하게 되었다.

이와 같은 이혼에 대한 사회 일반의 인식, 사회 · 경제적 환경의 변화와 아울러 이혼 법제 및 실무의 변화 등을 함께 종합하여 볼 때, 종전의 대법원판례와 같이 유책배우자의 이혼청구라는 이유만으로 제6호 이혼사유에 의한 재판상 이혼청구를 제한하여야 할 필요는 상당히 감소하였다 할 것이고, 오히려 이러한 사정들을 반영하여 제6호 이혼사유에 의한 이혼 여부에 관한 합리적인 판단 기준을 새로이 세워야 할 때가 되었다.

(5) 상대방 배우자의 혼인계속의사는 부부공동생활관계가 파탄되고 객관적으로 회복할 수 없을 정도에 이르렀는지 등을 판단할 때에 참작하여야 하는 중요한 요소라 할 수 있다. 그렇지만 그러한 의사를 참작하였음에도 부부공동생활관계가 객관적으로 회복할 수 없을 정도로 파탄되었다고 인정되는 경우에, 다시 상대방 배우자의 주관적인 의사만을 가지고 형식에 불과한 혼인관계를 해소하는 이혼청구가 불허되어야 한다고 단정하는 것은 불합리하며, 협의가 이루어지지 아니할 때의 혼인해소 절차를 규정한 재판상 이혼제도의 취지에도 부합하지 아니한다. 이에 비추어 보면 협의이혼의 경우에는 파탄주의가 허용됨에도 그에 갈음하는 기능을 하는 재판상 이혼에는 파탄주의를 허용할 필요가 없

다는 취지의 다수의견이 타당하지 아니함을 알 수 있다.

(6) 한편 헌법재판소가 간통죄를 처벌하는 조항에 대한 위헌결정을 함에 따라 간통행위가 더 이상 처벌받지 아니하게 되었다. 그러나 간통죄는 과거의 간통행위 자체에 대한 형사적인 제재인 반면 혼인파탄에 따른 이혼은 혼인의 실체가 소멸함에 따른 장래의 혼인 법률관계의 해소로서 그 제도의 목적과 법적 효과가 다르므로, 간통을 한 유책배우자에 대한 형사적 제재가 없어졌다고 하더라도, 민사상의 불법행위에 해당하는 간통행위로 인한 손해배상책임을 강화하는 것은 별론으로 하고, 혼인의 실체가 소멸한 법률관계를 달리 처우하여야 할 필요는 없다. 더구나 이혼청구권의 인정 여부는 법률의 규정 및 혼인과 이혼제도의 목적, 취지, 기능 등을 종합하여 당사자인 부부 및 자녀 등의 이익을 조화하는 방향으로 미래를 위하여 정해져야 하는 것이지, 유책배우자에게 외형분인 혼인관계가 계속되도록 강제하여 참을 수 없는 고통을 받게 함으로써 그에 대한 응보 내지 사적 보복을 달성하기 위한 수단이 되어서는 아니 된다.

(7) 위와 같은 여러 사정들을 종합하여 보면, 혼인관계가 파탄되었음에도 유책배우자가 이혼을 청구하고 상대방이 이를 거부한다는 사정만으로 일률적으로 이혼청구를 배척하는 것은 더 이상 이혼을 둘러싼 갈등 해소에 적절하고 합리적인 해결 방안이라고 보기 어렵다.

마. 따라서 이혼에 대한 국민의 의식이 크게 변화하는 등 사회적 여건이 성숙되었고 법적 · 제도적 보완도 상당히 이루어진 만큼, 이제는 혼인관계가 파탄되어 그 실체가 소멸함에 따라 제6호 이혼사유에 의하여 이혼을 청구한 경우에, 유책배우자의 이혼청구라는 이유로 그 이혼의 허부를 당사자의 의사에만 맡길 수 없고, 혼인관계가 완전히 파탄되어 그 실체가 소멸하였는지 그리고 그러한 혼인관계가 여전히 보호되고 유지되어야 할 필요가 있는지 등에 관하여 객관적 사정에 기초한 합리적인 판단을 통하여, 자칫 상충될 수도 있는 혼인과 이혼이라는 양 제도의 목적 및 취지를 조화시킬 수 있는 방안을 모색하여야 한다.

앞에서 본 것과 같이 헌법 제36조 제1항은 혼인과 가족생활이 개인의 존엄과 양성의 평등을 기초로 성립하고 유지되어야 한다고 규정함은 물론 혼인을 제도적으로 보장하고 있으므로, 민법이 정한 재판상 이혼사유도 헌법이 인정한 개인의 존엄과 양성의 평등 및 혼인의 제도적 보장 취지를 벗어나지 아니하는 범위 내에서 해석 · 적용되어야 한다.

부부공동생활관계가 회복할 수 없을 정도로 파탄되었다 하더라도, 부부 사이에 개인의 존엄과 양성의 평등을 실현하고 부부 · 자녀의 행복추구권과 인간다운 생활을 할 권리를 보호할 필요가 있음은 그 파탄 전후에 차이가 없다. 혼인에서 부부공동생활체로서의 동거의무가 기본적인 요소이기는 하나, 배우자에 대한 부양 및 자녀의 양육 역시 그에 못지않게 중요한 의미를 가지며, 혼인관계의 파탄에 책임이 없는 배우자가 이혼으로 인하여 심각한 불이익을 입지 아니하도록 보호할 필요가 있다.

이러한 사정들에 비추어 보면, 부부공동생활관계가 회복할 수 없을 정도로 파탄된 경우에는 원칙적으로 제6호 이혼사유에 해당한다고 할 것이지만, 이혼으로 인하여 파탄에 책임 없는 상대방 배우자가 정신적 · 사회적 · 경제적으로 심히 가혹한 상태에 놓이는 경우, 부모의 이혼이 자녀의 양육 · 교육 · 복지를 심각하게 해치는 경우, 혼인기간 중에 고의로 장기간 부양의무 및 양육의무를 저버린 경우, 이혼에 대비하여 책임재산을 은닉하는 등 재산분할, 위자료의 이행을 의도적으로 회피하여 상대방 배우자를 곤궁에 빠뜨리는 경우 등과 같이, 유책배우자의 이혼청구를 인용한다면 상대방 배우자나 자녀의 이익을 심각하게 해치는 결과를 가져와 정의 · 공평의 관념에 현저히 반하는 객관적인 사정이 있는 경우에는 헌법이 보장하는 혼인과 가족제도를 형해화할 우려가 있으므로, 그와 같은 객관적인 사정이 부존재하는 경우에 한하여 제6호 이혼사유가 있다고 해석하는 것이 혼인을 제도적으로 보장한 헌법 정신에 부합한다.

그리고 혼인파탄에 책임이 없는 배우자에 대하여 재판상 이혼을 허용할 경우에도, 혼인관계 파탄으로 입은 정신적 고통에 대한 위자료의 액수를 정할 때에 주된 책임이 있는 배우자의 유책성을 충분히 반영함으로써 혼인 해소에 대한 책임을 지우고 상대방 배우자에게 실질적인 손해 배상이 이루어질 수 있도록 하며, 재산분할의 비율 · 액수를 정할 때에도 혼인 중에 이룩한 재산관계의 청산뿐 아니라 부양적 요소를 충분히 반영하여 상대방 배우자가 이혼 후에도 혼인 중에 못지않은 생활을 보장받을 수 있도록 함으로써, 이혼청구 배우자의 귀책사유와 상대방 배우자를 위한 보호 및 배려 사이에 균형과 조화를 도모하여야 할 것이다.

한편 다수의견은 유책배우자의 이혼청구를 인정하기 위해서는 다른 나라에서와 같은 이른바 '가혹조항' 등의 제도적 보완장치가 필요하다고 보고 있다. 그렇지만 제6호 이혼사유에 관한 위와 같은 해석은 다른 나라에서 이른바 '가혹조항'으로 고려하는 사정들을 포함한 것으로서, 혼인제도를 보장하는 헌법 정신과 현재까지 정비된 민법상의 제도들에 터 잡아 이러한 해석과 재판 실무 운영에 의하여 충분히 상대방 배우자 등을 보호할 수 있으므로, 반드시 이에 관한 법률적 · 제도적인 보완이 선행될 필요는 없다.

바. 결론적으로 부부의 혼인관계가 회복할 수 없을 정도로 파탄되고 그 혼인생활의 계속을 강제하는 것이 일방 배우자에게 참을 수 없는 고통이 되는 경우에 그 파탄에 주된 책임이 있는 배우자라는 이유만으로 제6호 이혼사유에 의한 이혼청구를 배척할 수 있다는 다수의견에는 찬성할 수 없으며, 다수의견이 들고 있는 종전의 대법원판례는 이러한 견해에 배치되는 범위 내에서 변경되어야 한다.

혼인의 실체가 소멸하고 회복 불가능하여 혼인이 외형에 그칠 뿐인 상태에 이르렀다면, 상대방 배우자를 보호하기 위하여 유책배우자에게 급부나 배려 등을 요구할 필요가 있다 하더라도, 혼인 해소 후에도 그와 같은 급부나 배려 등이 계속 이루어질 수 있도록 하는 적절한 방안을 강구하면 될 것이지, 유책배우자의 이혼청구라는 이유만으로 외형뿐인 혼인의 해소 자체를 거부할 것은 아니다.

사. 원심판결 이유 및 원심이 인용한 제1심판결 이유에 의하면, 원심은 그 판시와 같은 사실을 인정한 다음, 혼인관계의 파탄에 대하여 주된 책임이 있는 배우자는 그 파탄을 사유로 하여 이혼을 청구할 수 없다는 전제에서 유책배우자인 원고의 이혼청구는 받아들일 수 없다고 판단하였다.

그러나 앞에서 본 법리에 의하면, 유책배우자가 이혼을 청구한다는 사정만을 이유로 이혼청구를 배척하여서는 아니 되며, 원 · 피고 사이의 부부공동생활관계가 회복할 수 없을 정도로 파탄되고 그 혼인생활의 계속을 강제하는 것이 원고에게 참을 수 없는 고통이 되는지를 먼저 가리고, 그와 같이 파탄된 경우라면 이 사건 이혼으로 인하여 파탄에 주된 책임이 없는 피고나 자녀들의 이익을 심각하게 해치지 아니하여 정의 · 공평의 관념에 현저히 반하지 아니한다고 객관적으로 인정되는지를 심리하여, 제6호 이혼사유에 해당하는지 판단하여야 한다.

원심판결과 원심이 인용한 제1심판결의 이유 및 기록에 의하면, ① 원고와 피고는 법률상 부부이지만 2000. 1.경 별거하기 시작하여 그로부터 상당한 기간이 경과하였고, ② 원고는 소외인과의 사이에서 혼인 외의 딸이 출생하자 집을 나가는 등 혼인파탄의 주된 원인을 제공하였지만, 피고도 별거를 시작한 후에는 상당한 기간이 지나도록 혼인관계를 회복하기 위한 별다른 노력을 하지 아니하였고 명절이나 제사 등의 원고 집안 행사에 참여하거나 원고의 친척들과 교류한 사정이 기록상 나타나 있지 아니하며, ③ 원고는 별거 중에도 원 · 피고 사이에서 출생한 자녀들의 학비를 부담하였을 뿐 아니라 이 사건 소를 제기할 무렵까지 피고에게 생활비로 월 100만 원 정도를 지급하였고, ④ 원고는 당뇨와 고혈압의 질환이 있고 합병증으로 인하여 신장장애 2급의 장애인으로 등록되어 있는 등 건강이 좋지 아니한데, 2011년 말경 피고와 자녀들에게 신장이식에 관한 이야기를 하였다가 거절당한 채 소외인의 도움을 받아 집에서 복막투석을 받고 있는 등 소외인의 개호와 협력이 없이는 생활하기 곤란한 상황에 처해 있으며, ⑤ 원고가 소외인과 동거하면서 그 사이에 태어난 미성년의 딸을 양육하고 있는 등 별거 후에 형성된 원 · 피고의 독립적인 생활관계가 고착화되었음을 알 수 있다.

이러한 혼인생활의 과정과 파탄의 경위 등에 비추어 보면 원 · 피고의 혼인관계는 파탄되어 더 이상 회복할 수 없는 상태에 이르렀고 혼인생활의 계속을 강제하는 것이 원고에게 참을 수 없는 고통이 된다고 할 것이며, 이 사건 이혼이 정의 · 공평의 관념에 현저히 반하지 아니한다고 객관적으로 볼 수 있는 사정들도 상당히 나타나 있다.

그뿐 아니라 다수의견에 의하더라도 세월의 경과 등에 따라 원 · 피고 쌍방의 책임의 경중을 엄밀히 따지는 것이 더 이상 무의미하여 원고의 유책성이 그 이혼청구를 배척해야 할 정도로 남아 있지 아니하다고 볼 여지가 있으므로, 이러한 사정도 사실심법원의 심리를 통해 가려야 할 필요가 있다.

특히 이 사건에서는 비록 중혼적 사실혼관계에서이지만 부모의 양육이 필요한 미성년의 딸이 있음을 고려하여야 한다. 가정은 단순히 부부만의 공동체에 그치는 것이 아니고 자녀의 공동생활을 보호하는 기능도 가지므로, 혼인의 유지 또는 해소를 결정할 때에는 자녀의 복리를 우선적으로 고려할 필요가 있는데, 자녀의 복리는 현재 실질적으로 형성되어 있는 생활관계를 기반으로 하여 실현될 수 있다. 중혼적 사실혼관계를 법률혼보다 보호할 수는 없음이 원칙이라 할 것이지만, 이미 법률혼의 실체가 소멸하여 외형만 남아 있는 반면 사실혼이 혼인으로서의 실체를 갖추고 있는 경우에는 그 사실혼관계에서 출생한 자녀의 복리를 위해서라도 그러한 실질에 적합한 법률관계를 형성할 수 있도록 배려할 필요가 있다. 혼인의 실체가 소멸하고 회복이 불가능함에도 부부 사이의 갈등 내지 감정적인 대립 등으로 그 외형만을 유지시킴으로 인하여 후대인 미성년 자녀의 정상적인 성장에 악영향을 미치거나 복리를 해치는 결과를 낳지 아니하도록, 선대의 외형뿐인 법률관계를 실체에 맞추어 합리적으로 정리하는 미래지향적인 방안을 고려함이 타당하다.

그럼에도 원심은 위와 같은 사정들을 제대로 살펴보지 아니한 채 그 판시와 같은 이유만으로 원고의 청구를 기각하고 말았는바, 이러한 원심판결에는 제6호 이혼사유 및 유책배우자의 재판상 이혼청구 등에 관한 법리를 오해하여 필요한 심리를 다하지 아니함으로써 판결에 영향을 미친 위법이 있다. 따라서 원심판결은 파기되어야 한다.

이상과 같은 이유로 다수의견에 찬성할 수 없음을 밝힌다.

대법원장 양승태(재판장) 민일영 이인복 이상훈 김용덕(주심) 박보영 고영한 김창석 김신 김소영 조희대 권순일 박상옥

읽기 자료 2

불법원인급여 관련 사례

노름빚도 갚아야 하나요?

1. 사례의 개요

허○○은 며칠 전 부친상을 당한 친구에게 문상을 갔다가 옆자리에서 벌어지고 있는 화투판에 끼어들어 제법 많은 돈을 잃게 되었다. 그러자 허씨는 잃은 돈을 되찾기 위하여 함께 도박하던 박○○에게 차용증을 작성해주고 돈을 빌려 계속하였으나 그 돈도 모두 잃게 되었다. 그런데 박씨는 허씨에게 그 돈을 당장 갚지 못하면 허씨의 유일한 재산인 집과 그 대지에 근저당권이라도 설정해 달라고 하여 허씨는 어쩔 수 없이 그렇게 하였다. 허씨는 이 모든 것이 자신의 잘못에 기인한 것임을 알기는 하지만 그렇다 하더라도 자신의 유일한 재산을 잃게 되는가?

2. 적용된 관련 규정

(1) 민법 제103조(반사회질서의 법률행위)

선량한 풍속 기타 사회질서에 위반한 사항을 내용으로 하는 법률행위는 무효로 한다.

(2) 민법 제746조(불법원인급여)

불법의 원인으로 인하여 재산을 급여하거나 노무를 제공한 때에는 그 이익의 반환을 청구하지 못한다. 그러나 그 불법원인이 수익자에게만 있는 때에는 그러하지 아니하다.

3. 법원의 판단

민법 제746조에서 불법의 원인으로 인하여 급여함으로써 그 반환을 청구하지 못하는 이익은 종국적인 것을 말하고, 도박자금으로 금원을 대여함으로 인하여 발생한 채권을 담보하기 위한 근저당권설정등기가 경료되었을 뿐인 경우와 같이 수령자가 그 이익을 향수하려면 경매신청을 하는 등 별도의 조치를 취하여야 하는 것은 이에 해당하지 않는다고 할 것인 바, (그 불법원인급여로 인한 이익이 종국적인 것이 아니므로) …… (등기설정자는) 무효인 근저당권설정등기의 말소를 구할 수 있다(대법원 1995.8.11.선고, 94다54108 판결).

4. 해설

(1) 도박으로 돈을 잃어 빚을 지고 그 빚을 갚기로 한 계약 등은 지나치게 사행적인 행위로서 '반사회질서의 법률행위'에 해당되어 무효가 된다(민법 제103조). 그러므로 허씨가 도박자금으로 돈을 빌리고 차용증서를 작성해준 경우에는 무효가 되어 법적 책임이 없어 갚지 않아도 되며, 도박자금을 빌려준 자가 소송을 제기하더라도 도박 빚을 원인으로 써준 것이므로 변제할 수 없다고 항변하여 법적 책임을 면할 수 있다.

(2) 노름빚을 진 사람이 갚을 의사로 이미 지급하였다면 다시 그것의 반환을 청구할 수는 없다. 이는 쌍방에게 공통하는 불법원인으로 인하여 재산을 급여하거나 노무를 제공한 때에는 그 이익의 반환을 청구할 수 없기 때문이다(민법 제746조).

그러나 이 사안에서와 같이 허씨는 노름빚을 담보하기 위하여 자신의 유일한 재산에 대하여 박씨에게 근저당권설정등기를 하였다 하더라도 그 이익이 종국적인 것이 아니기 때문에 박씨를 피고로 근저당권 설정등기의 말소를 청구하여 근저당권이 설정된 채무가 도박자금으로 차용된 것임을 입증하여 승소한다면 자신의 집과 대지에 설정된 근저당권등기를 말소할 수 있을 것이다.

(3) 참고로 도박은 범죄행위로서 민사상 책임과는 별개로 형사상 처벌받을 수도 있음을 알아 두어야 한다.

불법원인 급여 관련 판결문 전문

근저당권설정등기말소

[대법원 1995. 8. 11., 선고, 94다54108, 판결]

【판시사항】

가. 불법원인급여로서 반환을 청구하지 못하는 "이익"의 의미

나. 도박자금 채무의 담보를 위하여 근저당권설정등기를 경료한 경우, 근저당설정자가

민법 제746조에도 불구하고 그 말소를 청구할 수 있는지 여부

【판결요지】

가. 민법 제746조에서 불법의 원인으로 인하여 급여함으로써 그 반환을 청구하지 못하는 이익은 종국적인 것을 말한다.

나. 도박자금으로 금원을 대여함으로 인하여 발생한 채권을 담보하기 위한 근저당권설정등기가 경료되었을 뿐인 경우와 같이 수령자가 그 이익을 향수하려면 경매신청을 하는 등 별도의 조치를 취하여야 하는 경우에는, 그 불법원인급여로 인한 이익이 종국적인 것이 아니므로 등기설정자는 무효인 근저당권설정등기의 말소를 구할 수 있다.

【참조조문】

민법 제103조, 제746조

【참조판례】

가. 대법원 1974.11.21. 선고 74다960 판결(공1995,8164),
1989.9.29. 선고 89다카5994 판결(공1989,1578)〉,
1994.12.22. 선고 93다55234 판결(공1995상,618)〉
나. 대법원 1995.7.14. 선고 94다40147 판결(공1995하,2793)

【전문】

【원고, 피상고인】

【피고, 상고인】

소송대리인 변호사 배만운

【원심판결】

서울고등법원 1994.10.5. 선고 93나11953 판결

【주 문】

상고를 기각한다.
상고비용은 피고의 부담으로 한다.

【이 유】

상고이유를 본다.
제2점과 제3점에 대하여
원심은, 그 거시 증거에 의하여 원고가 판시 소외인들과 도박을 하던 중 그 도박장소에서 장소료를 징수하거나 고리로 돈을 빌려주던 소외 1로부터 도박자금으로 합계 금 3억원을 차용하고, 그 차용금 채무의 담보를 위하여 원고 소유의 이 사건 부동산에 관하여 피고를 근저당권자로 한 채권최고액 금 4억원의 판시 근저당권설정등기를 마친 사실을 확정한 다음, 소외 1이 원고에게 도박자금을 대여하고 또한 원고가 그 차용금의 담보를 위하여 근저당권을 설정한 행위는 모두 반사회질서의 법률행위로서 무효라고 판단하고, 원고는 사업자금이 필요하다고 하여 소외 1을 속이고 도박장으로 유인하여 위 금원을 차용하였으니 급여자의 불법성보다 수령자인 원고의 불법성이 현저히 커서 위 대차계약과 등기는 유효하다는 피고의 주장에 대하여, 이를 인정할 증거가 없다는 등의 이유로 배척하고 있는 바, 관계증거와 기록에 의하여 살펴보면 원심의 위와 같은 사실인정과 판단은 모두 수긍이 가고, 거기에 소론과 같이 채증법칙 위반이나 심리미진으로 인한 사실오인, 이유불비, 반사회질서 행위에

관한 법리오해 등의 위법이 있다고 할 수 없으므로 이점들에 관한 논지는 이유 없다.

또한 원심이 위 금 3억원은 전액 소외 1이 원고에게 도박자금으로 대여한 금원이라고 한 판단 속에는 그 금원 중 일부는 도박자금으로 대여한 것이 아니라는 피고의 주장을 배척하는 취지를 포함하고 있을 뿐 아니라, 소론이 지적하는 원고 소송대리인의 진술은 위와 같은 피고의 주장을 시인한 것이라고 할 수도 없으므로, 원심판결에 그 점에 관한 판단유탈의 위법이 있다는 논지도 받아들일 수 없다.

제1점에 대하여

민법 제746조에서 불법의 원인으로 인하여 급여함으로써 그 반환을 청구하지 못하는 이익은 종국적인 것을 말하고, 도박자금으로 금원을 대여함으로 인하여 발생한 채권을 담보하기 위한 근저당권설정등기가 경료되었을 뿐인 경우와 같이 수령자가 그 이익을 향수하려면 경매신청을 하는 등 별도의 조치를 취하여야 하는 것은 이에 해당하지 않는다고 할 것인바 (대법원 1994.12.22. 선고 93다55234 판결 참조), 위 확정사실에 터잡아 원고는 무효인 위 근저당권설정등기의 말소를 구할 수 있다고 한 원심판단은 이와 같은 취지에 선 것으로서 옳고, 거기에 소론과 같은 법리오해의 위법이 없으므로 이점에 관한 논지 역시 이유 없다.

제4점에 대하여

논지는 원고가 위 금원의 차용행위가 있은 이후에 반환을 약정하였으므로 그 한도에서 위 근저당권설정등기는 유효함에도 이를 무효라고 본 원심판단은 위법하다는 것이나, 이는 원심에 이르기까지 주장하지 아니한 사유를 들어 원심판결을 공격하는 것으로서 적법한 상고이유가 되지 아니한다.

그러므로 상고를 기각하고, 상고비용은 패소자의 부담으로 하기로 하여 관여 법관의 일치된 의견으로 주문과 같이 판결한다.

대법관 안용득(재판장) 천경송 지창권 신성택(주심)

제8장 형사법의 이해

1. 형법의 특징

일반적으로 생각할 때 나쁜 행위라고 해서 모두 범죄가 되는 것은 아니다. 어떤 행동은 나쁜 행동이기는 하지만 범죄 행위가 아닌데 어떤 행동은 범죄가 된다. 법적으로 보호할 만한 가치나 이익을 법익(法益)이라고 하는데 형법은 법익을 침해함과 동시에 중대한 반사회적인 행위를 범죄로 규정하고 형벌을 부과하여 처벌한다.[1)]

남의 돈을 빌려서 갚지 못한 경우에 그것이 모두 범죄가 되는가? 예를 들어 처음부터 돈을 갚을 생각도 그럴 능력도 없으면서 돈을 빌린 경우에는 사기죄[2)]가 성립하지만, 처음에 돈을 빌릴 때는 돈을 갚을 생각이었으나, 경제적 상황이 어려워져 돈을 갚지 못하고 있을 경우에는 사기죄는 성립하지 않아, 민사적인 책임만 지게 될 뿐이다. 즉, 돈을 빌리고도 갚지 않은 경우에, 사기죄가 성립하는 경우에는 형사적 책임(사기죄에 상응하는 형벌을 받을 책임)과 동시에 민사적 책임(돈을 갚을 책임)을 동시에 지게 되고, 사기죄가 성립하지 않을 경우에는 돈을 갚아야 하는 민사적 책임만 지게 된다.

돈을 빌리기 위해 상대방을 속인 행위는 상대방의 재산권(법익)을 침해하는 행위이면서 동시에 사회적으로 처벌할 필요가 큰 중대한 반사회적 행위이기 때문에 형법에 범죄로 규정하고 있다. 하지만, 돈을 빌려갈 때에는 실제로 갚을 생각과 능력이 있었지만 나중에 사정이 나빠져서 빌린 돈을 갚지 못하고 있다면 그 행위는 비록 비난받을 행위이기는 하지만 형법상 범죄(사기죄)로 규정할 만큼 반사회적이라고 보지 않기 때문이다.

이처럼 상대방을 속이고 돈을 빌린 것은 아니더라도 채무자가 돈을 갚지 않으면 채권자에게 민법상 채무이행의 의무를 지게 되고 채무불이행으로 인한 직접적인 손해가 발생하

1) 범죄와 형벌: 범죄란 개인, 사회, 국가의 법익을 침해하는 중대한 행위로서 형벌을 부과하도록 규정되어 있는 것을 말한다. 형벌이란, 범죄에 대하여 국가가 가할 수 있도록 법률에 규정되어 있는 제재조치를 말한다.

2) 사기죄(형법 제347조 제1항) 사람을 기망하여 재물의 교부를 받거나 재산상의 이익을 취득한 자는 10년 이하의 징역 또는 2천만 원 이하의 벌금에 처한다.

였다면 채무자가 손해배상의 책임이 따를 수는 있지만 형법상 범죄가 되는 것은 아니다.

형법은 어떤 행위가 특별히 범죄가 되고 그 범죄 행위에 대하여 어떤 형벌을 부과할 것인지를 정한 법률이기 때문에 개인의 권리를 보호하고 사회의 질서를 유지하는 기능을 하면서도 형벌을 통해 개인의 권리를 침해할 수 있는 속성을 가지고 있다. 따라서 범죄와 형벌이 사전에 법률로 명확히 규정되어 있지 않으면 국가의 자의적인 형벌권 행사로부터 국민의 자유와 권리를 보호할 수가 없다.

2. 형법의 목적과 기능

형법이 없다면 어떻게 될까? 범죄 피해자가 가해자를 상대로 직접 복수를 할 수밖에 없고 그렇게 되면 사회는 무법자의 세상이 되고 그로인한 사회적 혼란은 불을 보듯 뻔하다. 이를 막기 위해서는 국가가 피해 시민을 대신하여 범죄자를 처벌하여야 한다. 그러나 국가 역시 형벌권을 자의적으로 행사하여 무고한 시민을 처벌할 위험성이 있기 때문에 국가는 사전에 법률로서 범죄로 규정해 놓은 행위를 한 시민만을 처벌하겠다는 약속 또는 보장이 필요하다. 이처럼 형법은 범죄로부터 시민을 보호하는 보호적 기능은 물론 보장적 기능을 동시에 수행한다.

형법의 보호적 기능은 시민들로 하여금 형법 규범을 준수하도록 함으로써 사회적으로 가치 있는 행위를 보호하고, 나아가 범죄자가 다시 범죄를 저지르지 못하게 한다. 예를 들어, 강도범에 대한 형벌을 통해 일반 시민이 법을 지키도록 심리적으로 강제하는 일반적인 범죄 예방기능과 더불어 강도범을 사회로부터 격리하거나 재사회화를 함으로써 다시 범죄를 못 저지르게 하는 특별 범죄 예방기능도 수행한다.

보장적 기능은 범죄 성립 요건과 형벌의 종류를 사전에 법률에 명확히 규정하여 국가형벌권의 남용으로부터 시민을 보호함은 물론 범죄자 자신도 부당하게 처벌받지 않도록 보장하는 것을 말한다.

한편, 형벌은 시민의 기본권을 제한하는 가장 강력한 수단이기 때문에 그 침해를 최소화하기 위해서는 최후적, 보충적으로 이용되어야 한다. 이를 보충성의 원칙이라고 한다. 우리 헌법이 형사 처벌은 법률에 의하여야 하고(헌법 제12조 제1항[3]), 그 처벌도 필요 최소한의 범위 내에서 하도록 규정(헌법 제37조 제2항[4])하고 있는 것이 그 예이다.

3. 죄형법정주의의 의미와 내용

죄형법정주의는 범죄의 요건과 형벌이 그 범죄 행위 이전에 제정된 성문의 법률에 규정되어 있어야 한다는 원칙이다. "법률이 없으면 범죄와 형벌도 없다"는 법언은 이 원칙을 표현한 것으로서 형법의 보장적 기능의 실현을 위한 전제가 된다.

죄형법정주의는 법률주의, 형벌불소급의 원칙, 명확성의 원칙, 유추해석 금지의 원칙, 적정성의 원칙을 그 내용으로 한다. 법률주의는 범죄와 형벌은 국회가 제정한 법률로 규정하여야 한다는 원칙으로서 관습법을 근거로 처벌하지 못하도록 하는 관습법 금지의 원칙과 형벌법규를 명령, 규칙 등과 같은 하위 법령에 포괄하여 위임하지 못하도록 하는 포괄 위임 입법 금지원칙을 내용으로 한다, 형벌불소급의 원칙은 행위 당시 범죄가 아니었던 행위를 사후에 법률로 규정하여 처벌하지 못하도록 하는 원칙이며, 명확성의 원칙은 법률에 규정된 범죄가 누구나 예측 가능하도록 명확하게 규정되어야 하는 원칙이고, 유추해석 금지의 원칙은 형법 해석을 해당 법 문언의 가능한 의미의 범위를 벗어나서 할 수 없다는 원칙이다. 마지막으로, 적정성의 원칙은 범죄에 상응하는 형벌을 부과하여야 한다는 원칙으로서 이 원칙은 범죄와 형벌의 내용이 헌법과 공동체 질서의 가치 체계에 맞게 실질적으로 정의로울 것을 요구한다.

4. 범죄와 형벌

1) 범죄의 의미

형법 규정은 어떤 행위를 범죄로 정의하는 범죄 구성요건 부분과 해당 행위에 대한 처벌의 종류와 범위를 정해놓은 형벌부분으로 구성되어 있다. 예를 들면, 폭행죄를 규정하고

3) 헌법 제12조 제1항: 모든 국민은 신체의 자유를 가진다. 누구든지 법률에 의하지 아니하고는 체포 · 구속 · 압수 · 수색 또는 심문을 받지 아니하며, 법률과 적법한 절차에 의하지 아니하고는 처벌 · 보안처분 또는 강제노역을 받지 아니한다.

4) 헌법 제37조 제2항: 국민의 모든 자유와 권리는 국가안전보장 · 질서유지 또는 공공복리를 위하여 필요한 경우에 한하여 법률로써 제한할 수 있으며, 제한하는 경우에도 자유와 권리의 본질적인 내용을 침해할 수 없다.

있는 형법 제260조 제1항[5]에서 '사람의 신체에 대하여 폭행을 가한' 부분이 범죄 구성요건, '2년 이하의 징역, 500만 원 이하의 벌금, 구류 또는 과료'가 형벌에 해당한다.

형사 처벌은 시민의 기본권을 가장 강력하게 제한하는 것이기 때문에 국회는 어떤 행위를 범죄로 규정하기에 앞서서 다양한 논의 과정을 거쳐 국민의 의견을 수렴하게 된다. 뿐만 아니라 형법의 보충성의 원칙에 따라 가급적 그 처벌의 범위도 최소화해야 한다. 예를 들어, 형법은 범죄를 고의범과 과실범으로 구분하여 고의범 처벌을 원칙으로 하고 과실범은 예외적인 경우에만 처벌하도록 규정하고 있는데 폭행죄는 과실범을 처벌하지 않도록 규정하고 있다. 실수로 사람을 폭행하는 행위까지 형사 처벌하면 형벌의 범위가 너무 확대되기 때문이다.

2) 범죄의 성립 요건

범죄 구성요건에 해당하는 행위를 하였더라도 곧바로 범죄가 성립하는 것은 아니며 위법성과 책임까지 인정되어야 한다. 범죄 성립요소는 구성요건 해당성, 위법성, 책임이기 때문이다.

위법성 조각 사유의 요건

정당방위	자기 또는 타인에 대한 현재의 부당한 침해를 방위하기 위한 상당한 이유가 있는 행위
긴급피난	자기 또는 타인의 법익에 대한 현재의 위난을 피하기 위한 상당한 이유가 있는 행위
자구행위	법적절차에 따라 청구권을 보전하기 어려운 경우 청구권을 보전하기 위한 상당한 이유가 있는 행위
피해자 승낙	법익을 처분할 수 있는 자가 허락한 행위
정당 행위	법령 또는 업무상 행위 및 기타 사회상규에 위배되지 않는 행위

위법성은 전체 법질서에 위배되어 허용할 수 없는 것을 말한다. 형법에 규정된 구성요건 행위를 하면 일단 위법성이 추정되지만 개별 행위자의 구체적인 사정을 고려하여 그 행위를 처벌하면 오히려 전체 법질서의 관점에서 정의롭지 못한 경우에는 위법성을 부정한다. 예를 들어, 길을 가는 사람을 아무런 이유 없이 무차별 폭행하는 사람을 밀어 더 이상 폭행하지 못하게 방어하는 행위는 정당방위로서 전체 법질서에 위배되지 않고 오히려 이를 처벌하는 것이 정의롭지 못한 결과를 초래한다. 이렇게 위법성을 부정하는 사유를 위법성 조

5) 형법 제260조 제1항(폭행) "사람의 신체에 대하여 폭행을 가한 자는 2년 이하의 징역, 500만 원 이하의 벌금, 구류 또는 과료에 처한다."

각사유라고 하며 정당방위, 긴급피난, 자구행위, 피해자의 승낙, 정당행위가 이에 해당한다.

그러나 구성요건에 해당하고 위법성이 인정되더라도 개인에 따라 처벌할 수 없는 사유가 있다. 형법은 14세 미만인 형사미성년자와 심신의 장애로 사물을 판단하지 못하거나 의사를 결정할 수 없는 사람의 형사 책임을 인정하지 않는다, 예를 들어, 범죄자가 13세이거나 정신분열증 환자로서 정상적인 판단능력이 없는 경우에는 그 행위가 범죄 구성요건에 해당하고 위법성이 인정되더라도 형사책임을 물을 수가 없다. 이처럼 위법성은 전체 법질서 관점에서 판단하지만 책임은 범죄자의 개인적인 관점에서 판단한다.

3) 형벌의 개념과 종류

형법이 규정하고 있는 형벌은 박탈되는 법익의 종류에 따라 생명형에 해당하는 사형, 자유형인 징역, 금고, 구류, 재산형에 해당하는 벌금, 과료, 몰수, 명예형에 해당하는 자격상실, 자격정지의 네 가지, 9종류로 구분한다. 징역, 금고, 구류는 모두 신체를 구금한다는 점에서 공통점이 있지만 구류는 1일 이상 30일 미만이라는 점에서 징역, 금고와 차이가 있고, 징역, 금고는 모두 30일 이상이지만 징역은 노역을 부과할 수 있다는 점에서 금고와 다르다. 벌금과 과료는 모두 재산형이지만 벌금은 5만 원 이상, 과료는 2천 원 이상 5만원 미만이다. 몰수는 범죄로부터 얻은 재산상 이익을 박탈하여 국고로 환수하는 것을 말한다. 자격상실은 일정한 형의 선고가 있으면 공무원이 되는 자격이나 공법상 선거권과 피선거권 등이 박탈되는 것을 말하며 자격정지는 일정기간 동안 그 자격 등이 정지되는 것을 말한다.

그러나 형벌을 부과하더라도 범죄자가 더 이상 범죄를 저지르지 않는다는 보장이 없기 때문에 범죄자의 범죄 성향 때문에 앞으로 발생할 수 있는 범죄를 예방하기 위한 제재가 필요한데 이를 보안처분이라고 한다. 이처럼 보안처분은 범죄인의 재범의 위험성을 근거로 범죄자 개인의 범죄를 예방하기 위해 법원이 선고한다. 보안처분에는 마약, 알코올 중독자와 같이 특수한 치료와 교육이 필요한 경우 부과하는 치료감호, 성범죄를 저지른 사람의 신상정보를 공개하는 신상정보 공개제도나 위치추적 전자장치 부착명령과 같은 것이 있다.

5. 형사절차와 인권보장

1) 범죄 수사 절차

범죄가 발생한 경우 수사 기관은 수사를 하고, 그 결과 범죄혐의가 확인되면 검사는 공소

제기(기소)를 한다. 검사의 공소제기에 의해 법원은 재판을 진행하며 재판 결과 유죄판결이 확정되면 검사가 형 집행을 한다. 이처럼 국가의 형벌권 행사는 수사, 재판, 형 집행의 단계를 거치게 된다.

범죄 혐의를 받고 수사의 대상이 된 사람을 피의자라고 하며 검사가 피의자를 공소 제기할 때 피의자는 피고인이 된다.

형사소송법은 수사 기관이 범죄 수사를 할 때에는 임의 수사를 원칙으로 규정하고, 필요한 경우에 한하여 강제 수사를 허용한다. 강제 수사의 대표적인 방법으로는 사람을 체포 또는 구속[6]하는 경우와 증거물을 압수, 수색하는 경우를 들 수 있다. 강제 수사를 위해서는 원칙적으로 법원의 영장을 발부 받아야 하는데 이를 영장주의라고 한다. 그러나 *현행범 체포 또는 긴급 체포와 같이 영장을 발부 받을 시간이 없는 긴급한 경우에는 수사기관이 영장 없이 체포가 가능하다.[7]

범죄 혐의가 있는 경우 검사는 공소제기를 하고 범죄 혐의가 인정되지 않거나 공소 시효가 끝난 경우 등과 같이 유죄 판결의 가능성이 없는 경우에는 불기소 처분을 하게 된다. 범죄 혐의가 있더라도 범죄 사실이 경미하고 피의자가 뉘우치는 등 개전의 가능성이 있어서 굳이 형사 처벌을 할 필요가 없는 때 검사의 판단에 따라 기소를 유예할 수도 있다. 그러나 검사가 불기소 처분을 하더라도 새로운 증거가 발견된 경우 등 범죄 혐의가 인정되면 다시 수사하여 기소할 수 있다.

2) 형사 재판 절차

검사가 공소 제기를 하면 법원은 검사가 보낸 공소장 부본을 피고인에게 송달하여야 한다. 공소장 부본을 피고인에게 보내지 않으면 피고인이 자신이 어떠한 범죄로 기소가 되었는지를 사전에 알 수가 없어서 재판 준비가 불가능하기 때문이다. 공소장 부본을 받은 피고인은 해당 사건이 국민참여재판 대상인 경우에 해당 재판을 받을 것인지 여부를 선택할 수 있고, 피고인의 신청에 대하여 법원이 *배제결정[8]을 하지 않으면 국민참여재판으로 진

6) 체포와 구속의 차이: 체포와 구속의 가장 큰 차이점은 구금 기간이다. 체포는 48시간 이내의 범위 내에서 검사가 구속영장을 청구하거나 그렇지 않으면 즉시 석방하여야 하지만 구속이 되면 경찰 수사단계에서 최장 10일, 경찰 수사 단계에서 최장 20일, 합계 최장 30일 동안이나 구금될 수 있다.

7) 현행범체포와 긴급체포: 현행범은 누구든지 법원의 영장 없이 체포할 수 있다. 범죄현장에서 범죄의 혐의가 명백하기 때문에 영장주의의 예외가 인정된다. 긴급체포는 범죄가 중대하고 수사기관이 범인을 우연히 발견한 경우와 같이 법원의 영장을 발부 받을 시간적 여유가 없을 때 수사기관이 영장 없이 체포할 수 있는 제도이다.

8) 법원의 배제 결정: 피고인의 신청이 있더라도 법원은 일정한 사유가 있는 경우 국민참여재판을 하지 않는 결정을 할 수 있다.

행된다.

국민참여재판은 제1심 재판에 한하여 피고인이 선택할 수 있는 제도로서 시민 가운데서 무작위로 선정된 배심원이 형사 재판에 참여하여 유·무죄의 평결을 한 후 이를 재판부에 권고하면 재판부가 최종 판단하여 유·무죄를 선고하게 된다. 피고인이 국민참여재판을 선택하지 않으면 일반 형사 재판으로 진행된다.

재판이 진행되면 검사와 피고인은 범죄 사실에 대하여 치열하게 다투며 자신의 주장을 입증하기 위한 노력을 한다. 형사 재판에서 증거 조사는 재판의 결과를 좌우하는 가장 중요한 단계인데 *위법수집증거 배제 법칙[9]에 따라 수사기관이 위법하게 수집한 증거는 원칙적으로 증거로 사용할 수 없다. 형사재판은 일반인이 볼 수 있도록 공개하는 것이 원칙이지만 재판의 성격에 따라 법원이 그 공개를 제한할 수도 있다. 그러나 판결의 선고는 반드시 공개하여야 한다. 한편, 재판을 공개하더라도 녹화, 촬영, 중계방송 등의 행위는 재판장의 허가를 받아야 한다.

3) 형의 선고, 상소 및 집행 절차

재판부가 재판의 결과를 당사자인 검사와 피고인에게 알려 주는 것을 선고라고 하는데 선고는 공개된 법정에서 한다. 법원은 피고인에게 죄가 인정되면 유죄 판결을 죄가 인정되지 않는 경우 무죄 판결을 선고한다.

법원이 유죄판결을 선고하는 경우에도 형의 집행을 일정 기간 유예하고 그 기간이 지나면 형의 선고의 효력이 상실되는 집행유예를 선고할 수도 있다. 또한, 보다 경미한 범죄에 있어서는 개선의 가능성이 크고, 일정한 전과가 없는 경우 법원은 형의 선고 자체를 유예한 뒤 특별한 사유가 없이 일정한 기간이 지나면 형 선고 자체가 없었던 것으로 되는 선고유예를 할 수도 있는데 이 제도는 피고인의 사회복귀에 도움을 주기 위한 것이다.[10]

검사와 피고인은 제1심 판결에 대하여 항소를, 제2심 판결에 대하여 상고를 할 수 있다. 상소 기간 중에는 재판이 확정되지 않은 것이므로 피고인은 여전히 무죄로 추정된다. 상소 절차를 거쳐 유죄 판결이 확정된 경우에도 유죄의 증거로 사용된 증거가 조작되었거나 증인이 위증한 경우와 같이 일정한 사유가 있을 때는 피고인 등은 재심을 청구할 수 있다. 이

9) 위법수집증거 배제법칙: 형사소송법 제307조의 2는 "적법한 절차에 따르지 아니하고 수집한 증거는 증거로 할 수 없다"고 규정하고 있다.

10) 집행유예와 선고유예: 집행유예는 취소 또는 실효되지 않고 일정한 기간이 지나면 형 선고의 효력이 상실되지만 형 선고가 있었다는 사실은 없어지지 않으므로 전과 기록으로 남는다. 그러나 선고 유예는 실효됨이 없이 일정한 기간이 지나면 형 선고 자체가 없었던 것으로 되기 때문에 전과로 남지 않는다.

때 법원이 재심 청구를 받아들이면 재심 재판이 진행된다.

피고인의 유죄판결이 확정되면 형 집행은 검사의 지휘에 따라 한다. 벌금 또는 과료를 선고 받은 경우에는 일정한 기간 내에 벌금을 납부하여야 하고, 벌금을 납부하지 않으면 정해진 일수에 따라 노역장에 유치되어 강제 노역을 하여야 한다.

4) 형사절차에서의 인권 보호 제도

적법 절차 원칙11)은 형사 절차 전반에 걸쳐 피해자의 인권을 보호하기 위한 헌법상의 지배 원리이기 때문에 국회가 제정한 법률도 이 원칙을 따라야 한다. 이처럼 우리 헌법은 적법 절차 원칙을 통해 형사 절차에서의 실질적 법치주의를 실현하고 있다.12) 적법 절차 원칙은 공정한 형사 절차를 위해 국가에 비해 상대적으로 열세에 있는 피의자 및 피고인을 보호하기 위한 다양한 권리를 보장하는 것을 핵심으로 하고 있다. 우리 헌법은 진술거부권, 변호인의 도움을 받을 권리, 체포 구속 적부심사 청구권, 무죄 추정의 원칙 등을 규정하고 있다. 형사소송법이 적법한 절차에 위반하여 수집한 증거를 유죄의 증거로 사용하지 못하도록 위법수집 증거 배제법칙을 규정하고 있는 것도 적법 절차 원칙을 실현하기 위한 것이다.

진술거부권은 체포, 구속, 피의자 신문 등 전 수사 과정에서 피의자에게 인정된다. 대법원은 수사 기관이 정당한 사유 없이 진술거부권을 고지하지 않은 상태에서 한 체포를 불법체포로 인정하며, 진술 거부권을 고지하지 않고 작성된 피의자신문조서는 유죄의 증거로 사용할 수 없다고 판결하고 있다. 진술 거부권은 형사 재판에서 피고인에게도 인정된다. 따라서 재판부는 피고인의 인적 사항을 확인하기 전에 진술 거부권을 고지하여야 한다.

변호인의 조력을 받을 권리는 수사 절차에서부터 형사 재판에 이르기까지 전 과정에 걸쳐 피의자와 피고인에게 인정되기 때문에 피의자는 수사 기관으로부터 피의자 신문을 받을 때 자신이 선임한 변호인을 신문 과정에 참여하도록 할 수 있다. 한편, 피의자 또는 피고인에게 변호인을 선임할 능력이 없는 경우에 법원이 변호인을 선임해주는데 이를 국선변호인이라고 한다. 수사 절차의 경우 피의자가 구속되기 전 법원으로부터 영장 실질 심사(구속 전 피의자 심문)를 받게 되는데 이때 피의자에게 변호인이 선임되어 있지 않은 경우 법원

11) 적법 절차의 원칙(due process of law): 적법절차의 원칙은 1215년 영국의 마그나 카르타에서 유래되었으며 미국 수정 헌법에서 규정하고 있는 실질적 법치주의 원리이다. 우리나라는 1987년 제6공화국 헌법에서 최초로 이 원칙을 규정하였고 현재는 형사절차는 물론 입법, 사법, 행정 등 모든 국가 작용에서 법률의 실체적 정당성을 요구하는 헌법의 일반적 원리로 자리 잡고 있다.

12) 헌법 제12조 제1항: 모든 국민은 신체의 자유를 가진다. 누구든지 법률에 의하지 아니하고는 체포 · 구속 · 압수 · 수색 또는 심문을 받지 아니하며, 법률과 적법한 절차에 의하지 아니하고는 처벌 · 보안처분 또는 강제노역을 받지 아니한다.

이 국선 변호인을 선임해주어야 한다.

체포 · 구속 과정에서의 인권 보호를 위한 대표적인 제도로는 체포의 이유와 변호인의 도움을 받을 권리가 있음을 고지 받을 권리를 들 수 있다. 피의자가 수사 과정에서 체포 또는 구속되는 경우 피의자나 가족 또는 고용주가 법원에 피의자의 체포 또는 구속이 적법한 지 등을 판단해 줄 것을 요구하는 구속 적부 심사 제도도 있다.

5) 범죄 피해자를 보호하기 위한 제도

헌법은 "타인의 범죄행위로 인하여 생명 · 신체에 대한 피해를 받은 국민은 법률이 정하는 바에 의하여 구조를 받을 수 있다"고 규정함으로써 범죄로 인한 직접 피해자 또는 그 유족에게 범죄 피해자 구조 청구권을 보장하고 있으며, 이를 위해 범죄 피해자 보호법을 제정하여 범죄로 인하여 사망한 자의 유족이나 상해 또는 중상해를 당한 사람에게 구조금을 지급할 수 있도록 하고 있다.

한편, 범죄피해자 또는 그 친족 등은 해당 사건의 형사절차에 참여할 권리가 보장된다. 예를 들어, 고소를 한 사람에게 수사 결과를 통지하도록 하거나 형사재판에서 피해자의 의견을 진술[13]할 수 있도록 하는 제도를 들 수 있다.

또한 형사 피해자는 그 피해에 대하여 별도의 민사소송을 하지 않고 형사 재판에서 간편하게 법원의 배상 명령을 받을 수 있는 배상 명령 제도를 이용할 수도 있다.

범죄 피해자뿐만 아니라 피의자가 체포 · 구속되었다가 불기소 처분을 받거나 형사 피고인이 무죄 판결을 받는 경우 국가에 대하여 보상을 청구할 수 있는데 이를 형사 보상 제도라고 한다. 이와는 별도로 국가의 불법 행위가 있는 경우 국가를 상대로 하는 손해 배상 청구도 가능하다. 그리고 무죄 판결을 받은 사람을 위해 그 사실을 공개하여 침해당한 명예를 회복시켜주는 명예회복 제도도 있다.

13) 형사피해자 진술권: 헌법 제27조 제5항은 "형사피해자는 법률이 정하는 바에 의하여 당해 사건의 재판절차에서 진술할 수 있다"고 규정하고 있다. 형사소송법은 형사피해자가 재판에서 의견을 진술하기를 원하면 법원이 특별한 이유가 없으면 이를 허용해야 한다고 규정하고 있다.

읽기 자료 1

미란다원칙

'미란다 원칙'에서의 '미란다'는 멕시코계 미국인 에르네스토 미란다(Ernesto Miranda)에서 비롯된 말이다. 1963년 3월, 미국 애리조나주 피닉스 시 경찰은 당시 21세였던 멕시코계 미국인 에르네스토 미란다(Ernesto Miranda)를 납치 · 강간 혐의로 체포했다. 경찰서로 연행된 미란다는 피해자에 의해 범인으로 지목되었고, 변호사도 선임하지 않은 상태에서 경찰관에 의해 조사를 받았다. 미란다는 처음에는 무죄를 주장했으나 나중에는 결국 범행을 인정하는 구두 자백과 범행자백자술서를 제출했다.

그리하여 애리조나주 법원에서는 미란다의 죄를 인정하여 납치죄와 강간죄에 대해 각각 징역 20년, 징역 30년의 중형이 선고되었다. 그러나 미란다는 피의자의 권리를 알리지 않았다는 절차상의 문제를 이유로 판결에 불복하고 미국의 연방 대법원에 다시 재판을 청구하였는데, 이것이 미국에서 가장 유명한 연방대법원 판결 중 하나인 '미란다 대 애리조나' 사건이다.

연방 대법원은 미란다의 자술서는 증거 능력이 없다며 무죄를 선고하였다. 그 이유는 피의자로 지목된 사람은 자신에게 묵비권이 있으며 자신의 진술이 법정에서 불리하게 작용할 수 있음을 분명히 알아야 했는데 경찰이 알려 주지 않았고, 피의자는 경찰의 조사 과정에서 변호사를 선임할 수 있지만 그것도 경찰이 알려 주지 않았다는 것이었다.

경찰 조사를 받는 과정에서도 자신에게 어떤 권리가 있는지 자신을 체포한 경찰들에게 듣지 못했는데, 미란다가 쓴 자술서 양식의 상단에는 '나의 법적 권리를 숙지한 상태로(with full knowledge of my legal rights)' 자술서를 작성하였다고 적혀있었다. 그러므로 미란다가 체포되고 경찰 조사를 받는 과정이 절차적으로 문제가 있다고 주장한 것이다. 미란다는 미국 수정헌법 제5조에 보장된 불리한 증언을 하지 않아도 될 권리와 제6조에 보장된 변호사의 조력을 받을 권리를 침해당했다고 주장했다. 연방대법원은 1966년, 5대 4의 표결로 미란다에게 무죄를 선고했다. 무죄를 선고한 이유는 그가 진술거부권, 변호인선임권 등의 권리를 고지(告知)받지 못했기 때문이라는 것이다. 이것이 바로 미란다를 세상에 알린 '미란다 판결'입니다. 이러한 미란다 판결이 있은 후 미국 경찰들은 연방대법원의 판결 취지에 따라 미란다 경고문을 만들어, 수사관들이 피의자를 체포하거나 신문할 때는 이 경고문을 미리 읽어 주도록 했다. 이 판결 이후 경찰들은 피의자의 권리를 적은 미란다 카드를 만들어 범인을 잡은 후 읽어 주게 되었다고 합니다. 또한, 그 동안 피의자의 자백만을 증거로 재판에 넘겨 왔던 경찰의 부실한 수사도 반성하는 계기가 되었다. 미란다는 그 이후 결국 법의 심판을 받았다. 미란다는 무죄로 풀려났지만, 곧 동거녀의 증언으로 다시 체포되고, 유죄 판결을 받아 처벌을 받게 되었다.

정리하자면, 미란다 원칙이란 경찰과 같은 수사기관이 범죄용의자를 체포할 때 그 이유와 변호인의 도움을 받을 수 있는 권리, 진술을 거부할 수 있는 권리 등이 있음을 미리 알려 주어야 한다는 원칙으로서 1966년 미국 연방대법원의 판결로 확립된 원칙이다.

경찰과 법원의 경우는 국가의 기관으로 강력한 힘을 가지고 있다. 그래서 경찰 수사 과정과 법원의 재판 과정 중에 피의자나 피고인은 상대적 약자라고 할 수 있어, 또 다른 피해를 볼 수 있는 우려가 있다. 그래서 미란다 원칙과 같은 절차적 원칙을 마련하여 피의자를 보호하고 억울한 사람이 범죄자가 되는 것을 막고자 한 것이다.

미란다의 원칙은 아무리 정의로운 목적을 위해 집행되는 법이라도 적법한 절차를 거쳐야 정당성을 갖게 된다는 '적법 절차의 원리(due process of law)'를 상징한다. 미란다의 원칙도 바로 적법 절차의 원리를 지키기 위한 방법 중의 하나로서, 적법 절차의 원리는 모든 사람은 인간으로서 존중 받아야 한다는 보편적인 인권의 원리이다.

우리 헌법 제12조에 의하면 '누구든지 법률과 적법한 절차에 의하지 아니하고는 처벌, 보안 처분 또는 강제 노역을 받지 아니한다.'라고 규정하고 있는데, 이 또한 미란다 원칙과 같이 인권을 보호하기 위한 '적법 절차의 원리(due process of law)'를 의미한다.

읽기 자료 2

형법 제41조 등 위헌제청 [전원재판부 2008헌가23, 2010. 2. 25.]

사형제도는 위헌인가?

【판시사항】

가. 재판의 전제성에 관한 제청법원의 법률적 견해가 명백히 유지될 수 없어 재판의 전제성이 부인된 사례

나. 사형제도에 대한 위헌심사의 범위

다. 사형제도의 헌법적 근거

라. 헌법 제37조 제2항에 의하여 생명권을 제한할 수 있는지 여부(적극) 및 생명권의 제한이 곧 생명권의 본질적 내용에 대한 침해인지 여부(소극)

마. 사형제도가 헌법 제37조 제2항에 위반하여 생명권을 침해하는지 여부(소극)

바. 사형제도가 인간의 존엄과 가치를 규정한 헌법 제10조에 위반되는지 여부(소극)

사. 가석방이 불가능한 이른바 '절대적 종신형'이 아니라 가석방이 가능한 이른바 '상대적 종신형'만을 규정한 현행 무기징역형제도가 평등원칙이나 책임원칙에 위반되는지 여부(소극)

아. 형법 제250조 제1항 중 '사형, 무기의 징역에 처한다'는 부분이 비례의 원칙이나 평등원칙에 위반되는지 여부(소극)

자. 구 '성폭력범죄의 처벌 및 피해자보호 등에 관한 법률'(1997. 8. 22. 법률 제5343호로 개정되고 2008. 6. 13. 법률 제9110호로 개정되기 전의 것) 제10조 제1항 중 "사형 또는 무기징역에 처한다."는 부분이 비례의 원칙이나 평등원칙에 위반되는지 여부(소극)

【결정요지】

가. 가석방의 요건에 관한 규정은 사법부에 의하여 형이 선고 · 확정된 이후의 집행에 관한 문제일 뿐 이 사건 당해 재판 단계에서 문제될 이유는 없고, 달리 위 규정이 당해 사건에 적용될 법률조항임을 인정할 자료를 찾아 볼 수 없으므로, 이 사건 위헌제청 중 형법 제72조 제1항 중 '무기징역' 부분은 재판의 전제성이 없어 부적법하다.

나. 사형제도가 위헌인지 여부의 문제는 성문 헌법을 비롯한 헌법의 법원을 토대로 헌법규범의 내용을 밝혀 사형제도가 그러한 헌법규범에 위반하는지 여부를 판단하는 것으로서 헌법재판소에 최종적인 결정권한이 있는 반면, 사형제도를 법률상 존치시킬 것인지 또는 폐지할 것인지의 문제는 사형제도의 존치가 필요하거나 유용한지 또는 바람직한지에 관한 평가를 통하여 민주적 정당성을 가진 입법부가 결정할 입법정책적 문제이지 헌법재판소가 심사할 대상은 아니다.

그리고 극악한 범죄 중 극히 일부에 대하여서라도 헌법질서내에서 사형이 허용될 수

있다고 한다면 사형제도 자체를 위헌이라고 할 수는 없고, 사형제도 자체의 합헌성을 전제로 사형이 허용되는 범죄유형을 어느 범위까지 인정할 것인지가 문제될 뿐이며, 이는 개별 형벌조항의 위헌성 여부의 판단을 통하여 해결할 문제이다.

다. 헌법 제110조 제4항은 법률에 의하여 사형이 형벌로서 규정되고 그 형벌조항의 적용으로 사형이 선고될 수 있음을 전제로 하여, 사형을 선고한 경우에는 비상계엄하의 군사재판이라도 단심으로 할 수 없고 사법절차를 통한 불복이 보장되어야 한다는 취지의 규정으로, 우리 헌법은 문언의 해석상 사형제도를 간접적으로나마 인정하고 있다.

라. 헌법은 절대적 기본권을 명문으로 인정하고 있지 아니하며, 헌법 제37조 제2항에서는 국민의 모든 자유와 권리는 국가안전보장 · 질서유지 또는 공공복리를 위하여 필요한 경우에 한하여 법률로써 제한할 수 있도록 규정하고 있어, 비록 생명이 이념적으로 절대적 가치를 지닌 것이라 하더라도 생명에 대한 법적 평가가 예외적으로 허용될 수 있다고 할 것이므로, 생명권 역시 헌법 제37조 제2항에 의한 일반적 법률유보의 대상이 될 수밖에 없다. 나아가 생명권의 경우, 다른 일반적인 기본권 제한의 구조와는 달리, 생명의 일부 박탈이라는 것을 상정할 수 없기 때문에 생명권에 대한 제한은 필연적으로 생명권의 완전한 박탈을 의미하게 되는바, 위와 같이 생명권의 제한이 정당화될 수 있는 예외적인 경우에는 생명권의 박탈이 초래된다 하더라도 곧바로 기본권의 본질적인 내용을 침해하는 것이라 볼 수는 없다.

마. (1) 사형은 일반국민에 대한 심리적 위하를 통하여 범죄의 발생을 예방하며 극악한 범죄에 대한 정당한 응보를 통하여 정의를 실현하고, 당해 범죄인의 재범 가능성을 영구히 차단함으로써 사회를 방어하려는 것으로 그 입법목적은 정당하고, 가장 무거운 형벌인 사형은 입법목적의 달성을 위한 적합한 수단이다.

(2) 사형은 무기징역형이나 가석방이 불가능한 종신형보다도 범죄자에 대한 법익침해의 정도가 큰 형벌로서, 인간의 생존본능과 죽음에 대한 근원적인 공포까지 고려하면, 무기징역형 등 자유형보다 더 큰 위하력을 발휘함으로써 가장 강력한 범죄억지력을 가지고 있다고 보아야 하고, 극악한 범죄의 경우에는 무기징역형 등 자유형의 선고만으로는 범죄자의 책임에 미치지 못하게 될 뿐만 아니라 피해자들의 가족 및 일반국민의 정의관념에도 부합하지 못하며, 입법목적의 달성에 있어서 사형과 동일한 효과를 나타내면서도 사형보다 범죄자에 대한 법익침해 정도가 작은 다른 형벌이 명백히 존재한다고 보기 어려우므로 사형제도가 침해최소성원칙에 어긋난다고 할 수 없다. 한편, 오판가능성은 사법제도의 숙명적 한계이지 사형이라는 형벌제도 자체의 문제로 볼 수 없으며 심급제도, 재심제도 등의 제도적 장치 및 그에 대한 개선을 통하여 해결할 문제이지, 오판가능성을 이유로 사형이라는 형벌의 부과 자체가 위헌이라고 할 수는 없다.

(3) 사형제도에 의하여 달성되는 범죄예방을 통한 무고한 일반국민의 생명 보호 등 중대한 공익의 보호와 정의의 실현 및 사회방위라는 공익은 사형제도로 발생하는

극악한 범죄를 저지른 자의 생명권이라는 사익보다 결코 작다고 볼 수 없을 뿐만 아니라, 다수의 인명을 잔혹하게 살해하는 등의 극악한 범죄에 대하여 한정적으로 부과되는 사형이 그 범죄의 잔혹함에 비하여 과도한 형벌이라고 볼 수 없으므로, 사형제도는 법익균형성원칙에 위배되지 아니한다.

바. 사형제도는 우리 헌법이 적어도 간접적으로나마 인정하고 있는 형벌의 한 종류일 뿐만 아니라, 사형제도가 생명권 제한에 있어서 헌법 제37조 제2항에 의한 헌법적 한계를 일탈하였다고 볼 수 없는 이상, 범죄자의 생명권 박탈을 내용으로 한다는 이유만으로 곧바로 인간의 존엄과 가치를 규정한 헌법 제10조에 위배된다고 할 수 없으며, 사형제도는 형벌의 경고기능을 무시하고 극악한 범죄를 저지른 자에 대하여 그 중한 불법 정도와 책임에 상응하는 형벌을 부과하는 것으로서 범죄자가 스스로 선택한 잔악무도한 범죄행위의 결과인바, 범죄자를 오로지 사회방위라는 공익 추구를 위한 객체로만 취급함으로써 범죄자의 인간으로서의 존엄과 가치를 침해한 것으로 볼 수 없다. 한편 사형을 선고하거나 집행하는 법관 및 교도관 등이 인간적 자책감을 가질 수 있다는 이유만으로 사형제도가 법관 및 교도관 등의 인간으로서의 존엄과 가치를 침해하는 위헌적인 형벌제도라고 할 수는 없다.

사. 절대적 종신형제도는 사형제도와는 또 다른 위헌성 문제를 야기할 수 있고, 현행 형사법령 하에서도 가석방제도의 운영 여하에 따라 사회로부터의 영구적 격리가 가능한 절대적 종신형과 상대적 종신형의 각 취지를 살릴 수 있다는 점 등을 고려하면, 현행 무기징역형제도가 상대적 종신형 외에 절대적 종신형을 따로 두고 있지 않은 것이 형벌체계상 정당성과 균형을 상실하여 헌법 제11조의 평등원칙에 반한다거나 형벌이 죄질과 책임에 상응하도록 비례성을 갖추어야 한다는 책임원칙에 반한다고 단정하기 어렵다.

아. 형법 제250조 제1항이 규정하고 있는 살인의 죄는 인간 생명을 부정하는 범죄행위의 전형이고, 이러한 범죄에는 행위의 태양이나 결과의 중대성으로 보아 반인륜적 범죄라고 할 수 있는 극악한 유형의 것들도 포함되어 있을 수 있으므로, 타인의 생명을 부정하는 범죄행위에 대하여 5년 이상의 징역 외에 사형이나 무기징역을 규정한 것은 하나의 혹은 다수의 생명을 보호하기 위하여 필요한 수단의 선택이라고 볼 수밖에 없으므로 비례의 원칙이나 평등의 원칙에 반한다고 할 수 없다.

자. 구 '성폭력범죄의 처벌 및 피해자보호 등에 관한 법률'(1997. 8. 22. 법률 제5343호로 개정되고 2008. 6. 13. 법률 제9110호로 개정되기 전의 것) 제10조 제1항의 범죄구성요건은 살인과 성폭력범죄가 합쳐진 결합범인데, 성폭력범죄자가 타인의 생명까지 침해한 행위에 대하여 행위자의 사형이나 무기징역을 그 불법효과의 하나로서 규정한 것은 하나의 혹은 다수의 생명과 타인의 성적자기결정의 자유를 보호하기 위하여 필요한 수단의 선택이라고 볼 수 있고, 성폭력범죄로 인해 발생하는 개인의 성적자유침해라는 추가적 법익침해를 감안할 때 일반 살인죄의 법정형에서 5년 이상의 유

기징역을 제외한 것을 가리켜 비례의 원칙이나 평등의 원칙에 반한다고 할 수 없다.

재판관 이강국의 보충의견

헌법 제10조에서 도출된 생명권과 헌법 제110조 제4항 단서와의 대립관계는 헌법의 통일성의 원칙이나 실제적 조화의 원칙에 따라 위 2개의 법익이 통일적으로, 그리고 실제적으로 가장 잘 조화되고 비례될 수 있도록 해석하여야 한다. 따라서 사형제는 헌법 자체가 긍정하고 있는 형(刑)이지만, 동시에 이와 충돌되는 생명권의 높은 이념적 가치 때문에 그 규범영역은 상당부분 양보 · 축소되어야 할 것이므로 사형의 선고는 정의와 형평에 비추어 불가피한 경우에만, 그것도 비례의 원칙과 최소 침해의 원칙에 따라 행해져야 한다고 해석하는 것이 상당하고, 이러한 해석과는 달리, 생명권의 최상위 기본권성만을 내세워 실정 헌법에서 규정하고 있는 사형제를 가볍게 위헌이라고 부정하는 것은 헌법해석의 범위를 벗어나 헌법의 개정이나 헌법의 변질에 이르게 될 수 있다.

재판관 민형기의 보충의견

현행 헌법질서 내에서의 사형제 자체의 존재 이유 및 필요성은 인정될 수 있으나, 사형의 오 · 남용 소지와 그에 따른 폐해를 최대한 불식시키고, 잔혹하고도 비이성적이라거나 목적 달성에 필요한 정도를 넘는 과도한 형벌이라는 지적을 면할 수 있도록, 그 적용 대상과 범위를 최소화하는 것이 필요하며, 원칙적으로 사형 대상 범죄는 인간의 생명을 고의적으로 침해하는 범죄나 생명의 침해를 수반할 개연성이 매우 높거나 흉악한 범죄로 인해 치사의 결과에 이른 범죄, 전쟁의 승패나 국가안보와 직접 관련된 범죄 등으로 한정되어야 한다. 입법자는 외국의 입법례 등을 참고하여 국민적 합의를 바탕으로 사형제 전반에 걸친 문제점을 개선하고 필요한 경우 문제가 되는 법률이나 법률조항을 폐지하는 등의 노력을 게을리 하여서는 아니 될 것이다.

재판관 송두환의 보충의견

인간의 존엄성 및 인간 생명의 존엄한 가치를 선명하기 위하여, 역설적으로 그 파괴자인 인간의 생명을 박탈하는 것이 불가피한 예외적 상황도 있을 수 있으므로, 반인륜적인 범죄에 대비하여 사형을 규정한 것으로 한정적으로 이해하는 한 사형제도가 헌법 제10조에 반한다고 볼 수 없고, 반인륜적인 범죄에 대한 법정형 범위에 사형을 포함시킨 것 자체를 '생명권을 공동화한 것'이라고 평가하기 어려우므로 자유와 권리의 본질적인 내용을 침해한 것으로 볼 수 없다. 근본적인 문제는 사형제도 자체에 있는 것이 아니라 사형제도의 남용 및 오용에 있으므로, 형벌조항들을 전면적으로 재검토하여 사형이 선택될 수 있는 범죄의 종류를 반인륜적으로 타인의 생명을 해치는 극악범죄로 한정하고, 사회적, 국가적 법익에만 관련된 각종 범죄의 경우 등에는 법정형에서 사형을 삭제하며, 전체 사법절차가 엄격하고 신중한 적법절차에 의하여 진행되고 '잔혹하고 이상한 형벌' 또는 인간의 존엄성을 무시하거나 해하는 형벌이 되지 않도록 수사 및 재판, 형의 집행 등 모든 절차를 세심하게 다듬고 정비하여야 할 것이다.

재판관 조대현의 일부위헌의견

인간의 생명권은 지고(至高)의 가치를 가지는 것이므로 이를 제한하기 위한 사유도 역시 지고의 가치를 가지는 인간의 생명을 보호하거나 구원하기 위한 것이라야 하는데, 범죄에 대한 형벌로서 범죄자를 사형시키는 것은 이미 이루어진 법익침해에 대한 응보에 불과하고, 살인자를 사형시킨다고 하여 피살자의 생명이 보호되거나 구원되지 아니하므로, 사형제도는 인간의 생명을 박탈하기에 필요한 헌법 제37조 제2항의 요건을 갖추지 못하였으며, 생명권의 본질적인 내용을 침해하는 것이라고 보지 않을 수 없다. 다만, 헌법 제110조 제4항 단서가 비상계엄 하의 군사재판에서 사형을 선고하는 경우를 인정하고 있으므로, 비상계엄 하의 군사재판이라는 특수상황에서 사형을 선고하는 것은 헌법 스스로 예외적으로 허용하였다고 봄이 상당하다. 따라서 사형제도는 헌법 제110조 제4항 단서에 해당되는 경우에 적용하면 헌법에 위반된다고 할 수 없지만, 헌법 제110조 제4항 단서에 해당되지 않는 경우에 적용하면 생명권을 침해할 정당한 사유도 없이 생명권의 본질적인 내용을 침해하는 것으로서 헌법 제37조 제2항에 위반된다.

재판관 김희옥의 위헌의견

(1) 헌법 제110조 제4항 단서의 규정은 그 도입 배경이나 규정의 맥락을 고려할 때, 법률상 존재하는 사형의 선고를 억제하여 최소한의 인권을 존중하기 위하여 규정된 것이므로 간접적으로도 헌법상 사형제도를 인정하는 근거 규정이라고 보기 어렵다.

(2) 사형제도는 인간의 존엄과 가치를 천명하고 생명권을 보장하는 우리 헌법 체계에서는 입법목적 달성을 위한 적합한 수단으로 인정할 수 없고, 사형제도를 통하여 확보하고자 하는 형벌로서의 기능을 대체할 만한 가석방 없는 무기자유형 등의 수단을 고려할 수 있으므로 피해의 최소성 원칙에도 어긋나며, 사형 당시에는 사형을 통해 보호하려는 타인의 생명권이나 중대한 법익은 이미 그 침해가 종료되어 범죄인의 생명이나 신체를 박탈해야 할 긴급성이나 불가피성이 없고 사형을 통해 달성하려는 공익에 비하여 사형으로 인하여 침해되는 사익의 비중이 훨씬 크므로 법익의 균형성도 인정되지 아니한다. 또한 사형제도는 이미 중대 범죄가 종료되어 상당 기간이 지난 후 체포되어 수감 중인, 한 인간의 생명을 일정한 절차에 따라 빼앗는 것을 전제로 하므로, 생명에 대한 법적 평가가 필요한 예외적인 경우라고 볼 수 없어 생명권의 본질적 내용을 침해하고, 신체의 자유의 본질적 내용까지도 침해한다.

(3) 사형제도는 범죄인을 사회전체의 이익 또는 다른 범죄의 예방을 위한 수단 또는 복수의 대상으로만 취급하고 한 인간으로서 자기의 책임 하에 반성과 개선을 할 최소한의 도덕적 자유조차 남겨주지 아니하는 제도이므로 헌법 제10조가 선언하는 인간의 존엄과 가치에 위배되며, 법관이나 교도관 등 직무상 사형제도의 운영에 관여하여야 하

는 사람들로 하여금 인간의 생명을 계획적으로 빼앗는 과정에 참여하게 함으로써 그들을 인간으로서의 양심과 무관하게 국가목적을 위한 수단으로 전락시키고 있다는 점에서 그들의 인간으로서의 존엄과 가치 또한 침해한다.

재판관 김종대의 위헌의견

(1) 헌법 제37조 제2항 후단은 그 내용이 본질적인 부분과 그렇지 않은 부분의 중층적 구조로 구성된 기본권의 제한에 관한 규정이고, 성질상 본질적인 부분과 그렇지 않은 부분이 구별되지 않는 생명권과 같은 경우에는 그 적용이 없으므로, 생명권에 대해서도 헌법 제37조 제2항 전단에 따라 그 제한이 가능하고 그 제한의 정당화 여부는 비례의 원칙에 따른 심사를 통해 판단하여야 한다.

(2) 형벌로서 사형을 부과할 당시에는 국가의 존립이나 피해자의 생명이 범인의 생명과 충돌하는 상황은 이미 존재하지 않으며, 국가가 범인을 교도소에 계속해서 수용하고 있는 한 개인과 사회를 보호하는 목적은 범인을 사형시켰을 때와 똑같이 달성될 수 있다. 사형제도는 범죄억제라는 형사정책적 목적을 위해 사람의 생명을 빼앗는 것으로 그 자체로 인간으로서의 존엄과 가치에 반하고, 사형제도를 통해 일반예방의 목적이 달성되는지도 불확실하다. 다만, 지금의 무기징역형은 개인의 생명과 사회의 안전의 방어라는 점에서 사형의 효력을 대체할 수 없으므로, 가석방이나 사면 등의 가능성을 제한하는 최고의 자유형이 도입되는 것을 조건으로 사형제도는 폐지되어야 한다.

재판관 목영준의 위헌의견

(1) 생명권은 개념적으로나 실질적으로나 본질적인 부분을 그렇지 않은 부분과 구분하여 상정할 수 없어 헌법상 제한이 불가능한 절대적 기본권이라고 할 수밖에 없고, 생명의 박탈은 곧 신체의 박탈도 되므로 사형제도는 생명권과 신체의 자유의 본질적 내용을 침해하는 것이다.

(2) 사형제도는 사회로부터 범죄인을 영원히 배제한다는 점 이외에는 형벌의 목적에 기여하는 바가 결코 명백하다고 볼 수 없고, 우리나라는 국제인권단체로부터 사실상의 사형폐지국으로 분류되고 있어 사형제도가 실효성을 상실하여 더 이상 입법목적 달성을 위한 적절한 수단이라고 할 수 없으며, 절대적 종신형제 또는 유기징역제도의 개선 등 사형제도를 대체할 만한 수단을 고려할 수 있음에도, 생명권을 박탈하는 것은 피해의 최소성 원칙에도 어긋나고, 사형을 통해 침해되는 사익은 범죄인에게는 절대적이고 근원적인 기본권인 반면, 이를 통해 달성하고자 하는 공익은 다른 형벌에 의하여 상당 수준 달성될 수 있어 공익과 사익 간에 법익의 균형성이 갖추어졌다고 볼 수 없다.

(3) 사형은 악성이 극대화된 흥분된 상태의 범죄인에 대하여 집행되는 것이 아니라 이성이 일부라도 회복된 안정된 상태의 범죄인에 대하여 생명을 박탈하는 것이므로 인간

의 존엄과 가치에 위배되며, 직무상 사형제도의 운영에 관여하여야 하는 사람들로 하여금 그들의 양심과 무관하게 인간의 생명을 계획적으로 박탈하는 과정에 참여하게 함으로써, 그들의 인간으로서 가지는 존엄과 가치 또한 침해한다.

(4) 사형제도가 헌법에 위반되어 폐지되어야 한다고 하더라도 이를 대신하여 흉악범을 사회로부터 영구히 격리하는 실질적 방안이 강구되어야 하는바, 가석방이 불가능한 절대적 종신형제도를 사형제도를 도입하고, 엄중한 유기징역형을 선고할 수 있도록 경합범합산 규정을 수정하고 유기징역형의 상한을 대폭 상향조정해야 하므로, 형벌의 종류로서 사형을 열거하고 있는 형법 제41조 제1호를 위헌으로 선언함과 동시에, 무기징역형, 경합범 가중규정, 유기징역형 상한 및 가석방에 관한 현행 법규정들이 헌법에 합치되지 않음을 선언하여야 한다.

【심판대상조문】

형법(1953. 9. 18. 법률 제293호로 제정된 것) 제41조 제1호, 제2호, 제42조, 제72조 제1항, 제250조 제1항

구 성폭력범죄의 처벌 및 피해자보호 등에 관한 법률(1997. 8. 22. 법률 제5343호로 개정되고, 2008. 6. 13. 법률 제9110호로 개정되기 전의 것) 제10조 제1항

【참조조문】

헌법 제10조, 제12조 제1항, 제37조 제2항, 제110조 제4항

형법 제38조, 제55조, 제297조, 제298조, 제299조, 제300조

형사소송법 제465조 제1항, 제466조, 제467조 제1항

형의 집행 및 수용자의 처우에 관한 법률 제119조, 제120조, 제121조, 제122조

사면법 제3조

【참조판례】

다., 마. 헌재 1996. 11. 28. 95헌바1, 판례집 8-2, 537, 544-545

읽기 자료 3

형법 제241조 위헌소원[전원재판부 2009헌바17, 2015. 2. 26.]

불륜도 형사 처벌의 대상인가요? - 간통죄 위헌 결정문

【판시사항】

배우자 있는 자의 간통행위 및 그와의 상간행위를 2년 이하의 징역에 처하도록 규정한 형법(1953. 9. 18. 법률 제293호로 제정된 것) 제241조(이하 '심판대상조항'이라 한다)가 성적 자기결정권 및 사생활의 비밀과 자유를 침해하여 헌법에 위반되는지 여부(적극)

【결정요지】

재판관 박한철, 재판관 이진성, 재판관 김창종, 재판관 서기석, 재판관 조용호의 위헌의견

사회 구조 및 결혼과 성에 관한 국민의 의식이 변화되고, 성적 자기결정권을 보다 중요시하는 인식이 확산됨에 따라 간통행위를 국가가 형벌로 다스리는 것이 적정한지에 대해서는 이제 더 이상 국민의 인식이 일치한다고 보기 어렵고, 비록 비도덕적인 행위라 할지라도 본질적으로 개인의 사생활에 속하고 사회에 끼치는 해악이 그다지 크지 않거나 구체적 법익에 대한 명백한 침해가 없는 경우에는 국가권력이 개입해서는 안 된다는 것이 현대 형법의 추세여서 전세계적으로 간통죄는 폐지되고 있다. 또한 간통죄의 보호법익인 혼인과 가정의 유지는 당사자의 자유로운 의지와 애정에 맡겨야지, 형벌을 통하여 타율적으로 강제될 수 없는 것이며, 현재 간통으로 처벌되는 비율이 매우 낮고, 간통행위에 대한 사회적 비난 역시 상당한 수준으로 낮아져 간통죄는 행위규제규범으로서 기능을 잃어가고, 형사정책상 일반예방 및 특별예방의 효과를 거두기도 어렵게 되었다. 부부 간 정조의무 및 여성 배우자의 보호는 간통한 배우자를 상대로 한 재판상 이혼 청구, 손해배상청구 등 민사상의 제도에 의해 보다 효과적으로 달성될 수 있고, 오히려 간통죄가 유책의 정도가 훨씬 큰 배우자의 이혼수단으로 이용되거나 일시 탈선한 가정주부 등을 공갈하는 수단으로 악용되고 있기도 하다.

결국 심판대상조항은 과잉금지원칙에 위배하여 국민의 성적 자기결정권 및 사생활의 비밀과 자유를 침해하는 것으로서 헌법에 위반된다.

재판관 김이수의 위헌의견

간통죄의 본질은 자유로운 의사에 기하여 혼인이라는 사회제도를 선택한 자가 의도적으로 배우자에 대한 성적 성실의무를 위배하는 성적 배임행위를 저지른 데 있다.

혼인생활을 영위하고 있는 간통행위자 및 배우자 있는 상간자에 대한 형사처벌은 부부 간의 성적 성실의무에 기초한 혼인제도에 내포되어 있는 사회윤리적 기본질서를 최소한도로 보호하려는 정당한 목적 하에 이루어지는 것으로서 개인의 성적 자기결정권에 대한 과도한 제한이라고 하기 어렵다. 그러나 사실상 혼인관계의 회복이 불가능한 파탄상태로 인해 배우자에 대한 성적 성실의무를 더 이상 부담하지 아니하는 간통행위자나 미혼인 상간자의 상간

행위 같이 비난가능성 내지 반사회성이 없는 경우도 있다.

그럼에도 불구하고, 심판대상조항이 일률적으로 모든 간통행위자 및 상간자를 형사처벌하도록 규정한 것은 개인의 성적 자기결정권을 과도하게 제한하는 국가형벌권의 과잉행사로서 헌법에 위반된다.

재판관 강일원의 위헌의견

간통 및 상간행위가 내밀한 사생활의 영역에 속하는 것이라고 해도 이에 대한 법적 규제를 할 필요성은 인정되고, 그에 대한 규제의 정도는 원칙적으로 입법자가 결정할 사항이므로, 입법자가 간통행위를 예방하기 위하여 형벌이라는 제재수단을 도입한 것이 그 자체로 헌법에 위반된다고 볼 수는 없다.

그러나 형법은 간통죄를 친고죄로 규정하면서, 배우자의 종용이나 유서가 있는 경우 간통죄로 고소할 수 없도록 규정하고 있는데, 소극적 소추조건인 종용이나 유서의 개념이 명확하지 않아 수범자인 국민이 국가 공권력 행사의 범위와 한계를 확실하게 예측할 수 없으므로 심판대상조항은 명확성원칙에 위배되며, 간통 및 상간행위에는 행위의 태양에 따라 죄질이 현저하게 다른 수많은 경우가 존재함에도 반드시 징역형으로만 응징하도록 한 것은 구체적 사안의 개별성과 특수성을 고려할 수 있는 가능성을 배제 또는 제한하여 책임과 형벌간 비례의 원칙에 위배되어 헌법에 위반된다.

재판관 이정미, 재판관 안창호의 반대의견

간통은 일부일처제에 기초한 혼인이라는 사회적 제도를 훼손하고 가족공동체의 유지·보호에 파괴적인 영향을 미치는 행위라는 점에서 개인의 성적 자기결정권의 보호영역에 포함되어 있다고 보기 어렵다.

배우자 있는 자의 간통 및 그에 동조한 상간자의 행위는 단순한 윤리적·도덕적 차원의 문제를 넘어서 사회질서를 해치고 타인의 권리를 침해하는 것이라고 보는 우리 사회의 법의식은 여전히 유효하다. 특히 간통죄의 폐지는 우리 사회 전반에서 성도덕 의식의 하향화를 가져오고 성도덕의 문란을 초래할 수 있으며, 그 결과 혼인과 가족 공동체의 해체를 촉진시킬 수 있다는 점에서, 간통죄를 형사처벌하도록 한 입법자의 판단이 자의적인 것이라고 보기는 어렵다. 부부공동생활이 파탄되어 회복될 수 없을 정도의 상태에 이르러 더 이상 배우자에 대한 성적 성실의무를 부담한다고 볼 수 없는 경우에는 간통행위가 사회윤리 내지 사회상규에 위배되지 아니하는 행위로서 위법성이 조각될 여지가 있으므로 과잉처벌의 문제는 발생하지 않을 수 있다.

심판대상조항은 징역형만을 규정하고 있으나 법정형의 상한 자체가 높지 않아 지나치게 과중한 형벌을 규정하고 있다고 볼 수 없고, 벌금형에 의할 경우 간통행위자에 대하여 위하력을 가지기 어려우므로 형벌체계상 균형에 반하는 것이라고 할 수도 없다.

또한 현행 민법상의 제도나 재판실무에 비추어보면, 간통죄를 폐지할 경우 수많은 가족공동체가 파괴되고 가정 내 약자와 어린 자녀들의 인권과 복리가 침해되는 사태가 발생하게 될 것을 우려하지 않을 수 없다.

따라서 심판대상조항은 과잉금지원칙에 위반된다고 할 수도 없다.

재판관 이진성의 다수의견에 대한 보충의견

간통행위는 행위 유형이 다양하여 법정형으로 징역형만 규정한 것이 책임과 형벌 사이에 균형을 잃을 가능성은 있지만, 재산형인 벌금형이나 명예형인 자격형이 배우자에 대한 정조의무를 저버리고 혼인제도의 문란을 가져오는 비윤리적 범죄인 간통죄에 유효하고 적절한 수단이라고 보기 어렵다. 부부 일방의 부정행위로 인한 민사, 가사 문제들의 해결수단을 간통죄를 유지시켜 형사사건에서 찾을 것도 아니다. 간통행위로 인한 가족의 해체 사태에서 손해배상, 재산분할청구, 자녀양육 등에 관한 재판실무관행을 개선하고 배우자와 자녀를 위해 필요한 제도를 새로 강구해야 한다.

【심판대상조문】

형법(1953. 9. 18. 법률 제293호로 제정된 것) 제241조

【참조조문】

헌법 제10조, 제17조, 제36조 제1항
민법(1958. 2. 22. 법률 제471호로 제정된 것) 제806조
민법(2002. 1. 14. 법률 제6591호로 개정된 것) 제840조 제1호
민법(2012. 2. 10. 법률 제11300호로 개정된 것) 제843조

【참조판례】

헌재 1992. 4. 28. 90헌바24, 판례집 4, 225, 229
헌재 2001. 10. 25. 2000헌바60, 판례집 13-2, 480, 486
헌재 2002. 3. 28. 2000헌바53, 판례집 14-1, 159, 165
헌재 2003. 11. 27. 2002헌바24, 판례집 15-2하, 242, 252
헌재 2004. 2. 26. 2001헌바75, 판례집 16-1, 184, 194
헌재 2008. 10. 30. 2007헌가17등, 판례집 20-2상, 696, 708

【전문】

[당사자]

청 구 인 박○순 외 18인
제청법원 의정부지방법원(2011헌가31), 수원지방법원(2014헌가4)

제청신청인 박○미(2014헌가4)
당해사건 [별지] 목록과 같음

[주문]

형법(1953. 9. 18. 법률 제293호로 제정된 것) 제241조는 헌법에 위반된다.

[이유]

1. 사건개요

청구인들은 간통 내지 상간하였다는 범죄사실로 기소되어 당해사건 계속 중 형법 제241조가 위헌이라며 위헌법률심판제청 신청을 하였으나 그 신청이 기각되자 헌법소원심판을 청구하였다. 2011헌가31 사건의 당해사건 피고인은 간통죄로 기소되어 1심에서 유죄판결을 선고받고 항소하였는데, 의정부지방법원은 형법 제241조가 헌법에 위반된다고 의심할 상당한 이유가 있다는 이유로 2011. 8. 26. 직권으로 위헌법률심판을 제청하였다. 또한, 2014헌가4 사건의 제청신청인도 간통죄로 기소되어 1심에서 유죄판결을 선고받고 항소한 뒤 형법 제241조 제1항에 대한 위헌법률심판제청 신청을 하였고, 제청법원이 그 제청신청을 받아들여 2014. 3. 13. 위헌법률심판을 제청하였다.

2. 심판대상

2012헌바255 사건, 2013헌바161 사건의 청구인들 및 2014헌가4 사건의 제청법원은 형법 제241조 제1항에 대하여만 헌법소원심판청구 또는 위헌법률심판제청을 하였다. 그러나 형법 제241조 제2항은 간통죄가 친고죄라는 사실 및 배우자가 간통을 종용하거나 유서한 때에는 고소할 수 없다는 규정이므로 형법 제241조 제1항과 불가분의 일체를 이루고 있다. 따라서 이 사건 심판대상은 형법(1953. 9. 18. 법률 제293호로 제정된 것) 제241조 전체가 헌법에 위반되는지 여부이고, 심판대상조항의 내용은 다음과 같다.

[심판대상조항]

형법(1953. 9. 18. 법률 제293호로 제정된 것)

제241조(간통) ① 배우자 있는 자가 간통한 때에는 2년 이하의 징역에 처한다. 그와 상간한 자도 같다.
② 전항의 죄는 배우자의 고소가 있어야 논한다. 단 배우자가 간통을 종용 또는 유서한 때에는 고소할 수 없다.

3. 청구인들의 주장 및 제청법원의 위헌제청이유

가. 청구인들의 주장

심판대상조항은 과잉금지원칙에 위배되어 개인의 성적 자기결정권 및 사생활의 비밀과 자유를 침해한다. 법정형으로 징역형만 규정하고 있는 것도 책임과 형벌 간 비례원칙에 위배되어 헌법에 위반된다. 또한, 간통죄의 고소는 절차상 이혼을 전제로 하여 간통행위의 처벌이 가정의 파탄을 초래하므로 헌법 제36조 제1항에 위배된다. 아울러 친고죄로 규정되어 행위자의 경제적 능력에 의한 차별이 발생하고, 정교관계의 묵인 내지 사전 동의를 받은 배우자들은 처벌하지 아니하며, 이혼소송을 제기한 배우자에게 간통고소권을 부여하여 상대방 배우자를 차별하는 등 평등원칙에도 어긋난다.

나. 제청법원의 위헌제청이유

선량한 성풍속 보호, 혼인 및 부부 사이 성적 성실의무의 보호라는 입법목적의 정당성은 인정된다. 그러나 개인주의적 · 성개방적 사고의 확산에 따른 우리 사회의 변화로 국민 일반의 법감정이 변화되고 있는 현실, 성생활은 형벌의 대상이 아니라 성도덕에 맡겨 사회 스스로 자율적으로 질서를 잡아야 할 영역이라는 점, 간통죄를 처벌한다고 하여 간통을 억지하는 효과를 기대하기 어려운 점 등에 비추어 수단의 적절성 및 피해의 최소성 원칙에 반한다. 또한, 심판대상조항으로 혼인제도 및 부부간 성적 성실의무 보호라는 공익을 달성하기 어렵게 된 반면, 내밀한 성생활의 영역을 처벌하여 국민의 성적 자기결정권과 사생활의 비밀과 자유를 지나치게 제한하므로 법익 균형성 원칙에도 반하여 헌법에 위반된다.

4. 입법례와 선례

가. 입법례

간통에 대한 세계적인 입법 추세는 형벌을 부과하지 않는 것이다. 덴마크는 1930년, 스웨덴은 1937년, 일본은 1947년, 독일은 1969년, 프랑스는 1975년, 스페인은 1978년, 스위스는 1990년, 아르헨티나는 1995년, 오스트리아는 1996년에 간통죄를 폐지하였다.

나. 개정 논의

법무부는 1992. 4. 8. 입법예고한 형법개정법률안에서, 간통죄가 세계적으로 폐지추세에 있는 점, 개인의 사생활 영역에 속하는 내밀한 성적 문제에 법이 개입함은 부적절하다는 점, 간통죄 고소가 협박이나 위자료를 받기 위한 수단으로 악용되는 경우가 많다는 점, 수사나 재판과정에서 대부분 고소 취소되어 국가 형벌로서의 처단기능이 약화되었다는 점, 형벌의 억지효나 재사회화의 효과는 거의 없고, 가정이나 여성보호를 위한 실효성도 의문이라는 점 등을 이유로 간통죄를 삭제하였다. 그러나 법무부는 1992. 5. 27. 전문 405조로 구성된 형법개정안을 확정하면서 간통죄 폐지가 시기상조라는 의견을 수용하여 간통죄를 존치시키되 법정형을 1년 이하의 징역형으로 낮추고 500만 원 이하의 벌금형을 선택적으로 추가하였다. 하지만 이 개정안도 입법화되지는 못하였다.

다. 선례

헌법재판소는 1990. 9. 10. 89헌마82 결정에서 심판대상조항이 헌법에 위반되지 않는다고 결정하였는데, 반대의견으로 재판관 한병채, 이시윤의 헌법불합치 의견과 재판관 김양균의 위헌의견이 있었고, 1993. 3. 11. 90헌가70 결정에서는 위 89헌마82 결정이 그대로 유지되었다. 그 뒤 2001. 10. 25. 2000헌바60 결정에서는 재판관 권성의 위헌의견이 있었으나, 법정의견은 위 89헌마82 결정의 판시를 그대로 유지하면서 간통죄 폐지 여부에 대하여 입법자가 진지하게 접근할 필요가 있다는 점을 지적하였다. 이어 2008. 10. 30. 2007헌가17등 결정에서는 재판관 김종대, 이동흡, 목영준, 송두환이 위헌의견, 재판관 김희옥이 헌법불합치의견으로 헌법에 위반된다는 의견이 다수였으나, 위헌정족수 6인에는 이르지 못하였다. (이하 생략)

해설: 간통죄는 대한민국에서 형법이 처음 제정된 1953년부터 존재했다. 일부일처제의 혼인 풍습과 부부간의 정조를 중시하는 전통 관념이 반영되어 배우자 있는 자가 불륜을 저지르거나 배우자 있는 자와 불륜을 저지른 그 상대방을 간통죄를 형사 처벌해왔다. 간통죄가 형사처벌 대상이다 보니 경찰이 불륜현장을 일일이 쫓아다니는 폐단도 있었고, 배우자의 외도 정황을 포착한 상대 배우자가 경찰과 함께 불륜 현장을 급습하여, 상간남 또는 상간녀를 체포하는 방식으로 증거를 수집하곤 하였다.

하지만 세월이 흐르면서 이 간통죄에 대한 시각에 변화가 생겼습니다. 불륜이 도덕적으로 지탄받을 사안임은 분명하지만 이를 형사 처벌하는 것이 합당한가에 대한 의문이 계속 제기되어 온 것이다. 개인의 사생활이자 부부간 신뢰의 문제인 불륜을 민법이 아닌 형법으로 단죄하는 게 옳은지에 대한 논란이 지속적으로 있어 온 것이다.

간통죄 처벌과 관련해 헌법재판소는 1990년, 1993년, 2001년, 2008년에는 헌법에 위반되지 않는다고 판시했는데, 2015년 다섯 번째 결정에서 위헌이라고 판단함으로써 기나긴 논쟁을 마무리 했다. 1990년 결정에서 간통죄가 위헌이라고 강력하게 주장했던 김양균 재판관은 한 인터뷰에서 이렇게 말했다.

첫 사건에서 혼자 전면 위헌 의견을 쓰면서 30~50년 안에는 내 의견대로 될 것이라고 했다. 그러나 19년이 지나 4기 재판관 5명이 위헌 의견을 냈다. 검사 생활을 통해 간통 조항이 상습적인 사람이 아닌 우발적인 사람들에게 주로 적용되는 걸 알았다. 이 조항 때문에 얼마나 많은 가정과 개인이 파탄나는지 알게 된 것이 위헌의견을 내는데 토대가 되었다. 간통조항은 위헌이고 반헌법적이며 촌스럽다.[14)]

2015년 2월, 다섯 번째 만에 이루어진 헌법재판소의 간통죄 위헌 결정은 우리 사회에 큰 파장을 불러 일으켰다. 헌법재판소는 달라진 사회상을 반영해 간통죄를 형사 처벌하는 것이 성적 자기결정권과 프라이시버시(사생활)를 침해한다며 위헌결정(2009헌바17 등)을 내렸고 이후 간통죄는 역사 속으로 사라졌다.

헌법재판소는 간통죄로 기소된 박모씨 등 18명이 '배우자가 있는 자의 간통행위 또는 상간행위를 징역 2년에 처하도록 규정'한 당시 형법 241조를 대상으로 제기한 헌법소원심판에서 재판관 9인 중 7인의 위헌 의견으로 위헌결정을 내렸다. 간통죄가 헌법에 위배되지 않는다는 이전 헌재 결정(89헌마82)을 바꾸었다.

14) 이범준, 〈헌법재판소, 한국현대사를 말하다〉, 궁리, 2009,113쪽

헌재는 형법 241조가 과잉금지 원칙에 어긋난다고 판단했다. 간통죄가 헌법이 보장하는 행복추구권과 인격권을 제한할 뿐 아니라 사생활의 비밀과 자유를 침해하고 있다는 판단한 것이다. 또 결혼 · 성에 대한 인식 변화, 법적 실효성 저하, 공갈 등 악용사례 등 종합해 볼 때 형법 241조가 수단의 적절성과 침해최소성도 갖추지 못했다고 보았다(이상 다수 의견).

이에 반해, 전통의 무게를 더 중시해야 한다는 소수 의견도 있었다. 간통죄 폐지가 일부일처제에 기초한 혼인제도를 훼손하고 가족을 파괴하는 결과로 이어질 것이라 의견이었다. 징역형이 아닌 벌금형으로 처벌의 무게를 낮춰서라도 간통죄를 존속시켜야 한다는 의견도 있었다.

헌법재판소의 간통죄 위헌 결정은 불륜이 정당하다는 것이 아니라, 적어도 불륜을 범죄로 보아 형벌로 처벌할 수 있는 게 아니라고 판단한 것이고, 민사적으로 이혼 사유나 손해배상 사유가 됨을 부정한 것은 아니다. 가령 남편이 불륜을 저지를 경우, 아내는 불륜을 저지른 자신의 남편에게 민사적으로 이혼을 청구할 수 있고, 남편과 불륜을 저지른 상대방(상간녀)과 남편에게 손해배상(위자료)을 청구할 수 있다. 물론 아내가 불륜을 저지른 경우에는 그 반대도 가능하다.

2015년 2월 간통죄로 옥살이를 하던 9명이 헌법재판소의 위헌 결정 당일 석방되었다. 당시 간통죄로 기소되어 재판을 받고 있던 사람이 1700여명에 달했는데 이들은 모두 불기소 처분을 받았고, 헌법재판소 결정 11개월 뒤인 2016년 1월에는 간통죄 조항이 형법에서 삭제되었다.

만일 헌법재판소의 간통죄 위헌 결정이 없었다면 모 영화감독과 여배우의 커플에서처럼 '공개 불륜'을 선언하는 경우도 없었을 것이다.

대검찰청에 따르면 간통죄 폐지 직전인 2013년에 1564건, 2012년 1827건 등 불륜으로 인해 간통죄로 기소되는 사건이 매년 1000건 이상 발생했다. 특히 1990년대에는 불륜으로 인한 간통 사건이 한해 평균 4000~5000건에 달했다고 한다.

간통죄가 사라졌지만, 불륜 · 외도를 둘러싼 사회적 논의는 여전히 진행되고 있다. 간통죄 폐지 이후 이혼 소송 건수는 감소했지만 불륜으로 인한 사회적 · 법적 비용은 오히려 증가했다는 주장도 있다. 배우자의 불륜 사실을 캐기 위해 흥신소 등 민간조사업체가 성업하고 이로 인한 개인정보 침해의 폐해가 심각하다는 것이다. 간통죄는 사라졌지만 불륜은 혼인제도가 존속하는 한 사라지지 않을 것이며, 이에 대한 법적 대응을 어떻게 해야 할 지는 우리 사회의 법 감정에 따라 슬기롭게 결정해야 할 것이다.

읽기 자료 4

법을 어겼는데도 그게 정의로운 것!!: 저항권. 혁명. 시민불복종

우리나라 현행 헌법의 전문에는 "...불의에 항거한 4 · 19민주이념을 계승하고..."라는 표현이 등장한다. 여기에서 '4 · 19 혁명'이 우리 헌법의 전문에 등장하게 된 이유는 무엇일까?

1948년 남한에서의 총선거 실시로 제헌 의회가 구성되어 헌법을 만들고 이승만이 대한민국의 초대 대통령으로 취임했다. 그러나 이승만 대통령과 자유당은 정권을 연장을 위한 3.15. 부정선거를 저질렀고, 이에 반발한 국민들의 시위가 전국적으로 확산되자 정부는 시위대를 향해 총을 발포하고 계엄령을 선포하는 등 강경책으로 맞섰지만, 전 국민의 항거가 계속되자 이승만은 하야하고 자유당 정권은 붕괴되다. 이러한 일련의 과정을 우리는 4.19 혁명이라고 부른다, 요컨대, 4.19 혁명은 이승만 정부의 3.15 부정선거에 맞섰던 시위에서 시작한 대규모 반독재 투쟁이자 혁명을 말한다.

그런데 4.19 혁명 당시에 3.15. 부정선거에 성난 시민들은 시청, 소방서, 경찰서 등을 습격하면서 격렬한 시위를 전개하였다. 그런데 여기서 의문이 하나 생기는데, 성난 시민들이 시청, 소방서, 경찰서 등을 습격하였는데도 이들은 왜 형사 처벌을 받지 않았을까요? 정상적인 상황에서 그랬다면 당연히 공무집행방해죄로 처벌을 받았을 텐데 처벌을 받지 않았다는 것을 어떻게 설명할 수 있을까? 그것은 다음에서 설명하는 것과 같이 저항권의 행사 또는 혁명을 일으킨 것으로 판단되었기 때문이다.

저항권이란?

저항권이란 국가권력에 의해 헌법 기본 원리가 침해당하고 다른 합법적인 구제 수단으로는 목적을 달성할 수 없을 때 국민이 자기의 권리, 자유를 지키기 위해 실력으로 저항하는 권리를 말한다. 우리나라에서 4.19.혁명은 국민들이 대표적으로 저항권을 행사한 경우이다. 저항권이 발동되는 경우는 이미 돌이킬 수 없을 만큼 권력이 '절대 타락'한 경우가 대부분이므로, 어쩔 수 없이 폭력적 수단도 허용된다는 것이다. 4.19. 당시에 성난 시민들이 저항권을 행사할 때, 이미 돌이킬 수 없을 만큼 권력이 '절대 타락'한 경우였으므로, 어쩔 수 없이 폭력적 수단을 사용할 수밖에 없는 상황이라고 인정되기에, 4.19.혁명은 저항권 행사의 한 경우로 인정받을 수 있는 것이다.

한편, 시민들이 불만을 품고, 시청, 경찰서와 같은 관공서를 습격하는 일이 빈번하게 이루어지고 그럴 때마다 시민들이 저항권을 행사했으니, 나는 처벌 받지 않아야 한다고 주장한다면, 법치주의가 위태로울 것이다. 그래서 4.19와 같이 그야말로 아주 예외적인 경우에만 저항권 행사를 인정해야 한다. 그래서 저항권 행사의 요건은 아주 엄격하게 제한적으로 인정되어야 한다.

대체로 저항권은, 첫째, 헌법 침해의 중대성, 둘째, 헌법침해의 명백성, 셋째 최후 수단성이라는 3가지 요건이 갖추어져야 저항권 행사라고 인정된다.

첫 번째 요건, 헌법 침해의 중대성이란 권력 기관의 행태가 그저 헌법 조항 한두 개를 위반하는 수준을 넘어 민주주의 법치국가의 기본질서가 부정되고 국민의 기본권을 전면적으로 부정하는 정도의 중대한 헌법침해 상황을 말한다. 적어도 그 정도로 헌법 침해의 중대성이 인정되는 상황이어야 저항권 행사가 인정된다는 것이다. 4.19 혁명 당시에 3.15. 부정선거와 이에 항의하는 시민에 대한 무자비한 진압은 헌법침해의 중대성이 충분히 인정되는 상황이었다고 볼 수 있다.

두 번째 요건, 헌법침해의 명백성은 그러한 침해행위가 민주적 기본질서를 침해함이 '객관적으로 명백'해야 함을 의미한다. 한 개인이 자기의 주관적인 생각에 치우쳐 함부로 저항권 행사를 할 수는 없는 노릇이다. 4.19 혁명 당시에 3.15. 부정선거와 그에 항의하는 시민에 대한 무자비한 진압은 누가 보아도 객관적으로 헌법 침해가 명백한 상황이었다고 볼 수 있다.

마지막 세 번째 요건인 최후수단성은 헌법 · 법률 침해에 대한 구제 방법이 없거나 있더라도 실질적으로 쓸 수가 없을 때 '마지막 수단'으로 저항권을 행사해야 한다는 뜻이다. 다른 수단이 있음에도 저항권이라는 수단을 쓰는 것은 법적 안정성을 훼손할 수 있다. 4.19 혁명 당시에 3.15. 부정선거에 항의하기 위한 합법적인 방법은 사실상 없었다, 그래서 저항권을 행사하게 된 것으로 평가될 수 있다.

국민은 '최후의 헌법 수호자'라고 한다. 이는 저항권 행사의 요건인 위 세 가지 요건이 충족될 때는, 헌법을 지키기 위한 가장 마지막 수단이 국민의 저항권 행사임을 말하는 것이다.

저항권 행사는 초법규적 위법성 조각 사유

형법에는 정당방위를 포함한 여러 위법성 조각사유를 규정하고 있다. 즉, 어떤 폭력 행위를 저질러 그 행위가 폭행죄의 범죄의 구성요건에 해당하지만 그것이 위법성 조각 사유의 하나인 정당방위에 해당하면 범죄가 성립하지 않는다.

위에서 설명한 4. 19. 당시에 성난 시민들이 저항권을 행사할 때, 이미 돌이킬 수 없을 만큼 권력이 '절대 타락'한 경우였으므로, 어쩔 수 없이 폭력적 수단을 사용할 수밖에 없는 상황이었다. 그래서 형법상 정당방위의 상황과 유사하게 시민들이 저항권을 행사하기 위해 사용된 폭력도 정당방위와 유사하게 위법성 조각 사유의 하나로 보아야 하는데, 정당방위처럼 법에 명문의 규정이 없이도 위법성 조각사유로 인정하자고 해서 학자들은 저항권 행사를 '초법규적 위법성 조각사유'라고 인정한다.

다시 말해, 저항권 행사를 위해 수반된 폭력은 일종의 위법성 조각 사유에 해당한다고 보아 처벌을 받지 않는 다는 의미이다. 즉, '저항권'이라는 일종의 법을 초월한 위법성 조각 사유에 해당되기 때문에 처벌을 받지 않은 것이다. 그래서 정당방위가 위법성 조각사유인 것처럼, 학자들은 저항권 행사를 초법규적 위법성 조각사유라고 부르는 것이다.

이러한 저항권 행사에 대해서는 전 세계 각국은 13세기부터 저항권에 대한 명문규정을 두고 있었다. 영국은 대헌장(마그나카르타, 1215년)을 통해 저항권을 인정했으며, 그 이후 권리청원(1628년) · 권리장전(1689년) 등에서 그 의미와 내용이 다시 확인되었다. 미국은 1776년의 버지니아 권리장전에 저항권이 명문으로 규정하였고, 그 내용이 같은 해 나온 독립선언[15]으로 이어졌다. 프랑스에서도 이들의 예를 따라 프랑스 대혁명 시기에 나온 인간과 시민의 권리선언(1789년)에서 저항권을 선언하였다. 세계 양대 시민혁명인 미국 독립 혁명(1775년)과 프랑스 대혁명(1789년)은 시민들의 저항권 행사로 성공한 대표적인 혁명이다. 동양에서도 맹자가 주장한 역성혁명론(易姓革命論) 또는 폭군방벌론(暴君放伐論)이 곧 저항권의 행사를 의미한다.

저항권 행사와 혁명은 같은 것인가?

위에서 저항권 행사의 예로 설명한 4. 19를 4. 19. 저항이라 부르지 않고 주로 4. 19. 혁명이라고 부른다. 그러면 저항권과 혁명권은 같은 의미일까? 결론부터 말하면, 저항권과 혁명권을 같은 것으로 보는 견해도 있고, 서로 다른 것으로 보는 견해도 있다.

3.15. 부정선거에 대해 저항권을 행사한 것을 두고 4.19 혁명이라고 부르는 입장은 저항권과 혁명권을 같은 것으로 보는 입장이다. 저항권(Right of resistance) 또는 혁명권(Right of revolution)은 모두 같은 뜻으로 국가권력에 의하여 헌법의 기본원리에 대한 중대한 침해가 행하여지고 그 침해가 헌법의 존재 자체를 부인하는 것으로서 다른 합법적인 구제수단으로는 목적을 달성할 수 없을 때에 국민이 자기의 권리, 자유를 지키기 위하여 실력으로 저항하는 권리라는 보는 입장이다. 세계최초의 시민혁명인 미국 독립 혁명에서도 저항권과 혁명권을 따로 구분하지 않아, 저항군을 혁명군이라고도 불렀다. 미국 독립선언서에는 혁명권과 저항권을 따로 구분하여 명시하지 않고 저항권만 명시하여 저항권과 혁명권을 같은 것으로 보고 있다고 할 수 있다. 반면에, 시민혁명의 경험이 없는 독일에서는 저항권과 혁명권을 구분하여, 저항권은 기존의 헌법수호를 위한 것이고, 혁명권은 기존의 헌법질서를 타파하는 것으로 구별하고 있다.

혁명과 쿠데타는 어떻게 다른가?

우리 현대사에 박정희라는 인물만큼 많은 논란을 일으킨 인물이 없을 것이다. 1960년 4 · 19 혁명은 정권 교체에 성공해 장면(1899~1966, 정치가)내각이 구성되어 우리나라에서 의원내각제가 실시되었지만, 그 당시 정권을 장악한 민주당은 국민이 원하는 개혁을 이루지 못해 정국의 혼란이 지속되었다. 이에 이러한 국가적 혼란을 수습한다는 명분으로 박정희가

15) "모든 사람은 평등하게 창조되었다; 그들의 창조주로부터 불가침의 권리를 부여받았다. 생명권, 자유권 그리고 행복추구권이다: 이 권리들을 보장받기 위해 사람들 사이에 정부가 만들어졌으며, 피지배자의 동의에서 정부의 정당한 권력이 나왔다; 어떤 형태의 정부라도 그 목적을 파괴하면, 사람들은 그 정부를 바꾸거나 없애고 새 정부를 만들 권리가 있다."(미국 독립선언서)

주도한 군사정변이 일어나게 되었고, 장면 내각은 9개월 만에 정권을 내주게 되었다. 쿠데타를 일으킨 박정희 정권은 자신이 일으킨 무력 정변을 정당화하기 위해 '5 · 16 군사 정변'이라 부르지 않고 '5 · 16 혁명'이라고 하였고, 상대적으로 '4 · 19 혁명'의 의미는 축소하고자 '4 · 19 의거'로 낮추어 불렀다.

1961년 5월 16일 박정희를 필두로 군부가 일으킨 군사정변에 대해 지금도 그 군사정변을 '5 · 16 군사혁명'이라고 부르며, '혁명'으로 평가하는 사람이 있는가 하면 '5 · 16 군사 쿠데타' 또는 '5 · 16 군사정변'으로 부르며 '혁명'으로 보기에 무리가 있다고 보는 시각도 존재한다. 대체로 현재의 공식적인 교과서에서는 '군사정변'으로 표현한다.

그렇다면 혁명과 쿠데타(군사정변)의 차이는 무엇이라고 할 수 있을까?

설명한 바와 같이 쿠데타와 달리 혁명이란 피지배계급이 기존체제를 변혁시키기 위해 비합법적인 방법으로써 정치권력을 지배계급으로부터 획득하려는 권력교체 방식이다. 혁명은 경제적 · 사회적 정책의 변경 및 사회체제(regime) 전체의 근본적인 변혁과 관련되는데, 일반적으로 단순한 정치변혁 이외에 경제 · 사회 · 문화 등을 포함하는 구체제의 붕괴와 신체제의 형성을 동반한다. 이에 반해 쿠데타란 "국가에 대하여 일격을 가한다."라는 뜻으로 프랑스어에서 유래된 말로서, 영어 'stroke of state'가 의미하는 것처럼 개인이나 집단이 폭력을 행사하여 정부 당국의 지위를 비밀리에 기습적으로 탈취하는 것을 말한다. 이는 피치자인 시민이 독재나 권위주의 정권과 같은 지배계급을 타도하는 혁명과는 다르다.

쿠데타는 군부와 같이 훈련된 지배 세력의 일부가 정권을 탈취하기 위하여 비합법적이고 무력적인 수단을 통해 기습을 감행하는 것을 말한다. 이 경우는 단지 정권 담당자가 변경될 뿐, 근본적인 경제적 · 사회적 정책의 변경을 동반하지는 않는다고 본다.

역사상으로 「쿠데타」, 정변은 무수히 일어났지만 혁명은 프랑스 혁명, 미국 독립혁명이 대표적이다. 이처럼 혁명은 인류 역사 발전에 있어 긍정적인 기능을 하는 것으로 평가되지만, 「쿠데타」는 사회를 혼란 속에 빠뜨리고 권력 이동의 악순환을 초래한다. 「아프리카」 「라틴 · 아메리카」 등지에선 최근에도 혁명이란 미명하에 「쿠데타」가 자주 일어나 혼란을 초래하고 있다.

그렇다면 박정희가 일으킨 군사정변은 혁명으로까지 평가될 수 있을까? 박정희가 일으킨 5. 16.으로 인해 우리나라가 급속하게 경제성장을 이루었고, 5. 16 당시의 대한민국 상황이 무능한 위정자들에 의해 국가 혼란이 지속되는 상황에서, 5. 16으로 인해 경제적 · 사회적 정책의 변경 및 사회체제(regime) 전체의 근본적인 변혁이 일어났다고 긍정적으로 평가하는 입장에서는 일종의 혁명으로도 평가하기도 한다. 그 반대의 입장에서는 군사정변(쿠데타) 정도로 평가한다. 이처럼, 법학에서 얘기하는 혁명, 쿠데타의 개념은 법학적 개념이기도 하지만, 동시에 역사적 평가의 문제가 되기도 한다. 결국 혁명과 쿠데타의 결정적 차이는 사후에 역사적 평가에 있어서 그것이 국민적 승인을 얻느냐 하는 것에 달려 있다. 박정희의 군사 정변에 대해 국민들이 경제적 · 사회적 정책 및 사회체제(regime) 전체의 근본적인 변혁을 일으킨 긍정적인 결과를 만들어냈다고 평가한다면 혁명으로 평가되겠지만, 독재를 통해 사회를 혼란 속에 빠뜨리고 권력 이동의 악순환을 초래했다고 평가하면 쿠데타(군사정변)로 평가될 것이다.

시민불복종이란?

시민들이 사회 문제나 정책에 적극적으로 참여하는 것을 '시민 참여'라고 합니다. 그러한 시민 참여의 여러 방법 중에 정당하지 않은 법률이나 정부의 정책을 거부하는 시민참여의 한 방법을 시민불복종이라고 한다. 시민 참여는 일반적으로 합법적으로 이루어지지만, 만약 법이나 정책이 정의롭지 못하고 시민의 권리를 심각하게 침해한다면 마지막 방법으로 시민불복종이라는 방법을 생각해 볼 수 있다. 시민 불복종은 개인의 기본권을 침해하거나 정의롭지 못한 법 혹은 정책 등에 대항하기 위해 의도적이고 공개적으로 그것을 위반하는 행위를 말한다.

시민불복종이라는 용어는 미국의 사상가 헨리 소로(Henry David Thoreau, 1817~1862)의《시민의 반항 One Civil Disobedience》이라는 글에서 등장하였다. 그는 옳지 못한 국가 권력에 대해서는 시민이 불복종할 권리를 가진다고 주장하였고, 노예제도를 지지하는 정부에 대항하여 납세를 거부하기도 하였다. 이후 그의 비폭력 저항 운동은 세계적으로 많은 시민 불복종 운동에 영향을 주었고, 전 세계에서는 지금까지 인권을 지키기 위해 평화적인 시민 불복종이 계속되고 있다.

마하트마 간디의 비폭력 불복종 운동, 마틴 루터 킹의 미국 흑인 인권 운동, 남아프리카 공화국의 인종차별 반대 운동, 미국에서의 베트남 참전 반대 운동, 여성의 참정권 획득을 위한 시민운동 등은 시민 불복종 운동의 대표적인 사례라고 할 수 있다.

정부의 정책이나 법이 마음에 들지 않는다고 사사건건 반대하는 운동을 벌인다면 법치주의가 정착될 수 없고, 법적 안정성을 심각하게 무너뜨릴 수 있다. 그래서 이러한 시민불복종 운동에도 일정한 요건이 갖추어져야 한다.

시민 불복종이 정당성을 가지기 위해서는 먼저 행위 목적에 정당성이 있어야 한다. 개인의 사사로운 이익을 배제하고 정의의 원리를 따른다는 신념을 전제로 시민 불복종의 방법을 선택해야 한다. 또한 비폭력적인 방법을 사용해야 하며, 다른 사람의 기본권을 침해할 가능성이 있는 행동을 해서는 안 된다. 마지막으로 처벌을 감수해야 하는데, 부당한 법이라 하더라도 그 법을 어김으로써 받게 되는 처벌을 감수하여 사회 구성원들의 양심에 그 법의 부당성을 호소하여야 한다.

시민 불복종은 정부의 정책이나 법률 등이 부당하다고 판단될 때 시민들이 이를 따르지 않고 비폭력적으로 저항하는 것이지만, 기본적으로는 인간의 기본권과 헌법의 기본 질서를 보호하기 위한 행위라고 할 수 있다.

읽기 자료 5

저항권과 시민불족종의 비교

[목차]

Ⅰ. 개념

저항권이란 헌법의 기본질서를 파괴하려는 자에 대하여 기존의 헌법질서를 유지 · 회복하기 위한 다른 구제수단이 없는 경우 예외적이고, 최후의 수단으로서 저항할 수 있는 권리를 의미한다. 이에 대하여 시민불복종이란 전체 법질서의 정당성은 긍정하면서 자신의 양심에 비추어 부정의하다고 판단한 개별 법령이나 비폭력적으로 의도적으로 위반하는 정치적 항의행위를 말한다.

Ⅱ. 인정여부

1. 저항권의 인정여부

(1) 학설

긍정설은 헌법전문이 저항권의 표현이라 할 수 있는 4 · 19민주이념의 계승에 대해 규정하고 있는 것은 우리 헌법이 저항권을 인정하고 있는 것을 의미하고, 저항권은 본질적으로 자연권이므로 헌법규정의 존부에 관계없이 인정된다고 주장한다. 이에 대해 부정설은 헌법전문의 "불의에 항거한 4 · 19민주이념을 계승하고"라는 문언은 저항권을 인정하는 명문규정으로 보기 어려울 뿐만 아니라 법실증주의적 관점에서 자연권으로서의 저항권은 인정할 수 없다고 주장한다.

(2) 판례

대법원은『저항권이 실정법에 근거를 두지 못하고 오직 자연법에만 근거하고 있는 한 법관은 이를 재판규범으로 원용할 수 없다고 할 것인바, 헌법 및 법률에 저항권에 관하여 아무런 규정 없는 우리나라의 현단계에서는 저항권이론을 재판의 근거규범으로 채용, 적용할 수 없다』고 하여 실정법에 규정이 없는 한 저항권을 인정할 수 없다는 판시를 하였다.

그러나 헌법재판소는『저항권이 헌법이나 실정법에 규정이 있는지 여부를 가려볼 필요도 없이 입법과정의 하자는 저항권행사의 대상이 되지 아니한다.』,『내란행위에 의하여 창출된 제5공화국의 질서가 국민의 저항으로 더 이상 유지되지 못하고…』,『국가긴급권의 과잉행사 때는 저항권을 인정하는 등 필요한 제동장치도 함께 마련해 두는 것이 현대의 민주적인 헌법 국가의 일반적인 태도이다』라는 일련의 판시내용에 비추어 볼 때 저항권을 인정하고 있다고 볼 수 있다.

(3) 검토

저항권은 국민의 인권과 민주주의를 수호하기 위하여 다른 방법이 없는 경우 예외적으로 인정되는 권리로서 본질상 제도화되기 어려운 자연법상의 권리라고 할 것이다. 따라서 헌법이 저항권을 규정하고 있는 경우에도 그것은 자연법상의 권리를 단지 재확인하는 것에 불과한 것으로 보아야 한다. 뿐만 아니라 4 · 19혁명은 민주이념을 구현하기 위한 저항권행사였다는 점에 국민이 공감하고 있고, 헌법전문도 대한민국의 국가적 이념과 국가적 질서를 지배하는 지도이념을 규정하여 법적 규범력을 가진다. 따라서 저항권은 헌법전문의 "불의에 항거한 4 · 19민주이념을 계승하고…"의 문언에서 실정법적 근거를 발견할 수 있을 것이다.

2. 시민불복종의 인정여부

(a) 시민불복종행위는 헌법의 보호영역 안에 들어오고 기본권제한의 범위 안에서 이루어진 경우 헌법적으로 정당화한다. 즉 시민불복종행위가 법률에는 위배되지만 위반된 규범에 의해 보호되는 이익보다 헌법적인 보호법익이 우선되고, 비례의 원칙을 준수할 경우에는 헌법에 의하여 정당화되는 것이다. (b) 시민불복종이 민주주의의 근간인 다수결의 원리를 부정하는 것이 아닌지가 문제되는데, 소수자에게 균등한 기회를 보장하지 않는 다수결이거나 전국민의 생존에 연관되는 중요한 안보정책, 통일정책, 환경오염 문제 등을 다수결에 의해 결정할 때에는 소수자는 이에 대하여 항의할 수 있다. (c) 오늘날 법치주의는 형식적 법치주의에서 실질적 법치주의로 나아가고 있고, 따라서 법적 안정성뿐만 아니라 정의의 실현도 법치주의의 중요한 요소가 된다. 따라서 시민불복종은 법치주의의 핵심요소인 정의의 실현에 기여하는 것으로 여기서도 그 정당성을 찾을 수 있다고 할 것이다.

III. 행사요건

1. 저항권의 행사요건

저항권은 남용되기 쉬우며 저항권을 빙자하여 혁명권을 행사할 가능성도 있기 때문에 저항권의 행사요건은 엄격하게 해석하여야 한다.

(1) 헌법침해의 중대성

저항권의 행사는 공권력에 대한 실력에 의한 저항이기 때문에 개별헌법조항이나 법률에 대한 단순한 위반이 아니라 민주적 · 법치국가적 기본질서나 기본권보장체계에 대한 전면적 부인 내지 침해가 있어야 한다.

(2) 헌법침해의 명백성

이러한 침해행위가 민주적 기본질서를 침해함이 객관적으로 명백하여야 한다. 개인의 자의적인 저항권행사로 인해 사회적 혼란과 무질서를 가져올 우려가 많기 때문이다.

(3) 최후수단성-보충성

저항권은 헌법이나 법률에 구제방법이 없거나 구제방법이 있더라도 실효적이지 못할 때 행사할 수 있다. 즉 저항권행사는 헌법이나 법률이 규정하는 모든 구제수단에 의해서도 목적을 달성할 수 없는 경우에 최후의 수단으로 인정될 수 있는 것이다.

(4) 성공가능성 여부

저항행위의 성공가능성을 저항권행사의 요건으로 볼 것인지가 문제된다. 이에 대해서는 긍정설과 부정설이 대립한다. 그런데 저항행위의 성공가능성을 요구하는 것은 자칫 불법체계를 감수하고 견디어 낼 것을 요구하는 것이나 다름없어 오히려 불법체계를 강화시켜주는 결과를 초래할 수 있다. 따라서 성공가능성은 저항권의 행사요건으로 볼 수 없고, 다만 저항행위가 저항목표의 달성에 전적으로 부적합하지 않을 것만을 요구하는 것으로 보아야 한다.

2. 시민불복종의 행사요건

시민불복종은 개별법령이나 정책이 헌법의 기본질서를 전면적으로 침해하지 않더라도 단순히 정의에 반하는 경우(정의에 근거한 불복종), 개인의 양심에 반하는 경우(도덕에 근거한 불복종), 정책이 타당성이 없는 경우(정책에 근거한 불복종)에도 행사할 수 있다. 그리고 시민불복종의 경우에는 저항권처럼 그 남용에 따른 위험이 심각하지 아니하므로 보충성을 요하지 않는다. 따라서 시민불복종은 반드시 정상적인 구제방법을 강구하였으나 효과가 없는 경우, 즉 최후의 수단으로 선택되어져야 하는 것은 아니다.

Ⅳ. 행사목적 및 행사방법

1. 행사목적

저항권의 목적은 혁명권과는 달리 민주적 · 법치국가적 기본질서에 바탕한 입헌주의적 헌법체제를 수호하기 위한 것이므로 기본체제를 부정하고 새로운 체제를 지향하는 저항은 인정되지 않는다. 시민불복종은 정의 · 도덕에 어긋나거나 타당성이 없는 개별법령이나 정책의 변화를 목적으로 한다.

2. 행사방법

(1) 저항권의 경우

저항권의 행사는 목적달성을 위해 필요한 최소한에 국한되지 않으면 안 된다. 따라서 저항권의 행사는 비례의 원칙에 따라 원칙적으로 평화적 방법에 의하되 그에 의해 목적을 달성할 수 없는 예외적 경우에는 폭력적 방법도 허용된다.

(2) 시민불복종의 경우

시민불복종의 경우는 평화적 방법만이 허용된다. 그런데 그 행사방법에 있어서는 설득의 전략과 강요의 전략이 있다. 설득의 전략은 설득을 통해 상대의 의사를 변화시키는 전략이며, 강요의 전략은 설득보다는 실력행사를 통해 상대가 자신의 선택을 계속 추구하려면 치러야 할 비용을 증대시키는 전략이다.

정책이 타당성이 없어 행사하는 '정책에 근거한 불복종'의 경우에는 강요전략을 허용하는 것은 거의 고려될 수 없을 것이다. 어떤 선택이 공동의 이익에 더 잘 부합하는가의 문제는 근본적인 권리에 대한 침해의 경우와는 달리 결국에는 다수가 결정해야 할 문제이기 때문이다. 그러나 법률이나 정책이 심히 정의롭지 못하기 때문에 행사하는 '정의에 근거한 불복종'의 경우에는 설득의 전략이 실효성이 없는 경우 강요의 전략을 사용할 수 있다.

V. 국가형벌권의 행사

1. 저항권의 경우

저항권 행사가 성공한 경우에는 별문제가 되지 않겠지만 저항권 행사가 실패한 경우에는 형사소추를 받을 수 있다. 그러나 저항권행사가 외견상 범죄구성요건에 해당하는 경우에도 초법규적 위법성조각사유로서 범죄성립을 조각한다고 볼 것이다.

대법원은 민청학련사건에서 『소위 저항권에 의한 행위이므로 위법성이 조각된다고 하는 주장은 그 저항권 자체의 개념이 막연할 뿐 아니라…실존하는 헌법적 질서를 무시하고 초법규적인 권리개념으로써 현행실정법에 위배된 행위의 정당화를 주장하는 것은 이를 받아들일 수 없는 것』이라고 판시한 바 있다(1980.5.20. 90도306).

2. 시민불복종의 경우

시민불복종 행위는 합법성과 정당성 사이에 놓이는 사회적 갈등의 해결양식으로서 실정법 위반성은 정당화되거나 아니면 적어도 법적으로 관용될 것이 요청된다. 검찰의 경우 기소 여부에 대해 가지는 재량권을 적절히 행사하여야 할 것이고, 법원은 위헌법률심사제청권을 적극 활용하여 시민불복종의 대상이 된 법률이 적용되지 않도록 하여야 할 것이고, 이것이 어렵다고 하더라도 형의 감경 및 선고유예 등 경하게 처벌하여야 할 것이다.(출처: 정회철, CASE 단문헌법, 한울아카데미, 2004, p.168)

[참고]
김문현, 「초헌법적 국가긴급권과 저항권」, 사례연구 헌법
김선택, 「저항권」, 헌법사례연습
박은정, 「법치국가와 시민불복종」, 법과 사회 제3호(1990)
변종필, 「시민불복종과 국회의원후보 낙천낙선운동의 정당화 문제」, 인권과 정의 제282호
최봉철, 「시민불복종의 요건과 처벌의 문제」, 저스티스 제33권 제3호

해설: 1986년 농촌의 실상에 대한 TV의 왜곡보도에 분노한 전라도 완주군의 한 농민에 의해 시작되어 4년여에 걸쳐 국민의 절반 이상이 참가한 KBS-TV 시청료거부운동은 최초의 시민불복종운동으로 인정되기도 한다. 공정보도를 직접 목적으로 그리고 궁극적으로는 참된 언론기능의 획득을 목적으로 한 이 운동은 민주시민의 기품으로 정부의 중대한 부정의를 들춰냄으로써 1987년 11월 언론기본법의 폐지, 방송법 제정, 한국방송공사법 개정이라는 성과를 가져오게 했던 것이다. 정부는 이러한 시청료거부라는 시민들의 법률위반행위에 대해 방송법 및 한국방송공사법의 규정대로 국세체납처분의 예의 따라 강제 징수할 엄두를 내지 못했다.

그 후 시민불복종운동은 2000년 4월에 다시 불붙었다. 시민단체들은 2000년 4월 13일 치러진 제16대 총선을 앞두고 대규모 연대조직을 결성해 공직선거및선거부정방지법 제58조와 제87조에 위반하여 각 정당후보자 공천감시와 부적격자 낙선운동을 전개하였던 것이다. 그리고 의사들은 의약분업시행에 즈음하여 국민건강을 위한다는 명분하에 폐업투쟁을 벌였다.

이와 같이 실정법을 위반하여 전개한 항의행위는 앞으로도 다양한 형태로 전개될 것을 짐작할 수 있다. 외국에서는 이미 반전운동, 반핵운동, 평화운동, 환경보호운동 등으로 다양하게 전개되어 왔는데, 바로 이러한 항의행위에 대하여 헌법적으로 어떻게 해석을 내리고 평가할 것인지를 이론적으로 규명하려는 움직임이 일고 있다.

법을 어겼는데도 그것이 오히려 정의로운 것이라고 볼 수 있는 아주 예외적인 상황 저항권, 시민불복종권인데, 저항권과 비슷한 경우로 혁명권을 논하기도 한다. 저항권과 혁명권을 같은 것으로 보는 견해도 있지만, 다른 것으로 보는 견해도 있다. 여기서는 저항권과 혁명권을 다른 것으로 보고 어떤 차이가 있는지 살펴보자. 일단 각각의 목적을 살펴보면, 저항권은 기존의 헌법질서를 지키기 위함을 목적으로 함에 반해, 혁명권의 기존의 헌법질서를 파괴하고 새로운 헌법적 질서를 수립하려는 것을 목적으로 한다. 시민불복종권은 전체 헌법질서를 부정하는 것이 아니라, 정부의 개별적인 정책이나 법에 대한 항의를 하는 것이다.

다음으로 각각의 행사 요건을 살펴보면, 저항권은 헌법침해의 상태가 중대하고 명백한 경우에 행사할 수 있다. 이에 반해 시민 불복종권은 단순히 정의에 반하는 개별 법령이나 정책 등에 대해서 행사하는 것이다. 혁명권은 국가권력의 상태가 위법하거나 하지 않은 상황에서도 기존의 헌법질서를 타파하고 새로운 질서를 수립하기 위해 행사하는 것이다.

행사 방법에 있어서 저항권 행사나 혁명권은 폭력적인 방법도 수반한다. 4.19 당시 부정선거에 항의하기 위해 관공서를 습격한 시민들의 행위는 저항권 행사를 위한 폭력적 방법의 동원이었고, 초법규적 위법성 조각사유로서 처벌받지 않는다고 한 점을 생각해 보면 이해가 될 것이다. 이에 반해 시민불복종권은 비폭력적인 수단을 사용해야 한다.

〈저항권, 시민불복종권, 혁명권 의 비교〉

	저항권	시민불복종권	혁명권
목적	기존의 헌법질서를 지키기 위하여	정부의 개별적인 정책이나 법에 대한 항의	기존의 헌법질서를 파괴하고 새로운 헌법적 질서를 수립하려는 것을 목적으로
행사요건	헌법침해의 상태가 중대하고 헌법 침해상태가 명백한 경우에	단순히 정의에 반하는 개별 법령이나 정책 등에 대하여	국가권력의 위법성을 요하지 않음
행사 방법	폭력적 방법으로 행사하는 경우도 예정	비폭력적일 것을 요구	폭력적 방법으로 행사하는 것도 예정
최후 수단 여부	최후 수단이어야	최후 수단이 아니어도 됨	최후 수단이 아니어도 됨

제9장 행정법의 이해

1. 행정법의 기본원리

1) 행정의 등장

근대 국가의 성립 이전에도 오늘날의 행정에 해당하는 작용이 있었다. 즉, 17~18세기에 유럽 대륙에서도 치안을 유지하려 할 때 국민에게 명령하거나 토목 공사를 할 때 국민에게 부담을 과하고, 나아가 군대를 유지 · 관리하는 작용이 존재하였다. 그러나 이러한 작용은, 오늘날처럼 행정이라는 개념 속에 포함되기보다는 군주의 통치 작용의 하나로 행사되었다. 행정이라는 개념이 본격적으로 등장한 것은, 근대에 입헌 국가의 권력 분립이라는 원칙이 등장하면서부터이다.

2) 권력분립

권력 분립의 이론은, 시민의 자유와 권리를 보장하기 위하여 국가 권력이 하나의 기관에 집중되어 남용되는 폐단을 방지하기 위하여 주장되었다. 로크(Locke, John)가 이것을 제창하였고, 몽테스키외(Montesquie)에 의하여 완성되었다. 권력 분립의 원칙은 권력에 대한 불신에서 출발하였다. 이는 국가 권력을 분리 하고 분리된 국가 권력 상호간에 견제와 균형을 통하여 국민의 권리를 보장해야 한다는 원칙이다. 이에 따라 국가의 작용은 입법과 사법, 행정으로 분립하게 되었다.

3) 행정의 의미

우리 헌법에서는 "행정권은 대통령을 수반으로 하는 정부에 속한다"라고 하여 권력 분립의 원칙을 선언함과 동시에, 실질적 의미의 행정권이 대통령을 정점으로 하는 행정부에 속함을 규정하고 있다. 행정부를 중심으로 이루어지는 행정은 공익(public interest)의 적극적인 실현을 목적으로 하는 국가 작용이다.

근대 국가에서는 최소한의 정부가 최선의 정부라는 표어 아래 국가의 주요 임무는 치안과 국방에 있었으나, 오늘날은 국민 모두의 인간다운 생활을 보장하기 위한 복지 정책을 많이 펼치면서 행정부의 조직과 권한이 확대되어 가는 복지 국가의 모습을 보이고 있다.

우리나라 행정권의 실천은 대통령을 정점으로 국무총리, 부총리 및 각 부 장관이 법을 집행하는 중앙 행정 조직과 각 특별시 · 광역시 · 도와 각 시 · 구 · 군의 지방 행정 조직을 통해 이루어지고 있다.

4) 행정법의 기본원리

행정법은 여러 행정기관에 의하여 행해지는 일체의 행정 작용에 관한 공법이다. 즉, 행정법은 행정권의 조직과 작용 및 그 작용에 대하 권리 구제에 관한 법을 의미한다. 우리나라의 행정법은 헌법, 민법, 형법처럼 단일법으로 되어 있지 않고 여러 개의 단행법으로 되어 있는데, 전체적으로는 공통의 지도원리를 가진 통일적인 법체계를 이루고 있다.

행정법의 기본원리는, 공공복리를 달성하려는 국가의 목적을 이루기 위하여 행정법 분야 전체를 지배하는 기본정신으로서 헌법에 잘 나타나 있다. 우리 행정법의 기본원리로는 민주행정의 원리, 법치행정의 원리, 복지행정의 원리, 사법(司法) 국가주의, 그리고 지방분권주의를 들 수 있다.

민주행정의 원리는, 국민주권의 원리에 따라 행정은 국민 모두의 이익과 국민의 의사가 반영되는 방향으로 진행되어야 한다는 의미이다. 이는 현대 국가의 일반적 특색으로, 특히 법 집행 기능을 담당하는 행정의 분야에서 선행되어야 할 원리이다.

법치행정의 원리는, 행정기관의 행정 작용이 법에 위배되어서는 안 될 뿐만 아니라, 미리 정해진 법률에 의거하여 행정권이 발동되어야 함을 말한다. 따라서 의회가 제정한 법률에 의해서만 국민의 권리를 제한할 수 있고, 그 법률의 내용은 헌법의 기본정신에 부합해야 한다.

이 원리는 기본적으로, 법률로 행정을 규제함으로써 자의적인 권력 행사를 막으려는 행정규제적 기능을 가진다. 그런데 현대에는 복지국가를 지향하는 경향에 따라 행정기능 확대가 요청되면서, 법치 행정은 '행정규제적 기능'에서 행정이 해야 할 기능을 부여하고 그 활동을 촉진하는 기능, 즉 '행정 유도적 기능'으로 전환되고 있다.

복지행정의 원리란, 행정 작용이 국민의 소극적인 자유권의 보호 작용에 머무를 것이 아니라, 적극적으로 국민의 인간다운 생활을 보장해야 한다는 원칙을 의미한다. 우리 헌법에서는 행복추구권, 인간다운 생활을 할 권리, 기타 사회적 기본권(생활권)을 보장함과 아울러, 국가의 사회 보장 의무를 규정함으로써 복지 행정의 원리를 채택하고 있다.

사법국가주의란, 행정에 대한 재판을 행정재판소에서 하는 행정국가주의를 지양하고, 행정에 대한 개괄적 사법 심사를 인정하는 것을 말한다. 이 원리는 국민의 권리 보호에 중점을 둔 것으로서, 우리나라의 행정재판도 점차 사법국가주의 형태로 바뀌고 있다.

지방분권주의란, 지방의 행정은 그 지역 주민 자치에 의하여 행정이 이루어져야 함을 의미한다. 헌법에서는 "지방자치단체는 주민의 복리에 관한 사무를 처리하고, 재산을 관리하며, 법령의 범위 안에서 자치에 관한 규정을 제정할 수 있다"라고 규정함으로써 지방분권주의를 채택하고 있다.

5) 행정기관의 종류

행정업무를 수행하기 위하여 여러 가지 행정기관이 존재한다. 행정기관이란, 광의로는 국가 또는 지방자치단체의 행정사무를 담당하는 모든 기관을 말하며, 협의로는 국가나 지방자치단체의 의사를 결정, 표시하는 권한을 가진 기관을 말한다. 특히 이것을 행정 관청이라 한다. 이러한 행정 관청을 보조하는 기관을 보조기관이라 한다. 보조기관은 국가 또는 공공 단체의 의사를 결정, 표시할 수 있는 권한을 가진 행정 관청을 보좌한다. 자기의 의사를 결정하고 선고하는 권리나 능력은 없고, 다만 행정 관청의 의사 결정에 대하여 준비하거나 이미 결정된 의사를 실현하는 데 그친다.

또, 행정관청이 의사를 결정할 때에 그 자문에 응하거나 의견을 진술하는 기관을 자문기관이라 한다. 자문 기관은 국가나 지방자치단체 등의 제도 수립 또는 정책 결정의 과정에서 전문적인 의견을 수렴하고, 이해관계자들의 의견을 조정하며, 사회 각계각층의 여론을 수렴하여 행정의 민주화에 이바지하는 기능을 수행한다.

그 밖에, 행정관청의 명령을 받아 실력으로 집행하는 임무를 가진 기관을 집행기관이라 하고, 행정기관이 행하는 행정을 감사하여 그의 옳고 그름을 판단하는 것을 임무로 하는 기관을 감사기관이라 한다. 예를 들면, 각 부의 장관은 행정관청이며, 각 부의 차관, 국장, 과장은 보조기관이고, 각종 위원회와 심의회는 자문 또는 의결기관이며, 경찰공무원이나 세무공무원 등은 집행기관이고, 감사원은 감사기관에 해당한다.

2. 행정행위

1) 행정행위의 의의

행정행위[1]의 개념은 실정법상의 용어가 아니라 강학상 개념이어서, 그 개념에 대해서 다양한 견해들이 주장된다. 먼저, 최(最)광의설에서는 행정청이 행하는 모든 행위를 행정행위로 본다. 따라서 사실행위, 통치행위, 사법(私法)행위, 행정입법을 모두 포함하는 개념이다. 광의설에 따르면 행정행위는 행정청이 행하는 공법행위를 말하므로, 사실행위, 사법행위가 제외된다. 행정청이 행하는 입법행위, 권력적 행위, 비권력적 행위, 통치행위 등은 포함된다고 본다. 협의설에 따르면 행정행위는 법 아래에서 구체적 사실에 관한 법집행으로 행하는 공법행위로 본다. 따라서 광의의 행정행위 개념에서 통치행위, 행정입법이 제외된다. 그러나 여전히 행정계약이나 행정상 합동행위 등과 같은 비권력적 쌍방행위는 포함된다. 마지막으로, 최협의설에 따르면 행정행위는 행정청이 법 아래에서 구체적 사실에 관한 법집행으로 행하는 권력적 단독행위인 공법행위로 본다. 따라서 공권력의 발동으로서 단독행위만이 포함되고, 공법상 계약이나 공법상 합동행위는 제외된다. 최협의설이 현재의 통설적인 견해이다.

3. 행정행위의 개념요소

1) 행정청의 행위

행정행위는 행정주체의 행위이다. 행정주체는 행정청에 의하여 대표되므로 행정행위는 행정청의 행위라고 할 수 있다. 행정청(行政廳)이란 행정에 관한 국가의사를 결정하고 외부에 표시하는 권한을 가진 행정기관을 말한다.[2]

행정청의 행위에는 국가, 지방자치단체 및 공사(公社) 기타 공법인과 행정권을 부여받은 사인(私人) 등의 행위가 포함된다. 행정행위는 행정청의 행위이므로, 행정기관이라도 보조기관(차관 · 국장 등)의 행위는 물론이고, 국회나 사법부의 행위도 원칙적으로 이에 해당하

1) 행정행위의 개념은 대륙법계 국가에서 행정재판제도와의 관련 아래 성립 · 발전하였다. 즉, 대륙법계 국가에서는 행정작용 중에서도 특히 다른 행정작용과는 구별되는 법적 성질을 가지며, 특수한 법적 규율을 받는 일정한 행정작용만을 행정행위라는 개념으로 모아서 행정소송의 대상으로 했기 때문이다.

2) '행정청'이라 함은 행정에 관한 의사를 결정하여 표시하는 국가 또는 지방자치단체의 기관 기타 법령 또는 자치법규에 의하여 행정권한을 가지고 있거나 위임 또는 위탁받은 공공단체나 그 기관 또는 사인을 말한다(행정절차법 제2조 1호).

지 않는다.

2) 구체적 사실에 관한 법집행 행위

'구체적 사실에 관한 법집행 행위'이기 때문에 일반적 · 추상적 사실에 관한 법정립 행위인 입법행위와 다르다. 그러나 구체적 사실에 관한 법집행행위인 한, 불특정다수인을 대상으로 하는 일반처분도 행정행위에 속한다.

일반처분(一般處分)이란 구체적 사실과 관련하여 불특정 다수인을 대상으로 하여 발하여 지는 행정행위를 말한다. 이 행위는 그 규율의 상대방이 불특정 다수인이라는 점에서 일반적이나 그 규율대상이 시간 · 공간 등의 관점에서 특정된다는 점에서 구체적인 성격을 가지므로 행정행위에 해당한다. 특정지역이나 특정시간에서의 집회행위의 금지나 통행금지 또는 그 해제(대인적 일반처분), 속도제한 · 일방통행구역 · 주차금지구역의 지정이나 고시 등의 물적 행정행위(대물적 행정행위)도 일반처분에 해당된다.

3) 외부에 대하여 직접적인 법적 효과를 발생하는 행위

(1) 외부적 행위

행정행위는 일반국민에 대한 행위로서, 개인에 대해 직접적으로 권리 · 의무의 발생 · 변경 · 소멸 등의 법적 효과를 가져 오는 행위를 말한다. 따라서 행정기관 상호간의 내부적 행위(예, 상급관청의 지시 · 동의, 상관의 명령)는 행정행위가 아니다. 그러나 특별행정법관계에 있어서 그 구성원에 대한 처분에 대하여는 원칙적으로 행정행위의 성격을 인정할 수 있다.

(2) 직접적인 법적 효과

행정행위의 준비행위나 행정지도, 도로의 청소 등과 같은 사실행위는 행정청의 행위일지라도 행정행위는 아니다. 사실행위 중에서 예컨대, 강제격리 · 강제철거와 같이 수인의무를 내포하는 경우에는 그러한 범위 내에서 행정행위에 해당한다.

4) 권력적 단독행위

행정행위는 일방적 · 권력적 행위이므로 사법행위(국유재산의 대부, 잡종재산의 매각 등)와 구별되고, 단독행위이므로 공법상 계약 및 공법상 합동행위와 구별된다. 일방적인 행위인한 상대방의 협력(신청 · 동의 등)이 필요한 것이라도 행정행위에 속한다.

4. 형식적 행정행위

실체법상의 행정행위에는 해당하지 않지만 항고쟁송의 대상으로 삼고자 행정쟁송적 측면에서 특별히 처분성을 인정하는 행위를 말한다. 즉 형식적 행정행위는 행정기관 내지는 그에 준하는 자의 행위가 공권력행사로서의 실체는 가지고 있지 않으나, 그것이 행정목적 실현을 위하여 국민의 권리 · 이익에 계속적으로 사실상의 지배력을 미치는 경우에, 국민의 실효적인 권리구제라는 관점에서 쟁송법상 '처분'으로 파악함으로써 그에 대한 항고쟁송의 제기를 가능하게 하기 위한 형식적 · 기술적 의미의 행정행위를 말한다. 그 예로서 사회보장부문에서 급부결정 · 보조금지급결정 · 행정지도 · 공공시설(육교 · 쓰레기소각장)의 설치행위 등을 들고 있다.

형식적 행정행위 이론은 국민의 권익구제라는 관점에서 주장되고 있으나, 행정행위의 일반적 특수성(공정력 · 불가쟁력 등)에 비추어 매우 신중히 검토하여야 한다는 것이 다수설의 입장이다.

5. 행정행위의 특수성

1) 법적합성

행정행위는 일방적으로 사인의 법적 질서에 영향을 끼치므로 법에 엄격하게 기속되어야 한다. 여기서 법이란 실질적 법치국가의 이념에 부합하는 합헌적 법령을 의미하며, 나아가 행정법의 일반원칙도 포함한다.

2) 공정력(公定力)

행정행위는 중대하고 명백한 하자로 인하여 처음부터 당연 무효로 되는 경우를 제외하고는 하자가 있더라도 권한 있는 기관에 의하여 취소되기 전까지는 행정청, 상대방, 제3의 국가기관에 대하여 유효하게 통용되는 성질을 가지는 바, 이를 공정력이라 한다.

3) 확정력(존속력)

행정행위의 확정력(존속력)은 법률관계의 조속한 안정을 위하여 인정되는 성질로서 불가쟁력(不可爭力)과 불가변력(不可變力)으로 구분된다. 그리하여 행정행위가 당연 무효인 경우를 제외하고는 일정한 기간이 경과한 후에는 이를 다툴 수 없도록 하고 있는 바, 이를 불가쟁력이라고 하며, 또한 행정행위를 발급한 행정청도 일정한 경우에는 이를 취소 또는 변경할 수 없는 바, 이를 불가변력이라고 한다.

4) 실효성(자력집행력, 제재력)

행정행위에 의하여 상대방에게 의무가 부가된 경우에 상대방이 이를 이행하지 않을 경우에는 행정청은 법원의 판결이 없이도 자력으로 그 의무의 이행을 강제집행할 수 있다. 행정행위의 자력집행을 인정하는 이유는 행정행위는 공익성에 기초하고 있기 때문이다.

5) 권리구제의 특수성(손해전보제도 및 행정쟁송제도의 특수성)

행정행위가 위법하거나 부당하여 자신의 법률상의 이익을 침해받은 자는 행정심판법이나 행정소송법에 의하여 항고쟁송제도를 통하여 권리구제를 받을 수 있다. 행정행위가 적법함에도 불구하고 상대방에게 특별한 손해가 발생한 경우에는 손실보상제도가 있고, 행정행위가 위법하여 상대방에게 손해를 가한 경우에는 손해배상제도가 있다.

6. 우리나라의 행정 구제 제도

행정작용이 법률에 위반하여 행사됨으로써 국민의 기본권을 침해했을 때, 그것을 구제할 수 있는 제도가 마련되어 있어야 한다. 행정구제(行政救濟)란 행정작용에 의하여 국민의 권익이 침해되는 경우, 국민의 청구에 의하여 일정 기관이 그 침해를 방지 또는 제거함으로써 국민의 권익을 보호 구제하는 것을 말한다.

법치주의의 정신에 따라 모든 행정은 법령에 적합하게, 공익을 위하여 행하여져야 한다. 행정조직내부의 행정감독제도나 공무원의 책임제도(징계책임, 행정벌책임, 배상책임 등), 또는 국회나 감사기관의 행정통제도 행정작용의 적법성과 타당성 확보를 위하여 행하여지는 것이다. 따라서 이들이 간접적으로 국민의 권익보호 구제에 기여하고 있음은 사실이나, 현실적으로는 국민권익의 직접적인 보호 구제를 위한 행정구제제도가 필요하다.

행정구제제도는 행정상의 처분으로 발생한 국민의 신체나 재산상의 손해를 국가 또는 공공 단체가 갚아 주는 제도로 이에는 구체적으로 행정상 손해배상제도, 행정상 손실보상제도, 행정심판, 행정소송제도 등이 있다.[3] 최근에는 이러한 사후적 구제수단 이외에 국민의 권익 침해를 미연에 방지하는 청문(聽聞), 각종 민원처리 같은 사전적 구제 수단이 중요시되고 있다. 최근 중요성이 더해가는 행정상의 민원 내지 고충 처리도 새로운 뜻의 행정구제라 할 수 있다.

청문은 행정주체가 어떤 의견을 결정할 때에 당사자나 이해관계인을 소환하여 그 의견을 듣는 것을 말한다. 어떤 정책을 수립하기 전에 공청회를 열고, 여러 사람의 의견을 듣는 것이 바로 청문의 예라고 할 수 있다.

민원처리란 국민으로부터 신청을 받아 필요한 조사를 거친 후, 관계기관에 민원의 내용을 연락하여 그 해결에 대해 권고하거나 적정한 조치를 취하는 것을 말한다.

행정상 손해배상제도는 위법한 공무원의 직무행위나 국가 또는 공공단체가 관리하는 공공시설 등의 흠으로 인한 손해를 배상하는 것이고, 손실보상은 적법한 행정작용으로 말미암아 개인에게 특별한 재산상의 희생이 발생하였을 때 이를 보상해 주는 제도이다.

행정상 쟁송이란 행정법 관계에 대한 법적 쟁송을 총칭하는 말로서, 법원의 소송 절차를 거쳐 재판을 하는 '행정소송'과 행정기관이 일정한 절차를 거쳐 심판을 하는 '행정심판'이 있다. 행정상 손해전보란, 행정작용으로 인해 국민이 손해를 입었을 때에 이를 전보시켜 주는 제도를 말한다.

이러한 행정상의 쟁송에 관해 규율하는 법으로는 행정소송법, 행정심판법 등이 있으며, 손해전보에 대해서는 국가배상법과 토지 수용법 등이 있다.

정리해 보면, 행정 구제제도는 사전적인 행정구제제도와 사후적 행정구제제도로 나누어 볼 수 있는데, 사전적 구제 수단으로는 청문, 공청회, 민원처리, 사후적 구제 수단으로는 행정상 쟁송과 행정상 손해전보제도를 들 수 있다.

1) 행정심판

행정심판제도는 행정청의 위법 · 부당한 처분 그밖에 공권력의 행사 · 불행사 등으로 인해 권리 또는 이익을 침해받은 국민이 행정기관에 그 시정을 제기하는 제도로서, 입법부나 사법부와 무관하게 행정부 내부에서 행정기관이 자율적으로 잘못을 시정하는 기회를 부여

---

3) 행정작용으로 말미암아 발생한 국민의 재산상의 손해 또는 손실을 국가 또는 지방자치단체가 갚아주는 모든 구제제도를 총칭하여 행정상 손해 전보(塡補)라 한다.

하고, 사법절차보다 간편한 방법으로 분쟁을 해결할 수 있도록 하기 위한 제도이다. 행정심판 제도는, 입법부나 사법부의 간섭 없이 행정기관이 자기반성에 의하여 자율적으로 잘못을 시정하는 기회를 부여하고, 사법 절차보다 간편한 방법으로 분쟁을 해결할 수 있다. 그리고 분쟁의 해결에 있어서 행정기관의 전문 지식을 활용할 수 있는 장점이 있다.

행정심판을 제기하려면, 일정한 요건이 갖추어져 있어야 한다. 행정청의 처분이나 부작위의 직접 상대방뿐만 아니라, 직접 상대방이 아니더라도 심판을 구할 법률상의 이익이 있는 자는 행정심판을 청구할 수 있다.

예를 들면, 어떤 광산 채굴에 대한 영업 허가를 해줌으로써 인근 주민이 피해를 보았다면, 인근 주민은 영업 허가의 직접적인 당사자가 아니더라도 행정심판을 청구할 수 있다.

재결은 행정심판의 청구에 대한 심리 결과를 선언하는 행위로서, 각하 재결, 기각 재결, 인용 재결, 사정 재결 등이 있다. 일반적으로, 행정청의 처분에 대한 심판 청구를 심리, 재결하기 위하여 해당 행정청이나 직근 상급 행정기관 소속으로 행정심판 위원회를 둔다.

각하 재결은 심판 청구가 요건을 갖추었는지 검토한 후, 부적격하다고 인정될 때에 내리는 결정이다. 기각 재결은 심판 청구가 요건을 갖추었지만, 청구의 내용이 이유 없다고 인정하여 청구를 배척하는 결정이다.

인용 재결은 청구의 내용이 이유 있다고 받아들이는 재결이다. 사정 재결은 심판 청구의 내용이 이유 있다고 인정되지만, 이를 인용하는 것이 현저히 공공복리에 어긋난다고 판단될 때 그 심판 청구를 기각하는 결정이다. 이 중에서 사정 재결을 할 때에는, 행정청은 청구인에게 상당한 구제 방법을 강구해야 한다.

행정심판은 원칙적으로 직근 상급행정기관(直近 上級行政機關)이 재결청이 된다는 점에서 처분을 내린 행정기관 스스로가 재심사를 하도록 하는 이의신청(異議申請)과 구별되며, 법적 기속력에 있어서 청원(請願)이나 진정(陳情) 등과 구별된다.

행정심판법에 따라 행정청의 위법 · 부당한 처분 또는 부작위에 대하여는 널리 행정심판이 제기될 수 있으며(행정심판법 제1조), 행정심판의 종류로는 취소심판, 무효 등 확인심판, 의무이행심판의 3가지가 인정된다.

취소심판은 행정청의 위법 · 부당한 처분의 취소 또는 변경을 하는 심판을 말하며, 무효 등 확인심판은 행정청의 처분의 효력유무 또는 존재여부에 대한 확인을 하는 심판이고, 의무이행심판이란 행정청의 부당한 거부처분이나 부작위에 대하여 일정한 처분을 하도록 하는 심판을 가리킨다(행정심판법 제4조). 취소심판의 청구가 이유 있다고 인정될 때에는 처분을 취소, 변경하거나 처분청에게 취소, 변경을 명하며, 무효 등 확인심판의 청구가 이유 있다고 인정될 때에는 처분의 효력유무 또는 존재여부를 확인하고, 의무이행심판의 청구가 이유 있다고 인정할 때에는 지체 없이 신청에 따른 처분을 하거나 이를 할 것을 명한다(행정심판법 제32조).

행정심판의 피청구인은 심판청구의 대상인 처분 또는 부작위를 한 행정청이 된다. 다만, 그 처분이나 부작위와 관계되는 권한이 다른 행정청에 승계된 때에는 이를 승계한 행정청을 피청구인으로 하여야 한다(행정심판법 제12조 제1항).

또한, 행정심판의 재결은 국무총리, 행정각부장관, 대통령직속기관의 장, 국회사무처장, 법원행정처장, 헌법재판소 사무처장, 중앙선거관리위원회, 기타 소관 감독행정기관이 없는 행정청 등 몇 가지 예외를 제외하고는 당해 행정청의 직근상급행정기관이 담당하되(행정심판법 제5조), 권리구제의 실효성 및 심리절차의 공정성을 확보하기 위하여 심리 및 의결은 행정심판위원회가 담당하도록 되어 있다(행정심판법 제6조).

행정심판의 청구서는 재결청 또는 피청구인인 행정청에 제출되어야 하며(행정심판법 제17조), 처분이 있음을 안 날로부터 90일 이내에, 처분이 있은 날로부터 180일 이내에 제기되어야 한다(행정심판법 제18조). 심판청구는 일정한 사항을 기재한 서면으로 하여야 한다(행정심판법 제19조).

행정심판위원회의 심리 결과에 따라 재결청은 재결을 하게 되며(행정심판법 제31조), 심판청구가 부적법한 것일 경우에는 각하, 심판청구가 이유 없다고 인정될 때에는 기각한다.

2) 행정소송

행정심판은 행정기관이 자기의 행위를 자기가 심판하는 것이라고 할 수 있기 때문에, 국민의 권리를 좀 더 객관적 입장에서 보호하고자 행정소송 제도를 두고 있다. 행정소송은 법원이 행정법상의 법률 관계에 대한 분쟁을 심리, 판단하는 정식 재판 절차를 의미한다.

행정소송의 대상은 처분(處分) 또는 부작위(不作爲)이다. 처분(處分)이란 행정청이 행하는 구체적 사실에 관한 법 집행으로서의 공권력의 행사 또는 그 거부, 그 밖의 이에 준하는 행정작용 및 행정심판에 대한 재결을 말한다. 따라서 추상적 행정입법행위, 행정청의 내부행위, 행정기관 상호간의 행위, 사경제행위, 순수한 사실행위 등은 행정소송의 대상에서 제외된다. 부작위(不作爲)는 행정청이 당사자의 신청에 대하여 상당한 기간 내에 일정한 처분을 해야 할 법률상의 의무가 있는데도 불구하고, 행정청이 이를 하지 아니하는 것을 말한다.

행정소송법에서는 항고소송, 당사자 소송, 민중소송 및 기관소송에 대하여 규정하고 있다.

항고소송은 행정청의 위법한 처분이나 부작위에 대하여 제기하는 소송이다. 항고소송은 또다시 원고가 구하는 판결의 종류 및 효력에 따라 취소소송, 무효 등 확인 소송, 부작위 위법 확인 소송으로 나뉜다.

취소소송은 행정청의 위법한 처분이나 재결의 취소 또는 변경을 구하는 소송이고, 무효 등 확인 소송은 행정청의 처분이나 재결의 효력 유무 또는 존재 여부의 확인을 구하는 소송이다.

부작위 위법 확인 소송은 행정청의 위법한 부작위, 즉 어떠한 행위도 하지 않은 것에 대해 위법의 확인을 구하는 소송이다.

당사자 소송에는 행정청의 처분 등을 원인으로 하는 법률관계에 관한 소송이 있고, 그 밖에 공법상 법률관계에 관한 소송이 있는데, 이는 그 법률관계의 한 쪽 당사자를 피고로 하는 소송이다. 조세 처분에 의하여 일단 납부한 금액의 반환을 청구하는 소송이나 공무원의 봉급 청구 소송 등은 이 유형의 소송에 해당한다.

민중소송은, 국가 또는 공공 단체의 기관이 법률에 위반한 행위를 했을 때, 직접 자기의 법률상의 이익과 관계없이 그 시정을 구하려고 제기하는 소송이다. 예를 들어, 지방 자치법의 규정에 따라 100인 이상의 주민이 자치 단체장의 처분이 헌법에 위반되는지에 대해 법원이 소송을 제기했다면, 이는 민중소송에 해당한다.

기관소송은, 국가나 공공단체의 기관 상호간에 권한의 존재 여부 또는 권한의 행사에 관한 다툼이 있을 때에 제기하는 소송이다.

(1) 행정소송의 제기

행정소송을 제기하려면, 일정한 요건을 갖추어야 한다. 예를 들어, 항고소송의 경우에는 취소나 처분에 대한 효력의 유무를 구할 법률상의 이익이 있어야 하며, 처분청이 피고가 된다.

행정소송이 제기되면, 법원은 소에 대한 판결을 하기 위하여 그 기초가 될 소송 자료를 수집하는 이른바 심리를 하게 된다. 행정심판과 달리, 구술 심리가 원칙이다. 행정소송의 판결에는 소송의 제기 요건이 구비되지 못했을 때에 내리는 각하 판결, 청구에 이유가 없을 때에 내리는 기각 판결, 청구에 이유가 있을 때에 그 청구 취지에 따라 판결하는 인용 판결이 있다.

(2) 행정상 손해배상

행정상 손해 배상이란 공무원의 직무상 불법행위, 공공시설의 설치 · 관리가 잘못으로 인하여 손해를 입은 국민에 대하여, 국가 또는 공공 단체가 그 손해를 배상해 주는 제도를 말한다.

근대 국가 초기에는 불법 행위를 한 공무원에게만 책임이 있고 국가는 책임이 없다는, 국가 무책임의 원칙이 지배하였다. 그러나 복지 국가의 이념과 국가 행정 기능의 확대로 인한 국민의 권리 보호 필요성이 점차 증가함에 따라, 국가가 책임을 져야 한다는 원칙이 정립되었다.

우리나라 헌법은 "공무원의 직무상 불법 행위로 손해를 받은 국민은 법률이 정하는 바에 의하여 국가 또는 공공 단체에 정당한 배상을 청구할 수 있다"라고 규정함으로써 국가 배상 책임을 명문화하고 있다. 이러한 헌법 규정에 따라, 국가배상법은 국가 배상의 요건 및 절차에 대하여 규정하고 있다.

국가배상법 제2조 제1항에는 "국가 또는 지방자치단체는, 공무원이 그 직무를 집행함에 당하여 고의 또는 과실로 법령에 위반하여 타인에게 손해를 가하거나...., 그 손해를 배상하여야 한다"라고 규정하고 있다. 이러한 배상 책임의 요건을 모두 갖추면, 국가나 지방자치단체는 그 공무원의 선임, 감독에 상당한 주의를 게을리하지 않았다고 하더라도 배상해야 한다.

이렇게 공무원의 직무상 불법 행위로 인하여 국가나 지방자치단체가 배상 책임을 진 경우, 공무원이 그 직무를 집행할 때에 고의 또는 중대한 과실이 있으면, 국가 또는 지방자치단체는 구상권을 행사할 수 있다.

이러한 법 규정에 따라 손해 배상을 청구하려면, ① 공무원의 행위일 것, ② 직무 행위의 위법성이 있을 것, ③ 손해발생이라는 3요건이 갖추어져야 한다.

공무원이란 국가 공무원 및 지방 공무원, 그리고 널리 공무를 위임받아 그에 종사하는 모든 자를 말한다. 직무행위는 직무행위 자체는 물론, 객관적으로 직무범위 내에 속하는 행위라고 인정되거나 직무와 밀접하게 관련된 행위를 포함한다.

위법성이 있다는 것은 법률이나 명령을 위반하는 것뿐만 아니라, 객관적으로 보아 부당한 행위를 의미한다. 손해발생이란, 직무상의 위법 행위와 인과 관계가 있는 물질적, 정신적인 모든 손해를 의미한다.

또 국가배상법에서는 "도로, 하천, 기타 공공의 영조물의 설치 또는 관리에 하자가 있기 때문에 타인에게 손해를 발생하게 하였을 때에는, 국가 또는 지방자치단체는 그 손해를 배상하여야 한다"라고 규정하여, 공공시설에 의해 피해를 입었을 때에도 그 손해를 배상하도록 하고 있다.

이 법 규정에 따라 손해 배상을 청구하려면 ① 공공영조물의 존재, ② 그 시설의 설치 · 관리의 하자, ③ 그로 인한 손해의 발생이라는 3요건이 갖추어져야 한다.

여기서 공공의 영조물이란, 도로, 다리 등과 같이 국가나 지방자치 단체의 공공 목적에 사용되는 물건을 말한다. 설치 · 관리의 하자란, 그것이 고의든 과실이든 관계없이 일반적으로 갖추어야 할 안전성에 흠이 있는 상태를 말한다.

예를 들어, 지진이 발생하여 가로등이 넘어지면서 사람이 다쳤을 때에 관리상의 하자가 없다면, 관리상의 하자로 인한 손해로 볼 수 없다. 하자로 인한 손해의 발생이란, 하자와 손해 사이에 상당한 인과 관계가 있음을 의미한다.

행정상 손해 배상의 청구는 배상 심의회에 배상 신청 절차를 거쳐서 제기할 수도 있고, 그러한 절차를 거치지 아니하고 바로 법원에 손해 배상 청구 소송을 제기할 수도 있다.

(3) 행정상 손실보상

행정상 손실보상이란, 적법한 행위로 인한 손실이라 하더라도 특정인의 희생으로 공공의 필요를 충족하는 것은 공평 부담의 원칙에 어긋나므로, 개인의 특별한 희생을 전체의 부담으로 분산, 전가시켜야 한다는 사회 정의의 원칙에 따라, 적법한 공권력의 행사에 의해 침해된 사유재산상의 특별한 희생에 대해 보상해 주는 것을 말한다.

헌법은 제23조 제3항에서 "공공 필요에 의한 재산권의 수용, 사용 또는 제한 및 그에 대한 보상은 법률로써 하되, 정당한 보상을 지급해야 한다"라고 규정함으로써 행정상 손실보상 제도를 명문화 하고 있다.

이러한 규정에 따라 행정상 손실보상이 이루어지려면, 먼저 ①공공의 필요에 의한 재산권의 수용, 사용, 제한이 있어야 하고, ②그로 인해 사유 재산권에 가해진 특별한 희생이 있어야 한다.

여기서 공공의 필요란 공익사업뿐만 아니라 널리 공공의 목적을 위해 필요한 경우를 의미하며, 특별한 희생이란 일반적인 사회적 제약을 넘어서 개인에게 특별한 재산상의 손실을 가하는 경우를 의미한다. 현대 복지 국가의 이념에 따라, 정당한 보상은 단순히 침해된 재산의 등가 교환가치를 넘어 재산권의 침해 이전의 생활 상태를 보상해야 한다는 생각이 대두되고 있다.

이러한 관점에서 보면, 예를 들어 공원을 건립하기 위하여 어떤 지역의 땅을 수용할 때에 영업상의 손실에 대한 보상, 이사할 때의 비용 등이 당연히 보상되어야 할 것이다. 보상 절차에 대한 일반적인 규정은 없고 각 개별법에서 규정하고 있는데, 크게 당사자 간의 협의, 행정청의 재결, 또는 행정소송에 의하는 경우로 나눌 수 있다.

보상 방법은 특별한 규정이 있는 경우를 제외하고 현금 보상이 원칙이며, 재산권을 침해받은 자가 보상에 대하여 불복할 때에는 행정심판이나 행정소송을 제기할 수 있다.

읽기 자료 1

퇴학처분취소[대법원 2018. 8. 30., 선고, 2016두60591, 판결]

육군3사관학교 생도의 음주 금지 위반을 이유로 한 퇴학 처분은 정당한가?

【판시사항】

[1] 육군3사관학교 사관생도의 경우 일반 국민보다 기본권이 더 제한될 수 있는지 여부(적극) 및 그 경우 기본권 제한의 한계

[2] 육군3사관학교 설치법 및 시행령, 육군3사관학교 학칙 및 사관생도 행정예규 등에서 사관생도의 준수 사항과 징계를 규정할 수 있는지 여부(적극) 및 이러한 규율이 존중되어야 하는지 여부(적극)

[3] 육군3사관학교 사관생도인 甲이 4회에 걸쳐 학교 밖에서 음주를 하여 '사관생도 행정예규' 제12조에서 정한 품위유지의무를 위반하였다는 이유로 육군3사관학교장이 교육운영위원회의 의결에 따라 甲에게 퇴학처분을 한 사안에서, 위 금주조항은 사관생도의 일반적 행동자유권, 사생활의 비밀과 자유 등 기본권을 과도하게 제한하는 것으로서 무효인데도 위 금주조항을 적용하여 내린 퇴학처분이 적법하다고 본 원심판결에 법리를 오해한 잘못이 있다고 한 사례

【판결요지】

[1] 사관생도는 군 장교를 배출하기 위하여 국가가 모든 재정을 부담하는 특수교육기관인 육군3사관학교의 구성원으로서, 학교에 입학한 날에 육군 사관생도의 병적에 편입하고 준사관에 준하는 대우를 받는 특수한 신분관계에 있다(육군3사관학교 설치법 시행령 제3조). 따라서 그 존립 목적을 달성하기 위하여 필요한 한도 내에서 일반 국민보다 상대적으로 기본권이 더 제한될 수 있으나, 그러한 경우에도 법률유보원칙, 과잉금지원칙 등 기본권 제한의 헌법상 원칙들을 지켜야 한다.

[2] 육군3사관학교 설치법 및 시행령, 그 위임에 따른 육군3사관학교 학칙 및 사관생도 행정예규 등에서 육군3사관학교의 설치 목적과 교육 목표를 달성하기 위하여 사관생도가 준수하여야 할 사항을 정하고 이를 위반한 행위에 대하여는 징계를 규정할 수 있고 이러한 규율은 가능한 한 존중되어야 한다.

[3] 육군3사관학교 사관생도인 甲이 4회에 걸쳐 학교 밖에서 음주를 하여 '사관생도 행정예규'(이하 2015. 5. 19. 개정되기 전의 것을 '구 예규', 2016. 3. 3. 개정되기 전의 것을 '예규'라 한다) 제12조(이하 '금주조항'이라 한다)에서 정한 품위유지의무를 위반하였다는 이유로 육군3사관학교장이 교육운영위원회의 의결에 따라 甲에게 퇴학처분을 한 사안에서, 첫째 사관학교의 설치 목적과 교육 목표를 달성하기 위하여 사관학교는 사관생도에게 교내 음주 행위, 교육 · 훈련 및 공무 수행 중의 음주 행위, 사적 활동이더라도 신분을 나타내는 생도 복장을 착용한 상태에서 음주하는 행위, 생도 복

장을 착용하지 않은 상태에서 사적 활동을 하는 때에도 이로 인하여 사회적 물의를 일으킴으로써 품위를 손상한 경우 등에는 이러한 행위들을 금지하거나 제한할 필요가 있으나 여기에 그치지 않고 나아가 사관생도의 모든 사적 생활에서까지 예외 없이 금주의무를 이행할 것을 요구하는 것은 사관생도의 일반적 행동자유권은 물론 사생활의 비밀과 자유를 지나치게 제한하는 것이고, 둘째 구 예규 및 예규 제12조에서 사관생도의 모든 사적 생활에서까지 예외 없이 금주의무를 이행할 것을 요구하면서 제61조에서 사관생도의 음주가 교육 및 훈련 중에 이루어졌는지 여부나 음주량, 음주 장소, 음주 행위에 이르게 된 경위 등을 묻지 않고 일률적으로 2회 위반 시 원칙으로 퇴학 조치하도록 정한 것은 사관학교가 금주제도를 시행하는 취지에 비추어 보더라도 사관생도의 기본권을 지나치게 침해하는 것이므로, 위 금주조항은 사관생도의 일반적 행동자유권, 사생활의 비밀과 자유 등 기본권을 과도하게 제한하는 것으로서 무효인데도 위 금주조항을 적용하여 내린 퇴학처분이 적법하다고 본 원심판결에 법리를 오해한 잘못이 있다고 한 사례.

【참조조문】

[1] 헌법 제37조 제2항, 육군3사관학교 설치법 시행령 제3조
[2] 육군3사관학교 설치법 제1조, 육군3사관학교 설치법 시행령 제18조 제1항, 제19조
[3] 헌법 제10조, 제17조, 제37조 제2항

【참조판례】

[1] 대법원 2018. 3. 22. 선고 2012두26401 전원합의체 판결(공2018상, 723)

【전문】

【원고, 상고인】

【피고, 피상고인】

육군3사관학교장

【원심판결】

대구고법 2016. 11. 11. 선고 2016누4806 판결

【주 문】

원심판결을 파기하고, 사건을 대구고등법원에 환송한다.

【이 유】

상고이유를 판단한다.

1. 사건의 경위

가. 원고는 2014. 1. 10. 육군3사관학교에 입교한 사관생도로서 학사과정을 이수하여 2016. 2. 24. 졸업을 하였다.

나. 원고는 2014. 11. 중순 외박 중 소외 1과 함께 소주 1병을 나누어 마셨고, 2015. 4. 경 가족과 함께 저녁 식사를 하면서 부모의 권유로 소주 2~4잔 정도를 마셨으며, 2015. 8. 하계휴가기간 중 친구인 소외 2와 함께 소주 4~5잔 정도를 마셨고, 2015. 9.경 추석 연휴에 집에서 차례를 지내고 정종 2잔을 음복하였다.

다. 육군3사관학교 교육운영위원회는 2015. 11. 23. 생도대 위원회가 회부한 원고에 대한 품위유지의무 위반(음주)에 대하여 심의한 결과 원고에 대하여 퇴학을 의결하였다. 이에 따라 피고는 2015. 11. 24. 원고를 퇴학에 처하는 이 사건 처분을 하였다.

라. 육군3사관학교는 육군3사관학교 설치법에 의하여 설치된 군사교육기관이다. 교장은 품행이 매우 불량한 생도, 군기를 문란하게 하는 등 사관생도로서 지켜야 할 규칙을 준수하지 아니한 생도, 학업성적이 불량하여 졸업할 가능성이 없는 생도, 질병이나 그 밖의 심신의 장애로 인하여 정해진 과정을 이수할 수 없는 생도, 학칙을 위반한 생도에 해당하는 사관생도를 퇴학시킬 수 있다(육군3사관학교 설치법 시행령 제18조 제1항). 육군3사관학교 학칙의 하위문서인 「사관생도 행정예규」(이하 2015. 5. 19. 개정되기 전의 것을 '구 예규'라고 하고, 2015. 5. 19. 개정되고 2016. 3. 3. 개정되기 전의 것을 '예규'라고 한다)에 의하면, "생도는 음주를 할 수 없다."라거나(구 예규 제12조, 품위유지의무) "생도는 음주를 할 수 없다. 단, 부득이한 부모님 상/기일 등으로 본인이 음주를 하여야 할 경우 훈육대장의 승인을 받아야 한다."라고 규정하고 있다(예규 제12조, 이하 구 예규의 해당 규정까지 통틀어 '이 사건 금주조항'이라고 한다). 품위유지의무 위반은 '1급 사고'로서 이를 2회 이상 반복하여 범한 경우 원칙으로 퇴학 조치하도록 되어 있다[구 예규 및 예규 제61조 제1호 (가)목].

2. 원심 판단

원심은 다음과 같은 이유로 이 사건 퇴학처분이 적법하다고 판단하였다.

가. 육군3사관학교는 올바른 가치관 및 도덕적 품성을 바탕으로 한 리더십을 갖추고 군사 전문가로서의 기초 자질을 겸비한 정예장교 양성을 목표로 설립된 교육기관이다. 육군3사관학교는 올바른 가치관 및 도덕적 품성과 극기, 절제의 자세를 갖춘 장교로서의 자질을 겸비할 것을 무엇보다도 중요시하여 이를 위하여 사관학교에 특유한 3금제도(금주, 금연, 금혼)를 유지하고 있다. 이 사건 금주조항은 사관학교의 설립 목적이나 교육 목적, 기타 법령의 위임 취지 등에 비추어 헌법이나 법률에 합치되지 아니하거나

현저히 부당한 것으로는 보이지 않으므로, 사관생도가 품위유지의무를 위반한 때에는 이 사건 금주조항에 따라 원고를 퇴학시킬 수 있다.

나. 원고는 사관학교 특유의 3금제도가 있음을 인식하고 이로 인하여 원고의 기본권이 일부 제한된다는 사실을 잘 알면서도 이를 모두 수용하기로 하고 육군3사관학교에 입학하였다. 그럼에도 원고는 앞서 본 것처럼 이 사건 금주조항을 명백하게 위반하였다.

다. 사관생도 행정예규에서 정한 각 사고 유형과 징계처분기준이 그 자체로 헌법이나 법률에 합치되지 아니하거나 위 처분기준에 따른 징계처분이 그 처분사유가 된 위반행위의 내용 및 관계 법령의 규정 내용과 취지에 비추어 현저히 부당하다고 인정할 만한 합리적인 이유가 없는 한 기준에 따른 징계처분은 원칙적으로 재량권의 범위 내에서 이루어졌다고 보는 것이 타당하다. 원고가 이 사건 금주조항을 위반한 사정에 더하여, 육군3사관학교에서 퇴학처분을 받은 사람도 본인이 원하면 현역의 부사관으로 임용될 수 있는 점, 현역병으로 복무할 경우에는 퇴학 전에 받은 군사훈련기간이 복무기간에 포함되도록 하여 사관생도가 퇴학처분으로 인하여 입게 되는 불이익을 완화하고 있는 점 등을 종합하면, 원고가 이 사건 퇴학처분으로 인하여 받게 될 불이익이 피고가 달성하고자 하는 공공목적보다 현저하게 크다고 할 수 없으므로 이 사건 퇴학처분이 재량권을 일탈 · 남용하였다고 볼 수 없다.

3. 대법원의 판단

가. 헌법 제10조는 행복추구권과 여기서 파생된 일반적 행동자유권을 보장하고 있고, 헌법 제17조는 사생활의 비밀과 자유를 기본권으로 보장하고 있다. 이들 기본권은 헌법 제37조 제2항에 따라 국가안전보장 · 질서유지 또는 공공복리를 위하여 필요한 경우에 한하여 법률로써 제한할 수 있으나, 제한하는 경우에도 자유와 권리의 본질적인 내용을 침해할 수 없다.

한편 사관생도는 군 장교를 배출하기 위하여 국가가 모든 재정을 부담하는 특수교육기관인 육군3사관학교의 구성원으로서, 학교에 입학한 날에 육군 사관생도의 병적에 편입하고 준사관에 준하는 대우를 받는 특수한 신분관계에 있다(육군3사관학교 설치법 시행령 제3조). 따라서 그 존립 목적을 달성하기 위하여 필요한 한도 내에서 일반 국민보다 상대적으로 기본권이 더 제한될 수 있으나, 그러한 경우에도 법률유보원칙, 과잉금지원칙 등 기본권 제한의 헌법상 원칙들을 지켜야 한다(대법원 2018. 3. 22. 선고 2012두26401 전원합의체 판결 참조).

나. 육군3사관학교 설치법 및 시행령, 그 위임에 따른 육군3사관학교 학칙 및 사관생도 행정예규 등에서 육군3사관학교의 설치 목적과 교육 목표를 달성하기 위하여 사관생도가 준수하여야 할 사항을 정하고 이를 위반한 행위에 대하여는 징계를 규정할 수 있고 이러한 규율은 가능한 한 존중되어야 한다. 이러한 전제에서 이 사건 금주조항이 기본권 제한의 헌법상 원칙인 과잉금지원칙에 위반되는지 살펴보기로 한다.

첫째, 구 예규 제12조 제1호는 “생도는 음주를 할 수 없다.”라고 규정함으로써 사관생도에게 예외 없는 금주의무를 부과하고 있고, 예규 제12조 제1호는 “생도는 음주를 할 수 없다. 단, 부득이한 부모님 상/기일 등으로 본인이 음주를 하여야 할 경우 훈육대장의 승인을 받아야 한다.”라고 규정함으로써 사관생도에게 원칙적으로 금주의무를 부과하면서 부모님 상/기일과 같은 부득이한 사정이 있는 경우에만 훈육대장의 승인을 얻어 음주를 허용하고 있다. 사관학교의 설치 목적과 교육 목표를 달성하기 위하여 사관학교는 사관생도에게 교내 음주 행위, 교육 · 훈련 및 공무 수행 중의 음주 행위, 사적 활동이라 하더라도 신분을 나타내는 생도 복장을 착용한 상태에서 음주하는 행위, 생도 복장을 착용하지 않은 상태에서 사적 활동을 하는 때에도 이로 인하여 사회적 물의를 일으킴으로써 품위를 손상한 경우 등에는 이러한 행위들을 금지하거나 제한할 필요가 있음은 물론이다. 그러나 여기에 그치지 않고 나아가 사관생도의 모든 사적 생활에서까지 예외 없이 금주의무를 이행할 것을 요구하는 것은 사관생도의 일반적 행동자유권은 물론 사생활의 비밀과 자유를 지나치게 제한하는 것이다.

둘째, 퇴학은 학적을 박탈하여 사관생도의 신분 관계를 소멸시킨다는 점에서 징계 중 가장 가혹한 처분에 해당하므로, 적어도 교육상 필요 또는 학내 질서유지라는 징계 목적에 비추어 중한 징계 사유가 있는 경우에 예외적으로 행해져야 한다. 그런데 사관생도 행정예규 제61조에 의하면, 음주는 품위유지의무 위반으로 1급 사고이고, 이를 2회 이상 반복하여 범한 경우에는 퇴학 조치가 원칙이다. 그런데 구 예규 및 예규 제12조에서 사관생도의 모든 사적 생활에서까지 예외 없이 금주의무를 이행할 것을 요구하면서, 그 제61조에서 사관생도의 음주가 교육 및 훈련 중에 이루어졌는지 여부나 음주량, 음주 장소, 음주 행위에 이르게 된 경위 등을 묻지 않고 일률적으로 2회 위반 시 원칙으로 퇴학조치하도록 정한 것은 사관학교가 금주제도를 시행하는 취지에 비추어 보더라도 사관생도의 기본권을 지나치게 침해하는 것이다.

결국 이 사건 금주조항은 사관생도 교육의 특수성을 고려하더라도 기본권 제한을 최소화하는 방안을 전혀 강구하지 아니함으로써 사관생도의 일반적 행동자유권, 사생활의 비밀과 자유 등 기본권을 과도하게 제한하는 것으로서 무효라고 보아야 한다.

그런데도 원심은 이와 달리, 원고에 대하여 이 사건 금주조항을 적용하여 한 이 사건 퇴학처분이 적법하다고 판단하였다. 이러한 원심판결에는 이 사건 금주조항의 위헌성 및 해석 · 적용 등에 관한 법리를 오해하여 판결에 영향을 미친 잘못이 있다. 이 점을 지적하는 상고이유 주장은 이유 있다.

4. 결론

그러므로 나머지 상고이유에 대한 판단을 생략한 채 원심판결을 파기하고, 사건을 다시 심리 · 판단하게 하기 위하여 원심법원에 환송하기로 하여, 관여 대법관의 일치된 의견으로 주문과 같이 판결한다.

대법관 박정화(재판장) 권순일(주심) 이기택 김선수

해설: 사관생도인 원고가 4회에 걸쳐 학교 밖에서 음주행위를 하였다는 이유로 퇴학처분을 당한 사안에서, 사관생도의 모든 사적 생활에서까지 예외 없이 금주의무를 이행할 것을 요구하는 것은 사관생도의 일반적 행동자유권은 물론 사생활의 비밀과 자유를 지나치게 제한한다고 판단하여, 원고에 대한 퇴학처분이 적법하다고 판단한 원심을 파기 환송한 사례이다.

대법원은 음주 장소나 경위 등을 묻지 않고 음주 사실이 2회 적발되면 일률적으로 퇴학조치를 하도록 한 육군3사관학교 '사관생도 행정예규'는 사관생도의 기본권을 침해하여 무효라고 판결했다.

대법원 제1부(주심 권순일 대법관)는 4차례에 걸쳐 음주를 했다는 이유로 퇴학처분을 받은 전 육군3사관생도 김 모씨가 "퇴학처분을 취소하라"며 육군3사관학교장을 상대로 낸 소송의 상고심(2016두60591)에서 이같이 판시, 김씨의 청구를 기각한 원심(대구고법 2016. 11. 11. 선고 2016누4806 판결)을 파기하고, 원고 승소 취지로 사건을 대구고법으로 되돌려 보내는 파기환송 판결을 했다.

2014년 1월 육군3사관학교에 입교한 김씨는 2014년 11월 중순 외박 중 다른 사관생도와 함께 소주 1병을 나누어 마시고, 5개월 후인 2015년 4월경엔 가족과 함께 저녁 식사를 하면서 부모의 권유로 소주 2~4잔 정도를 마셨다. 또 2015년 8월 하계휴가기간 중 친구와 함께 소주 4~5잔 정도를 마시고, 다시 한 달 뒤인 2015년 9월경 추석 연휴에 집에서 차례를 지내고 정종 2잔을 음복했다.

이같은 사실이 적발되자 육군3사관학교 교육운영위원회가 2015년 11월 김씨의 음주행위가 품위유지의무를 위반한 것이라며 퇴학을 의결했고, 이에 따라 2015년 11월 퇴학처분이 내려졌다. 이에 김씨가 "퇴학처분은 재량권을 일탈 · 남용한 것"이라는 등의 주장을 하며 소송을 냈다.

김씨에게 적용된, 육군3사관학교 학칙의 하위문서인 사관생도 행정예규에 의하면, "생도는 음주를 할 수 없다. 단, 부득이한 부모님 상 · 기일 등으로 본인이 음주를 하여야 할 경우 훈육대장의 승인을 받아야 한다"라고 규정하고 있다(예규 12조). 또 음주는 품위유지의무 위반으로 '1급사고'이고 이를 2회 이상 반복하여 범한 경우 원칙으로 퇴학 조치하도록 되어 있다(61조).

1심과 항소심(2심) 재판부가 "원고는 사관학교 특유의 3금제도(금주, 금연, 금혼)가 있음을 인식하고 이로 인하여 원고의 기본권이 일부 제한된다는 사실을 잘 알면서도 이를 모두 수용하기로 하고 육군3사관학교에 입학하였음에도, 원고는 사관생도 행정예규의 금주조항을 명백하게 위반하였다"며 김씨의 청구를 기각하자 김씨가 상고했다.

그러나 대법원의 판단은 달랐다.

대법원은 "사관학교의 설치 목적과 교육 목표를 달성하기 위하여 사관학교는 사관생도에게 교내 음주 행위, 교육 · 훈련과 공무 수행 중의 음주 행위, 사적 활동이라 하더라도 신분을 나타내는 생도 복장을 착용한 상태에서 음주하는 행위, 생도 복장을 착용하지 않은 상태에서 사적 활동을 하는 때에도 이로 인하여 사회적 물의를 일으킴으로써 품위를 손상한 경우 등에는 이러한 행위들을 금지하거나 제한할 필요가 있음은 물론이나, 여기에 그치지 않고 나아가 사관생도의 모든 사적 생활에서까지 예외 없이 금주의무를 이행할 것을 요구하는 것은 사관생도의 일반적 행동자유권은 물론 사생활의 비밀과 자유를 지나치게 제한하는 것"이라며 "퇴학은 학적을 박탈하여 사관생도의 신분 관계를 소멸시킨다는 점에서 징계 중 가장 가혹한 처분에 해당하므로, 적어도 교육상 필요 또는 학내 질서유지라는 징계 목적에 비추어 중한 징계 사유가 있는 경우에 예외적으로 행해져야 한다"고 밝혔다.

이어 "사관생도 행정예규 12조에서 사관생도의 모든 사적 생활에서까지 예외 없이 금주의무를 이행할 것을 요구하면서, 그 61조에서 사관생도의 음주가 교육 및 훈련 중에 이루어졌는지 여부나 음주량, 음주 장소, 음주 행위에 이르게 된 경위 등을 묻지 않고 일률적으로 2회 위반 시 원칙으로 퇴학조치하도록 정한 것은 사관학교가 금주제도를 시행하는 취지에 비추어 보더라도 사관생도의 기본권을 지나치게 침해하는 것"이라고 지적하고, "결국 금주조항은 사관생도 교육의 특수성을 고려하더라도 기본권 제한을 최소화하는 방안을 전혀 강구하지 아니함으로써 사관생도의 일반적 행동자유권, 사생활의 비밀과 자유 등 기본권을 과도하게 제한하는 것으로서 무효라고 보아야 한다"고 판시했다.

원심이 김씨에게 사관생도 행정예규의 금주조항을 적용하여 한 퇴학처분이 적법하다고 판단한 것은 잘못이라는 것이다.

참조 기사: 법률신문 2018년9월 3일 기사 등
https://www.lawtimes.co.kr/Case-Curation/view?serial=21059&t=c

읽기 자료 2

교사의 표현의 자유는 어떠한 제한을 받는가?

1. 학교 교육 현장에서 교사의 표현의 자유

현행 교육기본법은 교육의 중립성에 대해 규정하기를 제6조 ①항에서 "교육은 교육 본래의 목적에 따라 그 기능을 다하도록 운영되어야 하며, 정치적 · 파당적 또는 개인적 편견을 전파하기 위한 방편으로 이용되어서는 아니 된다."고 하고, 동조 ②항에서는 "국가와 지방자치단체가 설립한 학교에서는 특정한 종교를 위한 종교교육을 하여서는 아니 된다."라고 규정하고 있다. 그래서 교육기본법 제6조에 위반했는지 여부는 곧 교원의 성실의무나 품위유지의무 위반의 판단 기준이 될 수 있다.

교사가 어떤 사회적 논쟁 문제에 대해, 학부모, 학생, 교사 사이에 다양한 의견이 나올 수 있음에도 불구하고, 어느 한 쪽의 의견을 일방적으로 표시하거나 또는 학생을 어느 한 쪽의 의견으로 기울도록 선동하는 것으로 보이는 행위를 하면, 위 교육기본법 제6조 ①항에 해당하는 교육의 중립성 위반이 되고, 동시에 품위유지의무 위반으로 평가될 수 있다.

다음에서 소개하는 판례는 사회적으로 논쟁이 될 만한 문제를 학교 현장에서 지도함에 있어서 교사의 표현이 징계사유가 되느냐를 판단한 것으로 학교 교육 현장에서 교사의 표현의 자유와 관련하여 생각해볼만 한 중요한 판례로 보인다. 서울 모 사립 고등학교 국어 교사가 수업 시간에『잠 좀 자자』,『시험 이제 그만』이라고 인쇄된 단추 모양의 배지를 달고 수업을 하고, 원하는 학생들에게는 교무실에서 배지를 나누어 준 행위가 교원의 품위 유지 의무 위반에 해당되는지를 판단한 사례이다.

> 원고가 2008. 5. 13. 경 수업시간에 '잠 좀 자자', '시험 이제 그만'이라고 인쇄된 단추 모양의 배지를 붙이고 수업을 하다가, <u>배지를 원하는 학생들에게 교무실에 오면 배지를 주겠다고 말하고, 그 무렵 교무실에 온 학생들에게 배지를 나누어 준 사실</u>(필자 밑줄)이 인정된다.
>
> 야간 자율학습이나 이른바 '0교시 수업' 등의 찬반 여부에 대하여는 <u>학생, 교사 학부모 사이에서 각 입장이나 의견이 갈릴 수 있는데도, 원고가 그에 관한 자신의 의견이 담긴 위와 같은 배지를 원하는 학생들에게 주어 부착하도록 하는 행위</u>(필자 밑줄)는, 의견이 다른 학생 내지 교사들에 대한 위화감을 조성할 수 있는 행위이므로, 원고가 행한 행위는 사립학교법 제55조[4]에 의해 준용되는 국가공무원법 제63조[5]의 품위유지의무에 반한다. (서울고등법원 2011. 7. 13. 2010누43701 파면처분취소소청심사결정취소)

---

4) 사립학교법 제55조(복무) 사립학교의 교원의 복무에 관하여는 국 · 공립학교의 교원에 관한 규정을 준용한다.

5) 국가공무원법 제63조(품위 유지의 의무) 공무원은 직무의 내외를 불문하고 그 품위가 손상되는 행위를 하여서는 아니 된다.

배지를 학생들에게 나누어 준 부분에 대해서 이 사건의 1심과 2심에서 사실관계가 달리 확정되었다. 위 사건의 1심에서는 다음과 같이 판시하였다.

> "원고가 수업시간에 '잠 좀 자자', '시험 이제 그만'이라고 인쇄된 단추 모양의 배지를 원하는 학생들에게 나누어 준 사실이 인정되는 바, 야간 자율학습, 이른바 '0교시 수업' 등의 찬반 여부에 대하여는 학생, 교사 학부모 사이에서 각 입장이나 의견이 갈릴 수 있는 것임에도, 원고가 그에 관한 자신의 의견이 담긴 위와 같은 배지를 사적인 시간이 아닌 수업시간에 학생들에게 나눠 주어 이들로 하여금 그 배지를 부착하도록 한 행위(필자 밑줄)는 의견이 다른 학생 내지 교사들에 대한 위화감을 조성할 수 있는 행위라고 볼 수 있을 뿐만 아니라, 수업 시간에는 수업에 전념해야 할 성실의무에도 반하는 것이므로, 이러한 원고의 행위는 사립학교법 제55조에 의해 준용되는 국가공무원법 제63조의 품위유지의무 및 같은 법 제56조[6]의 성실의무에 반하는 것이다. (서울행정법원 2010. 11. 5. 2010구합14749 파면처분취소소청심사결정취소)

1심의 경우에는 문제가 된 배지를 수업시간에 학생들에게 나누어 준 것으로 사실관계가 확정되었고, 2심의 경우에는 수업 시간에는 원하는 학생들에게 교무실에 오면 배지를 주겠다고 말하고 그 무렵 교무실에 온 학생들에게 배지를 나누어 준 것으로 사실관계가 확정되었는데, 두 사실 관계에서 모두 교원의 품위유지의무 위반으로 판단되었다. 단, 1심에서 적시한 '수업 시간에는 수업에 전념해야 할 성실의무에도 반하는 것'이란 부분은 2심에서 삭제되었다. 교실에서 문제가 된 배지를 나누어줄 경우에는 '수업 시간에는 수업에 전념해야 할 성실의무'에도 반하는 것이 되겠으나, 교무실에서 배지를 나누어 준 경우는 그렇지 않다고 판단한 것으로 보인다.

위 사례의 경우, 지나친 경쟁 교육에 대한 문제점은 사회적으로 어느 정도 공감대가 형성된 사안이고 원고 교사의 인식 또한 그러한 인식과 궤를 같이 하는 것으로 보이지만, 교사의 수업을 받는 학생들이 일단 열심히 공부해야 하는 입장에서 교사의 배지를 단 상징적 표현행위가 면학 분위기에 방해가 될 수 있고, '시험 이제 그만'이라는 배지를 단 교사의 행위만으로도 학생이나 학부모의 반발을 살 수 있을 만한데, 배지를 통해 상징적 표현행위를 하는 정도를 넘어서 교사 자신의 의견이 담긴 위와 같은 배지를 원하는 학생들에게 주어 부착하도록 하기까지 했다는 것은 지나친 면이 있음에 분명해 보인다. 지나친 경쟁 교육의 문제점에 대해 지적하는 정도는 개인의 편견이 아닐 수 있겠지만, 지나친 경쟁 교육의 문제점을 해결하는 방법은 다양할 진대, 교사가 자신의 신념을 학교 현장에서 표현하고, 그것도 정치적인 표현이 아님에도 교원으로서의 품위유지 의무에 위반된 것으로 판단된 주목할 만한 판례로 보인다. 어떤 사회적 논쟁 문제에 대해, 학부모, 학생, 교사 사이에 다양한 의견이 나올 수 있음에도 불구하고, 이 사건에서의 교사는 자신의 주장을 전파하기 위한 방편으로 어느

6) 제56조(성실 의무) 모든 공무원은 법령을 준수하며 성실히 직무를 수행하여야 한다.

한 쪽의 의견을 일방적으로 표시하여 의견이 다른 학생들이나 교사들에 대한 위화감을 조성하거나 또는 어느 한 쪽의 의견으로 기울도록 선동하는 행위를 한 것으로 법원이 판단한 것으로 보인다.

위 사건의 경우, 교사는 경쟁위주의 입주 교육의 문제점을 지적하고 학생들에게 그에 대해 자신의 신념을 설파할 수는 있을지언정, 지금의 현실에서는 열심히 공부하는 것이 최선의 선택일 수밖에 없다는 점도 지적하며 균형적으로 학생들에게 가르쳤다면, 교원의 품위유지의무 위반이라는 논란에서 벗어날 수 있었을 것으로 보인다. 교사 스스로가 문제가 된『잠좀 자자』,『시험 이제 그만』이라고 인쇄된 단추 모양의 배지를 다는 상징적 표현 행위를 한 것까지만 했다면 모르겠지만, 이에 더하여 희망하는 학생들에게까지 나누어주는 행위는 의견이 다른 학생 내지 교사들에 대한 위화감을 조성할 수 있는 행위로서 교원의 품위유지 의무 위반에는 해당한다는 비난으로부터 자유로울 수 없어 보인다.

2. 교육 현장 이외에서의 교사의 표현의 자유

국 · 공립학교의 교사의 정치활동 금지 및 집단행위 금지에 대해서 국가공무원법 제65조와 66조에서 규정하고 있고,[7] 사립학교 교원의 경우에도 사립학교법 제55조에 따라 사립학교 교원의 복무에 관해서는 국 · 공립학교 교원에 관한 규정이 준용되므로, 국 · 공 · 사립학교의 구분 없이 교사의 정치활동 및 집단행위는 동일하게 제한을 받는다. 국가공무원 복무규정 제27조에서는 국가공무원법의 위임에 따라 정치적 행위의 한계를 정하고 있는데, 정

7) 국가공무원법

제65조(정치 운동의 금지)

① 공무원은 정당이나 그 밖의 정치단체의 결성에 관여하거나 이에 가입할 수 없다.

② 공무원은 선거에서 특정 정당 또는 특정인을 지지 또는 반대하기 위한 다음의 행위를 하여서는 아니 된다.

1. 투표를 하거나 하지 아니하도록 권유 운동을 하는 것
2. 서명 운동을 기도(企圖) · 주재(主宰)하거나 권유하는 것
3. 문서나 도서를 공공시설 등에 게시하거나 게시하게 하는 것
4. 기부금을 모집 또는 모집하게 하거나, 공공자금을 이용 또는 이용하게 하는 것
5. 타인에게 정당이나 그 밖의 정치단체에 가입하게 하거나 가입하지 아니하도록 권유 운동을 하는 것

③ 공무원은 다른 공무원에게 제1항과 제2항에 위배되는 행위를 하도록 요구하거나, 정치적 행위에 대한 보상 또는 보복으로서 이익 또는 불이익을 약속하여서는 아니 된다.

④ 제3항 외에 정치적 행위의 금지에 관한 한계는 대통령령 등으로 정한다.

제66조(집단 행위의 금지)

① 공무원은 노동운동이나 그 밖에 공무 외의 일을 위한 집단 행위를 하여서는 아니 된다. 다만, 사실상 노무에 종사하는 공무원은 예외로 한다.

② 제1항 단서의 사실상 노무에 종사하는 공무원의 범위는 대통령령 등으로 정한다.

③ 제1항 단서에 규정된 공무원으로서 노동조합에 가입된 자가 조합 업무에 전임하려면 소속 장관의 허가를 받아야 한다.

④ 제3항에 따른 허가에는 필요한 조건을 붙일 수 있다.

치적 목적을 가지고 일정한 행위를 하는 것을 금지한다.[8] 또 정당법 제22조에 따라 국회의원 선거권이 있는 자는 정당의 발기인이나 당원이 될 수 있지만, 대학의 교원이 아닌 초·중등학교의 교원은 정당의 발기인이나 당원이 될 수 없다.[9]

공직선거법 제9조 제1항에서 공무원 기타 정치적 중립을 지켜야 하는 자는 선거에 대한 부당한 영향력의 행사 기타 선거 결과에 영향을 미치는 행위를 하여서는 아니 된다고 규정되어 있으며[10], 같은 법 제60조 제1항 제4호에서는 대학 교원이 아닌 초·중등학교의 교원은 선거 운동을 할 수 없게 되어 있다.[11]

---

8) 국가공무원 복무규정
제27조(정치적 행위) ① 법 제65조의 정치적 행위는 다음 각 호의 어느 하나에 해당하는 정치적 목적을 가진 것을 말한다.
1. 정당의 조직, 조직의 확장, 그 밖에 그 목적 달성을 위한 것
2. 특정 정당 또는 정치단체를 지지하거나 반대하는 것
3. 법률에 따른 공직선거에서 특정 후보자를 당선하게 하거나 낙선하게 하기 위한 것
② 제1항에 규정된 정치적 행위의 한계는 제1항에 따른 정치적 목적을 가지고 다음 각 호의 어느 하나에 해당하는 행위를 하는 것을 말한다.
1. 시위운동을 기획·조직·지휘하거나 이에 참가하거나 원조하는 행위
2. 정당이나 그 밖의 정치단체의 기관지인 신문과 간행물을 발행·편집·배부하거나 이와 같은 행위를 원조하거나 방해하는 행위
3. 특정 정당 또는 정치단체를 지지 또는 반대하거나 공직선거에서 특정 후보자를 지지 또는 반대하는 의견을 집회나 그 밖에 여럿이 모인 장소에서 발표하거나 문서·도서·신문 또는 그 밖의 간행물에 싣는 행위
4. 정당이나 그 밖의 정치단체의 표지로 사용되는 기(旗)·완장·복식 등을 제작·배부·착용하거나 착용을 권유 또는 방해하는 행위
5. 그 밖에 어떠한 명목으로든 금전이나 물질로 특정 정당 또는 정치단체를 지지하거나 반대하는 행위

9) 정당법
제22조(발기인 및 당원의 자격)
① 국회의원 선거권이 있는 자는 공무원 그 밖에 그 신분을 이유로 정당가입이나 정치활동을 금지하는 다른 법령의 규정에 불구하고 누구든지 정당의 발기인 및 당원이 될 수 있다. 다만, 다음 각 호의 어느 하나에 해당하는 자는 그러하지 아니하다.
1. 「국가공무원법」 제2조(공무원의 구분) 또는 「지방공무원법」 제2조(공무원의 구분)에 규정된 공무원. 다만, 대통령, 국무총리, 국무위원, 국회의원, 지방의회의원, 선거에 의하여 취임하는 지방자치단체의 장, 국회 부의장의 수석비서관·비서관·비서·행정보조요원, 국회 상임위원회·예산결산특별위원회·윤리특별위원회 위원장의 행정보조요원, 국회의원의 보좌관·비서관·비서, 국회 교섭단체대표의원의 행정비서관, 국회 교섭단체의 정책연구위원·행정보조요원과 「고등교육법」 제14조(교직원의 구분)제1항·제2항에 따른 교원은 제외한다.
2. 「고등교육법」 제14조 제1항·제2항에 따른 교원을 제외한 사립학교의 교원
3. 법령의 규정에 의하여 공무원의 신분을 가진 자

10) 공직선거법 제9조(공무원의 중립의무 등) ① 공무원 기타 정치적 중립을 지켜야 하는 자(機關·團體를 포함한다)는 선거에 대한 부당한 영향력의 행사 기타 선거결과에 영향을 미치는 행위를 하여서는 아니된다.

11) 제60조(선거운동을 할 수 없는 자) ① 다음 각 호의 어느 하나에 해당하는 사람은 선거운동을 할 수 없다. 다만, 제1호에 해당하는 사람이 예비후보자·후보자의 배우자인 경우와 제4호부터 제8호까지의 규정에 해당하는 사람이 예비후보자·후보자의 배우자이거나 후보자의 직계존비속인 경우에는 그러

교원의 노동조합설립 및 운영 등에 관한 법률 제3조에서 교원노동조합은 일체의 정치활동을 하지 못하도록 되어 있는 만큼[12], 현재로서 초 · 중등학교의 교원의 경우 의사표현의 자유는 크게 제한되어 있다. 이처럼 교사의 경우는 엄격하게 정치적 중립의무가 규정되어 있는 것이 현행법의 규율인데, 교육장면 외 활동에서 교사의 표현의 자유와 관련하여 1심과 2심의 결과가 달라지며 중요하게 다루어진 사건이 있었는데 다음에서 설명하는 사건이다.

2009년 이명박 정부 시절, 전국교직원노동조합은 시국선언에 참여하였는데, 전교조 대전지부의 지부장, 수석지부장 및 사무처리 실무 담당자로서 그 실행업무를 수행하던 교사들이 1차, 2차 시국선언을 한 것이 문제가 되었다.

1차 시국선언문에는 사교육비 부담 가중, 입시경쟁교육, 교육 양극화를 비롯한 교육정책의 문제점을 지적하고 비판하는 내용이 포함되어 있으나, 군사정권 시절을 떠올리는 공권력의 남용이라는 표현 등을 사용하여 촛불집회, 피디수첩과 관련한 수사가 무리한 수사이고, 2009년 1월에 발생한 용산4구역 철거 현장 화재 사고도 경찰의 무모한 진압이며, 국토개발사업과 대북정책을 잘못된 정책이라는 취지로 비난하면서, 독선적 정국운영으로 인하여 민주주의의 위기를 맞고 있고 민생과 생태와 평화 등 미래지향적인 가치도 위협당하는 등 국민의 생존과 국가의 미래가 총체적 위험에 직면하고 있으며 이에 대하여 국민적 저항이 이루어지고 있고 정부가 국민의 버림을 받는 불행한 역사가 되풀이되지 않기를 바라며, 국정운영의 전면 쇄신을 촉구하는 내용을 주로 담고 있다.

1차 시국선언이 발표된 직후 교육과학기술부 및 시 · 도교육감은 이를 주도한 전교조 간부들 88명을 국가공무원법 위반 혐의로 고발하는 한편 관련 교사들의 징계를 시 · 도교육청에 요청하는 등 강력하게 대처하였다. 이에 피고인들을 비롯하여 1차 시국선언을 주도한 이 사건 교사들은 고발 및 징계에 관한 정부의 방침에 맞서 다양한 유형의 투쟁행위를 하기로 결의하였고, 2009. 6. 29.부터 같은 해 7. 15.까지 1차 시국선언 참여자를 포함하여 최대 3만 명 이상이 참여하는 민주주의 사수, 표현의 자유 보장, 시국선언 탄압 중지 촉구 교사 2차 시국선언을 조직하여 이를 발표하였다.

이에 이 사건 교사들이 전국교직원노동조합 간부들과 공모하여 2009년 1, 2차 시국선언과 '교사 · 공무원 시국선언 탄압 규탄대회'를 추진하고 적극적으로 관여하여 '공무 외의 일을 위한 집단행위'를 하였다고 하여 구 국가공무원법 위반으로 기소된 사안에서, 위 행위가

하지 아니하다.

4. 「국가공무원법」 제2조(公務員의 구분)에 규정된 국가공무원과 「지방공무원법」 제2조(公務員의 구분)에 규정된 지방공무원. 다만, 「정당법」 제22조(발기인 및 당원의 자격)제1항제1호 단서의 규정에 의하여 정당의 당원이 될 수 있는 공무원(國會議員과 地方議會議員 외의 政務職公務員을 제외한다)은 그러하지 아니하다.

12) 교원의 노동조합설립 및 운영 등에 관한 법률
제3조(정치활동의 금지) 교원의 노동조합(이하 "노동조합"이라 한다)은 어떠한 정치활동도 하여서는 아니 된다.

같은 법 제66조 제1항에서 금지하는 '공무 외의 일을 위한 집단행위'에 해당하느냐가 쟁점이 된 사건이었다.

이 사건을 맡은 제1심 법원은 국가공무원법 위반을 인정하지 않았다.

교사의 시국선언이 학생들에 의해 무비판적으로 수용될 거라는 검사의 주장은 편견이라고 배척하였다(대전지방법원 2010. 2. 25. 2009고단2786, 4126, 2009고정2259(병합). 주목해서 볼 판결문의 내용은 다음 부분이다.

> (1) 검사의 주장
> 검사는 수사과정을 통하여, 교사들의 정치적 의사표현행위로 인하여 아직 정치적, 사회적 판단력이 미성숙한 학생들이 교사들의 정치적 주장 등을 여과 없이 수용할 가능성이 크므로 시국선언행위가 공익에 반한다고 주장하고 있다.
> (2) 판단
> (가) 낡은 경험에 근거한 편견에 불과함
> 그러나 기본적으로 검사가 제시하고 있는 이러한 시각은 획일적 교육을 받고, 정보부재의 환경에서 성장한 기성세대가 가지는 경험의 한계에 기인하는 낡은 시각이라고 생각한다. 현재의 기성세대와 달리 금세기를 통해 교육받고 있는 학생들, 특히 이 사건 시국선언에서 다루어진 정부정책의 내용을 이해할 수 있는 정도의 지적 수준을 갖춘 학생들이라면, 인터넷 등을 통하여 무한한 정보를 입수할 수 있는 능력을 지니고 있을 것이고, 지속적으로 사물을 비판적으로 바라보는 논술교육을 받고 자라난 터이므로 교사들의, 그것도 일부 교사들의 시각이라고 하여 무비판적으로 수용하는 일은 생각하기 어렵다.
> (나) 학생들은 교사들의 주장에 대한 찬반 근거를 모두 보게 될 것임
> 더군다나 정부의 정책에 대한 지지와 반대의 근거는 인터넷 등을 통하여 무제한으로 쉽게 입수할 수 있는 정보들이고, 피고인들을 비롯하여 이 사건 시국선언에 동참한 교사들은 수업시간을 통하여 학생들에게 자신들이 주장하는 바를 일방적으로 주입한 것이 아니라 교실 바깥에서 자신들의 주장하는 바를 피력하였을 뿐이어서 학생들이 그들의 주장을 있는 그대로 받아들일 위험은 매우 제한된다고 할 수 있다.
> 왜냐하면 학생들이 이들의 주장을 입수하게 되는 것은 언론과 인터넷 등의 간접적 경로에 의하게 될 것인바, 이와 같은 정보원에는 교사들의 주장 그대로를 전달하거나 이를 찬성하는 내용만이 존재하는 것이 아니라, 이들의 주장 또는 행위를 비판하는 내용이 함께 존재할 수밖에 없을 것이고, 결국 학생들은 해당 이슈에 대한 찬반의 논거를 동등하게 습득할 기회가 보장되기 때문이다. 따라서 수업시간 밖에서 이루어진 교사들의 시국선언 내용을 학생들이 그대로 진리인 것으로 받아들일 수밖에 없다는 주장은 지나친 논리적 비약에 불과하다.(대전지방법원 2010. 2. 25. 2009고단2786, 4126, 2009고정2259(병합)

그러나 2심 판결(대전지방법원 2010. 5. 14. 2010노618)과 3심판결(대법원 2012. 4. 19. 선고 2010도6388 전원합의체 판결)은 국가공무원법 위반을 인정하였다. 특히 2심에서는『자신들의 행동이 결과적으로 공익에 부합하게 된다는 신념을 가지고 있다고 하더라도

실정법을 위반하면서까지 그 신념을 관철시키려고 하는 행동은 민주사회에서의 다원적 · 상대적 가치를 배척하며 결과적으로 민주사회로 나아가기 위해 반드시 실현되어야 하는 법치주의를 배척하는 결과가 되어 비난가능성이 높은 점』을 양형의 이유로 밝힌 점도 주목할 만하다. 주목해서 볼 2심과 3심 판결의 내용은 다음 부분이다.

> ① 이 사건 각 시국선언문에는 다양한 집단의 이해관계가 첨예하게 대립되어 있는 정부 정책, 특정 사건 등에 관하여 특정 견해가 표출되어 있고, 현 정권을 비민주적인 군사정권에 비유하면서 이 사건 각 시국선언이 그에 대항하는 진정한 민주적 저항 정신의 발로라고 주장하는 내용이 주를 이루고 있으며, '6월 항쟁의 역사와 가치를 가르쳐야 할 우리 교사들은...', '민주주의의 싹이 무참히 짓밟히는 상황...', '우리 교사들은 이제 민주주의를 어떻게 가르쳐야 할 지 당혹하지 않을 수 없다...', '입에 재갈이 물린 채 독재를 민주주의라고 가르칠 수밖에 없었던...', '우리는 교사들의 시국선언이 국민 대다수가 염원하는 내용을 담았다고 판단한다...'라는 등으로 정치적인 가치판단이 개입될 수밖에 없는 '민주주의'라는 이념 또는 제도 및 역사적 사실에 대하여 다소 과격하고 단정적인 표현이 '교사'라는 지위와 결합하여 수차례 언급되어 있는바, 위와 같은 이 사건 각 시국선언문의 내용 및 표현방식, 그 외 이 사건 각 시국선언의 기획 과정, 추진방법, 참가범위 등을 종합하여 볼 때, 이 사건 각 시국선언은 단순한 표현의 자유를 넘어선 '정치적' 표현의 자유가 문제되는 영역임이 명백하고, 그 내용에 동조하는 교사들의 정치적 견해를 집단적으로 표명한 것이라고 봄이 상당한 점, ② 정치적 의사표현의 자유는 국가에 대한 주관적 공권인 동시에 사회공동체의 객관적 가치질서에 속하는 것이고, 그에 따라 헌법 및 관련 법률은 공무원 및 교원이라는 지위나 직무의 성질, 공무원 및 교원의 정치적 의사표시가 국민 전체의 신뢰에 미치는 영향 등을 고려하여 이들의 정치적 중립성을 제도적으로 보장하고 있는바, 위와 같은 제도적 보장 아래 공무원 및 교원의 정치적 의사표현의 자유를 일부 제한한 법률 및 그 규정이 ...중략... 공무원 및 교원의 정치적 자유권이라는 기본권의 본질적 내용을 침해하는 것이라고 보이지도 아니하는 점,
>
> ③ 특히 이 사건과 같이 교육의 대상이 되는 '민주주의' 이념 및 제도, 역사적 사실 등을 언급하면서 정치적 견해를 표명하는 것은, 교원의 활동이 근무시간 내외를 불문하고 학생들의 인격 및 기본생활습관 형성 등에 중요한 영향을 끼치는 잠재적 교육과정의 일부분이라는 점을 고려할 때 감수성과 모방성, 수용성이 왕성한 학생들로 하여금 가치혼란을 일으키도록 하기에 충분하다고 보이는 점, ④ 이 사건 각 시국선언은 교원의 정치적 의사표현의 자유라는 기본권에 대한 제한으로써 교원의 정치적 중립의무를 규정한 교육기본법 및 교원노조법 관련 규정을 위반하는, '공익에 반하는 목적을 위한' 집단행위라고 봄이 상당하고, 피고인들이 이처럼 공익에 반하는 목적을 가지고 행위한 이상 위 각 시국선언문에의 서명 및 시국선언문 발표 등 이 사건 각 시국선언과 관련된 일련의 행위는 곧 '직무전념의무를 해태하게 하는 등의 영향을 가져오는' 행위가 된다고 봄이 상당하며, 그것이 근무시간 외에 이루어졌다거나, 어떠한 피해를 발생하게 한 바 없다는 이유로 달리 볼 것은 아니다.
>
> 결국, 이 사건 각 시국선언은 국가공무원법 제66조 제1항에서 금지하고 있는 '공무 외의 일을 위한 집단행위'라고 봄이 상당하므로, 이 점을 지적하는 검사의 위 주장은 이유 있다.

(대전지방법원 2010. 5. 14. 2010노618)

대법원은 1, 2차 시국선언은 공무원인 교원의 본분을 벗어나 공익에 반하는 행위로서 공무원의 직무에 관한 기강을 저해하거나 공무의 본질을 해치는 것이어서 직무전념의무를 해태한 것이므로 국가공무원법 제66조 제1항에서 금지하는 '공무 외의 일을 위한 집단행위'에 해당한다는 이유로, 피고인들에게 유죄를 인정한 원심판단을 정당하다고 하였다.

> 공무원인 교원이 집단적으로 행한 의사표현행위가 국가공무원법이나 공직선거법 등 개별 법률에서 공무원에 대하여 금지하는 특정의 정치적 활동에 해당하는 경우나, 특정 정당이나 정치세력에 대한 지지 또는 반대의사를 직접적으로 표현하는 등 정치적 편향성 또는 당파성을 명백히 드러내는 행위 등과 같이 공무원인 교원의 정치적 중립성을 침해할 만한 직접적인 위험을 초래할 정도에 이르렀다고 볼 수 있는 경우에, 그 행위는 공무원인 교원으로서의 본분을 벗어나 공익에 반하는 행위로서 공무원으로서의 직무에 관한 기강을 저해하거나 공무의 본질을 해치는 것이어서 직무전념의무를 해태한 것이라 할 것이므로, 국가공무원법 제66조 제1항이 금지하는 '공무 외의 일을 위한 집단행위'에 해당한다고 봄이 상당하다.(대법원 2012. 4. 19. 선고 2010도6388 전원합의체 판결)

위에서 살펴 본 2009년의 교사 시국 선언 사건이 대법원에 계류 중일 때, 정부는 국가공무원 복무규정을 개정하여,[13] 집단 · 연명으로 또는 단체의 명의를 사용하여 국가의 정책을

---

13) ○ 국가공무원 복무규정(2009. 11. 30. 대통령령 제21861호로 개정되고, 2011. 7. 4. 대통령령 제23010호로 개정되기 전의 것)

제1조(목적) 이 영은「국가공무원법」(이하 "법"이라 한다) 제55조 내지 제67조의 규정에 의한 국가공무원(이하 "공무원"이라 한다)의 복무에 관한 사항을 규정함을 목적으로 한다.

제3조(근무기강의 확립) ① 공무원은 법령과 직무상 명령을 준수하여 근무기강을 확립하고 질서를 존중하여야 한다.

② 공무원(「국가공무원법 제3조제3항의 공무원의 범위에 관한 규정」에 따른 공무원은 제외한다)은 집단 · 연명(連名)으로 또는 단체의 명의를 사용하여 국가의 정책을 반대하거나 국가정책의 수립 · 집행을 방해해서는 아니 된다.

[전문개정 2011. 7. 4.].

제8조의2(복장 및 복제 등) ① 공무원은 근무 중 그 품위를 유지할 수 있는 단정한 복장을 착용하여야 한다.

제27조(정치적 행위) ① 법 제65조의 규정에 있어서의 정치적 행위는 다음 각 호의 1에 해당하는 정치적 목적을 가진 것을 말한다.

1. 정당의 조직 · 조직의 확장 기타 그 목적달성을 위한 것
2. 특정정당이나 정치단체를 지지 또는 반대하는 것
3. 법률에 의한 공직선거에 있어서 특정의 후보자를 당선하게 하거나 낙선하게 하기 위한 것

② 제1항에 규정된 정치적 행위의 한계는 제1항의 규정에 의한 정치적 목적을 가지고 다음 각호의 1에 해당하는 행위를 함을 말한다.

1. 시위운동을 기획 · 조직 · 지휘하거나 이에 참가 또는 원조하는 것
2. 정당 기타 정치단체의 기관지인 신문 및 간행물을 발행 · 편집 · 배부하거나 이와 같은 행위를 원

반대하거나 국가 정책의 수립 · 집행을 방해하는 것을 금지하고, 근무기강을 해치는 정치적 주장을 표시하거나 상징하는 복장 또는 관련 물품의 착용을 금지하는 조항을 신설하였다. 이 조항에 대한 헌법소원 사건에서 헌법재판소는 합헌으로 판단하였다.

> 공무원 역시 국민의 한 사람으로서 적어도 근무시간이 아닌 때에는 국가 정책에 대한 자신의 의사를 표현할 수 있을 것이나, 만약 그러한 의사표현이 집단 · 연명으로 또는 단체의 명의를 사용하여 이루어지는 등 집단적인 형태를 띨 경우에도 이를 허용한다면, 국민의 공복으로 기능하기 위해 엄정한 규율이 요청되는 공무원 조직의 근무기강이 자칫 해이해지고, 국민전체의 봉사자로서의 지위를 잊고 공무원 집단 자신의 이익을 도모하거나 특정 정당이나 당파의 이익에 봉사할 우려가 있음을 부정할 수 없다. 그렇다면, 공무원의 국가 정책에 대한 집단적인 반대 · 방해 행위를 금지하는 이 사건 국가공무원 복무규정 제3조 제2항 등의 입법목적은 정당하다고 할 것이다. (헌법재판소 2012. 5. 31. 2009헌마705 등)

공무원이 개인으로서 근무시간이 아닌 때에는 국가정책에 대해서 반대의사 표현을 할 수 있으나 집단적 형태를 띨 때에는 국민전체에 대한 봉사자로서 책무에 위배될 수 있다는 것이 헌법재판소의 합헌의견의 주된 근거로 보인다.

3. 결론

이상 현행법과 법원 및 헌법재판소의 판례에 비추어, 교사의 표현의 자유는 상당한 제한이 따르고 있다.

교사의 표현 내용이 정치적 표현일 경우에는 교사에게 정치적 중립의무가 있으므로, 교육현장에서 정치적 중립을 지키지 못한 경우에는 문제가 될 수 있다. 1절에서 소개한 사건에서 해당 교사는 미국산 쇠고기 수입을 반대하면서 학생들에게 정권을 비판하는 전단지를 나눠준 행위도 문제가 되었는데, 교사의 정치적 중립의무 위반이 인정되었다.[14)]

조하거나 방해하는 것

3. 특정정당 또는 정치단체를 지지 또는 반대하거나 공직선거에 있어서 특정후보자를 지지 또는 반대하는 의견을 집회 기타 다수인이 모인 장소에서 발표하거나 문서 · 도서 · 신문 기타의 간행물에 게재하는 것
4. 정당 기타 정치단체의 표지로 사용되는 기 · 완장 · 복식 등을 제작 또는 배부하거나 이를 착용 · 착용권유 또는 착용을 방해하는 행위등 기타 명목 여하를 불문하고 금전 또는 물질로 특정정당 또는 정치단체를 지지 또는 반대하는 것

14) 이 사건에서 서울 00고등학교의 일부 학생들이 2008.6. 둘째 주경 교무실에서 원고 교사로부터 전단지를 받아갔는데, 전단지 상단에 '광우병 소고기 수입, 경쟁교육, 건강보험 민영화, 대운하 강행, 물 · 전기 · 가스 민영화, 물가 인상'이라고 인쇄되어 있었다. 이에 대해 1심 법원은 「교원의 정치적 중립에 관한 법령 및 위 법리에 비추어 이 사건에 관하여 보건대, 위 전단지의 기재 내용에 의하면 그것이 정부 정책에 대한 건전한 비판이라기보다는 현 정권에 대한 불만을 강하게 표시하는 것이어서 정치적 의사표시가 없는 것이라고 볼 수 없는 점, 원고 주장에 의하더라도 위 전단지가 당시 전국적인 관심사항이었던 이른바 미국산 쇠고기 수입문제로 불거진 '촛불시위'와 관련이 있는 것이라는데, 당시 그 미국산 쇠고기

교사의 표현 내용이 정치적 표현일 경우라도, 교사가 개인으로서 근무시간이 아닌 때에는 국가 정책에 대해 반대하는 의견을 표시할 수 있으나, 근무시간이 아니더라도 집단적 형태를 띠면서 국가 정책에 대해 반대하는 의견을 표시할 때에는 국민전체에 대한 봉사자로서 책무에 위배될 수 있다고 보고 있다. 현재로서 초·중등학교 교사의 경우 정치활동을 통한 의사표현의 자유는 크게 제약되어 있다.

교사의 표현이 정치적 표현이 아닐 경우라도 수업시간의 경우에는, 학생, 교사 학부모 사이에서 각 입장이나 의견이 갈릴 수 있는 사안에 대해 의견이 다른 학생 내지 교사들에 대한 위화감을 조성할 수 있는 행위라고 판단될 경우에는 징계의 대상이 될 수 있다고 보고 있다.

결국, 현행법과 판례에 비추어 교사의 표현의 자유는 그 내용이 정치적 내용일 경우에는 교육현장에서의 표현은 개인적 표현이든 집단적 표현이던 교원의 정치적 중립의무 위반에 해당할 수 있고, 교육 현장 밖에서의 정치적 표현은 그것이 집단성을 갖출 때에 한해 교원의 정치적 중립의무를 위반할 가능성이 생긴다.

교사의 표현 내용이 정치적 표현이 아닐 경우에는 학생, 교사 학부모 사이에서 각 입장이나 의견이 갈릴 수 있음에도 다른 학생 내지 교사들에 대한 위화감을 조성할 수 있는 교육현장에서의 행위일 경우에는 교원의 품위유지의무 위반으로 판단될 수 있다.

출처: 전제철(2020), 표현의 자유와 사회과 논쟁문제 수업(The Freedom of Expression and Guiding Controversial Issue in Social Studies), 법교육연구15(3).

수입 및 촛불시위로 인해 국론분열이 우려될 정도로 갈등이 심각했었던 상황이었던 점 등을 고려해 보면, 그러한 상황에서 감수성과 수용성이 왕성한 고등학생들에게 원고가 위 전단지를 나눠준 행위는 교원의 정치적 중립의무를 위반한 것으로 봄이 상당한다.」고 판시하였다(서울행정법원 2010. 11. 5. 2010구합14749 파면처분취소소청심사결정취소).

읽기 자료 3

학생의 표현의 자유는 어떠한 제한을 받는가?

1. 미국에서 학생의 표현의 자유

미국의 경우 법원의 재판에서 Tinker 판결 이전에는 학생의 표현의 자유와 관련하여 미 연방 헌법상 표현의 자유에 따르는 헌법적 권리는 그다지 거론되지 않았다. 일반적으로 법원은 학교의 처분을 평가할 때 합리성(reasonableness)에 대한 검증을 하여, 학교의 처분이나 규칙이 교육 목적과 어떤 합리적인 관계가 있다면, 설사 그 처분이나 규칙이 헌법상의 권리를 침해하는 것이라는 의심이 있다고 하더라도 그 처분이나 규칙을 지지하였다. 교육 당국이 규칙을 제정함에 있어서 재량권을 가지고 있고, 학교 당국이 교육 문제에 관한 한 전문가라고 보았기 때문에 그들의 판단을 법원이 대체할 수 없다고 생각해서 교육위원회의 재량을 폭 넓게 인정한 것이다. 이러한 경향을 처음으로 벗어난 것이 Tinker 판결이었으므로, 학생의 표현의 자유와 관련해서는 기념비적 판결로 평가된다. 이 Tinker 판결의 내용은 다음과 같다.

1965년 12월 미국 공립고등학교에 다니던 존 팅커(John Tinker)는 친구 2명과 함께 베트남 정책에 반대하는 뜻으로 검은색 완장을 차고 학교에 갔다. 학교는 완장을 풀지 않으면 등교할 수 없다며 정학 처분을 내렸다. 이에 해당 학생들은 소송을 제기하게 되었고, 학생들에게 검은 완장을 달지 못하도록 한 학교 당국의 조치가 미국 연방헌법 수정 제1조 표현의 자유 보장에 위반되느냐가 이 소송의 쟁점이었다.

이에 대해 1심과 2심은 교내 질서를 유지하기 위해서는 불가피한 조치라며 학교 당국의 손을 들어주었다. 그러나 연방대법원은 7대2로 원심을 파기했다. 재판부는 "학생들이 완장을 맨 것은 조용하고 소극적인 의사표시(silent, passive expression of opinion)이며, 학교 운영을 혼란에 빠뜨리거나 폭력적이고 무질서한 행동도 아니며, 다른 학생의 권리를 침해한 것도 아니다."라고 판시하였다. 재판부는 "단지 소동을 일으킬지도 모른다는 우려만으로 수정헌법 제1조가 보장하는 표현의 자유를 제한할 수 없다."는 입장을 밝혔다. 미연방 대법원은 검은 완장을 착용하는 것은 연방헌법 수정 제1조에서 보장하고 있는 표현의 자유에 해당하며, 학생도 학교 밖에서는 물론 학교 안에서도 그러한 헌법상의 자유를 향유할 수 있다고 판결하였다. Tinker 판결에서 미연방 대법원은 "표현의 자유라는 헌법적 권리는 교문에서 박탈당하지 않는다."라고 하면서, 그 표현이 실질적이고 상당한(material and substantial) 정도로 학교의 업무와 규율을 방해하거나 다른 학생의 권리를 침해하지 않는 한 학생의 표현을 제한할 수 없다고 판시하면서, '완장'은 방해적(disruptive) 표현이 아니라고 보았다.[15] "다수로부터의 이탈이 불편을 야기하고 우려를 낳을 수도 있으나, 헌법은 이러한

15) Tinker V. Des Moines Independant School District, 393 U.S. 503 (1969)

위험의 감수가 필요하다고 말하고 있고 우리의 역사는 이러한 모험적 자유와 개방성을 허용하며, 논쟁적 사회야말로 시민의 독립성, 활력과 국가의 힘의 토대"라고 강조하였다(권혜령, 2017: 62).

Tinker 판결을 계기로 학교 내에서 학생의 표현을 규제하기 위해서는 학교 측이 그 표현행위가 학습에 실질적 방해(substantial disruption)가 되거나 다른 학생의 권리를 침해함을 입증하여야 하므로, 표현의 자유에 대한 엄격 심사기준을 적용하여 학교의 교육적 통제권보다 학생의 표현의 자유에 대해 더 보호하려는 태도로 미연방대법원의 판례가 변경된 것으로 평가할 수 있다.

이후 미국 연방대법원은 미국에서 학생의 표현의 자유에 대해 "학생이라고 해서 학교 내에서 연방 헌법상 보장되고 있는 표현의 자유가 포기될 수는 없다"는 Tinker 판결(1969년)의 원칙을 대원칙으로 하면서도, 학생의 표현의 자유는 성인과 같은 수준의 보장을 받는 것이 아니라고 하는 원칙을 계속해서 세워왔다. 학교가 교육을 위한 곳임을 감안해 교육적 목적을 위해 합리적 범위 내에서 학생의 표현의 자유는 제한될 수 있다는 판례가 Tinker판결 이후 형성되었는데, 대체로 자주 인용되는 판례는 다음과 같은 경우이다.

먼저, 학생회 간부 후보로 출마한 친구를 지지하는 연설을 하는 가운데 교묘하면서도 생생하게 분명한 성적 비유를 사용하여 후보 지지연설을 한 것에 대해 학교 측의 정학처분을 정당하다고 판단한 Fraser 판결(1986년)[16]이 그 중 하나이다. 미국 연방대법원은 Fraser 판결에서 "수정헌법 제1조는 학교 당국이 학생들의 음란한 언론을 허용한다면 학교의 교육상 기본적 사명이 위태롭게 된다고 판단하는 것까지를 금하는 것은 아니다."라고 판시하고, 공립학교에서 수정헌법 제1조의 법리는 학교환경의 특수한 성격에 비추어 적용되어야 하며, 동일한 언론이 학교 밖에서는 정부에 의해 검열될 수 없다고 하더라도 학교는 이를 규제할 수 있기 때문에 학교의 기본적인 교육적 사명에 부합하지 않는 표현의 자유를 학생들에게 허용할 필요는 없다고 설시하였다. 그에 따라 법원은 Fraser의 연설이 학생과 교사 모두에게 공격적인 것이었고 10대의 여학생들을 심하게 모욕하는 내용이었기 때문에 그것은 인간의 성에 대한 자각이 들기 시작한 14세에 불과한 덜 성숙한 청중들에게 심각한 피해를 줄 수 있다는 점을 들어 그 징계가 정당하다고 판시하였다(박용상, 2002: 317).

다음으로 자주 인용되는 판결은 Hazelwood학생신문 검열사건 판결[17]이다. 이 판결은 임신과 관련된 학생들의 경험을 기술한 기사와, 이혼이 학생에게 미치는 충격을 토론한 내용의 기사를 어린 학생들에게 적합한 내용이 아니라고 판단하여 교장이 삭제한 사건에서 비롯되었다. 이 사건에서도 연방대법원은 교문에 들어서는 순간 학생이 연방헌법상 언론의 자유권을 박탈당하는 것은 아니라는 Tinker의 원칙을 수용하였지만 학생의 권리는 성인의 권리와 같은 수준이 아니고, 학교 환경의 특수한 성격에 비추어 교육목표와 배치되는 학생의

16) Bethel School Dist. No. 403 v Fraser, 478 U.S. 675 (1986)
17) Hazelwood School District v. Kuhlmeier, 484 U.S. 260 (1988)

표현행위를 학교가 인내할 이유는 없다고 판단하였다. 이 판결에서는 우선, 교지의 발간은 교육과정과 일상적인 수업활동의 일부로 이루어졌다는 점에 주목하였다. Tinker 사건의 경우 학생의 개별적이고 독립적인 표현에 관한 문제이지만, 이 사건은 학교 교지에 관한 것이어서 교지의 발간은 교육과정과 일상적인 수업활동의 일부이며, 학생, 학부모, 지역주민이 보기에 학교의 후원과 허락을 받은 것으로 인식될 수 있는 행위에 관한 것이다. 연방대법원은 이런 유형의 표현 행위에 대해서는 학교가 더 강한 통제권을 갖게 된다고 보았다. 개별 학생의 의견이 학교의 견해로 잘못 오인될 소지가 있기 때문이었다(조석훈, 2020: 259).

이 사건에서 미국 연방대법원은 학교가 후원하는 고등학교의 신문에 대한 교장의 검열 권한을 인정하면서 학교의 후원 · 주최 하에 있는 교육활동의 국면에서 학생의 언론활동의 형태나 내용에 편집상 통제를 가하는 교육자의 행위는 그 행위가 정당한 교육적 배려(legitimate pedagogical concern)와 합리적으로 관련되는 한 수정헌법 제1조에 위반하는 것이 아니라고 판시하였다. 대법원은 이 사건에서 '학교의 승인을 부담해야 하는 표현이라고 합리적으로 판단되는 경우'에는 학교의 판단이 '합법적인 교육적 이해와 관련되는 한' 그 표현은 규제될 수 있다고 보았다. 이 판결은 완화된 심사기준을 적용하여 학교의 재량을 폭 넓게 인정한 것으로 볼 수 있다. 학교가 '표현에 대한 규제가 합법적인 교육적 우려와 합리적으로 관련되었다는 것'만을 입증하면 Tinker 기준에서와 같이 실질적 방해의 위험까지는 야기하지 않는다고 하더라도 "학교가 후원하는 표현에서 학생 표현의 양식과 내용에 대한 편집자적 통제를 행사하는 것이 허용된다."고 판시한 것이다.

자주 인용되는 또 다른 판결은 학생의 표현이 불법적인 약물의 사용을 조장할 수 있을 경우 학교의 관여가 정당하다고 한 Morse 판결이다. 2002년 1월 24일, 알래스카주 주노 더글라스(Juneau-Douglas) 고등학교 학생들과 교직원들은 2002년 동계 올림픽 성화 봉송의 일환으로 올림픽 성화가 지나가는 것을 보기 위해 수업을 떠나는 것이 허용되었고, 조셉 프레데릭(Joseph Frederick)이라는 학생이 건너편 보도에서 그의 친구들과 함께 "BONG HiTS 4 JESUS"라고 쓰인 현수막을 텔레비전 카메라 기자들이 볼 수 있도록 내걸자 당시 교장이었던 데보라 모스(Deborah Morse)가 길 건너편으로 달려가 현수막을 압수하고, 이후 모스(Morse)는 프레데릭(Frederick)이 학군의 마약금지 정책을 위반했다는 이유로 그에게 정학처분을 내렸다. 프레드릭(Frederick)은 언론의 자유에 대한 헌법상의 권리가 침해되었다고 주장하며 소송을 제기했다. 그의 소송은 연방 지방 법원에 의해 기각되었지만 항소심은 연방지방법원의 판결을 번복하여 프레드릭(Frederick)의 연설 권리가 침해되었다고 결론을 내렸다. 사건은 대법원까지 가게 되었고, 미연방대법원은 올림픽 기간 성화 봉송이 행해지는 거리의 인도에서 "BONG HiTS 4 JESUS"라고 쓰인 배너를 들고 있는 학생을 정학 처분한 학교의 조치는 정당하다고 판결하였다.[18)]

18) Morse v. Frederick, (551 U.S. 393 (2007))

이 사건에서 연방대법원은 이 사건이 정치적 표현과 관계된 것이 아니라는 점도 근거로 제시하면서[19] '실질적 · 물리적인 상당한 정도의 위해'가 아니더라도, 학교가 그 표현이 '불법적인 약물 사용을 조장한다고 합리적으로 판단할 경우' 학생의 표현을 제한할 수 있다고 판시하였다.[20]

결국, 미국 연방대법원이 학생의 표현의 자유를 대하는 판례 경향은 결국 "학생이라고 해서 학교 내에서 연방 헌법상 보장되고 있는 표현의 자유가 포기될 수는 없다"는 Tinker 판결의 원칙을 수용하면서도 학생의 표현의 자유는 성인과 같은 수준의 보장을 받는 것이 아니라고 하는 원칙을 세웠다고 볼 수 있다. 다시 말해, 학교가 교육을 위한 곳임을 감안해 교육적 목적을 위해 합리적 범위 내에서 학생의 표현의 자유는 제한될 수 있다는 것이다.

그런데 미국에서의 판례들에 비추어 어느 정도까지 학생의 표현의 자유를 제한할 수 있는지는 다음에서 설명하는 바와 같이, 표현의 내용에 대한 규제인지, 표현의 방식에 의한 규제인지에 따라 달라지고, 표현 내용의 규제일 경우, 그 내용이 순수한 정치적 표현인지 아닌지에 따라 또 제한의 정도를 달리하고 있는 것으로 보인다. 또 학생의 표현이 학교의 정규 교육과정과 관련된 영역인지, 학교의 지원과 관련되어 있는지에 따라 그 제한의 정도는 다른 양상을 보이고 있다.

Tinker 판결에서의 '정치적 표현'과는 달리 Fraser 사건의 '성적 표현'에 대해 미연방 대법원은 '학교는 학생의 표현이 외설스럽고, 상스럽고, 모욕적이거나 명백히 무례한 경우'에는 그러한 표현이 "기본적인 교육적 사명을 훼손시키기 때문에" 제한할 수 있다고 판시하였고, Morse 판결에서도 이 사건에서의 표현은 정치적 표현이 아니라는 점도 근거로 제시하면서, '실질적. 물리적인 상당한 정도의 위해'가 아니라도 '불법적인 약물 사용을 조장한다고 합리적으로 판단할 경우' 학생의 표현을 제한할 수 있다고 판시하여, 학생의 표현이 정치적 표현일 경우와 아닐 경우를 구분하여 판단하고 있다. 학생의 표현에 있어서 그 표현이 순수한 정치적 표현일 경우에는 그 표현의 자유에 대한 제한에 대해 엄격한 심사기준을 적용하여 학생의 표현의 자유를 넓게 보장하고, 정치적 표현이 아닐 경우에는 그 행위가 정당한 교육적 배려(legitimate pedagogical concern)와 합리적으로 관련되는 한 수정헌법 제1

19) Further, Morse arguably permits viewpoint discrimination of purely political speech whenever that speech mentions illegal drugs—a result seemingly at odds with the First Amendment.

20) Chief Justice Roberts, writing for the majority, concluded that the school officials did not violate the First Amendment. To do so, he made three legal determinations: first, that "school speech" doctrine should apply because Frederick's speech occurred "at a school event"; second, that the speech was "reasonably viewed as promoting illegal drug use"; and third, that a principal may legally restrict that speech—based on the three existing First Amendment school speech precedents, other Constitutional jurisprudence relating to schools and a school's "important, indeed, perhaps compelling interest" in deterring drug use by students.

조에 위반하는 것이 아니라고 판시하였다.

결국, 미연방대법원 판례의 태도는 학생의 표현이 Tinker 판결에서의 베트남 전 참전 반대 의사 표시와 같은 순수한 정치적 표현일 경우에는 학생의 표현의 자유를 폭넓게 인정하고, 순수한 정치적 표현이 아닐 경우에는 교육적 목적에서 표현의 자유를 제한하는 것을 널리 인정하고 있다고 할 수 있다. 미국에서 학생의 표현의 자유와 관련하여 발견되는 특징 중 하나가 바로 학생에게 정치적 표현의 자유는 다른 표현의 자유에 비해 더 존중한다는 점이다.

2. 한국에서 학생의 표현의 자유

학생 또한 헌법이 규정한 국민에 해당하므로, 헌법 제21조[21]가 상정한 표현의 자유의 보호를 받는다. 하지만, 학생의 표현의 자유는 피교육자로서 학생이라는 특수한 신분을 이유로 일반인에 비해 더 많이 제한될 수 있는데, 우리의 현행 교육관계 법령에서도 학생이라는 신분에 의한 권리의 보장을 규정하면서도 동시에 학생이라는 신분에 의한 권리제한 규정을 동시에 두고 있다. 즉, 교육기본법 제12조는 제①항에서 "학생을 포함한 학습자의 기본적 인권은 학교교육 또는 사회교육의 과정에서 존중되고 보호된다."고 하여 권리의 보장을 규정하면서, 동조 제③항에서는 "학생은 학습자로서의 윤리의식을 확립하고, 학교의 규칙을 준수하여야 하며, 교원의 교육 · 연구 활동을 방해하거나 학내의 질서를 문란하게 하여서는 아니 된다."고 규정하여 권리 제한 규정을 두고 있다. 또한 초 · 중등교육법 제17조에서는 "학생의 자치활동은 권장 · 보호되며, 그 조직과 운영에 관한 기본적인 사항은 학칙으로 정한다."고 규정하여 권리 보장을 규정하면서도, 동시에 학칙을 통한 학교의 규제를 허용하고 있다(노기호, 2011: 168).

한편 동법 제18조 제①항에서는 "학교의 장은 교육상 필요한 경우에는 법령과 학칙으로 정하는 바에 따라 학생을 징계하거나 그 밖의 방법으로 지도할 수 있다."고 규정하여 권리 제한 규정을 두고 있다.

결국, 학생이 경우 표현의 자유를 행사함에 있어서 일반 성인과 달리, 학습자로서의 윤리의식, 학교의 규칙 준수, 교원의 교육 · 연구 활동 방해 금지, 학내의 질서 유지라는 이유로 표현의 자유가 제한될 수 있음을 알 수 있다(교육기본법 제12조는 제①항). 또한, 학칙을 통한 학생 자치 활동의 규제(초 · 중등교육법 제17조), 법령과 학칙으로 정하는 바에 따른 학생 징계(초 · 중등교육법 제18조 제①항)에 따라 학생의 표현의 자유가 위축될 가능성이 있

21) 헌법 제21조
① 모든 국민은 언론 · 출판의 자유와 집회 · 결사의 자유를 가진다.
② 언론 · 출판에 대한 허가나 검열과 집회 · 결사에 대한 허가는 인정되지 아니한다.
③ 통신 · 방송의 시설기준과 신문의 기능을 보장하기 위하여 필요한 사항은 법률로 정한다.
④ 언론 · 출판은 타인의 명예나 권리 또는 공중도덕이나 사회윤리를 침해하여서는 아니 된다. 언론 · 출판이 타인의 명예나 권리를 침해한 때에는 피해자는 이에 대한 피해의 배상을 청구할 수 있다.

다. 이러한 학생의 표현의 자유는 유엔의 아동의 권리에 관한 협약(Convention on the Rights of the Child)에 의해 보호받고 있는데, 동 협약에는 '자신의 견해를 자유스럽게 표시할 권리(제12조)', '표현에 대한 자유권(제13조)', '종교와 신념을 표현하는 자유(제14조)', '결사의 자유와 평화적 집회의 자유(제15조)'가 규정되어 있다.

살펴본 바와 같이 미국 법원의 경우 1969년 미연방대법원이 Tinker 판결 에서 학생이라고 해서 학교 내에서 연방 헌법상 보장되고 있는 표현의 자유가 포기될 수는 없다"는 원칙을 세운 이후, Fraser 판결(1986년), Hazelwood 판결(1988년), Morse 판결(2007년)들을 통하여 학생의 표현의 자유에 대한 교육적 목적을 위한 학생의 표현의 자유에 대한 제한을 어느 정도까지 인정하는 원칙을 세워왔다고 볼 수 있다. 하지만 한국의 경우, 국가인권위원회 진정사건에서 여러 차례 학생의 표현의 자유에 대한 결정을 내린 바 있으나, 법원이나 헌법재판소에서 본격적으로 학생의 표현의 자유가 다루어진 판례는 보이지 않는다. 최근에는 선거법 개정으로 2020년부터 고등학교 3학년 중 상당수가 선거권을 가지게 되어 고등학교에서 정치적 이슈와 관련한 쟁점을 교실에서 다룰 경우, 교사와 학생, 또는 학부모 간에 정치적 시각의 차이로 인한 갈등이 드러나고 있는데, 특히 주목할 만한 사건이 최근에 있었다. 비록 1심에서 사건이 종결되었지만 학생의 표현의 자유와 관련하여 의미 있는 판결이어서 살펴보고자 한다.

2019년의 조국 사태에 즈음하여, 서울의 공립 고등학교인 인헌고등학교에서 일부 교사들이 학생들에 대한 반일 사상 및 편향된 정치사상 주입을 시도했다는 학생들의 주장이 있었고, 이러한 학생들의 주장이 사회적으로 큰 반향을 일으켜 세간의 주목을 받은 일이 법원의 소송으로까지 비화되었는데, 아마 이 사건이 학생의 표현의 자유와 관련된 법원의 소송 사례로는 최초가 아닌가 한다.

인헌고등학교에서 최○○ 군을 포함한 몇 학생들이 교사들의 학생들에 대한 반일 사상 및 편향된 정치사상 주입을 강요당했다고 주장하면서 이를 입증하는 동영상을 게시하였고, 동 영상에 게시된 학생들이 학교 폭력을 당했다고 주장하여 신고하자, 최○○ 군이 학교폭력위원회에서 징계를 받고 징계를 취소하라는 소송이 벌어진 것인데, 아마도 보통교육과정에서 학생의 표현의 자유와 관련한 법원 판결로는 최초의 이정표적인 판결이 아닌가 보인다. 주요 판결 요지 부분을 소개하면 다음과 같다.

> 원고는 인헌고등학교의 학생들에 대한 반일 사상 및 편향된 정치사상 주입을 주장하면서 이를 입증하는 동영상을 게시하였고, 그 후 피해학생들의 얼굴을 모자이크 처리하면서 공익적 이유로 삭제하기 어렵다는 의사를 전달하였다. 이러한 원고의 행위는 공익 실현에 부합하는 일종의 '공익 제보'에 해당할 뿐 구 학교폭력예방법 제2조 제1호의 학교 폭력으로 볼 수 없다. 그럼에도 피고는 재량권을 일탈 · 남용하여 피해학생들의 동영상 삭제 요청을 받아들이지 않았다는 이유로 학교 폭력으로 인정하였다(2020. 10. 27. 선고 서울행정법원 2019구합7676, 조치처분 취소).

학생들에 대한 반일 사상 및 편향된 정치사상 주입을 주장하는 동영상에 얼굴이 나온 학생들이 동영상의 삭제를 요구하자, 학생들의 얼굴을 모자이크 처리하면서 공익적 이유로 삭제하기 어렵다는 의사를 전달한 것에 대해 학교 폭력으로 규정하고 징계하는 것이 재량권 일탈 남용에 해당하느냐가 쟁점이었다.

서울행정법원은 "이러한 원고의 행위는 공익 실현에 부합하는 일종의 '공익 제보'에 해당할 뿐 구 학교폭력예방법 제2조 제1호의 학교 폭력으로 볼 수 없다. 그럼에도 피고는 재량권을 일탈 · 남용하여 피해학생들의 동영상 삭제 요청을 받아들이지 않았다는 이유로 학교폭력으로 인정하였다."고 판시하며 징계를 취소하라고 판결하였다. 인헌고 사건에서 학생들의 주장은 순수한 정치적 주장이고, 교육과정과 무관한 공적 영역(public forum)에서의 표현행위였다. 논란의 여지가 상당하나, 교사들의 여러 학생 지도 방식이 사상적 주입이나 교화에 해당하는지 여부를 떠나, 학생들이 사상 주입이나 사상 강요로 느꼈다면 그러한 학교의 교육적 방식에 대해 충분히 자신의 의견을 표현할 권리는 당연히 부여되어야 할 것이다.22)

결국 미연방대법원의 판례에서도 보여 주듯이 학생의 표현의 자유 중, 순수한 정치적 표현의 자유에 대한 제한은 가장 엄격한 심사 기준에 의해 평가되어야 한다는 것은 한국에서도 마찬가지로 적용되어야 할 것이다.

우리나라 교사들에게 정치적인 표현은 그것이 중립성을 위반하였다고 보일 경우 폭넓은 제한이 가능한 것과 비교하여, 학생들에게는 표현에 있어서 정치적 중립을 지켜야 할 의무가 없다. Ⅳ장 1절에서 살펴본, 미국에서 학생의 표현의 자유 중에 가장 폭넓은 자유의 보장을 받는 영역은 바로 정치적 표현의 자유이다. 이는 한국에서도 마찬가지이어야 할 것이며, 학교에서 사회적 논쟁문제를 지도함에 있어서 특히 유의해야 할 점이다.

출처: 전제철(2020), 표현의 자유와 사회과 논쟁문제 수업(The Freedom of Expression and Guiding Controversial Issue in Social Studies), 법교육연구15(3).

22) 당시 서울시교육청은 인헌고 사태와 관련하여 한 달간의 특별장학 결과를 발표하면서, 일부 교사들의 부적절한 발언은 일부 확인했다 하면서도, 해당 교사에 대해 주의 · 경고 등 행정처분을 내리지 않기로 했고, 또 특별감사도 의뢰하지 않기로 했다. "학생들 시각에서 교사들의 일부 부적절한 발언이 있었지만, 지속 · 반복 · 강압적으로 이뤄진 특정 정치사상 주입이나 정치 편향 교육 활동은 없었다."고 밝혔다.

읽기 자료 4

현행 헌법상의 경제 경제질서

[목차]

Ⅰ. 경제질서의 의의

국가의 기본적 경제구조를 경제질서라고 한다. 자본주의 초기에는 자유방임적 경제질서가 경제영역을 지배하던 것이 19세기 말에서 20세기 초에 걸쳐 자본주의체제의 여러 문제들이 발생하면서 이러한 자본주의체제내의 모순을 극복하기 위한 적극적인 방안들이 모색되었다. 그 방안 중의 하나가 사회적 계획경제질서이고, 다른 하나는 통상 '사회적 시장경제질서'라고 불리는 제3의 유형이었다.

Ⅱ. 경제질서의 유형

1. 자본주의적 자유시장경제질서

자본주의 초기의 경제절서는 개인의 경제적 자유를 최대한으로 보장하는 자본주의적 자유 시장경제질서를 그 기반으로 한다. 자본주의적 자유시장경제질서는 가격기구의 기능에 의하 이 자원배분이 자율적으로 이루어지는 시장경제원리를 그 기본으로 한다. 그 특징으로는 사유 재산제, 직업선택의 자유, 이윤추구의 원리, 시장경제와 가격기구, 노동의 상품화 등을 들 수 있다.

2. 사회주의적 계획경제질서

사회주의적 계획경제질서는 자본주의적 경제질서에 대한 전면적인 부정에서 출발하였으며, 이른바 "인간에 의한 인간의 경제적 착취의 배제와 전체 인민의 복리와 수요의 충족"을 그 이념으로 표방하였다. 그 특징으로는 생산수단의 사회화, 사유재산제의 부정, 직업선택의 부자유, 이윤추구의 불인정, 계획경제, 공동생산 · 공동분배 등이다.

3. 제3의 경제질서

자본주의적 결함과 모순에 직면하여 이를 개량적인 방법으로 해결하고자 한 것이 통상 '사회적 시장경제질서'라고 불리는 제3의 유형이다. 제3의 유형의 경제질서는 사유재산제의 보장과 자유경쟁을 기본원리로 하는 시장경제질서를 근간으로 하되, 사회복지 · 사회정의 · 경제민주화 등을 실현하기 위하여 부분적으로 사회주의적 통제경제를 가미한 경제질서를 말한다. 학자에 따라서는 제3의 유형을 '사회적 시장경제질서'라고 말하기도 하고, '혼합경제체제'라고 말하기도 하고, '수정자본주의체제'라고 말하기도 한다.

Ⅲ. 현행 헌법상 경제질서의 성격

1. 학설

(1) '사회적 시장경제질서'로 보는 견해

이 견해는, 우리 헌법상 경제질서를 자본주의적 자유시장경제질서나 사회주의적 계획경제질서에 대비되는 제3의 경제질서인 사회적 시장경제질서로 본다. 이는 시장경제질서를 근간으로 하되 사회정의실현을 위해 경제에 대한 국가의 통제가 인정되는 것을 그 근거로 한다.

(2) 비판적 견해

우리 헌법상 경제조항은 독일식의 사회적 시장경제질서로는 수용할 수 없는 계획적 · 조정적 요소를 포함하고 있으므로 우리 헌법상 경제질서를 사회적 시장경제질서로 설명하는 것은 부적절하다고 보는 견해가 있다. 즉 중요한 생산수단인 농지나 토지의 경우에는 특별한 제한을 할 수 있도록 하고 있고(제120조 제2항, 제121조), 국토와 자원의 균형 있는 개발이용(제122조)과 농어촌의 종합개발과 관련하여 광범위한 계획(제123조 제1항)을 할 수 있게 하고, 사유 재산의 국유 또는 공유(제126조)까지도 규정하고 있는데, 이는 사회적 시장경제질서로서는 수용할 수 없고 오히려 사회주의적 경제질서에 가깝다고 본다. 또 다른 견해로서는 우리 헌법은 혼합경제체계를 택하고 있으나 보다 구체적인 경제체계에 대해서는 중립적인 입장을 택하고 있다는 견해도 있다.

2. 헌법재판소의 판례

우리 헌법재판소는 「우리 헌법상의 경제질서는 사유재산제를 바탕으로 하고 자유경쟁을 존중하는 자유시장경제질서를 기본으로 하면서도 이에 수반되는 갖가지 모순들을 제거하고 사회복지 · 사회정의를 실현하기 위하여 국가적 규제와 조정을 용인하는 사회적 시장경제질서로서의 성격을 띠고 있다」고 판시하고 있다(1996.4.25. 92헌바47).

3. 검토

우리 헌법은 독일의 사회적 시장경제질서보다는 국가의 계획 · 규제 · 조정의 여지를 넓게 인정하고 있으나 이들 규정이 이러한 계획과 조정 · 규제를 국가의 의무로 규정하고 있다고 볼 수는 없다. 이는 헌법 제119조 제2항, 제122조, 제125조 등이 '할 수 있다'고 규정한 점에서도 발견된다. 결론적으로 우리 헌법상 경제질서는 독일식의 사회적 시장경제질서보다 보편적 개념이며 넓은 의미를 함유한 혼합경제로 설명하는 것이 적합하다고 할 것이며, 그때 그때의 경제상황이나 사회현실, 정부의 정책에 따라 경제정책의 선택을 자유방임주의나 중앙계획경제가 아닌 이상 혼합경제의 범위 내에서 장래의 정책에 넓게 개방하는 질서를 의미한다고 생각한다.

IV. 현행 헌법상 경제질서의 기본적 내용

1. 사유재산제의 보장과 제한

(1) 사유재산제의 보장

헌법은 제23조 제1항의 재산권보장규정을 통해 사유재산제를 경제질서의 기본으로 하고 있다. 이에는 생산수단의 사적 소유를 포함하며 이에 따라 자본가에 대한 이윤의 귀속이 인정된다. 이에 따라 재산의 사용 · 수익 · 처분의 자유가 보장되고 상속과 증여가 인정된다.

(2) 사유제산제의 제한

헌법 제23조 제1항과 제2항에서는 법치국가의 원리에 입각한 재산권의 사회적 기속성을 규정함으로써 사유재산제를 제한하고 있다. 이외에도 헌법은 국토의 이용개발과 토지소유권의 공공성(제122조), 자연자원의 부분적 사회화(제120조 제1항), 기업의 국민화와 공유화(제126조) 등을 규정하고 있다.

2. 자유시장경제의 원칙과 수정

(1) 지유시장경제의 원칙

우리 헌법상 경제질서는 개인의 경제적 자유와 자유시장경제질서에 바탕하고 있다. 이는 헌법 제119조 제1항이 「대한민국의 경제질서는 개인과 기업의 자유와 창의를 존중함을 기본으로 한다」고 한 점에서 명시되어 있고, 또 직업의 자유, 거주 · 이전의 자유, 재산권 보장 등을 규정하는 헌법규정, 그리고 자유민주적 기본질서를 규정하고 있는 헌법규정 등에서도 추론된다. 그런 점에서 우리 헌법은 중앙계획경제-통제경제체제를 부정한다.

(2) 지유시장경제의 수정

우리 헌법은 지본주의적 자유시장경제질서의 결함과 단점을 제거 또는 시정하기 위하여 경제에 대한 많은 규제와 조정을 가하고 있다. 구체적으로, (a) 현행헌법에서는 종래의 성장 지상 주의에 대한 반성적 성찰로서 경제성장의 혜택을 전국민이 고르게 누릴 수 있도록 하기 위하여, 성장 · 안정 · 분배의 조화를 도모하고 있다. (b) 실질적인 '자유경쟁'을 보장하기 위해 독과점을 규제 · 조정한다. 독과점의 폐단을 막기 위한 대표적 법률로 '독점규제 및 공정거래에관한법률'이 있다.

3. 경제민주화의 지향

현행 헌법의 경제질서는 헌법 제119조 제2항을 통해 사회정의와 경제민주화의 실현을 기본 목표로 하고 있음을 알 수 있다. 여기서 경제의 민주화라 함은 경제활동에 관한 의사결정권이 한 곳에 집중되지 아니하고 분산됨으로써 경제주체간에 견제와 균형이 이루어지고, 시장기구가 정상적으로 작동되는 상태를 말한다. 경제민주화의 주된 내용으로는, (a) 민주적인 노조 · 농민조직 · 소비자조직의 결성, (b) 실질적인 기업공개와 주식분산, (c) 독과점 및 경제력집중의 규제, (d) 금융자율화, (e) 경제계획의 신축성과 유연성 등을 들 수 있다.

V. 국가의 경제간섭의 근거 및 한계

1. 국가의 경제간섭의 근거

(1) 경제정책적 측면

우선 경제정책적 요구에 기초한 국가의 시장에의 개입과 규제, 계획을 들 수 있다. 구체적으로, (a) 시장에서의 경쟁의 조건을 실현하기 위한 규제, 개입이 인정되는데 이는 헌법 제119조 제2항에서 그 근거를 발견할 수 있다. (b) 시장의 원리가 적용될 수 없는 영역, 예컨대 녹지나 도로 등 사회간접자본의 조달을 위하여 또는 외부불경제를 초래하는 것을 막기 위하여 국토이용계획 등을 수립하는 경우로서 헌법 제120조 제2항과 제122조에서 그 근거를 찾을 수 있다. (c) 국민경제의 성장과 안정을 위해, 예컨대 경제불황의 극복을 위한 유효수요의 창출, 산업구조의 조정과 유도, 물가안정, 무역수지개선 등을 위한 국가의 규제 · 조정 · 유도를 할 수 있다. 이는 헌법 제119조 제2항, 제123조, 제125조 등에서 그 근거를 발견할 수 있다.

(2) 사회정책적 측면

또 다른 국가의 개입과 규제, 조정으로는 사회정책적 요구에 의한 것을 들 수 있다. 즉 복지국가원리에 따른 사회적 정의의 실현, 사회적 약자의 보호를 위한 노사관계에의 개입이나 사회보장의 실현, 소비자보호, 농어민보호, 환경보호 등을 위한 국가의 개입과 규제가 인정된다. 이는 헌법전문과 제23조 제2항, 제34조 제1항을 비롯한 생존권적 기본권의 보장 등 사회국가에 관한 규정과 제124조 등에서 그 근거를 발견할 수 있다.

2. 국가의 경제간섭의 한계

경제에 대한 국가의 개입 · 간섭, 특히 사기업의 경영에 대한 국가의 관리 · 통제는 무제한 허용되는 것이 아니라, 다음과 같은 일정한 한계가 있다. (a) 헌법 제126조의 규정에 따라 국방상 또는 국민경제상 간절한 필요가 인정되는 경우에 한해 사영기업을 국유 또는 공유로 이전하거나 그 경영을 통제 또는 관리할 수 있다. (b) 간절한 필요성이 인정되더라도 보충성의 원리에 입각하여 국가의 경제질서에의 개입은 시장경제의 원리에 의해 해결이 어려울 때 한하여 인정된다. 헌법 제119조 제1항은 대한민국의 경제질서는 개인과 기업의 경제상의 자유와 창의를 존중함을 기본으로 한다고 규정하고 있다. (c) 국가가 경제에 대한 규제와 조정을 함에 있어서는 자유시장경제질서의 근간을 이루는 사적 자치의 기본은 유지하여야 하며, (d) 경제에 관한 규제와 조정은 법치국가적 원리에 따라 법률에 근거하여 행해져야 하고, (e) 개인의 재산권을 침해할 경우에는 필요최소한의 범위 내에서 하여야 하며 그 본질적 내용은 침해하지 않아야 한다(출처: 정회철, CASE 단문헌법, 한울아카데미, 2004, p.228).

[참고]

김문현, 「현행 헌법상의 경제질서의 성격」, 《고시계》 (1997. 9.)
김형성, 「경제헌법과 경제간섭의 한계」, 《공법연구》 제21집
한수웅, 「한국 헌법상의 경제질서」, 『계희열박사화갑기념논문집』 (1995)

부록

부록 1. 서울행정법원_2013구합2426 판결 (육군사관학교 퇴학사건)

서 울 행 정 법 원

제 1 1 부

판 결

사 건 2013구합2426 퇴학처분취소

원 고 진■■

피 고 ■■■■학교장

변 론 종 결 2013. 6. 12.

판 결 선 고 2013. 7. 5.

주 문

1. 주위적 청구를 기각한다.
2. 피고가 2012. 11. 26. 원고에게 한 퇴학처분을 취소한다.
3. 소송비용은 피고가 부담한다.

청 구 취 지

주위적으로, 피고가 2012. 11. 26. 원고에게 한 퇴학처분이 무효임을 확인한다.

예비적으로, 주문 제2항과 같다.

- 1 -

이 유

1. 처분의 경위

가. 원고는 2009. 3.경 ■■■■학교 제○○기로 입학하여 4학년 2학기에 재학 중인 사관생도이다.

나. 피고는 2012. 11. 26. 원고에게 말로 퇴학처분을 하였다(이하 '이 사건 처분'이라 한다).

[인정근거] 다툼 없는 사실, 갑 제1호증의 기재, 변론 전체의 취지

2. 이 사건 처분의 적법 여부

가. 원고의 주장

(1) 절차적 위법에 관하여

(가) 교육운영위원회에 관하여

교육운영위원회의 심의결과에 기속되어야 하는 점, 교육운영위원회는 퇴학처분을 부결하고 중징계를 의결한 점 등을 고려할 때, 훈육위원회(갑반)로 환송하여 중 중징계를 재심의하여야 하므로, 이러한 절차를 거치지 아니한 채 이루어진 이 사건 처분은 위법무효하다.

(나) 변호인 생도 불출석 및 변명기회에 관하여

훈육위원회(갑반)는 변호인 생도를 출석시키지 않고, 교육운영위원회는 변명기회를 부여하지 않았으므로, 이 사건 처분은 위법무효하다.

(다) 진술강요에 관하여

훈육관의 진술강요에 따라 작성된 진술서(갑 제3호증)를 근거로 이루어진 이 사건 처분은 위법무효하다.

(2) 징계사유에 관하여

주말 외박시 원룸에서 여자친구와 수차례 성관계를 하여 품위유지의무 위반에 해당함을 이유로, 이 사건 처분이 이루어졌다. (설령 관련자료를 종합하여 처분사유를 확대하더라도) ① 승인받지 않은 원룸 임대 및 사용, ② 원룸에서 여자친구와의 동침 및 성관계, ③ 사복착용규정 미준수, ④ 양심보고시 사복착용규정 위반만 보고하고 원룸 임대 및 사용, 여자친구와의 동침 및 성관계를 보고하지 않은 점을 이유로, 이 사건 처분이 이루어졌다.

(3) 징계사유 부존재에 관하여

(가) 사복착용규정위반에 관하여

사복착용규정위반에 관하여 양심보고를 하였고, 이에 따라 사복착용규정위반을 인지한 인원은 비밀을 지켜야 하므로, 사복착용규정위반을 징계사유로 삼을 수 없다 할 것이니, 이를 징계사유로 한 이 사건 처분은 위법무효하다.

(나) 동침 및 성관계에 관하여

영외에서 도덕적으로 문제가 없는 성관계를 금지한 '■■■■학교 생도생활예규' 제35조 제6항은 인격권 및 행복추구권, 사생활의 비밀의 자유를 침해하므로, 위헌이다. 따라서 동침 및 성관계를 징계사유로 한 이 사건 처분은 위법무효하다.

(다) 양심보고 불이행에 관하여

양심보고는 징계감면사유인 점, 여자친구와의 성관계는 내면의 은밀한 사적 영역이다. 따라서 이에 관하여 양심보고를 강제하는 것은 인간의 존엄성 및 양심의 자유에 반하므로, 양심보고 불이행을 징계사유로 한 이 사건 처분은 위법무효하다.

(4) 재량권 일탈·남용에 관하여

① 외박을 나가 원룸에서 여자친구와 성관계를 하였으므로, 윤리적 비난가능성 및 성군기 문란의 우려가 없어, 비위사실이 매우 경미한 점, ② 위반사실이 원고의 진술에 의하여 밝혀진 점, ③ 다른 생도들과 형평에 맞지 않는 점, ④ 평소 생도로서 성실하고 모범적이었던 점, ⑤ 졸업 및 임관이 임박한 점 등을 고려할 때, 이 사건 처분은 재량권 일탈·남용의 위법이 있다.

나. 관계법령

별지 관계법령 기재와 같다.

다. 인정사실

(1) 생도 상벌규정상 중징계처벌자는 군기사고로 인하여 원에 의하지 않고 퇴학되는 대상자에 해당한다. 군기사고로 인한 생도 퇴학절차는 '군기사고자 발생 → 생도대 훈육위원회(갑반) 심의 → 생도대장 결재 → 교육운영위원회 심의 → 피고 재가'이다.

(2) 원고는 2012. 11. 19. 훈육관에게 아래와 같은 진술서를 작성·제출하였다.

(3) 원고의 훈육관인 최■■은 2012. 11. 19. 생도대 훈육위원회(갑반)에 아래와 같이 소견서를 작성·제출하였다.

○ 원고는 생도생활간 자기개발과 향후 임무수행에 필요한 소양을 갖추기 위해 열심히 노력해 오고 있다. 생도생활 초기 1학년 때는 가정문제(어머니 재혼: 친아버지는 유치원 시기때부터 별거하다가 중학교 2학년때 건강문제로 사망, 현재의 계부와는 초등학교 6학년때부터 함께 살다가 생도 1학년때 혼인신고함) 및 부적응으로 성적 및 적성이 좋지 않았으나, 이후 열심히 생활하여 학업 및 훈육 분야에서 크게 향상되었다. 특히 지난 12-1차 지휘근무에서는 중대장 생도 임무를 수행하면서 솔선수범하는 리더십을 바탕으로 동기생 및 후배 생도들로부터 신망이 두터운 생도였다. ○ 그러나 금번 제보를 통해 밝혀진 사실은 사관생도로서 품위를 크게 훼손시키는 행동이고, 마땅히 준수해야 할 규정을 명백히 위반한 행동이다. 특히 최근 생도대 차원에서 시행한 음성적 규정위반 사례에 관한 양심보고 형 조사시 기회가 주어졌음에도 이를 보고하지 않았던 행동은 생도로서

의 양심을 속이고, 안일함과 타협한 용기없는 행동이었다.

○ 또한 '옷방' 사용 통제를 위해 사복착용규정을 완화하는 등의 조치에도 불구하고, 편의를 목적으로 생도 품위를 손상시키고, 규정위반을 유발할 수 있는 시설을 이용한 행동과 장교가 되기 위한 수련의 과정인 생도생활간 자기절제력을 상실하고 남녀간 행동시 준수사항을 위반하는 등의 행동에 대해서는 관련 규정에 의거하여 엄격히 조치해야 한다고 생각한다.

(4) '생도대 훈육위원회(갑반) 개최 건의서'에 아래와 같이 기재되어 있다.

○ 개요

"외박 시 이성친구와 함께 원룸에 출입하는 사관생도가 있다"는 민간인의 제보에 따라 사실경위 확인결과, 제보내용이 사실이며 남녀 간 행동 시 준수사항 등 품위유지의무를 위반한 사실이 확인되어 훈육위원회 개최를 건의하는 내용임

○ 관련규정: 생도생활 예규 부록 제11-1조 징계사유 및 양정기준

		중대한 위반		경미한 위반	
		고의	과실	고의	과실
품위유지의무위반	남녀간 행동 시 준수사항위반	중징계		중·경징계	과실
정직의무위반	보고의무위반	중징계		중·경징계	경징계
	명예실천기준위반	중징계			중·경징계

○ 원룸 이용 관련 규정위반사항

- 원룸 자체가 과거 '옷방' 또는 불건전한 숙박시설로 이용되고, 장소의 음지화에 의한 생도품위손상 및 규정위반 유발가능
- 남녀간 행동 시 준수사항위반(주말 외박시 사실상 동거생활 및 수차례의 성관계)
- 사복착용규정위반: 월 2회 착용 기준 1회 위반(2012년 1학기 중)

○ 최근(2012. 11. 7.) 실시한 음성적 규정위반 사례에 대한 양심보고 형 조사 시 관련내용 미보고: 정직의무위반(보고의무 또는 명예실천기준위반)

- 사복착용 관련 규정 위반사항에 대해서만 양심보고실시
- 관련사실 양심보고 시 위반정도가 중대하여 강한 처벌이 예상됨에 따라 보고미실시

(5) '생도대 훈육위원회(갑반) 의결서'에 아래와 같이 기재되어 있다.

원고는 생도대 훈육위원회(갑반) 심의일에 변호인 생도로 지목한 정■■의 출석을 원하지 않았다.

(6) 생도대 훈육위원회(갑반)가 교육운영위원회에 건의한 내용은 아래와 같다.

2010년 '옷방' 사건 이후 음성적인 '옷방' 운영과 '옷방'에서의 각종 규정위반행위들을 방지하기 위하여 훈육회보 및 정신교육을 통해 '옷방' 운영을 하지 않도록 하였을 뿐만 아니라, 2011년 2학기부터 월 2회 사복착용규정을 반영하였음에도 불구하고, 승인되지 않은 원룸계약 및 '옷방' 운영, 여자친구와의 주말 동숙 및 수차례의 성관계, 양심보고 미실시 등은 중대한 위반행위에 해당하며, 엄정한 기강확립과 유사사례 재발방지를 위해 특단의 조치를 해야 한다는 것에 동의함. 투표 결과 퇴학으로 의결하였음

(7) 교육운영위원회는 2012. 11. 22. 아래와 같이 심의하고, 찬성 6표, 반대 7표로 "원고를 퇴학시키지 않고 중징계하기로 한다"고 의결한 후, 피고에게 심의결과를 건의하였다. 교육운영위원회는 원고의 진술서를 심의자료로 참고하였고, 원고에게 변명기회를 부여하지 않았다.

○ 심의위원 논의 - 규정을 위반한 것은 사실이나, 이번 사안이 반드시 퇴학조치에 해당되는지에 대한 상이한 의견이 있었고, - 3禁에 대한 본질적인 논의가 필요하다는 의견과 3禁 중 금혼관련규정(도덕적 한계)의 모호성 등에 대한 의견 다수 제시 - 현재의 생도예규를 적용하고 과거의 사례를 고려하여 퇴학조치가 타당하다는 의견도 다수 제시

(8) 피고는 교육운영위원회의 심의결과를 불승인하면서 아래와 같이 의견을 부가하였다.

○ 생도대 훈육위원회(갑반) 심의결과대로 퇴학조치할 것. ○ 정직, 용기면에서 남은 기간 장교임관에 제한될 것으로 판단함. ○ 3禁 적용의 전향적 자세 여부는 별도 과제로 연구(화랑대 연구소).

(9) 원고는 "중대장 생도로서 모범적이고 헌신적인 지휘근무를 하였다"는 이유로 피고 및 ■■■■학교 생도대장의 각 표창을, "성실히 학교생활 및 축제준비에 임하여 중대원의 복지향상에 기여한 공이 크다"는 이유로 ■■■■학교 생도대 훈육관의 표창

을 각 받았다. 원고는 2013. 5. 14. 대구경북지방병무청장으로부터 "2013. 7. 16. ○○○보충대 입영하라"는 통지를 받았다.

(10) ■■■■학교 생도생활예규는 아래와 같이 규정하고 있다.

제22조(양심보고) 1. 사관생도는 양심보고를 통해 명예심을 함양하고 도덕적 용기를 배양토록 자발적인 의사에 의거 이를 시행하며 다음과 같은 경우에 양심보고를 할 수 있다. 가. 자신의 책무규정 위반에 관련하여 양심의 가책을 받았을 때 자발적으로 양심보고를 해야 한다. 나. 타인의 책무규정 위반사항 중 명예 실천기준 위반사항을 인지한 경우 양심보고를 할 수 있다. 5. 양심보고를 했을 경우 이를 인지한 모든 인원은 명예비밀을 준수해야 하고, 양심보고를 한 생도는 '양심보고 후 행동'을 해야한다. 단, 사회적 범법행위, 도덕적 한계를 벗어난 의도적 행위 또는 파렴치 행위, 이미 공식기관에서 수사 중인 사안 등은 제외한다. 8. 양심보고 후에 보고사실이 허위로 밝혀지거나 책임회피를 위해 악용한 경우 또는 양심보고의 동기가 순수하지 않다고 밝혀질 경우 명예위반으로 취급한다. 제23조(양심보고 후 행동) 1. '양심보고 후 행동'이란 양심의 가책을 받은 행위에 대하여 스스로 벌칙(완전군장 뜀걸음, 보행, 근신, 외출·외박제한, 공용시설 청소 등)을 정하여 반성의 시간을 갖는 것으로, 이는 시간·장소·방법에 제한 없이 자율적으로 실시한다. 제34조(복장착용) 5. 학교 외부에서의 복장은 정복 착용을 원칙으로 한다. 단, 다음의 경우 사복착용이 가능하다. 라. 사복착용 외출·외박 지침은 아래와 같다. 2) 사복외출 및 외박절차 나) 사복 또는 등산복 착용은 월 2회까지 가능하다. 단 필요시 훈육관에게 승인 후 추가착용이 가능하다. 제35조(남녀간의 행동시 준수사항) 6. 사관생도는 도덕적 한계(성관계, 성희롱, 성추행, 남녀간의 동침, 임신, 동거)를 위반하는 행위는 성군기 위반행위로 강력하게 처벌받을 수 있다(이하 성관계, 남녀간의 동침 관련 부분을 '동침 및 성관계 금지규정'이라 한다). 제124조 4. 징계대상 생도는 훈육위원회 심의에 참석하여 소명할 기회를 보장받으며, 본인이 원할 시 변호인(생도)을 동반할 수 있다.

[인정근거] 다툼 없는 사실, 갑 제3, 4, 7, 8, 10, 12, 16호증(가지번호 포함), 을 제1 내지 4, 6호증의 각 기재, 변론 전체의 취지

라. 판단

(1) 절차적 위법에 관하여

(가) 교육운영위원회에 관하여

① 사관학교설치법 시행령 제32조 제1항, '▣▣▣▣학교 학칙' 제38조, '▣▣▣▣학교 위원회 운영예규' 제9조 제1항의 규정내용에 비추어, 교육운영위원회는 자문기관이므로, 피고는 교육운영위원회의 심의결과에 기속되지 않고, ② 동 예규 제12조의 취지는 "교육운영위원회는 재심요청에 따라 부결된 안건을 재심사한다"는 데 있고, 교육운영위원회가 훈육위원회(갑반)의 건의를 부결한 경우 훈육위원회(갑반)로 환송하여 재심의하도록 하는 규정이 없으므로, 원고의 위 주장은 이유 없다.

(나) 변호인 생도 불출석 및 변명기회에 관하여

위 인정사실에 의하면, ① 원고가 훈육위원회(갑반)에서 변호인 생도의 출석을 원하지 않았고, ② 교육운영위원회는 원고의 진술서를 심의자료로 삼은 점, 교육운영위원회 심의절차에서 변명기회에 관한 규정이 없는 점 등을 고려할 때, 원고에게 변명기회를 부여하지 않았더라도 위법하다고 볼 수 없으므로, 원고의 위 주장은 이유 없다.

(다) 진술강요에 관하여

1) 민사소송법의 규정이 준용되는 행정소송에 있어서 입증책임은 원칙적으로 민사소송의 일반원칙에 따라 당사자간에 분배되고, 항고소송의 경우에는 그 특성에 따라 당해 처분의 적법을 주장하는 피고에게 그 적법사유에 대한 입증책임이 있다. 또한 피고가 주장하는 당해 처분의 적법성이 합리적으로 수긍할 수 있는 일응의 입증이 있는 경우에는 그 처분은 정당하고, 이와 상반되는 주장과 입증은 그 상대방인 원고에게 그 책임이 돌아간다(대법원 1984. 7. 24. 선고 84누124 판결 참조).

2) ① 공무원이 소속한 상급기관의 자체조사과정에서 그 공무원이 비위사실에 관하여 조사관과의 문답내용을 기재한 진술서를 작성되었다면, 그 진술서는 그 공무원의 의사에 반하여 강제로 작성되었거나 그 내용이 허위임을 인정할 수 있는 객관적인 사유가 있는 등의 특단의 사정이 없는 한 그 증거가치를 쉽게 부인할 수 없는 점(대법원 1994. 9. 23. 선고 94누3421 판결 참조), ② 원고가 훈육관과 문답 후 자신의 비위사실을 자인하는 진술서를 작성하고 서명한 점, ③ 원고가 훈육관의 강요나 회유로 진술서를 작성하였음을 인정할 증거가 없는 점 등을 고려할 때, 원고가 훈육관의 강요나 회유로 진술서를 작성하였다고 볼 수 없으므로, 원고의 위 주장은 이유 없다.

(2) 징계사유에 관하여

원고의 진술서, 훈육관의 소견서, '생도대 훈육위원회(갑반) 개최 건의서', '생도대 훈육위원회(갑반) 의결서', 생도대 훈육위원회(갑반)의 교육운영위원회에 대한 건의서, 피고의 교육운영위원회 심의결과에 대한 불승인 의견, 피고의 주장 등에 비추어, 징계사유는 ① 월 2회 사복착용규정위반, ② 원룸 임대 및 사용에 대한 양심보고 불이행, ③ 원룸에서의 동침 및 성관계, 이에 대한 양심보고불이행으로 봄이 타당하다.

(3) 징계사유 부존재에 관하여

(가) 사복착용규정위반에 관하여

위 인정사실에 의하면, 원고는 사복착용규정을 위반하고 양심보고한 점, 뒤에서 보는 바와 같이 양심보고는 징계양정시 고려될 수 있는 사유인 점, 양심보고한 의무위반과 양심보고를 받은 자의 비밀준수의무 위반은 별개의 문제이므로, 양심보고한 의무위반에 관하여 비밀을 준수할 의무는 원고의 징계사유 성립과 무관한 점 등을 고려할 때, 사복착용규정위반은 징계사유에 해당한다.

(나) 동침 및 성관계에 관하여

1) '동침 및 성관계 금지규정'의 위헌 여부

가) 제한되는 기본권

헌법 제10조는 "모든 국민은 인간으로서의 존엄과 가치를 가지며, 행복을 추구할 권리를 가진다. 국가는 개인이 가지는 불가침의 기본적 인권을 확인하고 이를 보장할 의무를 진다."고 규정하여 개인의 인격권과 행복추구권을 보장하고 있다. 개인의 인격권·행복추구권에는 일반적 행동의 자유와 개인의 자기운명결정권이 전제되는 것이고, 자기운명결정권에는 성행위 여부 및 그 상대방을 결정할 수 있는 성적자기결정권이 포함되어 있으며, '동침 및 성관계 금지규정'이 일반적 행동의 자유와 개인의 성적자기결정권을 제한하는 것임은 틀림없다. 나아가 개인의 성생활이라는 내밀한 사적 생활영역에서의 행위를 제한하므로, 헌법 제17조가 보장하는 사생활의 비밀과 자유 역시 제한한다.

그러나 위와 같은 기본권도 절대적으로 보장되는 것은 아니고, 헌법 제37조 제2항에 따라 국가안전보장, 질서유지 또는 공공복리를 위하여 필요한 경우에는 그 본질적 내용을 침해하지 않는 한도에서 법률로써 제한할 수 있다(헌법재판소 1990. 9. 10. 선고 89헌마82 결정 참조).

나) 과잉금지원칙위배 여부

① 심사기준

국민의 일반적 행동의 자유, 성적 자기결정권 및 사생활의 비밀과 자유는 헌법상 인정되는 기본적 권리이므로, 그 제한에 대한 위헌 여부는 엄격한 비례심사를 거쳐야 한다.

② 목적의 정당성

'동침 및 성관계 금지규정'은 사관생도로 하여금 청백한 수련 기풍을 유지하고, 절제와 극기의 미덕을 습성화하기 위한 것이므로, 목적의 정당성은 인정된다.

③ 수단의 적합성 및 피해최소성

㉠ 최근의 우리 사회는 급속한 개인주의적·성개방적인 사고의 확산에 따라 성(性)과 사랑은 법으로 통제할 사항이 아닌 사적인 문제라는 인식이 커지고 있는 점, 오늘날 성도덕이라는 사회적 법익보다 성적 자기결정권이라는 개인적 법익이 더 중요시 되는 사회로 변해가고 있는 점 등을 고려할 때, 성의 개방풍조는 막을 수 없는 사회변화이고 이제는 그것을 용인할 수밖에 없게 되었고, ㉡ 성인(成人)이 쌍방의 동의 아래 어떤 종류의 성행위와 사랑을 하건, 그것은 개인의 자유 영역에 속하고, 다만 그것이 외부에 표출되어 사회의 건전한 성풍속을 해칠 때에만 비로소 규제를 필요로 하므로, 성도덕에 맡겨 사회 스스로 자율적으로 질서를 잡아야 할 내밀한 성생활의 영역을 제재의 대상으로 삼아 국가가 간섭하는 것은, 국가가 사생활의 비밀과 자유를 침해하는 것이고, 일반적 행동자유권과 성적 자기결정권의 내용인 성행위 여부를 지나치게 제한하는 것이다.

④ 법익균형성

생도의 성행위와 사랑이 성군기를 문란하게 하고, 사회의 건전한 성풍속을 해치는 정도에 이른다면, 성군기 확립 및 사회의 건전한 풍속 유지를 위하여 제재의 대상으로 삼아야 할 것이다. 그러나 이러한 정도에 이르지 않은 생도의 성행위와 사랑까지 제재의 대상으로 삼는다면, 일반적 행동자유권, 성적 자기결정권, 사생활의 비밀과 자유를 형해화하므로, 법익균형성이 없다

다) 소결론

'동침 및 성관계 금지규정'은 "도덕적 한계를 위반한 성관계, 남녀간의 동침은 성군기 위반행위로서 제재대상이다"고 해석하는 한 헌법에 위반되지 아니한다('동침 및 성관계 금지규정'은 도덕적 한계를 위반하는 행위라고 규정하고 있고, 괄호 부분에 성관계 등을 예시적으로 나열하고 있으므로, 동일한 취지로 해석할 수 있다).

2) 도덕적 한계 위반 여부

결혼을 전제로 교제하는 사이인 점, 쌍방의 동의하에 영외에서 동침하고 성관계를 한 점 등을 고려할 때, 원고의 동침 및 성관계는 개인의 내밀한 자유 영역에 속할 뿐 성군기를 문란하게 하거나 사회의 건전한 풍속을 해친다고 보기 어려우므로, 징계사유에 해당하지 않는다.

(다) (원룸 임대 및 사용, 동침 및 성관계에 대한) 양심보고 불이행에 관하여

1) 헌법 제19조에 의하면 모든 국민은 양심의 자유를 가진다. 여기서 말하는 '양심'이란 세계관 · 인생관 · 주의 · 신조 등은 물론 이에 이르지 아니하여도 보다 널리 개인의 인격형성에 관계되는 내심에 있어서의 가치적 · 윤리적 판단도 포함되고, 양심의 자유에는 널리 사물의 시시비비나 선악과 같은 윤리적 판단에 국가가 개입해서는 아니되는 내심적 자유는 물론 이와 같은 윤리적 판단을 국가권력에 의하여 외부에 표명하도록 강제받지 아니할 자유까지 포괄한다(헌법재판소 1991. 4. 1. 선고 89헌마160 결정 참조).

2) 이 사건으로 돌아와 보건대, ① '■■■■학교 생도생활예규'에 의하면 양심보고 위반은 보고의무위반이 아니라 명예위반이고, 양심보고 불이행은 명예위반에 해당하지 않는 점, ② 양심보고 불이행을 제재의 대상으로 삼게 되면, 선(善)과 악(惡)

의 범주에 관한 진지한 윤리적 결정을 위한 고민 끝에 어쩔 수 없이 양심보고를 할 경우 내면적으로 구축된 인간양심이 왜곡 · 굴절되므로, 양심의 자유를 침해하는 점 등을 고려할 때, 양심보고 불이행을 징계사유로 삼을 경우 헌법에 위반되고, 양심보고 불이행은 징계양정사유로 봄이 타당하므로, 양심보고 불이행은 징계사유에 해당하지 않는다.

(4) 재량권 일탈·남용에 관하여

(가) 공무원인 피징계자에게 징계사유가 있어서 징계처분을 하는 경우 어떠한 처분을 할 것인가는 징계권자의 재량에 맡겨진 것이고, 징계권자가 재량권의 행사로서 한 징계처분이 사회통념상 현저하게 타당성을 잃어 징계권자에게 맡겨진 재량권을 남용한 것이라고 인정되는 경우에 한하여 그 처분을 위법하다고 할 수 있으며, 공무원에 대한 징계처분이 사회통념상 현저하게 타당성을 잃었다고 하려면 구체적인 사례에 따라 징계의 원인이 된 비위사실의 내용과 성질, 징계에 의하여 달성하려고 하는 행정목적, 징계 양정의 기준 등 여러 요소를 종합하여 판단할 때에 그 징계 내용이 객관적으로 명백히 부당하다고 인정할 수 있는 경우이어야 한다. 따라서 징계권의 행사가 임용권자의 재량에 맡겨진 것이라고 하여도 공익적 목적을 위하여 징계권을 행사하여야 할 공익의 원칙에 반하거나 일반적으로 징계사유로 삼은 비행의 정도에 비하여 균형을 잃은 과중한 징계처분을 선택함으로써 비례의 원칙을 위반하거나 또는 합리적인 사유 없이 같은 정도의 비행에 대하여 일반적으로 적용하여 온 기준과 어긋나게 공평을 잃은 징계처분을 선택함으로써 평등의 원칙에 위반한 경우라면 이러한 징계처분은 재량권의 한계를 벗어난 처분으로서 위법하다(대법원 2012. 10. 11. 선고 2012두10895 판결 참조).

(나) 이 사건으로 돌아와 보건대, ① 징계사유 중 사복착용금지규정위반만 인정되고, 원고가 이를 양심보고한 점, ② 생도생활을 성실히 한 점, ③ 졸업 및 임관이 얼마 남지 않은 점, ④ 퇴학처분은 징계양정 중 가장 무거운 처분인 점, ⑤ 퇴학될 경우 현역으로 입영되는 점, ⑥ 교육운영위원회는 퇴학이 아닌 중징계를 의결한 점 등을 고려할 때, 이 사건 처분은 사회통념상 현저하게 타당성을 잃어, 징계재량권을 일탈·남용한 것으로 봄이 타당하므로, 이 사건 처분은 위법하다.

(5) 위법의 정도에 관하여

(가) 행정처분이 당연무효라고 하기 위하여는 처분에 위법사유가 있다는 것만으로는 부족하고, 그 하자가 법규의 중요한 부분을 위반한 중대한 것으로서 객관적으로 명백한 것이어야 하며, 하자가 중대하고 명백한 것인지 여부를 판별함에 있어서는 그 법규의 목적, 의미, 기능 등을 목적론적으로 고찰함과 동시에 구체적 사안 자체의 특수성에 관하여도 합리적으로 고찰함을 요한다(대법원 2008. 1. 10. 선고 2007두11979 판결 참조).

(나) 이 사건으로 돌아와 보건대, 징계사유 중 사복착용금지규정위반만이 인정되고, 이 사건 처분에 재량권 일탈·남용의 위법이 있다. 그러나 나머지 징계사유의 해당 여부가 중대·명백하다고 보기 어려우므로, 이 사건 처분은 당연무효에 해당하지 아니하고, 취소에 해당할 뿐이다.

3. 결론

그렇다면 주위적 청구는 이유 없으므로 이를 기각하고, 예비적 청구는 이유 있으므로 이를 인용하기로 하여, 주문과 같이 판결한다.

재판장 판사 문준필

판사 이승훈

판사 손화정

관계법령

◆ 대한민국헌법

제10조

모든 국민은 인간으로서의 존엄과 가치를 가지며, 행복을 추구할 권리를 가진다. 국가는 개인이 가지는 불가침의 기본적 인권을 확인하고 이를 보장할 의무를 진다.

제17조

모든 국민은 사생활의 비밀과 자유를 침해받지 아니한다.

제19조

모든 국민은 양심의 자유를 가진다.

◆ 사관학교설치법 시행령

제32조(교육운영위원회의 설치와 구성)

① 각 학교에 그 교육운영을 위한 중요사항에 관하여 교장의 자문에 응하게 하기 위하여 교육운영위원회를 둔다.

◆ 군인사법

제2조(적용 범위)

이 법은 다음 각 호의 사람에게 적용한다.

1. 현역에 복무하는 장교, 준사관, 부사관 및 병)
2. 사관생도, 사관후보생 및 부사관후보생
3. 소집되어 군에 복무하는 예비역 및 보충역

◆ ▣▣▣▣학교 학칙

제38조(목적)

학교 교육운영에 관한 중요사항에 관하여 학교장의 자문에 응하기 위하여 교육운영위원회를 둔다.

◆ ▣▣▣▣학교 위원회 운영 예규

제8조(위원회 명칭)

1. 교육위원회

학칙변경, 교과과정 및 교육방침에 관한 사항 등 학칙 제10장(교육운영위원회) 제40조(심의사항)을 포함하여 학교 교육운영에 관한 중요한 안건을 심의 후 학교장에게 자문한다.

제9조(교육위원회 종류 및 기능)

1. 종류와 기능

구분	기능	위원장
교육운영위원회	주요 심의사항은 아래와 같다. - 학칙변경에 관한 사항 - 교육과정 및 교육과정에 관한 사항 - 교수선발, 임명 및 해임 교수재임용, 직위승진에 관한 사항 - 수탁 및 위탁에 관한 사항 - 성적산정 기준에 관한 사항 - 기타 학교장이 자문을 응하는 사항	부학교장
훈육위원회(갑반)	교육운영위원회 심의사항 중 생도 퇴학에 관한 사항을 사전심의하며, 또한 훈육 심의 및 결정, 생도 중징계에 관한 사항을 심의한다.	부생도대장

제12조(의안심의)

2. 재심

각 위원회에서 부결된 의안은 내용을 보완하여 재심을 요청할 수 있다.

부록 판례 1 해설

해설: 육군사관학교 생도가 주말에 외박을 나가 여자친구와 원룸에서 성관계를 가졌다면 과연 '성군기'를 문란하게 한 것일까?

촉망받는 예비 장교였던 진모씨는 2012년 11월 육사로부터 퇴학 처분을 받았다. 한 민간인 여성이 "생도가 주말에 여자친구와 원룸에 출입한다"며 학교 측에 제보했기 때문이다. 진상조사에 나선 육사는 진씨가 어머니 명의로 원룸을 얻어 외박할 때마다 이용했다는 사실을 밝혀냈다. 육사는 생도 생활예규에 규정된 '동침 및 성관계 금지 규정'을 어겼다는 이유로 퇴학 처분했다.

진씨는 "결혼을 전제로 사귀는 여자친구와 서로 동의 하에 영외에서 성관계를 가졌는데 퇴학이라는 중징계를 내린 것은 지나치다"며 소송을 냈다.

2013년 5월에는 일반 사병으로 입영하라는 통지까지 받았다. 퇴학 이유는 여자친구를 만나 성관계를 해 품위유지 의무를 위반했다는 것이었다.

진 모씨는 주말 외박 때 여자 친구를 만나 자신의 원룸에서 지내며 성관계를 맺었다. 또 교칙을 위반하고도 양심보고를 하지 않은 것도 퇴학 사유가 됐다.

육국사관학교는 '3금 제도(금주 · 금연 · 금혼)' 위반자를 징계하고 있었고, 이 규정은 그동안 사회의 논란거리가 되어 왔다. 2008년 5월 국가인권위원회는 3금 제도가 인권침해라며 국방부 장관에게 개선을 권고하기도 했다. 또 규정을 위반했을 때는 자발적으로 양심보고를 하고 자율적으로 벌칙을 정해 반성의 시간을 갖게 하고 있다.

진씨의 문제를 논의하기 위해 열린 교육운영위원회는 "금혼 관련 규정이 모호하고, 3금 제도에 대한 본질적인 논의가 필요하다"며 진씨를 퇴학처분 할 것이 아니라 중징계하는 것으로 육사 측에 건의했다. 하지만 육사는 결국 퇴학처분을 했고, 진씨는 2013년 1월 퇴학 처분을 취소하라며 행정 소송을 냈다.

서울행정법원 행정11부(재판장 문준필 부장판사)는 진씨가 육군사관학교를 상대로 낸 퇴학처분 취소소송(2013구합2426)에서 원고일부승소 판결했다.

재판부는 판결문에서 "내밀한 성생활의 영역을 제재의 대상으로 국가가 간섭하는 것은 사생활의 비밀과 자유를 침해하는 것"이라고 밝혔다. 또 "양심보고 불이행을 제재의 대상으로 삼게 되면 내면적으로 구축된 인간양심이 왜곡 · 굴절돼 양심의 자유를 침해한다"고 덧붙였다.

하지만, 육군사관학교는 1심 판결에 불복해 항소했고, 2심에서 서울고등법원 행정3부(부장 이태종)는 "진씨에 대한 퇴학처분을 취소하라"며 1심과 같이 원고 일부 승소 판결했다고 1일 밝혔다. 재판부는 "육사의 동침 및 성관계 금지 규정은 헌법상 보장된 성적 자기결정권을 침해할 소지가 있다"며 "도덕적 한계를 위반한 성관계에 한해서만 제한적으로 적용해야 한다"고 말했다. 이어 "남녀 간 자유로운 교제가 허용되는 현실에서 여자 친구와 원룸에 드나들었다는 사실 자체만으로 성군기를 문란하게 했다고 볼 수 없다"고 덧붙였다. 2심 판결에 불복한 육군사관학교는 또 다시 대법원에 상고하였으나, 대법원에서의 결과도 달라지지 않았다.

부록 2. 서울행정법원_2019구합7676 판결 (인헌고 사건)

서 울 행 정 법 원

제 2 부

판 결

사 건	2019구합7676 조치처분취소
원 고	A
	미성년자이므로 법정대리인 친권자 부 B, 모 C
	소송대리인 변호사 장달영
피 고	D고등학교장
	소송대리인 변호사 류장희
	소송대리인 법무법인 덕수
	담당변호사 황준협
변 론 종 결	2020. 9. 10.
판 결 선 고	2020. 10. 27.

주 문

1. 이 사건 소 중 피해학생에 대한 서면사과, 원고 및 원고의 보호자에 대한 각 5시간의 특별교육 이수 처분 취소청구 부분을 각하한다.

2. 피고가 2019. 12. 13. 원고에 대하여 한 사회봉사 15시간의 조치처분을 취소한다.

3. 소송비용은 피고가 부담한다.

- 1 -

청 구 취 지

피고가 2019. 12. 13. 원고에 대하여 한 조치처분을 취소한다.

이 유

1. 처분의 경위

가. 원고는 2019년 공립학교인 D고등학교 3학년 5반에 재학 중인 학생이었다.

나. D고등학교 학교폭력대책자치위원회(이하 '이 사건 자치위원회'라 한다)는 2019. 12. 10. 개최한 2019학년도 제6회 학교폭력대책자치위원회 회의(이하 '이 사건 회의'라 한다)에서 가해학생을 원고로, 피해학생을 E, F(이하 '피해학생들'이라 한다)으로 하는 아래와 같은 안건을 상정하여 심의한 결과 구 학교폭력예방 및 대책에 관한 법률(2019. 8. 20. 법률 제16441호로 개정되기 전의 것, 이하 '구 학교폭력예방법'이라 한다) 제17조 제1항의 '피해학생에 대한 서면사과'(제1호), '사회봉사 15시간'(제4호), 제17조 제3항의 '특별교육 이수 5시간', 제17조 제9항의 '보호자 특별교육 이수 5시간'의 조치를 하는 것으로 의결하였다(이하 '이 사건 의결'이라 한다).

2019. 10. 17. 교내 건강달리기 행사 중에 학급별 대표가 자신의 선언문을 구호로 외치는 시간이 있었음. G 학생이 이를 동영상으로 촬영해 원고에게 보냄. 원고는 자신의 페이스북에 해당 동영상을 포함한 글을 게시함. 이 동영상에 촬영된 학생 중 피해학생들이 포함되어 있음. 원고에게 E을 포함한 1학년 학생들이 삭제와 사과를 요청했으나, 원고는 요청을 들어주지 않고 계속 게시함. 대략 36회 정도 공유되었을 때, 모자이크 처리한 영상으로 게시함. 모자이크 처리 후에도 피해학생들은 자신들의 이름이 동영상에 언급되어 학교폭력 피해 신고를 함.

다. 이에 따라 피고는 2019. 12. 13. 원고에 대하여 아래와 같은 조치원인 및 조치사항을 통지하였다(이하 '이 사건 처분'이라 한다).

조치원인	원고는 ○○○으로부터 받은 동영상과 사진을 포함한 글을 페이스북에 게시함. 해당 동영상과 사진을 통해 불특정 다수에게 공개되기를 꺼려하는 개인의 의사를 충분히 존중하지 않았음. 또한, 해당 동영상과 사진을 통해 자신의 의도와 상관없이 불특정 다수에게 해석되고, 판단받고, 이용될 수 있는 것을 염려하며 공개되지 않고자 의사를 밝힌 개인의 요청을 거절하여 개인의 권리를 침해하고 정신적 피해를 유발하였음. 이에 피해학생에 대한 서면사과 및 사회봉사를 조치하고 학생 및 보호자 특별교육을 부가 조치함.
조치사항	제17조 제1항 제1호 피해학생에 대한 서면사과 제17조 제1항 제4호 사회봉사(15시간) 제17조 제3항 부가된 특별교육(5시간) 제17조 제9항 보호자 특별교육(5시간)

라. 원고는 2019. 12. 24. 이 법원에 이 사건 처분의 효력정지를 구하는 신청을 하였고, 이 법원은 2020. 1. 17. 이 사건 처분의 효력을 이 판결 선고일 이후 30일이 되는 날까지 정지한다는 결정을 하였다.

[인정근거] 다툼 없는 사실, 갑 제4, 6호증, 을 제2호증의 각 기재, 변론 전체의 취지

2. 관계 법령

별지 기재와 같다.

3. 본안전항변에 대한 판단

가. 피고의 본안전항변 요지

원고는 이 사건 처분에 따른 각 조치를 이행하지 않은 채 2020. 2. 5. D고등학교를 졸업하였고 그에 따라 피고가 이 사건 처분에 따른 각 조치의 이행을 강제할 방법이 없으므로, 원고는 더 이상 이 사건 처분의 취소를 구할 법률상 이익이 없어 이 사건 소는 부적법하다.

나. 판단

1) 관련 법리

위법한 행정처분의 취소를 구하는 소는 위법한 처분에 의하여 발생한 위법상태를 배제하여 원상으로 회복시키고, 그 처분으로 침해되거나 방해받은 권리와 이익을 보호·구제하고자 하는 소송이므로, 처분 후의 사정에 의하여 권리와 이익의 침해 등이 해소된 경우에는 그 처분의 취소를 구할 소의 이익이 없다(대법원 2005. 5. 13. 선고 2004두4369 판결 등 참조).

2) 구 학교폭력예방법 제17조 제1항에 따른 조치 취소청구의 적법 여부

가) 구 학교폭력예방법 제17조는 제1항에서 '자치위원회는 피해학생의 보호와 가해학생의 선도·교육을 위하여 가해학생에 대하여 다음 각 호의 어느 하나에 해당하는 조치(수개의 조치를 병과하는 경우를 포함한다)를 할 것을 학교의 장에게 요청하여야 한다.'라고 규정하면서 그 조치로서 각 호에서 '피해학생에 대한 서면사과'(제1호), '피해학생 및 신고·고발 학생에 대한 접촉, 협박 및 보복행위의 금지'(제2호), '학교에서의 봉사'(제3호), '사회봉사'(제4호), '학내외 전문가에 의한 특별 교육이수 또는 심리치료'(제5호), '출석정지'(제6호), '학급교체'(제7호), '전학'(제8호), '퇴학처분'(제9호)을 정하고 있고, 제6항에서 '제1항에 따른 요청이 있는 때에는 학교의 장은 14일 이내에 해당 조치를 하여야 한다.'라고 규정하고 있다. 이처럼 구 학교폭력예방법은 가해학생에 대한 조치를 하는 주체를 '학교의 장'으로 하면서 가해학생에 대한 조치 중 대부분을 그 성질상 해당 학교에 소속되어 있음을 전제로 학교 내에서 이루어져야 하는 것으로 정하고 있다. 또한 구 학교폭력예방법 제17조 제7항은 '학교의 장이 제4항에 따른 조치를 한 때에는 가해학생과 그 보호자에게 이를 통지하여야 하며, 가해학생이 이를 거부하

거나 회피하는 때에는 초·중등교육법 제18조에 따라 징계하여야 한다.'라고 규정하고, 제11항은 '제1항 제2호부터 제9호까지의 처분을 받은 학생이 해당 조치를 거부하거나 기피하는 경우 자치위원회는 제7항에도 불구하고 대통령령으로 정하는 바에 따라 추가로 다른 조치를 할 것을 학교의 장에게 요청할 수 있다.'라고 규정하며, 초·중등교육법 제18조에서는 학생의 징계권자를 '학교의 장'으로 규정하고 있다.

한편 초·중등교육법 제25조 제1항은 '학교의 장은 학생의 학업성취도와 인성 등을 종합적으로 관찰·평가하여 학생지도 및 상급학교의 학생 선발에 활용할 수 있는 학적사항, 출결사항, 행동특성 및 종합의견 등의 자료를 작성·관리하여야 한다.'라고 규정하고, 그 위임에 따른 구 초·중등교육법 시행규칙(2020. 2. 28. 교육부령 제201호로 개정되기 전의 것, 이하 같다) 제21조 제1항은 학교생활기록의 '출결상황' 기재에 관하여 '출결상황이 학교폭력예방법 제17조의 조치사항에 따른 것인 경우에는 그 내용도 적어야 한다.'(제3호), '행동특성 및 종합의견' 기재에 관하여 '해당 학생에 대해 학교폭력예방법 제17조에 따른 조치사항이 있는 경우에는 그 내용도 적어야 한다.'(제6호)라고 규정하고 있다. 그리고 구 초·중등교육법 시행규칙 제22조 제2항, 제3항에 의하면, 학교의 장은 학교생활기록의 행동특성으로 기록된 학교폭력예방법 제17조 제1항 제1호부터 제3호까지 및 제7호의 조치사항을 해당 학생의 졸업과 동시에 삭제해야 하고, 출결상황으로 기록된 학교폭력예방법 제17조 제1항 제4호부터 제6호까지의 조치사항은 원칙적으로 학생이 졸업한 날부터 2년이 지난 후에 지체 없이 삭제해야 한다.

나) 이 사건에 관하여 보건대, 이 사건 변론종결일 현재 원고가 D고등학교를 졸업한 사실은 당사자 사이에 다툼이 없으므로, 이 사건 처분 중 구 학교폭력예방법 제17조 제1항에 따른 '피해학생에 대한 서면사과', '사회봉사 15시간' 조치 부분은 해당 학

교의 학생이라는 신분이나 지위를 전제로 한다고 보아야 하므로 원고가 D고등학교의 학생 신분을 상실함에 따라 그 효력이 소멸하였다고 할 것이고, 그에 따라 위 각 조치처분은 과거의 법률관계에 불과하여 원칙적으로 그 취소를 구할 소의 이익이 인정되지 않는다.

나아가 이 사건 처분 중 '피해학생에 대한 서면사과' 부분은 구 학교폭력예방법 제17조 제1항 제1호에 의한 조치사항이므로, 구 초·중등학교법 시행규칙 제22조 제2항 및 구 학교생활기록 작성 및 관리지침(2020. 1. 6. 교육부훈령 제321호로 개정되기 전의 것, 이하 같다) 제18조 제5항에 따라 원고의 졸업과 동시에 학교생활기록부에서 삭제되어야 하고, 이에 따라 해당 처분이 외형상 잔존함으로 인하여 원고의 어떠한 법률상 이익이 침해되고 있다고 볼 만한 다른 사정도 없게 되었다. 그러나 '사회봉사 15시간' 부분은 구 학교폭력예방법 제17조 제1항 제4호에 따른 조치사항으로서 구 초·중등학교법 시행규칙 제21조 제1항 제3호, 제22조 제3항 제2호 및 구 학교생활기록 작성 및 관리지침 제18조 제4항에 따라 원고에 관한 학교생활기록부의 '출결상황'란에 입력되어 졸업 후 2년이 지날 때까지 남아있게 되므로, 원고로서는 학교생활기록부에 기재된 해당 내용으로 인하여 불이익을 받을 가능성이 있고 그 처분의 취소로써 회복할 권리나 이익이 남아있다 할 것이다.

3) 구 학교폭력예방법 제17조 제3항, 제9항에 따른 조치 취소청구의 적법 여부

가) 구 학교폭력예방법 제17조 제3항은 '제1항 제2호부터 제4호까지 및 제6호부터 제8호까지의 처분을 받은 가해학생은 교육감이 정한 기관에서 특별교육을 이수하거나 심리치료를 받아야 하며, 그 기간은 자치위원회에서 정한다.'라고 규정하고 있는바, 이에 따른 특별교육 이수 조치는 구 학교폭력예방법 제17조 제1항에 따른 조치에 부수하

는 조치로서의 성격을 갖는다. 그리고 구 학교폭력예방법 제17조 제9항은 '자치위원회는 가해학생이 특별교육을 이수할 경우 해당 학생의 보호자도 함께 교육을 받게 하여야 한다.'라고 규정하고 있다. 위 규정의 형식과 내용에 비추어 보면, 구 학교폭력예방법 제17조 제9항에 따른 가해학생 보호자에 대한 특별교육 이수 조치는 가해학생이 선도·교육을 위해 특별교육을 이수하는 경우 해당 학생의 보호자에게 그 목적을 달성하기 위하여 마련된 부수처분으로서 가해학생의 특별교육 이수를 전제로 한다. 즉 가해학생에 대한 특별 교육이수 조치에 따라 가해학생이 특별교육을 이수하는 경우 해당 학생의 보호자도 함께 교육을 받아야 하는 것이고, 가해학생에 대한 특별교육 이수가 이루어지지 않게 되는 경우 해당 학생의 보호자에 대한 특별교육 역시 이를 이수하게 할 근거를 상실하게 되는 것이다.

위 법리에 비추어 살피건대, 앞서 살핀 바와 같이 원고가 D고등학교를 졸업함에 따라 이 사건 처분 중 구 학교폭력예방법 제17조 제1항 제4호에 따른 '사회봉사 15시간' 조치 부분의 효력이 소멸하게 된 이상 그에 부수하는 원고에 대한 특별교육 5시간의 이수 조치 부분의 효력도 함께 소멸하였다 할 것이고, 원고에 대하여 부가된 특별교육이 이루어지지 않게 된 결과 원고의 보호자에 대한 특별교육 5시간의 이수 조치 부분도 그 효력을 상실하였다 할 것이므로, 위 각 조치처분의 취소는 과거의 법률관계를 다투는 것에 불과하여 소의 이익이 없다.

나) 구 초·중등교육법 시행규칙 제21조 제1항 제6호 및 구 학교생활기록 작성 및 관리지침 제16조 제2항은 해당 학생에 대해 '학교폭력예방법 제17조에 따른 조치사항'이 있는 경우 학교생활기록의 '행동특성' 중 학교폭력과 관련된 사항 부분에 입력하도록 정하고 있다. 그런데 구 학교폭력예방법 제17조의 문언에 의하면 '가해학생에 대한

조치사항'에 관한 규정은 제1항 제1호 내지 제9호이다. 따라서 구 학교폭력예방법 제17조 제3항, 제9항에 의한 가해학생 및 그 보호자의 특별교육 이수는 학교생활기록부에 기재되지 않으며, 구 초·중등교육법 시행규칙 제22조 및 구 학교생활기록 작성 및 관리지침 제18조에서도 해당 기재의 삭제에 관하여 규정하고 있지 않다.

다) 그렇다면 이 사건 처분 중 구 학교폭력예방법 제17조 제3항에 기초한 '특별교육 이수 5시간' 및 제17조 제9항에 기초한 '보호자 특별교육 이수 5시간'의 조치 부분은 그 취소로써 회복할 권리나 이익이 남아있다고 할 수 없다. 나아가 '보호자 특별교육 이수 5시간'의 조치는 원고가 아닌 보호자를 그 대상으로 하는 것으로 원고에게 그 적법 여부를 다툴 독자적인 법률상 이익이 있다고 인정하기도 어렵다.

다. 소결론

이 사건 소 중 '피해학생에 대한 서면사과', '특별교육 이수 5시간', '보호자 특별교육 이수 5시간'의 처분 취소를 구하는 부분은 소의 이익이 없어 부적법하다. 피고의 본안전항변은 위 인정범위 내에서 이유 있다(아래에서는 피고가 구 학교폭력예방법 제17조 제1항 제4호에 따라 원고에 대하여 한 사회봉사 15시간의 조치 처분을 '이 사건 사회봉사 처분'이라 한다).

4. 본안에 대한 판단

가. 원고의 주장 요지

1) 절차상 하자

원고는 이 사건 의결 과정에서 교사위원 1명에 대하여 기피신청을 하였는데, 그에 대한 의결 당시 위 교사위원이 회의실에서 퇴장하는 것을 목격하지 못하였다. 만약 교사위원이 회의실에 그대로 있었다면 관계 규정을 위반하여 나머지 위원들의 자율적인 결정에 영향을 미친 것이므로 객관성과 공정성을 침해한 중대한 하자에 해당한다.

2) 실체상 하자

가) 원고는 D고등학교의 학생들에 대한 반일 사상 및 편향된 정치사상 주입을 주장하면서 이를 입증하는 동영상을 게시하였고, 그 후 피해학생들의 얼굴을 모자이크 처리하면서 공익적 이유로 삭제하기 어렵다는 의사를 전달하였다. 이러한 원고의 행위는 공익 실현에 부합하는 일종의 '공익 제보'에 해당할 뿐 구 학교폭력예방법 제2조 제1호의 학교폭력으로 볼 수 없다. 그럼에도 피고는 재량권을 일탈·남용하여 피해학생들의 동영상 삭제 요청을 받아들이지 않았다는 이유로 학교폭력으로 인정하였다.

나) 학교폭력예방법 제17조 제2항은 피해학생이나 신고·고발 학생에 대한 협박 또는 보복행위일 경우에만 조치를 병과하거나 조치 내용을 가중할 수 있다고 규정하고 있음에도 피고가 이에 해당하지 않는 원고의 행위에 대해 '피해학생에 대한 서면사과' 조치에 더하여 중징계라고 할 수 있는 사회봉사 15시간의 조치를 병과한 것은 재량권 행사의 한계를 일탈하거나 재량권을 남용한 것이다.

나. 절차상 하자 주장에 대한 판단

1) 구 학교폭력예방 및 대책에 관한 법률 시행령(2020. 2. 25. 대통령령 제30441호로 개정되기 전의 것, 이하 '구 학교폭력예방법 시행령'이라 한다) 제26조는 자치위원회 위원의 제척 · 기피 · 회피 제도를 정하고 있다. 같은 조 제2항은 '자치위원회의 위원에게 공정한 심의를 기대하기 어려운 사정이 있다고 인정할 만한 상당한 사유가 있을 때에는 분쟁당사자가 자치위원회에 그 사실을 서면으로 소명하고 기피신청을 할 수 있다.'고 규정하고, 제3항은 '자치위원회는 제2항에 따른 기피신청을 받으면 의결로써 해당 위원의 기피 여부를 결정하여야 한다. 이 경우 기피신청 대상이 된 위원은 그 의결

에 참여하지 못한다.'라고 규정하며, 제4항에서는 자치위원회 위원 스스로 제척 또는 기피사유로 해당 사건을 회피할 수 있다고 규정한다.

2) 이 사건에 관하여 보건대, 을 제2호증의 기재 및 변론 전체의 취지를 종합하면, 원고의 부 B은 이 사건 회의 개최에 앞서 '교감 및 D고등학교 행정의사결정자'에 대한 기피를 신청하였고, D고등학교 교감은 이 사건 안건 심의에 대해 회피한 사실, 이 사건 자치위원회 위원 8명 중 D고등학교 교무부장을 포함한 5명이 이 사건 회의에 참석하였고, 원고와 그 보호자들이 교무부장도 위 기피신청 대상에 포함된다고 주장하자 이 사건 자치위원회는 교무부장인 위원을 포함하여 의결한 결과 교무부장에 대한 기피신청을 받아들이지 않는다고 결정한 사실, 원고의 변호인이 그 의결 절차에 대해 이의를 제기하자, 이 사건 자치위원회는 교무부장인 위원을 제외하고 재차 논의한 결과 전원의 찬성으로 위 기피신청을 받아들이지 않기로 의결한 사실을 인정할 수 있고, 달리 교무부장이 자신의 기피 여부에 대한 의결 과정에서 이 사건 회의가 개최된 회의실에 남아 있었다거나 그 의결에 실질적으로 관여하였다고 볼 만한 증거가 없다.

이에 의하면, 이 사건 자치위원회는 적법한 절차에 따라 교무부장 위원의 기피 여부를 결정하였다 할 것이므로, 원고의 이 부분 주장은 이유 없다.

다. 실체상 하자 주장에 대한 판단

1) 학교폭력에 해당하지 않는다는 주장에 대하여

가) 구 학교폭력예방법은 학교폭력의 예방과 대책에 필요한 사항을 규정함으로써 피해학생의 보호, 가해학생의 선도·교육 및 피해학생과 가해학생 간의 분쟁조정을 통하여 학생의 인권을 보호하고 학생을 건전한 사회구성원으로 육성함을 목적으로 하고(제1조), '학교폭력'에 대해 학교 내외에서 학생을 대상으로 발생한 상해, 폭행, 감금, 협

박, 약취·유인, 명예훼손·모욕, 공갈, 강요·강제적인 심부름 및 성폭력, 따돌림, 사이버 따돌림, 정보통신망을 이용한 음란·폭력 정보 등에 의하여 신체·정신 또는 재산상의 피해를 수반하는 행위를 말한다고 규정하고 있다(제2조 제1호). 위 각 규정에 의하면, 구 학교폭력예방법상 '학교폭력'은 제2조 제1호에 열거된 유형에 한정되지 않고 이와 유사하거나 동질의 행위로서 학생의 신체·정신 또는 재산상의 피해를 수반하는 행위를 포함한다 할 것이다.

인간의 존엄과 가치, 행복추구권을 규정한 헌법 제10조 제1문에서 도출되는 일반적 인격권 및 헌법 제17조의 사생활의 비밀과 자유에 의하여 보장되는 개인정보자기결정권은 자신에 관한 정보가 언제 누구에게 어느 범위까지 알려지고 또 이용되도록 할 것인지를 그 정보주체가 스스로 결정할 수 있는 권리이다. 개인정보자기결정권의 보호대상이 되는 개인정보는 개인의 신체, 신념, 사회적 지위, 신분 등과 같이 개인의 인격주체성을 특징짓는 사항으로서 그 개인의 동일성을 식별할 수 있게 하는 일체의 정보라고 할 수 있고, 반드시 개인의 내밀한 영역에 속하는 정보에 국한되지 않고 공적 생활에서 형성되었거나 이미 공개된 개인정보까지 포함한다. 또한 그러한 개인정보를 대상으로 한 조사·수집·보관·처리·이용 등의 행위는 모두 원칙적으로 개인정보자기결정권에 대한 제한에 해당한다(대법원 2014. 7. 24. 선고 2012다49933 판결, 대법원 2015. 9. 10. 선고 2013다26432 판결 등 참조).

사람은 누구나 자신의 얼굴 기타 사회통념상 특정인임을 식별할 수 있는 신체적 특징에 관하여 함부로 촬영되거나 공표되지 아니할 권리를 가지는데, 이러한 초상권도 헌법 제10조 제1문에 의하여 헌법적으로 보장되는 권리이다. 그러므로 사생활의 비밀과 자유 또는 초상권에 대한 부당한 침해는 불법행위를 구성하고, 그 침해는 그것이 공개된 장소에서 이루어졌다는 사유만으로는 정당화되지 아니하며, 그 침해를 당한 사람에게는 특별한 사정이 없는 한 정신적 고통이 수반된다고 봄이 상당하다(대법원 2012. 1. 27. 선고 2010다39277 판결, 대법원 2013. 6. 27. 선고 2012다31628 판결 등 참조).

나) 갑 제2, 10, 17호증, 을 제1, 2, 5 내지 9호증의 각 기재, 갑 제8, 18호증(가지번호 포함)의 각 영상 및 변론 전체의 취지를 종합하면, 다음과 같은 사실이 인정된다.

(1) D고등학교는 2019. 10. 17. 임시정부 수립 100주년 기념행사로 H공원에서 'I' 행사(이하 '이 사건 행사'라 한다)를 개최하였고, 이 사건 행사에 참석한 1, 2학년 전체 학생은 "임시정부수립 100년", "일본 경제침략 반대", "동아시아 평화" 등을 주제로 개인별로 준비한 선언문 띠를 들거나 의복 등에 착용한 상태에서 마라톤 대회에 참가하였다.

(2) 이 사건 행사에서는 출발 전 학급별로 한 명씩 자신이 제작한 선언문 띠를 들고 나와 다른 학생들 앞에서 선언문을 외치는 시간이 있었는데, 문제가 있다고 생각한 G은 해당 장면을 동영상(이하 '이 사건 동영상'이라 한다)으로 촬영하였다.

(3) 이 사건 동영상에는 학생들이 순서에 따라 단상에서 자신의 선언문을 외치는 장면이 나타나는데, 피해학생 F이 단상에 있는 동안 "불쌍한 F. 저 여자애 개불쌍하다. 저기 올라간 거 아냐. 아니 E 말고 재. 저기 선언문 들고 서 있는 애.", "저 여자애 아무 것도 모르고 저기 올라가는 거 아냐. 저기 올라가 있잖아. 개불쌍하다."라는 대화 내용(재생시각 1분 20초~1분 52초), 피해학생 E가 단상에 있는 동안 "야 E도 올라갔는데", "E 우리 반의 수치"라는 대화 내용(재생시각 2분 13초~2분 20초) 등이 녹음되어 있다.

(4) G은 피해학생들의 동의를 받지 않고 이 사건 동영상과 마라톤 대회에 참가한 학생들의 선언문 띠 등이 나타나는 사진을 원고에게 전달하였다. 원고는 2019. 10. 17. 11:00경 자신의 페이스북에 다음과 같은 게시글(이하 '이 사건 게시글'이라 한다)과 함께 G으로부터 전달받은 이 사건 동영상과 사진 등을 첨부하였고, 2019. 10. 17. 20:40 경까지 이에 대해 61개의 댓글과 37회의 공유가 이루어졌다. 이후 원고는 이 사건 게시글에 첨부된 동영상과 사진을 모자이크 처리 등을 한 것으로 변경하였으나, 변경 후의 동영상에도 위와 같은 대화 내용이 나타난다.

> 1. 학생들에게 수업시간에 일본을 규탄하는 선언문을 적으라고 시켰다고 합니다. 아무것도 모르는 아이들은 좋은 취지인줄 알고 선언문을 작성했다고 합니다.
> 2. 그 중 한 친구는 이러한 사상강요에 역겨움을 느껴, 선언문에 "대북송금 종북좌파"라고 적었다고 합니다. 그랬더니 선생님께서는 "아직도 정신 못차렸냐"면서 다시 써오라고 위력을 행사하였다고 합니다.
> 3. 그렇게 사상강요와 사상주입으로 더럽게 만들어진 선언문들은 D고등학교 교내 마라톤 대회에 참가하는 학생들의 몸에 붙이고 뛰게 시켰다고 합니다.
> 4. 또한 아무것도 모르는 학생들에게 마이크를 잡게 하고 "J정당, K 망해라", "경제침략 사과하라" 등의 구호를 외치게 합니다. 동영상을 보고 판단해주세요. 저게 정치 집회지 어떻게 학생들의 순수한 마라톤 대회입니까?
>
> (중략)
>
> 이것은 아무것도 모르는 순수한 학생들을 "정치시체"로 팔아서 진보 교육감에게 "우리 이렇게 반일운동 열심히 하고 있다"고 꾀하는 것입니다. 동영상을 보시면 사상독재의 범인 교장선생님께서 아이들의 옆에서 사악한 미소를 짓고 있습니다.

(5) 피해학생 E과 그 오빠는 2019. 10. 18. 원고에게 이 사건 게시글의 동영상과 사진에서 E이 특정되니 삭제하여 달라고 요청하였으나, 원고는 자신의 주장을 뒷받침하는 증거이고 허락 없이 이를 게재하더라도 법률적으로 아무런 문제가 없다며 그 요청에 응하지 않았으며, E의 메시지를 차단하였다.

(6) 2019. 10. 19.경 이 사건 게시글 등을 인용하며 공립고등학교 교사들이 학생들에게 반일구호를 강요하였다는 내용이 언론을 통해 보도되었는데, 해당 기사에는 피해학생 E 등이 단상에서 자신의 선언문 띠를 들고 있는 장면이 모자이크 처리된 사진의 형태로 함께 게재되었다.

(7) 피해학생들은 2019. 10. 25. 원고에 대해 학교폭력으로 신고하고 2019. 11. 26. 개최된 2019학년도 제5회 학교폭력대책자치위원회 회의에 참석하여 진술하는 과정에서 이 사건 동영상 등이 원고의 페이스북에 게재된 이후 스트레스를 받고 있다거나 위축되고 불안하여 상담을 받고 있다는 등의 피해를 호소하였다.

(8) 위 학교폭력 신고 사실을 전달받은 원고와 그 보호자는 담당 교사에게 원고와 피해학생들이 대화할 수 있는 자리를 요청하였으나 2019. 11. 4. 점심시간에 만나기로 약속한 후 피해학생들이 마음을 바꾸어 무산되었고, 이에 원고와 원고의 보호자는 분쟁조정을 신청하였으나 피해학생들이 동의하지 아니하였다.

다) 위 인정사실 및 변론 전체의 취지에 의하여 인정되는 다음과 같은 사정들을 종합하면, 피해학생들의 동의를 받지 않고 이 사건 동영상 등을 SNS에 게시한 원고의 행위는 구 학교폭력예방법 제2조 제1호의 학교폭력에 해당한다고 봄이 타당하다.

(1) 이 사건 동영상에는 얼굴 등 피해학생들임을 식별할 수 있는 신체적 특징과 그 선언문을 외치는 장면 등이 담겨져 있고, 촬영자 등의 대화를 통해 피해학생들의 실명이 그대로 나타난다. 원고는 최초 이 사건 동영상을 이 사건 게시글에 그대로 첨부하였고, 이후 모자이크 처리를 한 동영상으로 변경하였으나 D고등학교 학생 등 다수의 사람들이 이 사건 동영상을 본 이후일 뿐만 아니라 변경된 동영상에서도 여전히 위 대화 내용이 재생되므로 해당 인물이 피해학생들로 특정된다는 점은 달라지지 않았다.

(2) 촬영자인 G은 촬영 목적을 알리지 않고 이 사건 동영상을 촬영하였고 이 사건 동영상 등을 원고에게 전달한다는 사실도 알리지 않았다. 원고 또한 피해학생들의 동의 없이 이 사건 동영상 등을 SNS에 게재하였고, 이를 본 다른 학생들이나 피해학생들로부터 삭제 요청을 받았음에도 이를 거절하였다.

(3) 이 사건 행사에는 1, 2학년 학생들이 참석하였고, 피해학생들은 이 사건 행사의 일환으로 공개된 장소에서 자신들이 준비한 선언문을 외치는 등의 행위를 하였다. 이 사건 행사가 정치편향 교육활동으로서 부당하다는 원고의 주장은 공적 관심사에 대한 것으로 그 표현의 자유가 최대한 보장되어야 한다. 그러나 이 사건 동영상에 나타나는 피해학생들의 모습과 행동 및 촬영자 등의 대화 내용, 원고의 게재 경위와 동기 등에 비추어 보면, 비록 원고의 의도는 위와 같더라도, 이를 표현함에 있어 피해학생들의 동의를 받지 않고 피해학생들의 행동과 이를 비하하는 현장 대화가 담긴 동영상을 게재함으로써 정보통신망을 이용하여 피해학생들의 초상권을 비롯한 인격권 및 개인정보자기결정권을 침해하였다 할 것이다.

(4) 피해학생들은 D고등학교 1학년에 재학 중이던 학생들로서, 자신들의 행동과 그에 대한 평가 및 자신들에 대한 식별 정보가 담긴 동영상 등이 원고의 SNS를 통해 D고등학교 학생들을 포함한 다수의 사람들에게 전파되고 있음을 알게 되었으므로, 그로 인해 정신적 고통을 받게 되었음이 경험칙상 분명하다.

2) 협박 또는 보복행위가 아닌 경우 조치를 병과할 수 없다는 주장에 대하여

가) 구 학교폭력예방법 제17조는 제1항에서 '자치위원회는 피해학생의 보호와 가해학생의 선도·교육을 위하여 가해학생에 대하여 다음 각 호의 어느 하나에 해당하는 조치(수개의 조치를 병과하는 경우를 포함한다)를 할 것을 학교의 장에게 요청하여야

한다.'라고 규정하면서, 제2항에서 '제1항에 따라 자치위원회가 학교의 장에게 가해학생에 대한 조치를 요청할 때 그 이유가 피해학생이나 신고·고발 학생에 대한 협박 또는 보복 행위일 경우에는 같은 항 각 호의 조치를 병과하거나 조치 내용을 가중할 수 있다.'고 규정하고 있다.

나) 학교폭력예방법은 2004. 1. 29. 법률 제7119호로 제정된 이후 2008. 3. 14. 법률 제8887호로 전부개정되는 등 여러 차례 개정이 이루어졌다. 법률 제8887호로 전부개정되기 전의 구 학교폭력예방법은 제15조 제1항 본문에서 '자치위원회는 피해학생의 보호와 가해학생의 선도·교육을 위하여 필요하다고 인정하는 때에는 가해학생에 대하여 다음 각 호의 1에 해당하는 조치(수개의 조치를 병과하는 경우를 포함한다)를 취할 것을 학교의 장에게 요청할 수 있다.'고 규정하고 있었고, 전부개정된 이후에도 제17조 제1항 본문에서 동일한 내용을 규정하고 있었으며, 2012. 3. 21. 법률 제11388호로 개정된 구 학교폭력예방법은 제17조 제1항 본문의 "필요하다고 인정하는 때에는 …… 요청할 수 있다."는 부분을 "…… 요청하여야 하며, 각 조치별 적용 기준은 대통령령으로 정한다."로 개정하면서 제17조 제2항을 신설하였다. 법제처는 위 법률 제11388호의 제17조 제1항, 제2항 개정이유에서 '가해학생에 대해서는 출석정지, 전학 등의 조치를 내릴 것을 의무화하고, 협박 또는 보복행위에 대해서는 병과하거나 가중 조치할 수 있도록 함'이라고 밝히고 있다.

다) 구 학교폭력예방법 제17조 제1항 각 호에서 규정하고 있는 가해학생에 대한 조치 중 피해학생에 대한 서면사과(제1호), 피해학생 및 신고·고발 학생에 대한 접촉, 협박 및 보복행위의 금지(제2호)는 피해학생 등의 보호를 위한 것이고, 학교에서의 봉사(제3호), 사회봉사(제4호), 학내외 전문가에 의한 특별 교육이수 또는 심리치료(제5

호)는 가해학생의 선도·교육을 위한 것이다. 그리고 출석정지(제6호), 학급교체(제7호), 전학(제8호), 퇴학처분(제9호)는 가해학생과의 격리를 통하여 피해학생을 보호하는 데에 주된 목적이 있다. 이와 같이 가해학생에 대한 각 조치는 그 취지와 목적을 달리하고, 이에 따라 학교폭력예방법은 제정 당시부터 현행 법률에 이르기까지 가해학생에 대한 조치를 병과할 수 있는 근거 규정을 두고 있다. 따라서 법률 제11388호에서 협박 또는 보복행위의 경우에 가해학생에 대한 조치를 병과하거나 조치를 가중할 수 있도록 한 제17조 제2항을 신설한 것은, 같은 법률에서 대통령령으로 정하는 각 조치별 적용 기준에 의하여 가해학생에 대한 조치를 정하도록 제17조 제1항을 개정함에 따라 협박 또는 보복행위의 경우에는 그 조치별 적용 기준에도 불구하고 조치를 병과하거나 가중할 수 있는 별도의 근거 규정을 마련하고자 함에 있다고 봄이 상당하다.

라) 위와 같은 학교폭력예방법의 개정 연혁, 구 학교폭력예방법 제17조 제2항의 도입 경위와 개정이유 등을 종합하면, 협박 또는 보복행위에 해당하지 않더라도 구 학교폭력예방법 제17조 제1항에 따라 가해학생에 대해 대통령령으로 정한 각 조치별 적용 기준 내에서 피해학생의 보호와 가해학생의 선도·교육을 위해 필요한 조치를 병과할 수 있다 할 것이므로, 원고의 이 부분 주장은 이유 없다.

3) 사회봉사 조치 부과는 재량권의 일탈·남용에 해당한다는 주장에 대하여

가) 구 학교폭력예방법 제17조 제1항에 의하면, 자치위원회는 피해학생의 보호와 가해학생의 선도·교육을 위하여 대통령령으로 정한 각 조치별 적용 기준에 따라 피해학생에 대한 서면사과, 사회봉사 등 위 규정 각 호에서 정하고 있는 가해학생에 대한 조치 중 어느 하나 또는 여러 조치의 병과를 학교의 장에게 요청하여야 한다. 구 학교폭력예방법 시행령 제19조는 조치별 적용 기준에 대해 '가해학생이 행사한 학교폭력의

심각성·지속성·고의성'(제1호), '가해학생의 반성 정도'(제2호), '해당 조치로 인한 가해학생의 선도가능성'(제3호), '가해학생 및 보호자와 피해학생 및 보호자 간의 화해의 정도'(제4호), '피해학생이 장애학생인지 여부'(제5호)를 고려하여 결정하고, 그 세부적인 기준은 교육부장관이 정하여 고시하도록 위임하고 있다. 이에 따라 마련된 구 학교폭력 가해학생 조치별 적용 세부기준 고시(2020. 2. 25. 교육부고시 제2020-218호로 개정되기 전의 것, 이하 '세부기준 고시'라 한다) 제2조 [별표]에 의하면, 기본 판단 요소로서 학교폭력의 심각성, 지속성, 고의성 가해학생의 반성 정도, 화해 정도의 5개 영역별로 0점부터 4점까지 부과하여 총점에 따라 개별 조치의 적용 여부를 판단하되, 부가적으로 해당 점수에 따른 조치에도 불구하고 가해학생의 선도가능성 및 피해학생의 보호를 고려하여 자치위원회 출석위원 과반수의 찬성으로 가해학생에 대한 조치를 가중 또는 경감할 수 있다.

위와 같은 규정의 내용, 형식 및 취지 등에 비추어 보면, 해당 학교의 장이 학교폭력 가해학생에 대하여 어떠한 조치를 할 것인지, 여러 조치를 병과할 것인지 여부는 학교 측의 판단에 따른 재량행위에 속한다고 볼 수 있다.

그러나 학교폭력예방법에서 정한 가해학생에 대한 조치는 어디까지나 피해학생의 보호와 가해학생의 선도·교육을 위하여 이루어지는 것이다. 그리고 학교폭력예방법은 '학교폭력'의 정의를 매우 광범위하고 포괄적으로 규정하고 있는 한편, 경미한 학교폭력의 경우에도 가해학생에 대한 조치를 의무화하고 이를 학교생활기록부에 기재하도록 하고 있어, 가해학생에 대한 조치의 결정이 그 학생의 장래에 미치는 영향이 매우 크다. 나아가 학교라는 공동체의 특수성을 고려할 때 아직 인격적으로 미성숙한 학생에 대하여 행위의 법적 책임을 엄격하게 추궁하는 것은 가혹한 면이 있다. 구 학교폭력예방법 제3조는 이 법을 해석·적용함에 있어서 국민의 권리가 부당하게 침해되지 아니하도록 주의하여야 한다고 규정하고 있는바, 이는 위와 같은 학교폭력 사건의 특수성을 고려하여 법률을 적용하라는 취지의 규정으로 볼 수 있다.

따라서 학교폭력 가해학생에 대한 조치는 학교폭력의 내용과 성질, 조치를 통하여 달성하고자 하는 목적, 관련 법령에 따른 조치의 기준 등 여러 요소를 살펴 피해학생의 보호와 가해학생의 선도·교육이라는 목적에 부합하는 방향으로 신중히 결정하여야 한다. 특히 수개의 조치의 병과와 관련하여서는, 조치의 남발을 막고, 가해학생에 대한 선도·교육의 목적을 달성하기 위해 가장 적절한 조치가 내려질 수 있도록 신중한 판단이 요구된다.1)

나) 이 사건에 관하여 보건대, 앞서 든 증거들에 변론 전체의 취지에 의하여 인정되는 다음과 같은 사정들을 종합하면, 피해학생의 보호와 가해학생의 선도·교육이라는 조치 목적에 비추어, 이 사건 처분 중 사회봉사 조치를 병과한 부분은 재량권을 일탈·남용한 것으로서 위법하여 취소되어야 하므로, 원고의 이 부분 주장은 이유 있다.

(1) 이 사건 자치위원회 위원들은 원고와 피해학생들의 의견 등을 청취한 후 학교폭력의 심각성은 '낮음'(1점), 지속성 및 고의성은 '없음'(각 0점), 가해학생의 반성 정도는 '낮음'(3점) 또는 '없음'(4점), 화해 정도는 '낮음'(3점)으로 평가한 후 그 총점이 7~8점에 해당한다는 이유에서 피해학생에 대한 서면사과와 사회봉사 조치를 병과하기로 의결하였다. 그런데 이 사건 회의록에는 이 사건 자치위원회 위원들이 구 학교폭력예방법 시행령 제19조 제3호에서 정한 '해당 조치로 인한 가해학생의 선도가능성'에 대해 별도로 고려하였다는 사정이 나타나지 않고, 세부기준 고시에 따라 해당 점수에도

---

1) 교육부 발간 '학교폭력 사안처리 가이드북'(을 제3호증), 63쪽 참조

불구하고 원고의 선도가능성이나 피해학생들의 보호를 고려한 조치의 가중 또는 경감 여부를 심의하였다는 기재도 없다.

(2) 이 사건은 ① '2주 이상의 신체적·정신적 치료를 요하는 진단서를 발급받지 않은 경우', ② '재산상 피해가 없거나 즉각 복구된 경우', ③ '학교폭력이 지속적이지 않은 경우', ④ '학교폭력에 대한 신고, 진술, 자료제공 등에 대한 보복행위가 아닌 경우'에 모두 해당하므로 이른바 '경미한 학교폭력'(2019. 8. 20. 법률 제16441호로 개정된 학교폭력예방법에서 신설되어 2019. 9. 1.부터 시행된 제13조의2 제1항 참조)에 해당하는 사안이다. 따라서 상당히 중한 수준인 사회봉사 조치를 병과하기 위해서는 원고에 대한 선도·교육의 목적을 달성하기 위해 위와 같은 조치가 필요하다고 볼 특별한 사정이 인정되어야 한다.

(3) 그런데 원고가 이 사건 게시글과 함께 이 사건 동영상 등을 SNS에 게재한 주된 목적과 동기는 이 사건 행사가 교육활동의 성격에 부합하지 않는다는 주장을 펼치고 그러한 문제를 제기하기 위함이었고, 피해학생들과 같이 이 사건 행사에 참여한 D 고등학교 1, 2학년 학생들을 그 비판의 대상으로 삼으려 함은 아니었던 것으로 보이며, 그로 인해 발생한 피해학생들의 인격권, 개인정보자기결정권의 침해 등의 피해는 원고가 게재 과정에서 의욕한 것이 아니라 그에 대한 지식이 부족하거나 충분히 고려하지 못하여 발생하게 한 것으로 보인다. 위와 같은 이 사건 학교폭력의 내용과 성질 등에 비추어 볼 때, 상급학교 진학을 앞둔 고3 학생인 원고에 대한 선도·교육의 목적을 달성하기 위한 조치로서 사회봉사의 병과가 적절하다고 평가하기 어렵다.

(4) 이 사건 동영상을 촬영하여 원고에게 제공한 G은 피해학생 E에게 사과하고 잘못을 반성하는 모습을 보인 점 등이 참작되어 피해학생에 대한 서면사과 조치만을

받았다. 반면 원고의 경우 이 사건 회의에 이르기까지 잘못을 인정하거나 반성하는 모습을 보였다고 보기 어렵고, 피해학생들과 화해도 이루어지지 않았다. 그러나 원고의 행위도 G의 경우와 같이 피해학생들에 대한 직접적인 가해를 의도한 것은 아니고, 피해 정도 등의 심각성 또한 낮게 평가되었으며, 동일한 가해행위를 반복할 염려가 있었다는 사정도 나타나지 않는다. 이 사건 자치위원회 위원들은 그러한 사정들을 고려하여 원고의 학교폭력 심각성, 지속성 및 고의성에 대해 '낮음'이나 '없음'으로 평가하였다. 한편 피해학생들도 이 사건 자치위원회에 원고가 진심으로 사과하고 이 사건 게시물을 삭제하며 재발방지를 다짐할 것 등을 바란다고 진술하였을 뿐, 원고의 선도·교육을 위한 추가적인 조치 등을 요구하였던 것으로 보이지 않는다.

5. 결 론

그렇다면 이 사건 소 중 피해학생에 대한 서면사과, 원고 및 원고의 보호자에 대한 각 5시간의 특별교육 이수 처분 취소청구 부분은 부적법하므로 이를 각하하고, 원고의 나머지 청구는 이유 있으므로 이를 인용하며, 소송비용에 관하여는 행정소송법 제8조 제2항, 민사소송법 제98조, 제101조 단서를 적용하여 주문과 같이 판결한다.

재판장 판사 이정민

판사 임윤한

판사　　　차선영

별지

관계 법령

■ 구 학교폭력예방 및 대책에 관한 법률(2019. 8. 20. 법률 제16441호로 개정되기 전의 것)

제1조(목적)

이 법은 학교폭력의 예방과 대책에 필요한 사항을 규정함으로써 피해학생의 보호, 가해학생의 선도·교육 및 피해학생과 가해학생 간의 분쟁조정을 통하여 학생의 인권을 보호하고 학생을 건전한 사회구성원으로 육성함을 목적으로 한다.

제2조(정의)

이 법에서 사용하는 용어의 정의는 다음 각 호와 같다.

1. "학교폭력"이란 학교 내외에서 학생을 대상으로 발생한 상해, 폭행, 감금, 협박, 약취·유인, 명예훼손·모욕, 공갈, 강요·강제적인 심부름 및 성폭력, 따돌림, 사이버 따돌림, 정보통신망을 이용한 음란·폭력 정보 등에 의하여 신체·정신 또는 재산상의 피해를 수반하는 행위를 말한다.

제3조(해석·적용의 주의의무)

이 법을 해석·적용함에 있어서 국민의 권리가 부당하게 침해되지 아니하도록 주의하여야 한다.

제12조(학교폭력대책자치위원회의 설치·기능)

① 학교폭력의 예방 및 대책에 관련된 사항을 심의하기 위하여 학교에 학교폭력대책자치위원회(이하 "자치위원회"라 한다)를 둔다. 다만, 자치위원회 구성에 있어 대통령령으로 정하는 사유가 있는 경우에는 교육감의 보고를 거쳐 둘 이상의 학교가 공동으로 자치위원회를 구성할 수 있다.

④ 그 밖에 자치위원회의 구성·운영에 필요한 사항은 대통령령으로 정한다.

제17조(가해학생에 대한 조치)

① 자치위원회는 피해학생의 보호와 가해학생의 선도·교육을 위하여 가해학생에 대하여 다음 각 호의 어느 하나에 해당하는 조치(수 개의 조치를 병과하는 경우를 포함한다)를 할 것을 학교의 장에게 요청하여야 하며, 각 조치별 적용 기준은 대통령령으로 정한다. 다만, 퇴학처분은 의무교육과정에 있는 가해학생에 대하여는 적용하지 아니한다.

1. 피해학생에 대한 서면사과
2. 피해학생 및 신고·고발 학생에 대한 접촉, 협박 및 보복행위의 금지
3. 학교에서의 봉사
4. 사회봉사
5. 학내외 전문가에 의한 특별 교육이수 또는 심리치료
6. 출석정지
7. 학급교체
8. 전학
9. 퇴학처분

② 제1항에 따라 자치위원회가 학교의 장에게 가해학생에 대한 조치를 요청할 때 그 이유가 피해학생이나 신고·고발 학생에 대한 협박 또는 보복 행위일 경우에는 같은 항 각 호의 조치를 병과하거나 조치 내용을 가중할 수 있다.

③ 제1항제2호부터 제4호까지 및 제6호부터 제8호까지의 처분을 받은 가해학생은 교육감이 정한 기관에서 특별교육을 이수하거나 심리치료를 받아야 하며, 그 기간은 자치위원회에서 정한다.

⑥ 제1항에 따른 요청이 있는 때에는 학교의 장은 14일 이내에 해당 조치를 하여야 한다.

⑦ 학교의 장이 제4항에 따른 조치를 한 때에는 가해학생과 그 보호자에게 이를 통지하여야 하며, 가해학생이 이를 거부하거나 회피하는 때에는 「초·중등교육법」 제18조에 따라 징계하여야 한다.

⑨ 자치위원회는 가해학생이 특별교육을 이수할 경우 해당 학생의 보호자도 함께 교육을 받게 하여야 한다.

⑪ 제1항제2호부터 제9호까지의 처분을 받은 학생이 해당 조치를 거부하거나 기피하는 경우 자치위원회는 제7항에도 불구하고 대통령령으로 정하는 바에 따라 추가로 다른 조치를 할 것을 학교의 장에게 요청할 수 있다.

■ **학교폭력예방 및 대책에 관한 법률**

제13조의2(학교의 장의 자체해결)

① 제13조제2항제4호 및 제5호에도 불구하고 피해학생 및 그 보호자가 심의위원회의 개최를 원하지 아니하는 다음 각 호에 모두 해당하는 경미한 학교폭력의 경우 학교의 장은 학교폭

력사건을 자체적으로 해결할 수 있다. 이 경우 학교의 장은 지체 없이 이를 심의위원회에 보고하여야 한다.

1. 2주 이상의 신체적·정신적 치료를 요하는 진단서를 발급받지 않은 경우
2. 재산상 피해가 없거나 즉각 복구된 경우
3. 학교폭력이 지속적이지 않은 경우
4. 학교폭력에 대한 신고, 진술, 자료제공 등에 대한 보복행위가 아닌 경우

부칙 <법률 제16441호, 2019. 8. 20.>

제1조(시행일)

이 법은 2020년 3월 1일부터 시행한다. 다만, 제13조의2의 개정규정은 2019년 9월 1일부터 시행한다.

제2조(자치위원회 이관에 따른 특례)

① 2020년 3월 1일 전에 제13조의2의 개정규정을 적용하는 경우 "심의위원회"는 "자치위원회"로 본다.

■ 구 학교폭력예방 및 대책에 관한 법률 시행령(2020. 2. 25. 대통령령 제30441호로 개정되기 전의 것)

제14조(자치위원회의 구성·운영)

① 법 제13조제1항에 따른 자치위원회의 위원은 다음 각 호의 어느 하나에 해당하는 사람 중에서 해당 학교의 장이 임명하거나 위촉한다.

1. 해당 학교의 교감
2. 해당 학교의 교사 중 학생생활지도 경력이 있는 교사
3. 법 제13조제1항에 따라 선출된 학부모대표
4. 판사·검사·변호사
5. 해당 학교를 관할하는 경찰서 소속 경찰공무원
6. 의사 자격이 있는 사람
7. 그 밖에 학교폭력 예방 및 청소년보호에 대한 지식과 경험이 풍부한 사람

⑤ 자치위원회의 회의는 재적위원 과반수의 출석으로 개의하고, 출석위원 과반수의 찬성으로 의결한다.

제19조(가해학생에 대한 조치별 적용 기준)

법 제17조제1항의 조치별 적용 기준은 다음 각 호의 사항을 고려하여 결정하고, 그 세부적인 기준은 교육부장관이 정하여 고시한다.

1. 가해학생이 행사한 학교폭력의 심각성 · 지속성 · 고의성
2. 가해학생의 반성 정도
3. 해당 조치로 인한 가해학생의 선도 가능성
4. 가해학생 및 보호자와 피해학생 및 보호자 간의 화해의 정도
5. 피해학생이 장애학생인지 여부

제26조(자치위원회 위원의 제척 · 기피 및 회피)

① 자치위원회의 위원은 법 제16조, 제17조 및 제18조에 따라 피해학생과 가해학생에 대한 조치를 요청하는 경우와 분쟁을 조정하는 경우 다음 각 호의 어느 하나에 해당하면 해당 사건에서 제척된다.

1. 위원이나 그 배우자 또는 그 배우자였던 사람이 해당 사건의 피해학생 또는 가해학생의 보호자인 경우 또는 보호자였던 경우
2. 위원이 해당 사건의 피해학생 또는 가해학생과 친족이거나 친족이었던 경우
3. 그 밖에 위원이 해당 사건의 피해학생 또는 가해학생과 친분이 있거나 관련이 있다고 인정하는 경우

② 학교폭력과 관련하여 자치위원회를 개최하는 경우 또는 분쟁이 발생한 경우 자치위원회의 위원에게 공정한 심의를 기대하기 어려운 사정이 있다고 인정할 만한 상당한 사유가 있을 때에는 분쟁당사자는 자치위원회에 그 사실을 서면으로 소명하고 기피신청을 할 수 있다.

③ 자치위원회는 제2항에 따른 기피신청을 받으면 의결로써 해당 위원의 기피 여부를 결정하여야 한다. 이 경우 기피신청 대상이 된 위원은 그 의결에 참여하지 못한다.

④ 자치위원회의 위원이 제1항 또는 제2항의 사유에 해당하는 경우에는 스스로 해당 사건을 회피할 수 있다.

■ 구 학교폭력 가해학생 조치별 적용 세부기준 고시(2020. 2. 25. 교육부고시 제2020-218호로 개정되기 전의 것)

제2조(조치의 결정)

① 학교폭력대책자치위원회(이하 "자치위원회"라 한다)는 가해학생이 행사한 학교폭력의 심각성, 지속성, 고의성의 정도와 가해학생의 반성 정도, 해당 조치로 인한 가해학생의 선도 가

능성, 가해학생 및 보호자와 피해학생 및 보호자 간의 화해의 정도, 피해학생이 장애학생인지의 여부 등을 고려하여 [별표]에 따라 법 제17조제1항 각 호의 조치 중 가해학생별로 선도가능성이 높은 조치(수개의 조치를 병과하는 경우를 포함한다)를 할 것을 학교의 장에게 요청하여야 한다.

② 자치위원회는 피해학생 및 신고·고발 학생의 보호가 필요하다고 판단되는 경우 일정기간 가해학생이 피해학생과 접촉하는 것을 금지하고, 가해학생 스스로 자신의 잘못을 되돌아 볼 수 있는 기회를 주기 위해 법 제17조제1항제2호 조치를 기간을 정하여 부과할 수 있다.

③ 자치위원회는 가해학생이 학내외 전문가의 도움을 받아 폭력에 대한 인식을 개선하고 행동을 반성하게 하기 위해 법 제17조제1항제5호 조치를 기간을 정하여 부과할 수 있다.

④ 자치위원회는 법 제17조제9항에 따라 가해학생이 특별교육을 이수할 경우 해당 학생의 보호자도 별도의 특별교육을 기간을 정하여 함께 교육을 받게 하여야 한다.

[별표] 학교폭력 가해학생 조치별 적용 세부 기준

<table>
<tr><td colspan="4" rowspan="2"></td><td colspan="5">기본 판단 요소</td><td colspan="2">부가적 판단요소</td></tr>
<tr><td>학교 폭력의 심각성</td><td>학교 폭력의 지속성</td><td>학교 폭력의 고의성</td><td>가해 학생의 반성 정도</td><td>화해 정도</td><td>해당 조치로 인한 가해학생의 선도가능성</td><td>피해학생이 장애학생인지 여부</td></tr>
<tr><td colspan="3" rowspan="5">판정 점수</td><td>4점</td><td>매우 높음</td><td>매우 높음</td><td>매우 높음</td><td>없음</td><td>없음</td><td rowspan="8">해당점수에 따른 조치에도 불구하고 가해학생의 선도가능성 및 피해학생의 보호를 고려하여 시행령 제14조제5항에 따라 학교폭력대책자치위원회 출석위원 과반수의 찬성으로 가해학생에 대한 조치를 가중 또는 경감할 수 있음</td><td rowspan="8">피해학생이 장애학생인 경우 가해학생에 대한 조치를 가중할 수 있음</td></tr>
<tr><td>3점</td><td>높음</td><td>높음</td><td>높음</td><td>낮음</td><td>낮음</td></tr>
<tr><td>2점</td><td>보통</td><td>보통</td><td>보통</td><td>보통</td><td>보통</td></tr>
<tr><td>1점</td><td>낮음</td><td>낮음</td><td>낮음</td><td>높음</td><td>높음</td></tr>
<tr><td>0점</td><td>없음</td><td>없음</td><td>없음</td><td>매우 높음</td><td>매우 높음</td></tr>
<tr><td rowspan="3">가해학생에 대한 조치</td><td rowspan="3">교내 선도</td><td>1호</td><td>피해학생에 대한 서면 사과</td><td colspan="5">1~3점</td></tr>
<tr><td>2호</td><td>피해학생 및 신고·고발 학생에 대한 접촉, 협박 및 보복행위의 금지</td><td colspan="5">피해학생 및 신고·고발학생의 보호에 필요하다고 자치위원회가 의결할 경우</td></tr>
<tr><td>3호</td><td>학교에서의 봉사</td><td colspan="5">4~6점</td></tr>
</table>

<table>
<tr><td rowspan="6"></td><td colspan="2" rowspan="2">외부
기관
연계
선도</td><td>4호</td><td>사회봉사</td><td>7~9점</td><td rowspan="6"></td><td rowspan="6"></td></tr>
<tr><td>5호</td><td>학내외 전문가에 의한 특별 교육이수 또는 심리치료</td><td>가해학생 선도·교육에 필요하다고
자치위원회가 의결할 경우</td></tr>
<tr><td rowspan="4">교육환경변화</td><td rowspan="2">교내</td><td>6호</td><td>출석정지</td><td>10~12점</td></tr>
<tr><td>7호</td><td>학급교체</td><td>13~15점</td></tr>
<tr><td rowspan="2">교외</td><td>8호</td><td>전학</td><td>16~20점</td></tr>
<tr><td>9호</td><td>퇴학처분</td><td>16~20점</td></tr>
</table>

※ 법 제17조제2항에 따라 피해학생이나 신고·고발 학생에 대한 협박 또는 보복 행위일 경우에는 제17조제1항 각호의 조치를 병과하거나 조치를 가중할 수 있음

■ 초·중등교육법

제18조(학생의 징계)

① 학교의 장은 교육상 필요한 경우에는 법령과 학칙으로 정하는 바에 따라 학생을 징계하거나 그 밖의 방법으로 지도할 수 있다. 다만, 의무교육을 받고 있는 학생은 퇴학시킬 수 없다.

② 학교의 장은 학생을 징계하려면 그 학생이나 보호자에게 의견을 진술할 기회를 주는 등 적정한 절차를 거쳐야 한다.

제25조(학교생활기록)

① 학교의 장은 학생의 학업성취도와 인성(人性) 등을 종합적으로 관찰·평가하여 학생지도 및 상급학교(「고등교육법」 제2조 각 호에 따른 학교를 포함한다. 이하 같다)의 학생 선발에 활용할 수 있는 다음 각 호의 자료를 교육부령으로 정하는 기준에 따라 작성·관리하여야 한다.

1. 인적사항
2. 학적사항

3. 출결상황
4. 자격증 및 인증 취득상황
5. 교과학습 발달상황
6. 행동특성 및 종합의견
7. 그 밖에 교육목적에 필요한 범위에서 교육부령으로 정하는 사항

■ 구 초·중등교육법 시행규칙(2020. 2. 28. 교육부령 제201호로 개정되기 전의 것)

제21조(학교생활기록의 기재내용 등)

① 법 제2조에 따른 학교(이하 "학교"라 한다)의 장이 법 제25조제1항에 따라 같은 항 제1호부터 제6호까지의 자료를 학교생활기록으로 작성하는 경우 그 기재내용은 다음 각 호와 같다.

1. 인적사항: 학생의 성명·주민등록번호 및 주소 등
2. 학적사항: 학생이 해당 학교에 입학하기 전에 졸업한 학교의 이름, 졸업 연월일 및 재학 중 학적 변동이 있는 경우 그 날짜·내용 등. 이 경우 학적 변동이 「학교폭력 예방 및 대책에 관한 법률」 제17조의 조치사항에 따른 것인 경우에는 그 내용도 적어야 한다.
3. 출결상황: 학생의 학년별 출결상황 등. 이 경우 출결상황이 「학교폭력 예방 및 대책에 관한 법률」 제17조의 조치사항에 따른 것인 경우에는 그 내용도 적어야 한다.
4. 자격증 및 인증 취득상황: 학생이 취득한 자격증의 명칭, 번호, 취득 연월일 및 발급기관과 인증의 종류, 내용, 취득 연월일 및 인증기관 등
5. 교과학습 발달상황: 학생의 재학 중 이수 교과, 과목명, 평가 결과 및 학습활동의 발전 여부 등
6. 행동특성 및 종합의견: 학교교육 이수 중 학생의 행동특성과 학생의 학교교육 이수 상황을 종합적으로 이해할 수 있는 의견 등. 이 경우 해당 학생에 대해 「학교폭력 예방 및 대책에 관한 법률」 제17조에 따른 조치사항이 있는 경우에는 그 내용도 적어야 한다.

제22조(학교생활기록의 관리·보존 등)

① 학교의 장은 「공공기록물 관리에 관한 법률」 및 같은 법 시행령에 따라 학교생활기록부 및 학교생활 세부사항기록부를 관리·보존해야 한다.

② 학교의 장은 학교생활기록의 행동특성으로 기록된 「학교폭력예방 및 대책에 관한 법률」 제17조제1항제1호부터 제3호까지 및 제7호의 조치사항을 해당 학생의 졸업과 동시에 삭제

해야 한다.

③ 학교의 장은 학교생활기록의 기록 사항 중 다음 각 호의 사항을 학생이 졸업한 날부터 2년이 지난 후에 지체 없이 삭제해야 한다. 다만, 교육부장관이 정하는 바에 따라 해당 학생이 졸업하기 직전에 「학교폭력 예방 및 대책에 관한 법률」 제12조제1항에 따른 학교폭력대책자치위원회의 심의를 거쳐 해당 학생의 졸업과 동시에 삭제할 수 있다.

1. 학적사항으로 기록된 「학교폭력예방 및 대책에 관한 법률」 제17조제1항제8호의 조치사항
2. 출결상황으로 기록된 「학교폭력예방 및 대책에 관한 법률」 제17조제1항제4호부터 제6호까지의 조치사항

④ 학년도별 학교생활기록의 작성이 종료된 이후에는 해당 학교생활기록의 내용을 정정할 수 없다. 다만, 정정을 위한 객관적인 증명자료가 있는 경우에는 정정할 수 있다.

■ 구 학교생활기록 작성 및 관리지침(2020. 1. 6. 교육부훈령 제321호로 개정되기 전의 것)

제16조(행동특성 및 종합의견)

② 행동특성 중 학교폭력과 관련된 사항은 「학교폭력 예방 및 대책에 관한 법률」 제17조에 규정된 가해학생에 대한 조치사항을 입력한다.

제18조(자료의 보존)

④ 학교의 장은 학교생활세부사항기록부(학교생활기록부Ⅱ)의 학적사항의 '특기사항'란에 입력된 「학교폭력예방 및 대책에 관한 법률」 제17조제1항제8호의 조치사항과 출결상황의 '특기사항'란에 입력된 「학교폭력예방 및 대책에 관한 법률」 제17조제1항제4호·제5호·제6호의 조치사항을 학생이 졸업한 날로부터 2년이 지난 후에는 삭제하여야 한다. 다만, 해당 학생의 반성 정도와 긍정적 행동변화 정도를 고려하여 졸업하기 직전에 「학교폭력예방 및 대책에 관한 법률」 제12조제1항에 따른 학교폭력대책자치위원회의 심의를 거쳐 학생의 졸업과 동시에 삭제할 수 있다.

⑤ 학교의 장은 학교생활세부사항기록부(학교생활기록부Ⅱ)의 '행동특성 및 종합의견'란에 입력된 「학교폭력예방 및 대책에 관한 법률」 제17조제1항제1호·제2호·제3호·제7호의 조치사항을 학생의 졸업과 동시에 삭제하여야 한다.

부록 판례 2 해설

2019년의 조국 사태에 즈음하여, 서울의 공립 고등학교인 인헌고등학교에서 일부 교사들이 학생들에 대한 반일 사상 및 편향된 정치사상 주입을 시도했다는 최 모 군을 포함한 여러 학생들의 주장이 있었고, 이러한 학생들의 주장이 사회적으로 큰 반향을 일으켜 세간의 주목을 받은 일이 법원의 소송으로 까지 비화된 경우이다.

최모 군은 지난해 10월 교내 마라톤 대회에서 일부 교사가 학생들에 반일구호를 외치도록 하는 모습이 담긴 영상을 SNS에 올렸다. 학교의 정치 편향 교육을 지적하기 위해서다. 당시는 일본의 반도체 물질 수출규제 조치로 국내에 반일 정서가 고조된 때다.

이전에 국가인권위원회의 결정으로 학생의 표현의 자유가 문제된 선례는 있었지만, 학생의 표현의 자유와 관련된 법원의 판례로는 최초가 아닌가 한다.

인헌고등학교에서 최○○ 군을 포함한 몇 학생들이 교사들의 학생들에 대한 반일 사상 및 편향된 정치사상 주입을 강요당했다고 주장하면서 이를 입증하는 동영상을 게시하였고, 동영상에 게시된 학생들이 학교 폭력을 당했다고 주장하여 신고하자, 최○○ 군이 학교폭력위원회에서 징계를 받고 징계를 취소하라는 소송이 벌어진 것인데, 아마도 보통교육과정에서 학생의 표현의 자유와 관련한 법원 판결로는 최초의 이정표적인 판결이 아닌가 보인다. 주요 판결 요지 부분을 소개하면 다음과 같다.

> 원고는 인헌고등학교의 학생들에 대한 반일 사상 및 편향된 정치사상 주입을 주장하면서 이를 입증하는 동영상을 게시하였고, 그 후 피해학생들의 얼굴을 모자이크 처리하면서 공익적 이유로 삭제하기 어렵다는 의사를 전달하였다. 이러한 원고의 행위는 공익 실현에 부합하는 일종의 '공익 제보'에 해당할 뿐 구 학교폭력예방법 제2조 제1호의 학교 폭력으로 볼 수 없다. 그럼에도 피고는 재량권을 일탈 · 남용하여 피해학생들의 동영상 삭제 요청을 받아들이지 않았다는 이유로 학교 폭력으로 인정하였다(2020. 10. 27. 선고 서울행정법원 2019구합7676, 조치처분 취소).

학생들에 대한 반일 사상 및 편향된 정치사상 주입을 주장하는 동영상에 얼굴이 나온 학생들이 동영상의 삭제를 요구하자, 학생들의 얼굴을 모자이크 처리하면서 공익적 이유로 삭제하기 어렵다는 의사를 전달한 것에 대해 학교 폭력으로 규정하고 징계하는 것이 재량권 일탈 남용에 해당하느냐가 쟁점이었다. 서울행정법원은 "이러한 원고의 행위는 공익 실현에 부합하는 일종의 '공익 제보'에 해당할 뿐 구 학교폭력예방법 제2조 제1호의 학교 폭력으로 볼 수 없다. 그럼에도 피고는 재량권을 일탈·남용하여 피해학생들의 동영상 삭제 요청을 받아들이지 않았다는 이유로 학교 폭력으로 인정하였다."고 판시하며 징계를 취소하라고 판결하였다. 인헌고 사건에서 학생들의 주장은 순수한 정치적 주장이고, 교육과정과 무관한 공적 영역(public forum)에서의 표현행위였다. 논란의 여지가 상당하나, 교사들의 여러 학생지도 방식이 사상적 주입이나 교화에 해당하는지 여부를 떠나, 학생들이 사상주입 강요로 느꼈다면 그러한 교육적 방식에 대해 충분히 자신의 의견을 표현할 권리는 당연히 부여되어야 할 것이다.

부록 3. 국가인권위원회 결정문 (부산교육대학교 벌점 마일리지 사건)

국 가 인 권 위 원 회

침해구제제2위원회

결 정

사 건 17진정0213000 교육실습 학교 배정 방식으로 인한 인권침해

진 정 인 ○○○

피진정인 ○○교육대학교총장

주 문

피진정인에게 교육실습 학교 배정이 학과 학생회에서 운영하는 벌점마일리지 제도와 연계되지 않도록 현행 제도를 개선할 것을 권고한다.

이 유

1. 진정요지

진정인은 ○○교육대학교(이하 "피진정대학교"라 한다)에 재학 중인 학생으로, 교육대학교의 특성상 교육실습 학점을 필히 이수하여야 한다. 피진정인은 교육실습을 위한 학교 배정을 각 학과 학생회의 자율에 맡겨 놓고 있는데, 각 학과 학생회는 학생회 등이 주관하는 각종 행사에 참여하지 않거나 지각 또는 중도이탈자에게 벌점을 주는 벌점마일리지 제도를 운영하면서 이를 실습학교 배정과 연계하고 있다. 이로 인해 진정인을 포함한 일

부 학생들이 그 의사에 반하여 강제적으로 행사에 참석할 수밖에 없는 등 인권이 침해되고 있어, 피진정인에게 민원을 제기하여 실습학교 배정과 벌점마일리지 제도가 연계되지 않도록 조치해 줄 것을 요청하였으나, 피진정인은 학생들이 자치적으로 결정할 문제라며 실질적인 조치를 취해 주지 않아 피해가 계속되고 있다.

2. 당사자의 주장

가. 진정인

위 진정 요지와 같다.

나. 피진정인

1) 교육실습 협력학교는 ○○○○○교육청이 선정하며, 선정된 16개 초등학교에 피진정대학교의 학생들을 배정하게 된다. 교육실습 학교 배정은 학교에서 임의로 해왔으나, 거주지역과 실습학교와의 거리 문제 등 학생들의 민원이 제기되어, 약 10년 전부터 의견수렴과정을 거쳐 각 학과 학생회에 맡겨 운영하고 있다.

2) 6개 학과(○○교육과, ○○교육과, ○○교육과, ○○교육과, ○○학과, ○○교육과)에서 학생들의 행사 참여 독려 등을 위해 벌점마일리지 제도를 교육실습 학교 배정과 연계하고 있으나, 이는 각 학생회에서 자율적으로 결정, 운영하는 것으로 학교 차원에서 인정한 공식적인 제도는 아니다.

3) 구성원의 합의가 있었다고 하더라도 이처럼 행사 불참에 대한 불이익을 가함으로써 참석을 강제하는 효과를 발생시키는 것은 문제가 있다고 생각하여, 총학생회 및 중앙운영위원회와의 협의 등을 통해 벌점마일리지

제도를 교육실습 협력학교 배정에 이용하지 않도록 안내한 바 있다. 그러나 이와 같은 방식이 각 학과 학생들의 동의를 거쳐 운영되고 있는 만큼 학교에서 강제적으로 폐지하도록 하기는 어려운 상황이다.

다. 참고인(○○교육과, ○○교육과, ○○교육과, ○○교육과, ○○학과, ○○교육과 학생회)

피진정인을 통해 제출한 6개 학과 학생회의 주요 의견은 다음과 같다.

1) 벌점마일리지 제도는 학과 학생들의 의견수렴 및 찬반 투표를 거쳐 결정·운영되는 제도이므로, 운영상 문제가 없고 이를 존중해 주어야 한다. 또한 이 제도는 학생들의 학교 행사 참여도 제고 등 운영상 장점이 더 큰 제도이다.

2) ○○교육과의 경우 인권침해적 요소가 있다는 점을 인식하고, 장기적으로 벌점마일리지 없이 원활한 행사가 가능하도록 노력할 예정이다.

3. 관련규정

별지 기재와 같다.

4. 인정사실

진정서, 피진정인 및 참고인들의 답변서, 관련 자료 등을 종합하면, 다음과 같은 사실이 인정된다.

가. 교육실습 과목은 피진정대학교 학생이라면 필수적으로 이수하여 학점(3학년 2학기 2학점, 4학년 1학기 2학점)을 취득해야하는 과목으로 이를 이

수하지 못할 경우 졸업이 불가능하다.

나. 진정인은 피진정대학교 ○학년에 재학 중이며, 피진정학교의 ○학년 2학기 실습은 2017. 9.로 예정돼 있다.

다. 교육실습 협력학교는 ○○○○○교육청이 선정하며, 피진정인은 별도의 근거 규정 없이 선정된 협력학교에 대한 학생배정 방법을 각 학과 학생회에 일임하고 있다.

라. 피진정학교의 6개 학과(○○교육과, ○○교육과, ○○교육과, ○○교육과, ○○학과, ○○교육과)의 학생회는 학과 구성원의 찬반 표결을 거쳐 벌점마일리지 제도를 운영하고 있다. 이 제도는 학생회에서 주관 하는 각종 행사에 불참하거나 지각, 중도이탈, 기한 내 공금 미납 등의 경우에 벌점을 부여하고 이를 교육실습 학교배정과 연계하는 제도로, 구체적으로는 축적된 벌점마일리지에 따라 학과 내 전체 학생들의 순위를 정하고 1등부터 실습학교를 선택하게 하거나, 벌점마일리지가 많은 그룹의 학생들을 비선호 실습학교 그룹 추첨에 배정하는 등의 방식으로 운영되고 있다.

마. 각 학과의 벌점마일리지 제도가 적용되는 구체적인 행사의 종류와 벌점 부여 기준은 서로 다르며, 이 중 ○○교육과, ○○교육과, ○○교육과, ○○학과의 운영현황은 다음과 같다.

<벌점마일리지제도 운영현황>
□ ○○교육과 ○ 적용행사 : 새내기 새로 배움터 체육대회, 해오름제 공연관람 및 뒤풀

<table>
<tr><td>
이, 어린이날, 총모꼬지, 1&3 강의실 행사 및 식사
○ 적용방법 : 각 행사 불참 및 지각 시 벌점 부과

□ ○○교육과
○ 적용행사 : 새내기 새로 배움터, 1-3 엠티, 총모꼬지, 어린이날, 새내기 체육대회, 뒤풀이 1차(1차가 길어질 경우 10시 이후부터 자유 참석)
○ 적용방법 : 불참, 지각 및 도망시에도 벌점 부과

□ ○○교육과
○ 적용행사 : 학과 행사, 공금(졸업 여행 분납금, 수업 교재 제본 비용, 학생회비 등) 기한 내 납부
○ 적용방법 : 공금 기한 내 미납부시 및 각 행사 불참시 벌점 부과

□ ○○학과
○ 적용행사 : 투표, 공금 입금, 새내기배움터, 1·3대면식 및 엠티, 개강총회, 해오름제, 총모꼬지, 새내기 체육대회 응원, 어린이날, 종강총회 및 교육답사, 뒤풀이 1차
○ 적용방법 : 공금 기한 내 미납부시, 각 행사 지각 및 불참 시 벌점 부과
</td></tr>
</table>

바. 피진정인은 벌점마일리지 제도를 교육실습 학교 배정에 연계하는 것에 대해 일부 문제점을 인식하고 이를 학생들에게 안내한 바 있으나, ○○교육과 등 위 6개 학과 학생회는 이 제도를 계속 유지하고 있다.

5. 판단

가. 관련 규정 및 피진정인의 의무

「헌법」 제10조와 제17조는 각 인간의 존엄 및 행복추구권, 사생활의 비밀과 자유를 모든 국민의 기본권으로 규정하고 있다. 또한 「교육기본법」 제12조 제1항, 제2항은 학교교육의 과정에서 학생을 포함한 학습자의

기본적 인권이 존중·보호되고, 교육방법은 학습자의 인격을 존중하고 개성을 중시하여 학습자의 능력이 최대한으로 발휘될 수 있도록 마련되어야 한다고 규정하고 있다.

한편 「고등교육법」 제15조 제1항은 총장 또는 학장은 교무를 총괄하고, 소속 교직원을 감독하며, 학생을 지도한다고 규정하고 있고, 같은 법 제12조는 학생의 자치활동은 권장·보호되며, 그 조직과 운영에 관련한 사항을 학칙으로 정하도록 규정하고 있다.

따라서 피진정대학교의 총장인 피진정인은 교육과정 운영 전반에 걸쳐 헌법과 관련 법률이 보장하는 학생들의 기본적 인권을 보호하고, 소속 학생들의 자치활동을 권장·보호함과 동시에 그와 같은 활동이 구성원의 인권을 존중하고 자율적·민주적 참여를 기반으로 이루어질 수 있도록 적절히 지도해야 할 의무가 있다.

나. 교육실습 학교 배정 업무의 성격 및 위임의 타당성 여부

교육대학교는 「고등교육법」 제41조 제1항에 따라 초등학교 교원을 양성하는 것을 목적으로 하는바, 교육과정상 교육실습 과목은 모든 교육대학교 학생이 필수적으로 이수해야 하는 교과목이다. 피진정대학교 역시 학생들로 하여금 교육실습 과목을 필수적으로 이수하도록 하고, ○○○○○교육청의 협조를 받아 교육실습 협력학교를 선정하고 있다.

학생들이 교육실습 과목을 이수하기 위해서는 학생들을 교육실습을 위한 학교에 배정하는 절차가 선행되어야 하는바, 이는 피진정대학교의 교육과정을 운영하는 주체이자 책임자인 피진정인이 직접 수행하여야 할 고유

의 업무이다. 그러나 피진정인은 별도의 근거 규정도 없이 이를 각 학과 학생회에 위임하였다.

이에 대해 피진정인은 학생들의 자율성을 인정하고 선택권을 보장하기 위해 위임하였다고 주장하고, ○○교육과 등 위 6개 학과의 학생회는 구성원들의 합의과정을 거쳐 이루어지는 학생 자치활동에 해당하므로 그 정당성을 인정해 주어야 한다고 주장한다. 그러나 「○○교육대학교 학칙」 제50조 제3항은 총학생회의 활동범위를 학·예술 및 체육활동, 교육 및 각 분야 봉사활동, 학교 또는 주변 화재 등 각종 재난 시 방재 및 지원활동, 기타 학생 자치활동으로 규정하고 있는바, 교육실습 학교 배정 업무를 학생의 자치활동에 해당한다고 보기 어렵다. 또한 피진정인이 학생회에 위임한 실습학교 배정 업무가 실질적으로 위임의 취지에 부합하게 학생들의 자율성과 선택권이 존중되는 방식으로 이루어지도록 적절히 지도하였다고 보기 어렵다.

다. 벌점마일리지 제도와 실습 학교 배정 업무 연계의 타당성

위 인정사실 라.항 및 마.항과 같이, ○○교육과 등 6개 학과 학생회가 운영하고 있는 벌점마일리지 제도는 각 학과별 학생회 구성원들의 합의를 거쳐 학생회 등이 주관하는 각종 행사에 불참, 지각하는 등의 경우에 벌점을 부여함으로써 학생들의 참여도를 제고시키기 위한 제도이다. 이와 같은 벌점마일리지 제도의 목적과 성격에 비추어 볼 때, 이를 학생자치활동과 무관한 교육실습 학교 배정에 연계시킬 합리적 사유 또는 필요성이 인정되지 않는다.

더욱이 각종 행사 참석 외에 투표나 각종 공금(졸업여행 분납금, 수업

교재 제본비용, 학생회비 등)의 기한 내 납부, 뒤풀이 회식 참석에까지 벌금 마일리지 제도를 적용하고 있는 점을 고려하면, 이를 교육실습 학교 배정과 연계시키는 것은 타당하지 않다고 판단된다.

또한 교육실습 과목은 필수 이수 과목으로 졸업 및 학점과 연계되므로 어느 학교에서 교육실습 과정을 이수하게 되는가는 학생들에게 매우 중요하고 민감한 사항인데, 이처럼 벌점마일리지 제도를 교육실습 학교 배정과 연계시킬 경우 학생들은 거의 선택의 여지없이 벌점부과 대상이 되는 행사에 참석할 수밖에 없게 된다.

라. 소결

이처럼 피진정인은 교육실습 학교 배정 업무는 피진정인이 직접 수행하여야 할 교육과정 운영상의 고유 업무이고 학생 자치활동으로 볼 수 없음에도 별도의 근거 규정 없이 이를 각 학과 학생회에 위임하였고, 일부 학생회가 이를 합리적 연관성이 없는 벌점마일리지 제도와 연계함으로써 학생들에게 행사 등의 참석, 각종 비용의 기한 내 납부 등을 실질적으로 강요하고 있음에도 적절한 조치를 취하지 않고 있다.

이는 교육기관의 장으로서 「교육기본법」 제12조, 「고등교육법」 제15조 제1항 등에 따라 교육 과정 전반에 걸쳐 학생들의 기본적 인권을 보호하고, 이들을 적절히 지도하여야 할 피진정인의 의무를 다하지 않음으로써, 「헌법」 제17조, 제10조가 기본권으로 규정하고 있는 진정인을 비롯한 학생들의 사생활의 비밀과 자유, 자기결정권과 일반적 행동의 자유를 침해한 것에 해당한다. 또한 비록 이 제도의 도입 및 교육실습 학교 배정에의 연계에 대해 찬반투표 등 학생들의 의사를 반영할 수 있는 과정을 거쳤다고 하더라도, 다수의 동의가 있음을 이유로 위와 같이 구성원의 기본권을 과도하게 제한하는 제도를 도입·유지하는 것은 바람직하지 않다고 판단된다.

6. 결론

이상과 같은 이유로 「국가인권위원회법」 제44조 제1항 제2호에 따라 주문과 같이 결정한다.

2017. 8. 9.

위원장 이경숙

위 원 최이우

위 원 한수웅

<별지>

관 련 규 정

1. 「헌법」

제10조 모든 국민은 인간으로서의 존엄과 가치를 가지며, 행복을 추구할 권리를 가진다. 국가는 개인이 가지는 불가침의 기본적 인권을 확인하고 이를 보장할 의무를 진다.

2. 「교육기본법」

제12조(학습자)

① 학생을 포함한 학습자의 기본적 인권은 학교교육 또는 사회교육의 과정에서 존중되고 보호된다.

② 교육내용·교육방법·교재 및 교육시설은 학습자의 인격을 존중하고 개성을 중시하여 학습자의 능력이 최대한으로 발휘될 수 있도록 마련되어야 한다.

3. 「고등교육법」

제12조(학생자치활동) 학생의 자치활동은 권장·보호되며, 그 조직과 운영에 관한 기본적인 사항은 학칙으로 정한다.

제15조(교직원의 임무)

① 총장 또는 학장은 교무(校務)를 총괄하고, 소속 교직원을 감독하며, 학생을 지도한다.

제41조(목적)

① 교육대학은 초등학교 교원을 양성함을 목적으로 한다.

4. 「○○교육대학교 학칙」

제50조(총학생회)

③ 총학생회 활동범위는 다음과 같다.

1. 학·예술 및 체육활동
2. 교육 및 각 분야 봉사활동
3. 학교 또는 주변 화재 등 각종 재난 시 방재 및 지원활동
4. 기타 학생 자치활동

부록 판례 3 해설

교육대학교 학생이 OT · MT 등 학생회 활동에 참여하지 않았다는 이유로, 교생 실습 학교 배정에 불이익을 준다면, 이는 타당하다고 볼 수 있을까?

언뜻 생각하기에 학생회의 자치활동에 열심히 참여하는 것이 민주 시민 의식이 높은 학생이고, 학생회 활동에 비협조적인 학생 보다는 협조적인 학생에게 더 이익을 누는 것이 뭐가 문제인가 생각할지도 모른다. 하지만, 학생회 활동 참여 여부는 자율에 맡겨야지 학생회 활동에 참여하지 않았다고 해서 필수 이수과목인 교생 실습에 있어서 학교 배정에 불이익을 주는 것은 불합리하다는 생각도 할 수 있을 것이다. 또한 교육실습 학교 배정은 교육과정과 연계된 사항이므로, 대학 측이 결정하여야지, 학생 자치회가 결정하는 것이 옳은가 하는 문제도 제기될 수 있을 것이다.

이러한 논란이 이어지던 중, 2017년 부산교육대학교에 재학 중인 A씨는 학생회가 주관하는 학과 행사에 참여하지 않으면 받게 되는 '벌점 마일리지' 제도와 실습 학교 배정이 연계되지 않도록 해 달라고 부산교육학교에 요청했으나 대학 측이 이를 받아들이지 않자 국가인권위에 진정을 냈다.

국가인권위의 조사 결과 A씨 소속 학과를 포함한 부산교대 6개 학과 학생회는 학생들이 OT · MT · 체육대회 · 종강총회 등 학생회 주관 행사에 나오지 않거나 지각 · 중도이탈하면 벌점을 부과한 뒤 벌점이 쌓이면 교생실습 학교 배정에 있어서 선택 순위를 후순위로 하여 비선호 실습학교에 배정될 수 밖에 없는 불이익을 주었다.

학생회 주관 행사뿐 아니라 일부 학과는 학생회비, 졸업여행비 등 공금을 내지 않은 경우에도 벌점을 매겼다. 더군다나 교육실습은 졸업 전에 반드시 취득해야 하는 과목이라, 교생실습을 함에 있어서 비선호 학교에 걸리면 불이익을 겪을 수밖에 없었다.

국가인권위원회는 조사에서 부산교육대학교 총학생회는 "벌점제도는 학생들의 의견수렴과 찬반 투표를 거쳐 결정 · 운영돼 운영상 문제가 없고, 학교 행사 참여도를 높이는 등 장점이 더 크다"고 주장했다.

부산교육대학교 학교 본부 측도 "학생회가 자율 결정해 운영하는 것으로 학교 차원에서 인정한 공식제도가 아니다"면서 "학생들의 동의를 거쳐 운영되는 만큼 학교 측이 강제로 폐지하기는 어려운 상황"이라고 해명했다.

인권위는 이에 대해 "학생들의 교육실습 학교 배정은 학교 측이 직접 수행해야 할 고유 업무이고 학생 자치활동으로 볼 수 없는데도 근거 없이 학생회에 위임했고, 일부 학생회가 벌점 마일리지 제도를 근거로 행사 참석, 각종 비용의 기한 내 납부 등을 강요하고 있는데도 적절한 조처를 하지 않고 있다."고 지적했다. 인권위는 이어 "부산교대가 학생들의 인권 보호를 위한 교육보호법·고등교육법상 의무를 다하지 않았으며, 헌법이 규정한 학생들의 자기결정권과 일반적 행동의 자유 등을 침해했다"고 판단했다. 결국, 국가 인권위는 A씨의 진정을 받아들여 부산교육대학교 총장에게 '벌점 마일리지' 제도를 개선하라고 권고했다.

관련기사: 1. 중앙일보 2017. 9.25.자 기사: https://www.joongang.co.kr/article/21966824,
2. 연합뉴스 2017. 9. 25.자 기사: https://www.yna.co.kr/view/AKR20170924056500004?input=1195m 등 참조)

부록 4. 서울행정법원 2010구합14749 판결 (교원의 품위유지의무 위반 관련)

서 울 행 정 법 원

제 6 부

판 결

사 건	2010구합14749 파면처분취소소청심사결정취소
원 고	A
피 고	교육과학기술부 교원소청심사위원회
피고보조참가인	학교법인 B
변 론 종 결	2010. 10. 15.
판 결 선 고	2010. 11. 5.

주 문

1. 피고가 2009. 12. 14. 원고와 피고 보조참가인 사이의 C 파면처분취소청구 소청사건에 관하여 한 심사결정을 취소한다.
2. 소송비용은 본소로 인한 부분은 피고가, 참가로 인한 부분은 피고 보조참가인이 각 부담한다.

청 구 취 지

주문과 같다.

이 유

1. 처분의 경위

아래의 각 사실은 당사자 사이에 다툼이 없거나, 갑 제1, 4~8, 12, 13호증, 갑 제14호증의 1, 2의 각 기재에 변론 전체의 취지를 종합하면 인정할 수 있다.

가. 원고는 1990. 3. 1. 피고 보조참가인(이하 '참가인'이라고만 한다)이 설립·운영하는 D고등학교의 교사로 임용되어 근무하던 중, 2009. 3. 6. 학교의 비공개 자료를 인터넷 포털 사이트에 올려 학교 이미지를 실추시켰다는 등의 징계사유로 참가인으로부터 파면처분(이하 '1차 파면처분'이라 한다)을 받았다.

나. 원고는 이에 불복하여 피고에게 소청심사를 청구하였고, 피고는 2009. 6. 23. 1차 파면처분에 있어 교원인사심의회의 심리를 거치지 아니하였다는 등의 절차상의 하자가 있다는 이유로 1차 파면처분을 취소하는 결정을 하였다.

다. 참가인은 2009. 6. 24. 위 결정을 송달받자 원고에 대한 징계를 의결하기 위한 이사회를 열기 위해 2009. 6. 29.자로 이사회를 개최한다고 통보하였고, 한편 D고등학교 교장은 2009. 6. 24.과 그 다음날 2회에 걸쳐 교원인사위원회를 열어 원고에 대한 징계에 동의를 얻은 후 2009. 6. 25. 참가인에게 원고에 대한 징계를 제청하였다.

라. 참가인은 2009. 6. 29. 이사회를 열어 원고를 직위해제하고 원고에 대한 별지 징계사유와 같은 사유(이하 '이 사건 징계사유'라 한다)를 이유로 징계를 교원징계위원회에 요구하며, 교원징계위원회의 위원을 선임하는 의결을 하였고, 2009. 8. 5. 위 위원회가 원고에 대한 징계를 파면으로 의결하자, 2009. 8. 24. 다시 원고를 파면하는 처분(이하 '이 사건 파면처분'이라 한다)을 하였다.

마. 원고는 이에 불복하여 피고에게 이 사건 파면처분에 대한 소청심사(사건번호 C)

를 청구하였는데, 피고는 2009. 12. 14. 이 사건 징계사유 중 순번 5, 9의 각 사유 외의 나머지 사유만을 징계사유로 인정한 다음 원고의 행위가 국가공무원법에 정해진 성실의무, 복종의무, 비밀엄수의무, 품위유지의무에 위배되는 것이지만, 파면처분은 원고의 행위에 비추어 다소 과중하다는 이유로 파면처분을 해임처분으로 변경하는 결정(이하 '이 사건 결정'이라 한다)을 하였다.

2. 처분의 적법 여부

가. 원고의 주장

1) 이 사건 파면처분의 절차상 하자

참가인의 원고에 대한 이 사건 파면처분에는 아래와 같은 절차상의 하자가 있으므로 이 사건 파면처분은 응당 취소되어야 함에도, 이를 간과하고 단지 파면처분을 해임처분으로 변경하기만 한 이 사건 결정은 취소되어야 한다.

① 사립학교법 제17조의 규정에 의하면 이사회를 소집할 때는 적어도 7일 전에 회의 목적을 명시하여 각 이사에게 통지하여야 한다고 규정되어 있는데, 참가인은 이 사건 결정을 송달받은 지 5일 만에 이사회의 의결절차를 진행하였다.

② 이 사건 파면처분을 위해 2009. 6. 24. 교원인사위원회를 개최하였다가 7인의 인사위원 중 과반수가 안 되는 3인만 원고에 대한 징계에 찬성함으로써 징계안건이 부결되었음에도, D고등학교 교장은 그 다음날인 2009. 6. 25. 다시 교원인사위원회를 소집한 후 이미 부결된 안건을 다시 상정하고 인사위원들을 겁박하여 원고에 대한 징계안건을 만장일치로 통과시켰으므로, 이러한 하자는 중대·명백한 것이어서 이 사건 파면처분은 무효이다.

③ 교원인사위원회의 위원장은 교감이 당연직으로 맡게 되어 있고, 원고에 대한

징계를 의결할 당시의 위원장은 E 교감이었는데, E 교감이 교감으로 승진할 당시 교원인사위원회의 심사를 거친 바 없어 교감으로서의 자격이 없으므로, 교원인사위원회의 위원장을 맡을 자격이 없는 E의 소집에 의하여 개최된 교원인사위원회는 적법한 절차에 의하여 소집·개최된 것이 아니어서 무효이다.

④ 원고의 징계를 의결한 2009. 6. 29.자 이사회에 F 이사는 참석한 사실이 없음에도, 참가인은 F 이사의 서명을 위조하여 이사회 회의록을 작성한 후 원고에 대한 징계의결요구가 있었던 것과 같은 외관을 만들어냈으므로, 참가인 이사회의 징계의결은 부적법하다.

2) 징계사유의 부존재

① 이 사건 징계사유 중 순번 1. 사유

원고는 위 사유와 같이 후배교사들을 협박하거나 심적인 위협을 가한 사실이 없다.

② 이 사건 징계사유 중 순번 2. 사유

D고등학교에서 중식지도는 학교장의 명령이 아닌 단지 협조사항에 불과하므로, 중식지도에 참여하지 않았다고 해서 이를 복종의무 위반이라고 할 수 없다.

③ 이 사건 징계사유 중 순번 3. 사유

원고가 전 D고등학교 행정실장인 G으로부터 들은 내용을 옮긴 것에 불과하고, 허위사실인지 여부는 동창회비 통장만 확인하면 바로 알 수 있는 것임에도 오히려 참가인이 이를 공개하지 않고 있으므로, 원고가 허위사실을 퍼트린 것이라고 할 수 없다.

④ 이 사건 징계사유 중 순번 4. 사유

원고가 학생들에게 '잠 좀 자자', '시험 이제 그만'이라는 문구가 새겨진 뱃지를 학생들에게 나누어 준 것은 사실이나 이는 H노동조합(이하 'H'라 한다)을 홍보하기 위한 것이 아니고, 0교시 수업이나 무한경쟁에 내몰려 스트레스를 받는 학생들이 스스로 그들의 의사를 표시하기 위해 이를 선택하여 가져간 것에 불과하다.

또한, 'I'이라고 쓰인 전단지는 원고가 교실에서 나눠주거나 방치한 것이 아니고, 당시 들불처럼 일어나던 촛불문화제에 참석하였던 D고등학교 학생들이 학교로 가지고 온 종이 피켓이나 전단지를 원고가 주워 가지고 있다가 교무실에 개인적으로 찾아온 학생들이 원할 경우에만 가져가게 한 것에 불과하며, 그 기재 내용은 특정 정당의 지지 내지 반대와 같은 정치적인 의사표시가 아니라 미국 쇠고기 수입문제와 같은 정부정책에 대한 비판의 의사표시이고, 이는 대한민국 국민이라면 누구에게나 허용되는 것이므로, 이를 들어 정치적 중립의무 위반이라고 볼 수 없다.

⑤ 이 사건 징계사유 중 순번 6. 사유

원고가 문예창작반의 특별활동시간에 원고가 지은 시집을 사도록 강요한 바가 없고, 또한 정규 교과목 수업시간이 아닌 특별활동시간에 사용하는 교재를 정하는 것은 학교장의 결재가 필요한 사항도 아니므로 이를 징계사유로 할 수 없다.

⑥ 이 사건 징계사유 중 순번 7. 사유

원고가 우수담임선정결과표를 인터넷 포털사이트인 'J'의 블러그에 공개한 것은 사실이지만, 우수담임선정결과표는 비밀문서에 해당하는 학교내부문서라고 볼 수 없고, 가사 비밀문서로 볼 수 있다고 하더라도 원고가 D고등학교에서 벌어지는 야간자율학습의 강요 등의 부당한 학사 운영 사실을 밝히기 위해 이를 공개한 것이어서 그 공개로 인해 얻을 수 있는 공익이 이를 묵비하여 얻게 되는 이익보다 크다고 할 것이므로, 이를 징계사유로 할 수 없다.

⑦ 이 사건 징계사유 중 순번 8. 사유

원고는 시험종료 15분을 남겨두고 시험감독을 위해 들어갔다가 학생들 중 약 2/3 가까이 책상에 엎드려 자고 있는 것을 보고 학생들이 시험에 최선을 다하도록 깨우는 과정에서 약간의 소음이 난 것에 불과하므로, 이를 징계사유로 할 수 없다.

3) 징계재량의 일탈 · 남용

이 사건 징계사유는 대부분 인정할 수 없는 것들인 점, D고등학교에는 급식, 독서실, 동창회비, 체육복 단체 구매 등에 관련된 비리가 있는데 이 사건 파면처분은 이를 시정하려는 원고에 대한 보복성 징계인 점, 그런데 이 사건 결정의 내용이 결국 원고에 대한 징계를 '파면' 다음으로 무거운 '해임'으로 정하라는 것인 점 등의 제반 사정을 종합하면, 이 사건 결정은 재량권의 일탈 · 남용에 해당하여 위법하므로 취소되어야 한다.

나. 관련법령

별지 관련법령 기재와 같다.

다. 판단

1) 절차상 하자의 인정여부

가) 원고의 ① 주장에 대한 판단

사립학교법 제17조 제3항의 규정에 의하면 "이사회를 소집할 때에는 적어도 회의 7일전에 회의의 목적을 명시하여 각 이사에게 통지해야 한다"고 규정하면서 그 단서조항으로 "다만 이사 전원이 집합되고 또 그 전원이 이사회의 개최를 요구한 때에는 예외로 한다"라고 규정하고 있는바, 이러한 규정의 내용에 비추어 보면 위 규정에서 소집기간을 정해둔 것은 이사회의 소집에 충분한 시간을 두어야 한다는 취지로서 훈시적 성격의 규정으로 보이는 점, 갑 제14호증의 2의 기재에 의하면 2009. 6. 29. 개최된 이사회에 참가인의 재적이사 7인이 전원 출석하였고, 회의 과정에서 위 규정에 정해진 소집기간보다 짧은 기간에 이사회가 소집된 점에 대한 이의가 제기되지 않았던 사실이 인정되는 점 등을 종합하여 보면, 이러한 소집절차상의 기간미준수는 이 사건 파면처분을 취소해야 할 정도의 하자가 아니거나, 그렇지 않더라도 그 하자가 치유되었다고 볼 것이므로, 이에 관한 원고의 주장은 이유 없다.

나) 원고의 ② 주장에 대한 판단

원고 주장과 같이 2009. 6. 24.과 2009. 6. 25. 이틀에 걸쳐 이루어진 2회의 교원인사위원회 중 2009. 6. 24.자 교원인사위원회에서 7인의 인사위원 중 3인만 원고에 대한 징계에 찬성함으로써 징계안건이 부결되었다거나, 2009. 6. 25.자 교원인사위원회에서 참가인이 인사위원들을 겁박하여 원고에 대한 징계안건을 만장일치로 통과시켰다는 사실을 인정하기에 갑 제12, 13호증의 기재만으로는 부족하고, 달리 이를 인정할 증거가 없으므로, 이에 관한 원고의 주장은 이유 없다.

다) 원고의 ③ 주장에 대한 판단

갑 제1, 12호증, 을가 제1호증, 을나 제14호증의 1, 2의 각 기재에 의하면, 참가인의 정관 제41조의5(인사위원회 회의 기능)에 교원의 신규임용 및 보직에 관한 사항은 인사위원회에서 심의하도록 규정되어 있는 사실, D고등학교 인사위원회 규정 제6조(조직)에 의하면 교원인사위원회는 1인의 당연직 위원과 9인 이하의 지명 위원으로 구성하고, 당연직 위원은 교감으로 하며 위원장은 교감이 맡으며 회의를 주관한다고 되어 있는 사실, 원고에 대한 징계를 심의한 2009. 6. 25.자 교원인사위원회의 위원장은 E였는데, E는 당시 교감이 아니라 교감직무대리였고, 2009. 8. 6.에서야 교감에 임명된 사실이 각 인정되는바, 이러한 인정사실에 의하면, E가 2009. 6. 25.자 교원인사위원회의 개최 당시 교감이었음을 전제로 한 원고의 이 부분 주장은 더 나아가 살필 필요 없이 이유 없다.

라) 원고의 ④ 주장에 대한 판단

갑 제14호증의 2, 갑 제29호증의 각 기재만으로는 참가인의 이사인 F가 2009. 6. 29.자 이사회에 출석하지 아니하였음에도, 그 이사회 회의록에 F가 출석한 것처럼 허위 기재되고 거기에 F의 서명이 타인에 의해 위조되었다고 인정하기에 부족하고, 달리 이를 인정할 증거가 없으므로, 원고의 이 부분 주장도 이유 없다.

2) 징계사유의 인정여부

가) 이 사건 징계사유 중 순번 1. 사유

을가 제3호증의 1, 2의 각 기재와 증인 K의 증언에 변론 전체의 취지를 종합하면, 원고가 2008. 6. 12. 무렵 D고등학교의 기간제 교사인 L에게 '(중략)...우리(H)랑 척은 지지 말아야 한다...(중략)... 앞으로는 위에서 시켜서 어쩔 수 없었다는 이런 핑계는 안 통한다. 우리(H)는 한번 당하면 수십 배 수백 배 갚아주는 사람들이다. 절대 가만히 있지 않는다. 조심해 달라"라고 말한 사실, 원고가 2008년 2학기에 D고등학교 기간제 교사인 K에게 "행동 똑바로 해라", "나중에 경찰서에서 학생하고 대면을 해야 한다"는 등의 이야기를 한 사실이 인정되는 바, 위 발언의 내용 및 위 증거들에 나타난 위 발언의 경위 등 제반사정을 참작해 보면, 원고의 위와 같은 발언은 당시 기간제 교사였던 L, K로 하여금 위협이라고 느낄 수 있도록 할 만한 발언이라고 봄이 상당하므로, 이러한 원고의 행위는 사립학교법 제55조에 의해 준용되는 국가공무원법 제63조의 품위유지의무에 반하는 것이다.

나) 이 사건 징계사유 중 순번 2. 사유

원고가 2008. 4. 7.자 중식지도와 2008. 11. 21.자 중식지도를 하지 아니하였음은 당사자 사이에 다툼이 없고, 갑 제15호증의 1~9, 을가 제5호증의 1~7, 을나 제1호증의 각 기재에 의하면, 원고가 중식지도에 불참할 당시의 중식지도계획은 교감이 교장을 대신하여 결재하였고, 위 계획에 의하면 학교 지침에 의해 가나다 순서로 중식지도순서를 정하여, 매일의 중식지도교사가 지정되어 있는 사실이 인정되는 점, D고등학교와 같이 급식을 하는 학교의 경우 점심시간에 한꺼번에 식당에 학생들이 몰리게 되어 안전사고의 위험이 발생할 수 있으므로 그러한 안전사고의 방지를 위해 교사에 의한 질서지도의 필요성이 인정되는 점, 초중등교육법 제20조(교직원의 임무)에는 "교장은 교무를 통할하고, 소속 교직원을 지도·감독하며, 학생을 교육한다(제1항), 교감은 교장을 보좌하여 교무를 관리하고 학생을 교육하며, 교장이 부득이한 사유로 직무를 수행할 수 없는 때에는 그 직무를 대행한다(제2항)"고 규정되어 있는 점 등을 종합하여 보면, 중식지도가 원고 주장과 같은 협조사항에 해당한다고 볼 수 없으므로, 그러한 중식지도를 이행하지 아니한 것은 사립학교법 제55조에 의해 준용되는 국가공무원법 제57조의 복종의무에 반하는 것이다.

다) 이 사건 징계사유 중 순번 3. 사유

갑 제1호증, 갑 제40호증의 1~3, 갑 제44호증의 1, 2, 을가 제4호증의 3, 을가 제6호증의 1~3, 을나 제15호증의 4의 각 기재에 변론 전체의 취지를 종합하면, 원고가 2009. 4. 19. 학교 내부연락망에 "...(중략)...개교 이래 매년 걷어온 동창회비는 누가 보관하고 있나요? 왜 그 돈에서 20,000,000원을 빼내 M 선생님 나갈 때 주었나요? 유용 아닌가요?....(중략)..."라는 글을 올린 사실, 위 글의 내용은 원고가 D고등학교의 전 행정실장이었던 G에게서 들은 것이었고, 실제로 원고가 20,000,000원이 2003. 5.경 퇴직한 M 교사에게 지급하였는지 확인한 바는 없었던 사실, 한편 서울시 교육청이 2008. 5. 6.부터 2008. 5. 9.까지 실시한 감사결과에 의하면 D고등학교가 2001학년도부터 2006학년도 졸업 예정 학생들로부터 1인당 8,000원씩 총 33,831,000원의 동창회비를 모금하여 행정실에서 전액 보관 중에 있다고 되어 있는 사실을 각 인정할 수 있는바, 이러한 인정사실에 의하면 원고가 확인되지 아니한 사실을 단지 전 행정실장의 말만 믿고 학교 내부연락망에 올린 것이어서, 이러한 원고의 행위는 사립학교법 제55조에 의해 준용되는 국가공무원법 제63조의 품위유지의무에 반하는 것이다.

라) 이 사건 징계사유 중 순번 4. 사유

(1) '잠 좀 자자', '시험 이제 그만'이라고 인쇄된 배지 교부

갑 제1호증, 갑 제33호증의 1, 2, 을가 제7호증의 2, 을나 제4호증의 2~4의 각 기재에 의하면, 원고가 수업시간에 '잠 좀 자자', '시험 이제 그만'이라고 인쇄된 단추형 배지를 원하는 학생들에게 나누어 준 사실이 인정되는바, 야간자율학습, 이른바 0교시 수업 등의 찬반여부에 대하여는 학생, 교사, 학부모 사이에서 각 입장이나 의견이 갈릴 수 있는 것임에도, 원고가 그에 관한 자신의 의견이 담긴 위와 같은 배지를 사적인 시간이 아닌 수업시간에 학생들에게 나눠 주어 이들로 하여금 그 배지를 부착하도록 한 행위는 의견이 다른 학생 내지 교사들에 대한 위화감을 조성할 수 있는 행위라고 볼 수 있을 뿐만 아니라, 수업시간에는 수업에 전념해야 할 성실의무에도 반하는 것이라 할 것이므로, 이러한 원고의 행위는 사립학교법 제55조에 의해 준용되는 국가공무원법 제63조의 품위유지의무 및 같은 법 제56조의 성실의무에 반하는 것이다.

(2) 'I'이라고 인쇄된 전단지의 배포

(가) 인정사실

갑 제1호증, 갑 제33호증의 2, 을가 제4호증의 3, 을가 제7호증의 1, 2, 을나 제2호증의 1의 각 기재 및 영상과 증인 N의 증언에 의하면, D고등학교의 일부학생들이 2008. 6. 둘째 주경 교무실에서 원고로부터 'I'이라고 인쇄된 전단지를 받아간 사실, 위 전단지에는 중앙에 'I'이라고 크게 인쇄되어 있고 그 상단에 '광우병 쇠고기 수입, 경쟁교육, 건강보험 민영화, 대운하 강행, 물 · 전기 · 가스 민영화, 물가인상'이라고 인쇄되어 있는 사실을 각 인정할 수 있다.

(나) 교원의 정치적 중립에 관한 법률 규정

현행 헌법은 제7조에서 공무원은 국민전체에 대한 봉사자이고, 그 신분과 정치적 중립성은 법률이 정하는 바에 의하여 보장된다고 규정하고 있으며, 이에 근거하여 국가공무원법은 제65조에서 "공무원은 정당 기타 정치단체의 결성에 관여하거나 이에 가입할 수 없으며, 선거에 있어서 특정정당 또는 특정인의 지지나 반대를 하기 위하여 다음의 행위를 하여서는 아니 된다"고 하고 "1. 투표를 하거나 아니하도록 권유 운동을 하는 것, 2. 서명운동을 기획·주재하거나 권유하는 것, 3. 문서 또는 도서를 공공시설 등에 게시하거나 게시하게 하는 것, 4. 기부금을 모집 또는 모집하게 하거나 공공자금을 이용 또는 이용하게 하는 것, 5. 타인으로 하여금 정당 기타 정치단체에 가입하게 하거나 또는 가입하지 아니하도록 권유운동을 하는 것"등을 금지하고 있고, 교육기본법도 제14조 제3항에서 "교원은 특정정당 또는 정파를 지지하거나 반대하기 위하여 학생을 지도하거나 선동하여서는 아니된다"고 규정하여, 교원의 정치활동을 금지하고 있다.

이러한 국가공무원법의 규정을 근거로 하여, 교육공무원법 제51조에서는 국가공무원법 제78조 제1항의 징계사유를 교육공무원의 징계사유로 규정하여, 정치운동 금지조항의 위반 시 징계할 수 있도록 하고 있고, 사립학교법 제55조에 의하여 사립학교 교원에게는 국·공립학교 교원의 복무 및 징계에 관한 규정을 준용하도록 되어 있어, 사립학교 교원의 정치활동도 금지하고 있으며, 국가공무원법 제65조에서 금지하고 있는 공무원의 정치적 행위 이외의 정치적 행위의 금지에 관한 한계에 대해서는 대통령령으로 정하도록 하고 있는데, 국가공무원 복무규정 제27조에서 이를 상세히 규정하고 있다.

(다) 판단

감수성과 모방성 그리고 수용성이 왕성한 초·중등학교 학생들에게 교원이 미치는 영향은 매우 크고, 교원의 활동은 근무시간 내외를 불문하고 학생들의 인격 및 기본생활 습관 형성 등에 중요한 영향을 끼치는 잠재적 교육과정의 일부분인 점을 고려하고, 교원의 정치활동은 교육수혜자인 학생의 입장에서는 수업권의 침해로 받아들여 질 수 있다는 점에서, 국민의 교육기본권을 더욱 보장함으로써 얻을 수 있는 공익을 우선시해야 할 것이라는 점 등을 종합적으로 감안할 때, 초·중등학교 교육공무원의 정치활동을 제한하여 정치적 중립의무를 부과하는 것은 헌법적으로 정당화된다고 할 것이다(헌법재판소 2004. 3. 25. 2001헌마710 결정 참조).

앞서 든 교원의 정치적 중립에 관한 관련 법령 및 위 법리에 비추어 이 사건에 관하여 보건대, 위 전단지의 기재 내용에 의하면 그것이 정부 정책에 대한 건전한 비판이라기보다는 현 정권에 대한 불만을 강하게 표시하는 것이어서 정치적 의사표시가 없는 것이라고 볼 수 없는 점, 원고 주장에 의하더라도 위 전단지가 당시 전국적인 관심사항이었던 이른바 미국산 쇠고기 수입문제로 불거진 '촛불시위'와 관련이 있는 것이라는데, 당시 그 미국산 쇠고기 수입 및 촛불시위로 인해 국론분열이 우려될 정도로 갈등이 심각했었던 상황이었던 점 등을 고려해보면, 그러한 상황에서 감수성과 수용성이 왕성한 고등학생들에게 원고가 위 전단지를 나눠준 행위는 교원의 정치적 중립의무를 위반한 것으로 봄이 상당하다.

마) 이 사건 징계사유 중 순번 6. 사유

갑 제1호증, 갑 제19호증의 1~6, 을가 제8호증의 1~6, 을가 제9호증의 각 기재 및 증인 O의 증언에 의하면, 원고가 2008. 5. 20. 자신이 담당하는 특별활동시간인 문예창작반 수업에서 약 20여명의 학생들에게 교재로 자신이 직접 쓴 시집을 권당 5,000원에 사라고 한 사실, 당시 원고는 이전에 학생들에게 무료로 시집을 나누어 주었더니 책을 소홀히 하기에 이번에는 책값을 내라고 말한 것인데, 실제로 학생들로부터 돈을 받지는 아니한 사실, 한편 원고는 문예창작반 수업의 교재로 자신이 쓴 시집을 사용한다는 점에 대하여 학교장으로부터 결재를 받지는 아니한 사실, D고등학교의 교원 복무 규정 제4조의 규정에 의하면 "교장은 교무를 통괄하고 소속 교원을 감독하며, 학생을 교육한다. 교감은 교장의 명을 받아 교무를 정리하며 학생을 교육한다. 교사는 교장의 명을 받아 맡은바 직무를 수행하며 학생을 교육한다. 특히 학습지도안 등 교수, 학습활동에 필요한 자료를 성실하게 작성, 제출하여 학교장의 결재를 얻어 수업에 임한다"고 되어 있는 사실을 각 인정할 수 있는바, 이 인정사실에 의하면 비록 원고가 학생들에게 특별활동 수업시간에 쓸 교재를 돈을 받고 판 것은 아니라 하더라도, 학교장의 결재 없이 자신이 쓴 시집을 특별활동 수업시간의 교재로 사용한다는 것은 위 복무 규정의 위반에 해당한다고 할 것이다.

바) 이 사건 징계사유 중 순번 7. 사유

(1) 인정사실

갑 제1호증, 을가 제10호증의 1~3의 각 기재에 의하면, 원고가 2008. 5. 28. 인터넷 포탈사이트인 'J'의 블로그에 'P'라는 제목의 글을 올린 사실, 위 글에는 D고등학교의 2007학년도 우수담임선정결과표가 포함되어 있는 사실, 위 우수담임선정결과표에는 이름은 삭제되어 있으나 담임교사의 성이 나타나 있고, 학년 구분이 되어 있으며, 기간제 교사의 경우 기간제 표시가 되어 있어 평가 대상 교사의 식별이 어느 정도 가능한 사실, 또한 위 우수담임선정결과표에는 평가항목 및 교감 등 평가자들이 개별 평가 대상 담임교사를 평가한 순위가 그대로 적시되어 있는 사실을 각 인정할 수 있다.

(2) 판단

직무상 비밀이란 자신이 처리하는 직무에 관한 비밀 뿐 아니라 직무와 관련하여 알게 된 비밀도 포함되고, 직무상 비밀에 해당하는지 여부는 당해 사실이 일반에 알려질 경우 그러한 행정의 목적을 해할 우려가 있는지 여부를 기준으로 판단하여야 하며, 구체적으로는 행정기관이 비밀이라고 형식적으로 정한 것에 따를 것이 아니라 실질적으로 비밀로서 보호할 가치가 있는지, 즉 그것이 통상의 지식과 경험을 가진 다수인에게 알려지지 아니한 비밀성을 가졌는지, 또한 정부나 국민의 이익 또는 행정목적 달성을 위하여 비밀로서 보호할 필요성이 있는지 등이 객관적으로 검토되어야 한다(대법원 1996. 10. 11. 선고 94누7171 판결 참조).

이러한 법리에 비추어 이 사건에 관하여 보건대, 위 우수담임선정결과표의 기재 내용과 같은 근무성적의 평정은 당해 교육공무원의 근무실적·근무수행능력 및 근무수행태도를 평가하는 것으로서, 근본적으로 평정대상자에 대한 평정자의 종합적인 분석·평가이므로 그 평정요소의 내용이나 기준이 어느 정도 추상적일 수밖에 없고 또 아무리 객관적인 근거나 기준에 의하여 평정을 한다 하더라도 평정의 과정에 있어서 평정자의 주관적인 판단을 완전히 배제할 수는 없다 할 것인데, 근무성적의 평정을 사후에라도 공개하게 되면 평정대상자에 대한 평정자의 구체적인 평가내용을 공개하는 셈이 되어, 평정자로서는 그 평정을 함에 있어서 불필요한 부담을 갖게 되고 또 부당한 심리적 압박을 받아 합리적이고 자유로운 평가를 할 수 없게 될 가능성이 커, 평정제도의 근간을 뒤흔들게 될 우려가 있으므로, 평정자가 주관적 판단과 도덕적 양심에 따라 평가할 수 있도록 하기 위해서는 사후에도 평정자의 구체적인 평가내용이 평정대상자 등 외부에 공개되지 않도록 보장되어야 할 정책적 필요성이 크다고 할 것이어서 이러한 근무성정 평정결과는 비밀로서 보호할 필요성이 있다고 할 것이고, 이러한 점에 비추어 비록 원고가 D고등학교에서 벌어지는 야간자율학습의 강요 등의 부당한 학사 운영 사실을 밝히기 위해 이를 공개한 것이라 하더라도, 그 공개로 인해 얻을 수 있는 공익이 이를 묵비하여 얻게 되는 이익보다 크다고 볼 수 없으므로, 이러한 근무성적 평정이 담긴 우수담임성적결과표를 공개한 원고의 행위는 사립학교법 제55조에 의해 사립학교 교원에게 준용되는 국가공무원법 제60조의 비밀엄수의무에 반하는 것이다.

사) 이 사건 징계사유 중 순번 8. 사유

갑 제1호증, 갑 제21호증의 1~11, 을가 제11호증의 1~6의 각 기재에 의하면, 원고가 2008. 6. 12. D고등학교에서 실시된 모의고사의 외국어 영역 시험의 시험시간 종료 15분을 남긴 때에 2학년 3반의 시험감독으로 교체되어 들어간 사실, 원고는 위 2학년 3반에서 자거나 졸고 있는 학생들을 깨우는 과정에서 농담을 하거나 촛불시위에 관한 말을 하는 등으로 시험을 치고 있던 다른 학생들의 집중에 장애가 되는 행위를 한 사실을 각 인정할 수 있는바, 이 인정사실에 의하면 원고의 행위는 시험감독에 임하는 교사로의 직무를 성실히 수행하지 못한 것으로서 사립학교법 제55조에 의해 사립학교 교원에게 준용되는 국가공무원법 제56조의 성실의무에 반하는 것이다.

3) 징계재량의 일탈 · 남용 인정여부

가) 사립학교 교원에게 징계사유가 있어 징계처분을 하는 경우 어떠한 처분을 할 것인가는 원칙적으로 징계권자의 재량에 맡겨 있으므로 그 징계처분이 위법하다고 하기 위하여서는 징계권자가 재량권을 행사하여 한 징계처분이 사회통념상 현저하게 타당성을 잃어 징계권자에게 맡긴 재량권을 남용한 것이라고 인정되는 경우에 한하고, 그 징계처분이 사회통념상 현저하게 타당성을 잃은 처분이라고 하려면 구체적인 사례에 따라 직무의 특성, 징계의 사유가 된 비위사실의 내용과 성질 및 징계에 의하여 이루고자 하는 목적과 그에 수반되는 제반 사정을 참작하여 객관적으로 명백히 부당하다고 인정되는 경우라야 한다(대법원 2008. 2. 1. 선고 2007두20997 판결 참조).

나) 이러한 법리에 비추어 이 사건에 관하여 보건대, 갑 제15호증의 1~9, 갑 제25호증의 3, 4, 갑 제32호증, 제39호증의 1, 2, 갑 제40호증의 1~3, 갑 제41호증, 갑 제44호증의 1, 을가 제6호증의 1, 을나 제13호증의 각 기재 및 앞서 본 여러 인정사실에 의하여 인정되는 아래와 같은 사정, 즉 ① 원고가 L, K 교사에게 발언한 내용에 비추어 볼 때 이들이 느낄 협박 내지 심적인 위협이 그리 큰 것으로는 보이지 아니하는 점(이 사건 징계사유 중 순번 1. 사유), ② 원고가 중식지도를 이행하지 아니한 것이 단 2회에 지나지 아니하고, 원고 외에도 중식지도에 참여하지 않은 교사가 다수 있었던 것으로 보이는 점(이 사건 징계사유 중 순번 2. 사유), ③ 동창회비의 유용과 관련하여

원고가 이를 언급한 것은 외부에서가 아니라 학교 내부연락망에서였고, 그 학교 내부연락망에 기재한 글의 전체 맥락에 비추어 볼 때, 원고가 이를 언급하게 된 경위가, H에서 올린 글이 D고등학교의 명예를 실추시킨다는 내용으로 H를 공격하는 글에 대하여, 오히려 D고등학교의 각종 비리로 학교를 파행으로 몰고 가는 자가 D고등학교 운영진에 있다고 반박하는 과정에서 나오게 된 것에 있는 점, 한편 D고등학교는 감사에서 동창회의 설립 없이 동창회비를 부당 징수한 것이 적발되었던 점, 원고에게 동창회비 유용 등의 사항을 알려준 사람이 D고등학교의 전 행정실장이었던 점, D고등학교의 기념품비 통장에서 M 교사의 퇴직일 무렵인 2003. 4. 15. 20,000,000원이 인출된 사실이 있는 점 등 원고가 전 행정실장으로부터 들은 말이 신빙성이 있다고 믿을 만한 일부 정황이 있는 점(이 사건 징계사유 중 순번 3. 사유), ④ 원고가 '잠 좀 자자', '시험이제 그만'이라고 인쇄된 배지와 'I'이라고 인쇄된 전단지를 불특정 다수의 학생들에게 나눠준 것이 아니라 그것을 받아가고자 희망하는 학생에게만 주는 소극적 행위로 그쳤고, 특히 위 전단지는 교무실로 찾아온 적극적인 학생들에게만 주었던 것인 점(이 사건 징계사유 순번 제4. 사유), ⑤ 원고가 우수담임선정결과표를 공개하면서 담임교사들의 성명을 삭제함으로써 해당 담임교사의 노출을 방지하기 위한 노력을 한 바가 있고, 그 공개의 동기가 D고등학교에서 이루어지고 있는 교사 평정방식의 부당함을 알리기 위한 것인 점(이 사건 징계사유 순번 제7. 사유), ⑥ 이 사건 징계사유 중 순번 제6. 사유는 단지 학교장의 결재를 누락한 잘못에 지나지 아니하고, 이 사건 징계사유 중 순번 제8. 사유는 시험시간에 잠을 자는 학생을 깨우기 위한 과정에서의 행동이 좀 지나쳤던 것에 불과한 점, ⑦ 한편 원고는 1990. 3. 1. D고등학교에 교사로 임용된 이후로 이 사건 파면처분 이전까지 참가인으로부터 단 1회의 징계도 받은 전력이 없었고, 1998년에는 서울시 교육감으로부터 표창을 받은 바도 있어 그간 성실히 근무하여 온 것으로 보이는 점, ⑧ D고등학교에는 학교 내부 급식소의 운영관련 비리, 학교 내 독서실인 'Q' 운영관련 비리, 체육복 단체구매 관련 비리, 동창회비 부당 징수 관련 비리 등의 각종 비리 의혹이 있어 원고가 2008. 4.경 국민신문고와 서울시 교육청 클린신고센터에 이러한 비리에 대한 민원을 제기하였고, 이에 따라 이루어진 D고등학교에 대한 감사에서 위와 같은 의혹이 상당수 사실로 드러나, 참가인의 대표자인 R 이사장이 2010. 9. 3. 서울남부지방법원에 사기, 배임수재, 횡령 등의 죄명으로 기소된 점, ⑨ 이 사건 파면처분은 원고의 이러한 민원 제기 이후에 이루어졌고, 1차 파면처분이 피고로부터 취소되었다는 결정이 참가인에게 송달된 2009. 6. 24.부터 이 사건 파면처분일인 2009. 6. 29.까지 5일간의 짧은 시간 동안 2차에 걸친 교원인사위원회, 이사회, 교원징계위원회의 절차가 신속하게 진행됐으며, 이 사건 징계사유 대부분이 원고의 민원제기 무렵 및 직후의 사안들인 점 등에 비추어 이 사건 파면처분이 원고의 D고등학교에 관한 비리 제보에 대한 보복성 징계라는 의심을 지울 수 없는 점 등 제반상황을 종합하여 보면, 비록 징계사유로 인정된 항목이 7개에 이르지만, 개개항목의 위반정도 및 이를 종합한 전체의 비행 정도가 원고를 해임이라는 중징계에 처할 정도로 중하다고 보기 어려우므로, 이 사건 결정은 징계사유로 삼은 비행의 정도에 비해 균형을 잃은 과중한 처분으로서 사회통념상 현저하게 타당성을 잃어 징계권자에게 맡긴 재량권을 일탈·남용한 위법처분이어서 취소되어야 한다.

다) 한편 피고는, 이 사건 징계사유 중 순번 5.의 사유가 비록 이 사건 결정 당시 징계사유로는 인정되지 아니하였지만, 원고가 수업시간 중 3회에 걸쳐 직무와 상관없는 글을 인터넷에 올린 것은 사실이고, 그 외에도 원고가 교사들은 물론 교장과 교

감에게도 폭언을 하며, D고 수위에게 폭행을 하여 2주간의 치료를 요하는 상처를 입힌 사실도 있으므로, 이러한 점들은 징계양정에 있어 참작되어야 한다고 주장한다.

그러나, 피고가 주장하는 원고의 교장, 교감, 수위에 대한 폭언 및 폭행을 입증하기 위해 피고가 제출한 을가 제13호증의 2~6의 기재는 대부분 D고등학교의 교장, 교감, 수위가 일방적으로 작성한 문서로서 그 신빙성이 높다고 할 수 없는 점, 그 기재에 의하더라도 원고의 폭언 내지 폭행의 정도가 중하다고 할 수 없는 점, 이는 모두 앞서 본 바와 같이 부당한 이 사건 파면처분에 대한 항의 과정에서 발생한 것으로서 참가인이 유발한 측면이 있는 것인 점, 을가 제13호증의 1에 의하면 원고가 2007. 6. 27.경 동료 교사인 S에게 '본인에게 맞서면 좋을 것이 없다', '학교생활이 힘들게 될 것이다', '자기 한마디면 임용에 문제가 될 수 있다'라는 등의 폭언을 하였다는 것인데, 그 비행의 정도가 이 사건 징계사유 중 순번 1.의 사유와 크게 다르지 않고, 수업시간 중 3회에 걸쳐 직무와 상관없는 글을 인터넷에 올렸다는 사정도 을가 제12호증의 1~3에서 알 수 있는 그 글의 내용이 단지 교육관련 기사 내지 D고등학교의 감사 진행상황을 알리는 것에 불과하고, 그 횟수도 그리 많지 않아 비행의 정도가 중하다고 볼 수 없는 점 등에 비추어 보면, 피고의 주장 사실은 이를 그대로 인정하기 어렵거나 인정된다고 하더라도 이 사건 결정이 징계 재량의 일탈·남용으로서 위법하다는 점을 뒤집기에 부족하다.

3. 결론

따라서, 원고의 청구는 이유 있어 주문과 같이 판결한다.

재판장 판사 김홍도 ______________________

판사 박상현 ______________________

판사 성원제 ______________________

징계사유

1. 2008. 6. 하순경 자신과 관련된 사실 확인서를 교감에게 제출하였다는 이유로 L 교사에게 '교감이 하란다고 다 하냐', K 교사에게 '행동 똑바로 해라'라고 하는 등 후배교사들에게 협박과 심적인 위협을 가해 해당 교사들로 하여금 수치심과 정신적인 압박을 가함
2. 2008. 4. 7.과 2008. 11. 21. 학교장의 중식지도 이행촉구를 묵살하여 중식지도를 기피하였음
3. 2008. 4. 19. 학교 내부연락망(쿨메신저)을 통해 이사장이 동창회비 중 2,000만원을 빼내 해직교사인 M에게 주어 유용하였다고 유언비어를 퍼뜨림
4. 2008. 5. 13.경 H노동조합에서 홍보용으로 제작한 '잠 좀 자자', '시험 이제 그만'이라는 표어가 들어간 배지를 학생들에게 나눠주고, 2008. 6. 둘째 주경 'I'이라는 반정부적 포스터를 학교교실에 가지고 와서 학생들이 가져갈 수 있도록 교실에 방치하고 교무실에서 학생들에게 배포함으로써 정치적 중립을 지켜야 할 교육자의 의무를 위반하였음
5. 2008. 5. 15.부터 2008. 12. 18.까지 총 10회에 걸쳐 근무시간 중 업무와 상관없는 글을 'T'이라는 필명으로 인터넷에 올리는 등 직무를 해태하였음
6. 2008. 5. 20. 특별활동시간에 학교장의 허가를 득하지 않고 자신의 시집을 교재로 수업하고, 학생들에게 5,000원에 시집을 구매하라고 하였음
7. 2008. 5. 28. 포털사이트 'J'에 'P'라는 제목으로 내부 비공개 자료인 2007학년도 우수담임 선정결과표를 공개하였음
8. 2008. 6. 12. 전국학력평가 3교시 외국어 영어시험 중 2학년 3반에 시험감독으로 들어가 시험 중인 학생에게 촛불시위와 학생 얼굴 생김새에 대해 이야기하는 등 감독교사로서의 책무를 망각하였음
9. 2009. 3. 13.부터 2009. 6. 23.까지 오전 7:10부터 8:00까지 등교시간에 정문에서 1인 시위를 하며 '민주적인 인사위, 학운위를 구성하라', '학부모가 봉이냐', '좋은 급식 하자는데 파면이 웬 말이냐'라는 현수막 및 포스터를 걸고 시위하여 학교가 비민주적이고 학부모로부터 부당한 갈취를 하는 것처럼 오인하게 하였음.끝.

관련법령

◉ 대한민국헌법

第7조

① 공무원은 국민전체에 대한 봉사자이며, 국민에 대하여 책임을 진다.

② 공무원의 신분과 정치적 중립성은 법률이 정하는 바에 의하여 보장된다.

第31조

④ 교육의 자주성·전문성·정치적 중립성 및 대학의 자율성은 법률이 정하는 바에 의하여 보장된다.

◉ 사립학교법

第17조 (이사회의 소집)

① 이사장은 필요하다고 인정할 때에는 이사회를 소집할 수 있다.

② 이사장은 다음 각호의 1에 해당하는 소집요구가 있을 때에는 그 소집요구일로부터 20일 이내에 이사회를 소집하여야 한다.

1. 재적이사 반수 이상이 회의의 목적을 제시하여 소집을 요구한 때
2. 제19조제4항제4호의 규정에 의하여 감사가 소집을 요구한 때

③ 이사회를 소집할 때에는 적어도 회의 7일전에 회의의 목적을 명시하여 각 이사에게 통지하여야 한다. 다만, 이사 전원이 집합되고 또 그 전원이 이사회의 개최를 요구한 때에는 예외로 한다.

第55조 (복무)

사립학교의 교원의 복무에 관하여는 국·공립학교의 교원에 관한 규정을 준용한다.

第61조 (징계의 사유 및 종류)

① 사립학교의 교원이 다음 각호의 1에 해당하는 때에는 당해 교원의 임면권자는 징계의결의 요구를 하여야 하고, 징계의결의 결과에 따라 징계처분을 하여야 한다.

1. 이 법과 기타 교육관계법령에 위반하여 교원의 본분에 배치되는 행위를 한 때
2. 직무상의 의무에 위반하거나 직무를 태만히 한 때
3. 직무의 내외를 불문하고 교원으로서의 품위를 손상하는 행위를 한 때

② 징계는 파면·해임·정직·감봉·견책으로 한다.

◉ 국가공무원법

제56조 (성실 의무)

모든 공무원은 법령을 준수하며 성실히 직무를 수행하여야 한다.

제57조 (복종의 의무)

공무원은 직무를 수행할 때 소속 상관의 직무상 명령에 복종하여야 한다.

제60조 (비밀 엄수의 의무)

공무원은 재직 중은 물론 퇴직 후에도 직무상 알게 된 비밀을 엄수(엄수)하여야 한다.

제63조 (품위 유지의 의무)

공무원은 직무의 내외를 불문하고 그 품위가 손상되는 행위를 하여서는 아니 된다.

제65조 (정치 운동의 금지)

① 공무원은 정당이나 그 밖의 정치단체의 결성에 관여하거나 이에 가입할 수 없다.

② 공무원은 선거에서 특정 정당 또는 특정인을 지지 또는 반대하기 위한 다음의 행위를 하여서는 아니 된다.

1. 투표를 하거나 하지 아니하도록 권유 운동을 하는 것
2. 서명 운동을 기도(기도)·주재(주재)하거나 권유하는 것
3. 문서나 도서를 공공시설 등에 게시하거나 게시하게 하는 것
4. 기부금을 모집 또는 모집하게 하거나, 공공자금을 이용 또는 이용하게 하는 것
5. 타인에게 정당이나 그 밖의 정치단체에 가입하게 하거나 가입하지 아니하도록 권유 운동을 하는 것

③ 공무원은 다른 공무원에게 제1항과 제2항에 위배되는 행위를 하도록 요구하거나, 정치적

행위에 대한 보상 또는 보복으로서 이익 또는 불이익을 약속하여서는 아니 된다.

④ 제3항 외에 정치적 행위의 금지에 관한 한계는 국회규칙, 대법원규칙, 헌법재판소규칙, 중앙선거관리위원회규칙 또는 대통령령으로 정한다.

제78조 (징계 사유)

① 공무원이 다음 각 호의 어느 하나에 해당하면 징계 의결을 요구하여야 하고 그 징계 의결의 결과에 따라 징계처분을 하여야 한다.

1. 이 법 및 이 법에 따른 명령을 위반한 경우
2. 직무상의 의무(다른 법령에서 공무원의 신분으로 인하여 부과된 의무를 포함한다)를 위반하거나 직무를 태만히 한 때
3. 직무의 내외를 불문하고 그 체면 또는 위신을 손상하는 행위를 한 때

◉ **교육공무원법**

제51조 (징계의결의 요구)

① 교육기관·교육행정기관·지방자치단체 또는 교육연구기관의 장은 그 소속 교육공무원이 「국가공무원법」 제78조제1항 각호의 1 및 「지방공무원법」 제69조제1항 각호의 1의 징계사유에 해당한다고 인정하는 때에는 지체없이 당해 징계사건을 관할하는 징계위원회에 그 징계의결을 요구하여야 한다. 그러나 당해 징계사건을 관할하는 징계위원회가 상급기관에 설치되어 있는 경우에는 그 상급기관의 장에게 징계의결의 요구를 신청하여야 한다.

◉ **국가공무원 복무규정**

제27조 (정치적 행위)

① 법 제65조의 규정에 있어서의 정치적 행위는 다음 각호의 1에 해당하는 정치적 목적을 가진 것을 말한다.

1. 정당의 조직·조직의 확장 기타 그 목적달성을 위한 것
2. 특정정당이나 정치단체를 지지 또는 반대하는 것
3. 법률에 의한 공직선거에 있어서 특정의 후보자를 당선하게 하거나 낙선하게 하기 위한 것

② 제1항에 규정된 정치적행위의 한계는 제1항의 규정에 의한 정치적 목적을 가지고 다음 각

호의 1에 해당하는 행위를 함을 말한다.

1. 시위운동을 기획·조직·지휘하거나 이에 참가 또는 원조하는 것
2. 정당 기타 정치단체의 기관지인 신문 및 간행물을 발행·편집·배부하거나 이와 같은 행위를 원조하거나 방해하는 것
3. 특정정당 또는 정치단체를 지지 또는 반대하거나 공직선거에 있어서 특정후보자를 지지 또는 반대하는 의견을 집회 기타 다수인이 모인 장소에서 발표하거나 문서·도서·신문 기타의 간행물에 게재하는 것
4. 정당 기타 정치단체의 표지로 사용되는 기·완장·복식 등을 제작 또는 배부하거나 이를 착용·착용권유 또는 착용을 방해하는 행위등 기타 명목 여하를 불문하고 금전 또는 물질로 특정정당 또는 정치단체를 지지 또는 반대하는 것.끝.

부록 판례 4 해설

현행 교육기본법 제6조는 교육의 중립성에 대해 규정하기를 ①항에서 "교육은 교육 본래의 목적에 따라 그 기능을 다하도록 운영되어야 하며, 정치적 · 파당적 또는 개인적 편견을 전파하기 위한 방편으로 이용되어서는 아니 된다."고 하고, ②항에서는 "국가와 지방자치단체가 설립한 학교에서는 특정한 종교를 위한 종교교육을 하여서는 아니 된다."라고 규정하고 있다.

그래서 교육기본법 제6조에 위반했는지 여부는 곧 교원의 성실의무나 품위유지 의무[1)]위반의 판단 기준이 될 수 있다.

교사가 어떤 사회적 논쟁 문제에 대해, 학부모, 학생, 교사 사이에 다양한 의견이 나올 수 있음에도 불구하고, 어느 한 쪽의 의견을 일방적으로 표시하거나 또는 학생을 어느 한 쪽의 의견으로 기울도록 선동하는 것으로 비치는 행위를 하면, 위 교육기본법 제6조 ①항에 해당하는 교육의 중립성 위반이 되고, 동시에 품위유지 의무 위반으로 평가될 수 있다. 그러한 점을 지적하는 사례가 다음의 판례이다. 서울 모 고등학교 국어 교사가 수업 시간에 『잠 좀 자자』, 『시험 이제 그만』이라고 인쇄된 단추 모양의 배지를 달고 수업을 하고, 원하는 학생들에게는 교무실에서 배지를 나누어 준 행위가 교원의 품위 유지 의무 위반에 해당되는지를 판단한 사례이다.

> 수업시간에 『잠 좀 자자』, 『시험 이제 그만』이라고 인쇄된 단추 모양의 배지를 붙이고 수업을 하다가, 배지를 원하는 학생들에게 교무실에 오면 배지를 주겠다고 말하고, 교무실에 온 학생들에게 배지를 나누어주었다. 야간 자율학습이나 이른바 0교시 수업 등의 찬반 여부에 대해서는 <u>학생, 교사 학부모 사이에서 각 입장이나 의견이 갈릴 수도 있는데, 그에 관한 자신의 의견이 담긴 위와 같은 배지를 원하는 학생들에게 주어 부착하도록 하는 행위</u>(필자 밑줄)는, 의견이 다른 학생 내지 교사들에 대한 위화감을 조성할 수 있는 행위이므로 품위유지의무 위반에 반한다. (서울고등법원 2011. 7. 13. 2010누43701(항소기각)

위 사례의 경우, 지나친 경쟁 교육에 대한 문제점은 사회적으로 어느 정도 인정된 사안이고 위 사건 원고 교사의 인식 또한 그러한 인식과 궤를 같이 하는 것으로 보

1) 국가공무원법 제63조(품위유지의 의무) 공무원은 직무의 내외를 불문하고 그 품위가 손상되는 행위를 하여서는 아니 된다.

이지만, 교사의 수업을 받는 학생들이 일단 열심히 공부해야 하는 입장에서 교사의 뱃지를 단 상징적 표현 행위가 면학 분위기에 방해가 될 수 있고, 시험을 치지 말자는 교사의 상징적 구호는 학생이나 학부모의 반발을 살 수 있을 만한 소지가 있어 품위 유지의무 위반에 해당한다고 본 것이다.

어떤 사회적 논쟁 문제에 대해, 학부모, 학생, 교사 사이에 다양한 의견이 나올 수 있음에도 불구하고, 이 사건에서의 교사는 어느 한 쪽의 의견을 일방적으로 표시하거나 또는 학생을 어느 한 쪽의 의견으로 기울도록 선동하는 행위를 한 것으로 법원이 판단한 것으로 보인다. 위 사건의 경우, 교사는 경쟁위주의 입주 교육의 문제점을 지적하고 학생들에게 그에 대해 설파할 수는 있을지언정, 지금의 현실에서는 열심히 공부하는 것이 최선의 선택일 수 밖에 없다는 점도 지적하며 균형적으로 학생들에게 가르쳤다면, 교원의 품위유지의무 위반이라는 논란에서 어느 정도 벗어날 수 있었을 것으로 보인다. 교사 스스로가 문제가 된『잠 좀 자자』,『시험 이제 그만』이라고 인쇄된 단추 모양의 배지를 다는 상징적 표현 행위를 한 것까지만 했다면 모르겠지만, 이에 더하여 희망하는 학생들에게 까지 나누어주는 행위는 의견이 다른 학생 내지 교사들에 대한 위화감을 조성할 수 있는 행위로서 그것이 개인적 편견에 해당한다고 까지 할 수 없다 하더라도 교원의 품위유지 의무 위반에는 해당한다는 비난으로부터 자유로울 수 없어 보인다(참고 논문: 전제철(2020),『 표현의 자유와 사회과 논쟁문제 수업(The Freedom of Expression and Guiding Controversial Issue in Social Studies), 법교육연구 15(3), 2020.12. 한국법교육학회』).

부록 5. 울산지방법원_2018가합26358 판결 (성희롱 교사 교사해임무효)

울 산 지 방 법 원

제 1 1 민 사 부

판 결

사 건	2018가합26358 해고무효확인
원 고	조국어(가명)
	소송대리인 변호사
피 고	학교법인 ○○학원
	이사장
	소송대리인 법무법인
	담당변호사
변 론 종 결	2020. 4. 23.
판 결 선 고	2020. 5. 14.

주 문

1. 피고가 원고에게 한 2018. 4. 5.자 해임처분은 무효임을 확인한다.

2. 피고는 원고에게,

가. 73,853,436원과 이에 대하여 2018. 11. 20.부터 2019. 5. 31.까지는 연 15%, 그 다음날부터 갚는 날까지는 연 12%의 각 비율로 계산한 돈과,

나. 2018. 11. 1.부터 원고를 복직시킬 때까지 월 6,154,453원의 비율로 계산한 돈을

각 지급하라.

3. 원고의 나머지 청구를 기각한다.

4. 소송비용은 피고가 부담한다.

5. 제2항은 가집행할 수 있다.

청 구 취 지

주문 제1, 2의 나.항 및 피고는 원고에게 73,853,436원과 이에 대하여 이 사건 소장 부본 송달 다음날부터 갚는 날까지 연 15%의 비율로 계산한 돈을 지급하라.

이 유

1. 기초사실

가. 원고는 1992. 3. 1. ○○여자종합고등학교 교사로 신규 임용되고, 2006. 3. 1. ○○여자고등학교로 전보되어 국어교사로 재직중이었다.

나. 2017. 10. 25.경 ○○여자고등학교 학내에 일부 교사들이 성희롱 및 언어폭력을 행하였다는 취지의 대자보가 게시되자, 경상남도교육청은 ○○여자고등학교에서 발생한 성희롱 등 사건에 대한 사안조사를 실시하였으며, 피고는 2017. 10. 27. 원고의 성희롱 등 사안에 관해 양산경찰서에 형사고발을 하였다.

다. 피고는 2017. 11. 22. 원고에게 직위해제 처분을 내린 다음 당월부터 임금 지급을 중지하고, 경상남도교육청은 2018. 3. 9. 피고에게 원고의 성희롱 등 비위행위에 관해 중징계(해임) 처분할 것을 요구하는 감사결과 처분을 통지하였으며, 피고는 2018. 3. 22. 피고 법인 교원징계위원회에 원고에 대한 징계의결을 요구하였고, 교원징계위원회는 2018. 3. 30. 다음과 같은 징계사유(이하 '이 사건 징계사유'라 한다)를 들어 이는 아동복지법 제17조 제2호(성적 학대행위 금지) 및 제5호(정서적 학대행위 금지), 사립학교법 제55조에 의하여 준용되는 국가공무원법 제56조(성실의무), 제63조(품위유지의무)를 위반한 것이라는 이유로 원고에 대한 해임을 결의하였다.

체형교정의 목적으로 교실 내에서 다수의 학생들이 지켜보고 있음에도 허리나 어깨가 아프다는 학생들에게 담요를 바닥에 깔고 등 부위를 천장으로 눕게 한 다음, 어깨, 등, 허리, 다리 등을 양손으로 누르거나 학생으로부터 어깨 안마를 받는(직접요구 여부는 불명확) 등의 신체접촉을 하였고, 학생들과 상담시간 중 자신의 무릎 사이에 학생의 무릎을 끼우거나 학생의 팔에 팔짱을 끼고 등을 밀착시켜 기대는 등 감수성이 예민한 여학생의 팔목과 어깨, 등 부위의 신체를 접촉함으로써 학생들에게 성적 수치심을 주는 성희롱 등의 성적 학대행위를 한 사실이 있다.

수업시간 중 '니네 애미, 애비가 니 이렇게 가르치려고 돈 버는 줄 아나', '너희같은 애들을 낳고 미역국 드신 어머니가 불쌍하다', '너네 몇 년 뒤에 남의 집에서 하녀 생활을 할 것 같다', '양산역에서 깡통 차면서 구걸할 것 같다' 등의 폭언을 함으로써, 학생들에게 정신건강 및 발달에 해를 끼치는 정서적 학대행위를 한 사실이 있다.

라. 피고는 2018. 4. 5. 원고에게 해임처분을 하였다.

마. 한편 원고는 2018. 6. 28. 아독복지법위반 혐의로 기소되었고, 제1심 법원은 위 사건을 아동보호 재판부에 송치하는 결정을 하였으며(울산지방법원 2019. 5. 23.자 2018고단1907호 결정), 울산가정법원은 원고에 대하여 보호처분을 하지 아니하는 불처분결정을 하였다(울산가정법원 2019. 11. 14.자 2019동버63호 결정).

[인정 근거] 다툼 없는 사실, 갑 제1 내지 4, 19, 20호증, 을 제1 내지 10, 16, 21호증(가지번호 있는 것은 가지번호 포함)의 각 기재, 변론 전체의 취지

2. 원고의 주장

원고는 학생들에게 성적 수치심을 주는 성희롱 등의 성적 학대행위를 한 사실이 없고 원고가 정서적 학대행위로 거론된 일부 언행을 한 사실은 인정하나 그 비위의 정도가 중하지 않고 원고의 과실 또한 경과실 수준이므로, 이 사건 징계사유를 이유로 한 해임처분은 재량권의 범위를 일탈·남용한 것으로 무효이다. 따라서 원고는 해임처분의 무효 확인을 구하고 그에 따라 원고가 지급받지 못한 임금 상당액의 지급을 구한다.

3. 해임처분의 무효 확인 청구에 대한 판단

가. 징계 사유의 존부에 대한 판단

1) 관련 법리

교원은 항상 사표가 될 품성과 자질의 향상에 힘쓰며 학문의 연찬 및 교육의 원리와 방법을 탐구, 연마하여 학생의 교육에 전심전력하여야 하는 점을 고려할 때 교원에게는 일반 직업인보다 더 높은 도덕성이 요구되고 교원의 품위손상행위는 본인은 물론 교원사회 전체에 대한 국민의 신뢰를 실추시킬 우려가 있으므로 사립학교법은 사립학교 교원에 대하여도 직무와 관련된 부분은 물론 사적인 부분에서도 품위를 유지할 의무를 규정하고 있는데, 여기서 품위라 함은 국민에 대한 교육자로서의 직책을 맡아 수행해 나가기에 손색이 없는 인품을 말하고 어떤 행위가 품위손상행위에 해당하는가는 구체적 상황에 따라 건전한 사회통념에 의하여 판단하여야 한다(대법원 2000. 6. 9. 선고 98두16613 판결 등 참조).

2) 구체적 판단

갑 제3, 5호증의 각 기재와 변론 전체의 취지에 의하여 인정되는 아래와 같은 사실 또는 사정에 비추어 보면, 보다 엄격한 품위유지의무가 있는 원고가 다수의 학생들에게 부적절한 신체 접촉을 하였음을 인정할 수 있고, 이는 사립학교법 제55조에 따라 준용되는 국가공무원법 제63조를 위반한 것으로 징계사유에 해당한다.

가) 이 사건 징계사유 등과 같은 행위가 있었다는 사실은 원고도 대체로 인정하고 있다.

나) 이 사건 징계사유 등과 같은 행위는 2016년부터 2017년까지 장기간에 걸쳐 발생한 것으로, 원고는 교실과 복도, 교무실 등에서 다수의 학생들에게 유사한 형태의 신체 접촉 등을 하였다.

다) 원고에 대한 형사사건이 가정법원 아동보호 재판부로 송치된 후 위 사건을 심리한 제1심 법원은 원고가 피해자들에게 행한 행위가 교사로서 적절하지 못하였음은 충분히 인정된다고 판단하였다(울산가정법원 2019동버63).

나. 징계 양정의 적정성에 대한 판단

앞서 본 증거와 인정사실에 변론 전체의 취지를 더하여 인정되는 아래와 같은 사정에 비추어 보면, 원고에 대한 징계사유와 징계처분으로서의 해임과의 사이에 사회통념상 상당하다고 인정되는 균형이 존재한다고 보기 어렵고, 따라서 이 사건 해임처분은 그 징계사유에 비하여 지나치게 가혹하여 재량권의 범위를 일탈한 것으로 판단되므로 무효라고 할 것이다.

1) 피해 학생들에 대한 원고의 행동이 비록 부적절한 신체 접촉이었다 하더라도 그 정도가 매우 중하다고 보이지는 않고, 원고가 위와 같은 행위를 하는 과정에서 학생들을 강압한 사정은 보이지 않는다.

2) 원고가 이 사건 징계사유에 대해 아동복지법위반 등 혐의로 기소된 후, 위 형사사건은 가정법원 아동보호 재판부로 송치되었는데, 제1심 법원은 '적시된 행위사실은 다소 과장된 측면이 있고, 실제 행위자가 피해자들에게 행한 행위의 태양과 정도 등을 고려하면 행위자에게 피해자들에 대한 성적 학대의 의사나 고의가 있었던 것으로 보이지는 않는다'는 이유로 원고에 대해 보호처분을 하지 아니하는 결정을 하였다(울산가정법원 2019동버63).

3) 교육공무원 징계양정 등에 관한 규칙 '별표'에 따르면, 그 밖의 품위유지의무 위반의 경우 징계기준이 '비위의 정도가 심하고 고의가 있는 경우'에만 '파면-해임'이고, 비위의 정도가 심하고 중과실인 경우 또는 비위의 정도가 약하고 고의가 있는 경우'에는 '강등-정직', '비위의 정도가 심하고 경과실인 경우 또는 비위의 정도가 약하고 중과실인 경우'에는 '감봉', '비위의 정도가 약하고 경과실인 경우'에는 '견책'으로 되어 있다.

4) 해임은 징계대상자의 지위를 박탈하는 중한 징계라 할 것인데, 원고는 약 25년 이상 교원으로 근무하면서 근무기간 동안 별다른 징계를 받지 아니하고, 재직기간 중 2004. 5. 및 2013. 5. 교육부장관의 표창을 수상하는 등 비교적 성실하게 근무한 것으로 보인다.

4. 미지급 임금 청구에 대한 판단

가. 이 사건 해임처분이 무효인 이상, 원고는 피고의 귀책사유로 근로를 제공하지 못한 것이므로, 피고에게 정상적으로 근무하였다면 받을 수 있었던 임금의 지급을 구할 수 있다(대법원 2012. 2. 9. 선고 2011다20034 판결 등 참조).

나. 원고가 2017년도 8월부터 10월까지 지급받았던 급여액의 월 평균임금이

6,154,453원인 사실, 원고에 대한 직위해제 및 이 사건 해임처분이 없었더라면 2017. 11. 이후 원고가 지급받을 수 있었거나 장래 지급받을 수 있는 월 평균임금이 위 금액 이상인 사실은 피고가 이를 다투지 않는다. 그렇다면 피고는 원고에게 원고가 임금 중 일부 청구로 구하는 바에 따라, ① 2017년 11월부터 2018. 10.까지 지급하여야 할 임금 합계 73,853,436원(= 6,154,453원 × 12개월)과 이에 대하여 이 사건 소장 송달 다음날인 2018. 11. 20.부터 2019. 5. 31.까지는 소송촉진 등에 관한 특례법 및 구 소송촉진 등에 관한 특례법 제3조 제1항 본문의 법정이율에 관한 규정(2019. 5. 21. 대통령령 제29768호로 개정되기 전의 것)이 정한 연 15%, 그 다음날부터 갚는 날까지는 소송촉진 등에 관한 특례법 및 현행 소송촉진 등에 관한 특례법 제3조 제1항 본문의 법정이율에 관한 규정이 정한 연 12%의 각 비율로 계산한 지연손해금과 ② 2018. 11. 1.부터 원고를 복직시킬 때까지 월 6,154,453원의 비율로 계산한 임금을 각 지급할 의무가 있다.

5. 결론

그렇다면 원고의 주장은 위 인정범위 내에서 이유 있으므로, 주문과 같이 판결한다.

재판장 판사 김주옥

판사 조현선

판사 이현일

부록 판례 5 해설

학생에게 성적수치심을 느끼게 하는 신체접촉을 하고 수업 중 폭언을 했다는 이유로 해고당한 교사가 학교법인 이사장을 상대로 낸 해고무효소송에서, 기소된 형사사건에서 최종적으로 처벌받지 않은 점 등을 고려하여 해고가 무효라고 판단한 사례이다.

원고의 행위가 교사로서 징계를 받을 만한 행위를 한다는 점은 인정되지만, 해임처분을 할 만큼 중대한 잘못으로 보기는 어렵다고 판단한 판결이다. 교사인 이 사건 원고는 약 25년 이상 교원으로 근무하면서 근무기간 동안 별다른 징계를 받지 아니하였고, 재직기간 중 교육부장관의 표창을 수상하는 등 비교적 성실하게 근무한 점 등이 참작되어, 이 사건에서 해임처분은 그 징계사유에 비하여 지나치게 가혹하여 재량권의 범위를 일탈한 것으로 판단되므로, 해임 처분은 무효라고 법원이 판단한 것이다.

판결문에서는 다음과 같은 사정에 비추어, 원고에 대한 징계사유와 징계처분으로서의 해임과의 사이에 사회통념상 상당하다고 인정되는 균형이 존재한다고 보기 어렵고, 따라서 이 사건 해임처분은 그 징계사유에 비하여 지나치게 가혹하여 재량권의 범위를 일탈한 것으로 판단되므로 무효라고 밝혔다.

구체적으로 해임 처분이 지나치게 가혹하여 재량권의 범위를 일탈한 것으로 본 이유는 다음의 네 가지 사유였다.

① 피해 학생들에 대한 원고의 행동이 비록 부적절한 신체 접촉이었다 하더라도 그 정도가 매우 중하다고 보이지는 않고, 원고가 위와 같은 행위를 하는 과정에서 학생들을 강압한 사정은 보이지 않는다.

② 원고가 이 사건 징계사유에 대해 아동복지법위반 등 혐의로 기소된 후, 위 형사 사건은 가정법원 아동보호 재판부로 송치되었는데, 제1심 법원은 '적시된 행위사실은 다소 과장된 측면이 있고, 실제 행위자가 피해자들에게 행한 행위의 태양과 정도 등을 고려하면 행위자에게 피해자들에 대한 성적 학대의 의사나 고의가 있었던 것으로 보이지는 않는다'는 이유로 원고에 대해 보호처분을 하지 아니하는 결정을 하였다(울산가정법원 2019동버63).

③ 교육공무원 징계양정 등에 관한 규칙 '별표'에 따르면, 그 밖의 품위유지의무 위반의 경우 징계기준이 '비위의 정도가 심하고 고의가 있는 경우'에만 '파면-

해임'이고, '비위의 정도가 심하고 중과실인 경우 또는 비위의 정도가 약하고 고의가 있는 경우'에는 '강등-정직', '비위의 정도가 심하고 경과실인 경우 또는 비위의 정도가 약하고 중과실인 경우'에는 '감봉', '비위의 정도가 약하고 경과실인 경우'에는 '견책'으로 되어 있다.

④ 해임은 징계대상자의 지위를 박탈하는 중한 징계라 할 것인데, 원고는 약 25년 이상 교원으로 근무하면서 근무기간 동안 별다른 징계를 받지 아니하고, 재직기간 중 교육부장관의 표창을 수상하는 등 비교적 성실하게 근무한 것으로 보인다.

부록 6. 부산지법2010구합2235 판결 (시국선언 참가 전교조 교사에 대한 해임처분에 대한 판결)

부 산 지 방 법 원

제 1 행 정 부

판 결

사 건	2010구합2235 해임처분취소
원 고	1. 서○○
	2. 남○○
	3. 강○○
	원고들 소송대리인 변호사 변영철
피 고	부산광역시 교육감
	소송대리인 변호사 조봉국
변 론 종 결	2011. 10. 13.
판 결 선 고	2011. 11. 3.

주 문

1. 피고가 2009. 12. 21. 원고 서○○에 대하여 한 해임처분을 취소한다.

2. 원고 남○○, 강○○의 청구를 모두 기각한다.

3. 소송비용 중 원고 서○○과 피고 사이에 생긴 부분은 피고가 부담하고, 원고 남○○, 강○○과 피고 사이에 생긴 부분은 원고 남○○, 강○○이 부담한다.

청 구 취 지

주문 제1항 및 피고가 2009. 12. 21. 원고 남○○, 강○○에 대하여 한 각 정직 1월의 처분을 모두 취소한다(원고 남○○, 강○○은 청구취지변경 신청서에서 2010. 4. 21.자 각 정직 1월 처분의 취소를 구하였으나, 위 일자는 아래 이유란 기재와 같이 원처분에 대한 교원소청심사위원회의 변경 결정을 피고가 통지해 준 일자에 불과하므로, 위 원고들이 원처분의 취소를 구하는 것으로 선해하여, 2009. 12. 21.로 기재한다).

이 유

1. 처분의 경위

가. 원고들의 지위 및 신분

1) 원고 서○○은 1985. 3. 24. 경남 ○○초등학교 교사로 임용되어 2009. 3. 1.부터 부산 ○○초등학교 교사로 근무하면서 2009. 3. 1.부터 노조 전임휴직을 한 전국교직원노동조합(이하 '전교조'라고 한다) 부산○○○이다.

2) 원고 남○○는 1999. 11. 23. 부산 ○○○상업고등학교 교사로 임용되어 2008. 3. 1.부터 부산 ○○고등학교 교사로 근무하면서 2009. 3. 1.부터 노조 전임휴직을 한 전교조 부산지부 ○○○○이다.

3) 원고 강○○은 1989. 9. 1. 부산 ○○고등학교 교사로 임용되어 2007. 3. 1.부터 부산 ○○○○고등학교 교사로 근무하면서 2009. 3. 1.부터 노조 전임휴직을 한 전교조 부산지부 ○○○○이다.

나. 징계처분

피고는 2009. 12. 21. "원고들이 아래와 같은 사유로 국가공무원법 제56조(성실의무), 제57조(복종의 의무), 제63조(품위 유지의 의무), 제66조(집단행위의 금지) 및 교원의 노동조합 설립 및 운영 등에 관한 법률(이하 '교원노조법'이라 한다) 제3조(정치 활동의 금지)를 위반하였고, 이는 국가공무원법 제78조 제1항 제1호의 징계사유에 해당한다"는 이유로, 원고 서○○에 대하여 해임처분을, 원고 남○○, 강○○에 대하여 각 정직 2월의 처분(이하 '이 사건 각 처분'이라 한다)을 하였다.

- 징계사유 -

원고 서○○은 전교조 부산지부 ○○장, 원고 남○○은 위 지부 사무처장, 원고 강○○은 위 지부 ○○○○인데, 부산광역시 교육청에서 4회에 걸쳐 교사들이 시국선언에 서명 · 참여하지 않도록 하고, 복무를 철저히 하도록 공문으로 당부하였음에도 불구하고,

① 원고 서○○, 남○○는 2009. 6. 18. 전교조가 발표한 1차 시국선언에 서명 · 참여하고 전교조 교사들이 시국선언에 참여하도록 주도 · 독려하여 부산지방검찰청에 고발되었을 뿐만 아니라, 2차 시국선언에도 교사들이 참여하도록 하는 공문을 생산하여 각 전교조 분회에 발송하는 등 서명운동을 주도 · 독려하였고,

② 원고 강○○은 2009. 6. 18. 전교조가 발표한 1차 시국선언에 서명 · 참여하였고, 2차 시국선언에도 교사들이 동참하도록 전교조 부산지부 홈페이지에 참여를 독려 · 주도한 행위로 부산지방검찰청에 고발되었다.

다. 행정심판

원고들은 이에 불복하여 2011. 1. 13. 교원소청심사위원회에 소청심사를 청구하였고, 교원소청심사위원회는 2010. 4. 5. 원고 서○○의 청구를 기각하였으나, 원고 남○○, 강○○에 대해서는 정직 2월의 징계처분을 정직 1월로 변경하는 결정을 하였고(이하, 이 사건 각 처분 중 원고 남○○, 강○○에 대한 징계처분은 위와 같은 일련의 절차에 의해 변경된 정직 1월의 징계처분을 의미한다), 피고는 2010. 4. 21. 원고 남○○,

강○○에게 정직 1월로 변경하여 통지하였다.

[인정근거] 다툼 없는 사실, 갑 제1, 2, 3, 4호증, 을 제1, 7, 8호증(가지번호 있는 것은 가지번호 포함, 이하 같다)의 각 기재, 변론 전체의 취지

2. 이 사건 각 처분의 적법 여부

가. 원고들의 주장

1) 징계사유의 부존재

가) 국가공무원법 제66조 제1항(집단행위의 금지) 위반 사유 부존재

국가공무원법 제66조 제1항이 정한 '공무 외의 일을 위한 집단 행위'란 공익에 반하는 목적을 위하여 직무전념의무를 해태하는 등의 영향을 가져오는 집단적 행위를 의미한다. 그런데, 위 각 시국선언의 내용에 특정 정당을 지지 또는 반대하는 내용이 들어있지 않고, UN 부산광역시 교육감 규약과 ILO 151호 협약 등 국제규약상의 권리, 공무원의 정치적 중립규정의 의미 등을 고려하면, 위 각 시국선언에 참여하는 것이 공익에 반하는 것이라 볼 수 없고, 위 시국선언이 모두 일요일에 이루어졌고, 표현의 자유는 헌법상의 권리로서 최대한 보호되어야 하며, 과거 정권에서 이루어진 시국선언으로 징계 처벌받은 자가 한명도 없는 점 등을 감안하면, 원고들이 위 시국선언에 참여함으로써 학생들의 학습권을 침해하는 등 공무원의 직무전념의무를 태만히 하였다고 보기도 어렵다.

따라서 원고들이 위 시국선언에 참여한 것을 두고 국가공무원법 제66조 제1항이 정한 공무 이외의 일을 위한 집단행위를 한 것이라고 할 수 없다.

나) 국가공무원법 제56조(성실의무), 제57조(복종의무), 제63조(품위유지의무) 위반 사유 부존재

원고들의 위 시국선언은 앞서 본 바와 같이 법령을 위반한 행위가 아니고, 위 시국선언이 교사들의 직무수행과 아무런 관련도 없으므로, 위 시국선언에 대한 참여를 자제하라는 학교장 등의 지시는 '직무상 명령'이 아니어서 복종할 의무가 없을 뿐만 아니라 위 시국선언에 참여하는 것이 교사의 성실의무를 위반한 것이거나 품위를 손상시키는 것도 아니다.

다) 국가공무원 복무규정 제3조 위반 사유 부존재

피고는 국가공무원 복무규정 제3조(근무기강의 확립) 제2항, 즉 '공무원은 집단·연명으로 또는 단체의 명의를 사용하여 국가의 정책을 반대하거나 국가 정책의 수립·집행을 방해하여서는 아니된다'는 규정에 터잡아 원고들을 징계하였으나, 위 규정은 원고들의 위 시국선언 후인 2009. 11. 30. 신설된 것이므로, 원고들을 위 규정에 의해 징계하는 것은 소급처벌금지의 원칙에 위반된다.

2) 재량권의 남용 내지 재량권 한계의 일탈

가사 원고들에게 징계사유가 존재한다고 하더라도, 원고들이 위 시국선언에 이르게 된 경위 및 시국선언의 법규위반의 정도, 오랜 기간 교사로 근무하면서 수행한 공적 등을 종합하면, 이 사건 각 처분은 비례의 원칙이나 평등의 원칙에 위반하여 징계재량권을 일탈·남용하였다.

나. 관련 법령

별지 관련 법령 기재와 같다.

다. 인정사실

1) 제1차 시국선언

가) 전교조는 2009. 6. 9. 전교조 본부 사무실에서 개최된 제360차 중앙집행위원

회 회의에서 현 정부의 정책을 비판하고 국정쇄신을 요구하는 내용의 '6월 교사 시국선언'을 하기로 결의하였고, 이 자리에는 원고 서○○도 참석하여 결의에 참여하였다.

나) 원고들은 2009. 6. 10.부터 2009. 6. 17.까지 교사들의 시국선언을 위한 서명운동을 주도하였는데, 특히 원고 서○○, 남○○는 2009. 6. 12. 전교조 부산지부 홈페이지를 통하여 '시국선언 참여하기 안내글'을 게재하여 교사들이 시국선언 참여를 독려한 후 같은 달 17. 그 명단을 전교조 본부에 송부하였고, 원고 강○○은 같은 달 18. 위 홈페이지에 '교사 시국선언 대응지침'을 게재하였으며, 원고들은 위 시국선언에도 직접 서명하는 방법으로 참여하였다.

다) 교육과학기술부는 2009. 6. 17. 각 시 · 도 교육청에 시국선언 추진 및 서명운동에 참여하는 것을 자제하여 줄 것을 요청하는 내용의 공문을 시달하였고, 이에 따라 피고는 각급 학교와 지역 교육청에 '교원의 시국선언 및 서명운동 관련 복무 관리 철저'라는 공문을 보냈다.

라) 전교조 위원장 정○○ 등은 2009. 6. 18. 11:15경부터 같은 날 11:25경까지 서울 중구 ○○ 소재 ○○○○○○ 앞에서 제1차 시국선언문을 발표하였는데, 원고들은 모두 위 자리에 참석하였다.

제1차 시국선언문의 주요 내용은 '촛불시위 수사', 'PD수첩 수사', '용산 화재사건', '비정규직 문제', '남북관계 경색' 등을 언급하면서 현 정권의 공권력 남용으로 기본적 인권이 심각하게 훼손되어 민주주의 위기가 초래되었으며, 이는 현 정부의 독선적 정국운영에서 비롯된 것이라는 취지로 비판하고, 대통령 사과, 국정쇄신, 언론 · 집회 · 인권 및 양심의 자유 철저 보장, 사회적 약자 배려, 미디어법 강행 중단, 대운하 재추진 의혹 해소, 경쟁만능 학교정책 중단 등을 요구하는 것으로 근로조건의 향상과 직접적 관련이 없는 것이었다.

2) 제2차 시국선언

가) 교육과학기술부의 시국선언 참여행위 자제 요청에도 불구하고, 전교조가 전교조 위원장인 정○○ 등 전교조 간부 등이 참가한 가운데 위와 같이 제1차 시국선언문을 발표하자, 교육과학기술부는 2009. 6. 26. 시・도부교육감 회의를 개최하여 위 정○○를 포함한 간부 88명을 검찰에 고발하고, 시・도교육청에 중징계 등의 조치를 취하도록 요청하였고, 이에 반발한 전교조는 2009. 6. 28. 제361차 임시중앙집행위원회를 개최하여 제2차 교사 시국선언을 하기로 결정하였다.

나) 원고들을 비롯한 전교조 부산지부는 2009. 7. 1.경 전교조 부산지부 홈페이지에 제2차 시국선언 추진을 위한 '민주주의 수호 교사선언(제2차)' 참가 등록코너를 개설・운영하면서 교사들의 참가를 주도한 후 2009. 7. 중순경 전교조 본부에 참여 교사 명단을 송부하였다.

다) 전교조 위원장 정○○ 등은 2009. 7. 19. 14:00경부터 같은 날 14:20경까지 서울 중구 ○○○ 소재 ○○○○에서 "계엄령을 방불케 하는 정부의 무자비한 탄압도 민주주의를 열망하는 교사들의 양심과 실천 의지를 막지 못했다", "아이들에게 민주주의를 가르치는 교육자로서 양심과 표현의 자유라는 신성불가침한 권리를 지키기 위해 부당한 공권력의 탄압에 당당히 맞서겠다", "전교조는 시국선언의 정당함을 확인하기 위한 지속적인 노력과 고발 및 징계를 철회하기 위한 강력한 투쟁을 전개할 것이다"라는 내용이 포함된 기자회견문을 낭독하고, 정○○ 외 28,634명의 교사 명의로 된 '민주주의 수호교사 선언'이라는 제목의 제2차 시국선언문을 발표하였다.

라) 원고들은 제2차 시국선언 발표에 뒤이어 2009. 7. 19. 16:00부터 17:00까지

서울역 광장에서 개최된 '교사 · 공무원 시국선언 탄압대회(이하 '이 사건 규탄대회'라고 한다)'에 참가하였고, 위 규탄대회에는 '온 국민의 시국선언으로 MB악법 저지하자', '시국선언 탄압중단', '4대강 죽이기 절대 안 돼' 및 '언론악법 저지', '비정규직 해고 중단' 등의 구호를 외치거나 피켓, 깃발 등으로 위 내용을 표출하였다.

3) 원고들에 대한 형사 사건

원고들은 위와 같이 이 사건 시국선언 및 규탄대회에 참여함으로써 공무 외의 일을 위한 집단행위를 하였다는 이유로 국가공무원법위반죄 등으로 기소되었고, 부산지방법원은 2010. 5. 3. 원고 서○○에 대해서는 벌금 100만 원을, 원고 남○○, 강○○에 대해서는 각 벌금 50만 원을 선고하였고[2009고단4546, 6729(병합), 2009고정8213(병합), 이하 '이 사건 판결'이라 한다], 위 사건은 현재 부산지방법원 2010노1648호로 항소심 계속 중이다.

[인정근거] 다툼 없는 사실, 당원에 현저한 사실, 갑 제4호증, 을 제2 내지 7호증의 각 기재, 변론 전체의 취지

라. 판단

1) 징계사유의 존부에 관하여

가) 국가공무원법 제66조 제1항(집단행위의 금지) 위반 여부에 관하여

(1) 국가공무원법 제66조 제1항 본문은 '공무원은 노동운동이나 그 밖에 공무 외의 일을 위한 집단행위를 하여서는 아니 된다'라고 규정하고 있는바, 여기에서의 '공무 외의 일을 위한 집단행위'라 함은 공무가 아닌 어떤 일을 위하여 공무원들이 하는 모든 집단적 행위를 의미하는 것은 아니고 언론, 출판, 집회, 결사의 자유를 보장하고 있는 헌법 제21조 제1항, 헌법상의 원리, 국가공무원법의 취지, 국가공무원법상의 성실

의무 및 직무전념의무 등을 종합적으로 고려하여 '공익에 반하는 목적을 위하여 직무전념의무를 해태하는 등의 영향을 가져오는 집단적 행위'라고 축소 해석하여야 한다(대법원 2005. 4. 15. 선고 2003도2960 판결, 대법원 2004. 10. 15. 선고 2004도5035 판결 등 참조).

(2) 이러한 법리에 따라 이 사건에 관하여 본다.

앞서 본 제2. 다.항의 인정사실을 종합하면, 제1차 시국선언문에는 일부 교육정책에 관한 부분(교육복지의 확대, 학교운영의 민주화, 학생인권의 보장 등)이 포함되어 있지만, 미디어법 개정과 4대강 개발사업 추진 등 정부정책, 촛불집회와 피디수첩 관계자에 대한 수사, 용산화재 참사의 발생과 노무현 전 대통령의 서거 등 다양한 집단의 정치적 이해관계가 첨예하게 대립되어 있는 특정 정책 내지 사건에 관한 일방적 견해가 표출되어 있고, 현 정권을 비민주적인 군사정권에 비유하면서 제1차 시국선언이 그에 대항하는 진정한 민주적 저항정신의 발로라고 주장하는 내용이 주류를 이루고 있는 점, 제2차 시국선언문에는 당시 정국을 과거 군사독재 시절에 비유하면서 교과부의 징계ㆍ고발방침을 '민주주의의 기본 질서를 파괴하는 위헌적인 공권력 남용'이라고 비판하면서 제1차 시국선언의 정당성을 주장하고 있는 점, 제2차 시국선언에 뒤이어 공무원 등과 공조하여 개최된 이 사건 규탄대회의 내용은 대부분 현 정부의 정책을 비판하거나 반대하는 내용의 정치적 주장으로 이루어진 점, 제1, 2차 시국선언 및 이 사건 규탄대회는 모두 교육정책 내지 교원의 근무환경 개선과는 무관한 내용인 점 등을 알 수 있다.

이러한 사정에 비추어 보면, 제1, 2 시국선언은 현 정부의 정책을 반대하면서 이를 비판하고 나아가 그 정책을 반대하는 정당 등의 정치세력과 연계하여 정부를 압박하면서 정책 결정과정에 영향력을 행사하기 위한 정치적 의사를 표현하는 행위로서 집단적 정치활동임과 동시에 공무원의 정치적 중립성을 침해하는 것으로 '공익에 반하는 목적을 위하여 직무전념의무를 해태하는 등의 영향을 가져오는 집단행위'에 해당한다.

또한, 정치세력들 사이에 그 견해가 대립되는 정부정책과 관련하여 노동조합이라는 단결체를 통하여 특정 정치세력과 연계하여 정부정책 결정과정에 영향력을 행사하려는 것은 사회의 갈등과 혼란을 가중시킬 우려가 크고, 교원의 정치적 중립성에 대한 국민의 신뢰, 특히 교사의 정치적 중립에 대한 학생 및 학부모의 신뢰에 상당히 부정적인 영향을 미쳤음을 부정하기는 어려운 점까지 고려하면, 위와 같이 특정정당 또는 정치세력과 연계하여 정부를 압박하면서 정부정책 결정과정에 영향력을 행사하기 위한 정치적 의사를 표현하는 행위는 교원노조법 제3조가 금지하고 있는 '정치활동'에도 포함된다고 할 것이다.

따라서, 이러한 위 시국선언에 참여하였을 뿐만 아니라 더 나아가 다른 교원들의 참여를 독려하고 주도한 원고들의 행위는 결국 교육의 정치적 중립성을 침해하는 것으로서 공익에 반하는 목적을 위한 집단행위에 해당한다고 할 것이므로, 원고들이 국가공무원법 제66조 제1항을 위반하지 않았다는 취지의 위 주장은 이유 없다.

나) 국가공무원법 제56조(성실의무), 제57조(복종의무), 제63조(품위유지의무) 위반 여부에 관하여

(1) 성실의무 위반 여부

국가공무원법 제56조는 '모든 공무원은 법령을 준수하며 성실히 직무를 수행하여야 한다'라고 규정하고 있는바, 원고들이 위 시국선언에 참여함으로써 교원노조

법 제3조 및 국가공무원법 제66조 제1항을 위반하였음은 앞서 본 바와 같고, 위와 같이 법령 위반행위를 한 이상 원고들이 성실히 직무를 수행하였다고 볼 수 없으므로 이는 국가공무원법 제56조에 저촉된다 할 것이다.

(2) 복종의무 위반 여부

국가공무원법 제57조는 '공무원은 직무를 수행할 때 소속 상관의 직무상 명령에 복종하여야 한다'라고 규정하고 있는바, 앞서 본 바와 같이 원고들은 소속 상관인 피고로부터 사전에 명시적으로 시국선언 서명운동 및 시국선언 참여 행위를 자제하라는 명령을 받았고, 제1차 시국선언 후에는 교육과학기술부가 전교조 간부 등에 대하여 고발 및 중징계 방침을 밝혔음에도, 원고들은 위와 같은 직무상 명령 및 정부의 방침을 무시하고 위 시국선언에 참여하였으므로, 원고들이 행위가 위 규정 위반에 해당함은 분명하다 할 것이다.

(3) 품위유지의무 위반 여부

국가공무원법 제63조는 '공무원은 직무의 내외를 불문하고 그 품위가 손상되는 행위를 하여서는 아니 된다'라고 규정하고 있고, 이러한 품위유지의무는 국민으로부터 널리 공무를 수탁하여 국민 전체를 위해 근무하는 공무원의 지위에 비추어 공무원의 품위손상행위는 본인은 물론 공직사회에 대한 국민의 신뢰를 실추시킬 우려가 있으므로 공무원에게 직무와 관련된 부분은 물론 사적인 부분에서도 건실한 생활을 할 것을 요구하는 것이고, 여기서 '품위'라 함은 주권자인 국민의 수임자로서 직책을 맡아 수행해 나가기에 손색이 없는 인품을 말하는 것이라 할 것이므로, 특정 정당 또는 정치세력과 연계하여 정부를 압박하면서 정부정책 결정과정에 영향력을 행사하기 위한 정치적 의사표현 행위에 해당하는 원고들의 행위는 공무원의 품위유지의 의무를 위반한 것에 해당한다.

(4) 따라서, 원고들이 위 의무들을 위반한 사실이 없다는 취지의 주장도 모두 이유 없다.

다) 국가공무원 복무규정 제3조 위반 여부에 관하여

원고들은, 피고가 국가공무원 복무규정 제3조 제2항에 근거하여 원고들을 징계하였다고 주장하나, 앞서 본 바와 같이 피고가 원고들을 징계하면서 위 규정을 근거로 든 적이 없으므로, 원고들에 대한 징계가 위 규정에 근거한 것이라는 전제에서 출발한 원고들의 주장은 더 나아가 살펴볼 필요 없이 이유 없다.

라) 소결론

따라서, 원고들이 제1, 2차 시국선언에 참여하거나 이를 주도한 행위는 국가공무원법 제56, 57, 63, 66조, 교원노조법 제3조를 위반하였고, 이는 국가공무원법 제78조 제1항 제1호의 징계사유에 해당하므로, 이 사건 각 처분은 징계사유가 모두 존재하는 적법한 처분이라 할 것이다.

2) 징계양정의 적정성에 관하여

가) 공무원인 피징계자에게 징계사유가 있어서 징계처분을 하는 경우 어떠한 처분을 할 것인가는 징계권자의 재량에 맡겨진 것이고, 다만 징계권자가 재량권의 행사로서 한 징계처분이 사회통념상 현저하게 타당성을 잃어 징계권자에게 맡겨진 재량권을 남용한 것이라고 인정되는 경우에 한하여 그 처분을 위법하다고 할 수 있으며, 공무원에 대한 징계처분이 사회통념상 현저하게 타당성을 잃었다고 하려면 구체적인 사례에 따라 징계의 원인이 된 비위사실의 내용과 성질, 징계에 의하여 달성하려고 하는 행정목적, 징계 양정의 기준 등 여러 요소를 종합하여 판단할 때 그 징계 내용이 객관

적으로 명백히 부당하다고 인정할 수 있는 경우라야 하고, 징계권의 행사가 임용권자의 재량에 맡겨진 것이라고 하여도 공익적 목적을 위하여 징계권을 행사하여야 할 공익의 원칙에 반하거나 일반적으로 징계사유로 삼은 비행의 정도에 비하여 균형을 잃은 과중한 징계처분을 선택함으로써 비례의 원칙에 위반하거나 또는 합리적인 사유 없이 같은 정도의 비행에 대하여 일반적으로 적용하여 온 기준과 어긋나게 공평을 잃은 징계처분을 선택함으로써 평등의 원칙에 위반한 경우에 이러한 징계처분은 재량권의 한계를 벗어난 처분으로서 위법하다(대법원 2006. 5. 11. 선고 2004두5546 판결, 2007. 4. 13. 선고 2006두16991 판결 등 참조).

나) 이러한 법리에 따라 이 사건에 관하여 본다.

(1) 원고 서○○

갑 제9호증의 기재 및 변론 전체의 취지에 의하면, 원고 서○○은 2000. 5. 15. 부산광역시 교육감 표창, 2003. 12. 26. 부산동부교육청 교육장, 2005. 4. 21. 과학기술부장관 표창 등을 수상한 사실을 인정할 수 있고, 여기에 앞서 든 증거 및 인정사실에 의하면 알 수 있는 다음과 같은 사정, 즉 ① 국가공무원이 징계에 의하여 해임된 경우에는 공무원의 신분을 박탈당함은 물론 국가공무원법 제33조의 규정에 의하여 해임처분을 받은 때로부터 3년이 경과하지 아니하면 공무원에 임용될 수 없는 불이익까지 입게 되는 점, ② 위 각 시국선언이 그 자체로 위헌적이거나 반사회적인 것은 아닌 점, ③ 시국선언 추진이나 발표 과정에서 학생들에 대한 수업결손이나 제3자에 대한 피해가 발생한 사실은 없는 점, ④ 공무원이 국민으로서 누리는 표현의 자유가 국민전체 봉사자로서 갖춰야 할 정치적 중립성과 충돌할 때 어떠한 범위에서 허용될 것인지에 대해서 다양한 견해가 있어 위 원고들과 같은 수범자로서는 법적으로 허용되는 행위가 어디까지인지 명료하게 판단을 내릴 수 없는 어려움이 있다고 보이는 점 등을 더 하여 보면, 제1, 2차 시국선언 참여 내지 주도 등의 사유만으로 교사의 신분을 박탈하는 해임처분을 한 것은 사회통념상 현저하게 타당성을 잃어 징계권자에게 맡겨진 재량권의 한계를 벗어난 것으로 위법하다.

(2) 원고 남○○, 강○○

앞서 든 증거 및 인정사실에 의하면 알 수 있는 다음과 같은 사정, ① 위 원고들은 제1, 2차 시국선언의 추진에 주도적인 역할을 담당하였던 점, ② 위 원고들의 행위로 인하여 공무원의 직무공정성 및 국민들에 대한 신뢰에 미치는 악영향이 결코 적다고 할 수 없는 점, ③ 위 원고들에 대한 정직 2월의 징계처분이 교원소청심사위원회에서 정직 1월로 감경된 점 등을 종합하면, 원고 남○○, 강○○에 대한 각 정직 1월의 징계처분이 위 원고들이 수행하는 직무의 특성과 징계의 원인이 된 비위사실의 내용과 성질, 징계에 의하여 달성하고자 하는 목적 등에 비추어 객관적으로 명백하게 부당한 것으로서 사회통념상 현저하게 타당성을 잃어 징계 재량권의 범위를 일탈하였거나 남용한 것이라고 볼 수 없다.

3. 결 론

그렇다면, 원고 서○○의 청구는 이유 있으므로 이를 인용하고, 원고 남○○, 강○○의 청구는 이유 없으므로 이를 모두 기각하기로 하여, 주문과 같이 판결한다.

재판장 판사 고규정 ____________________

판사 김현덕 ______________________

판사 정진우 ______________________

관계 법령

■ 국가공무원법

제33조(결격사유)

다음 각 호의 어느 하나에 해당하는 자는 공무원으로 임용될 수 없다.

8. 징계로 해임처분을 받은 때부터 3년이 지나지 아니한 자

제56조(성실 의무)

모든 공무원은 법령을 준수하며 성실히 직무를 수행하여야 한다.

제57조(복종의 의무)

공무원은 직무를 수행할 때 소속 상관의 직무상 명령에 복종하여야 한다.

제63조(품위 유지의 의무)

공무원은 직무의 내외를 불문하고 그 품위가 손상되는 행위를 하여서는 아니 된다.

제66조(집단 행위의 금지)

① 공무원은 노동운동이나 그 밖에 공무 외의 일을 위한 집단 행위를 하여서는 아니 된다. 다만, 사실상 노무에 종사하는 공무원은 예외로 한다.

제78조(징계 사유)

① 공무원이 다음 각 호의 어느 하나에 해당하면 징계 의결을 요구하여야 하고 그 징계 의결의 결과에 따라 징계처분을 하여야 한다.

1. 이 법 및 이 법에 따른 명령을 위반한 경우
2. 직무상의 의무(다른 법령에서 공무원의 신분으로 인하여 부과된 의무를 포함한다)를 위반하거나 직무를 태만히 한 때
3. 직무의 내외를 불문하고 그 체면 또는 위신을 손상하는 행위를 한 때

■ 교원의 노동조합 설립 및 운영 등에 관한 법률

제3조(정치활동의 금지)

교원의 노동조합(이하 "노동조합"이라 한다)은 일체의 정치활동을 하여서는 아니 된다.

■ 국가공무원 복무규정(2009. 12. 30. 대통령령 제21920호로 개정되기 전의 것)

제3조 (근무기강의 확립)

①공무원은 법령 및 직무상의 명령을 준수하여 근무기강을 확립하고 질서를 존중하여야 한다.<개정 2009.11.30>

② 공무원(「국가공무원법 제3조제3항의 공무원의 범위에 관한 규정」에 따른 공무원은 제외한다)은 집단·연명으로 또는 단체의 명의를 사용하여 국가의 정책을 반대하거나 국가 정책의 수립·집행을 방해해서는 아니 된다.<신설 2009.11.30>

■ 국가공무원 복무규정(2009. 11. 30. 대통령령 제21861호로 개정되기 전의 것)

제3조 (근무기강의 확립)

공무원은 법령 및 직무상의 명령을 준수하여 근무기강을 확립하고 질서를 존중하여야 한다.

끝.

부록 판례 6 해설

서 모 교사는 부산의 한 초등학교에서 근무하던 2009년 3월 전교조 부산지부장을 맡으면서 같은 해 6~7월 전교조가 발표한 시국선언에 서명하고 동료교사들의 참여를 독려했다.

부산시 교육감은 서모 교사가 국가공무원법상의 성실의무와 품위 유지의무, 집단행위 금지 규정은 물론 교원의 노동조합 설립 및 운영 등에 관한 법률(교원노조법)상 정치활동 금지 규정을 위반했다며 2009년 12월 서씨를 해임했다.

서모 교사는 이에 불복해 교원소청심사위원회에 소청심사를 청구했으나 기각 당하였고, 부산지방법원에 행정소송을 제기했다.

부산지방법원 1심 재판부는 서 모 교사가 가 국가공무원법 및 교원노조법을 위반했다는 사실은 인정했다. 그러나 시국선언 자체가 위헌이거나 반사회적이지 않고, 시국선언 추진 과정에서 수업결손이나 제3자 피해가 없었고, 공무원이 국민으로서 누리는 표현의 자유 허용 범위에 대한 다양한 견해가 존재한다는 점 등을 이유로 해임은 지나친 징계라고 판단했다. 이후 2심 재판부도 같은 판단을 내렸고, 대법원도 같은 판단을 내렸다.

전교조는 대법원의 판결을 환영했다. 전교조는 "해임처분을 받은 16명 중 14명이 1, 2심에서 무효 판결을 받았다"며 "이들도 조속히 교단에 복귀할 수 있도록 재판이 신속하게 마무리 되기를 바란다"고 밝혔다.

이후 부산시교육청은 교사시국선언으로 해임되었다가 대법원에서 '해임무효' 판결을 받고 2년 9개월 만에 복직한 서 모 교사에 대해 다시 징계를 추진하였고, 이에 대해 전국교직원노동조합이 반발하는 일이 벌어졌다.

관련 기사 :

* 경향신문 2012.09.05. 기사(https://www.khan.co.kr/national/court-law/article/201209050047005)
* 오마이뉴스 2012. 10. 10. 기사(http://www.ohmynews.com/NWS_Web/View/at_pg.aspx?CNTN_CD=A0001787862)
* 법률신문 2012년 9월 5일자 기사(https://www.lawtimes.co.kr/Case-Curation/view?serial=66895)

부록 7. 울산지방법원_2019구합976_판결 (성희롱 교사파면처분취소)

울 산 지 방 법 원

제 1 행 정 부

판 결

사 건	2019구합976 파면처분취소
원 고	김교사(가명)
	울산 울주군
	소송대리인 변호사 성**
피 고	울산광역시교육감
	소송대리인 법무법인 **
	담당변호사 김**
변 론 종 결	2020. 10. 29.
판 결 선 고	2020. 12. 17.

주 문

1. 원고의 청구를 기각한다.

2. 소송비용은 원고가 부담한다.

청 구 취 지

피고가 2019. 4. 3. 원고에게 한 파면처분을 취소한다.

- 1 -

이 유

1. 처분의 경위

가. 원고는 1988. 3. 1. 교사로 임용되어 ○○초등학교 등에서 근무하였고 2017. 3. 1.부터 ●●초등학교에서 근무하였다.

나. 울산중부경찰서는 2017. 4. 28. 피고에게 원고에 대한 아동복지법위반 혐의와 관련하여 범죄수사개시를 통보하였고, 이에 피고는 2017. 5. 1. 원고에 대하여 직위해제를 하였으며, 울산지방검찰청은 2017. 7. 20. 원고를 아동복지법위반 혐의로 불구속기소하였다.

다. 피고는 2017. 8. 18. 원고에 대하여 징계의결을 요구하였는데, 울산광역시교육청 교육공무원일반징계위원회는 2018. 9. 6. 원고에 대한 징계의결을 원고에 대한 형사판결 선고 이후로 연기하였다.

라. 울산지방법원은 2019. 1. 31. 원고에게 다음과 같은 범죄사실에 관하여 징역 1년 등의 유죄판결을 하였다(울산지방법원 2017고단2420호, 다만, 일부 아동복지법 위반 공소사실에 대하여는 무죄를 선고하였다).

> 1. 아동복지법위반(아동에대한음행강요·매개·성희롱등)
>
> 피고인은 2017. 3. 초순경 ●●초등학교 1층 과학실에서 피해자 김피해(가명, 여, 9세)을 자신의 교사용 책상에 오도록 한 후 문제 풀이 설명을 해주면서 엉덩이를 만졌다.
>
> 피고인은 이를 비롯하여 그 무렵부터 2017. 4. 17. 3교시경에 이르기까지 별지1 범죄일람표 1 연번 제1 내지 6번 기재와 같이 피해자 김피해, 피해자 노일해(가명, 여, 10세), 피해자 정이해(가명, 여, 10세)에게 총 6회에 걸쳐 성적 수치심을 주는 성희롱 등의 성적 학대행위를 하였다.
>
> 2. 아동복지법위반(아동학대)
>
> 피고인은 2017. 3. 21. 3교시 경 ●●초등학교 1층 과학실에서 수업을 받던 피해자 권삼

해(가명, 11세)가 돌아다닌다는 이유로 "니는 수업시간 구분도 못하나"라고 말하며 손바닥으로 뒷머리를 1회 때리고 양손으로 구레나룻 부위를 잡아당겼다. 피고인은 이를 비롯하여 그 무렵부터 2017. 4. 21.경까지 별지1 범죄일람표 2 연번 제1 내지 8, 10, 11, 14, 15, 17, 18, 26 내지 29, 36 내지 39, 42 내지 44번 기재와 같이 총 13명의 아동들에게 총 25회에 걸쳐 신체의 건강 및 발달을 해치는 신체적 학대행위 및 정신건강 및 발달에 해를 끼치는 정서적 학대행위를 하였다.

마. 울산광역시교육청 교육공무원일반징계위원회는 2019. 3. 21. 위 범죄사실과 같은 내용의 징계사유(이하 '이 사건 징계사유'라고 한다)에 관하여 원고가 국가공무원법 제56조, 제63조를 위반하였다며 교육공무원 징계양정 등에 관한 규칙 제2조, 제4조에 따라 원고를 파면에 처할 것을 의결하였고, 피고는 2019. 4. 3. 그에 따라 원고를 파면하였다(이하 '이 사건 처분'이라고 한다).

바. 원고는 이 사건 처분에 불복하여 2019. 4. 25. 교원소청심사위원회에 소청을 하였으나 교원소청심사위원회는 2019. 7. 1. 소청을 기각하였다.

사. 원고는 위 라.항의 유죄판결에 대하여 항소하였으나 울산지방법원은 2020. 1. 17. 원고의 주장을 받아들이지 아니하고 징역 1년 등의 유죄판결을 유지하였으며(울산지방법원 2019노160호), 원고가 상고하여 현재 대법원 2020도2205호로 상고심이 진행 중이다(이하 '관련 형사사건'이라고 한다).

[인정 근거] 다툼 없는 사실, 갑 제1, 2호증, 을 제1 내지 4호증(가지번호 있는 것은 가지번호 포함)의 각 기재, 변론 전체의 취지

2. 이 사건 처분의 적법 여부

가. 원고의 주장

1) 징계사유의 존부 관련

이 사건은 동료교사 박동료(가명)의 신고에서 비롯되었는데 박동료의 의도에 의문이 있고 박동료의 선입견이 아동들에게 그대로 반영되었으므로 아동들의 진술에도 신빙성이 부족하다. 아동들이 모두 있는 가운데 아동들을 강제로 추행할 수 있을지 의문이고, 아동들을 일부 체벌하였으나 이는 훈육차원에 불과하였다.

2) 징계양정의 재량권 일탈·남용

이 사건 징계사유는 원고가 수업시간 전후에 공개된 장소에서 훈계를 목적으로 한 행위이고 원고가 30여 년간 무탈하게 교사생활을 영위해왔으며 병든 노모를 부양하고 있는 점 등을 고려하면 지나치게 과도하다.

나. 관계 법령

별지2 '관계 법령' 기재와 같다.

다. 판단

1) 징계사유의 존부에 관한 판단

가) 관련 법리

행정소송에서 징계사유에 대한 증명책임은 그 처분의 적법성을 주장하는 피고에게 있으나, 민사소송이나 행정소송에서 사실의 증명은 추호의 의혹도 없어야 한다는 자연과학적 증명이 아니고, 특별한 사정이 없는 한 경험칙에 비추어 모든 증거를 종합적으로 검토하여 볼 때 어떤 사실이 있었다는 점을 시인할 수 있는 고도의 개연성을 증명하는 것이면 충분하다(대법원 2010. 10. 28. 선고 2008다6755 판결 등 참조).

나) 구체적인 판단

살피건대, 앞서 든 각 증거와 변론 전체의 취지를 종합하여 알 수 있는 다음과 같은 사정을 종합하면, 원고가 이 사건 징계사유와 같이 아동들에 대한 학대행위를 하였다고 봄이 상당하다. 따라서 원고의 이 부분 주장은 이유 없다.

① 피해 아동들은 자신이 경험한 내용을 있는 그대로 진술하고 있는 것으로 보이고, 그 진술내용이 위 장면을 목격한 다른 아동들의 진술내용과도 대체로 부합하고 피해 아동들이 일치하여 원고를 무고할 아무런 이유도 없으므로 그 진술에 신빙성이 충분히 인정된다.

② 박동료는 관련 형사사건에서 '아동들로부터 원고가 그전부터 아동들을 때렸다는 얘기를 들어오다가 2017. 4. 21.에도 한 아동이 원고로부터 맞았다고 하기에 신고를 하였고, 전수조사 과정에서도 자신이 관여하지 않은 채 경찰관들이 전수조사를 진행하였다'는 취지로 진술하였는바, 박동료는 통상의 절차에 따라 자신의 업무를 처리한 것으로 보일 뿐 이 사건 처리 과정에서 특별한 문제가 있었다거나 피해 아동들로 하여금 있지도 않은 사실을 있는 것처럼 허위로 진술하게 할 정도의 영향력을 미쳤다고 보이지 아니한다.

③ 이 사건 징계사유에 해당하는 각 행위가 이루어진 경위, 원고가 피해 아동들에게 한 구체적인 언행 및 행위 태양, 그에 대한 피해 아동들의 대응 및 피해 아동들이 느낀 감정 등 제반 사정을 종합하면, 위 각 행위는 성적 학대행위 내지 신체적·정서적 학대행위에 해당하고, 그에 대한 원고의 고의도 충분히 인정할 수 있으며, 각 행위가 교사로서의 정당한 업무집행으로 훈육에 해당된다고 보기도 어렵다.

2) 징계양정의 재량권 일탈·남용 여부에 관한 판단

가) 관련 법리

공무원인 피징계자에게 징계사유가 있어서 징계처분을 하는 경우 어떠한 처분을 할 것인가는 징계권자의 재량에 맡겨져 있다. 그러므로 징계권자가 재량권을 행사하여

한 징계처분이 사회통념상 현저하게 타당성을 잃어 징계권자에게 맡겨진 재량권을 남용하였다고 인정되는 경우에 한하여 그 처분을 위법하다고 할 수 있다. 공무원에 대한 징계처분이 사회통념상 현저하게 타당성을 잃었는지는 구체적인 사례에 따라 직무의 특성, 징계의 원인이 된 비위사실의 내용과 성질, 징계에 의하여 달성하려고 하는 행정목적, 징계양정의 기준 등 여러 요소를 종합하여 판단할 때 징계내용이 객관적으로 명백히 부당하다고 인정할 수 있는 경우라야 한다. 징계권자가 내부적인 징계양정기준을 정하고 그에 따라 징계처분을 하였을 경우 정해진 징계양정기준이 합리성이 없다는 등의 특별한 사정이 없는 한 당해 징계처분이 사회통념상 현저하게 타당성을 잃었다고 할 수 없다(대법원 2017. 11. 9. 선고 2017두47472 판결 참조).

나) 구체적인 판단

살피건대, 앞서 든 각 증거 및 변론 전체의 취지를 종합하여 알 수 있는 다음과 같은 사정을 종합하면, 이 사건 처분이 재량권의 범위를 일탈하여 현저하게 타당성을 잃었다고 볼 수 없다. 따라서 원고의 이 부분 주장도 이유 없다.

① 교사에게는 일반 직업인보다 높은 도덕성이 요구되고 교원의 비위행위는 본인은 물론 교원사회 전체에 대한 국민의 신뢰를 실추시킬 우려가 있을 뿐만 아니라 그 행위의 부정적인 영향력 내지 파급력이 지도 하에 있는 아동들에게 미칠 우려가 크므로, 교사의 비위행위에 대한 징계양정에서는 이러한 특수성을 엄중히 고려할 필요가 있다.

② 원고는 교사로서 자신의 직분과 의무를 망각한 채 우월적인 지위에서 다수의 아동들을 상대로 학대행위를 하였는데, 원고의 이러한 비위행위는 상당한 기간에 걸쳐 지속적으로 이루어졌는바, 아직 미성숙한 아동들의 지적 성숙, 정체성 확립 및 정서 형

성에 상당히 부정적인 영향을 끼쳤을 것으로 보인다.

③ 또한 원고의 아동들에 대한 비위행위로 인하여 아동 및 학부모들은 공교육에 대한 신뢰를 크게 실추시켰을 것으로 보이고 교원사회의 공직기강 또한 크게 훼손되었다. 그럼에도 원고는 동료교사가 자신을 모함하고 있다거나 자신의 행위가 과도한 장난에 그쳤다고 주장하는 등 자신의 잘못을 전혀 반성하지 아니하고 있다.

④ 원고는 2003. 4. 23., 2010. 11. 23. 2회 음주운전을 한 전력이 있음에도 2014. 10. 4. 혈중알콜농도 0.097%의 술에 취한 상태로 음주운전을 하여 정직 1개월의 징계처분을 받은 전력이 있기도 하다.

⑤ 이 사건 처분을 통하여 달성하고자 하는 교원의 공직기강 확립, 교원 사회에 대한 국민의 신뢰 회복 등의 공익이 이 사건 처분으로 인하여 원고가 입게 될 불이익에 비하여 결코 작다고 할 수 없다.

3. 결론

그렇다면 원고의 이 사건 청구는 이유 없어 이를 기각하기로 하여 주문과 같이 판결한다.

재판장 판사 정재우

판사 김정성

판사 노민식

별지1

범 죄 일 람 표 1

연번	일시경	피해자	장소	행위
1	2017. 3.초순	김□ (여,07.8.11.생)	□초 과학실	문제풀이 설명을 해주면서 엉덩이를 쓰다듬어 성희롱
2	2017. 4. 11. 4교시			피해자가 손바닥에 가시가 찔렸다고 호소하자 이를 봐준 후, 갑자기 허리를 감싸 안아 성희롱
3	2017. 4. 17. 3교시			피해자가 칠판이 보이지 않는다고 하자 나오라고 한 후 왼팔로 허리를 감싸 안고 엉덩이를 쓰다듬어 성희롱
4	2017. 3. 중순	노□ (여,06.8.18.생) 정□ (여,06.3.1.생)		피해자들이 남아서 교실정리를 하자, 칭찬을 하면서 노□에게 "너는 많이 컸으니 (정□)에게 젖 좀 줘라"라고 말을 하고 피해자들의 등을 쓰다듬고 양 손을 피해자들의 각 엉덩이 부위에 갖다 대는 방법으로 성희롱
5	2017. 3. 말			피해자들 사이에서 양 옆으로 어깨동무를 하고 양 손을 피해자들의 각 엉덩이 부위에 갖다 대는 방법으로 성희롱
6	2017. 3. 말	노□ (여,06.8.18.생)		수업시간에 풀죽은 모습을 보고 나오라고 하여 "무슨 일 있냐"라고 물으며 엉덩이를 쓰다듬어 성희롱
7	2017. 3. 중순	정□ (여,06.3.1.생)		피해자가 마지막으로 교실에 남자 갑자기 피해자를 끌어 안아 성희롱
8	2017. 3. 29. 4교시	이□ (여,08.7.30.생)		피해자가 교실에 남아있자 끌어안아 성희롱
총 8회에 걸쳐 4명의 아동들에게 성적 수치심을 주는 성희롱 등의 성적 학대행위함.				

범 죄 일 람 표 2

연번	일시경	피해자	장소	행위
1	2017. 3. 21. 3교시	권□ (05.11.14생)	□초 과학실	모니터가 보이지 않아 피해자가 돌아다니자 "니는 수업시간 구분도 못하나"라고 말하며 손바닥으로 뒷머리를 1회 때리고, 양손으로 구렛나루 부위를 잡아당김
2	2017. 4. 21. 1교시			수업 중 정□의 뒤에서 과학책을 들게 한 후 김□의 머리를 때리게 하는 것을 보고 피해자가 웃자 그대로 정□의 책 든 팔을 잡고 피해자의 등을 1회 때림
3	2017. 4. 21. 3교시		복도	피해자에게 다가가 "하이파이브"라고 말하며 피해자가 팔을 들자 팔을 뒤로 젖혀 꺾어버림
4	2017. 3. 21. 3교시	김□ (05.2.23.생)	과학실	수업 중 친구에게 질문을 하는 등의 행위를 하였다는 이유로 지휘봉으로 손바닥 2회 때림
5	2017. 4. 21. 1교시			수업 중 떠든다는 이유로 주먹으로 옆구리, 허리, 등을 1회씩 때림
6	2017. 4. 21. 1교시	박□ (05.7.26.생)		피해자에게 "가위바위보를 하자"라고 한 후 피해자가 지자 주먹으로 옆구리를 1회 때리고, 정□에게 책을 들게 한 후 피해자의 머리를 책으로 때리게 하하여 신체적 학대행위 및 "꽃등심"이라고 칭하여 정서적 학대행위
7	2017. 3. 10. 1교시	정□ (여,05.6.9.생)		피해자에게 "내가 검도를 했다"라고 말하면서 지휘봉으로 "어깨, 배, 머리"라고 말을 하며 각 부위를 1회씩 때려 신체적 학대행위 및 "미친게이" "할매"라고 칭하여 정서적 학대행위
8	2017. 3. 21. 3교시			필통을 떨어뜨려 줍기 위해 일어나자 "앉아"라고 말하면서 주먹으로 옆구리를 1회 때림
9	2017. 4. 21. 1교시	최□ (여,05.2.3.생)		박□과 피해자를 세워두고 "가위바위보를 해서 지는 사람이 맞는다"라고 말하고 피해자가 졌음에도 박□을 때리려고 하다, 갑사기 피해자에게 "너는 왜 친구를 때려"라고 말하며 주먹으로 오른쪽 어깨를 1회 때림
10	2017. 3. 10. 1교시	김□ (여,05.4.25.생)		지구본 만들기를 하던 중 피해자가 테이프를 빌려달라는 등의 말을 하자 양손을 꼭 잡음
11	2017. 3. 28. 3교시			아무런 이유없이 손바닥으로 등을 1회 때림

검찰-2017-340-11056-BAD00159290143 2017-07-19 2/4

연번	일시경	피해자	장소	행위
12	2017. 3. 10. 1교시	공 (05.9.12.생)	과학실	수업시간에 친구에게 질문을 하는 등의 대화를 나눈다는 이유로 드럼스틱으로 옆구리를 찌르고 머리와 어깨를 때림
13	2017. 3. 28. 3교시			수업시간에 친구에게 질문을 하는 등의 대화를 나눈다는 이유로 드럼스틱으로 옆구리를 찌르고 머리와 어깨를 때림
14	2017. 3. 10. 1교시	정 (여,05.6.9.생)		지구본을 떨어뜨렸다는 이유로 나오게 한 후 양손을 5분간 꼭 잡아 신체적 학대행위 및 "미친게이"라고 칭하여 정서적 학대행위
15	2017. 3. 14. 3교시			쉬는시간이 되어 피해자가 일어나려고 하자 "앉아"라고 말하면서 지휘봉으로 허리를 찌름
16	2017. 3. 7. 3교시	김 (05.5.22.생)		지휘봉을 이용하여 박자맞추기를 하면서 아무런 이유없이 피해자의 머리를 수회 때림
17	2017. 3. 7. 3교시	고 (05.10.17.생)		소란스럽게 군다는 이유로 지휘봉으로 머리, 어깨, 옆구리를 1회씩 때림
18	2017. 4. 21. 3교시			소란스럽게 군다는 이유로 주먹으로 옆구리 1회, 등 2회 폭행
19	2017. 4. 21. 1교시	하 (여,05.5.31.생)		아무런 이유없이 손바닥으로 등 2회 폭행
20	2017. 3. 초순경	박 (05.12.19.생)		아무런 이유없이 머리를 손바닥으로 1회 때리고 지휘봉으로 허리와 머리를 1회씩 때려 폭행
21	2017. 3.말 2교시	공 (06.5.17.생)		피해자가 떠들었다는 이유로 피해자의 양팔을 뒤에서 잡아 자신의 얼굴을 10회 때리도록 하는 방법으로 폭행
22	2017. 3.말	김 (06.1.7.생)		수업 중 "시끄럽다"라고 말하며 지휘봉으로 머리, 어깨를 1회 때리고 배를 1회 찌름
23	2017. 3. 14. 2교시	김 (06.1.30.생)		피해자가 시끄럽게 웃었다는 이유로 지휘봉으로 머리를 2회 때리고 배를 1회 찌름
24	2017. 3. 21. 2교시			피해자가 시끄럽게 떠든다는 이유로 피해자의 머리를 지휘봉으로 1회 때림
25	2017. 3. 28. 2교시			아무런 이유없이 주먹으로 배를 1회 때림
26	2017. 3. 중순	권) (여,06.3.24.생)		수업시간에 이야기를 한다는 이유로 등을 손바닥으로 1회 때림
27	2017. 3. 3. 2교시	김 (여,06.9.20.생)		액체괴물을 가지고 논다는 이유로 액체괴물을 교실 밖으로 던진 다음 손바닥으로 등을 1회 때려 폭행
28	2017. 3. 중순			지휘봉으로 머리를 1회 때리고 양손을 꽉 잡는 방법으로 폭행
29	2017. 4. 초순			손바닥으로 머리를 때리고, 이를 막는 피해자의 손이 올라간 틈을 이용하여 배를 1회 찌름

연번	일시경	피해자	장소	행위
30	2017. 3. 중순 2교시	김 (여,06.2.6.생)	과학실	손바닥으로 머리를 때리고. 이를 막는 피해자의 손이 올라간 틈을 이용하여 배를 1회 찌름
31	2017. 4. 초순 2교시			자리를 바꿔달라고 말했다는 이유로 피해자의 양손을 꽉 잡아 피해자가 아프다고 하자 "설레나"라고 질문하는 행위를 함
32	2017. 3.	류 (여,06.2.15.생)		손을 때리고 머리를 손바닥으로 때림
33	2017. 4.			책상에 엎드리라고 한 뒤 등을 1회 때림
34	2017. 4.			온도를 재도록 한 후 잘 재라고 말하며 등을 1회 때림
35	2017. 4. 6. 1교시	양 (06.6.30.생)		수행평가에 날짜를 적지 않았다는 이유로 오른팔로 목을 조르고 주먹으로 머리를 1회 폭행
36	2017. 3. 초순 15:00	노 (여,06.8.18.생)	운동장	피해자에게 삽을 손가락 위에 중심 잡아보게 한 후 피해자가 떨어뜨리자 "그렇게 하면 안되지"라고 하며 등을 1회 때려 폭행
37	2017. 3. 중순 3교시		과학실	정)과 가위바위보를 하도록 하고 이기는 사람이 맞는 것이라고 말한 후 피해자가 이기자 손바닥으로 등을 1회 때림
38	2017. 3. 초순 15:00	정 (여,06.3.1.생)	운동장	피해자에게 삽을 손가락 위에 중심 잡아보게 한 후 피해자가 떨어뜨리자 "그렇게 하면 안되지"라고 하며 등을 1회 때려 폭행
39	2017. 3. 중순		과학실	의자에서 떨어지자 실내화로 엉덩이를 1회 때려 폭행
40	2017. 3. 초순	이 (여,07.11.23.생)		실험·관찰책을 교실에 두고 왔다는 이유로 주먹으로 머리를 1회 때려 폭행
41	2017. 초순	이 (07.4.14.생)		떠든다는 이유로 손바닥으로 등과 목을 2-3회 폭행
42	2017. 3. 둘째주	천 (07.3.19.생)		수업시간에 뒤를 돌아봤다는 이유로 주먹으로 머리를 1회 때려 폭행
43	2017. 3.20. 3교시	최 (07. 4. 2.생)		떠들었다는 이유로 "조용히 해"라고 말하며 주먹으로 배를 1회 때려 폭행
44	2017. 3.23.			친구가 떠든다는 것을 말하자 "고자질하지 마라"라고 말하며 주먹으로 머리를 1회 폭행
45	2017. 4.14.	강 (여,08.4.18.생)		시험을 본 후 "이새끼, 가시나"라고 말을 하면서 엉덩이를 손바닥으로 2회 때림
46	2017. 4.12.	김 (여,08.12.26.생)		지휘봉으로 엉덩이 3대, 머리를 주먹으로 1회 때림
47	2017. 3.28.	김 (여,08.1.6.생)		수박 잘 익었나, 하면서 피해자의 머리를 두드림
총 47회에 걸쳐 피해자들의 신체의 건강 및 발달을 해치는 신체적 학대행위 및 정서발달을 해치는 정서적 학대행위를 함				

검찰-2017-340-11056-BAD00159290143 2017-07-19 4/4

별지2

관계 법령

국가공무원법

第56조(성실 의무) 모든 공무원은 법령을 준수하며 성실히 직무를 수행하여야 한다.

第63조(품위 유지의 의무) 공무원은 직무의 내외를 불문하고 그 품위가 손상되는 행위를 하여서는 아니 된다.

第78조(징계 사유) ① 공무원이 다음 각 호의 어느 하나에 해당하면 징계 의결을 요구하여야 하고 그 징계 의결의 결과에 따라 징계처분을 하여야 한다.

1. 이 법 및 이 법에 따른 명령을 위반한 경우
2. 직무상의 의무(다른 법령에서 공무원의 신분으로 인하여 부과된 의무를 포함한다)를 위반하거나 직무를 태만히 한 때
3. 직무의 내외를 불문하고 그 체면 또는 위신을 손상하는 행위를 한 때

구 교육공무원 징계령(2019. 2. 26. 법률 제29560호로 개정되기 전의 것)

第15조(징계의 양정) 징계위원회가 징계사건을 의결함에 있어서는 징계혐의자의 소행·근무성적·공적·개준의 정·징계요구의 내용 기타 정상을 참작하여야 한다.

구 교육공무원 징계양정 등에 관한 규칙(2019. 9. 17. 교육부령 제188호로 개정되기 전의 것)

第2조(징계의 기준) ① 「교육공무원 징계령」 제2조제1항에 따른 교육공무원징계위원회(이하 "징계위원회"라 한다)는 징계혐의자의 비위(非違) 유형, 비위 정도 및 과실의 경중(輕重)과 평소 행실, 근무성적, 공적(功績), 뉘우치는 정도 또는 그 밖의 정상(情狀) 등을 참작하여 별표의 징계기준에 따라 징계를 의결하여야 한다.

[별표] <개정 2017. 4. 26.>

징계기준(제2조제1항 관련)

비위의 정도 및 과실 / 비위의 유형	비위의 정도가 심하고 고의가 있는 경우	비위의 정도가 심하고 중과실인 경우 또는 비위의 정도가 약하고 고의가 있는 경우	비위의 정도가 심하고 경과실인 경우 또는 비위의 정도가 약하고 중과실인 경우	비위의 정도가 약하고 경과실인 경우
1. 성실의무 위반				
가. 공금횡령·유용, 업무상 배임	파면	파면-해임	해임-강등	정직-감봉
나. 직권남용으로 다른 사람의 권리 침해	파면	해임	강등-정직	감봉
다. 직무태만 또는 회계질서 문란	파면	해임	강등-정직	감봉-견책
라. 시험문제를 유출하거나 학생의 성적을 조작하는 등 학생 성적과 관련한 비위 및 학교생활기록부 허위사실 기재 또는 부당 정정과 관련한 비위	파면	해임	해임-강등-정직	감봉-견책
마. 신규채용, 특별채용, 승진, 전직, 전보 등 인사와 관련한 비위	파면	해임	해임-강등-정직	감봉-견책
바. 「학교폭력예방 및 대책에 관한 법률」에 따른 학교폭력을 고의적으로 은폐하거나 대응하지 아니한 경우	파면	해임	해임-강등-정직	감봉-견책
사. 연구부정행위	파면	해임	해임-강등-정직	감봉-견책
아. 연구비의 부당 수령 및 부정 사용 등 연구비의 수령 및 사용과 관련한 비위	파면	파면-해임	해임-강등	정직-감봉
자. 성희롱 등 소속 기관 내의 성(性) 관련 비위를 고의로 은폐하거나 대응하지 아니한 경우	파면	해임	해임-강등-정직	감봉-견책
차. 직무관련 주요 부패행위의 신고·고발 의무 불이행	파면-해임	강등-정직	정직-감봉	감봉-견책
카. 부정청탁에 따른 직무수행	파면	파면-해임	강등-정직	감봉-견책
타. 부정청탁	파면	해임-강등	정직-감봉	견책
파. 성과상여금을 거짓이나 부정한 방법으로 지급받은 경우	파면-해임	강등-정직	정직-감봉	감봉-견책
하. 그 밖의 성실의무 위반	파면-해임	강등-정직	감봉	견책
2. 복종의무 위반				
가. 지시사항 불이행으로 업무 추진에 중대한 차질을	파면	해임	강등-정직	감봉-견책

준 경우 나. 그 밖의 복종의무 위반	파면-해임	강등-정직	감봉	견책
3. 직장 이탈 금지 위반 가. 집단 행위를 위한 직장 이탈 나. 무단결근 다. 그 밖의 직장 이탈 금지 위반	파면 파면 파면-해임	해임 해임-강등 강등-정직	강등-정직 정직-감봉 감봉	감봉-견책 견책 견책
4. 친절·공정의무 위반	파면-해임	강등-정직	감봉	견책
5. 비밀 엄수의무 위반 가. 비밀의 누설·유출 나. 비밀 분실 또는 해킹 등에 의한 비밀 침해 및 비밀 유기 또는 무단 방치	파면 파면-해임	파면-해임 강등-정직	강등-정직 정직-감봉	감봉-견책 감봉-견책
다. 개인정보 부정 이용 및 무단 유출	파면-해임	해임-강등	정직	감봉-견책
라. 개인정보의 무단 조회·열람 및 관리 소홀 등	파면-해임	강등-정직	감봉	견책
마. 그 밖에 보안관계 법령 위반	파면-해임	강등-정직	감봉	견책
6. 청렴의무 위반	비고 제5호에 따름			
7. 품위유지의무 위반 가. 성희롱	파면	파면-해임	강등-정직	감봉-견책
나. 성매매	파면	해임	강등-정직	감봉-견책
다. 미성년자 또는 장애인에 대한 성매매	파면	파면	파면-해임	해임
라. 성폭력	파면	파면	파면-해임	해임
마. 미성년자 또는 장애인에 대한 성폭력	파면	파면	파면	파면-해임
바. 학생에 대한 상습적이고 심각한 신체적 폭력	파면	해임	해임-강등-정직	감봉-견책
사. 음주운전	비고 제6호에 따름			
아. 그 밖의 품위유지의무 위반	파면-해임	강등-정직	감봉	견책
8. 영리 업무 및 겸직 금지 의무 위반	파면-해임	강등-정직	감봉	견책
9. 정치운동 금지 위반	파면	해임	강등-정직	감봉-견책
10. 집단 행위 금지 위반	파면	해임	강등-정직	감봉-견책

비고

1. 제1호사목에서 "연구부정행위"란 「학술진흥법」 제2조제5호에 따른 연구자에 해당하는 교육공무원이 같은 법 제15조에 따른 연구부정행위를 저지른 경우를 말한다.
2. 제1호자목 및 제7호에서 "성희롱"이란 「국가인권위원회법」 제2조제3호라목에 따른 성희롱을 말한다.
3. 제1호카목에서 "부정청탁에 따른 직무수행"이란 「부정청탁 및 금품등 수수의 금지에 관한 법률」 제6조의 부정청탁에 따른 직무수행을 말한다.
4. 제1호타목에서 "부정청탁"이란 「부정청탁 및 금품등 수수의 금지에 관한 법률」 제5조에 따른 부정청탁을 말한다.
5. 제1호파목에서 "성과상여금"이란 「공무원수당 등에 관한 규정」 제7조의2제10항에 따른 성과상여금을 말한다.
6. 비위행위가 청렴의무 위반에 해당하는 경우 그 징계기준은 「공무원 징계령 시행규칙」 별표 제1의2를 준용한다.
7. 비위행위가 음주운전에 해당하는 경우 그 징계기준은 「공무원 징계령 시행규칙」 별표

제1의3을 준용한다.

끝.

부록 판례 7 해설

초등학생 제자를 성희롱하고 체벌한 교사에게 내려진 파면 처분은 정당하다는 판결이다. 초등학교 교사인 A씨는 학교에서 제자들을 감싸 안거나, 신체 일부를 만지는 등 성희롱을 하고, 머리를 때리는 등 학대한 문제로 울산시교육청으로부터 파면 처분을 받았다. A교사는 13명의 학생들에게 총 25회에 걸쳐 성희롱과 정서적 학대 행위를 했다. 파면처분에 불복한 A씨는 교원소청심사위원회에 소청을 했으나 기각당했다. 이후 A씨는 울산지법에 행정소송을 제기했다. A씨는 학생들 진술에 신빙성이 부족하며, 학생 일부를 체벌한 것은 사실이지만 훈육 차원에 불과해 파면 처분이 과하다고 주장했다. 하지만, 울산지방법원 행정1부(정재우 부장판사)은 "당시 A씨 행동에 대한 피해 학생들 대응과 감정 등을 보면 성희롱과 학대가 충분히 인정 된다"고 밝혔다. A씨는 1심 판결에 불복하여 항소를 제기하였으나 역시 부산고등법원에서 2021년 6월 9일자로 항소를 기각 당해 최종적으로 파면이 확정되었다.

관련 기사 : 울산제일일보 2021년 1월 3일 기사 (http://www.ujeil.com/news/articleView.html?idxno=268124) 등

대한민국헌법

헌법 제10호, 1987.10.29, 전부개정
시행 1988.2.25

전 문

유구한 역사와 전통에 빛나는 우리 대한국민은 3·1운동으로 건립된 대한민국임시정부의 법통과 불의에 항거한 4·19민주이념을 계승하고, 조국의 민주개혁과 평화적 통일의 사명에 입각하여 정의·인도와 동포애로써 민족의 단결을 공고히 하고, 모든 사회적 폐습과 불의를 타파하며, 자율과 조화를 바탕으로 자유민주적 기본질서를 더욱 확고히 하여 정치·경제·사회·문화의 모든 영역에 있어서 각인의 기회를 균등히 하고, 능력을 최고도로 발휘하게 하며, 자유와 권리에 따르는 책임과 의무를 완수하게 하여, 안으로는 국민생활의 균등한 향상을 기하고 밖으로는 항구적인 세계평화와 인류공영에 이바지함으로써 우리들과 우리들의 자손의 안전과 자유와 행복을 영원히 확보할 것을 다짐하면서 1948년 7월 12일에 제정되고 8차에 걸쳐 개정된 헌법을 이제 국회의 의결을 거쳐 국민투표에 의하여 개정한다.

제1장 총강

제1조 ①대한민국은 민주공화국이다.
②대한민국의 주권은 국민에게 있고, 모든 권력은 국민으로부터 나온다.

제2조 ①대한민국의 국민이 되는 요건은 법률로 정한다.
②국가는 법률이 정하는 바에 의하여 재외국민을 보호할 의무를 진다.

제3조 대한민국의 영토는 한반도와 그 부속도서로 한다.

제4조 대한민국은 통일을 지향하며, 자유민주적 기본질서에 입각한 평화적 통일 정책을 수립하고 이를 추진한다.

제5조 ①대한민국은 국제평화의 유지에 노력하고 침략적 전쟁을 부인한다.
②국군은 국가의 안전보장과 국토방위의 신성한 의무를 수행함을 사명으로 하며, 그 정치적 중립성은 준수된다.

제6조 ①헌법에 의하여 체결·공포된 조약과 일반적으로 승인된 국제법규는 국내법과 같은 효력을 가진다.
②외국인은 국제법과 조약이 정하는 바에 의하여 그 지위가 보장된다.

제7조 ①공무원은 국민전체에 대한 봉사자이며, 국민에 대하여 책임을 진다.
②공무원의 신분과 정치적 중립성은 법률이 정하는 바에 의하여 보장된다.

제8조 ①정당의 설립은 자유이며, 복수정당제는 보장된다.
②정당은 그 목적·조직과 활동이 민주적이어야 하며, 국민의 정치적 의사형성에 참여하는데 필요한 조직을 가져야 한다.
③정당은 법률이 정하는 바에 의하여 국가의 보호를 받으며, 국가는 법률이 정하는 바에 의하여 정당운영에 필요한 자금을 보조할 수 있다.

④정당의 목적이나 활동이 민주적 기본질서에 위배될 때에는 정부는 헌법재판소에 그 해산을 제소할 수 있고, 정당은 헌법재판소의 심판에 의하여 해산된다.

제9조 국가는 전통문화의 계승·발전과 민족문화의 창달에 노력하여야 한다.

제2장 국민의 권리와 의무

제10조 모든 국민은 인간으로서의 존엄과 가치를 가지며, 행복을 추구할 권리를 가진다. 국가는 개인이 가지는 불가침의 기본적 인권을 확인하고 이를 보장할 의무를 진다.

제11조 ①모든 국민은 법 앞에 평등하다. 누구든지 성별·종교 또는 사회적 신분에 의하여 정치적·경제적·사회적·문화적 생활의 모든 영역에 있어서 차별을 받지 아니한다.

②사회적 특수계급의 제도는 인정되지 아니하며, 어떠한 형태로도 이를 창설할 수 없다.

③훈장등의 영전은 이를 받은 자에게만 효력이 있고, 어떠한 특권도 이에 따르지 아니한다.

제12조 ①모든 국민은 신체의 자유를 가진다. 누구든지 법률에 의하지 아니하고는 체포·구속·압수·수색 또는 심문을 받지 아니하며, 법률과 적법한 절차에 의하지 아니하고는 처벌·보안처분 또는 강제노역을 받지 아니한다.

②모든 국민은 고문을 받지 아니하며, 형사상 자기에게 불리한 진술을 강요당하지 아니한다.

③체포·구속·압수 또는 수색을 할 때에는 적법한 절차에 따라 검사의 신청에 의하여 법관이 발부한 영장을 제시하여야 한다. 다만, 현행범인인 경우와 장기 3년이상의 형에 해당하는 죄를 범하고 도피 또는 증거인멸의 염려가 있을 때에는 사후에 영장을 청구할 수 있다.

④누구든지 체포 또는 구속을 당한 때에는 즉시 변호인의 조력을 받을 권리를 가진다. 다만, 형사피고인이 스스로 변호인을 구할 수 없을 때에는 법률이 정하는 바에 의하여 국가가 변호인을 붙인다.

⑤누구든지 체포 또는 구속의 이유와 변호인의 조력을 받을 권리가 있음을 고지받지 아니하고는 체포 또는 구속을 당하지 아니한다. 체포 또는 구속을 당한 자의 가족등 법률이 정하는 자에게는 그 이유와 일시·장소가 지체없이 통지되어야 한다.

⑥누구든지 체포 또는 구속을 당한 때에는 적부의 심사를 법원에 청구할 권리를 가진다.

⑦피고인의 자백이 고문·폭행·협박·구속의 부당한 장기화 또는 기망 기타의 방법에 의하여 자의로 진술된 것이 아니라고 인정될 때 또는 정식재판에 있어서 피고인의 자백이 그에게 불리한 유일한 증거일 때에는 이를 유죄의 증거로 삼거나 이를 이유로 처벌할 수 없다.

제13조 ①모든 국민은 행위시의 법률에 의하여 범죄를 구성하지 아니하는 행위로 소추되지 아니하며, 동일한 범죄에 대하여 거듭 처벌받지 아니한다.

②모든 국민은 소급입법에 의하여 참정권의 제한을 받거나 재산권을 박탈당하지 아니한다.

③모든 국민은 자기의 행위가 아닌 친족의 행위로 인하여 불이익한 처우를 받지 아니한다.

제14조 모든 국민은 거주·이전의 자유를 가진다.

제15조 모든 국민은 직업선택의 자유를 가진다.

제16조 모든 국민은 주거의 자유를 침해받지 아니한다. 주거에 대한 압수나 수색을 할 때에는 검사의 신청에 의하여 법관이 발부한 영장을 제시하여야 한다.

제17조 모든 국민은 사생활의 비밀과 자유를 침해받지 아니한다.

제18조 모든 국민은 통신의 비밀을 침해받지 아니한다.

제19조 모든 국민은 양심의 자유를 가진다.

제20조 ①모든 국민은 종교의 자유를 가진다.

②국교는 인정되지 아니하며, 종교와 정치는 분리된다.

제21조 ①모든 국민은 언론·출판의 자유와 집회·결사의 자유를 가진다.

②언론·출판에 대한 허가나 검열과 집회·결사에 대한 허가는 인정되지 아니한다.

③통신·방송의 시설기준과 신문의 기능을 보장하기 위하여 필요한 사항은 법률로 정한다.

④언론·출판은 타인의 명예나 권리 또는 공중도덕이나 사회윤리를 침해하여서는 아니된다. 언론·출판이 타인의 명예나 권리를 침해한 때에는 피해자는 이에 대한 피해의 배상을 청구할 수 있다.

제22조 ①모든 국민은 학문과 예술의 자유를 가진다.

②저작자·발명가·과학기술자와 예술가의 권리는 법률로써 보호한다.

제23조 ①모든 국민의 재산권은 보장된다. 그 내용과 한계는 법률로 정한다.

②재산권의 행사는 공공복리에 적합하도록 하여야 한다.

③공공필요에 의한 재산권의 수용·사용 또는 제한 및 그에 대한 보상은 법률로써 하되, 정당한 보상을 지급하여야 한다.

제24조 모든 국민은 법률이 정하는 바에 의하여 선거권을 가진다.

제25조 모든 국민은 법률이 정하는 바에 의하여 공무담임권을 가진다.

제26조 ①모든 국민은 법률이 정하는 바에 의하여 국가기관에 문서로 청원할 권리를 가진다.

②국가는 청원에 대하여 심사할 의무를 진다.

제27조 ①모든 국민은 헌법과 법률이 정한 법관에 의하여 법률에 의한 재판을 받을 권리를 가진다.

②군인 또는 군무원이 아닌 국민은 대한민국의 영역안에서는 중대한 군사상 기밀·초병·초소·유독음식물공급·포로·군용물에 관한 죄중 법률이 정한 경우와 비상계엄이 선포된 경우를 제외하고는 군사법원의 재판을 받지 아니한다.

③모든 국민은 신속한 재판을 받을 권리를 가진다. 형사피고인은 상당한 이유가 없는 한 지체없이 공개재판을 받을 권리를 가진다.

④형사피고인은 유죄의 판결이 확정될 때까지는 무죄로 추정된다.

⑤형사피해자는 법률이 정하는 바에 의하여 당해 사건의 재판절차에서 진술할 수 있다.

제28조 형사피의자 또는 형사피고인으로서 구금되었던 자가 법률이 정하는 불기소처분을 받거나 무죄판결을 받은 때에는 법률이 정하는 바에 의하여 국가에 정당한 보상을 청구할 수 있다.

제29조 ①공무원의 직무상 불법행위로 손해를 받은 국민은 법률이 정하는 바에 의하여 국가 또는 공공단체에 정당한 배상을 청구할 수 있다. 이 경우 공무원 자신의 책임은 면제되지 아니한다.

②군인·군무원·경찰공무원 기타 법률이 정하는 자가 전투·훈련등 직무집행과 관련하여 받은 손해에 대하여는 법률이 정하는 보상외에 국가 또는 공공단체에 공무원의 직무상 불법행위로 인한 배상은 청구할 수 없다.

제30조 타인의 범죄행위로 인하여 생명·신체에 대한 피해를 받은 국민은 법률이 정하는 바에 의하여 국가로부터 구조를 받을 수 있다.

제31조 ①모든 국민은 능력에 따라 균등하게 교육을 받을 권리를 가진다.

②모든 국민은 그 보호하는 자녀에게 적어도 초등교육과 법률이 정하는 교육을 받게 할 의무를 진다.

③의무교육은 무상으로 한다.

④교육의 자주성·전문성·정치적 중립성 및 대학의 자율성은 법률이 정하는 바에 의하여 보장된다.

⑤국가는 평생교육을 진흥하여야 한다.

⑥학교교육 및 평생교육을 포함한 교육제도와 그 운영, 교육재정 및 교원의 지위에 관한 기본적인 사항은 법률로 정한다.

제32조 ①모든 국민은 근로의 권리를 가진다. 국가는 사회적·경제적 방법으로 근로자의 고용의 증진과 적정임금의 보장에 노력하여야 하며, 법률이 정하는 바에 의하여 최저임금제를 시행하여야 한다.

②모든 국민은 근로의 의무를 진다. 국가는 근로의 의무의 내용과 조건을 민주주의원칙에 따라 법률로 정한다.

③근로조건의 기준은 인간의 존엄성을 보장하도록 법률로 정한다.

④여자의 근로는 특별한 보호를 받으며, 고용·임금 및 근로조건에 있어서 부당한 차별을 받지 아니한다.

⑤연소자의 근로는 특별한 보호를 받는다.

⑥국가유공자·상이군경 및 전몰군경의 유가족은 법률이 정하는 바에 의하여 우선적으로 근로의 기회를 부여받는다.

제33조 ①근로자는 근로조건의 향상을 위하여 자주적인 단결권·단체교섭권 및 단체행동권을 가진다.

②공무원인 근로자는 법률이 정하는 자에 한하여 단결권·단체교섭권 및 단체행동권을 가진다.

③법률이 정하는 주요방위산업체에 종사하는 근로자의 단체행동권은 법률이 정하는 바에 의하여 이를 제한하거나 인정하지 아니할 수 있다.

제34조 ①모든 국민은 인간다운 생활을 할 권리를 가진다.

②국가는 사회보장·사회복지의 증진에 노력할 의무를 진다.

③국가는 여자의 복지와 권익의 향상을 위하여 노력하여야 한다.

④국가는 노인과 청소년의 복지향상을 위한 정책을 실시할 의무를 진다.

⑤신체장애자 및 질병·노령 기타의 사유로 생활능력이 없는 국민은 법률이 정하는 바에 의하여 국가의 보호를 받는다.

⑥국가는 재해를 예방하고 그 위험으로부터 국민을 보호하기 위하여 노력하여야 한다.

제35조 ①모든 국민은 건강하고 쾌적한 환경에서 생활할 권리를 가지며, 국가와 국민은 환경보전을 위하여 노력하여야 한다.

②환경권의 내용과 행사에 관하여는 법률로 정한다.

③국가는 주택개발정책등을 통하여 모든 국민이 쾌적한 주거생활을 할 수 있도록 노력하여야 한다.

제36조 ①혼인과 가족생활은 개인의 존엄과

양성의 평등을 기초로 성립되고 유지되어야 하며, 국가는 이를 보장한다.

②국가는 모성의 보호를 위하여 노력하여야 한다.

③모든 국민은 보건에 관하여 국가의 보호를 받는다.

제37조 ①국민의 자유와 권리는 헌법에 열거되지 아니한 이유로 경시되지 아니한다.

②국민의 모든 자유와 권리는 국가안전보장·질서유지 또는 공공복리를 위하여 필요한 경우에 한하여 법률로써 제한할 수 있으며, 제한하는 경우에도 자유와 권리의 본질적인 내용을 침해할 수 없다.

제38조 모든 국민은 법률이 정하는 바에 의하여 납세의 의무를 진다.

제39조 ①모든 국민은 법률이 정하는 바에 의하여 국방의 의무를 진다.

②누구든지 병역의무의 이행으로 인하여 불이익한 처우를 받지 아니한다.

제3장 국회

제40조 입법권은 국회에 속한다.

제41조 ①국회는 국민의 보통·평등·직접·비밀선거에 의하여 선출된 국회의원으로 구성한다.

②국회의원의 수는 법률로 정하되, 200인 이상으로 한다.

③국회의원의 선거구와 비례대표제 기타 선거에 관한 사항은 법률로 정한다.

제42조 국회의원의 임기는 4년으로 한다.

제43조 국회의원은 법률이 정하는 직을 겸할 수 없다.

제44조 ①국회의원은 현행범인인 경우를 제외하고는 회기중 국회의 동의없이 체포 또는 구금되지 아니한다.

②국회의원이 회기전에 체포 또는 구금된 때에는 현행범인이 아닌 한 국회의 요구가 있으면 회기중 석방된다.

제45조 국회의원은 국회에서 직무상 행한 발언과 표결에 관하여 국회외에서 책임을 지지 아니한다.

제46조 ①국회의원은 청렴의 의무가 있다.

②국회의원은 국가이익을 우선하여 양심에 따라 직무를 행한다.

③국회의원은 그 지위를 남용하여 국가·공공단체 또는 기업체와의 계약이나 그 처분에 의하여 재산상의 권리·이익 또는 직위를 취득하거나 타인을 위하여 그 취득을 알선할 수 없다.

제47조 ①국회의 정기회는 법률이 정하는 바에 의하여 매년 1회 집회되며, 국회의 임시회는 대통령 또는 국회재적의원 4분의 1이상의 요구에 의하여 집회된다.

②정기회의 회기는 100일을, 임시회의 회기는 30일을 초과할 수 없다.

③대통령이 임시회의 집회를 요구할 때에는 기간과 집회요구의 이유를 명시하여야 한다.

제48조 국회는 의장 1인과 부의장 2인을 선출한다.

제49조 국회는 헌법 또는 법률에 특별한 규정이 없는 한 재적의원 과반수의 출석과 출석의원 과반수의 찬성으로 의결한다. 가부동수인 때에는 부결된 것으로 본다.

제50조 ①국회의 회의는 공개한다. 다만, 출석의원 과반수의 찬성이 있거나 의장이 국가의 안전보장을 위하여 필요하다고 인정할 때에는 공개하지 아니할 수 있다.

②공개하지 아니한 회의내용의 공표에 관하여는 법률이 정하는 바에 의한다.

제51조 국회에 제출된 법률안 기타의 의안은 회기중에 의결되지 못한 이유로 폐기되지

아니한다. 다만, 국회의원의 임기가 만료된 때에는 그러하지 아니하다.

제52조 국회의원과 정부는 법률안을 제출할 수 있다.

제53조 ①국회에서 의결된 법률안은 정부에 이송되어 15일이내에 대통령이 공포한다.

②법률안에 이의가 있을 때에는 대통령은 제1항의 기간내에 이의서를 붙여 국회로 환부하고, 그 재의를 요구할 수 있다. 국회의 폐회중에도 또한 같다.

③대통령은 법률안의 일부에 대하여 또는 법률안을 수정하여 재의를 요구할 수 없다.

④재의의 요구가 있을 때에는 국회는 재의에 붙이고, 재적의원과반수의 출석과 출석의원 3분의 2이상의 찬성으로 전과 같은 의결을 하면 그 법률안은 법률로서 확정된다.

⑤대통령이 제1항의 기간내에 공포나 재의의 요구를 하지 아니한 때에도 그 법률안은 법률로서 확정된다.

⑥대통령은 제4항과 제5항의 규정에 의하여 확정된 법률을 지체없이 공포하여야 한다. 제5항에 의하여 법률이 확정된 후 또는 제4항에 의한 확정법률이 정부에 이송된 후 5일이내에 대통령이 공포하지 아니할 때에는 국회의장이 이를 공포한다.

⑦법률은 특별한 규정이 없는 한 공포한 날로부터 20일을 경과함으로써 효력을 발생한다.

제54조 ①국회는 국가의 예산안을 심의·확정한다.

②정부는 회계연도마다 예산안을 편성하여 회계연도 개시 90일전까지 국회에 제출하고, 국회는 회계연도 개시 30일전까지 이를 의결하여야 한다.

③새로운 회계연도가 개시될 때까지 예산안이 의결되지 못한 때에는 정부는 국회에서 예산안이 의결될 때까지 다음의 목적을 위한 경비는 전연도 예산에 준하여 집행할 수 있다.

1. 헌법이나 법률에 의하여 설치된 기관 또는 시설의 유지·운영
2. 법률상 지출의무의 이행
3. 이미 예산으로 승인된 사업의 계속

제55조 ①한 회계연도를 넘어 계속하여 지출할 필요가 있을 때에는 정부는 연한을 정하여 계속비로서 국회의 의결을 얻어야 한다.

②예비비는 총액으로 국회의 의결을 얻어야 한다. 예비비의 지출은 차기국회의 승인을 얻어야 한다.

제56조 정부는 예산에 변경을 가할 필요가 있을 때에는 추가경정예산안을 편성하여 국회에 제출할 수 있다.

제57조 국회는 정부의 동의 없이 정부가 제출한 지출예산 각항의 금액을 증가하거나 새 비목을 설치할 수 없다.

제58조 국채를 모집하거나 예산외에 국가의 부담이 될 계약을 체결하려 할 때에는 정부는 미리 국회의 의결을 얻어야 한다.

제59조 조세의 종목과 세율은 법률로 정한다.

제60조 ①국회는 상호원조 또는 안전보장에 관한 조약, 중요한 국제조직에 관한 조약, 우호통상항해조약, 주권의 제약에 관한 조약, 강화조약, 국가나 국민에게 중대한 재정적 부담을 지우는 조약 또는 입법사항에 관한 조약의 체결·비준에 대한 동의권을 가진다.

②국회는 선전포고, 국군의 외국에의 파견 또는 외국군대의 대한민국 영역안에서의 주류에 대한 동의권을 가진다.

제61조 ①국회는 국정을 감사하거나 특정한 국정사안에 대하여 조사할 수 있으며, 이에 필요한 서류의 제출 또는 증인의 출석과 증

언이나 의견의 진술을 요구할 수 있다.

②국정감사 및 조사에 관한 절차 기타 필요한 사항은 법률로 정한다.

제62조 ①국무총리·국무위원 또는 정부위원은 국회나 그 위원회에 출석하여 국정처리상황을 보고하거나 의견을 진술하고 질문에 응답할 수 있다.

②국회나 그 위원회의 요구가 있을 때에는 국무총리·국무위원 또는 정부위원은 출석·답변하여야 하며, 국무총리 또는 국무위원이 출석요구를 받은 때에는 국무위원 또는 정부위원으로 하여금 출석·답변하게 할 수 있다.

제63조 ①국회는 국무총리 또는 국무위원의 해임을 대통령에게 건의할 수 있다.

②제1항의 해임건의는 국회재적의원 3분의 1이상의 발의에 의하여 국회재적의원 과반수의 찬성이 있어야 한다.

제64조 ①국회는 법률에 저촉되지 아니하는 범위안에서 의사와 내부규율에 관한 규칙을 제정할 수 있다.

②국회는 의원의 자격을 심사하며, 의원을 징계할 수 있다.

③의원을 제명하려면 국회재적의원 3분의 2이상의 찬성이 있어야 한다.

④제2항과 제3항의 처분에 대하여는 법원에 제소할 수 없다.

제65조 ①대통령·국무총리·국무위원·행정각부의 장·헌법재판소 재판관·법관·중앙선거관리위원회 위원·감사원장·감사위원 기타 법률이 정한 공무원이 그 직무집행에 있어서 헌법이나 법률을 위배한 때에는 국회는 탄핵의 소추를 의결할 수 있다.

②제1항의 탄핵소추는 국회재적의원 3분의 1이상의 발의가 있어야 하며, 그 의결은 국회재적의원 과반수의 찬성이 있어야 한다. 다만, 대통령에 대한 탄핵소추는 국회재적의원 과반수의 발의와 국회재적의원 3분의 2이상의 찬성이 있어야 한다.

③탄핵소추의 의결을 받은 자는 탄핵심판이 있을 때까지 그 권한행사가 정지된다.

④탄핵결정은 공직으로부터 파면함에 그친다. 그러나 이에 의하여 민사상이나 형사상의 책임이 면제되지는 아니한다.

제4장 정부

제1절 대통령

제66조 ①대통령은 국가의 원수이며, 외국에 대하여 국가를 대표한다.

②대통령은 국가의 독립·영토의 보전·국가의 계속성과 헌법을 수호할 책무를 진다.

③대통령은 조국의 평화적 통일을 위한 성실한 의무를 진다.

④행정권은 대통령을 수반으로 하는 정부에 속한다.

제67조 ①대통령은 국민의 보통·평등·직접·비밀선거에 의하여 선출한다.

②제1항의 선거에 있어서 최고득표자가 2인이상인 때에는 국회의 재적의원 과반수가 출석한 공개회의에서 다수표를 얻은 자를 당선자로 한다.

③대통령후보자가 1인일 때에는 그 득표수가 선거권자 총수의 3분의 1이상이 아니면 대통령으로 당선될 수 없다.

④대통령으로 선거될 수 있는 자는 국회의원의 피선거권이 있고 선거일 현재 40세에 달하여야 한다.

⑤대통령의 선거에 관한 사항은 법률로 정한다.

제68조 ①대통령의 임기가 만료되는 때에는

임기만료 70일 내지 40일전에 후임자를 선거한다.

②대통령이 궐위된 때 또는 대통령 당선자가 사망하거나 판결 기타의 사유로 그 자격을 상실한 때에는 60일이내에 후임자를 선거한다.

제69조 대통령은 취임에 즈음하여 다음의 선서를 한다.

"나는 헌법을 준수하고 국가를 보위하며 조국의 평화적 통일과 국민의 자유와 복리의 증진 및 민족문화의 창달에 노력하여 대통령으로서의 직책을 성실히 수행할 것을 국민 앞에 엄숙히 선서합니다."

제70조 대통령의 임기는 5년으로 하며, 중임할 수 없다.

제71조 대통령이 궐위되거나 사고로 인하여 직무를 수행할 수 없을 때에는 국무총리, 법률이 정한 국무위원의 순서로 그 권한을 대행한다.

제72조 대통령은 필요하다고 인정할 때에는 외교·국방·통일 기타 국가안위에 관한 중요정책을 국민투표에 붙일 수 있다.

제73조 대통령은 조약을 체결·비준하고, 외교사절을 신임·접수 또는 파견하며, 선전포고와 강화를 한다.

제74조 ①대통령은 헌법과 법률이 정하는 바에 의하여 국군을 통수한다.

②국군의 조직과 편성은 법률로 정한다.

제75조 대통령은 법률에서 구체적으로 범위를 정하여 위임받은 사항과 법률을 집행하기 위하여 필요한 사항에 관하여 대통령령을 발할 수 있다.

제76조 ①대통령은 내우·외환·천재·지변 또는 중대한 재정·경제상의 위기에 있어서 국가의 안전보장 또는 공공의 안녕질서를 유지하기 위하여 긴급한 조치가 필요하고 국회의 집회를 기다릴 여유가 없을 때에 한하여 최소한으로 필요한 재정·경제상의 처분을 하거나 이에 관하여 법률의 효력을 가지는 명령을 발할 수 있다.

②대통령은 국가의 안위에 관계되는 중대한 교전상태에 있어서 국가를 보위하기 위하여 긴급한 조치가 필요하고 국회의 집회가 불가능한 때에 한하여 법률의 효력을 가지는 명령을 발할 수 있다.

③대통령은 제1항과 제2항의 처분 또는 명령을 한 때에는 지체없이 국회에 보고하여 그 승인을 얻어야 한다.

④제3항의 승인을 얻지 못한 때에는 그 처분 또는 명령은 그때부터 효력을 상실한다. 이 경우 그 명령에 의하여 개정 또는 폐지되었던 법률은 그 명령이 승인을 얻지 못한 때부터 당연히 효력을 회복한다.

⑤대통령은 제3항과 제4항의 사유를 지체없이 공포하여야 한다.

제77조 ①대통령은 전시·사변 또는 이에 준하는 국가비상사태에 있어서 병력으로써 군사상의 필요에 응하거나 공공의 안녕질서를 유지할 필요가 있을 때에는 법률이 정하는 바에 의하여 계엄을 선포할 수 있다.

②계엄은 비상계엄과 경비계엄으로 한다.

③비상계엄이 선포된 때에는 법률이 정하는 바에 의하여 영장제도, 언론·출판·집회·결사의 자유, 정부나 법원의 권한에 관하여 특별한 조치를 할 수 있다.

④계엄을 선포한 때에는 대통령은 지체없이 국회에 통고하여야 한다.

⑤국회가 재적의원 과반수의 찬성으로 계엄의 해제를 요구한 때에는 대통령은 이를 해제하여야 한다.

제78조 대통령은 헌법과 법률이 정하는 바에 의하여 공무원을 임면한다.

제79조 ①대통령은 법률이 정하는 바에 의하여 사면·감형 또는 복권을 명할 수 있다.
②일반사면을 명하려면 국회의 동의를 얻어야 한다.
③사면·감형 및 복권에 관한 사항은 법률로 정한다.

제80조 대통령은 법률이 정하는 바에 의하여 훈장 기타의 영전을 수여한다.

제81조 대통령은 국회에 출석하여 발언하거나 서한으로 의견을 표시할 수 있다.

제82조 대통령의 국법상 행위는 문서로써 하며, 이 문서에는 국무총리와 관계 국무위원이 부서한다. 군사에 관한 것도 또한 같다.

제83조 대통령은 국무총리·국무위원·행정각부의 장 기타 법률이 정하는 공사의 직을 겸할 수 없다.

제84조 대통령은 내란 또는 외환의 죄를 범한 경우를 제외하고는 재직중 형사상의 소추를 받지 아니한다.

제85조 전직대통령의 신분과 예우에 관하여는 법률로 정한다.

제2절 행정부

제1관 국무총리와 국무위원

제86조 ①국무총리는 국회의 동의를 얻어 대통령이 임명한다.
②국무총리는 대통령을 보좌하며, 행정에 관하여 대통령의 명을 받아 행정각부를 통할한다.
③군인은 현역을 면한 후가 아니면 국무총리로 임명될 수 없다.

제87조 ①국무위원은 국무총리의 제청으로 대통령이 임명한다.
②국무위원은 국정에 관하여 대통령을 보좌하며, 국무회의의 구성원으로서 국정을 심의한다.
③국무총리는 국무위원의 해임을 대통령에게 건의할 수 있다.
④군인은 현역을 면한 후가 아니면 국무위원으로 임명될 수 없다.

제2관 국무회의

제88조 ①국무회의는 정부의 권한에 속하는 중요한 정책을 심의한다.
②국무회의는 대통령·국무총리와 15인이상 30인이하의 국무위원으로 구성한다.
③대통령은 국무회의의 의장이 되고, 국무총리는 부의장이 된다.

제89조 다음 사항은 국무회의의 심의를 거쳐야 한다.

1. 국정의 기본계획과 정부의 일반정책
2. 선전·강화 기타 중요한 대외정책
3. 헌법개정안·국민투표안·조약안·법률안 및 대통령령안
4. 예산안·결산·국유재산처분의 기본계획·국가의 부담이 될 계약 기타 재정에 관한 중요사항
5. 대통령의 긴급명령·긴급재정경제처분 및 명령 또는 계엄과 그 해제
6. 군사에 관한 중요사항
7. 국회의 임시회 집회의 요구
8. 영전수여
9. 사면·감형과 복권
10. 행정각부간의 권한의 획정
11. 정부안의 권한의 위임 또는 배정에 관한 기본계획
12. 국정처리상황의 평가·분석
13. 행정각부의 중요한 정책의 수립과 조정
14. 정당해산의 제소
15. 정부에 제출 또는 회부된 정부의 정책에 관계되는 청원의 심사

16. 검찰총장 · 합동참모의장 · 각군참모총장 · 국립대학교총장 · 대사 기타 법률이 정한 공무원과 국영기업체관리자의 임명
17. 기타 대통령 · 국무총리 또는 국무위원이 제출한 사항

제90조 ①국정의 중요한 사항에 관한 대통령의 자문에 응하기 위하여 국가원로로 구성되는 국가원로자문회의를 둘 수 있다.
②국가원로자문회의의 의장은 직전대통령이 된다. 다만, 직전대통령이 없을 때에는 대통령이 지명한다.
③국가원로자문회의의 조직 · 직무범위 기타 필요한 사항은 법률로 정한다.

제91조 ①국가안전보장에 관련되는 대외정책 · 군사정책과 국내정책의 수립에 관하여 국무회의의 심의에 앞서 대통령의 자문에 응하기 위하여 국가안전보장회의를 둔다.
②국가안전보장회의는 대통령이 주재한다.
③국가안전보장회의의 조직 · 직무범위 기타 필요한 사항은 법률로 정한다.

제92조 ①평화통일정책의 수립에 관한 대통령의 자문에 응하기 위하여 민주평화통일자문회의를 둘 수 있다.
②민주평화통일자문회의의 조직 · 직무범위 기타 필요한 사항은 법률로 정한다.

제93조 ①국민경제의 발전을 위한 중요정책의 수립에 관하여 대통령의 자문에 응하기 위하여 국민경제자문회의를 둘 수 있다.
②국민경제자문회의의 조직 · 직무범위 기타 필요한 사항은 법률로 정한다.

제3관 행정각부

제94조 행정각부의 장은 국무위원 중에서 국무총리의 제청으로 대통령이 임명한다.

제95조 국무총리 또는 행정각부의 장은 소관사무에 관하여 법률이나 대통령령의 위임 또는 직권으로 총리령 또는 부령을 발할 수 있다.

제96조 행정각부의 설치 · 조직과 직무범위는 법률로 정한다.

제4관 감사원

제97조 국가의 세입 · 세출의 결산, 국가 및 법률이 정한 단체의 회계검사와 행정기관 및 공무원의 직무에 관한 감찰을 하기 위하여 대통령 소속하에 감사원을 둔다.

제98조 ①감사원은 원장을 포함한 5인이상 11인이하의 감사위원으로 구성한다.
②원장은 국회의 동의를 얻어 대통령이 임명하고, 그 임기는 4년으로 하며, 1차에 한하여 중임할 수 있다.
③감사위원은 원장의 제청으로 대통령이 임명하고, 그 임기는 4년으로 하며, 1차에 한하여 중임할 수 있다.

제99조 감사원은 세입 · 세출의 결산을 매년 검사하여 대통령과 차연도국회에 그 결과를 보고하여야 한다.

제100조 감사원의 조직 · 직무범위 · 감사위원의 자격 · 감사대상공무원의 범위 기타 필요한 사항은 법률로 정한다.

제5장 법원

제101조 ①사법권은 법관으로 구성된 법원에 속한다.
②법원은 최고법원인 대법원과 각급법원으로 조직된다.
③법관의 자격은 법률로 정한다.

제102조 ①대법원에 부를 둘 수 있다.
②대법원에 대법관을 둔다. 다만, 법률이 정하는 바에 의하여 대법관이 아닌 법관을 둘 수 있다.

③대법원과 각급법원의 조직은 법률로 정한다.

제103조 법관은 헌법과 법률에 의하여 그 양심에 따라 독립하여 심판한다.

제104조 ①대법원장은 국회의 동의를 얻어 대통령이 임명한다.

②대법관은 대법원장의 제청으로 국회의 동의를 얻어 대통령이 임명한다.

③대법원장과 대법관이 아닌 법관은 대법관회의의 동의를 얻어 대법원장이 임명한다.

제105조 ①대법원장의 임기는 6년으로 하며, 중임할 수 없다.

②대법관의 임기는 6년으로 하며, 법률이 정하는 바에 의하여 연임할 수 있다.

③대법원장과 대법관이 아닌 법관의 임기는 10년으로 하며, 법률이 정하는 바에 의하여 연임할 수 있다.

④법관의 정년은 법률로 정한다.

제106조 ①법관은 탄핵 또는 금고이상의 형의 선고에 의하지 아니하고는 파면되지 아니하며, 징계처분에 의하지 아니하고는 정직·감봉 기타 불리한 처분을 받지 아니한다.

②법관이 중대한 심신상의 장해로 직무를 수행할 수 없을 때에는 법률이 정하는 바에 의하여 퇴직하게 할 수 있다.

제107조 ①법률이 헌법에 위반되는 여부가 재판의 전제가 된 경우에는 법원은 헌법재판소에 제청하여 그 심판에 의하여 재판한다.

②명령·규칙 또는 처분이 헌법이나 법률에 위반되는 여부가 재판의 전제가 된 경우에는 대법원은 이를 최종적으로 심사할 권한을 가진다.

③재판의 전심절차로서 행정심판을 할 수 있다. 행정심판의 절차는 법률로 정하되, 사법절차가 준용되어야 한다.

제108조 대법원은 법률에서 저촉되지 아니하는 범위안에서 소송에 관한 절차, 법원의 내부규율과 사무처리에 관한 규칙을 제정할 수 있다.

제109조 재판의 심리와 판결은 공개한다. 다만, 심리는 국가의 안전보장 또는 안녕질서를 방해하거나 선량한 풍속을 해할 염려가 있을 때에는 법원의 결정으로 공개하지 아니할 수 있다.

제110조 ①군사재판을 관할하기 위하여 특별법원으로서 군사법원을 둘 수 있다.

②군사법원의 상고심은 대법원에서 관할한다.

③군사법원의 조직·권한 및 재판관의 자격은 법률로 정한다.

④비상계엄하의 군사재판은 군인·군무원의 범죄나 군사에 관한 간첩죄의 경우와 초병·초소·유독음식물공급·포로에 관한 죄중 법률이 정한 경우에 한하여 단심으로 할 수 있다. 다만, 사형을 선고한 경우에는 그러하지 아니하다.

제6장 헌법재판소

제111조 ①헌법재판소는 다음 사항을 관장한다.

1. 법원의 제청에 의한 법률의 위헌여부 심판
2. 탄핵의 심판
3. 정당의 해산 심판
4. 국가기관 상호간, 국가기관과 지방자치단체간 및 지방자치단체 상호간의 권한쟁의에 관한 심판
5. 법률이 정하는 헌법소원에 관한 심판

②헌법재판소는 법관의 자격을 가진 9인의 재판관으로 구성하며, 재판관은 대통령이 임명한다.

③제2항의 재판관중 3인은 국회에서 선출

하는 자를, 3인은 대법원장이 지명하는 자를 임명한다.

④헌법재판소의 장은 국회의 동의를 얻어 재판관중에서 대통령이 임명한다.

제112조 ①헌법재판소 재판관의 임기는 6년으로 하며, 법률이 정하는 바에 의하여 연임할 수 있다.

②헌법재판소 재판관은 정당에 가입하거나 정치에 관여할 수 없다.

③헌법재판소 재판관은 탄핵 또는 금고이상의 형의 선고에 의하지 아니하고는 파면되지 아니한다.

제113조 ①헌법재판소에서 법률의 위헌결정, 탄핵의 결정, 정당해산의 결정 또는 헌법소원에 관한 인용결정을 할 때에는 재판관 6인이상의 찬성이 있어야 한다.

②헌법재판소는 법률에 저촉되지 아니하는 범위안에서 심판에 관한 절차, 내부규율과 사무처리에 관한 규칙을 제정할 수 있다.

③헌법재판소의 조직과 운영 기타 필요한 사항은 법률로 정한다.

제7장 선거관리

제114조 ①선거와 국민투표의 공정한 관리 및 정당에 관한 사무를 처리하기 위하여 선거관리위원회를 둔다.

②중앙선거관리위원회는 대통령이 임명하는 3인, 국회에서 선출하는 3인과 대법원장이 지명하는 3인의 위원으로 구성한다. 위원장은 위원 중에서 호선한다.

③위원의 임기는 6년으로 한다.

④위원은 정당에 가입하거나 정치에 관여할 수 없다.

⑤위원은 탄핵 또는 금고이상의 형의 선고에 의하지 아니하고는 파면되지 아니한다.

⑥중앙선거관리위원회는 법령의 범위안에서 선거관리·국민투표관리 또는 정당사무에 관한 규칙을 제정할 수 있으며, 법률에 저촉되지 아니하는 범위안에서 내부규율에 관한 규칙을 제정할 수 있다.

⑦각급 선거관리위원회의 조직·직무범위 기타 필요한 사항은 법률로 정한다.

제115조 ①각급 선거관리위원회는 선거인명부의 작성등 선거사무와 국민투표사무에 관하여 관계 행정기관에 필요한 지시를 할 수 있다.

②제1항의 지시를 받은 당해 행정기관은 이에 응하여야 한다.

제116조 ①선거운동은 각급 선거관리위원회의 관리하에 법률이 정하는 범위안에서 하되, 균등한 기회가 보장되어야 한다.

②선거에 관한 경비는 법률이 정하는 경우를 제외하고는 정당 또는 후보자에게 부담시킬 수 없다.

제8장 지방자치

제117조 ①지방자치단체는 주민의 복리에 관한 사무를 처리하고 재산을 관리하며, 법령의 범위안에서 자치에 관한 규정을 제정할 수 있다.

②지방자치단체의 종류는 법률로 정한다.

제118조 ①지방자치단체에 의회를 둔다.

②지방의회의 조직·권한·의원선거와 지방자치단체의 장의 선임방법 기타 지방자치단체의 조직과 운영에 관한 사항은 법률로 정한다.

제9장 경제

제119조 ①대한민국의 경제질서는 개인과 기

업의 경제상의 자유와 창의를 존중함을 기본으로 한다.

②국가는 균형있는 국민경제의 성장 및 안정과 적정한 소득의 분배를 유지하고, 시장의 지배와 경제력의 남용을 방지하며, 경제주체간의 조화를 통한 경제의 민주화를 위하여 경제에 관한 규제와 조정을 할 수 있다.

제120조 ①광물 기타 중요한 지하자원·수산자원·수력과 경제상 이용할 수 있는 자연력은 법률이 정하는 바에 의하여 일정한 기간 그 채취·개발 또는 이용을 특허할 수 있다.

②국토와 자원은 국가의 보호를 받으며, 국가는 그 균형있는 개발과 이용을 위하여 필요한 계획을 수립한다.

제121조 ①국가는 농지에 관하여 경자유전의 원칙이 달성될 수 있도록 노력하여야 하며, 농지의 소작제도는 금지된다.

②농업생산성의 제고와 농지의 합리적인 이용을 위하거나 불가피한 사정으로 발생하는 농지의 임대차와 위탁경영은 법률이 정하는 바에 의하여 인정된다.

제122조 국가는 국민 모두의 생산 및 생활의 기반이 되는 국토의 효율적이고 균형있는 이용·개발과 보전을 위하여 법률이 정하는 바에 의하여 그에 관한 필요한 제한과 의무를 과할 수 있다.

제123조 ①국가는 농업 및 어업을 보호·육성하기 위하여 농·어촌종합개발과 그 지원등 필요한 계획을 수립·시행하여야 한다.

②국가는 지역간의 균형있는 발전을 위하여 지역경제를 육성할 의무를 진다.

③국가는 중소기업을 보호·육성하여야 한다.

④국가는 농수산물의 수급균형과 유통구조의 개선에 노력하여 가격안정을 도모함으로써 농·어민의 이익을 보호한다.

⑤국가는 농·어민과 중소기업의 자조조직을 육성하여야 하며, 그 자율적 활동과 발전을 보장한다.

제124조 국가는 건전한 소비행위를 계도하고 생산품의 품질향상을 촉구하기 위한 소비자보호운동을 법률이 정하는 바에 의하여 보장한다.

제125조 국가는 대외무역을 육성하며, 이를 규제·조정할 수 있다.

제126조 국방상 또는 국민경제상 긴절한 필요로 인하여 법률이 정하는 경우를 제외하고는, 사영기업을 국유 또는 공유로 이전하거나 그 경영을 통제 또는 관리할 수 없다.

제127조 ①국가는 과학기술의 혁신과 정보 및 인력의 개발을 통하여 국민경제의 발전에 노력하여야 한다.

②국가는 국가표준제도를 확립한다.

③대통령은 제1항의 목적을 달성하기 위하여 필요한 자문기구를 둘 수 있다.

제10장 헌법개정

제128조 ①헌법개정은 국회재적의원 과반수 또는 대통령의 발의로 제안된다.

②대통령의 임기연장 또는 중임변경을 위한 헌법개정은 그 헌법개정 제안 당시의 대통령에 대하여는 효력이 없다.

제129조 제안된 헌법개정안은 대통령이 20일 이상의 기간 이를 공고하여야 한다.

제130조 ①국회는 헌법개정안이 공고된 날로부터 60일이내에 의결하여야 하며, 국회의 의결은 재적의원 3분의 2이상의 찬성을 얻어야 한다.

②헌법개정안은 국회가 의결한 후 30일이내에 국민투표에 붙여 국회의원선거권자 과반수의 투표와 투표자 과반수의 찬성을 얻어야 한다.

③헌법개정안이 제2항의 찬성을 얻은 때에는 헌법개정은 확정되며, 대통령은 즉시 이를 공포하여야 한다.

부칙 〈제10호, 1987.10.29〉

제1조 이 헌법은 1988년 2월 25일부터 시행한다. 다만, 이 헌법을 시행하기 위하여 필요한 법률의 제정·개정과 이 헌법에 의한 대통령 및 국회의원의 선거 기타 이 헌법시행에 관한 준비는 이 헌법시행 전에 할 수 있다.

제2조 ①이 헌법에 의한 최초의 대통령선거는 이 헌법시행일 40일 전까지 실시한다.

②이 헌법에 의한 최초의 대통령의 임기는 이 헌법시행일로부터 개시한다.

제3조 ①이 헌법에 의한 최초의 국회의원선거는 이 헌법공포일로부터 6월 이내에 실시하며, 이 헌법에 의하여 선출된 최초의 국회의원의 임기는 국회의원선거후 이 헌법에 의한 국회의 최초의 집회일로부터 개시한다.

②이 헌법공포 당시의 국회의원의 임기는 제1항에 의한 국회의 최초의 집회일 전일까지로 한다.

제4조 ①이 헌법시행 당시의 공무원과 정부가 임명한 기업체의 임원은 이 헌법에 의하여 임명된 것으로 본다. 다만, 이 헌법에 의하여 선임방법이나 임명권자가 변경된 공무원과 대법원장 및 감사원장은 이 헌법에 의하여 후임자가 선임될 때까지 그 직무를 행하며, 이 경우 전임자인 공무원의 임기는 후임자가 선임되는 전일까지로 한다.

②이 헌법시행 당시의 대법원장과 대법원판사가 아닌 법관은 제1항 단서의 규정에 불구하고 이 헌법에 의하여 임명된 것으로 본다.

③이 헌법 중 공무원의 임기 또는 중임제한에 관한 규정은 이 헌법에 의하여 그 공무원이 최초로 선출 또는 임명된 때로부터 적용한다.

제5조 이 헌법시행 당시의 법령과 조약은 이 헌법에 위배되지 아니하는 한 그 효력을 지속한다.

제6조 이 헌법시행 당시에 이 헌법에 의하여 새로 설치될 기관의 권한에 속하는 직무를 행하고 있는 기관은 이 헌법에 의하여 새로운 기관이 설치될 때까지 존속하며 그 직무를 행한다.

찾아보기

【인명】

【내용】

저자 약력

전 제 철

서울대학교 사회교육과(문학사, 법학부전공)
서울대학교 사회교육과(교육학석사, 교육학박사, 법교육 전공)
고려대학교 대학원(헌법 박사수료)
현재 부산교육대학교 사회교육과 교수
사회과 교육개론(교육과학사, 2017) 외 다수
대학의 자율성에 관한 연구-부산교육대학교 강의보조금 회수 처분 사건 판결을 중심으로- (2018) 외 다수

현대사회의 법과 정치

2022년 4월 10일 1판 1쇄 인쇄
2022년 4월 15일 1판 1쇄 발행

저 자 : 전 제 철
발행인 : 한 정 주
발행처 : 교 육 과 학 사

저자와의 협의하에 인지생략

경기도 파주시 광인사길 71
전화 (031)955-6956~8 / 팩스 (031)955-6037
Home-page : www.kyoyookbook.co.kr
E-mail : kyoyookbook@daum.net, kyoyook@chol.com
등록 : 1970년 5월 18일 제2-73호

낙장 · 파본은 교환해 드립니다.
Printed in Korea.

정가 22,000원
ISBN 978-89-254-1685-4